죽석관유집

한국고전번역원 한국문집번역총서

죽석관유집 2

竹石館遺集

서영보 지음
徐榮輔

정동화 전백찬 김태년 장성덕 옮김

일러두기

1. 이 책의 번역 대본은 한국고전번역원에서 간행한 한국문집총간 269집 소재《죽석관유집(竹石館遺集)》으로 하였다. 번역 대본의 원문 텍스트와 원문 이미지는 한국고전종합DB(http://db.itkc.or.kr)에서 확인할 수 있다.
2. 내용이 간단한 역주는 간주(間註)로, 긴 역주는 각주(脚註)로 처리하였다.
3. 한자는 필요한 경우 이해를 돕기 위하여 넣었으며, 운문(韻文)은 원문을 병기하였다.
4. 맞춤법과 띄어쓰기는 한글 맞춤법과 표준어 규정을 따랐다.
5. 이 책에서 사용한 부호는 다음과 같다.
   ( ) : 번역문과 음이 같은 한자를 묶는다.
   〔 〕: 번역문과 뜻은 같으나 음이 다른 한자를 묶는다.
   " " : 대화 등의 인용문을 묶는다.
   ' ' : " " 안의 재인용 또는 강조 부분을 묶는다.
   「 」: ' ' 안의 재인용을 묶는다.
   『 』: 「 」 안의 재인용을 묶는다.
   《 》: 책명 및 각주의 전거(典據)를 묶는다.
   〈 〉: 책의 편명 및 운문・산문의 제목을 묶는다.
   □ : 원문이 결락된 자리를 나타낸다.

차례

죽석관유집 제3책

기 記

논 論

변 辯

전 傳

비 碑

장 狀

묘지 墓誌

제문 祭文

편지 書

전문 箋

교서 敎書

죽석관유집 제4책

소 疏

죽석관유집 제5책

죽석관유집

제3책

記기
傳전
墓誌묘지
箋文전문

論논
碑비
祭文제문
敎書교서

辨변
狀장
書편지

기 記

일와기
逸窩記

사람이 아끼는 것은 신체보다 절실한 것이 없고, 신체가 편안하게 여기는 것은 안일보다 더한 것이 없다. 맹자(孟子)가 이르기를 "사지가 안일을 좋아하는 것은 본성이다."[1] 하였으니, 몸이 편안하기를 꾀하는 데 교묘한 자는 의당 모두 편안하여 수고롭지 않아야 할 것이다. 그러나 내가 사람들을 살펴보니, 몸이 편안하기를 꾀하는 데 졸렬한 자들은 늘 편안하지만 교묘한 자들은 늘 수고롭다. 어떤 사람은 수고로이 마음을 쓰고 어떤 사람은 수고로이 힘을 써서 나른하게 지쳐 있으면서도 그만둘 줄 모른다. 이는 교묘하다고 해서 편안할 수 없는 것이 아니라 교묘하게 한답시고 운용하는 방법이 잘못되었기 때문이다. 이른바 교묘하다는 자들은 지능과 재주가 세상에 나가 큰일을 할

1 사지가……본성이다 : 《맹자(孟子)》 〈진심 하(盡心下)〉에 "입이 좋은 맛에 대해서와 눈이 좋은 색깔에 대해서와 귀가 좋은 소리에 대해서와 코가 좋은 냄새에 대해서와 사지가 안일에 대해서 좋아하는 것은 본성이다. 그러나 명(命)에 달려 있기 때문에 군자는 이것을 성(性)이라 이르지 않는다.〔口之於味也 目之於色也 耳之於聲也 鼻之於臭也 四肢之於安佚也 性也 有命焉 君子不謂性也〕"라는 내용이 보인다.

만하기에 형편상 늘 일이 많은 곳에 놓이게 마련이다. 그러므로 장주(莊周)의 말에 "교묘한 자는 수고롭고 졸렬한 자는 편안하다."[2]라고 한 내용이 있는데, 이 역시 그와 같은 의미이다.

사람이 누군들 편안함을 원하지 않겠는가마는 제대로 교묘하게 하는 방법을 알지 못하면서도 졸렬하게 처신하는 것은 부끄러워하기 때문에, 거짓을 꾸며 내고 기교를 부리면서 편안할 수 있기를 구하다가 끝내는 둘 다 놓치게 되는 것이다. 세상 사람들이 교묘하다 일컫는 자들은 하나의 재주로 이름나거나 한 벼슬에서 공을 세운 것에서 점차 올라가 소진(蘇秦), 장의(張儀), 관중(管仲), 상앙(商鞅)이 경영하여 이루어 낸 것과 유방(劉邦), 항우(項羽), 제 환공(齊桓公), 진 문공(晉文公)이 싸워서 얻은 것에 이르면 최고라 할 것이다. 그러나 그 귀추를 살펴보면 하나같이 모두 자기 몸을 이롭게 한 것일 뿐이다. 신체는 안락함을 꾀하기 마련이니, 수고로우면 근심하고 편안하면 즐거운 것이 어찌 사람마다 다르겠는가. 그런데 저들은 모두 심지(心志)를 피곤하게 부리고 근골을 괴롭혔으니, 대단히 교묘하다는 자들이 몸을 더욱 수고롭게 한 것이다. 아아! 이를 두고 제대로 교묘하게 하였다고 할 수 있겠는가. 이렇게 보면 천하 고금의 교묘하다는 자들을 다 모으더라도 혹 요행히 편안할 수 있었던 자는 아무도 없을 것이다. 어쩌다 한번 편안하게 처신한 사람이 나오면 대단히 교묘한 자라고 할 수 있을 터인

2 교묘한……편안하다 : 《장자(莊子)》 〈열어구(列禦寇)〉에 "교묘한 자는 수고롭고, 지혜로운 자는 근심스럽다. 그러나 아무 능함이 없는 도인은 아무것도 구하는 것이 없이 배불리 먹고 즐거이 노니, 마치 매이지 않은 배가 물 위에 둥둥 떠 있듯이 공허하게 노니는 것이다.〔巧者勞 而知者憂 無能者無所求 飽食而遨遊 汎若不繫之舟 虛而遨遊者也〕"라는 내용이 보인다.

데, 세상 사람들은 아무도 그를 교묘하다고 인정하지 않을 뿐만 아니라 더욱이 졸렬하다고 비웃을 것이니, 이 어찌 지극한 교묘함을 안다고 하겠는가.

장제(長堤)[3]의 이 처사(李處士)는 사람됨이 담백하며 성품이 느긋하고 조용하여 남과 다투지 않고 세상사에 욕심 없이 태평 시절을 살아왔다. 일찍 자고 늦게 일어나며 때로는 이웃 친구들과 함께 술을 마시거나 바둑을 두며 즐겼다. 내가 한번은 그의 집에 들른 적이 있었다. 뽕나무와 삼대가 무성하고 닭과 개들이 가득 뛰놀고 있었는데, 바로 은자의 거처였다. 처사가 집 이름을 '일와(逸窩)'라 하고서 나에게 기문을 청하였다. 내가 생각하기에 처사는 옛 일민(逸民)으로서 내가 앞에서 말한 교묘한 자와 꼭 비슷하다. 그러므로 이 말을 기록하여 돌려준다.

3 장제(長堤) : 인천광역시 부평(富平)의 옛 이름이다. 1777년(정조1) 부친인 서유신(徐有臣)이 노성중(盧聖中) 사건에 연루되어 대간의 탄핵을 받아 향리방축(鄕里放逐)되었는데, 이때 저자도 따라가서 부평의 계양산 아래 오곡(梧谷)에서 10년간 살며 독서하였다.

적성정기

適成亭記

군자의 도(道)는 시의에 알맞게 할 뿐이다. 마땅히 해야 할 것을 하는 것은 어떤 일을 때에 꼭 알맞게 한 것이고, 마땅히 기뻐해야 할 것을 기뻐하는 것은 그 사정에 꼭 알맞게 기뻐하는 것이라 하겠다. 그러므로 도에 통달한 자는 비록 큰 업적을 세우고 빼어난 능력을 드러낸 것이 있더라도, 구구하게 집착하여 자기가 한 것이라 하지 않고, 또한 오직 "마침 그러하여 알맞은 때를 만난 것이고, 마침 할 만하여 알맞게 순응하였을 뿐이다."라고 한다.

나의 벗 정후(鄭侯) 우고(友古)[4]가 재령(載寧)으로 부임한 지 3년 만에 서지(西池)에 정자를 짓고 이름을 '적성(適成)'이라 하였다. 재령은 해서(海西 황해도) 지방의 고을로, 땅이 비옥한 데다가 강물, 기름진 들, 메벼, 광물 등이 풍요로워서, 백성들이 쌀밥과 물고기를 먹으며 사치를 좋아하니, 곧 한 도회지이다.

지난 신미년(1811, 순조11)에 양서(兩西 황해도와 평안도) 지방에 큰 기근과 전염병이 들어 백성들이 많이 죽었고, 이윽고 또 관서(關西)

4 정후(鄭侯) 우고(友古) : 정동만(鄭東萬, 1753~1822)으로, 우고는 그의 자(字)이다. 본관은 동래(東萊)이고, 호는 졸암(拙菴)이다. 효자로 이름이 나서 정효자(鄭孝子)로 불리었다. 1813년(순조13)에 재령 군수를 지냈고, 뒤에 진주 목사(晉州牧使)를 지냈다. 아들 정원용(鄭元容)이 정2품에 올라 추은(推恩)의 혜택을 입어 첨지중추부사가 되었다가, 얼마 후 돈녕부 도정(敦寧府都正)에 올랐다. 《經山集 卷16 先考敦寧府都正贈領議政府君墓表》

지방에 도적이 일어나서[5] 해서의 고을들이 소란스러워지자 도적을 막고자 백성들에게서 군량과 병력 따위를 징발하였다. 이에 군현의 호구가 반이나 줄고 전답은 황폐해져서, 여염집엔 사람 사는 기척이 드물고 장리(長吏 고을의 수령)의 주전(廚傳)[6]도 썰렁해졌다.

정후가 군에 부임하여 과도한 조세를 급히 없애고, 포흠(逋欠)한 세금 수만 전을 감면하여 상환해 주었으며, 무너진 관청의 곳간을 모두 수선하고, 글을 배우기를 바라는 고을 선비들을 동서 양재(兩齋)를 갖추어 머무르게 하였다. 이듬해에 정사가 잘되고 백성들은 편안하여 군의 옛 모습이 회복되었다. 그리하여 한가한 날에 이 못을 조성하여 정자를 지었는데, 막힌 물길을 틔우고 우거진 잡초를 베어 내고는 좋은 나무를 심고 온 못에 연꽃을 심었다. 백성들이 크게 기뻐하여 공사에 달려들어 수십 일이 안 되어 완공하였다.

정후가 이 군에서 정사를 펼친 것이 수고로웠다고 할 만하고, 백성에게 끼친 공로도 컸다고 할 수 있다. 이제 백 보 넓이의 못을 만들고 기둥 여섯 개의 정자를 만들었으니, 정자와 못으로는 작은 축이라고 하겠다. 그러나 정후의 현명함이 아니었다면 이태 만에 군의 곤폐(困弊)를 해결하면서 무슨 여력이 있어서 유람할 곳을 마련하는 데 마음을 쏟을 수 있었겠는가. 이 어찌 마침 그러해서 이루어 낸 것이라고 하겠

5 관서(關西)……일어나서 : 1811년(순조11)에 홍경래(洪景來)를 중심으로 하여 일어난 농민 반란군을 이르며, 평안북도 가산군(嘉山郡)에서 난을 일으켜 박천(博川), 곽산(郭山), 정주(定州), 선천(宣川), 태천(泰川), 철산(鐵山), 용천(龍川) 등 8읍을 점령하였다가 이듬해 진압되었다.

6 주전(廚傳) : 지방에 나가는 관원에게 경유하는 길에 필요한 음식과 거마를 제공하는 곳이다.

는가. 그런데 정후는 이를 자랑하지 않고 말하기를 "마침 좋은 때를 만난 것이지, 내게 무슨 공이 있겠는가. 우리 백성들이 기뻐하니, 나도 그들이 기뻐하는 것을 기뻐할 뿐이다." 하였다.

정자 공사가 2월 중순에 시작되었는데, 그날 비가 내리니 풍년이 들 징조였고, 3월 곡우절(穀雨節)에 완공하였는데, 그날도 비가 내리니 역시 풍년이 들 징조였다. 백성들이 모두 말하기를 "하늘의 계시입니다. 옛날 소공(蘇公 소식(蘇軾))이 정자를 완공하자 비가 내리기에 정자의 이름을 '희우(喜雨)'라고 하였는데, 이 정자도 마땅한 이름을 붙여야 합니다." 하였다. 정후가 그 말을 따라서 정자 이름을 '적성(適成)'이라 하였으니, 《희우정기(喜雨亭記)》의 말을 취한 것이다.[7] 그리하여 나에게 기문을 지어 주기를 청하였다.

내가 생각해 보니, 정후는 젊어서 과문(科文)을 잘 지어 이름이 났는데, 그의 뜻은 대개 스스로 분발하여 세상에 쓰이고자 한 것일 터인데, 끝내 불우하여 군현의 수령 노릇을 하고 있다. 이는 그 살아온 자취가 마침 그러하였을 뿐이니, 마침 그러한 것에 순응하여 그 마음이 늘 자적(自適)하였다. 정자와 비가 마침 서로 만났는데, 결국 "마침 그렇게 된 것이다."라고 말하니, 정후는 보통 사람보다 매우 어진 사람이다. 지혜가 한 관직을 맡는 데 족하여 그 성과를 스스로 기뻐하고 스스로 자랑하는 것은 정후가 달갑게 여기는 바가 아니다. 소공의 말 가운데,

7 희우정기(喜雨亭記)의……것이다 : 소식(蘇軾)의 《희우정기》에 "정묘일에 큰비가 내려……근심하던 자들이 즐거워하고 병든 자들이 기뻐하였는데, 내 정자가 이때 마침 이루어졌다.〔丁卯大雨……憂者以樂 病者以喜 而吾亭適成〕"라고 한 데서 '적성(適成)'이라는 말을 취하였음을 이른다.

태수가 자기 공로라 하지 않고 태공(太空)에 돌렸다[8]고 한 말을 보니, 과연 군자가 도에 통달함이 이와 같다. 정후가 이 글에서 취한 것도 이러한 뜻일 것이다. 이를 기록하지 않아서는 안 될 것이다.

8 태수가……돌렸다 : 소식의 《희우정기》에 "비가 한번 내려 3일 동안 쏟아진 것은 누구의 공인가? 백성들이 태수라 하였다. 태수는 이 공을 차지하지 않고 천자에게 돌렸고, 천자는 그렇지 않다 하고 조물주에게 돌리니, 조물주도 스스로 공으로 여기지 않고 태공에게 돌렸다.〔一雨三日 伊誰之力 民曰太守 太守不有 歸之天子 天子曰不然 歸之造物 造物不自以爲功 歸之太空〕"라는 말이 나온다.

문의당기

文漪堂記

신한수(申漢叟)[9]가 자기 집 이름을 '문의당(文漪堂)'이라 하고 나에게 서찰을 보내어 다음과 같이 말하였다.

"내 천성이 물을 좋아하므로 도성 안에 볼만한 샘이나 못이 없어서 비록 물을 보는 기술[10]을 갖고 있어도 시행할 데가 없는 것이 늘 아쉬웠습니다. 그런데 천하의 지도를 보고 터득한 점이 있었습니다. 많은 물이 푸르게 펼쳐진 가운데 천하만국이 큰 것은 돛배들이 죽 늘어선 것과 같고, 작은 것은 물새들이 들락날락하는 것과 같습니다. 천하만국에 두루 흩어져 살고 있는 사람도 모두 물 가운데 있는 존재일 뿐입니다. 이것이 당의 이름을 '문의(文漪)'라고 한 까닭입니

9 신한수(申漢叟) : 신위(申緯, 1769~1845)로, 한수는 그의 자이다. 호는 자하(紫霞)·경수당(警修堂), 본관은 평산(平山)이다. 시(詩), 서(書), 화(畫)에 두루 뛰어나 많은 업적을 남겼으며, 저자와 절친하여 함께 문학과 예술에 대하여 토론하기도 하였다. 강화 유수를 지내다 탄핵을 당하여 물러나 시흥 자하산에 은거하였고, 뒤에 도승지, 이조 참판, 병조 참판 등을 역임하였다. 저서에 《경수당전고(警修堂全藁)》, 《분여록(焚餘錄)》, 《신자하시집(申紫霞詩集)》이 있다.

10 물을 보는 기술 : 물을 볼 때 물의 여울목을 보면 그 물의 근원이 있음을 알 수 있다는 것으로, 흔히 학문을 함에 도의 근본을 향하여 점진적으로 추구해야 함을 비유하는 말로 쓴다. 《맹자》 〈진심 상(盡心上)〉에 "물을 관찰하는 방법이 있으니, 반드시 여울을 보아야 한다.〔觀水有術 必觀其瀾〕" 하였는데, 주희(朱熹)의 주(註)에 "물의 여울목을 보면 그 수원(水源)에 근본이 있음을 알 수 있다.〔觀水之瀾 則知其源之有本矣〕" 하였다.

다. 그대가 날 위해 이 당의 기문을 지어 주십시오."

내가 이를 보고 웃으며 말하였다.

"세상에는 본래 그 실상은 없으면서도 헛되이 이름을 차지하는 경우가 있으니, 지금 그대가 집에 이름을 붙인 것이 바로 그 실상이 없는 것이라고 할 수 있겠소. 비록 그러하나 그대도 이에 대해 할 말이 있을 것이오. 지금 바다 섬 가운데 집을 짓고 사는 사람이 있다면, 사람들은 필시 물에 산다고 하지 산에 산다고 하지 않겠지요. 섬사람 중에는 담장을 둘러쳐 집을 짓고 문을 닫고 들어앉아 사는 사람도 있게 마련이니, 그가 날마다 파도와 깊은 물을 가까이 접하지는 않는다고 하여, 물에 사는 게 아니라고 한다면 옳지 않겠지요. 이와 같은 이치를 사람들이 모두 그렇다고 인정하는데, 어찌 유독 그대의 말에만 의심을 품겠소. 대지는 하나의 섬이고, 중생은 섬사람이라오. 비록 배를 집으로 삼아 물 위를 떠다니면서 날마다 물과 더불어 살아가는 사람이라 하더라도, 그 형편상 눈을 한곳에 두고 꼼짝하지 않을 수는 없을 것이고 필시 잠시 눈길을 돌려서 잠깐 동안이나마 물이 있다는 것을 생각하지 못할 때가 있을 것이오. 이때에는 겨우 반걸음을 움직인 것이나 천리를 간 것이나 매한가지라 할 것이오.

지금 그대가 이 집에 살면서 찰랑거리는 물결을 한번 보고자 하는데, 비록 아침에 도성에 있다가 저녁에 강호에 나간다 하더라도, 늘 물에 눈길을 둘 수 없는 것은 그대나 저들이나 다를 게 없다오. 저들은 길다고 해야 잠깐 눈을 돌리는 순간에 놓여 있고, 당신은 짧다고 해도 아침에서 저녁까지의 시간을 두고 있소. 잠깐 눈을 돌리는 순간은 아침에서 저녁까지의 시간과 비교한다면 차이가 있겠지만, 장구하다는 관점에서 말한다면 잠깐 올려다보고 굽어보는 짧은 사이에도 이미 과거의 자취가 되는 것이고, 오래지 않다는 관점에서 말한다면 백년 천년도 하루아침에 불과한 것이오. 잠깐 올려다보고 굽어보는 순간이 장구한 시간이고 백년 천년이 오래지 않다면, 잠깐 눈을 돌리는 순간에 놓여 있는 쪽에서 아침에서 저녁까지의 시간을 두고 있는 쪽을 비웃는 것이 과연 옳은지 모르겠소. 누가 그것이 실상이 아니라고 말하겠소."

어떤 사람이 말하기를 "그대의 말이 그럴듯하긴 합니다. 비록 그러하나 나는 남들이 한수에게 산속에 살면서 물고기와 자라를 예(禮)에 쓰는 격[11]이라고 나무랄까 걱정됩니다." 하였다. 내가 말하기를 "진실로 그렇다면 그대는 구양자(歐陽子)의 화방재(畵舫齋)[12]에서 사공을 불러 물을 건넌단 말이오?" 하고 함께 크게 웃었다.

11 산속에……격 : 여건에 맞지 않게 행하는 예절을 말한다. 《예기(禮記)》 〈예기(禮器)〉에 "산중에 살면서 물고기와 자라를 예에 사용하고, 못가에 살면서 사슴과 돼지를 예에 사용한다면, 군자는 예를 모른다고 말한다.〔居山以魚鼈爲禮 居澤以鹿豕爲禮 君子謂之不知禮〕"라고 하였다.

12 구양자(歐陽子)의 화방재(畵舫齋) : 구양자는 송나라 구양수(歐陽脩)를 가리키고, 화방재는 그의 서재 이름이다. 그가 활주(滑州)에 좌천되었을 때, 서재를 배처럼 꾸미고 그 이름을 '화방재'라 하였다.

유자하동기

遊紫霞洞記

관악산(冠岳山)과 검지산(黔芝山) 사이에 수석(水石)의 경치가 빼어난 곳이 있으니 바로 신림(新林)이고, 신림에서 가장 그윽하면서도 더욱 경치가 좋은 곳이 자하동(紫霞洞)이다. 두 산에서부터 흘러오는 물이 모여서 신림동에서 호리병 주둥이로 나오듯이 흘러나와, 강 태사(姜太師)의 서원[13] 앞에서 굴절하여 남쪽으로 흘러든다. 물길을 따라 점차 동쪽으로 몇 리를 가면 작은 봉우리가 수풀 위로 보일락 말락 하는데, 이것이 국사봉(國士峯)이다. 그 아래로 수목이 울창하고 인가가 은은히 보이는데, 아름드리 늙은 느티나무 세 그루가 서 있고, 그 아래에 이로당(二老堂)[14]의 옛터가 있다. 이곳이 신씨(申氏)의 자하동 별업(別業)[15]이다.

개울을 따라 점차 올라가면 갑자기 두 바위가 개울을 끼고 마치 문궐

13 강 태사(姜太師)의 서원 : 고려 초기의 명장 강감찬(姜邯贊)과 함께 서견(徐甄), 이원익(李元翼)의 위패를 모신 충현서원(忠賢書院)을 가리킨다. 1658년(효종9)에 창건하였고, 1676년(숙종2)에 '충현(忠賢)'이라고 사액되었는데, 1868년(고종5)에 대원군의 서원철폐령으로 훼철되었다. 옛터가 현재 경기도 광명시 소하동에 있다.

14 이로당(二老堂) : 조선 후기 평산 신씨(平山申氏) 신여석(申汝晳)과 신여철(申汝哲) 형제가 자하동에 지은 집을 이른다. 이들은 임진왜란에 전사한 신립(申砬)의 후손인데, 신여석은 신위(申緯)의 고조가 된다.

15 신씨(申氏)의 자하동 별업(別業) : 이로당의 주인공인 신여석, 신여철 형제가 살던 산장으로, 신위가 물려받았다. 저자는 1777년(정조1)부터 부평의 오곡(梧谷)에 살고 있었는데, 1786년에 신위의 초청으로 자하동을 찾은 바 있다. 이 기문도 이 무렵 지은 것으로 보인다.

처럼 마주 서 있는 것이 보인다. 여기서부터 바위가 더 커지는데 개울은 양쪽 벼랑에 이르기까지 바닥이 모두 바위로 되어 있다. 물가에 늘어선 바위가 어떤 것은 용마루처럼 비스듬히 서 있고 어떤 것은 평상처럼 펑퍼짐한데, 색깔은 모두 갈아 놓은 듯 반들반들하여, 바둑을 둘 수 있고 시를 쓰기에도 좋다. 조금 평평하고 널찍한 꼭대기에 작은 정자가 있는데, 개울 동북쪽 굽이진 곳에 있어서 서남쪽으로 막 흘러나오는 개울물을 굽어보게 되어 있다. 연주대(戀主臺)에서 정자 동쪽에 이르기까지 물길이 넓게 퍼지고 모여서 감돌다가 갑자기 아래로 뚝 떨어져 작은 폭포가 된다. 그 곁에 '제일계산(第一溪山)'이라는 네 글자가 새겨져 있다. 개울물이 정자 발치를 돌아 굽이굽이 흐르면서 층층으로 소리 내며 부딪쳐 떨어진다. 다시 빙 돌아 꺾이어 정자 서쪽에 이르면 물이 고여 작은 못을 이룬다. 못물이 맑아 머리털까지 비추어 볼 수 있고, 달빛이 넘실거리며 반사되면 정자의 처마가 일렁거리는 것이 마치 수은이 구르는 듯하다.

산자락이 국사봉에서부터 구불구불 뻗어 나와 물길을 따라서 마치 병풍처럼 에워싸고 정자를 지나 서쪽으로 백여 보쯤 가서 그친다. 아름다운 수목과 무더기로 난 덩굴이 빽빽이 뒤덮었는데, 헤치고 올라가니 평평하고 널찍하여 수백 평 넓이의 정원이 될 만하다. 이곳의 수목은 대부분 철쭉이고 밤나무도 많이 자란다. 여계담(女笄潭)에서 흘러 내려오는 물 한 줄기가 정원의 서쪽 벼랑을 감싸고 흘러 나가서 자하동의 개울과 합류한다. 서봉(西峯)에 이 진인(李眞人)이 약을 달였다는 단(壇)이 있고, 여계담도 절경이라고 하는데, 다 가 보지는 못하였다. 내가 처음에 자하동 주인과 약속하여 관악산 꼭대기까지 올라가려고 하였으나 실행하지 못하였다. 그래서 기록이 여기에 그친다.

영천입석기 신해년(1791, 정조15)

靈泉立石記 辛亥

영천(靈泉)은 장릉(莊陵)[16]의 제정(祭井)이다. 그 깊이가 몇 치 정도 되는데, 큰 가뭄이나 홍수에도 물이 불거나 줄지 않고, 한식에 제향(祭享)을 올릴 때마다 물이 콸콸 솟아나와 영월(寧越) 사람들 사이에 기이한 일로 전해지고 있다. 금상(今上 정조(正祖)) 15년(1791) 봄에 주상이 의기(義起)의 예(禮)[17]를 새로 마련하여, 능 아래에 제단을 짓고 계유년(1453, 단종1) 정난(靖難) 이후 이에 연루되어 죽은 200여 인물을 제사하도록 하였다. 이때 자규루(子規樓)[18]의 옛터가 발견되

16 장릉(莊陵) : 조선 단종(端宗)의 능으로, 강원도 영월군 영월읍 영흥리에 있다. 1457년(세조3) 성삼문(成三問) 등이 도모한 상왕 복위 계획이 탄로 나, 영월에서 사사(賜死)된 후 무덤이 숨겨졌다가, 1698년(숙종24)에 이르러 추복(追復)되어 묘호를 단종이라 하여 종묘에 부묘(祔廟)하고 왕으로 봉하여 장릉이라 하였다.

17 의기(義起)의 예(禮) : 예문에 없더라도 이치를 참작 새롭게 만든 예(禮)를 말한다. 《예기(禮記)》〈예운(禮運)〉에 "예라는 것은 의(義)의 실질이니, 의에 맞추어서 맞으면 예는 비록 선왕 때에 없던 것일지라도 의로써 새로 만들 수 있다.〔禮也者 義之實也 協諸義而協 則禮雖先王未之有 可以義起也〕"라고 한 데서 유래하였다. 여기서는 1791년(정조15)에 장릉에 배식단(配食壇)을 세워 계유정난(癸酉靖難) 이후 희생된 신하들의 사적을 대대적으로 정리하여 배향하도록 한 일을 가리킨다.《正祖實錄 15年 2月 21日》

18 자규루(子規樓) : 강원도 영월군 영월읍 영흥리에 있는 누각으로, 원래 이름은 매죽루(梅竹樓)이다. 1456년 단종이 노산군(魯山君)으로 강등되어 영월의 청령포(淸泠浦)에 유배되었을 때, 여기에 자주 올라 소쩍새의 구슬픈 울음소리에 자신의 처지를 견준 〈자규사(子規詞)〉를 지은 데서 '자규루'라는 이름이 붙여졌다. 1428년(세종10) 영월 군수 신권근(申權根)이 창건한 것으로, 그 뒤 허물어져 민가가 들어섰다가 1791년(정조15) 강원도 관찰사 윤사국(尹師國)이 영월을 순시하다 그 터를 찾아 중건하였다.

어 누각도 중건될 수 있었다. 제단이 창건되고 누각이 중건된 것이 마치 약속한 듯이 한꺼번에 이루어졌으니, 참으로 신기한 일이다. 자세한 내막은 〈누기(樓記)〉[19]에 기록되어 있다.

얼마 후 충정공(忠正公) 박팽년(朴彭年)의 사손(嗣孫)인 박기정(朴基正)[20]을 영월 부사(寧越府使)로 특별히 제수하여, 영월 지방에 전해 오는 이문(異聞)을 조사하여 상주(上奏)하도록 명하였다. 박기정이 부임하자 제정의 일을 말하는 자가 있었는데, 조사해 보니 과연 사실이었다. 그리하여 연신(筵臣)을 통하여 상주하니, 주상이 매우 신기하게 여겨 '영천(靈泉)'이라는 이름을 하사하고 박기정에게 명하여 돌에 글씨를 써서 세우게 하였다. 이 일이 본래 기괴하고 이상한 점이 있으나 현자들은 그것을 믿었고 어리석은 자들은 놀라서 어리둥절하였다.

상왕(上王)이 영월로 온 지[21] 지금 수백 년이 지났는데도 어리석은 백성들이 누구나 탄식하며 눈물을 흘리고 있다. 이는 깊숙이 쌓이고

19 누기(樓記) : 이복원(李福源)이 지은 〈중건자규루기(重建子規樓記)〉를 가리킨다. 《쌍계유고(雙溪遺稿)》 권10에 실려 있다.

20 박기정(朴基正) : 1748~? 자는 일여(一如), 본관은 순천(順天)인데, 사육신 박팽년(朴彭年)의 후손이다. 1791년 장릉 추향(追享)에서 부교리로서 대축(大祝)을 맡았다가 사육신의 자손이라 하여 영월 부사로 특별히 제수되었다. 뒤에 대사간, 병조 참판을 역임하였다. 이의준(李義駿), 이서구(李書九) 등과 함께 《장릉지(莊陵志)》를 교정하여 《장릉사보(莊陵史補)》를 편찬하였으며, 글씨에도 조예가 깊어 〈장릉영천비(莊陵靈泉碑)〉, 〈관풍헌중수기(觀風軒重修記)〉, 〈육신사기(六臣祠記)〉 등의 글씨가 전한다.

21 상왕(上王)이……지 : 상왕은 단종(端宗)을 가리킨다. 1455년(세조1) 한명회(韓明澮), 권람(權擥) 등의 강요로 단종이 수양대군에게 왕위를 물려주고 상왕이 되었는데, 1456년 사육신이 단종의 복위를 도모하다가 발각되어 모두 처형된 후, 1457년 단종이 노산군(魯山君)으로 강봉(降封)되어 강원도 영월(寧越)에 유배되었다.

답답하게 맺혀 오랫동안 사라지지 않은 기운이 간혹 서로 부딪쳐서 비바람이 되고 녹아서는 샘물이 되어서 그 영이(靈異)함을 드러내는 것이니, 그 이치는 실로 속일 수 없는 것이다. 그러나 또한 우리 성상이 선왕의 뜻을 잇고 사업을 계승하여[22] 억울함을 밝혀 신원해 주고 신령한 감응을 불러들여 화기(和氣)를 틔운 뒤에 기괴하고 이상한 자취가 남김없이 다 드러나게 된 것이다. 그리하여 누각이 중수되고 샘이 이름을 얻게 되었으니, 아! 기이한 일이다. 하물며 이 샘은 본래 스스로 기이함을 감춘 적이 없었지만 세상 사람들은 그 연유를 알지 못하였고, 영월의 백성들은 비록 알긴 하였으되 말로 표현할 수 없었는데, 비로소 충정공의 사손에 이르러서 그 일이 밝혀져 조정에 알려지게 되었다. 이는 더욱 하늘의 뜻이 정해지자 사람을 이긴 경우[23]이니, 충신과 의사들은 또한 힘쓸 바를 알 수 있을 것이다. 이에 기문을 쓴다.

22 선왕의……계승하여 : 중종 때부터 단종(端宗)에 대한 신원이 시작되어, 숙종 때에 이르러 대군(大君)으로 추봉하고, 묘호를 단종이라 하여 종묘에 부묘(附廟)하고 왕으로 봉하여 장릉(莊陵)이라 하였으며, 이후 정조 때에도 배식단(配食壇)을 세우는 등 꾸준히 단종 및 사육신을 비롯한 제신(諸臣)들을 대대적으로 신원하고 추향(追享)한 일을 이른다.

23 하늘의……경우 : 때로 사람에 의하여 이치에 어긋난 일이 일어날 수 있으나, 결국 천도가 안정되고 나면 옳고 그름이 정해져 순리에 따라 시행됨을 뜻한다. 《사기(史記)》 권66 〈오자서열전(伍子胥列傳)〉에 "사람이 많으면 하늘을 이기는 경우도 있지만, 하늘의 뜻이 정해지면 역시 사람을 능히 무너뜨린다.〔人衆者勝天 天定亦能破人〕"라는 말이 나오는데, 소식(蘇軾)이 이를 인용하여 "사람이 많으면 하늘을 이기지만, 하늘의 뜻이 정해지면 역시 사람을 이긴다.〔人衆者勝天 天定亦勝人〕"라는 시구로 표현한 바 있다. 《蘇東坡詩集 卷45 用前韻再和孫志擧》

유상석기
流觴石記

내가 영변(寧邊)에 부임한 이듬해[24]에 기이한 것을 좋아하는 객이 부서(府署) 북쪽으로 백여 걸음 안에 있는 산수 좋은 곳을 하나 발견하였다. 영변의 치소가 산으로 둘러싸여 있는데, 봉우리가 높고 골짝이 깊어서, 몽글몽글 솟아나 졸졸 흘러가는 맑은 물이 골골이 많이 있으니, 이곳이 그중 하나이다. 물이 평지로 흘러나와 굽이쳐 휘돌면서 여러 차례 꺾이어 떨어져 작은 폭포가 된다. 폭포 아래에는 마치 깎아 놓은 구유처럼 움푹한 바위가 누워서 떨어지는 물을 받고 있으며, 양쪽으로 한 길쯤 되는 푸른 벼랑은 덩굴과 울긋불긋한 잎에 덮여 있다. 동쪽으로 벼랑이 끝나는 곳에 큰 너럭바위가 받치고 있는데 10여 명 정도가 앉을 만하고, 바위 아래에는 작은 소가 있는데 층층이 흐르는 물이 그 푸르른 소에 모여든다. 이 바위에 앉으면 서쪽 벼랑과 정면으로 마주하여, 돌아보면 폭포수가 드리워져 있고 굽어보면 맑은 못이 환히 비치어 실로 즐길 만하다.

이 바위가 공관(公館)에서 매우 가까운 곳에 있어 아침저녁으로 가볼 수 있고, 그윽하고 고요한 운치가 사람의 눈과 귀를 꽤나 즐겁게 한다. 그런데도 숨겨져서 드러나지 않아 이전에 이름이 나지 않은 까닭은 무엇인가? 혹자는 "땅도 인연을 만나느냐 만나지 못하느냐에 달려

24 영변(寧邊)에 부임한 이듬해 : 저자는 1795년(정조19)에 37세의 나이로 영변 부사(寧邊府使)로 부임하였고, 1797년에 체직될 때까지 영변의 임지에 있었다.

있다."라고 하는데, 그 말은 틀렸다. 신기한 것을 몹시 좋아하는 나의 객과 같은 사람이 아니라면, 누구나 대수롭지 않게 보아 넘겼을 것이다.

이에 인부 몇 명을 시켜 삼태기와 가래를 갖고 가서 썩은 풀과 죽은 나무를 베어 내고 모래와 자갈을 쳐내도록 하였는데, 이틀 만에 일이 마무리되었다. 그리하여 샘은 더욱 맑아진 듯하고, 바위는 더욱 기이해진 것 같았다. 마침내 객과 함께 이곳에서 술잔을 띄우고 놀면서 그 바위에 '유상석(流觴石)'이라고 새겼다. 객은 운옥(運玉) 유곤(柳琨)이고, 때는 병진년(1796, 정조20) 중추일이다.

항미정기
杭眉亭記

철옹성(鐵甕城)[25]에 여덟 개의 못이 있는데, 서쪽에 있는 못이 가장 크다. 그 안에 섬을 만들어 정자를 세웠으니, 부사(府使) 신덕하(申德夏)가 창건한 것이고, 그때가 선조(先朝 영조(英祖)) 4년, 무신년(1728)이다. 22년 뒤에 부사 이장오(李章吾)가 못의 동쪽을 파고 또 남북에 섬을 두 개 더 만들었다. 17년 뒤에 부사 이은춘(李殷春)이 정자를 증축하여 넓혔는데, 여섯 개의 대들보에 열두 개의 기둥을 세웠으며, 난간을 두르고 붉은 흙을 발라서, 멀리서 바라보면 마치 붉은 노을 같았다. 못의 둘레가 200여 자〔尺〕쯤 되는데, 세로 폭이 좁고 가로로 길쭉하다. 방죽을 두르고 돌을 쌓아 물이 새는 것을 막으니, 저수량이 늘 수만 말〔斗〕이나 되었다. 여기에 물고기를 기르고 백성들의 고기잡이를 금하여, 그 물고기를 성을 지키는 경비로 썼다. 섬과 제방에 좋은 나무를 줄지어 심으니, 나뭇가지가 우거져 그늘이 짙게 드리웠다. 북쪽 언덕에서 서도(西島)까지 다리를 놓아 사람들이 정자에 오갈 수 있게 하고, 못에는 배를 두어 뱃놀이를 할 수 있게 하였다.

25 철옹성(鐵甕城) : 평안북도 영변군 영변읍에 있는 성이다. 고구려 때 처음 쌓았고, 그 후로 계속 보완하여 본성, 약산성, 신성, 북성 등 네 개의 부분성으로 이루어졌는데, 사면이 모두 산으로 둘러싸이고 산에는 성벽을 둘러 마치 항아리 주둥이와 같다고 하여 철옹성으로 불리었다 한다. 《新增東國輿地勝覽 卷55 平安道 孟山縣》

을묘년(1795, 정조19)에 내가 걸양(乞養)[26]하여 영변부를 다스릴 때에 이 정자에 올라서 느긋하게 거닐며 둘러보았는데, 세월이 많이 지남에 따라 파묻히고 황폐해진 것이 애석하였다. 이듬해인 병진년(1796)에 공인을 모집하고 자금을 마련하여 공사를 시작하였는데, 대체로 옛 체재를 따라 새롭게 고치는 방식으로 진행하였다. 다만 화려한 채색을 보태고 무지개다리를 새로 놓았으며, 연꽃과 단풍나무, 버드나무도 잔뜩 심었다. 정자의 옛 이름이 '육승(六勝)'이었는데, 내가 '항미(杭眉)'로 고쳤으니, 이 못이 철옹성의 미목(眉目)이 되는 것이 마치 중국의 서호(西湖)가 항주(杭州)의 미목이 되는 것[27]과 같다는 뜻에서 이름을 붙인 것이다.

못 위의 배에 소각(小閣)이 있는데, 아직 이름이 없어서 '천일방재(天一方齋)'라는 팻말을 걸었다. 영변부의 동헌(東軒)을 '망미헌(望美軒)'이라 하는데, '망미(望美)'란 본래 《시경(詩經)》에 나오는 시인의 뜻을 표현한 말[28]이고, 소동파(蘇東坡)도 그 뜻을 취하여 〈적벽부(赤壁

26 걸양(乞養) : 부모 봉양을 위하여 외임 수령을 원하는 것을 말한다.

27 서호(西湖)가……것 : 소식(蘇軾)의 《항주걸도첩개서호장(杭州乞度牒開西湖狀)》에 "항주에 서호가 있는 것은 사람에게 미목이 있는 것과 같으니, 없어서는 아니 될 것입니다.〔杭州之有西湖 如人之有眉目 蓋不可廢也〕"라고 한 말을 가리킨다.

28 망미(望美)란……말 : 망미는 미인을 그린다는 뜻으로, 미인은 임금을 말한다. 흔히 멀리 떠나온 신하가 임금을 연모하는 뜻으로 쓴다. 《시경(詩經)》〈패풍(邶風) 간혜(簡兮)〉에 "누구를 그리워하는고? 서방의 미인이로다. 저 미인이여, 서방의 사람이로다.〔云誰之思 西方美人 彼美人兮 西方之人兮〕" 하였는데, 주희(朱熹)의 집전(集傳)에 "현자가 쇠한 세상의 하국에서 뜻을 얻지 못하여, 다만 성했을 때의 훌륭한 왕을 생각하였다. 그러므로 그 말이 이와 같으니, 뜻이 원대(遠大)하다.〔賢者不得志於衰世之下國 而思盛際之顯王 故其言如此 而意遠矣〕"라고 하였다.

賦)〉에 썼다.[29] 지금 내가 근신(近臣)으로 있다가 외직으로 나와 보니, 진실로 주상이 계신 대궐을 그리워하는 마음이 생겼다. 그리하여 마침내 그 뜻을 엮어서 이 배에 이름을 지었으니, 이는 이곳에 거처하고 노닐면서 나의 회포를 부친 것이다. 정자에 기문이 있어야 하는데, 내가 그 기문을 잘 지을 수 없기에 다만 정자와 못의 연원만 서술하여 지지(地誌)를 짓는 자가 채록하는 데 대비하고자 한다.

29 소동파(蘇東坡)도……썼다 : 소식의 〈전적벽부(前赤壁賦)〉에 "이에 술을 마시고 즐거움이 고조에 달하여 뱃전을 두드리며 노래하기를 '계수나무 노와 목란 상앗대로, 맑은 물결을 치며 달빛 흐르는 강물을 거슬러 오르도다. 아득한 나의 회포여, 하늘 저 끝에 있는 미인을 그리도다.'라고 하였다.〔於是飮酒樂甚 扣舷而歌之 歌曰 桂棹兮蘭槳 擊空明兮泝流光 渺渺兮余懷 望美人兮天一方〕"라는 말이 나온다.

몽천암 중수기

重修夢泉菴記

대관령 동쪽에 고을이 아홉[30]인데, 그 고을들이 바다를 따라 늘어서 있으면서 높은 산을 등지고 큰 바다에 임하여 있다. 구불구불 형성되어 있는 모래섬과 백사장, 여기저기 세워져 있는 사관(寺觀)과 누대에서 해와 달이 뜨는 입구를 구경하고 고래와 물고기가 헤엄치는 거센 파도를 감상할 수 있으니, 실로 즐기고 놀라워할 만한 곳이다. 이 얼마나 훌륭한 구경거리인가! 그런데 고성군(高城郡)이 다른 여덟 고을보다 더 이름난 이유는 삼일호(三日湖)[31]가 있기 때문이다. 호숫가에 몽천암(夢泉菴)이라는 작은 절이 있는데, 나그네와 여행자의 편의를 위하여 건립된 것이다. 예전에는 절에 샘이 없었는데, 꿈에 신인(神人)이 가리킨 곳을 파서 샘을 얻었기 때문에 이 이름을 붙였다고 한다.

이 호수는 들판에 물이 모여 생긴 것으로, 세로로 6, 7리쯤 되고 가로로는 그 3분의 1 정도 된다. 호수를 바라보면 끝이 없는 듯한데,

30 대관령……아홉 : 영동 지역의 해안에 임해 있는 고을인 흡곡(歙谷), 통천(通川), 고성(高城), 간성(杆城), 양양(襄陽), 강릉(江陵), 삼척(三陟), 울진(蔚珍), 평해(平海)를 가리키는 듯하다. 《海東地圖》

31 삼일호(三日湖) : 강원도 고성군에 있는 호수로, 삼일포(三日浦)라고도 한다. 관동팔경의 하나인데, 신라 때에 영랑(永郎), 술랑(述郎), 남석랑(南石郎), 안상랑(安祥郎) 등 네 화랑이 이곳에 왔다가 사흘을 머물렀던 데서 유래된 명칭이다. 《新增東國輿地勝覽 卷45 江原道 高城郡》

가득 찬 물은 고요하고 잔물결은 살랑살랑 인다. 호수의 남쪽에 짙푸른 소나무들이 빽빽이 서 있으며, 36개의 기이한 봉우리가 구불구불 뻗어 빙 둘러 서 있는데, 그 모습이 깊고 그윽하며 예쁘고 고와서 사람들을 즐겁게 한다. 절이 호수의 북쪽 언덕에 있는데, 산의 양쪽 자락이 마치 양팔을 구부리고 있는 듯하여, 절에 앉아서 보면 동그란 호수의 수면이 거울을 열어 놓은 듯 맑고 비단을 펼쳐 놓은 듯 빛난다. 여러 봉우리들은 더욱 촘촘하게 휘돌아 모여서, 깊고 그윽한 것은 더욱 고요하고 으슥하며 예쁘고 고운 것은 더욱 빼어나고 아름답다. 호수의 경관이 본래 아홉 군에서 으뜸이지만 이 절에 와 보지 않고서는 그 경관을 다 볼 수가 없다. 따라서 이 호수가 있는 한 이 절이 없어서는 안 될 것이다.

이 절은 신라 때에 창건되어 여러 차례 흥폐를 거쳤다. 조지겸(趙持謙)[32]이 이 군에 부임하여 절이 허물어진 것을 애석하게 여기다가 임기가 끝나 돌아간 뒤에 군수 신여식(申汝拭)[33]에게 편지를 보내어 절을 중건하게 하였는데, 절이 중건된 때가 숙종 병인년(1686, 숙종12)이다. 갑자년(1744, 영조20) 영동에 화재가 일어나 하루에 700리를 태웠

32 조지겸(趙持謙) : 1639~1685. 본관은 풍양(豐壤)이며, 자는 광보(光甫), 호는 오재(汚齋)이다. 이조 좌랑, 사간, 승지, 대사성, 부제학, 형조 참의 등을 두루 역임하였고, 외직으로 1681년(숙종7) 고성 군수, 1685년 경상도 관찰사를 지냈다. 이조 판서에 추증, 광주(廣州)의 명고서원(明皐書院), 고성(高城)의 향사(鄕祠)에 제향되었다. 저서로 《오재집(汚齋集)》이 있다.

33 신여식(申汝拭) : 1627~1690. 본관은 평산(平山)이며, 자는 옥보(玉甫), 호는 석호(石湖)이다. 신립(申砬)의 증손자이자 신준(申埈)의 아들이고, 신정하(申靖夏)의 조부이다. 1682년 고성 군수, 1685년 파주 목사를 지냈다.

는데, 이 절도 그때 소실되었다.

지금 군수 박후(朴侯)가 한탄하며 한숨을 쉬고 말하기를 "절이 복구되지 않은 것은 내 책임이다." 하고는 승려를 모집하고 시주를 받아서 얼마간의 경비를 마련하고 자신도 있는 힘껏 도와서 공사를 시작한 지 3년 만에 완공하니, 이때도 금상 병인년(1806, 순조6)이다.

이해 가을에 내가 동쪽으로 풍악산(楓嶽山)을 유람하였는데,[34] 9월 9일에 안문(雁門)을 넘어 삼일호에 이르렀다. 박후가 배를 매어 놓고 나를 기다렸다가 함께 배를 타고 단서벽(丹書壁)[35]을 찾아보고 매향비(埋香碑)[36]를 읽기도 하며 물길을 따라 오르내리다가 사선정(四仙亭)[37]에 올랐다. 절에서 점심밥을 먹었는데, 절의 마룻대와 기둥, 처마와 지붕은 완성되었으나 아직 흙벽은 바르지 않은 상태였다.

내가 평소에 이 일을 마음속에 담아 두고 있었는데, 거기서 돌아온 지 한 달 만에 박후가 나에게 편지를 보내 말하기를 "절이 이제 완성되었는데, 어찌 기문이 없을 수 있겠소." 하였다. 내가 탄식하며 말하기를,

34 풍악산(楓嶽山)을 유람하였는데 : 1806년(순조6) 금강산을 유람하며 그 여정에 따라 저자의 견문을 적은 〈풍악기(楓嶽記)〉가 《죽석관유집》 제3책에 실려 있다.

35 단서벽(丹書壁) : 삼일호에 있는 바위섬으로, 단서암(丹書巖)이라고도 한다. 신라 때 네 화랑이 삼일호에 놀러 왔다가 바위에 붉은 글씨로 '영랑도남석행(永郎徒南石行)'이라는 글자를 새겨 놓았다고 하여 붙여진 이름이라고 한다. 《林下筆記 卷37 蓬萊秘書》

36 매향비(埋香碑) : 단서벽 꼭대기에 있다는 비석으로, 1309년(충선왕1) 강릉도 존무사(江陵道存撫使) 김천호(金天皓) 등이 중 지여(志如)와 함께 삼일포에 향나무를 묻은 것을 기념하여 세웠다고 한다. 《新增東國輿地勝覽 卷45 江原道 高城郡》

37 사선정(四仙亭) : 단서벽 위에 있는 정자로, 신라 때 네 화랑이 삼일호에서 놀고 간 것을 기념하여 세웠다고 한다. 1326년(충숙왕13) 존무사(存撫使) 박숙정(朴叔正)이 세웠다고 전한다. 《林下筆記 卷37 蓬萊秘書》

"박후는 참으로 현명하구나! 이런 일은 보통 사람들은 시급하게 여기지 않는 것인데, 후는 급선무로 여겨서 시주를 모으고 자신의 박봉을 보태어, 절의 옛 모습을 사라지지 않게 하고 호수의 경관도 바뀌지 않도록 하였다. 그리하여 노닐며 구경하는 사람들이 휴식할 수 있도록 하였으니 현명하지 않고서야 그리할 수 있었겠는가."

하였다. 나는 박후의 이름이 절과 함께 오래 전해지리라 생각한다. 이 때문에 기문을 쓰지 않을 수 없다. 박후의 이름은 상영(尙榮)이고 자는 경보(慶甫)이며, 본관은 고령(高靈)이다.[38]

38 박후의……고령(高靈)이다 : 박상영(朴尙榮, 1758~?)은 1783년(정조7) 계묘(癸卯) 식년시(式年試)에 급제하여 관직에 진출하였고, 고성 군수를 역임하였다.

평강에서 금성까지 길에서 본 광경을 적은 기문
自平康之金城道路歷覽記

평강(平康)을 출발하여 20리를 가면 적빈원(赤濱院)에 이른다. 적빈원은 길손들이 쉬었다 갈 수 있도록 세운 것인데, 평강・김화(金化) 두 읍에서 함께 관할한다. 큰 시내가 적빈원을 둘러싸고 있는데, 시내를 넘어가면 김화 땅이다.

시내의 물빛은 밝은 감색이고 시냇가에는 석벽이 자리하고 있는데, 적빈원은 그 맞은편에 서 있다. 암벽의 둘레가 수백 보쯤 되는데, 벼랑이 그리 높지는 않으면서 아로새긴 것 같은 주름이 볼만하고, 색깔은 검은데 거기에 단풍나무와 전나무가 덮고 있어서 붉은 잎이 실로 산뜻하다.

잠시 말을 멈추고 쉬었다가 출발하여 또 1리를 가면 산현(山峴)에 이르는데, 큰 바위가 천 길이나 솟아 있다. 바위 색깔은 황토 빛이고 간간히 울긋불긋한 나무가 자라는데, 이 또한 볼만하다. 또 10리를 가서 수양정(垂楊亭)에 이르러 점심을 지어 먹었다. 여기서 10리를 가서 여파령(餘坡嶺)을 넘으면 금성(金城) 땅이다. 또 10리를 가서 형제령(兄弟嶺)을 넘고 산을 내려가면 정천(正遷)에 이른다. 여기에는 300보쯤 되는 시냇물이 곧장 흘러내리고, 시내를 따라 돌길이 나 있는데, 중간중간에 기이한 바위가 서 있고, 미끈한 단풍나무와 느릅나무가 빽빽하게 서 있다.

말에서 내려 남여(藍輿)를 타고 일부러 느긋하게 나아갔다. 엄애리(罨厓里)와 동령동(東泠洞)에는 모두 맑은 물이 굽이굽이 흐르고 기암

절벽이 에워싸고 있으며, 아름답고 진귀한 나무가 빽빽하게 뒤덮고 있는데, 그 잎은 울긋불긋하고 푸릇푸릇한 색이 어우러져 있다. 이 모습을 화공에게 그리게 한다면 모두 소폭의 가을 풍경이 될 수 있을 것이다. 동령동을 다 지나가면 들이 나오는데, 금성현 관할의 남대천(南大川), 서대천(西大川)이 멀리 보이고 길게 뻗친 수풀이 빽빽하게 우거져 있다. 서교(西橋)를 건너서 꺾어 돌아 조금 가면 피금정(披襟亭)에 이르는데, 만여 그루의 교목이 서 있고 앞으로 대천을 굽어보고 있다.

내가 경술(1790, 정조14), 신해(1791) 연간에 세 차례 관북(關北)을 간 적이 있는데, 그때마다 이 피금정에 올랐고, 지금 다시 오게 되었다. 이 정자는 큰길 옆에 있어서 남북으로 오가는 사람들이 날마다 올라가 조망하니, 굳이 내가 기문 쓰기를 기다릴 필요가 없다. 그러나 적빈원을 비롯한 여러 승경은 외진 곳에 위치하여 관심을 가진 사람들도 별로 찾아오지 않는다. 내가 그 승경들이 세상에 알려지지 않은 것을 애석하게 여겨 특별히 기록한다. 병인년(1806, 순조6) 9월 2일.

회양에서 신원을 지나며 적은 기문
淮陽新院記

단발령(斷髮嶺)을 넘으면 너른 들이 나오는데, 들의 형세가 넓으면서도 길쭉하고 큰 내가 그 가운데를 관통하여 곧장 남쪽으로 흐른다. 계곡을 따라 서쪽으로는 전체가 작은 암벽인데, 단풍으로 울긋불긋 물들어 있으며, 바위는 깨끗하고 모래밭은 평평하여, 바라보면 눈앞이 온통 눈빛처럼 하얗다. 민가가 오밀조밀 모여 있고 들녘에 논이 가득하여, 가다 보면 자주 아름다운 마을을 만나게 된다.

금성(金城)의 상기성(上岐城)과 하기성(下岐城) 일대도 좋은 땅이지만 골짝이 좁고 시내가 얕기 때문에 훤하고 넓어서 살기 좋은 신원(新院)보다는 못하다. 통구(通口)에서부터 장안사(長安寺)로 가는 사람들이 반드시 여기서 말에게 여물을 먹이기 때문에 원(院)을 설치하여 편의를 제공하고 있다.

풍악기
楓嶽記

우리나라의 명산 가운데 으뜸이 풍악산(楓嶽山)인데, 단풍나무가 많아서 그 이름이 붙여졌다. 또 금강산(金剛山)이라고도 하고 기달산(怾怛山)이라고도 하는데, 산의 자취를 승려들이 발견하였기 때문에 불교어로 이름이 붙여진 것이다.[39]

이 산이 동해 가에 있는데, 남북으로 길게 뻗은 것은 만물초(萬物肖) 골짜기이고, 온정령(溫井嶺) 너머에 있는 것은 비로봉(毘盧峯)이다. 변화무궁하게 산줄기가 펼쳐져 있고 웅대한 산세가 구불구불 뻗어 나가다 무더기로 불쑥 솟아서 고성(高城)을 가로지르고 회양(淮陽)까지 뻗어 있다.

산의 동쪽을 '외산(外山)', 서쪽을 '내산(內山)'이라 한다. 우뚝하게 높은 봉우리가 헤아릴 수 없을 정도로 많은데, 그중에서도 비로봉이 가장 높으며 남면(南面)하여 굳게 버티고 서 있다. 비로봉 앞은 중향성(衆香城)이고, 중향성이 뻗어 가다가 다시 우뚝 솟으면 망고대(望高臺)이다. 왼쪽은 구기연(具其淵), 오른쪽은 구룡폭포(九龍瀑布)이며, 그 뒤쪽은 내수점(內水岾)인데, 이를 경계로 내산과 외산이 나뉜다.

39 불교어로……것이다 : '금강(金剛)'은 금강석을 가리키는데, 불교에서 그 단단하고 부서지지 않는 특성을 부처의 지혜나 불법 등의 상징으로 여겼다. 《大藏法數 卷41》《大唐西域記 縛喝國》 또한 《화엄경(華嚴經)》에, 바다 가운데 금강산이 있는데, '금강'은 체(體)로서 백금과 같은 모습을 가리키며 '기달(怾怛)'은 상(狀)으로서 인도어로 용출(湧出)을 뜻한다고 하였다. 《秋江集 卷5 遊金剛山記》《林下筆記 卷37 蓬萊秘書》

동천(洞天)[40] 가운데 이름난 곳은 다음과 같다. 장안사(長安寺) 골짜기는 내산의 첫째 구비이다. 영원동(靈源洞), 백탑동(百塔洞), 백천동(百川洞)은 온 산의 계곡물이 모이는 곳이다. 거슬러 올라가면 표훈사(表訓寺) 골짜기인데, 큰 절이 여기에 있다. 그 위쪽은 정양사(正陽寺) 골짜기이다. 또 몇 리를 가서 왼쪽으로 청학대(青鶴臺), 오른쪽으로 소향로봉(小香爐峯)을 끼고 있는 곳이 만폭동(萬暴洞)이다. 수미수(須彌水)를 지나 또 북쪽으로 올라가면 팔담동(八潭洞)과 가섭동(迦葉洞)이다. 중향성 아래에 있는 것이 백운동(白雲洞)이고, 비로봉 아래에 있는 것이 원적동(圓寂洞)이다. 내수점을 넘으면 효운동(曉雲洞)이고, 여기서 조금 가면 선담동(船潭洞)이다. 또 몇 리쯤 가면 유점사(楡岾寺) 골짜기인데, 골짜기 안이 크고 널찍하며 사찰은 빼어나고 수려하다. 중내원(中內院) 골짜기와 백탑동은 서로 안팎으로 위치해 있는데, 망고대의 맑은 기운이 서리어 만들어진 것이다. 백천교(百川橋) 골짜기와 발연(鉢淵) 골짜기, 신계사(神溪寺) 골짜기 등 여러 골짜기에는 모두 물이 흘러나온다.

봉우리는 모두 아로새긴 듯한 흰 바위가 겹겹이 쌓여 있고, 계곡물은 다 옥구슬이 부딪치는 소리를 내고 있다. 골짜기는 굽이굽이 휘감아 도는 곳도 있고 깊고 으슥한 곳도 있으며, 환하고 넓어서 놀 만한 곳도 있고 몹시 험하여 아예 오를 수 없는 곳도 있으며, 너무 가팔라서 오래 머물 수 없는 곳도 있으니, 실로 은자가 숨어 살거나 신선이 거처할 만한 곳이다.

40 동천(洞天) : 도교(道教)에서 신선이 사는 곳을 뜻하는데, 흔히 산천으로 둘러싸인 경치 좋은 곳을 이른다. 여기서는 주로 금강산의 골짜기를 가리킨다.

병인년(1806, 순조6)에 내가 평강(平康)에서부터 금성(金城)을 지나서[41] 단발령(斷髮嶺)을 넘고, 내산을 거쳐 외산에 이르러 온정령(溫井嶺)을 넘었는데, 모두 이레가 걸렸다.

처음 내가 단발령에 이르렀을 때 음산한 가을 날씨에 비가 조금 내리고 있었다. 후리(候吏)[42]가 말하기를 "고개 위에서 멀리 풍악산을 바라보니, 운무가 자욱하여 아무것도 분간할 수가 없습니다." 하였다. 나는 옛날 한자(韓子)가 묵묵히 기도를 올려 형산(衡山)의 운무가 걷히자 스스로 이르기를 '정직한 자의 정성이 신명을 감동시킨 것'[43]이라 한 고사를 떠올리며 내심 걱정하였다.

30리를 가서 철이령(鐵彝嶺)에 이르자, 멀리 여러 봉우리들이 줄지어 모습을 드러내는데, 마침 그때 구름이 걷히고 해가 비추어, 빽빽한 봉우리가 선명하게 눈에 확 들어왔다. 철이령을 내려와서 큰 계곡물을 만났고, 언덕을 따라 올라가다가 갑자기 또 계곡물을 건넜는데, 곧

41 평강(平康)에서부터 금성(金城)을 지나서 : 이 행로에서 본 광경을 기록한 〈평강에서 금성까지 길에서 본 광경을 적은 기문〔自平康之金城道路歷覽記〕〉이 제3책에 실려 있다.

42 후리(候吏) : 도로를 보수하거나 도적을 기찰(譏察)하고 빈객을 접대하는 일을 담당하는 관리를 말한다.

43 한자(韓子)가……것 : 당(唐)나라 한유(韓愈)가 형악(衡嶽)에 올라가 읊은 시 〈알형악묘수숙악사제문루(謁衡嶽廟遂宿嶽寺題門樓)〉에 "내 마침 가을비 내리는 계절에 오니, 음기는 어둑한데 맑은 바람은 없구나. 마음을 가라앉히고 말없이 기도를 올림에 감응이 있는 듯한데, 어찌 정직한 자의 정성이 신명을 감동시키지 않겠는가. 조금 있자 운무가 개어 뭇 봉우리 드러나서, 올려보니 우뚝 창공에 버티고 서 있구나.〔我來正逢秋雨節 陰氣晦昧無淸風 潛心默禱若有應 豈非正直能感通 須臾靜掃衆峯出 仰見突兀撑靑空〕"라고 하였다.

하나의 계곡을 거듭 건넌 것이다. 10여 리를 가서 장안사에 도착하였는데, 이곳이 금강산의 입구이다.

여기서부터는 말에서 내려 남여(藍輿)를 탔다. 벼랑을 오르고 시냇물을 건너서 삐죽삐죽한 돌길을 에돌아가고 빽빽한 수풀을 헤쳐 올랐다. 깊은 골짝을 넘을 때는 허공을 밟는 듯하고 높은 절벽을 딛을 적엔 눈앞이 아찔하였다. 잠깐 사이에 마치 두레박틀처럼 오르내리고 보니, 기이한 봉우리들이 휘돌아 합쳐져서 끝없이 번갈아 나오는데, 가파르게 솟은 것은 무시무시하게 사람을 덮칠 듯하고 불쑥 높이 솟은 것은 눈을 부릅뜬 채 막고 있는 것 같았다.

산이 이제 끝났나 싶더니 홀연 휘둘러 감았고, 맑은 물과 기이한 바위가 마치 사람을 기다린 듯이 나타났다. 산은 순전히 바위로 이루어져 있는데 갈라진 틈이 많고, 그 틈새에는 온통 흙이 붙어 있어서 좋은 나무들이 자라고 있었다. 산허리 아래로는 거대한 나무와 늙은 등덩굴이 어지럽게 뒤엉켜서 울창하고 깊숙한 숲을 이루고 있었다. 그때는 9월 초순이었는데, 울긋불긋한 나뭇잎이 마치 비단을 깔아 놓은 것처럼 몹시도 화려하여 보는 사람의 눈길을 사로잡았다. 내산의 여러 절과 골짜기들은 내 발길, 눈길이 닿은 곳마다 다 그러하였다.

중향성의 서쪽에 있는 정양사는 산의 3분의 2쯤 되는 곳에 자리하고 있는데, 아래로 바닥이 보이지 않을 정도로 깊은 골짜기들을 굽어보고 있었다. 헐성루(歇惺樓)와 천일대(天一臺)가 중향성과 정면으로 마주하고 있었다. 수미봉(須彌峯)과 가섭봉(迦葉峯)에서부터 망고대(望高臺)와 현불점(現佛岾)에 이르기까지 비로봉과 일월봉(日月峯)이 거듭 포개어 등을 맞대고 찬란하게 늘어서서 진면목을 내 앞에 훤히 드러내며 조금도 숨김이 없었다. 봉우리들이 북동쪽으로부터 동쪽을 거쳐 동남쪽에 이르기까지 20리를 뻗어 있는데, 원근과 고저에 따라 그 형상이 끝없이 변하고, 아침저녁으로 구름이 끼거나 해가 비치면 그 형색이 갖가지로 바뀌었다.

예전부터 일만이천이라고 일컬은 숫자를 지금 다 꼽을 수는 없지만 대략 말해 보면 이러하다. 모난 것과 둥근 것, 날카로운 것과 곧은 것, 평평한 것과 비스듬한 것, 굽어보는 것과 우러러보는 것, 듬성듬성 서로 떨어져 있는 것과 붙어서 서로 이어진 것, 내달리며 서로 뒤쫓는 것과 마주하고 읍하면서 서로 양보하는 것, 툭 불거져 튀어나온 것과 불쑥 솟아나 다투는 것, 달려가며 돌아보지 않는 것과 나아가다 다시 돌아오는 것, 천천히 가면서 게으름을 피우는 것과 기한에 맞추려는 듯이 바삐 움직이는 것, 삐친 듯 뾰로통한 것과 뽐내는 듯 단아한 것, 화장을 한 듯 예쁜 것과 성내어 소리치는 듯 위엄스러운 것 등 종류마다 같은 것이 없고 모양도 제각기 다르니, 신묘한 변화를 이미 다하였고 교력(巧曆)[44]도 능히 헤아려 볼 수가 없으며, 구경을 하려고 해도 이루 다 감상할 겨를이 없을 것 같았다.

또 몇 리를 가서 만폭동에 이르렀다. 팔담동과 수미동(須彌洞)의 계곡물이 한데 모여 물을 내뿜고 큰 너럭바위가 그 물을 받고 있는데, 세차게 부딪쳐 떨어지는 폭포수 소리에 사람의 말소리를 알아들을 수 없을 지경이었다. 서쪽 골짜기를 따라 상류로 올라가니, 계곡물은 청호

44 교력(巧曆) : 역산(曆算)에 정통한 사람을 이른다. 《장자(莊子)》 〈제물론(齊物論)〉에 "일과 말이 이가 되고 이와 일이 삼이 된다. 이로부터 이후로는 교력이라도 계산해 낼 수 없을 터인데, 하물며 보통사람이겠는가.〔一與言爲二 二與一爲三 自此以往 巧曆不能得 而況其凡乎〕"라고 하였다. 성현영(成玄英)의 주(注)에 "역법을 잘 계산하는 사람이다.〔善巧算曆之人〕" 하였다.

연(青壺淵), 용곡담(龍曲潭), 만절동(萬折洞), 태상동(太上洞), 청랭뢰(淸冷瀨), 자운담(慈雲潭), 우화동(羽化洞), 적룡담(赤龍潭), 강선대(降仙臺)를 지나고, 산봉우리는 청양봉(靑羊峯), 침향근석(沈香根石), 삼난석(三難石)으로 이어지는데, 구비마다 모양이 사뭇 달랐다. 골짜기에 들어가 몇 리를 더 가니, 바닥에 깔린 너럭바위와 옆에 서 있는 절벽은 모두 층층으로 겹겹이 쌓여 있는 형상이었다.

20리를 가자 수미탑(須彌塔)이 갑자기 불쑥 솟아서, 산에 10분의 1쯤 붙어 있는데, 나머지 부분은 둘레를 빙 돌 만하였다. 모양은 둥글고 조각한 것처럼 주름이 져 있었다. 물굽이에 닿아 있는 층계는 마치 융액이 흘러내리는 듯하고 상륜(相輪)[45]은 하늘에 닿을 듯하며 큰 바위가 받침대가 되었는데, 물이 그것을 감돌아 흐르고 있었다. 근방의 바위는 대부분 층층이 쌓여 있는데, 모난 것도 있고 둥근 것도 있었다. 모난 것에는 정사각형부터 비스듬히 모난 것, 직사각형도 있으며, 둥근 것은 완전히 동그란 것부터 비스듬히 둥근 것, 타원형도 있었는데, 모난 것과 둥근 것의 변화가 도무지 끝을 알 수 없을 정도였다.

이곳을 지나 나아가자 산봉우리가 겹겹이 둘러싸고 있고, 봉우리마다 교묘함을 다투는 듯이 우뚝 솟아서 주옥처럼 찬란하게 번갈아 빛을 발하는데, 쌓여서 탑처럼 된 것은 더욱더 헤아릴 수가 없었다. 그러나 숲은 빽빽하고 길도 없어서 남여에서 내려 옷자락을 걷어쥐고서 잡목을 헤치고 계곡물을 건넌 뒤 물줄기가 다한 곳에 이르자 폭포가 나왔고 폭포 옆으로 돌길을 만났다. 왼쪽은 영랑점(永郎岾)이고, 오른쪽은 수

45 상륜(相輪) : 불탑(佛塔) 꼭대기의 수연(水煙) 바로 밑에 있는 청동(靑銅)으로 만든 아홉 층의 원륜(圓輪)을 가리킨다.

미봉인데, 정양사에서는 아득히 보이던 것이 이곳에 이르자 바짝 다가왔다. 비탈길이 산의 10분의 6쯤 되는 높이에 있었으므로 좌우의 봉우리들이 곁에서 굽어보는 것 같았다. 험준하고 울퉁불퉁한 봉우리의 아로새기고 다듬은 듯한 흔적이 온갖 형상을 드러내는데, 그 모습이 가지런하면서도 들쭉날쭉하였다.

만폭동에서 계곡을 따라 북쪽으로 가서 청룡담(靑龍潭)과 세두분(洗頭盆), 백룡담(白龍潭)에 이르렀다. 이곳의 물은 매우 맑고 투명하였고 바위는 몹시 희고 깨끗하였다.

또 북쪽으로 올라가자 팔담(八潭)에 이르렀는데, 팔담의 이름은 흑룡담(黑龍潭), 비파담(琵琶潭), 벽하담(碧霞潭), 분설담(噴雪潭), 진주담(眞珠潭), 구담(龜潭), 선담(船潭), 화룡담(火龍潭)이다. 처음부터 끝까지 10여 리쯤 되고 각기 하나의 바위가 바닥을 이루었는데, 높직하기도 하고 나직하기도 하며, 가파르기도 하고 평평하기도 하며, 움푹 패어 절구처럼 된 것도 있고, 쪼개져서 구유처럼 된 것도 있으며, 깎여서 홀〔圭〕처럼 된 것도 있고, 동그랗게 웅덩이가 된 것도 있으며, 잇몸처럼 울퉁불퉁한 것, 섬돌처럼 가지런하게 꺾인 것 등 실로 천태만상이었다.

흐르는 물은 굽이굽이 감돌면서 바위에 따라 형체를 드러내는데, 부딪혀 솟구치고 꺾이어 굽이치며, 퍼져서 흩어지고 빙빙 돌다 급히 흐르며, 모여서 웅덩이가 되고 떨어져서 여울이 되며, 물병이 쏟아지듯이 마구 치달리고 못물이 넘치듯이 질펀히 흐르며, 흰 무지개가 드리워진 듯, 비단 한 필을 펼쳐 놓은 듯, 밝은 구슬을 뿌려 놓은 듯하였다. 그 색깔은 맑고도 검푸른데, 금고(金膏)[46]를 모아 둔 것 같고 항해(沆瀣)[47]가 고인 것 같았다. 그 소리는 패옥(佩玉)이 울리고 허공에 음악을 연주하는 듯한데, 홍종(洪鐘 큰 종)을 두드리고 뇌고(雷鼓)[48]를 울리는 것 같았다. 대체로 정양사에서 산을 구경하였으니 산에서 볼만한 것은 다 본 것이고, 팔담을 유람하였으니 수석의 구경거리는 다 구경한 셈이다.

팔담을 다 보고 몇 리를 채 안 가서 마하연(摩訶衍)에 이르렀는데, 이 절은 금강산에 있는 여러 절 가운데 작은 것이다. 땅이 더욱 가파르고 골짜기는 더욱 깊은데, 혈망봉(穴望峯)의 신령스러운 동굴을 영롱하게 조망할 수 있었다. 절 뒤쪽은 가섭봉인데, 정양사 동북쪽 봉우리 중에서 세 번째 높은 것이다.

봉우리 아래 동문(洞門)은 깊숙하면서도 좁은데 계곡물이 양쪽 벼랑에 닿아 벼랑이 다 깎여 있다. 골짜기에 들어오는 사람들은 옷을 걷고 나아가는데, 한 발 한 발 돌을 골라 밟으면서 이쪽저쪽으로 펄쩍펄쩍 뛰어서 건너갔다. 절벽을 만나면 나무를 엮어 사다리를 만들어서 직각삼각형 모양으로 세워서 잡고 올라갔다. 기울어진 돌길에서는 올라갈 때 배를 깔고 기어 올라가고 내려갈 때는 등을 대고 조심조심 내려왔는데, 똑바로 앞만 바라볼 뿐 감히 뒤돌아보지 못하였다. 골짜기 안의 여러 봉우리들은 우뚝 빼어나고 곱게 주름진 모습이 수미탑과 비슷하였다.

46 금고(金膏) : 도가(道家)의 선약(仙藥) 이름이다. 당(唐)나라 백거이(白居易)의 〈백련경(百鍊鏡)〉에 "옥분(玉粉)과 금고로 몸을 연마하니, 한 조각 가을 못물처럼 맑아졌구나.〔瓊粉金膏磨瑩已 化爲一片秋潭水〕" 하였다.

47 항해(沆瀣) : 신선이 마신다는 밤사이 내린 맑은 이슬을 이르며, 흔히 신선이 마시는 귀한 음료수를 뜻하는 말로 쓰인다. 《초사(楚辭)》 〈원유(遠遊)〉에 "육기를 먹고 항해를 마심이여, 정양으로 양치질하고 아침노을 머금는다.〔飡六氣而飮沆瀣兮 漱正陽而含朝霞〕" 하였다.

48 뇌고(雷鼓) : 천제(天祭) 때 쓰는 팔면으로 된 북을 가리킨다.

무릇 산에는 중심과 주변의 구별이 있으니, 비유하자면 옥과 박옥의 구별이 있는 것과 같다. 정양사 북쪽으로 마하연까지는 바로 옥에 해당하고, 영원동과 백천동은 박옥에서 아직 벗어나지 않은 격이며, 마하연을 지나면 옥이 다하여 다시 박옥에 가까워진 것이라 할 수 있다.

가섭봉 동쪽으로 언덕 하나를 넘으면 만회암(萬灰菴)이 있다. 만회암 동쪽은 백운대(白雲臺)이고, 백운대 아래는 백운동(白雲洞)이다. 이곳에서는 앞에 빽빽하게 늘어선 중향성의 진면목을 조망할 수 있는데, 비탈길이 좁고 위태로워서 쇠줄을 잡고서야 올라갈 수 있었다. 불지암(佛地菴) 골짜기에 감로천(甘露泉)이 있다. 바위틈에서 물이 솟아 나와 작은 대나무 홈통으로 물을 받아 마셨는데, 물맛이 우유처럼 달고 부드러웠다. 아마도 육우(陸羽)가 이른 혜산(惠山)의 유천(乳泉)[49]이 이와 같았으리라.

20리를 가서 내수점(內水岾)에 이르렀다. 이곳에서 비로봉을 돌아보니, 온통 웅장하게 땅 위로 솟아 중첩된 봉우리들이 빽빽하고 높게 솟아서 아득하고 희끗희끗하게 보였다. 이곳은 내산의 등이고, 중향성에서 보이는 것이 내산의 얼굴이다.

나아가 유점사(楡岾寺)에 도착하였다. 고성 군수(高城郡守)[50]의 편

49 육우(陸羽)가……유천(乳泉) : 육우는 당(唐)나라의 은사로, 차를 매우 즐겨 《다경(茶經)》 3편을 저술하였는데, 훗날 다성(茶聖)으로 추앙된다. 혜산(惠山)은 중국 강소성 무석현(無錫縣)에 있는데, 육우가 이곳의 샘물을 높이 평가하여 '천하제이천(天下第二泉)'이라 하였다. 유천은 본래 종유석에 맺힌 물을 가리키는데, 후대에는 주로 달고 깨끗한 샘물을 가리키는 말로 썼다. 《茶經 煮》《續茶經》

50 고성 군수(高城郡守) : 몽천암(夢泉菴)을 중수한 군수 박상영(朴尙榮)을 가리킨다. 40쪽 주38 참조.

지가 와 있었는데, 편지에서 "어찌 삼일호(三日湖)를 먼저 구경하지 않으십니까?" 하였다.

나는 그 말에 따라 견구(犬邱)[51]에 올랐다. 동쪽으로 큰 바다에 임하였는데, 맑고 푸른 물이 하늘에 닿았다. 바다 가운데 산들이 있어서 구름과 파도 속에 출몰하고 있었는데, 중이 "이곳이 해금강(海金剛)입니다." 하였다.

백천교(百川橋)에 이르러 다시 남여에서 내려 말을 탔다. 다리는 훼손되었고 단지 오래된 비석만이 남아 있었다. 다리 동쪽에는 외원통사(外圓通寺)의 옛터가 있었다. 그다음 골짜기는 발연동(鉢淵洞) 하류의 두 골짜기이다. 정유년(1777, 정조1) 홍수가 진 뒤로 절(발연사(鉢淵寺))이 문을 닫아 다시는 갈 수 없다고 하였다.

20리를 가서 고성의 들녘에 이르렀다. 서쪽으로 외산(外山)을 바라보니, 우뚝 빼어난 여러 봉우리들이 쭉 늘어서 있었다. 고장강(顧長康)이 회계(會稽) 산천의 아름다움을 말하면서 "일천 바위는 빼어남을 겨루고, 일만 골짜기는 물이 다투어 흐른다.〔千巖競秀 萬壑爭流〕" 하였는데,[52] 내가 여기서 그 말이 사물을 기막히게 묘사한 것임을 깨달았다.

51 견구(犬邱) : 금강산 유점사에서 백천리(百川里)로 향하는 지점에 있는 고개로, 원래 이름은 개잔령인데, 개가 고개를 넘으면서 자고 갔다고 하여 붙여진 이름이라고 한다.

52 고장강(顧長康)이……하였는데 : 장강(長康)은 동진(東晉)의 화가 고개지(顧愷之)의 자이다. 고개지가 회계(會稽) 지방에서 돌아와, 그곳의 산천이 얼마나 아름다웠느냐고 묻는 어떤 사람의 말에 대답하기를 "일천 바위는 빼어남을 다투고 일만 골짜기는 물이 다투어 흐르는데, 그 위쪽에는 초목이 무성하여 마치 구름이 피어나고 노을이 뭉친 것 같았다.〔千巖競秀 萬壑爭流 草木蒙籠 若雲興霞蔚〕"라고 하였다.《晉書 卷92 顧愷之列傳》

삼일호는 영동의 여러 승경 중에서 미목(眉目)에 해당한다. 호수 가운데에 섬이 있고 섬에는 사선정(四仙亭)이 있다. 세상 사람들은 이곳을 신라 때의 사선(四仙)[53]이 놀던 곳이라고 한다. 호수의 승경은 내가 지은 〈몽천암기(夢泉菴記)〉에 나온다.

신계사(神溪寺)는 구룡연(九龍淵) 아래의 골짜기에 있다. 비스듬히 에워싸고 있는 검푸른 산봉우리가 마치 가을 하늘에 창을 벌여 세워 놓은 것 같았다. 대체로 외산에는 흙이 많은데, 이 골짜기의 봉우리 중에는 빼어난 바위를 그대로 드러내고 있는 것이 많았다.

골짜기를 따라 물길을 거슬러 20리를 가서 비봉폭포(飛鳳瀑布)와 옥류동(玉流洞)에 이르렀다. 돌길은 더욱 험하고 바위는 더욱 미끄러워 남여를 멘 사람들이 소처럼 땀을 흘리고 숨을 헐떡거렸으므로 남여에서 내려 걸어갔는데, 발이 시큰거려 더욱 애를 먹었다.

10리를 더 가서 구룡폭포(九龍瀑布)에 이르렀다. 온 골짜기는 큰 바위가 패여 만들어진 것으로, 그 거대한 반석은 만 명이 앉을 만큼 널찍하였다. 절벽의 높이는 머리를 치켜들고 보아야 꼭대기를 볼 수 있는데, 사방에서 바닥에 이르기까지 이어 붙인 곳은 볼 수 없었다. 폭포의 높이는 30길쯤 되는데, 두레박줄을 걸어 놓은 것 같기도 하고 무지개를 머금고 있는 것 같기도 하며 우레가 울리는 것 같기도 하였다. 세차게 부딪치며 쏟아지는 물소리가 마치 귀신과 전투를 벌이는

53 사선(四仙) : 신라의 네 국선(國仙)으로, 술랑(述郎), 남랑(南郎), 영랑(永郎), 안상랑(安祥郎)을 이른다. 대체로 효소왕(孝昭王) 때를 전후하여 활약하였다고 알려져 있으나 일설에는 신라 이전 사람들이라고도 한다. 그들은 자주 강원도 지역으로 놀러 다녀 많은 유적을 남겨 놓았다.

것과도 같았다. 폭포 아래에는 깊이를 헤아릴 수 없는 큰 웅덩이가 있었다. 환하게 빛나며 출렁이는 물결이 물고기 비늘처럼 반짝이는데, 황홀하여 육안으로 볼 수 없을 지경이었다. 서늘한 기운이 사람의 머리털을 쭈뼛 곤두서게 하니, 이곳이야말로 신물(神物)이 깃들어 사는 곳이다.

폭포 옆으로 절벽이 쌍으로 솟아 있는데, 마치 돌문의 기둥 같았다. 좌우로 촘촘히 감싸고 폭포를 보호하고 있으니, 비록 이 골짜기에 들어온 사람이라 하더라도 그 앞으로 곧바로 다가가지 않으면 폭포를 볼 수가 없었다. 폭포에 구기폭포와 구룡폭포가 있는 것은 탑에 수미탑과 백탑이 있는 것과 같은데, 그 두 가지 모두 나는 하나는 보고 다른 하나는 보지 못하였으니, 지금 감히 우열을 가리지는 않겠다.

만물초(萬物肖) 골짜기는 온정령 북쪽에 있다. 봉래(蓬萊) 양사언(楊士彦)[54]의 기문에서 "그 괴이한 형상들이 온갖 모양을 다 갖추고 있다."라고 대단스럽게 말하였는데, 뒷사람들은 그곳이 어딘지 알 수 없다. 지금 볼 수 있는 것이라곤 온정령 길을 따라가다 올려다 볼 수 있는 봉우리 하나뿐이다. 그 크기는 비로봉과 같고, 작은 봉우리들이 여러 층으로 겹겹이 쌓여 있으며, 색상이나 모습은 대체로 중향성과 비슷하면서도 정세함은 그것을 능가하였는데, 봉우리의 겉모습만 놓고 보아도 아름다움과 교묘함은 현격히 차이가 났다. 봉우리 안의 여러

54 양사언(楊士彦) : 1517~1584. 자는 응빙(應聘)이고, 호는 봉래(蓬萊)·완구(完邱)·창해(滄海)·해객(海客)이다. 평창 군수(平昌郡守), 강릉 부사(江陵府使), 회양 군수(淮陽郡守) 등을 역임하였다. 회양 군수 때 금강산 만폭동(萬瀑洞) 바위에 '봉래풍악원화동천(蓬萊楓嶽元化洞天)' 8자를 새겼는데 지금도 남아 있다고 한다. 저서에 《봉래시집(蓬萊詩集)》이 있다.

골짜기들도 기이하고 빼어난 모습을 간직하고 있으나 가마꾼을 믿고 갈 수 있는 곳이 아니었다. 내가 늙어 감에 따라 마음먹은 대로 다 찾아다닐 수 없을 것이므로 산에서 나오는 날 마음속에 아쉬움이 있었다.

여러 경치를 기록하면서 중심은 상세하게 하고 주변은 간략하게 하였으니, 이는 큰 것을 거론하면 작은 것은 자연히 알 수가 있기 때문이다. 보덕굴(普德窟)의 구리 기둥과 묘길상(妙吉祥)의 석불, 삼일호의 붉은 글씨가 새겨진 옛 각석(刻石), 여러 사찰의 시주로 받은 보기(寶器) 등도 대단한 구경거리들이지만 이것들은 모두 사람의 힘으로 만들 수 있는 것이므로 다 생략하였다.

함구문 중수기

重修含毬門記

함구문(含毬門)은 평양성(平壤城)의 남문이다. 천계(天啓)[55] 계해년(1623, 인조1)에 성의 규모를 축소하여, 남쪽에 주작문(朱雀門)을 두고 함구문은 허물었다. 이때부터 평양 사람들이 옛 성을 중성(中城)이라 하였는데, 그것이 내성(內城)과 외성(外城) 사이에 있었기 때문이다. 자세한 내용이 이 문충공(李文忠公)[56]이 지은 〈정양문기(正陽門記)〉[57]에 나온다.

무자년(1768, 영조44)에 감사(監司) 정실(鄭宲)[58]이 처음으로 중성을 축조하였고, 이경호(李景祜)[59]가 그 일을 계승하여 다시 이 문을

55 천계(天啓) : 명(明)나라 희종(熹宗)의 연호로, 재위 기간은 1621년부터 1627년까지이다.

56 이 문충공(李文忠公) : 조선 후기 문신 이종성(李宗城, 1692~1759)의 개시(改諡)이다. 이종성의 본관은 경주(慶州), 자는 자고(子固), 호는 오천(梧川)이다. 1741년(영조17) 평안도 관찰사를 지냈고, 뒤에 예조 판서, 형조 판서, 대사헌, 영의정을 역임하였다.

57 정양문기(正陽門記) : 이종성이 지은 〈정양문 중수기(正陽門重修記)〉를 말한다. 《오천집(梧川集)》 권9에 실려 있다.

58 정실(鄭宲) : 1701~1776. 본관은 연일(延日), 자는 공화(公華), 호는 염재(念齋), 시호는 문정(文靖)이다. 이재(李縡)의 문인이다. 1768년(영조44) 평안도 관찰사를 지냈고, 도승지, 이조 판서, 봉조하를 역임하였다.

59 이경호(李景祜) : 1705~1779. 본관은 용인(龍仁), 자는 효석(孝錫)이다. 정제두(鄭齊斗)의 문인이다. 1768년 평안도 관찰사를 지냈고, 대사간, 대사헌, 동지돈녕부사, 예조 판서, 판의금부사를 역임하였다. 1774년 아들 이재협(李在協)에 의하여 보국숭록대부에 가자되고 기로소(耆老所)에 들어갔다.

세웠다. 지금은 성곽이 허물어졌고, 문은 비록 남아 있으나 서까래가 다 부러지고 떨어져 나가 그 반도 남아 있지 않았다.

내가 평안도 관찰사로 부임한 이듬해(1809, 순조9)에 공인을 모집하여 수리를 마친 뒤 초루(譙樓)에 올라 관속들에게 말하였다.

"이 문은 이 제독(李提督)[60]이 군사를 지휘하여 왜군을 격파한 곳이다. 제독이 세 방면으로 성을 공격하도록 장수들에게 명하였는데, 장군 낙상지(駱尙志)[61]가 바로 이 문으로 들어갔다. 당시 몸으로 부딪치며 먼저 뛰어올라 적진을 뒤흔들며 고함치던 그의 모습이 얼마나 장렬하였겠는가.

이제는 100년이 지나 이 문을 지나는 사람들은 다만 집들이 즐비한 저잣거리와 가지런히 펼쳐진 농토, 수많은 인구와 아름다운 강산들만 보게 되니, 혁혁하고 신령스러운 위무(威武)로 우리 동방을 다시 안정시키신 현황제(顯皇帝)[62]의 공덕을 누가 알겠는가.

60 이 제독(李提督) : 명(明)나라 무장 이여송(李如松, ?~1598)을 이른다. 이여송의 자는 자무(子茂), 호는 앙성(仰城), 철령(鐵嶺) 출신이다. 임진왜란 때 방해어왜총병관(防海禦倭總兵官)으로 병사 4만을 이끌고 조선에 와 소서행장(小西行長)의 군대를 기습하여 평양성을 함락시켰으나, 벽제관(碧蹄館) 싸움에서 크게 패하여 퇴각하였다.

61 낙상지(駱尙志) : 명나라 무장으로, 호는 운곡(雲谷)이며, 절강(浙江) 소흥부(紹興府) 여요현(餘姚縣) 사람이다. 임진년(1592, 선조25) 12월에 흠차통령절직조병신기영좌참장(欽差統領浙直調兵神機營左參將)으로 보병 3천을 이끌고 왔다. 여력(膂力)이 월등하여 1천 근(斤)의 무게를 들었으므로 낙천근(駱千斤)으로 불리었다. 《象村集 卷57 天朝詔使將臣先後去來姓名記自壬辰至庚子》

62 현황제(顯皇帝) : 명나라 제14대 황제 신종(神宗)의 시호이다. 이름은 주익균(朱翊鈞), 연호는 만력(萬曆)이다. 임진왜란 때 조선에 대규모 군대를 파견하였는데, 결국 재정 악화와 정치적 혼란을 극복하지 못하여 명나라의 멸망을 앞당겼다.

이 문은 신사(信史)[63]에 기록되어 있어 중국에도 알려져 있으니, 실로 없어서는 안 될 것이다. 비록 그러하나 성이 있고서야 성문이 있는 것이니, 문만 있어서는 방어를 할 수가 없다. 이것이 옛사람들이 중성을 복원하는 데 그토록 정성을 쏟은 까닭이다. 나 같은 사람은 대개 여기에 뜻은 갖고서도 미처 엄두를 내지 못하였다. 그렇지만 뒷사람이 내가 이 문을 중수하는 데 힘을 쏟은 것을 본다면 이 성을 복원하지 못한 나의 아쉬움도 알 것이다.

또한 내가 걱정하는 점이 있다. 대저 성이란 폭도를 막기 위한 것이니,[64] 예전에 이 성을 축조한 사람이 회초리를 잡고 인부를 때리며 독려한 것은 오직 성이 튼튼하지 못할까 걱정해서이다. 그런데 성이 외적에게 점령되었을 경우에는 우리 군사로 우리 성을 공격하여 양려(梁麗)[65]와 분온(轒轀)[66]이 성 아래에 어지러이 늘어서 있을

63 신사(信史) : 확실하여 믿을 수 있는 사적이라는 뜻으로, 여기서는 문맥상 중국의 정사(正史)를 가리키는 듯하다. 평양성은 《위서(魏書)》, 《수서(隋書)》 등 중국 정사에 일찍부터 등장하고 임진왜란 전투에 관한 기록도 《명사(明史)》 〈이여송열전(李如松列傳)〉·〈일본열전(日本列傳)〉 등에 나오지만, 정사에 함구문이 직접 등장하는 것은 찾아볼 수 없다.

64 성이란……것이니 : 《춘추호씨전(春秋胡氏傳)》에 "성은 폭도를 막고 백성을 보호하기 위한 것이다.〔城者 禦暴保民之所〕"라는 말이 나온다.

65 양려(梁麗) : 양(梁)은 들보, 여(麗)는 마룻대를 뜻하는데, 여기서는 공성(攻城) 도구를 말한다. 《장자(莊子)》 〈추수(秋水)〉에 "대들보와 마룻대로는 성벽을 쳐부술 수 있지만, 조그만 구멍은 틀어막을 수 없다.〔梁麗可以衝城 而不可以窒穴〕"라는 말이 나온다.

66 분온(轒轀) : 성을 공격할 때 쓰는 병거(兵車)로, 사람이 이 안에 들어가서 흙을 날라 참호를 메우는 데 썼다고 한다. 일설에는 고대 중국의 북방 민족이 사용하던 병거라고도 한다. 《孫子 謀攻 杜牧注》《文選 長楊賦 李善注》

것이니, 그때는 도리어 성이 높아서 넘을 수 없고 견고해서 뽑을 수 없는 것을 우려하지 않겠는가. 그렇다면 단지 험한 성지(城池)만 믿고 적을 방어할 수 있다고 생각하는 자가 근본을 안다고 할 수 있겠는가. 이것이 내가 제군들과 함께 알고 힘써야 할 것이로다."

모두가 좋다고 하였다. 마침내 써서 기록한다.

논 論

주공론
周公論

천하의 우환은 늘 편중된 곳에서 생겨난다. 그러므로 성인(聖人)이 처음 나라를 세울 때 이 점을 살펴서, 미연에 방지하고 조짐을 막아서 나라가 오래 지속되고 우환이 없도록 하였다. 그러나 불행히도 변고를 만나 그 형세가 편중될 수밖에 없는 상황이 되면 비록 성인이 있더라도 역시 어떻게 할 방법이 없다. 예컨대, 주(周)나라가 망한 우환은 임금이 미약하고 신하가 강성한 데에 있었으니, 주나라의 국법이 좋지 않았던 것은 아니지만 그 형세가 그러하였던 것이다. 무엇 때문인가?

무왕(武王)이 세상을 떠났을 때, 성왕(成王)은 어려 천자의 자리에 오를 수 없었기 때문에 주공(周公)이 성왕을 등에 업고 제후의 조회를 받았으니, 백관(百官)이 분주히 달려와 각자의 일을 가지고 총재인 주공의 명을 들었다. 당시 주공은 친척으로 보면 숙부이고, 덕으로 보면 성인이며, 나이로 보면 원로(元老)이고, 관작으로 보면 사보(師保)였다. 성왕은 아주 어리고 작은 몸[67]으로 주공의 윗자리를 차지하고 가만히 앉아서 주공이 치세를 이루어 주길 바라던 터라, 한창 자신에게 잘못이 있어 백금(伯禽)이 매 맞는 것[68]을 두려워하는 지경이었으니, 그가 주공을 보기를 실로 우뚝하게 높은 존재로 여겼을 것이다. 어찌 성왕만 이처럼 여겼겠는가. 제후(諸侯)와 백관(百官)들도 모두 그렇게 여겼으니, 이것이 바로 형세가 편중될 수밖에 없었던 까닭이다. 편중되면 가벼운 쪽이 그편으로 쏠리게 되어 강약의 형세가 따라서 생기게 마련이다.

태공(太公)이 봉국(封國)으로 갈 때 주공이 "어떻게 제(齊)나라를 다스리려 합니까?"라고 묻자, 태공이 "현능(賢能)한 이를 높이고 공(功)을 숭상하겠습니다."라고 대답하였는데, 주공이 그 말을 듣고 "후세에 반드시 찬탈하고 시역(弑逆)하는 신하가 있을 것이다."라고 하였다. 또 노공(魯公 주공의 장자인 백금(伯禽))이 봉국으로 갈 때 주공이 "어떻게 노(魯)나라를 다스리려 하는가?"라고 묻자, 노공이 "친한 이를 친하게 여기고 존귀한 이를 높이겠습니다."라고 대답하였는데, 주공이 이 말을 듣고 "후세에 나라가 점차 쇠약해질 것이다."라고 하였다.[69]

67 아주……몸 : 원문은 '衣不滿尺之身'으로, '의불만척(衣不滿尺)'은 입는 옷이 한 자도 되지 않는다는 뜻인데, 《예기(禮記)》 〈곡례 하(曲禮下)〉에 "누가 천자의 나이를 물으면 '들으니 겨우 몇 자의 옷을 입는다.'라고 대답한다.〔問天子之年 對曰 聞之 始服衣若干尺矣〕"라고 한 내용이 보인다.

68 자신에게……것 : 주공(周公)이 천자의 일을 섭행할 때 자신의 아들인 백금(伯禽)에게 부자, 군신, 장유의 도리를 엄하게 가르쳤는데, 이는 성왕(成王)으로 하여금 보고 세자가 지켜야 할 도리를 알게 하려는 의도였다. 때문에 성왕에게 과실이 있으면 곧 백금에게 매를 때리며 그 허물을 경계하였다. 《禮記 文王世子》

69 태공(太公)이……하였다 : 주공이 태공과 노공에게 봉국의 정사에 대하여 논평한 이 내용은 본래 《한서(漢書)》 권28 〈지리지(地理志)〉의 〈제지(齊志)〉와 〈노지(魯志)〉에 나오는데, 《한서》 〈지리지〉에는 백금은 등장하지 않고 단지 태공과 주공이

처음 나라를 세울 때의 정사를 듣고서 수백 년 후에 일어날 일을 마치 촛불로 비추듯, 거북점을 치듯이 미리 알았으니, 어찌 남의 일에 대해서는 그리 잘 알았으면서 자신의 일에 대해서는 몰랐을 리가 있겠는가. 비록 주공이라도 반드시 두려워하면서 처신할 바를 생각했을 터이니, 자신을 낮추고 임금을 높일 수 있는 일이라면 무슨 일이고 하지 않음이 없고, 미연에 방지하고 조짐을 막을 수 있는 것은 무엇이든 지극히 하지 않음이 없었을 것이다. 그렇다면 이는 선하지 않은 것이라곤 조금도 없었다고 하겠다. 그러나 자신이 지닌 인품과 덕성이 이미 존경받을 만하였기에, 비록 물러나 스스로 굽히려 하여도 사람들이 또 추존한 것이다. 그리하여 그 폐해가 아랫사람이 윗사람을 범하는 데에 이르러 끝내는 후세 사람들이 구실로 삼게 하였으니, 이것이 어찌 주공의 본심이었겠는가. 필시 부득이한 형세가 있었던 것이다. 가령 무왕이 더 오래 살아서 주공이 그를 보좌하였더라면 이런 일이 없었을 것이요, 무왕이 비록 세상을 떠났어도 성왕이 장성하였더라면 또한 이런 일은 없었을 것이다. 따라서 주공은 불행한 상황에 처하여 어찌할 수 없었던 사람이다.

곽광(霍光)이 참승(驂乘)[70]을 하였을 때 선제(宣帝)가 그를 두려워하고 꺼려서 마치 등에 까끄라기가 들어간 것처럼 불편하게 여겼는데,

서로 상대의 정사에 대하여 논평하는 대화로 나온다. 또한 송(宋)나라 소철(蘇轍)의 〈상론(商論)〉에도 이와 같은 내용이 나온다.

70 참승(驂乘) : 임금을 모시고 수레를 타는 것이다. 옛날 수레 타는 법은 어자(御者)가 수레 가운데에 앉고, 어자를 기준으로 임금이 왼쪽에, 호위하는 사람이 오른쪽에 타서 수레가 기울지 않게 하였다. 이렇게 오른편에 타는 신하를 참승이라고 하는데, 주로 임금이 친애하는 측근의 신하를 참승으로 태웠다.

그 후 우(禹)와 산(山)[71]이 주멸(誅滅)되자 세상 사람들은 "곽씨(霍氏)의 화(禍)는 참승에서 시작되었다."라고 하였다.[72] 문언박(文彦博)이 철종(哲宗) 초기에 임금을 모시고 서 있으면서 종일토록 더욱 공손하니, 정자(程子)가 말하기를 "노공(潞公)은 네 임금을 섬긴 원로(元老)이니 어린 군주를 섬김에 이와 같이 하지 않을 수 없다."[73]라고 하였다. 저 곽씨는 주공과 같은 지위에 있으면서 노공처럼 임금을 섬기지 못하였으니, 화가 미치는 것이 당연하다. 내가 이 때문에 곽광의 일을 끌어다 함께 쓰니, 후세의 군자들이 살펴보아야 할 것이다.

71 우(禹)와 산(山) : 우(禹)는 곽광(霍光)의 아들이고 산(山)은 곽광의 종손(從孫)으로, 모두 곽광 사후에 역모를 꾀하다가 주살되었다.

72 곽광(霍光)이……하였다 : 한(漢)나라 때, 곽광이 무제(武帝)의 유조(遺詔)를 받들고 어린 소제(昭帝)를 잘 보필하였으나, 소제가 죽은 뒤 그를 계승한 창읍왕(昌邑王)을 폐하고 선제(宣帝)를 세웠다. 선제는 임금이 되기 이전부터 곽씨(霍氏)의 세력이 너무 큰 것을 보고 속으로 부담스럽게 생각했는데, 임금이 되어 고묘(高廟)에 참알(參謁)하러 갈 때 곽광이 참승을 하자 이 사람이 혹 역모를 꾀하지 않을까 하여 등에 까끄라기가 들어간 것처럼 몹시 불안해하였다. 그 후 곽광이 죽고 곽씨들이 역모를 꾀하다가 멸족당하게 되자, 세상 사람들은 "위엄이 임금을 두렵게 하는 자는 살려 두지 않는 법이니, 곽씨의 화는 참승에서 시작되었다.〔威震主者不畜 霍氏之禍 萌於驂乘〕" 하였다.《漢書 卷68 霍光傳》

73 노공(潞公)은……없다 : 노공은 송나라 문언박(文彦博)의 봉호이다. 그가 철종(哲宗) 때 태사평장중사(太師平章重事)의 신분으로 임금을 모시고 서 있을 때 잠시도 곁을 떠나지 않고 종일토록 긴장을 풀지 않았다. 당시 어떤 사람이 이천(伊川) 정이(程頤)에게 "그대의 엄격함과 문 노공(文潞公)의 공손함 중에서 어느 편이 좋습니까?"라고 하자, 정이가 대답하기를 "문 노공은 네 임금을 섬긴 대신(大臣)으로 어린 군주를 섬기는 것이니 공손하지 않을 수 없고, 나는 포의(布衣)로 출신하여 군주를 보필하고 지도하는 직책을 맡고 있으니 역시 자중하지 않을 수 없다."라고 대답하였다.《朱子大全 卷98 伊川先生年譜》

노자론
老子論

도(道)는 굳이 사람이 없어도 만족스럽고 굳이 사물이 없어도 편안한 것이니, 이와 같지 않으면 도라 할 수 없다. 도는 부부(夫婦)도 능히 알고 행하는 일로부터 미루어 성인(聖人)도 다하지 못하는 일에 이르는 것으로, 지극히 거친 곳으로 말미암아 더없이 정미한 데에 미치고, 지극히 미세한 곳으로 말미암아 더없이 큰 데까지 다하며, 지극히 일정한 곳으로 말미암아 더없이 변화하는 데에 통한다. 그리하여 분변하면 할수록 끝을 알 수 없고 공격하면 할수록 깨트릴 수 없어서 종일토록 이야기하더라도 그 범위 안을 벗어날 수 없다. 그러므로 도에 머물면 편안하기 쉽고 도로 말미암으면 만족하기 쉽다.

주(周)나라 말엽에 노담(老聃), 장주(莊周), 양주(楊朱), 묵적(墨翟), 전병(田駢), 추연(鄒衍) 등이 다투어 이론(異論)을 주장해서 서로 변론(辯論)을 겨루고 색다른 견해를 내놓는 데 힘쓰며 저마다 자기 학설을 고집하였는데, 천하 사람들이 따르는 것은 늘 노자 쪽이 많았다. 그 학설을 주장하는 자들은 마침내 성인과 단절하고 지식을 버리며 말〔斗〕을 쪼개고 저울대를 부러뜨리고자 해서,[74] 천하의 근심이 모두

74 성인과……해서 : 세상에 있는 모든 인위적인 것들을 버린다는 말이다. 《장자(莊子)》〈거협(胠篋)〉에 "저 성인은 천하를 이롭게 하는 사람이지 천하를 밝히는 사람이 아니다. 따라서 성인과 단절하고 지식을 버려야만 큰 도적이 없어지고 옥을 버리고 구슬을 없애야 작은 도적이 생기지 않으며, 부절을 태우고 옥새를 부수어야만 백성들이 질박해지고 말〔斗〕을 쪼개고 저울대를 부러뜨려야만 백성이 다투지 않는다.〔彼聖人者

성인으로부터 시작되었다고 여겼다. 그러나 노자의 생각은 결코 이렇지 않았으니, 그는 겉으로 자신의 학설을 주장하면서 속으로는 성인의 도를 빌려 스스로 편안히 사는 사람이었다. 노자의 말 가운데 "수컷의 강함을 알면서 암컷의 유순함을 지키면 천하의 골짜기가 되고, 영예를 알면서 욕된 자리를 지키면 천하의 골짜기가 된다."[75]라는 구절이 있고, 또 "자신을 남보다 뒤에 두되 자신이 남보다 앞선다."[76]라는 구절이 있다. 남보다 뒤에 있는 것은 바로 남보다 앞서는 방법이고 유순함을 지키고 욕된 자리를 지키는 것은 곧 강함이 되고 영예가 되는 방법이다. 이는 그 효용이 늘 행위의 바깥에 있다는 것이니, 행위에서 그 효용을 제대로 볼 수 없고 보면, 언설에서 또 어찌 그 행위를 제대로 살필 수 있겠는가. 이 때문에 노자의 도를 알려고 하는 사람은 그 효용을 살펴보아야 한다.

저들은 늘 "상고(上古) 때여! 상고 때여!"라고 말한다. 그런데 만약 노자 당시에 모두 함께 상고 때처럼 살아서, 날고기를 먹고 짐승의 피를 마시며 나무에 둥지를 틀거나 동굴에 살면서, 짐승들과 치고받고 물어뜯으며 목숨을 걸고 혈투를 벌여서 아침에 저녁을 보장할 수 없을 정도로 벌벌 떨며 살았다면, 노자도 부족하게 여기지 않았겠는가. 대저 성인이 나와서 양생(養生)의 도구로 교도(敎導)한 뒤에야 노자를 따르는 무리들이 하루라도 천하에 편히 살면서 그 창광(猖狂)하고 허황한

天下之利器也 非所以明天下也 故絶聖棄知 大盜乃止 擿玉毁珠 小盜不起 焚符破璽 而民朴鄙 掊斗折衡 而民不爭]"라는 말이 나온다.

75 수컷의……된다 : 《도덕경(道德經)》 제28장에 나온다.

76 자신을……앞선다 : 《도덕경》 제7장에 나온다.

학설을 주장할 수 있었다. 그렇지 않았으면 그들은 아마 생사를 걱정할 겨를조차 없었을 것이라고 나는 생각한다. 이 때문에 노자는 성인이 없었다면 노자가 되지 못하였을 것이다. 그러나 성인은 이단(異端)이 없어도 아주 편안하고 더없이 만족스럽게 살았을 터이니, 공자와 노자 가운데 어느 쪽이 옳은지 알고자 하는 사람이 어찌 이 점을 살피지 않겠는가. 비록 그러하나 노자의 학술은 백성을 어리석게 만들 수 있기 때문에 그 도를 주장하는 자들 역시 모두 그 학설을 따르면서도 무슨 말인지 몰라서, 그 깊고 넓어 끝이 없는 말을 단지 믿기만 하고 효용을 찾아서 옳고 그름을 가릴 줄은 모르니, 슬픈 일이다.

범증[77]론

范增論

일에는 반드시 이렇게 하고 싶어도 자신의 행동이 반드시 이렇게 못하게 만들 때가 있으니, 이와 같은 경우는 사람들이 모두 비웃고 또한 모두 애달파한다. 예컨대, 범증(范增)이 항우(項羽)에게 패공(沛公 유방(劉邦))을 죽이라고 권한 일은 더욱 비웃음을 살 만하고 몹시 애달픈 경우이다. 패공이 처음 일어났을 때는 그를 주목하는 사람이 아무도 없었고, 항우는 재기(才氣)를 자부하여 패공을 전담(田儋)과 조헐(趙歇)의 중간쯤으로 보았다.[78] 또 함께 회왕(懷王)을 섬기면서 형제가 되기로 약속하였으니, 서로 시기하거나 방해하려는 마음은 애초에 없었다. 그러나 범증만은 패공에게 천자의 기상이 있음을 알고 결국 항왕(項王)의 천하를 빼앗을 것이라 의심하여, 반드시 마음먹은 대로 처치하려고 하였는데, 단지 기회를 잡지 못하는 것이 걱정될

77 범증(范增) : 초(楚)나라 항우(項羽)의 모신(謀臣)이다. 항우로 하여금 제후의 패자가 되도록 도와서 그에게 아부(亞父)라 불릴 정도로 존경과 신임을 받았다. 홍문(鴻門)의 연회에서 유방(劉邦)을 죽이자는 암시로 항우에게 눈짓을 하며 옥결(玉玦)을 세 번 들어 보였으나 항우는 그것을 알아차리지 못하였고, 결국 유방은 번쾌(樊噲)의 도움으로 그곳을 탈출하였다. 후에 유방의 반간계(反間計)로 항우의 의심을 받고 고향으로 돌아가던 중 화병으로 등창이 돋아 팽성(彭城)에서 죽었다. 《史記 卷7 項羽本紀》

78 패공을……보았다 : 전담(田儋)과 조헐(趙歇)은 모두 당시 군웅들인데, 전담은 제(齊)나라의 종실로서 제나라 임금이 되었고, 조헐은 조(趙)나라 후손으로 조나라의 왕이 되었으나, 모두 쟁패 과정에서 전사하였다. 곧 항우가 패공을 당시 여러 군웅 정도로 낮게 보았다는 말이다.

뿐이었다. 항우가 함곡관(函谷關)을 격파하고 홍문(鴻門)에 이르렀을 때에 항우가 한창 대로(大怒)하여 있었으니, 항우로 하여금 한 번만 손을 쓰게 하였다면 패공은 뼈도 못 추렸을 것이다. 이때 범증의 계획은 실행될 수 있었다. 그러나 끝내 그를 해치지 못한 것은 무엇 때문인가?

항우가 패공을 원망했던 이유는 조무상(曹無傷)의 참소[79] 때문이었다. 조무상이 말하기를 "패공이 관중(關中)의 왕이 되려고 진귀한 보배를 다 차지했습니다."라고 하자, 항우는 이때서야 비로소 패공을 해치려는 마음이 생긴 것이다. 항우는 철부지 소인배였다. 그가 진(秦)나라로 들어간 이유는 부고(府庫)의 재물이 탐나서이지 지형이 도읍하기에 편리하여 점유하기 위해서가 아니었다. 진나라의 보화와 부녀자를 거두어 동쪽 팽성(彭城)으로 돌아갈 때, 스스로 의수야행(衣繡夜行)[80]에 비유한 것을 보면, 그 의중을 알 만하다.

반면 범증 같은 사람은 어찌 잠시라도 패공의 존재를 잊은 적이 있었겠는가. 패공이 관중에 들어가서 재물을 털끝만큼도 취하지 않았다는

79 조무상(曹無傷)의 참소 : 조무상은 패공(沛公)의 좌사마(左司馬)였는데, 패공이 관중을 함락하였다는 소식을 들은 항우가 대로(大怒)하여 패공을 공격하려고 한다는 소식을 듣고 항우에게 패공을 참소한 것을 가리킨다. 결국 패공의 거짓 복종에 속은 항우가 홍문(鴻門)의 연회에서 조무상의 참소를 패공에게 전하였고, 조무상은 패공에게 주살되었다. 《史記 卷8 高祖本紀》

80 의수야행(衣繡夜行) : 비단옷을 입고 밤에 다닌다는 뜻으로, 높은 지위에 올랐으나 사람들에게 자기의 영달함을 보이지 않음을 비유한다. 항우가 진(秦)나라를 멸망시키고 동쪽으로 돌아가고자 하면서 "부귀해져서 고향으로 돌아가지 않으면 비단옷을 입고 밤에 다니는 것과 같으니, 누가 알아주리오.〔富貴不歸故鄉 如衣繡夜行 誰知之者〕"라고 말한 고사가 전한다. 《史記 卷7 項羽本紀》

말을 듣고 그 뜻이 큰 것을 꺼려서 항우에게 기회를 잃지 말고 속히 격살하라고 권하였다. 그렇다면 항우가 패공을 원망한 이유는 진나라의 재물을 다 차지하였다는 말 때문이고, 범증이 패공을 꺼린 이유는 진귀한 보화를 손에 넣지 않았기 때문이다. 군주와 신하의 뜻이 상반되어 서로 어긋나 맞지 않았으니, 마치 아무것도 살피지 못한 것처럼 계획을 실행하지 못한 것도 당연하다.

패공이 항백(項伯)에게 한 말이나 번쾌(樊噲)가 항우에게 한 말이 모두 "털끝만큼도 재물을 가까이하지 않았다."라는 것이었다. 이것은 아마 자방(子房 장량(張良))이 두 사람으로 하여금 그렇게 말하게 해서 항우가 노여워하는 원인을 해소하려고 한 것이다. 결국 항우의 원망을 풀어 패공을 호구(虎口)에서 벗어나게 한 것은 다 이 말 덕분이었다. 그런데 범증은 당시 항우에게 말하기를 "패공이 산동(山東)에 머물 때는 재물을 탐하고 여색을 좋아하더니, 이제 관중에 들어와서는 재물에 손대지 않고 부녀자를 가까이하지 않았습니다. 이는 그 뜻이 작은 데 있지 않기 때문입니다."라고 하였으니, 항우를 위하여 계책을 세우고 은밀히 보필한다는 것이 도리어 적국(敵國)의 모신(謀臣)인 장량(張良)을 돕는 꼴이 되고 말았다. 한갓 항우가 노여워하는 것만 보았지 그가 노여워하는 근본 원인은 파악하지 못하였으며 한갓 항우의 노여움을 이용하려고만 하였지 이용하는 방법을 알지 못하여, 계획이 이루어지려던 시점에서 마침 무산시키고 반드시 죽이려다가 끝내는 죽이지 못하게 된 것이다. 그리하여 마침내 화병으로 등창이 나서 스스로 자신을 죽이면서도 끝내 자기가 한 일이 그렇게 만들었다는 사실을 깨닫지 못하였으니, 어찌 애달픈 일이 아니겠는가. 범증을 위하여 계책을 내어 본다면, 차라리 조무상의 참소를 빌미잡아 결국 그것을 입증하는 것만

한 것이 없었으니, 그렇게 하였더라면 항백과 번쾌가 비록 뛰어난 언변을 구사하였더라도 항우는 필시 그들을 믿지 않았을 것이다. 범증의 영리함으로도 이런 계책 낼 줄을 몰랐으니, 아마도 천명(天命)이었나 보다.

변 辯

상무변
象武辯

"'유래가 아주 오래되어 두 가지 이설(異說)이 전해 오는 일이 있으면 어느 설(說)을 따라야 하는가?' 이르기를 '사람을 따르는 것이 옳다. 중인(衆人)의 설이 저와 같고 군자(君子)의 설이 이와 같으면 중인을 버리고 군자를 따르며, 군자의 설이 저와 같고 성인(聖人)의 설이 이와 같으면 군자를 버리고 성인을 따른다.' 하였다."[81]

하였으니, 이는 구양수(歐陽脩)가 〈춘추론(春秋論)〉에서 한 말이다. 《춘추(春秋)》는 경문(經文)과 전문(傳文)이 있기 때문에 그 글을 지은 사람으로 등급을 나누어 보면 취사선택에 의심이 없다. 그런데 지금 예법의 규정이나 음악의 명물(名物) 중에 혹 성인이 바로잡아 놓

81 유래가……하였다 : 구양수(歐陽脩)가 지은 〈춘추론(春秋論)〉의 도입부 내용을 요약하여 인용한 말로, 원문은 다음과 같다. "事有不幸出於久遠 而傳乎二說則奚從 曰 從其一之可信者 然則安知可信者而從之 曰 從其人而信之 可也 衆人之說如彼 君子之說如此 則捨衆人而從君子 君子博學而多聞矣 然其傳不能無失也 君子之說如彼 聖人之說如此 則捨君子而從聖人 此舉世之人 皆知其然 而學春秋者 獨異乎是 孔子聖人也 萬世取信一人而已"《歐陽文忠集 卷18 春秋論上》

은 것이 아니고 여러 학자의 학설에서 뒤섞여 나와서 그 내용에 차이가 있는 경우는 어떻게 선택해야 할 것인가? 이런 경우에는 시대를 상고하는 것이 옳다. 후대 군자의 말이 저와 같고 옛날 군자의 말이 이와 같으면 후대의 말을 버리고 옛날의 말을 따라야 할 것이다.

공자(孔子)가 이르기를 "하(夏)나라의 예를 내가 말할 수 있으나 기(杞)나라에서 고증할 수 없고 은(殷)나라의 예를 내가 말할 수 있으나 송(宋)나라에서 고증할 수 없는 것은 문헌(文獻)이 부족하기 때문이다."라고 하였다.[82] 공자는 어째서 문헌을 귀하게 여겼는가? 시대가 가까울수록 전해지는 내용이 믿을 만함을 중시하였기 때문이다. 그래서 노담(老聃)에게 예(禮)를 묻고[83] 담자(郯子)에게 관제(官制)를 물었으니,[84] 어찌 아무런 이유 없이 물은 것이겠는가. 반드시 얻으려는 것이 있었을 것이다. 알지 못하던 사실을 물어서 아는 경우가 반드시 있고, 의심스럽게 여기던 일을 들어서 의심이 풀리게 된 경우도 반드시 있었을 것이다. 노자(老子)나 담자 등은 현명함이 공자에 미치지 못하

82 공자(孔子)가……하였다 : 기(杞)는 하(夏)나라의 후손이고, 송(宋)은 은(殷)나라의 후손이므로, 후대의 문헌을 통하여 선대의 역사를 고증할 수 있으나 세월이 많이 흘러 고증할 만한 문헌이 부족함을 탄식한 말이다. 문헌(文獻)의 '문(文)'은 전적이고, '헌(獻)'은 현자를 말한다. 《論語集註 八佾》

83 노담(老聃)에게 예(禮)를 묻고 : 공자가 주(周)나라에 머물 때에 주나라 사관(史官)이었던 노담에게 예를 물었다는 기록이 《사기(史記)》 권47 〈공자세가(孔子世家)〉, 권63 〈노자한비열전(老子韓非列傳)〉 등에 두루 나온다.

84 담자(郯子)에게 관제(官制)를 물었으니 : 담자는 춘추 시대 담(郯)나라 군주인데, 노 소공(魯昭公)에게 관직을 새의 이름으로 명명한 이유에 대한 질문을 받고는, 이에 대하여 자세히 설명하자, 공자가 이 소식을 듣고 찾아가서 고대의 관제에 대하여 배웠다고 한다. 《春秋左氏傳 昭公17年》

였지만 옛날의 문물을 접할 수 있었기 때문에 오히려 이들에게 가서 질정(質正)하였으니, 더구나 현명함이 비슷하고 식견이 같은 사람이라면 묻지 않아서야 되겠는가. 후대의 군자가 혹 옛날의 군자만 못할 경우에는 더더욱 묻지 않을 수 있겠는가. 이러한 이치를 온 세상 사람이 모두 알지만 예(禮)와 악(樂)에 대해 학설을 세운 사람은 혹 이와 다른 점이 있다.

《예기(禮記)》〈문왕세자(文王世子)〉에 이르기를 "당하(堂下)에서 관악기(管樂器)로 상(象)의 곡을 연주하고 대무(大武)의 춤을 춘다."라고 하였는데, 정현(鄭玄)은 "상은 무왕(武王)이 주(紂)를 정벌한 일을 연주한 음악이다. 관악기로 그 음악을 연주하고 다시 거기에 맞추어 춤을 추었다."라고 하였고, 공영달(孔穎達)은 "당하에서 관악기로 이 상무(象武)의 악곡을 연주하고 뜰에서 이 대무의 춤을 추었으니, 대무가 바로 상이다."라고 하였다. 이를 통해서 보면 상과 무는 같은 것이 된다. 반면 《춘추좌씨전(春秋左氏傳)》에 계찰(季札)이 주(周)나라의 악무(樂舞)를 구경하면서, 상소무(象箾舞)와 남약무(南籥舞)를 보고 "아름답긴 합니다만, 오히려 아쉬운 점이 있습니다."라고 하고, 대무 추는 것을 보고 "아름답습니다. 주나라의 흥성(興盛)함이여!"라고 하였는데,[85] 이를 통해서 보면 두 가지는 분명 구별이 된다. 후대의 사람들은 사람을 따르지도 않고 시대를 따르지도 않으면서 《예기》의 주

85 춘추좌씨전(春秋左氏傳)에……하였는데 : 《춘추좌씨전》 양공(襄公) 29년 조에 나온다. 상소무(象箾舞)는 순(舜) 임금의 음악인 〈소소(箾韶)〉의 반주에 맞추어 무공(武功)을 상징하는 상무(象舞)를 추는 춤이고, 남약무(南籥舞)는 〈주남(周南)〉, 〈소남(召南)〉의 반주에 맞추어 추는 춤이다. 《楊伯俊, 春秋左傳注, 中華書局, 1984》

(註)와 소(疏)의 내용에 교착되어 변통을 알지 못하고 또한 "상이 바로 무이다."라고만 하니, 역시 정밀하지 못하다.

노(魯)나라는 주공(周公)의 봉국(封國)이니 선왕의 예악(禮樂)이 잘 갖추어져 있었다. 그래서 한 선자(韓宣子)가 처음 이 점을 언급하였고,[86] 공자 역시 일찍이 "내가 노나라를 버리고 어디로 가겠는가."라고 한 것이다.[87] 상소무를 춘 다음 다시 대무무를 춘다는 것은 분명 유사(有司)가 사실을 잘못 전한 것이 아니다. 계찰이 주나라 악무(樂舞)를 보고 그 의미를 다 알자 노나라 사람들이 그를 존경하여 미담으로 삼았다. 좌구명(左丘明)은 노나라 사람으로 계찰과의 시대가 멀지 않다. 그렇다면 이제 그 기록을 의당 어떻게 믿어야 하겠는가.

대체로 노나라를 두고 주나라의 음악을 모른다고 하는 것은 옳지 않고, 좌구명을 두고 노나라의 일을 모른다고 하는 것도 옳지 않다. 두 가지 중에 하나도 옳지 않다면, 정현과 공영달 두 사람의 설은 옳다고 할 수 없는 점이 있다. 저 두 사람은 사람됨이 실로 현명하고 학문이

86 한 선자(韓宣子)가……언급하였고 : 한 선자는 춘추 시대 진(晉)나라의 대부로, 이름은 한기(韓起)이고 선자는 그의 시호이다. 소공(昭公) 2년에 노(魯)나라에 빙문(聘問)을 갔다가 문왕(文王)의 글인 《역상(易象)》과 주공의 법을 따라 작성한 《노춘추(魯春秋)》를 보고 "주나라의 예가 모두 노나라에 있구나.〔周禮盡在魯矣〕"라고 감탄하였다는 고사가 전한다. 《春秋左氏傳 昭公2年》

87 공자……것이다 : 이 말은 본래 노나라에서 천자의 예법인 교사(郊祀)를 거행하는 것을 탄식한 말이다. 《예기(禮記)》 〈예운(禮運)〉에 "공자가 이르기를 '아 슬프다! 내가 주도를 보니, 유왕(幽王)과 여왕(厲王)이 무너뜨렸도다. 내가 노나라를 버리고 어디로 가겠는가. 그러나 노나라에서 교사를 거행하는 것은 예가 아니다. 주공이 세운 법도가 쇠미해졌구나.'라고 하였다.〔孔子曰 於呼哀哉 我觀周道 幽厲傷之 吾舍魯何適矣 魯之郊禘 非禮也 周公其衰矣〕"라는 내용이 보인다.

참으로 해박한 사람이다. 그러나 해박하게 된 까닭은 성인처럼 나면서부터 사리를 안 것이 아니라 스스로 연구하여 알아낸 것이니, 반드시 옛날의 좌구명같이 현명하고 해박한 사람에게 의지하려고 하였을 것이다. 그렇다면 이것을 잘못 본 것은 우연일 뿐이니, 자기 학설을 세워서 고의로 앞사람의 설을 버린 것은 아니다. 만일 "옳음을 구하지 않고 오직 두 사람의 설을 따르겠다."라고 한다면, 이는 두 사람을 무함하는 것일 뿐, 높이는 것이 아니다.

전 傳

김효자전
金孝子傳

김세보(金世輔)[88]는 월성 김씨(月城金氏)이다. 어려서 어머니를 여의었다. 계모 이씨(李氏)는 성품이 엄격하였는데, 세보는 여러모로 계모를 잘 받들어 마침내 환심을 얻었다. 소싯적에는 성품이 호방하고 행동에 거리낌이 없었으며 글 읽기를 좋아하지 않아서 아버지가 걱정하였다. 그러던 어느 날 문득 깨닫고 말하기를 "아버지가 늙으셨구나!" 하고는 이때부터 힘써 몸을 단속하였다.

계모 이씨가 병을 앓을 적에 세보는 인삼이 아니면 치료할 수 없다고 생각하였지만 가난한 살림에 인삼을 구할 수가 없었다. 그리하여 도하(都下)의 약방을 백방으로 돌아다니며 인삼을 구하면서 번번이 눈물을 흘리자, 약을 파는 사람들이 다투어 인삼을 주어서 계모의 병이 나았

88 김세보(金世輔) : 1671~1732. 본관은 월성(月城), 자는 자징(子徵)이며, 첨지중추부사(僉知中樞府事)를 지냈다. 서울 도봉구 창동의 초안산 분묘군에 두 부인 남양 홍씨(南陽洪氏)와 강음 이씨(江陰李氏)와 합장된 묘소가 있으며, 1782년(정조6)에 세운 비석이 있다. 이광려(李匡呂)가 쓴 〈첨지중추김군묘갈명(僉知中樞金君墓碣銘)〉이 《이참봉집(李參奉集)》 권3에 실려 있다.

다. 아버지가 병들었을 때는 손가락을 베어 아버지의 입에 핏방울을 떨어뜨려서 잠시 소생시키기도 하였다.

아버지가 세상을 떠나 장사 지낼 때, 세보는 어머니 무덤을 옮겨 부장(祔葬)하려고 하였는데, 당시 크게 기근이 들고 역병이 돌아서 친척들이 다들 만류하였다. 세보가 지관(地官)에게 이르기를 "어머니를 장사 지낸 지 그리 오래되지 않았으니, 행여 널이 썩지 않았다면 일을 이룰 수 있을 것이오. 당신이 보기에는 어떠하오?" 하자, 지관이 곧바로 대답하기를 "걱정할 것 없습니다." 하였다. 이에 무덤을 파서 널을 꺼내 보니 이미 부패하였다. 세보가 몹시 슬퍼하여 절도할 지경이었다. 그때 마침 크게 우레가 치고 비가 쏟아져 널을 껴안고 밤새도록 슬프게 울부짖으니, 그 모습을 보는 사람들이 슬퍼하였고 그중에 상구(喪具)를 마련해 주는 사람도 있어서 합장할 수 있었다.

상복을 벗은 뒤 더욱 곤궁해지자, 부자에게 돈을 빌려 행상(行商)을 다녔는데, 북쪽 끝 지방까지 들어간 지 수년 만에 많은 돈을 벌고서 탄식하기를 "이제 그만두어도 되겠구나!" 하였다.

세보는 사람됨이 뜻이 크고 굳세며 국량이 있었다. 남들과 친분이 돈독하고 의로운 일을 좋아하여 늘 남보다 앞장섰으므로 있는 힘을 다해 돕는 사람들을 얻을 수 있었으니, 이 때문에 하는 일마다 실패하지 않았고 끝내는 부자가 되었다.

한번은 계모 이씨가 며느리들에게 옷가지와 장신구 따위를 마련해 주고 싶었으나 차마 말을 꺼내지 못하고 있었다. 세보가 계모의 안색을 살펴보고 묻기를 "제가 어머니를 뵈니 마치 하고 싶은 말이 있는데도 말하지 않으시는 듯합니다. 무슨 까닭인지 말씀해 주십시오." 하였다. 이씨가 기뻐하여 이유를 말하자, 세보가 그 자리에서 3만 전을 드려서 계모 마음대로 쓰게 하였다.

세 이복아우에게 전답과 집을 사 주어 살게 하고 매일처럼 김치와 장(醬)을 가져다주었다. 자신은 남루한 옷을 입고 초라한 음식을 먹으면서도 세 아우는 종신토록 좋은 옷과 맛난 음식을 먹게 하였다. 선조를 받드는 데 성심을 다하여, 후손이 없는 방친(旁親)에 이르기까지 반드시 경건하게 묘사(墓祀)를 지냈다. 여러 조카들이 혼인할 때는 번번이 혼수를 갖추어 보내 그 부모들이 근심하지 않게 하였다. 그는 이처럼 인륜에 도타웠다.

세보는 지위가 현달하지 않아 부귀영화를 누리지는 못하였다. 그러나 다섯 아들을 두었고, 장남 태정(泰禎)이 또 일곱 아들을 낳았으니, 사람들은 그의 독실한 행실에 대한 보상이라고 하였다.

찬(贊)은 다음과 같다.

세보의 손자 형(泂)이 남양(南陽)에 간 적이 있었는데, 고을 사람들이 그가 세보의 손자라는 말을 듣고 이야기하기를 "조부가 예전에 남양부 중군(南陽府中軍)을 지냈는데, 유애비(遺愛碑 송덕비)가 있었으나 조정의 금법(禁法)[89] 때문에 땅에 묻었다." 하였다. 형이 가서 찾아보니 과연 그 말대로 비가 있었다. 후에 형이 조부를 위해 이광려(李匡呂)[90]

89 조정의 금법(禁法) : 생사당(生祠堂)과 선정비, 거사비(去思碑) 등을 헐어 없애야 한다는 함경 감사 박문수(朴文秀)의 건의에 따라 1739년(영조15)에 전국에 있는 선정비를 모두 뽑고 선정비 금지령을 내린 바 있다. 《英祖實錄 15年 6月 17日》

90 이광려(李匡呂) : 1720~1783. 본관은 전주(全州), 자는 성재(聖載), 호는 월암(月巖)·칠탄(七灘)이다. 부친은 이진수(李眞洙)이다. 인품이 훌륭했고 문장도 뛰어나 신대우(申大羽)를 비롯하여 따르는 제자가 많았고, 사림으로부터 존경을 받았다. 저서로 《이참봉집(李參奉集)》이 있다.

공(公)에게 묘갈명을 청하였는데, 이공이 그의 사적을 갖추어 기록하기를 "군졸을 사랑하고 병기(兵器)를 정비한 것으로 보면 세보 군(君) 이전에도 필시 그런 사람이 있었을 것이다. 그러나 그들을 위해서는 비를 세운 적이 없는데 유독 군을 위해 비를 세운 것은 백성들이 친애하고 사모하여 사람들로 하여금 잊지 않게 하려는 것이니, 반드시 합당한 까닭이 있는 것이다. 그러니 훗날 덕을 아는 이가 있을 것이다." 하였다. 이공은 가벼이 남을 인정하는 사람이 아니니, 여기 인용한 말은 반드시 후세에 징험될 것이다. 형 역시 뜻이 전일하고 태도가 진중하니, 옛사람의 독후(篤厚)한 풍모를 닮은 사람이다.

비 碑

지지대비[91]명
遲遲臺碑銘

화성(華城)과 광주(廣州)의 접경 지역에 불쑥 솟은 고개를 지지현(遲遲峴)이라 하고, 고개 위에 있는 돈대를 지지대(遲遲臺)라고 한다. 서남쪽을 바라보면 산봉우리가 보일 듯 말 듯한데, 그 위로 늘 서기(瑞氣)가 가득 서려 있는 곳이 화산(花山)의 산기슭이다.

지난 정조(正祖) 13년(1789)에 현륭원(顯隆園)[92]을 화산으로 옮겨 봉안하고 매년 1월에 전배(展拜)하여 제사를 지낸 뒤, 돌아가는 길에 뒤돌아보며 차마 떠나지 못하다가 이 고개에 이르면 번번이 행차를 멈추고 돌아보며 한참을 우두커니 서 있곤 하였다. 대개 연로(輦路)가

91 지지대비(遲遲臺碑) : 1807년(순조7)에 화성 어사(華城御史) 신현(申絢)이 건의하여 건립한 것으로, 당시 저자가 부묘도감 제조(祔廟都監提調)로서 어명을 받아 비문을 지었다. 현재 경기도 수원시 장안구 파장동에 있다.

92 현륭원(顯隆園) : 정조(正祖)의 생부인 사도세자(思悼世子)와 그의 아내 경의왕후(敬懿王后) 혜경궁(惠慶宮) 홍씨(洪氏)의 능원이다. 1762년(영조38)에 사도세자를 경기도 양주군 배봉(拜峯)에 장사 지낸 후 수은묘(垂恩墓)라 하였다가, 1776년(정조 즉위년)에 영우원(永祐園)으로 고쳤고, 1789년에 화산(花山)으로 옮긴 후 현륭원으로 고쳤다. 1899년(광무3)에 융릉(隆陵)으로 격상되었다. 현재 경기도 화성시 안녕동에 있다.

멀어질수록 화산이 점점 아득해지고 이 고개에 이르면 화성의 경계도 끝나기 때문이었을 것이다. 그리하여 그곳에다 돌을 쌓아 작은 돈대를 만드니, 돈대와 고개에 모두 '지지(遲遲)'라는 이름이 붙여진 것이다. 금상(今上 순조(純祖))께서 즉위하였을 때, 화성 어사(華城御史) 신현(申絢)[93]이 이곳에 비를 세워 그 사적을 기록하기를 청하자, 주상이 허락하고 나에게 비명(碑銘)을 짓도록 명하였다.

내가 명을 받들고 놀라고 두려워하며 응대하여 아뢰었다.

"아아! 왜 그런지 알지 못하면서도 그렇게 하는 것은 지극한 정성이 드러난 것입니다. 신은 선조(先朝)를 섬기면서 삼가 선왕께서 능원(陵園)에 제전(祭奠)을 올리는 것을 보았는데, 땅은 상서롭고 예절은 융숭하였습니다. 새 읍(邑)을 조성하여 행궁(行宮)을 짓고는 '이곳은 나의 탕목읍(湯沐邑)[94]이다.' 하고, 어진(御眞)을 재전(齋殿)에 봉안하고는 '내 정성(定省)[95]의 예를 대신하겠다.'라고 하셨으니, 아아! 성상(聖上)의 효심이 너무나 간절하시어, 잠깐이라도 화성을

93 신현(申絢) : 1764~1827. 본관은 평산(平山), 자는 수지(受之)이며, 강화학파(江華學派)의 학자 신대우(申大羽)의 아들이다. 대사성, 대사간, 호조 참판, 이조 참판을 역임하였다. 1800년(순조 즉위년)에 화성 어사가 되어 지지대비 건립을 주청하였다. 13년에 걸쳐 쓴 친필 일기 《성도일록(成都日錄)》이 전한다.

94 탕목읍(湯沐邑) : 재계(齋戒)하는 목욕(沐浴) 비용에 충당하라는 명목으로 천자가 제후에게 하사하는 채지(采地)이다. 후대에는 제후의 봉지(封地) 또는 임금과 후비, 왕자, 공주 등이 부세를 거두어 관할하는 지역을 이른다.

95 정성(定省) : 혼정신성(昏定晨省)의 준말로, 부모의 잠자리를 봐 드리고 아침에 안부를 여쭙는 일이다. 곧 어버이를 정성껏 봉양함을 뜻한다. 《예기》〈곡례 상(曲禮上)〉에 "자식이 된 자는 어버이에 대해서, 겨울에는 따뜻하게 해 드리고 여름에는 시원하게 해 드려야 하며, 저녁에는 잠자리를 보살펴 드리고 아침에는 문안 인사를 올려야 한다.〔凡爲人子之禮 冬溫而夏凊 昏定而晨省〕"라는 말이 나온다.

떠나지 않으려고 하셨던 것입니다. 그러므로 장차 거둥하는 날이면 길일을 받아 놓고 미리 재계하고 기다리며 마치 미치지 못할 것처럼 조급해하고 용기(龍旂)[96]가 길을 나서면 행차를 빨리 몰아 마치 찾는 것이 있는 것처럼 서둘렀습니다.[97] 제기를 진설하고 상설(象設)[98]을 우러러보며, 천관(薦祼)[99]할 때에는 몹시 애달파하였고 제사 지낼 때에는 울음을 억눌러 삼켰으며, 발길을 돌려 환궁하실 때에는 한탄하고 흐느끼며 아쉬워하고 그리워하였습니다. 능원에서 고개에 이르는 수십 리 길에서 발걸음은 더디고 더디었습니다.

옛날 공자(孔子)가 노(魯)나라를 떠날 적에 '더디고 더디구나, 내 걸음이여!'[100]라고 하였으니, 공자가 더디고 더디게 걸으려고 생각한

96 용기(龍旂) : 임금이 거둥할 때 세우는 기이다.

97 장차……서둘렀습니다 : 미치지 못할 것처럼 조급해하고 찾는 것이 있는 것처럼 서두른다는 것은 본래 부모의 상을 당했을 때, 자식이 슬퍼하는 모습과 심정을 형용한 말이다. 《예기(禮記)》 〈단궁(檀弓)〉에 "부모가 처음 돌아가셨을 때 허둥거리며 마치 찾는 것이 있는데 찾아내지 못하는 것 같으며, 빈소에 모신 뒤에는 멀리 바라보면서 좇아가지만 미치지 못하는 것 같고, 장사를 지낸 뒤에는 서글퍼하며 따르지 못하는 것처럼 하였으며, 돌아올 때는 멈칫거리는 것처럼 하였다.〔始死 皇皇焉如有求而弗得 及殯 望望焉如有從而弗及 旣葬 慨焉如不及 其反而息〕"라는 내용이 나온다.

98 상설(象設) : 능원(陵園)에 비치한 여러 가지 석물(石物)과 시설이다.

99 천관(薦祼) : 제사 의식에서, 천(薦)은 제물을 바치는 것이고, 관(祼)은 강신(降神)을 위하여 울창주를 붓는 것이다.

100 더디고……걸음이여 : 공자가 고국인 노나라를 떠나는 아쉬움을 표현한 말이다. 《맹자(孟子)》 〈만장 하(萬章下)〉에 "공자께서 제나라를 떠날 적에 쌀을 담갔다가 건져 가지고 떠나셨고, 노나라를 떠날 적에는 '더디고 더디다, 내 걸음이여!' 하셨으니, 이는 부모국을 떠나는 도리이다.〔孔子之去齊 接淅而行 去魯 曰 遲遲吾行也 去父母國之道也〕"라고 한 내용이 나온다.

것은 아니지만 자신도 모르는 사이에 더디고 더디게 걸었던 것입니다. 우리 선왕께서 이곳에서 더디고 더디게 걸었던 것도 역시 애틋함과 그리움이 마음속에 가득하여 자연히 더디고 더디게 걸을 수밖에 없었던 것입니다. 《예기(禮記)》에 효자의 뜻을 일컬어 '마치 어버이가 다시 사당에 들어가는 것처럼 한다.' 하였으니,[101] 그 정성이 지극해야만 이런 지경에 들어갈 수 있는 것입니다. 지금 화성을 순회하는 길에 있는 여러 정후(亭堠),[102] 우철(郵畷),[103] 제방 등과 아름다운 초목과 식물 등은 어느 것인들 우리 선왕의 성려(聖慮)가 작용된 것이 아니겠습니까. 평소에도 머뭇거리며 자주 돌아보셨거니와 더디고 더디게 가려는 생각이 이곳에 이르러 더욱 절실하셨던 것입니다. 지금 남북으로 오가는 이들이 탄식하고 서성이며 마음 편히 지나가지 못하는 것도 역시 이곳에서 더욱 심해집니다. 우리 전하께서 삼가 능원을 배알하고 해마다 이 대를 지날 때면 두렵고 근심스러운 마음[104]이 생겨 마치 국그릇과 담장에서 뵈올 듯이 하여,[105] 이에 전하

101 예기(禮記)에……하였으니 : 사모하는 마음이 깊어 마치 어버이가 다시 사당에 들어가는 것을 보는 듯이 한다는 뜻이다. 《예기》〈제의(祭義)〉에 "제사를 마친 뒤에는 뒤따르면서 마치 어버이가 다시 사당에 들어가는 듯이 한다.〔及祭之後 陶陶遂遂 如將復入然〕"라고 하였다.

102 정후(亭堠) : 적의 동정을 감시하기 위하여 설치한 초소 따위를 말한다.

103 우철(郵畷) : 권농관(勸農官)이 백성의 농사를 독려하기 위하여 밭 사이에 지은 막사이다. 우표철(郵表畷)이라고도 한다. 《예기》〈교특생(郊特牲)〉에 "농(農) 및 우표철과 금수를 제향한다.〔饗農及郵表畷禽獸〕" 하였는데, 정현(鄭玄)의 주(註)에 "우표철은 농사를 권장하는 전준이 백성을 정전(井田) 사이에서 독려하던 곳이다.〔郵表畷謂田畯所以督約百姓于井間之處也〕" 하였다.

104 두렵고 근심스러운 마음 : 돌아가신 부모를 그리는 마음을 표현한 말이다. 《예기》

의 효성을 밝혀 크게 비문에 실었으니, 우리 선왕께서 조상의 은덕에 보답하고 후손에게 복을 드리운 성덕과 우리 전하께서 선왕의 뜻을 계승하고 선왕의 일을 이어 행하는 아름다움을 여기에서 조금이나마 살펴볼 수 있을 것입니다. 신은 삼가 두 손 모아 절하고 머리를 조아립니다. 명(銘)은 다음과 같습니다."

거룩하신 선왕께서	皇矣寧考
화성(華城)에 대를 쌓았으니	于華爲臺
아, 그토록 잊지 않으신 것은	於乎不忘
두터운 효심이었습니다	孝思烝哉
옛날 선왕께서 능원에 전배(展拜)할 때	王昔拜園
이슬 아직 내리기 전이었는데	露未旣濡
일찍 멍에 메워 조급해하고	夙駕瞿瞿
신복들을 몰아 서둘러 달려갔습니다	僕臣載驅
정결히 제사 지내고 발길 돌릴 적엔	旣禋言旋
선왕의 마음에 그리움 가득하였는데	王心邃邃

〈제의〉에 "서리와 이슬이 내렸을 때 군자가 그것을 밟으면 반드시 슬픈 마음이 일어나니, 이는 날이 추워서 그런 것이 아니다. 봄에 비와 이슬이 내려 땅이 축축해졌을 때 군자가 그것을 밟으면 반드시 두렵고 근심스러운 마음이 생겨 마치 죽은 부모를 다시 뵈올 듯이 한다.〔霜露旣降 君子履之 必有悽愴之心 非其寒之謂也 春雨露旣濡 君子履之 必有怵惕之心 如將見之〕"라고 하였다.

105 국그릇과……하여 : 죽은 사람을 간절히 추모함을 이른다. 요(堯) 임금이 죽은 뒤 순(舜) 임금이 3년 동안 지극히 앙모(仰慕)한 나머지 밥을 먹을 때에는 국그릇 속〔羹中〕에 요 임금의 얼굴이 비치고, 앉아 있을 때에는 담장〔墻〕에 요 임금의 그림자가 어른거렸다는 고사가 전한다.《後漢書 卷63 李固列傳》

우뚝 솟은 산봉우리들만	巍峩者山
보일 듯 말 듯 이어져 있었습니다	載見載秘
행차의 저 깃발이여	彼羽旄斯
어찌 더디고 더디게 가지 않는가	胡不遲遲
연로(輦路)가 구불구불 이어지니	道之逦矣
얼마나 뒤를 돌아보았습니까	迴瞻曷其
선왕께서 이 대에 이르자	王至于臺
자욱한 깃발 하늘을 덮을 듯하고	羽林如復
구름처럼 길게 이어진 아름다운 행렬	雲之郁郁
우리 화산(花山)에서부터 나왔습니다	自我花峀
효성이 지극하고 사랑이 드러나	誠至愛著
바다에 비교해도 그 수준 같았으니[106]	放海而準
무릇 그 남은 백성들이	凡厥遺黎
누가 눈물을 흘리지 않겠습니까	疇不涕隕
전하께서 탄식하며 이르기를	我后曰咨
이 대는 선왕의 신성한 효성에서 나온 것이니	臺惟睿孝

106 바다에……같았으니 : 효성이 매우 깊음을 형용한 말이다. 증자(曾子)가 효(孝)의 덕(德)을 설명하면서, "세워 두면 하늘과 땅에 가득 차고, 펼쳐 두면 사방의 바다에 퍼지고, 후세에 전하면 아침저녁이 없게 될 것이다. 미루어 동해에 이르게 하면 동해와 수준(水準)이 같아지고, 미루어 서해에 이르게 하면 서해와 수준이 같아지고, 미루어 남해에 이르게 하면 남해와 수준이 같아지고, 미루어 북해에 이르게 하면 북해와 수준이 같아진다.〔置之而塞乎天地 溥之而橫乎四海 施諸後世而無朝夕 推而放諸東海而準 推而放諸西海而準 推而放諸南海而準 推而放諸北海而準〕"라고 한 데서 유래하였다.《禮記 祭義》

이름을 보며 뜻을 생각하도록 顧名思義
후세에 전하라 하셨습니다 來許以詔
우뚝 솟은 비석은 有屹龜趺
전하께서 세우신 법도이니[107] 我后維則
신은 삼가 머리를 조아리고 詞臣稽首
명을 지어 영원토록 전합니다 銘示無極

107 전하께서 세우신 법도이니 : 임금이 효도하여 백성들과 후대의 모범이 됨을 이른다. 《시경(詩經)》 〈대아(大雅) 하무(下武)〉에 "제왕의 믿음을 이루어, 하토 백성들의 법도가 된 것은, 효사를 길이 하였기 때문에, 효사가 법도가 되었도다.〔成王之孚 下土之式 永言孝思 孝思維則〕"라고 한 데서 유래하였다.

창충사[108]비

彰忠祠碑

거창현(居昌縣)에 '충(忠)'을 기려 세운 사당(祠堂)이 두 곳인데, 바로 경충사(景忠祠)와 창충사(彰忠祠)이고, 이 두 사당에 제향(祭享)된 여섯 사람은 모두 신씨(愼氏)이다. 경충사에 제향된 사람은 신명익(愼溟翊)인데, 이술원(李述原)[109]과 앞뒤로 고을의 향임(鄕任)을 맡아보다가 적변(賊變)에 순절하였다. 나머지 다섯 사람은 함께 창충사에 제향되었는데, 곧 신극종(愼克終), 신석현(愼錫顯), 신덕현(愼德顯), 신치근(愼致勤), 신광세(愼光世)이다.

당초 이웅보(李熊輔)와 정희량(鄭希亮)이 반란을 일으켰을 때, 신극종이 의병을 일으켜서 몰래 용사를 구하여 적의 수괴(首魁)를 격살하려다가 얼마 후 등창이 나서 죽었다. 당시 적도(賊徒)들이 안의(安義)

108 창충사(彰忠祠) : 1728년(영조4)에 이인좌(李麟左)·이웅보(李熊輔) 형제와 정희량(鄭希亮) 등이 일으킨 무신란(戊申亂)을 진압하는 데에 공을 세운 신씨(愼氏) 일문의 다섯 향리(鄕吏), 곧 신석현(愼錫顯)·신극종(愼克終)·신덕현(愼德顯)·신치근(愼致謹)·신광세(愼光世)등을 제향하기 위하여 세운 사우(祠宇)로, 1778년(정조2)에 건립되었다. 경상남도 거창군 거창읍 동리에 있다.

109 이술원(李述原) : 1679~1728. 본관은 연안(延安)이며, 자는 선숙(善叔), 호는 화촌(和村), 시호는 충강(忠剛)이다. 무신란 때 거창의 좌수(座首)로 있었는데, 정희량의 격서를 받고 현감 신정모(申正模)가 도망치자 나아가 대적하다가 생포되어 모진 고문을 당하여 죽었다. 이 공로로 양무 원종공신(揚武原從功臣)에 봉해지고, 사헌부 집의에 추증되었고, 뒤에 가선대부 대사헌에 가증(加贈)되고, 포충사(褒忠祠)에 제향되었다.

에서 일어나 거창(居昌)을 침범하자, 현감은 부절(符節)과 인신(印信)을 버리고 도망쳐 숨었는데, 신석현과 신덕현이 그 불가함을 극력 말하며 분개하여 눈물을 흘렸지만 현감은 듣지 않았다. 두 사람은 함께 도모하여 이민(吏民)이 동요하지 않도록 경계하고 장정을 규합하여 요로(要路)를 차단하였으며, 잘 달리는 사람 몇 명을 모집하고 가산을 털어 여비를 넉넉히 지급한 다음 관찰사와 절도사 및 여러 진(鎭)의 장수에게 급보를 알리게 하였다. 그리하여 여러 관영(官營)에서 적의 정황을 알고 곧 출병하였는데, 신석현 등이 가서 군대를 맞이하여 군량과 말꼴을 제공하고, 적도들이 관고(官庫)에서 약탈해 간 백성들의 전세(田稅)와 금포(綿布)를 탈환하였다.

어영병(御營兵) 여해달(呂海達)이 반적에 가담하여 적진에 있었는데, 신석현 등은 평소 그가 쓸 만한 사람임을 알고 은밀하게 뜻을 맺고서 격문을 써 주어 순역(順逆)의 도리로 적도들을 깨우치고 가동(家僮)을 보내어 적진에 들어가 이간을 책동하게 하였다. 적이 병력을 몰아 우두치(牛頭峙)를 향해 출발하려 할 때 그들의 천총(千摠) 정빈주(鄭彬周)가 깃발을 휘둘러 진영을 해산하여 적병이 어지러워지자 여해달 등이 적진 속에서 이웅보, 정희량, 나숭곤(羅崇坤)을 공격하여 사로잡은 뒤 포박하여 관군(官軍)에게 보내어 참수하게 하였다. 이 일은 신석현 등이 도모하였고, 신치근과 신광세도 실제로 처음부터 끝까지 함께 하였다.

반적이 평정된 뒤에 신석현은 원종공신(原從功臣)에 녹훈(錄勳)되었고 신덕현은 "나의 직분이다." 하며 사양하여 공을 차지하지 않았다. 이해가 영조 무신년(1728, 영조4)이다.

정조 12년(1788)에 주상이 옛일을 돌이켜 생각하고 대신들과 의논한 뒤 신극종을 좌랑(佐郎)에 추증하였다. 얼마 후 경상도 관찰사가 장계(狀啓)하기를 "신석현 등 4인은 의리가 매우 높아 고을 사람들이 사당을 세워 제향하고 있으니, 마땅히 포상하여 기리는 은전이 있어야 합니다." 하였다. 대신들에게 내려 의논하게 하니, 공을 세운 모든 사람에게 벼슬을 추증하는 것이 마땅하다고 하였다. 이에 전교하기를 "고 향리(鄕吏) 신석현, 신덕현, 신치근, 신광세 등 한 가문의 네 사람은 충성과 노고가 아울러 드러났으니 낭서(郎署)로 추증하도록 하라." 하니, 이에 모두 좌랑에 추증되었다.

그 후 고을 선비 이극진(李克珍) 등이 사당을 옮겨 세우고 비석에 성상(聖上)의 비답(批答)을 삼가 새긴 뒤에 나에게 비음(碑陰)에 새길 글을 받으려고 하였다. 당시 나는 병으로 두문불출하고 있었는데, 학사(學士) 정문시(鄭文始)가 그 글을 부탁하였다. 내가 생각하건대, 영남의 풍속은 중국의 추로(鄒魯)[110]와 견줄 만큼 예의(禮義)를 중시하여, 나라에 난리가 있을 때면 나라를 위하여 순절하는 사람이 이어졌지만, 종형제들 사이에서 순절한 사람이 여럿 나온 신씨(愼氏) 집안 같은 경우는 또 없었다. 사세가 한창 급박할 때 이 네 사람은 몹시 마음을 쓰고 애를 태우며 알맞은 대처 방안을 서둘러 강구하였고 갖은 고난을 겪으면서 마침내 큰 환난을 막았으니, 그 충심은 이술원 등과 같았지만 그 일은 더욱 어려운 것이었다. 이에 우리 선왕께서 그 충성을 인정한 뒤에 또 그 노고를 장려하여 아름다운 문장[111]으로 온 천하에 환히 밝히

110 추로(鄒魯) : 추나라는 맹자의 고향이고, 노나라는 공자의 고향인 데서, 흔히 예절을 알고 학문이 성한 곳을 말한다.

111 아름다운 문장 : 원문의 '운장(雲章)'은 아름다운 문장이라는 뜻으로 임금의 글씨

셨으니, 아아, 지극하도다!

저 네 사람을 '충'으로 포상하였으니, 그렇다면 네 사람보다 먼저 은전을 받은 사람도 '충'으로 포상된 것임을 알 수 있다. 신씨 다섯 사람을 창충사에 함께 제향하는 것이 마땅할 것이다. 한 고을을 놓고 본다면 또한 경충사에 제향된 신명익도 반드시 포함하여 '육충(六忠)'이라 해야 하니, 성대하도다!

신석현은 향리(鄕吏)이다. 내가 듣건대 "향리는 신하로 복종하지 않은 자[112]의 후예이다."라고 하니, 그렇다면 그 선대(先代)는 필시 현관(顯官)으로서 맡은 일을 충직하게 수행하였던 사람이었을 것이다. 그렇다면 다섯 사람의 충성에 유래가 있는 것이니, 세상의 향리 노릇하는 사람들은 힘쓸 바를 알아야 할 것이다. 내가 행장에 따라 서술하고 이어서 사(辭)를 지어 신(神)을 맞아들이고 보내는 뜻을 붙인다.

사(辭)는 다음과 같다.

아, 정갈한 제기와 술잔을	於粲兮豆觴
중당에 진설(陳設)하였는데	羅列兮中堂

나 시문 따위를 말한다. 곧 1788년(정조12)에 무신란(戊申亂) 평정 1주갑(周甲)을 맞아 편찬하여 반사(頒賜)한 《어제표충윤음(御製表忠綸音)》을 가리킨다. 여기에 고 향리 신석현(愼錫顯), 신덕현(愼德顯), 신치근(愼致謹), 신광세(愼光世)가 포함되었다. 《日省錄 正祖 12年 4月 16日》

112 신하로……자 : 조선 전기 새 왕조의 정책에 불복한 토호 출신의 향리를 가리키는데, 원악향리(元惡鄕吏)라고도 한다. 원래 원악향리는 지위를 이용하여 악행을 저지르는 지방의 향리를 지칭하는데, 조선 초기에 조선 왕조에 충성을 거부하는 고려의 관료들을 향리의 장인 호장에 임명하여 지방으로 추방하였다. 이들이 지방에서 향리의 가문을 형성하여 그 신분과 직역을 세습하였다. 《經國大典 刑典 元惡鄕吏》《두산백과 향리》

산에서 난 고기와 시내에서 딴 나물로	山有殽兮澗有芼
정결하게 단장하고 제물을 올리네	潔余珮兮瓊粻
측은히 그대들 생각에 길게 탄식하고	隱思君兮太息
공경히 맞느라 서성거리네	穆將迎兮相羊
태평성대에 반적 무리 들끓어	叛盜訌兮熙代
도깨비 깊숙이 도사렸다 백주에 설쳤네	魅幽幽兮羌晝狂
어허 현감은 관복을 입은 자이거늘	咄長吏兮冠而帶
임금의 녹 먹으면서 인장을 버렸구나	食君之祿兮委其章
눈을 부릅떠 눈초리가 찢어질 듯하고	瞋余目兮眥爲裂
급히 분주하며 애간장을 태웠네[113]	忽奔奏兮焦肝腸
큰 돼지[114]를 잡아 기름 솥에 삶아 죽이고	殪封豕兮膏斧
우리 창고를 정비하고 담장을 수선하였네	莞我庫兮修我墻
계산(桂山)[115]은 울창하고	桂之山兮鬱鬱

113 분주(奔奏)하며 애간장을 태웠네 : 분주는 열성을 다하여 왕의 덕으로 백성을 깨우치고 따르게 하여 왕의 명성을 선양함을 뜻한다. 《시경》 〈대아 면(綿)〉에 "내 말하기를 분주하는 자가 있으며, 내 말하기를 어모하는 자가 있다 하노라.〔予曰有奔奏 予曰有禦侮〕"라고 하였다. 곧 신석현 등이 적도를 회유하고 이간하여 수괴들을 포획할 수 있도록 한 일을 가리킨다.

114 큰 돼지 : 원문의 '봉시(封豕)'는 '봉시장사(封豕長蛇)'의 준말인데, 몸집이 몹시 크고 탐욕스럽기 그지없는 멧돼지와 뱀이라는 뜻이다. 여기서는 반적(叛賊)의 우두머리를 가리킨다. 《춘추좌씨전(春秋左氏傳)》 정공(定公) 4년 조에 "오(吳)나라가 마치 봉시장사처럼 상국을 잠식(蠶食)해 들어가고 있다.〔吳爲封豕長蛇 以荐食上國〕"라고 한 데서 유래하였다.

115 계산(桂山) : 우두산(牛頭山)을 가리키는 듯하나 확실하지 않다. 우두산은 거창군(居昌郡) 가조현(加祚縣) 동쪽에 있는데, 곧 합천 가야산 서쪽 줄기이다. 《新增東國輿地勝覽 卷31 慶尚道 居昌郡》

영천(灐川)[116]은 넘실거리네　灐之川兮湯湯
한 주갑 지나 주상이 옛일을 슬퍼하여　星紀周兮王心惻
그대들 충성과 노고에 눈부신 은전 내리셨네　爾忠爾勞兮貤誥煌
나라 사람들 길일 택하여 제사 올리니　邦人報祠兮辰之吉
이슬 함초롬 봄이요 서리 내리는 가을이로다　春露濡兮秋雨霜
신령들 너울너울 내려오시니　靈繽紛兮來下
구름이 깃발이요 무지개는 치마로구나　雲爲旗兮霓爲裳
모두 흠뻑 취하시고 배불리 드소서　具醉飽兮飮食
향기로운 제수 끊임없이 올리리로다　芬苾苾兮未央
신령들 돌아감에 철상을 하거니　聿歸兮廢徹
멀리 가지 않고 훨훨 맴돌아 날고 있네　無遠逝兮翺翔
돌에 새겨서 노래하고 제사 지내며　載貞石兮歌以祀
윤리 강상 영원토록 전해지길 고하네　詔窮宙兮倫綱

116 영천(灐川) : 거창군 남쪽 1리 지점에 있다. 물의 근원이 둘인데, 하나는 안음현 월성산(月星山)에서 나오고, 하나는 덕유산에서 나온다. 군 동쪽 5리 지점에 와서 아월천(阿月川)과 합류한다.《新增東國輿地勝覽 卷31 慶尙道 居昌郡》

장 狀

증 이조 판서 박공 시장
贈吏曹判書朴公諡狀

공의 휘는 재원(在源)이고, 자는 이천(而川)이며, 성은 박씨(朴氏)이다. 본관은 반남(潘南)이니, 휘 상충(尙衷)이 고려 말에 현달하여 우문관 직제학(右文館直提學)을 지냈고 세상에 반남(潘南) 선생으로 일컬어졌다. 본조에 와서 휘 은(訔)이 헌릉(獻陵 태종(太宗))의 지우(知遇)를 입어 관직이 좌의정에 이르고 금천부원군(錦川府院君)에 봉해졌으니, 시호는 평도(平度)이다. 4대를 지나 야천(冶川) 선생 휘 소(紹)는 학문에 독실하고 행실을 닦았는데, 김안로(金安老)를 논척(論斥)하다가 그에게 배척을 당하여 영남(嶺南)에 숨어 살다 생을 마쳤다. 소의 아들 휘 응복(應福)은 대사헌을 지냈고, 응복의 아들 휘 동량(東亮)은 우참찬을 지내고 금계군(錦溪君)에 봉해졌다. 동량의 아들 휘 미(瀰)는 금양위(錦陽尉)에 봉해졌고, 문장과 기절로 당대에 중망이 있어서 선조(宣祖)의 어진 도위(都尉)[117]로 일컬어졌는데, 공

117 선조(宣祖)의 어진 도위(都尉) : 도위는 임금의 사위인 부마도위(駙馬都尉)의 준말이다. 박미(朴瀰)는 선조의 딸 정안옹주(貞安翁主)와 혼인하였다.

의 5세조이다. 고조 휘 세교(世橋)는 첨정을 지냈고, 증조 휘 태만(泰萬)은 교리를 지냈다. 조부 휘 필철(弼哲)은 대사간을 지냈고 여러 차례 큰 고을을 다스리며 항상 청백한 지조로 칭송을 받았다. 부친 사복(師復)은 첨지중추부사를 지냈고, 모친은 숙부인(淑夫人)에 추증된 한산 이씨(韓山李氏)로, 참봉 병철(秉哲)의 따님이다.

공은 계묘년(1723, 경종3) 7월 15일에 태어났다. 어려서부터 과거 공부에 힘을 쏟았으나 여러 차례 과거에 낙방하였다가 계사년(1773, 영조49)에 비로소 국제(菊製)[118]에 장원하여 갑오년(1774) 식년 전시(式年殿試)에 급제하고 전적(典籍), 기랑(騎郎), 지평(持平)을 역임하였다. 이해 가을에 옥당(玉堂)에 선발되었다. 한번은 입직(入直)하고 있을 때 천둥의 이변을 만났는데, 이런 경우는 고사에 따르면 언관의 지위에 있는 자는 마땅히 진계(陳戒)해야 할 일이었다. 그런데 당시에 성절(聖節)을 앞두고 있고 또 진연(進宴)을 계획하고 있었으므로 모두가 우물쭈물하면서 감히 말을 꺼내지 못하였다. 공이 홀로 힘껏 차의(箚議)를 주장하여 동료들과 함께 차자를 올려 10조의 경계를 진달하였다. 이에 주상이 우비(優批)[119]를 내리고 얼마 후 진연을 중지하도록 명하였다.

을미년(1775)에 북평사에 제수되었다가 부모의 노령으로 인해 체직되었다.

118 국제(菊製) : 오순절제(五巡節製)의 하나로, 9월 9일에 시행하는 구일제(九日製)를 달리 이르는 말이다. 조정에서 매양 명절에 과거를 시행하여 이를 절제(節製)라고 일컬었는데, 음력 정월 초이렛날의 인일제(人日製), 삼월 삼짇날의 화제(花製), 칠월 칠석의 오제(梧製), 9월 9일의 국제 등 네 종류가 있었다.《海東竹枝 名節風俗》

119 우비(優批) : 신하가 올린 글에 대하여 임금이 좋은 말로 내리는 비답이다.

병신년(1776, 영조52)에 경시관(京試官)으로 호서(湖西)에서 선비를 선발하였다. 6월에 사헌부 지평이 되었다. 당시 단문복(袒免服)을 입는 친척[120]의 이름이 대간의 계사(啓辭)에 오른 일이 있었는데, 공이 인피(引避)하여 서명을 하지 않았다. 이에 대신(臺臣)이 파직을 청하였는데, 주상이 특별히 추고(推考)[121]를 명하였다.

공이 태묘(太廟)의 대축(大祝)이 되었을 때, 중사(中使 내관(內官))가 왕명을 받들고 와서 비리를 조사하였다. 그리하여 향관(享官)들이 차례로 명첩(名帖)을 제출하였는데, 공이 홀로 말하기를 "우리는 경연(經筵)의 신하들이니, 중사에게 절할 수 없다."라고 하였다. 헌관(獻官)들이 굳이 권하였으나 공은 끝내 받아들이지 않았다. 중사가 돌아가 보고하자, 주상이 공에게 병이 있다고 여겨 입직한 옥당의 관원을 보내 헌관들에게 사정을 알아보고 교대해 주려고 하였다. 헌관들이 병이 있다고 상주하려고 하자, 공이 안 된다 하며 말하기를 "천신이 병든 적이 없으니, 다만 사실대로 상주해야 합니다." 하였다. 마침내 사실대로 상주하자 주상이 칭찬하였다.

120 단문복(袒免服)을 입는 친척 : 상례(喪禮) 때 단문복을 입는 친족이라는 뜻으로, 흔히 먼 친척을 이른다. 단문복이란 시마(緦麻) 이하의 복(服)에서, 두루마기 따위의 웃옷의 오른쪽 소매를 벗고 머리에 사각건을 쓰는 것이다. 곧 종고조부(從姑祖父), 고대고(高大姑), 재종증조부(再從曾祖父), 재종증대고(再從曾大姑), 삼종조부(三從祖父), 삼종대고(三從大姑), 삼종백숙부(三從伯叔父), 삼종고(三從姑), 사종 형제 자매(四從兄弟姊妹) 등을 통틀어 이르는 말이다.

121 추고(推考) : 근본 원인을 조사한다는 뜻으로, 원래 관원의 죄를 조사하여 그 죄의 경중에 따라 태(笞)나 장(杖)을 치는 것으로, 대신에게는 시행하지 않고 일반 관료에게만 시행하던 가볍지 않은 형벌이었는데, 후대에 와서는 실질적인 형벌은 사라지고 해당 관원에게 경고하는 의미의 형식적인 처벌로 변하였다.

무술년(1778, 정조2) 여름에 자전(慈殿)[122]께서 빈(嬪)을 간택하라는 언교(諺敎)[123]를 내리셨다. 공이 이때 휴가를 청하여 막내아우인 목사공(牧使公) 좌원(左源)이 있는 진위현(振威縣) 관아에서 어머니를 모시고 있었으므로, 현(縣)과 도(道)를 통하여 상소를 올렸는데, 대략적인 내용은 다음과 같다.

"자전께서 언교하신 사지(辭旨)가 성대하고 간곡하시며 나라를 위해 염려하는 마음이 몹시 극진하시거늘 위아래에서 우러러 받드는 도리로 보아 감히 누가 다른 의견을 가질 수 있겠습니까.

이번에 하교하신 간택의 명은 고례(古禮)에 질정하여도 의심할 것이 없고 성조(聖朝)에 상고하여도 근거할 곳이 있는 일입니다. 더구나 자전께서 하교하신 일이니, 조정의 신하들은 서둘러 받들어야 마땅할 것입니다.

다만 삼가 생각하건대, 우리 전하께서 양암(諒闇)[124]의 상례를 마치시어, 예법에 따라 의당 침전(寢殿)에 들 수 있게 되었으므로 전국의 신민들이 목을 길게 늘이고서 우리 중전[125]께서 원자를 생산하는

122 자전(慈殿) : 영조(英祖)의 계비 정순왕후(貞純王后, 1745~1805)를 이른다. 본관은 경주(慶州), 오흥부원군(鰲興府院君) 김한구(金漢耉)의 딸이다. 사도세자를 반대하는 벽파(僻派)와 손을 잡고 반대파인 시파(時派)를 탄압하였으며, 순조(純祖)가 즉위하자 수렴청정을 하면서, 천주교 금지령을 내리고 신유박해를 일으켰다.

123 언교(諺敎) : 자세한 내용이 《일성록》 정조 2년 5월 2일 기사에 나온다.

124 양암(諒闇) : 임금이 거상(居喪)할 때의 거처를 말하는데, 보통 임금의 거상 또는 상례(喪禮)를 이른다. 은 고종(殷高宗)이 아버지 소을(小乙)의 상에 상려(喪廬)에서 3년 동안 말하지 않았다는 고사에서 유래하였다. 《禮記 喪服四制》

125 중전 : 정조의 비(妃)인 효의왕후(孝懿王后, 1753~1821)를 가리킨다. 본관은 청풍(淸風), 좌참찬 김시묵(金時默)의 딸이다. 1762년(영조38) 10세 때 세손빈(世孫

큰 경사가 있기를 간절히 기다리고 있습니다. 그런데 갑자기 중전의 옥체가 미령하시어 갖가지 일을 기필할 수 없다는 분부를 받들게 되었으니, 신민들이 얼마나 놀라고 걱정하며 실망하겠습니까.

신은 중전께 닥친 환후가 어떠한 증상이기에 원자를 생산하시는 데 지장이 있는지는 모르겠습니다만, 여염집의 젊은 부인들 가운데 여러 해 동안 고질병을 앓아 회임할 가능성이 없게 된 사람도 잘 요양하고 알맞은 약을 써서 고질병을 쾌유할 뿐만 아니라 아이를 생산하는 효험을 보는 경우가 흔히 있습니다. 저 사대부들도 가문을 이어 나가는 계책을 그처럼 주도면밀하게 하고 있습니다. 하물며 영원토록 이어지는 아름다운 전통을 세워야 하는 한 국가의 임금이 대를 잇는 방도에 한계를 두어서야 되겠습니까.

신은 생각하건대, 중전의 환후가 비록 위중하다 하더라도, 병인(病因)을 상세히 따져 보고 증상을 살핀 다음 뛰어난 의원을 널리 불러들이고 좋은 약을 두루 쓴다면 어찌 치유할 방도가 없겠습니까. 내전의 환후를 진찰하는 것은 가장 어려운 일입니다. 듣고 참고해 볼 것이라고는 여사(女使)들이 전해 주는 말뿐이라, 제대로 진찰할 수도 없고 정확한 진단을 내릴 수도 없으니, 이 얼마나 지극히 중대하고 조심스러운 경우입니까.

삼가 바라건대, 전하께서 정사를 보시는 여가에 때때로 몸소 진찰하고 상세히 물으시고, 나와서 약원(藥院)의 신하들을 만나실 적에 증세와 환후에 대하여 자세하게 교시하소서. 애초에 병의 원인이

嬪)에 책봉되었고, 정조 즉위 후 왕비로 책봉되었다. 슬하에 소생이 없어 1790년(정조 14) 수빈 박씨(綏嬪朴氏)가 아들을 낳자 왕세자로 삼았다.

된 것을 비롯하여 현재 고통을 겪는 것까지 남김없이 통찰하도록 하여, 정성과 의술을 다 쏟아 부지런히 치료하게 하소서. 이러한 일을 하루라도 늦추어서는 결코 안 될 것입니다."

상소가 들어가자 적신(賊臣) 홍국영(洪國榮)[126]이 마침 궁궐에 있다가 크게 노하여 여러 사람이 있는 자리에서 욕을 하고 마침내 백방으로 배후를 염탐하여 사류(士類)를 일망타진하려고 하였다. 그런데 실제로 공이 스스로 한 일이었기에 염탐한들 아무것도 얻은 것이 없게 되자 일이 마무리되었다.

얼마 후에 원빈(元嬪)[127]이 간택되어 입궁하자, 홍국영의 흉측한 계책이 더욱 사나워져서 발톱과 이빨을 한껏 치켜세우고 있는 듯하였다. 온 세상이 그의 비위를 맞추어 공의 상소를 지목하여 '흉소(凶疏)'라고 일컬었고, 전관(銓官)은 다시 공을 검의(撿擬)하지 않았으며, 평소에 알고 지내다 교류를 끊는 이까지 있었지만 공은 조금도 언짢은 기색이 없었다. 날마다 아우들과 함께 쓸쓸히 지내며 변변찮은 끼니조차 제대로 먹지 못하였으나 이 또한 개의치 않았다.

경자년(1780, 정조4) 봄에 홍국영이 축출되자, 공이 사간원 헌납을

126 홍국영(洪國榮) : 1748~1781. 자는 덕로(德老), 본관은 풍산(豐山)이다. 영조 때에 세자시강원 설서가 되어 세손을 즉위시키고 정조 밑에서 도승지에 올라 세도정치를 폈다. 1778년(정조2) 누이동생을 후궁으로 바쳐 원빈(元嬪)으로 삼아 자신의 입지를 굳혔다. 원빈이 1년 만에 병들어 죽자, 왕비 효의왕후(孝懿王后)가 원빈을 살해한 것으로 믿고 독살하려다가 발각되어 축출되었다.

127 원빈(元嬪) : 1766~1779. 정조의 후궁으로, 홍국영의 누이동생이다. 정조의 비인 효의왕후가 아이를 낳지 못하자 왕실의 후사를 위해 1778년 후궁으로 간택되어 입궁하였으며 숙창궁(淑昌宮)이란 궁호를 얻었다.

배수하고 상소를 올렸다.

"홍국영이 임금을 업신여긴 죄는 그의 사직 상소에서 스스로 남김없이 말하였습니다만 '곤치망애(壼治罔涯)'라는 넉 자[128]에 이르러서는 더욱이 흉패(凶悖)하기 이를 데 없습니다.

우리 중전(中殿 효의왕후(孝懿王后))께서는 곤덕(坤德)[129]이 일찍부터 드러나시고 훌륭한 명망이 날로 밝게 펴져 나가, 중전께서 음공(陰功)으로 정사를 돕고 내치(內治)로써 만백성의 복록을 도와 이루시어, 우리 성상의 관저(關雎), 규목(樛木)의 교화[130]를 보좌하시는 모습을 전국의 신민들이 모두 우러르고 있거늘, 그가 어찌 감히 넉 자의 무도한 말을 멋대로 상소에 써서 사람들의 귀를 어지럽히는 흉계를 꾸밀 수 있단 말입니까.

그 흉역(凶逆)한 심보와 대계(大計)[131]를 저지한 것이 하나의 맥

128 곤치망애(壼治罔涯)라는 넉 자 : '곤치(壼治)'는 내궁(內宮)의 정사, 곧 후비(后妃)의 정치를 뜻하며, '곤치망애'란 주상의 내치가 망극한 상황이라는 뜻이다. 곧 홍국영이 효의왕후(孝懿王后)에 의해 자기 누이인 원빈(元嬪)이 살해되었다고 혐의하여 한 말인 듯하다. 홍국영이 1779년(정조3)에 올린 상소에서, 누이의 죽음에 대한 슬픈 심정을 토로하며 "심신이 불안하여 근심과 두려움이 더욱 심한 까닭은 전하의 춘추는 한창이신데 전하의 저사가 없고 전하의 국사는 어려운데 전하의 곤치가 망극하기 때문입니다.〔心神不安 憂恐益甚者 蓋以殿下之春秋方盛 殿下之儲嗣無地 殿下之國事惟難 殿下之壼治罔涯〕"라고 한 내용이 나온다.《正祖實錄 3年 9月 26日》

129 곤덕(坤德) : 부녀자가 지녀야 할 덕행 또는 후비의 덕을 이른다.

130 관저(關雎), 규목(樛木)의 교화 : 왕비가 덕이 있어 내치를 통하여 훌륭한 정사를 돕고 만백성의 모범이 됨을 이른다. 〈관저〉와 〈규목〉은《시경》〈주남(周南)〉의 편명으로, 모두 문왕(文王) 후비의 덕을 찬미한 시편이다. 〈관저〉는 후비의 덕이 군자와 화락하여 내치를 이룬 것을, 〈규목〉은 후비의 은덕(恩德)이 아랫사람들에게 미치고 질투하는 마음이 없는 것을 찬미하였다.《詩經集傳》

락에서 비롯된 것임이 불을 보듯 뻔한데, 근일 논계(論啓)하는 상소에 전혀 이를 언급한 것이 없으니, 신은 적이 의혹됩니다. 인신의 죄악이 저 홍국영과 같은 자는 이른바 '온 나라 사람들이 모두 죽여야 한다.'[132]라고 하는 경우입니다. 서둘러 현륙(顯戮)[133]의 형법을 시행하여 신명과 사람의 분노를 통쾌하게 씻기를 결코 그만두어서는 안 됩니다."

얼마 후에 척신(戚臣) 김치묵(金峙默)[134]이 상소를 올려 공을 무고하고 심지어 극률(極律)에 처하라고 주청하였는데, 주상이 따르지 않고 다만 방축전리(放逐田里)[135]를 명하셨다. 공이 평소 가난하여 돌아갈 곳이 없었으므로 교외를 떠돌다가 결국 병이 들어 6월 17일에 졸하여, 파주(坡州) 금암(黔巖) 자좌(子坐) 언덕에 안장되었다.

공은 천성이 곧고 깨끗하여, 남과 잘 어울리지 못하는 성격임을 스스

131 대계(大計) : 빈을 간택하여 저사(儲嗣)를 잇는 일을 가리킨다.

132 온 나라……한다 : 《맹자》〈양혜왕 하(梁惠王下)〉에 "측근의 신하들이 모두 죽여야 한다고 하더라도 듣지 말며, 여러 대부들이 모두 죽여야 한다고 말하더라도 듣지 말고, 나라 사람들이 모두 죽여야 한다고 말한 뒤에 살펴서 죽여야 할 점을 발견한 뒤에 죽여야 합니다. 그러므로 나라 사람들이 죽였다고 하는 것입니다.〔左右皆曰可殺 勿聽 諸大夫皆曰可殺 勿聽 國人皆曰可殺 然後察之 見可殺焉 然後殺之 故曰 國人殺之也〕"라고 한 내용이 나온다.

133 현륙(顯戮) : 죄인을 죽여서 그 시신을 여러 사람에게 보이는 일이다.

134 김치묵(金峙默) : 1741~1788. 본관은 청풍(淸風), 자는 정부(靜夫)이다. 세자시강원 설서(世子侍講院說書), 예조 참판을 역임하였다. 홍국영을 비호하려고 박재원을 탄핵하였다가, 순조 즉위 후 관직이 추탈(追奪)되었다.

135 방축전리(放逐田里) : 죄인을 서울에서 추방하여 시골로 돌려보내는 형벌로, 중죄를 지은 죄인에게 비교적 관대한 처분을 내릴 때 시행하였다.

로 알아서 평소에 친구를 사귀지 않고 형님 진사공(進士公)과 잠자리와 거처를 함께하면서 경사를 같이 연구하며 밤낮으로 떨어지지 않았다. 모부인이 말년에 병환이 들어 늘 침상에서 지냈는데, 공이 한 번도 그 곁에서 떨어지지 않고 약과 음식을 반드시 몸소 올렸으며 요강도 반드시 직접 씻었다. 그렇게 몇 년을 지냈는데도 집안사람들은 공에게서 태만한 기색을 찾아볼 수 없었다.

공이 졸한 뒤 7, 8년 만에 공을 해치려던 군흉(群凶)들이 차례로 주벌되어 국시(國是)가 정해지자, 사대부들은 끊임없이 공을 추모하고 일반 백성들도 공이 지금 세상에 없는 것을 안타까워하였다.

무신년(1788, 정조12) 겨울에 옥당의 이은모(李殷模)가 상소하여[136] 공의 벼슬을 추증하기를 주청하였다. 이에 대하여 주상이 비답(批答)하기를 "고 교리 박재원의 일은 그때 가장(嘉獎)하지 못하고 끝내는 꺾어 버렸으니, 내가 실로 그 잘못을 자각하였노라. 포장(褒獎)하는 일은 그대의 말을 기다리지 않고도 이미 생각해 둔 것이 있다." 하셨다. 그때 중궁전에 막 산실청(産室廳)을 설치하였다.[137]

기유년(1789) 봄에 공의 추증에 대하여 재상(우의정 채제공(蔡濟恭))이 연주(筵奏)하자, 상이 전교하기를 "박재원의 일은 그때 가장하지 않았던 것이 지금에 와서 후회가 된다. 전번에 옥당의 상소가 있은 뒤로

136 이은모(李殷模)가 상소하여 : 이은모(1745~1802)의 본관은 덕수(德水), 자는 자경(子敬)이다. 정언(正言), 헌납(獻納) 등을 거쳐 1790년(정조14) 대사간에 이르렀다. 《정조실록》에는 헌납 이은모가 이 상소를 1787년 10월 23일에 올린 것으로 나온다.

137 그때……설치하였다 : 《정조실록》에 의하면 1787년 7월 6일 영의정 김치인(金致仁) 등이 곤전에게 태기가 있다고 하여 산실청 설치를 건의하였고, 9월 18일 대조전(大造殿)에 산실청을 설치하였다.

아직까지 하교하지 않은 것은 기다리는 바가 있어서였다." 하시고, 특명으로 공을 홍문관 부제학으로 추증하였다.

금상(순조(純祖))이 즉위하신 원년 신유(1801, 순조1)에 교리 오한원(吳翰源)이 상소하여[138] 공에게 가증(加贈)할 것을 주청하자, 주상이 대신들에게 복주(覆奏)하도록 명하여, 영의정 심환지(沈煥之), 영부사(領府事) 이병모(李秉模), 좌의정 이시수(李時秀), 우의정 서용보(徐龍輔)가 모두 아뢰기를 "박 아무개의 가증은 실로 기풍을 수립하는 정사[139]에 합당합니다." 하였다. 그리하여 공을 이조 참판으로 추증하였다.

갑자년(1804) 겨울에 우의정 이경일(李敬一)[140]이 상주하기를 "증(贈) 이조 참판 박 아무개가 무술년(1778, 정조2)에 올린 한 통의 상소는 충성이 해와 별을 관통하고 의리를 천지간에 세웠으니, 목숨을 바쳐 나라를 지킨 옛 충신과 의사에게 실로 부끄럽지 않습니다. 청컨대 정경

138 오한원(吳翰源)이 상소하여 : 오한원(1750~?)의 본관은 나주(羅州), 자는 공예(公藝)이다. 홍문관 수찬, 평안도 암행 어사, 동래 부사, 대사간, 의주 부윤, 개성 유수 등을 역임하였다. 《순조실록》에 의하면 이 상소는 오한원이 홍문관 부수찬으로서 1801년(순조1) 1월 17일에 올린 것이다.

139 기풍을 수립하는 정사 : 선한 자를 표창함으로써 풍속을 순화하는 정사를 말한다. 《서경(書經)》 〈주서(周書) 필명(畢命)〉에 "선(善)과 악(惡)을 표창하고 구별하여 거주하는 마을을 정표(旌表)하며, 선을 표창하고 악을 병들게 하여 풍성을 세워 준다.〔旌別淑慝 表厥宅里 彰善癉惡 樹之風聲〕"라는 내용이 나온다.

140 이경일(李敬一) : 1734~1820. 본관은 경주(慶州), 자는 원회(元會), 호는 청헌(聽軒), 시호는 효정(孝定)이다. 대사간, 대사성, 황해도 관찰사, 공조 판서, 대사헌, 형조 판서 등 요직을 두루 역임하였으며, 순조 때 우의정을 거쳐 좌의정에 올랐다. 1808년(순조8) 나이 75세에 봉조하(奉朝賀)가 되고 오은군(鰲恩君)에 피봉되었다. 문집으로 《청헌유고(聽軒遺稿)》가 있다.

(正卿)을 가증하시고 이어 홍문관에 명하여 시호를 의논하여 정하게 하소서." 하였다.

주상이 옳다고 하시어 공을 이조 판서로 추증하였다. 이제야 양조(兩朝)에 걸쳐 진행된 공에 대한 포상이 다 이루어진 것이다.

공은 청직(淸直)한 가풍을 대대로 이어받아, 내행(內行)이 매우 독실하였으며 남에게 구차하게 영합하지 않았다. 비록 흉포한 기세를 떨치며 사람의 화복(禍福)을 좌지우지할 수 있는 권력자에 대해서도 마치 몸이 더럽혀질 것처럼 멀리하였다. 정후겸(鄭厚謙)[141]과 홍국영이 앞뒤로 정권을 잡았으나 공은 그들의 얼굴도 알지 못하였으며, 바른 도리를 꿋꿋이 지켜서 차라리 꼬장꼬장하다는 말을 들을지언정 아첨하여 환심을 사려고 하지 않았다. 그가 평소에 수양한 것이 두터웠기 때문에 스스로 수립한 것이 그토록 우뚝하였던 것이다.

아아! 최상은 덕행을 세우는 것이고, 그다음은 공업을 이루는 것이며, 그다음은 훌륭한 말을 남기는 것인데, 이것을 일러 '삼불후(三不朽)'라고 한다.[142]

홍국영이 한창 중전을 해치려고 도모할 적에 승냥이와 멧돼지가 으

141 정후겸(鄭厚謙) : 1749~1776. 본관은 연일(延日)이며, 자는 백익(伯益)이다. 본시 인천에서 어업에 종사하던 서인(庶人) 출신으로, 화완옹주(和緩翁主)의 양자가 되어 영조의 총애를 받아, 호조 참의, 호조 참판, 공조 참판을 지냈다. 세손(世孫)이 대리청정을 하게 되자 유언을 퍼뜨려 세손의 비행을 조작하는 등 세손을 모해하다가 정조가 즉위하자 사사(賜死)되었다.

142 최상은……한다 : 춘추 시대 때 노(魯)나라 대부 숙손표(叔孫豹)가 진(晉)나라에 갔을 적에 범선자(范宣子)가 오랫동안 사라지지 않을 일에 대해서 물어본 것에 대답한 말이다. 《春秋左氏傳 襄公24年》

르렁거리고 살모사와 구렁이가 독을 쏘는 듯이 악랄하여, 사대부들이 목을 움츠려 지조를 잃고 한데 휩쓸려서 그냥 보고만 있었으니, 인륜이 거의 땅에 떨어질 지경이었다. 이런 와중에 공이 한 통의 상소로 대궐에 호소하여 외로운 충정을 지킬 뿐 몸을 돌보지 않았으니, 마치 미친 듯 넘실대는 물결 가운데 우뚝 서 있는 지주(砥柱)[143]와 같고 추운 겨울에도 홀로 서 있는 외솔과 같아서, 비루하고 간사한 자들로 하여금 심장이 찢어지고 간담이 갈라지게 하였으니, 이것이 그 덕행이 아니겠는가. 결국 자신은 위태로워졌으나 국모(國母)는 편안하시어, 작디작은 한 몸으로 만세의 강상(綱常)을 세웠으니, 이것이 그 공업이 아니겠는가.

제갈공명(諸葛孔明)이 문장을 저술한 적이 없었으나 〈출사표(出師表)〉 두 편[144]이 우주에 환히 빛나고, 호방형(胡邦衡)이 진회(秦檜)를 논핵한 단 한 편의 상소[145]가 천년 뒤에까지 독자로 하여금 모골을 송연하게 한다. 공이 애초에 상소를 올린 것은 자기 직분을 다하고자 한 것일 뿐이니, 어찌 후대에 전해지는 데 뜻을 두었겠는가. 그러나 천지

143 지주(砥柱) : 황하(黃河) 중류에 있는 산 이름으로, 산이 거세게 흐르는 물 가운데 기둥처럼 우뚝 서 있다 하여 붙여진 이름인데, 흔히 난세(亂世)에 처하여 의연히 절개를 지키는 선비 또는 난국을 헤쳐 나갈 역량을 지닌 사람을 비유한다.

144 출사표(出師表) 두 편 : 삼국 시대 촉한(蜀漢)의 제갈량(諸葛亮, 181~234)이 북벌(北伐)할 적에 2대 황제 유선(劉禪)에게 올린 표문으로, 전후 두 편인데 전편은 227년 작이고 후편은 228년 작이다. 우국충정의 내용이 담긴 명문장으로 유명하다.

145 호방형(胡邦衡)이……상소 : 방형(邦衡)은 송(宋)나라 때 충신 호전(胡銓)의 자이다. 호는 담암(澹菴), 시호는 충간(忠簡)으로, 송 고종(宋高宗) 때 진사(進士)에 합격한 뒤 추밀원 편수관(樞密院編修官)으로 있을 때 상소하여 금(金)나라와의 화친을 주장한 간신 진회(秦檜)를 주벌(誅罰)할 것을 청하였다. 《宋史 卷374 胡銓列傳》

에 우뚝하고 일월처럼 빛나는, 공의 순강(純剛)하고 지정(至正)한 기운은 위로 여러 군자들에 짝하더라도 부끄럽지 않다. 금석(金石)이야 닳아 없어진다 해도 이 글은 없어져서는 안 될 것이니, 이것이 바로 그 훌륭한 말을 남긴 것이 아니겠는가. 그렇다면 옛날에 말한 삼불후를 공은 모두 가진 것이다.

말은 마음에서 나오고 마음은 몸의 주인이다. 그러므로 선비가 지우(知遇)를 입느냐 못 입느냐는 그의 말이 쓰이느냐 못 쓰이느냐로 볼 일이지, 몸이 영화를 누리느냐 쇠락하느냐는 논할 것이 못 된다. 공의 경우는 몸은 비록 곤궁하였으나 말은 끝내 시행되었고, 무신년(1788) 옥당에서 올린 상소에 비답이 내려진 뒤로는 화곤(華袞)이 찬란하여 해와 별처럼 빛나게 되었다.[146] 충신과 지사들이 이로써 나라를 위해 죽음을 잊게 되었으니, 훗날 공이 지우를 입고 못 입고를 상론(尙論)하는 자들이 필시 논변할 거리가 있을 것이다. 또한 홍국영이 공에게 분풀이를 하려고 벼르면서도 끝내 형벌을 가하지 못하였으니, 그렇다면 공의 몸도 불우하였다고 할 수는 없다. 아아! 성명(聖明)하신 우리 선왕(先王 정조(正祖))이 아니었다면 어떻게 공을 이렇게 성취시킬 수 있었겠는가.

공은 전주 이씨(全州李氏)에게 장가들었는데, 동지중추(同知中樞) 돈중(敦中)의 따님으로, 정부인(貞夫人)에 추증되었다. 아들 둘과 딸 둘을 두었는데, 장남 종명(宗明)은 진사 출신으로 동몽교관(童蒙敎官)

146 화곤(華袞)이……되었다 : 화곤은 왕공이나 귀족이 입던 화려한 예복으로, 임금에게 총애를 받거나 높은 벼슬에 오르는 것을 상징하는 말이다. 곧 박재원이 홍문관 부제학, 이조 판서에 추증(追贈)된 것을 가리킨다.

이고, 차남 종경(宗京)은 문과 출신으로 승지(承旨)이며, 두 딸은 각각 홍취연(洪取淵), 신작(申綽)에게 시집갔다. 교관 종명은 아들이 없어서 승지 종경의 아들 영수(英壽)를 후사로 삼아 공의 제사를 받들고 있으며, 딸은 송지항(宋持恒)에게 시집갔다. 승지 종경은 아들 둘과 딸 둘을 두었는데, 장남은 영수이고 나머지는 다 어리다. 사위 홍취연의 계자(系子)는 수경(秀儆)이다.

승지 종경이 나에게 말하기를 "우리 선자(先子)에게 내려진 역명(易名)[147]의 은전에 그대가 마땅히 시장(諡狀)을 써 주시오." 하였다. 후배인 내가 공을 살아생전 뵙지는 못하였지만, 선군(先君)께서 고향 집에 계실 적에 공이 세상을 떴다는 소식을 듣고 슬피 눈물을 흘리고 공을 그리워하며 말하기를 "우리들 중에서 한 몸을 성취하여 완인(完人)[148]이 된 자로는 오직 아무개 한 사람뿐이다."라고 한 일을 아직 기억하고 있다.

이제 승지가 나에게 시장을 부탁한 이유는 내가 글을 잘 짓는다고 생각해서가 아니라, 내가 의리상 감히 사양할 수 없는 데다가 또 공의 시장을 짓는 것을 영광으로 여기고 있음을 알고 있기 때문이다. 이에

147 역명(易名) : 이름을 바꾼다는 뜻으로 시호(諡號)를 내림을 말한다. 춘추 시대 위(衛)나라 대부인 공숙문자(公叔文子)가 졸하자 그의 아들이 임금에게 시호를 청하기를 "세월이 흘러 장사를 지낼 때가 되었으니 이름을 바꿀 것을 청합니다.〔日月有時 將葬矣 請所以易其名者〕"라고 한 데서 유래한 말이다. 《禮記 檀弓下》

148 완인(完人) : 행실에 조금의 오점도 없는 사람이라는 의미이다. 특히 당쟁과 관련하여 한 점 오점을 남기지 않은 사람을 일컬었다. 원나라 유기(劉祁)의 《귀잠지(歸潛志)》에 "선비의 입신은 흰 실 같아야 하니, 삼가 조금이라도 더럽혀져서는 안 된다. 조금이라도 더럽혀지면 완인이 될 수 없다.〔士之立身如素絲然 愼不可使點汚 少有點汚 則不得爲完人矣〕"라는 말이 나온다.

삼가 목사공이 지은 가장(家狀)에 근거하여 중요한 것들을 엮어서, 이상과 같이 논찬하여 태상(太常)[149]에 고한다.

149 태상(太常) : 봉상시(奉常寺)를 달리 이르는 말이다. 봉상시는 조선 시대에 국가의 제사(祭祀) 및 시호를 의논하여 정하는 일을 맡아보던 관서이다.

증 좌승지 정공 시장
贈左承旨鄭公諡狀

우리 성상(순조(純祖)) 5년(1805)에 동부(東部)의 유생(儒生) 이덕수(李德秀) 등이 거둥길에 엎드려 아뢰기를,

"신들이 엎드려 생각하건대, 증(贈) 훈련원 정(訓鍊院正) 정득열(鄭得說)이 만력(萬曆) 임진년(1592, 선조25)에 재용(才勇)으로 선발되어 사천 현감(泗川縣監)으로 나가서, 고성(固城)과 진해(鎭海)에서 여러 차례 왜적을 격파하여, 연해의 여러 고을을 수복하였습니다. 이해 겨울 10월에 다시 진주성(晉州城) 아래에서 벌어진 왜적과의 전투에서 고립된 군대로 용감히 싸우다가 죽었습니다. 그가 적을 격파하고 고을을 수복한 일은 《선묘보감(宣廟寶鑑)》[150]에 나오고 용감히 싸우다가 순절한 일은 《중흥지(中興志)》[151]와 《진주순절비(晉州殉節碑)》[152] 및 고 부제학 권변(權忭)[153]이 지은 야장(野藏)[154] 등에

150 선묘보감(宣廟寶鑑) : 1684년(숙종10)에 이단하(李端夏) 등이 선조(宣祖) 1대의 사적을 정리하여 편찬한 역사책으로, 《국조보감(國朝寶鑑)》에 들어 있다.

151 중흥지(中興志) : 1587년(선조20)부터 1607년까지 일본과의 사신 왕래, 임진왜란의 전말, 전후 교섭 등을 기술한 저자 및 연대 미상의 역사책이다. 《선묘중흥지(宣廟中興志)》라고도 한다.

152 진주순절비(晉州殉節碑) : 1619년(광해군11)에 성여신(成汝信)이 지은 〈진주전성각적비(晉州全城却敵碑)〉를 가리키는 듯하다. 진주성 안에 있는 충민사(忠愍祠) 경내에 있다.

153 권변(權忭) : 1651~1726. 본관은 안동(安東), 자는 이숙(怡叔), 호는 수초당(遂初堂), 시호는 문정(文貞)이다. 1689년(숙종15) 증광시 문과에 병과로 급제하였으나,

많이 나옵니다. 그의 공렬이 저토록 훌륭한데도 증직이 3품에 지나지 않고 제향(祭享)을 받지도 못하고 있으니, 신들이 적이 슬퍼하고 있습니다. 신들이 생각하건대, 정득열에게 증직을 올려 주고 시호를 내리시어, 진주성에서 순절한 다른 분들과 함께 제사를 지내도록 함이 마땅할 것입니다."

하였다. 이에 주상이 유사(有司)에게 내려 의논하도록 명하셨다.

이조 판서 박종래(朴宗來)가 아뢰기를 "정 아무개가 힘써 싸우다 순국하였으니, 증직을 올려 주고 시호를 내리는 중전(重典)을 베푸는 것이 마땅합니다. 청컨대 대신에게 의논하게 하소서." 하였다.

예조 판서 조윤대(曺允大)가 아뢰기를 "진주에 임진년 의롭게 죽은 신하들을 제사하는 사당이 있는데, 정 아무개는 들어가지 못하여 사론(士論)이 애석하게 여깁니다. 청컨대 대신에게 의논하게 하소서." 하였다.

좌의정 이시수(李時秀)가 의론하기를 "정 아무개의 충절이 우뚝하니, 특별히 은전을 더하여 백세를 감화시키고 격려하는 것이 마땅합니다. 추후에 배향(配享)하는 것은 금령(禁令)이 있어서 비록 허용할 수는 없는 일입니다만, 진주에서 의롭게 죽은 신하들이 입은 은전이 유독 정 아무개에게만 베풀어지지 않아서 백 년이 지난 뒤에도 공론(公論)이 더욱 답답하게 생각하고 있으니, 특별히 명하시어 증직을 올리고 시호를 내리시는 것이 진실로 충신을 표창하는 정사에 합당할 것입니다. 성상께서 재량하소서." 하였다. 주상이 옳다고 하였다. 이에 공

이때 숙종이 인현왕후를 폐위하려는 것을 알고 고향에 돌아가 두문불출하다가, 뒤에 부수찬, 대사간, 부제학을 역임하였다. 저서로 《수초당집(遂初堂集)》이 있다.

154 야장(野藏) : 미상이다. '藏' 자는 오류인 듯하다.

을 통정대부 승정원좌승지 겸 경연참찬관(通政大夫承政院左承旨兼經筵參贊官)에 추증하였다.

공의 후손 진사 수귀(遂龜)가 태상(太常)에 시호를 청하고자 나에게 시장을 부탁하였다.

삼가 살펴보니, 공의 자는 군석(君錫)이고 본관은 하동(河東)이다. 5대조 휘 인지(麟趾)는 문장과 훈업(勳業)으로 벼슬이 영의정에 이르렀고, 하동부원군(河東府院君)에 봉해졌으며, 시호는 문성(文成)이다. 고조 휘 숭조(崇祖)는 호조 판서를 지냈고, 좌리 공신(佐理功臣)에 책봉되어 하남군(河南君)에 봉해졌으며, 시호는 장정(莊靖)이다. 아버지 휘 희영(希永)은 첨지중추부사(僉知中樞府事)를 지냈고, 어머니는 전주 이씨(全州李氏)이다. 가정(嘉靖) 을축년(1565, 명종20) 8월 11일에 공을 낳았다.

공은 수염이 아름다웠고 용력이 절륜하였으며, 글 읽기를 좋아하였고 침착하며 지략이 있었다. 무자년(1588, 선조21)에 무과에 급제하였고, 임진년(1592)에 사천 현감에 제수되었다. 얼마 뒤에 왜적이 대거 침입하여 부산과 동래를 함락하였다. 당시 평화가 오래 지속되던 터라 군현의 방비가 와해되었는데, 공이 변란 소식을 듣고 현의 군사를 모두 동원하니, 겨우 300여 명이었다. 그때 절도사 유숭인(柳崇仁)[155]이 창원(昌原)에 진을 치고 왜적을 막고 있었는데, 공이 군대를 이끌고 달려가 합세하여 전투 때마다 사졸들보다 앞장서서 싸웠고 기사(騎射)를

155 유숭인(柳崇仁) : 1565~1592. 함안 군수로 재직 중 임진왜란을 맞아 진해 등지에서 여러 차례 전공을 세워 경상우도 병마절도사에 특진되었고, 진주성을 구출하기 위하여 정득열 등과 함께 성 밖에서 싸우다 전사하였다.

잘하여 가는 곳마다 승리를 거두었다. 얼마 뒤에 왜적이 사천을 침범하였다는 소식을 듣고 곧 군대를 이끌고 돌아가서 진주 판관(晉州判官) 김시민(金時敏)[156]과 함께 고성(固城), 진해(鎭海) 등지에 주둔하고 있던 왜적들을 공격하자, 왜적들이 겁에 질려 달아났다.

이해 겨울에 왜적 장수 우시등원랑(羽柴藤元郎)[157]이 경상우도에서의 승세를 타고 왜군을 총동원하여 진주를 공격하였는데, 김시민이 성문을 닫고 굳게 지키고 있었다. 공이 가배량(加背梁)의 권관(權管) 주대청(朱大淸)[158]과 함께 진주성으로 달려갔으나 성문이 닫혀 들어갈 수가 없었다. 적이 곧 들이닥치게 되어 사태가 급박해지자, 민가를 철거하고 목책을 설치하여 방어선을 구축하였다. 유숭인이 창원에서 패전하였는데, 공이 진주에 있다는 말을 듣고 단기(單騎)로 와서 의지하였다. 이윽고 3만의 왜적이 대대적으로 공격해 오자, 유숭인이 성 안으로 들어가려고 하였다. 공이 반대하여 말하기를 "김시민은 성안에서 굳게 지키고 우리는 성 밖에서 싸운다면 성을 온전히 할 수 있을 것입니다. 싸우지도 않고 성안에 들어가는 것은 싸우다 죽는 것보다

156 김시민(金時敏) : 1554～1592. 본관은 안동(安東), 자는 면오(勉吾), 시호는 충무(忠武)이다. 1591년(선조24) 진주 판관이 되어 이듬해 임진왜란이 일어나자 목사의 직을 대리하여 민심을 안정시키고 여러 차례 전투에서 승리하여 진주 목사로 승진하였고, 이어 경상우도 병마절도사에 올랐다. 뒤에 진주성에서 분전하다가 전사하였다.

157 우시등원랑(羽柴藤元郎) : 임진왜란에 출전한 왜장으로, 풍신수길(豐臣秀吉)의 종질이다. 진주성 전투에서 패하여 창원으로 도망간 뒤 분하고 한스러움이 병이 되어 죽었다고 한다. 《亂中雜錄 卷2 壬辰年下》

158 주대청(朱大淸) : 1559～1592. 본관은 신안(新安)이다. 1583년 별시 병과에 급제하였다. 임진왜란 당시 가배량(加背梁)의 권관(權管)으로 유숭인, 정득열 등과 함께 진주성 앞에서 싸우다 전사하였다.

득이 될 게 없습니다." 하고, 부대를 지휘하여 성을 등지고 진을 치도록 하였다.

왜적이 포위하자 공이 장졸들을 격려하여 밤낮없이 전투를 벌여서 많은 왜병을 죽이거나 상처를 입혔다. 왜적이 공의 병력이 적고 원병이 없는 것을 보고 더욱 포위망을 좁혀 들어왔다. 공이 더욱 기세를 떨치며 휘하 장사들에게 뒤를 따르게 하고, 철퇴를 손에 쥐고 적진으로 달려가서 이리저리 치고받으니, 지나가는 곳마다 왜적들이 모조리 쓰러졌다. 이때 공의 나이 28세로 항상 백마를 타고 다녔는데, 왜적들이 '백마장군(白馬將軍)'이라고 일컬으며 피하고 감히 얼씬도 못 하였다.

전투가 한창 무르익었을 때, 유숭인이 탄환을 맞고 말에서 떨어지자 공이 급히 달려갔으나 미처 구하지 못하였다. 마침 날은 저물어 가고 장대비가 쏟아지자 사졸들은 사색이 되었고, 적들은 총력을 기울여 압박하여 탄환이 사방에서 날아왔다. 공이 활을 당겨 적 수백 명을 죽이고, 화살이 떨어지자 육박전을 펼치다 힘이 다하여 끝내 죽음을 맞이하였다. 그때가 명나라 만력 임진년 겨울 10월 6일 임진일이었다. 주대청도 이날 함께 죽었고, 공의 휘하 300장졸 중에 살아남은 이가 드물었다. 공이 죽은 뒤에 적의 기세도 크게 꺾이어, 결국 진주성을 격파하여 서쪽으로 진군하지 못하였으니, 이 때문에 호남 지방이 무사할 수 있었던 것이다. 일이 보고되자 공은 훈련원 정에 추증되었으며, 마을에 정려(旌閭)를 세우고 집에 조세를 면제해 주었다.

공이 전투를 앞두고 사졸들에게 적의 수급을 취하지 말도록 경계하여 말하기를 "인신(人臣)은 힘을 다해 적을 죽일 뿐이니, 적의 머리를 취하여 공로와 포상을 구하는 것은 대장부가 아니요, 죽은 적의 수급 하나를 취하려다 살아 있는 적 하나를 놓치는 것은 옳은 계책이 아니다." 하였다.

공의 노복 백종(白從)이 어지러이 널려 있는 시체들 속에서 공을 찾았는데, 공의 왼쪽 이마에 있는 검은 반점을 보고 찾은 것이다. 공의 시신을 짊어지고 집에 와서 살펴보니, 검붉은 피가 낭자하였고 온전한 살이 남아 있지 않았다. 부여(夫餘) 동릉산(東陵山) 선영(先塋) 옆에 안장하였다.

배필은 진주 강씨(晉州姜氏)인데, 한림(翰林)을 지낸 종경(宗慶)의 따님이고 취죽공(醉竹公) 극성(克誠)의 손녀이다. 외아들 택뢰(澤雷)는 공이 죽을 때 겨우 일곱 살이었다. 강 부인이 예법에 맞게 상을 치렀고, 택뢰를 바른 도리로 가르쳤다. 택뢰는 진사시에 장원급제하였는데, 광해군(光海君)이 인목대비(仁穆大妃)를 폐위할 때, 태학(太學)의 생도들을 창도하여 항소하여 극력 간하다가 남해(南海)에 귀양을 가서 죽었다. 택뢰의 배필 동래 정씨(東萊鄭氏)는 정렬(貞烈)을 지켜서 죽었고, 아들 천수(千壽)도 11세에 부친상을 치르다 죽었다. 3대의 네 사람이 삼강(三綱)의 도리를 다하였으니,[159] 군자들이 어려운 일이라고 칭송하였다.

공이 재상을 배출한 명문가의 자손으로서 비분강개하여 붓을 던진 것[160]은 임금과 나라를 지키고 추악한 오랑캐를 소탕하기 위한 것이었

159 3대의……다하였으니 : 삼강(三綱)은 임금과 신하, 부모와 자식, 남편과 아내 사이에 마땅히 지켜야 할 도리로 군위신강(君爲臣綱), 부위자강(父爲子綱), 부위부강(夫爲婦綱)을 이르는데, 정득열이 왜적을 막다 죽은 일과 정택뢰가 대비 폐위를 간하다 죽은 일은 군위신강, 정택뢰의 부인 동래 정씨가 정열을 지켜서 죽은 것은 부위부강, 정천수가 부친상을 치르다 죽은 것은 부위자강에 해당함을 말한 것이다.

160 붓을 던진 것 : 문필을 그만두고 종군(從軍)함을 말한다. 후한(後漢)의 반초(班

으니, 그 뜻만으로도 진실로 이미 위대하다. 관원과 군사들을 격려하여 적은 군대로 많은 군대를 공격하여 적진을 무너뜨리고 고을을 회복하여 섬나라 오랑캐에게까지 명성을 떨쳤으니, 이 얼마나 장렬한가! 그가 진주에서 적을 만났을 때, 수백의 외로운 군대를 이끌고 여러 진(鎭)의 원조도 없는 상황에서도 백배가 넘는 막강한 적을 막고 들에서 전투를 벌였다. 그렇게 사흘을 버티며 이루 셀 수 없을 만큼 많은 적을 죽였으니, 비록 옛 명장이라 하더라도 어떻게 이를 능가할 수 있겠는가. 그 중과부적의 상황을 이미 공은 소상히 알았을 것이다. 힘이 다하면 명백히 죽어서 시신은 들판에 버려지겠지만 아름다운 혼령과 굳센 넋은 바람과 우레를 휘몰아서 대판(大阪)을 짓밟고 무장(武藏)[161]을 삼키려 한 것이 바로 공의 뜻이었을 것이다.

한창 강성한 적의 예봉을 맞닥뜨려서는 저 작은 진주성이 한걸음에 함락되었을 터인데, 공이 적의 정예병을 태반이나 무찔러서 예기를 꺾어 버렸으니, 이것으로 살펴보면 김시민이 성을 지킨 공적은 공의 힘을 상당히 입은 것이고, 황진(黃進)[162] 등 제공이 의(義)에 죽은 것도

超)가 젊었을 때 집이 가난하여 항상 글품을 팔아 살다가, 어느 날 붓을 던지면서 말하기를 "대장부가 별다른 지략이 없다면, 부개자나 장건처럼 이역에 나아가 공을 세워 봉후가 되어야지, 어찌 오래도록 필연 사이에만 종사할 수 있으랴.〔大丈夫無它志略 猶當效傅介子張騫 立功異域以取封侯 安能久事筆硏間乎〕"라고 하였다는 고사가 있다. 《後漢書 卷47 班超列傳》

161 대판(大阪)을 짓밟고 무장(武藏) : 대판은 현재의 오사카, 무장은 무사시로, 모두 일본의 지명이다. 오사카는 지금의 오사카 만에 접해 있는 지역이고, 무사시는 지금의 도쿄와 사이타마현, 가나가와현의 일부이다.

162 황진(黃進) : 1550~1593. 본관은 장수(長水), 자는 명보(明甫), 시호는 무민(武愍)이다. 임진왜란에 여러 차례 공을 세워 충청도 병마절도사에 오르고, 1593년 6월

공이 창도한 것이다. 진주 사람들에게 들으니, 공이 죽은 날에 공의 넋을 불러 제사하는 것이 지금도 없어지지 않았다고 하니, 공의 충성과 의리가 인심을 깊이 감동시킨 것을 알 수가 있다.

대저 시호는 대표적인 한 가지 선을 뽑아서 부여하는 것이니,[163] 나라의 위태로움을 보고 목숨을 바치며〔見危授命〕,[164] 큰 환란을 막아 낸〔能捍大患〕[165] 공을 세운 이에게는 법제상 반드시 시호를 내려야 한다. 공의 벼슬이 높지 않아서 시호를 받지 못한 것에 대하여 후대에 옛사람을 논하는 이들이 탄식하였고, 지금도 많은 선비들이 일제히 호소하고 있으니, 유사(有司)로 하여금 받들어 준행(準行)하여, 시호를 주는 명

2차 진주성 전투에서 김천일(金千鎰), 최경회(崔慶會) 등과 함께 진주성을 수비하다가 전사하였다.

163 시호는……것이니 : 원문은 '諡所以壹惠也'인데, '혜(惠)'는 '선(善)'과 같은 뜻으로, '일혜(壹惠)'는 한 가지 뛰어난 선행을 이르는데, 죽은 이의 많은 선행 가운데 대표가 될 가장 큰 선행 한 가지를 뽑아서 시호로 삼는 것을 말한다. 《예기(禮記)》 〈표기(表記)〉에 "선왕이 시호로써 이름을 높이고 한 가지 선으로써 요약했다.〔先王諡以尊名節以壹惠〕"라고 하였다.

164 위태로움을……바치고 : 《논어》 〈헌문(憲問)〉에 "이(利)를 보고 의(義)를 생각하며, 위태한 것을 보고 목숨을 내어 주며, 오랜 약속을 잊지 아니하는 사람이야말로 완전한 인간이라 할 수 있다.〔見利思義 見危授命 久要不忘平生之言 亦可以爲成人矣〕"라는 말이 나온다.

165 큰 환란을 막아 낸 : 《예기》 〈제법(祭法)〉에 "무릇 성왕이 제사를 제정함에 있어 공정한 법을 백성에게 실시한 인물에 대하여 제사를 지내고, 죽음으로써 나랏일에 힘쓴 인물에 대하여 제사를 지내고, 고생하여 나라를 안정시킨 인물에 대하여 제사를 지내고, 큰 재해를 막은 인물에 대하여 제사를 지내고, 큰 환란을 막은 인물에 대하여 제사를 지낸다.〔夫聖王之制祭祀也 法施於民則祀之 以死勤事則祀之 以勞定國則祀之 能禦大菑則祀之 能捍大患則祀之〕"라고 하였다.

을 내려 궐전(闕典)이 거행되도록 한다면 성조(聖朝)에서 공과 같이 충성을 다하고 공을 세운 신하에게 은덕을 갚는 데에 유감이 없을 것이다. 삼가 공의 사적을 기록하여, 태상씨에게 고하여 채집하도록 한다.

묘지 墓誌

수헌공 묘지
秀軒公墓誌

우리 집안은 본조(本朝)에서 대를 이어 벼슬을 하여 명문이 되었다. 숙묘(肅廟), 영묘(英廟) 두 조에 이르러서는 4대 동안 5명의 정승이 잇달아 나와 그분들의 맑은 덕과 곧은 도를 백성들이 우러러 칭송하였고, 문학과 덕행을 선비들이 모범으로 삼았다. 나의 종조(從祖)인 수헌공(秀軒公)은 가운(家運)이 왕성할 때에 태어나 집안에서는 현자제(賢子弟)라 불리었고 집 밖에서는 사림(士林)의 대표가 되었으니, 사람들은 공을 마치 기린과 봉황을 보듯 하였다.

나는 늦게 태어나 조금 자라 지각이 생기고 보니, 선대의 옛 명성은 이미 먼 세대의 것이 되어 점점 쇠미해졌으나 그나마 다행히도 만년의 공을 모실 수 있었는데, 공은 나를 매우 격려하고 아껴 주어 지극하게 이끌어 가르쳐 주셨다. 나는 글씨 공부를 할 때도 공의 글씨를 본으로 삼아 연습을 하였는데, 매번 장흥(長興)의 댁에서 뵐 때마다 공의 방 안에는 도서가 쌓여 있고 자리에는 먼지만 가득했으며,[166] 공은 동안

166 공의……가득했으며 : 책 읽는 것에만 전념하고 다른 것에는 신경을 쓰지 않는

(童顔)에 백발이고 눈빛이 형형하여 마치 신선과 같았다. 공이 돌아가시고 나서 다시는 공과 같은 풍모를 가진 사람을 볼 수 없었다.

종숙부[167]께서 나의 선군(先君)인 봉조하공(奉朝賀公)[168]이 지으신 행장을 주며 나더러 명(銘)을 지으라고 하셨다. 아! 선군께서 이 행장을 지으신 지 벌써 20년이 되었다. 옛날 공이 선군과 《역차기답문(易箚記答問)》에 대하여 논하실 때 당시 나는 어리석고 둔하여 비록 무슨 말씀을 나누시는지 알지는 못했지만 그래도 그게 대단한 일이라는 건 알 수 있었던 일이 생각나곤 한다.

지금 벌써 여러 해가 흘렀다. 나는 그간 불행히도 양친을 여의고 상복을 벗은 지 겨우 1년이 되어[169] 정신과 정력이 쇠락해졌으니, 어찌 만분의 일이라도 공의 내력을 드러내어 후세에 보여 줄 수 있겠는가. 게다가 행장의 문장은 불초한 내가 감히 한마디라도 더할 수 있는 바가

모습을 형용하는 말이다. 《진서(晉書)》 권9 〈간문제기(簡文帝紀)〉에 "황제는 어릴 적에 예의범절이 있고 행동거지가 발랐는데 책에만 마음을 두고 거처는 신경 쓰지 않아 자리엔 먼지가 가득했으나 편안히 여겼다."라는 기사가 나온다.

167 종숙부 : 서무수(徐懋修)의 아들인 서유교(徐有敎), 혹은 서유돈(徐有敦)인 듯하다.

168 봉조하공(奉朝賀公) : 저자의 아버지인 서유신(徐有臣, 1735~1800)이다. 서유신의 본관은 달성(達城), 자는 순오(舜五), 시호는 문정(文貞)이고, 영의정 서종태(徐宗泰)의 증손으로, 할아버지는 좌의정 서명균(徐命均)이고 아버지는 영의정 서지수(徐志修)이다.

169 상복을……되어 : 저자는 1800년(순조 즉위년) 부친상을 당하고, 1810년 모친상을 당했는데, 탈상한 지 1년이 지났다는 걸 보아 이 글은 1803년, 혹은 1813년에 작성된 것이다. 그런데 위에 언급된 "선군께서 이 행장을 지으신 지 벌써 20년이 되었다."라는 표현으로 볼 때 이 글은 1813년에 작성된 것으로 보아야 한다. 이 글의 주인공인 서무수는 1785년(정조9)에 사망했기 때문이다.

아니다.

행장의 내용은 다음과 같다. 공의 성은 서씨이고 휘는 무수(懋修), 자는 욱지(勖之), 호는 수헌(秀軒), 본관은 달성(達城)이다. 고려 때 소윤(少尹)이었던 휘 한(閈)의 후손인데, 대대로 높은 벼슬을 하였다. 휘 미성(彌性)은 조선에 들어와서 목사(牧使)를 지냈고, 둘째 아들인 문충공(文忠公) 거정(居正)이 높은 벼슬을 한 덕에 달천부원군(達川府院君)에 추증되었다. 다섯 세대가 지나 판중추(判中樞)였던 충숙공(忠肅公) 휘 성(渻)은 선조·인조 때에 명신으로 이름이 났다.

아들 휘 경주(景霌)는 달성위(達城尉)이고, 그의 아들 휘 정리(貞履)는 부사(府使)를 지냈고 좌찬성(左贊成)에 추증되었는데, 이분이 공의 고조이다. 증조 휘 문상(文尙)은 병조 참의(兵曹參議)를 지냈고 영의정에 추증되었다. 조부 휘 종태(宗泰)는 영의정을 지냈고 문효공(文孝公)이란 시호를 받았으며 호는 만정당(晩靜堂)이다. 부친 휘 명균(命均)은 좌의정을 지냈고 시호는 문익공(文翼公), 호는 보졸재(保拙齋)이다. 모친은 정경부인(貞敬夫人)에 추증된 청풍 김씨(淸風金氏)이고 우의정을 지낸 충헌공(忠憲公) 휘 구(構)의 따님이다. 영의정 문청공(文淸公) 휘 지수(志修)가 문익공(文翼公)의 적장자이고, 공은 그의 막냇동생이다.

공은 숙종조 병신년(1716, 숙종42) 8월 26일에 태어났는데, 얼굴이 조부 만정공을 닮았다. 만정공은 공을 무척 애지중지하셨으니, 한번은 옥권(玉圈)을 보여 주며 "나중엔 당연히 너에게 전해 줄 거다."라고 하신 적도 있었다.[170] 7살에 어머니 정경부인이 돌아가시자 아버지 문익

170 옥권(玉圈)을……있었다 : 옥권은 옥으로 만든 작은 고리로, 옥관자라고도 한다.

공께서 공이 어린 것을 가련히 여겨 공부하라고 독책하지 않으셨지만, 공은 경전의 가르침을 따르고 일찍부터 총명하여 이벽계(李蘗溪),[171] 윤백하(尹白下)[172] 등 여러 선배 거공(鉅公)들이 공에게 거는 기대가 컸다. 18살에 한성시(漢城試)[173]에 합격해 성균관에서 시험 볼 때마다[174] 항상 성적이 우수하여 명성이 자자하고 풍모가 옥 같아 사람들이

조선 시대에 당상관 이상의 관료가 망건에 달았다. 영의정을 지낸 조부 서종태는 자신의 손자 서무수가 나중에 당상관 이상의 벼슬을 하기를 기대하며 자신의 옥권이 손자에게 전해질 것이라는 말을 하였다고 보인다.

171 이벽계(李蘗溪) : 벽계는 이덕수(李德壽, 1673～1744)의 호이다. 본관은 전의(全義), 자는 인로(仁老), 호는 벽계 이외에도 서당(西堂)이 있다. 아버지는 참판 이징명(李徵明)이며, 박세당(朴世堂)·김창흡(金昌翕)의 문인이다. 이광좌(李光佐)의 추천으로 경종의 행장을 찬진하고, 《경종실록》을 완성시켰다. 왕명을 받아 당나라의 《여사서(女四書)》를 한글로 풀이해 민간에 반포했고, 유수원(柳壽垣)과 함께 《국조오례의》 수정 작업에 착수하였다. 저서로는 《서당집(西堂集)》, 《서당사재(西堂私載)》 등이 있다. 시호는 문정(文貞)이다.

172 윤백하(尹白下) : 백하는 윤순(尹淳, 1680～1741)의 호이다. 본관은 해평(海平), 자는 중화(仲和)이고, 호는 백하 이외에도 학음(鶴陰)·만옹(漫翁) 등이 있다. 윤두수(尹斗壽)의 5대손이고 정제두(鄭齊斗)의 문인이며, 조선 후기를 대표하는 서예의 대가였다고 평가받는다. 그의 문하에서 이광사(李匡師) 등이 배출되었다. 서풍(書風)은 왕희지(王羲之), 미불(米芾)의 영향이 많은데, 소식(蘇軾)이나 동기창(董其昌)의 서체에 가까운 것도 있다.

173 한성시(漢城試) : 이 시험은 한양에서 본 소과(小科) 초시(初試)인 듯하다. 소과 초시에는 한성시와 향시가 있는데, 한성시는 서울과 경기의 수험생들을 대상으로 하여 생원(生員), 진사(進士) 각 260명씩 뽑았다.

174 성균관에서……때마다 : 성균관에서 공부하는 학생들은 상재생(上齋生)과 하재생(下齋生)으로 나뉜다. 동재(東齋)와 서재(西齋)에서 기숙했던 상재생은 소과 초시와 복시(覆試)에 모두 합격한 생원과 진사로서 입학한 정규생이다. 하재생은 유학(幼學)에서 선발된 20명의 학생으로 동재와 서재의 끝부분 각 2칸, 즉 동기재(東寄齋)와

모두 주목했다. 사마시(司馬試)[175]의 장원감을 논할 때마다 반드시 공이 으뜸으로 꼽혔지만 불우하게도 회시(會試)[176]에서 여러 번 떨어져 한 번도 급제하지 못했다. 뜻이 꺾여 결국 음사(蔭仕)로 벼슬길에 나아가게 되었는데, 세간에서는 모두 애석해하였으나 정작 공은 태연하였다.

을축년(1745, 영조21)에 문익공이 돌아가셨다. 임신년(1752)에 돈녕부 참봉(敦寧府參奉)이 되어 관료 생활을 시작했는데, 숙부인 칩옹공(蟄翁公)[177]은 "이 아이가 이런 벼슬을 할 줄 몰랐다."라고 탄식하셨다. 계유년(1753)에 익위사 세마(翊衛司洗馬)로 자리를 옮겼다. 갑술년(1754)에는 감조(監造)의 공로로 사어(司禦)로 승진하여 장악원 주부(掌樂院主簿)로 자리를 옮겼다. 악보와 성률(聲律)을 살피고는 그 요령을 파악하여 이륙일(二六日)[178]에 습악(習樂)[179]할 때에 음절이 맞

서기재(西寄齋)에서 기숙하였다. 이들은 모두 경서(經書) 시험인 학관일강(學官日講)과 제술(製述) 시험인 순과(旬課), 예조월강(禮曹月講) 등의 시험을 보았다. 서무수는 《사마방목(司馬榜目)》에 올라 있지 않으니, 초시에만 합격한 상태에서 하재생으로 입학하여 시험을 보았던 것으로 추정된다.

175 사마시(司馬試) : 소과의 복시(覆試)를 의미하는 듯하다. 소과 복시는 초시에 합격한 유생들이 식년(式年) 2월 또는 3월에 서울에서 다시 시험을 보는 것으로 생원, 진사 각 100명을 뽑았다. 생원, 진사가 된 이들은 성균관에 들어가 공부하다가 문과에 응시하는 것이 일반적이었다.

176 회시(會試) : 회시는 각종 과거 시험의 2차 시험, 즉 복시를 일컫는다. 문과뿐 아니라 소과의 복시도 회시라 했는데, 여기에서는 소과의 복시를 가리키는 듯하다.

177 칩옹공(蟄翁公) : 서명순(徐命純, 1684~?)이다. 서종태(徐宗泰)의 아들로, 서명륜(徐命倫)·서명균(徐命均)의 동생이고, 서명빈(徐命彬)의 형이다.

178 이륙일(二六日) : 장악원(掌樂院)에서 악공이나 의녀들에게 음악과 춤 등을 가르칠 때, 그들의 생업을 고려하여 한 달에 2, 6, 12, 16, 22, 26일의 6일 동안만 나와서 배우게 하였다. 이륙개좌(二六開坐), 이륙좌기(二六坐起), 이륙좌(二六坐)라고도 한다.

지 않는 자가 있으면 번번이 지적을 하니, 악사들이 모두 그의 총명함을 칭찬하며 처음 보는 일이라고 하였다. 동부 도사(東部都事), 장례원 사의(掌隷院司議)로 자리를 옮겼다.

병자년(1756, 영조32)에는 함열 현감(咸悅縣監)을 배수(拜受)하였는데, 얼마 되지 않아 감사(監司)와 친척 관계의 혐의가 있다고 하여 체직(遞職)되었다. 정축년(1757)에 다시 계방(桂坊)[180]에 들어와서 위솔(衛率)이 되었고, 무인년(1758)에는 은진 현감(恩津縣監)으로 나갔다. 신사년(1761)에는 단양 군수(丹陽郡守)로 승진하여 4년째 되던 해에 사소한 일로 파직되었다. 정해년(1767)에 장원서 별제(掌苑署別提)로 있다가 사도시 첨정(司䆃寺僉正)으로 옮겼다.

무자년(1768)에는 장성 부사(長城府使)에 제수되었는데, 5년이 지나 병 때문에 사직을 요청했다. 조정에서는 광주 부사(光州府使)로 승진시켜 제수하였으나, 도에서 올리는 장성 부사 파직 장계가 때마침 도착하여 장성 부사와 광주 부사를 함께 체직시켰다. 겨울에는 선혜청 낭청(宣惠廳郎廳)이 되었고, 이듬해에 체직되었다. 갑오년(1774)에 사복시 판관(司僕寺判官)으로 있다가 남원 부사(南原府使)로 나갔고, 병신년(1776, 정조 즉위년)에는 준고(準考)[181]하여 경관직(京官職)인

179 습악(習樂) : 장악원(掌樂院)에서 악공(樂工), 악생(樂生), 관현맹인(管絃盲人), 여기(女妓), 무동(舞童) 등이 궁중 행사에서 연주할 음악과 춤, 노래 등을 연습하는 것을 말한다.

180 계방(桂坊) : 세자익위사(世子翊衛司)의 별칭이다.

181 준고(準考) : 재임 후 받아야 할 인사고과의 기본 횟수를 채웠다는 의미이다. 서무수는 1774년(영조50) 9월부터 1776년(정조 즉위년) 12월까지 27개월을 남원 부사로 있었다. 임기 3년인 수령의 최소 이동 기한인 20개월을 넘겼고, 5회의 인사고과를 받았다.

온릉 영(溫陵令)으로 옮겼다.

정유년(1777, 정조1) 가을, 조카 아무개가 대간의 탄핵을 받자[182] 공은 벼슬을 그만두고 한가롭게 지내면서 독서를 즐겼다. 《주역》 읽기를 좋아해서 여러 해 동안 연구하여 수만 자에 이르는 저술을 남겼는데 자득한 견해가 있었다. 자제들에게 이르기를 "내가 이제 만년에 접어들었는데 우리 집안에 시회(時晦)가 아우이고 성재(聖載)가 벗이며, 또한 아무개 조카와 함께 《주역》에 대하여 논하니, 세상에 이보다 더 좋은 일이 없다. 하늘이 나에게 내린 은덕이 두텁구나."라고 하였다. 시회는 정경순(鄭景淳)[183] 공으로, 공의 외사촌 아우이다. 성재는 이광려(李匡呂)[184] 공으로, 공의 처사촌 아우이다. 모두 당대에 덕행과 문장으로 소문난 사람들로서 공과 나이가 비슷했는데, 후배들이 모두 우러러보고 존경하였다. 두 공은 매번 걸어서 공에게 문안하러 왔는데 오면 경학과 시에 대해 논하면서 시간 가는 줄 모르고 재미있게 담소하여 유유히 즐기며 늙어 가는 걸 잊었다. 이렇게 지낸 것이 9년이었다. 을사년(1785, 정조9) 9월 23일에 병으로 댁에서 세상을 떠났는데 향년

182 조카……받자 : 1777년 저자의 아버지 서유신이 홍국영(洪國榮)의 중상(中傷)으로 축출당한 사건을 지칭하는 듯하다. 서유신은 이후 10여 년간 죄인으로 있다가 풀려나 1794년 홍문관・예문관의 대제학이 되고, 이듬해 대사간・대사헌을 거쳐 1796년 호군(護軍)을 역임하고 봉조하(奉朝賀)로 있다가 사망하였다.

183 정경순(鄭景淳) : 1721~1795. 본관은 동래(東萊), 자는 시회(時晦), 호는 수정(修井)이다. 영의정 정태화(鄭太和)의 후손이며, 부친은 성균관 생원(成均館生員) 정석경(鄭錫慶)이다. 1744년 갑자(甲子) 식년시(式年試) 진사(進士) 1등 2위로 합격하였으나, 문과에는 급제하지 못하였다. 음관으로 지방관직에 임명되었는데도 치적을 인정받아 공조 판서(工曹判書)의 자리에 올랐다.

184 이광려(李匡呂) : 79쪽 주90 참조.

70세였고, 세상을 떠나는 날에도 정신이 맑았다.

공은 용모가 준수하고 풍채가 사람들의 이목을 끌었으며 행동거지가 점잖고 옷차림새가 검소하여 만나 보면 옛 선비의 풍모와 범절이 있었다. 문익공을 모실 때에는 기쁜 낯빛과 공손한 태도로 사랑과 공경을 다하였다. 상중(喪中)에는 애통해하는 것이 예(禮)에 맞았고 한창 무더울 때도 상복을 벗지 않았다. 기일(忌日)에는 초종(初終) 때같이 애통해하였다. 칩옹공과 계부(季父) 정간공(靖簡公)[185]을 부친인 문익공처럼 모셨다. 큰형인 문청공(文淸公)은 우애가 돈독하였는데, 공이 그를 매우 정중히 모셔서 일이 있을 때마다 반드시 의견을 여쭈어 처리했다. 둘째 누이는 늙고 집안이 가난했는데, 공이 힘닿는 대로 도와주었다. 일찍이 남쪽 지방에 지방관으로 갈 때는 모시고 가서 봉양하였고, 만년에 집에 있을 때에는 자주 모셔다 밥과 죽을 대접하였다.

공이 젊어서는 자못 준수하고 영특했고 장성해서는 겸손하고 신중했으며, 정직하고 성실하면서 가식 없이 본성대로 살았고 삼가고 검박하면서 분수를 두려워했다. 안으로는 삿되고 망녕됨을 끊어 버리고 밖으로는 겉으로만 꾸미는 짓을 하지 않았다. 평상시에 한 번도 거칠거나 오만하거나 화를 내거나 사나운 용모가 없었으며, 거짓말이나 비속한 말을 하는 일이 없었다. 말하는 것은 모두 글에 대한 것이었고 남의 과실을 이야기하는 것을 부끄러워했다. 성색(聲色)과 재리(財利)를 좋아하지 않았고, 일체의 세상일을 마음속에 담아 두지 않았다. 우리

185 정간공(靖簡公) : 서무수의 계부 서명빈(徐命彬, 1692~1763)으로, 자는 질보(質甫)이다. 시호는 정간(靖簡)이다. 대사간, 대사헌, 대사성, 형조 판서, 이조 판서, 예조 판서 등을 역임하였다.

집안은 본래 근검하여 권세의 길에 초연하다고 알려져 있는데, 공은 더욱 세상에 욕심이 없어서 시사(時事)에 대해서는 일절 말하지 않았으며 쓸데없는 손님이 찾아오지 않았다. 관가의 일이나 경조사가 아니면 집 밖으로 나가 방문하는 일이 적었으며, 온종일 홀로 앉아 경전을 읽거나 서첩을 뒤적거리니 집 안이 아무도 없는 것처럼 고요하였다. 조정에 잘못이 있을 경우에는 안색이나 말에 걱정하고 탄식하는 기색이 드러났는데, 이는 또한 대대로 녹을 받는 집안의 의리였다.

관직에 있을 때에는 청렴하고 검약하였고 조심스럽게 삼가며 직책을 수행하였으며, 명예를 구하는 것과 관련된 일은 일부러 하지 않았다. 정사를 펼치는 방침은 안정을 우선으로 하여 백성을 동요하게 하는 일은 벌이지 않는 데 힘썼다. 처음에는 그다지 쇄신하고 진작하는 것이 없어 보였으나 임기가 만료되어 임지를 떠날 즈음에는 창고가 다 채워지고 관청이 모두 수리되었으며, 무너진 둑과 성이 다 복구되고 병기와 예기(禮器)가 모두 수선되고 갖추어졌다. 이에 백성들은 그가 고을에 남긴 이익과 혜택이 1년으로 계산하면 넉넉하게 많아졌음[186]을 알고는 어진 사대부가 고을을 다스리는 법이라고 칭찬했다. 충청도와 전라도[187]에서 지방관을 할 때에는 기생들을 멀리했다. 가절(佳節)이나 날씨가 좋은 밤이면 누각에 오르고 배를 띄워 높은 데서 조망하며 나직하

186 1년으로……많아졌음 : 《장자(莊子)》 〈경상초(庚桑楚)〉에 노자의 제자인 경상초가 외루(畏壘)에서 무위(無爲)의 정치를 행하자 백성들이 그의 정사에 대해 "지금 우리가 하루 단위로 계산하면 부족하지만, 한 해 단위로 계산하면 넉넉하다.〔今吾日計之而不足 歲計之而有餘〕"라고 평하는 말이 나온다. 저자는 이 고사를 이용하여 서무수가 단기간의 성과에 급급하지 않고 근본에 힘써 장기적인 이익을 거두었음을 드러냈다.

187 충청도와 전라도 : 그가 지방관으로 나간 은진, 단양, 장성, 남원 등을 일컫는다.

게 읊조렸는데, 운이 매우 소산하여 이은(吏隱)의 아취가 있었다.

여러 번 군읍을 다스렸지만 임지에서 돌아올 때 짐 꾸러미가 텅 비었다. 집안사람들이 궁핍해도 편안하게 여기면서 "음식도 마음에 달린 것이니, 마음이 어지럽지 않으면 거친 밥과 나물국이라도 입에 맞지 않을 수 없다."라고 하였다. 붓글씨를 즐겨 했지만 문방구 또한 꼭 필요한 것만 가지고 있었으니, 비록 작은 것이라도 평생 구차하게 구하거나 함부로 취하지 않았다.

공은 친상을 치르면서 고질병을 얻었지만 스스로 건강을 잘 지켜서 나이가 들수록 건강하였다. 노년에 이르러서 젊은 얼굴이 그대로였다. 한가로울 때에도 태만하게 누운 적이 적었으며 아우나 조카를 보더라도 반드시 일어나 앉았다. 내가 문익공의 사당을 모시며 시골에 있을 때, 공은 이미 육순이 넘은 나이였는데 양친의 기제사 때 추울 때나 더울 때나 거르지 않고 반드시 제물을 가지고 왔다. 댁이 종가와 꽤 떨어져 있었는데도 초하루 보름으로 사당에 참배하였으며, 선조들의 제사에 항상 오면서 "내가 늙었다고 감히 내 할 도리를 다하지 않을 수는 없다."라고 하였다. 임인년(1782, 정조6)은 공의 어머니께서 돌아가신 지 60년이 되는 해였다. 공께서 애통해하고 사모하여 마치 돌아가셨을 때와 같이 생활하고 항상 슬픈 얼굴을 하였다. 병풍이나 족자 같은 것도 화려한 듯하다고 하여 치워 버렸는데, 1년이 지나서야 평상시 생활로 돌아갔다.

공은 서예에 타고난 자질이 있어서 어릴 적부터 백하공의 칭찬을 받아 명성이 이미 자자했는데도 더욱 열심히 연습하여 끝내는 일가를 이루었다. 특히 반행서(半行書)에 능했는데, 서체가 완정하고 운필이 힘차고 빼어나 진(晉)나라 사람의 법도를 얻었다. 근세의 서법이 제멋대로 쓰는 경우가 많음을 걱정하여 장중하고 전아한 경지에 나아가고 글 쓰는 법도를 엄격하게 지키는 데 힘쓰면서 혹 당시 유행에 맞지 않는 점이 있어도 아랑곳하지 않았다. 공의 글씨가 나라 안에 두루 퍼졌는데 글씨를 얻은 자들은 모두 소중히 보관하며 보물로 여겼다. 공의 시는 청건(淸健)하고 빼어났다. 성재공이 공에게 화운한 시에 "그의 시구는 한유(韓愈)와 두보(杜甫)를 뒤쫓을 만하다.〔語追韓杜〕"라는 말이 있으니,[188] 그가 공을 높이 평가하는 것이 이와 같았다. 《역설(易說)》과 《시고(詩藁)》 몇 권이 집안에 보관되어 있다.

전배(前配) 숙인(淑人) 이씨는 참판 진순(眞淳)의 따님이고 관찰사 덕성(德成)의 손녀이며 판서 효민공(孝敏公) 경준(景稷)의 현손이다. 현숙하고 지혜로웠으며 1남 2녀를 길렀다. 무술년(1718, 숙종44) 9월 10일에 태어나 기묘년(1759, 영조35) 3월 2일에 세상을 떠났다. 계배(繼配) 숙인 이씨는 학생 광소(光素)의 따님이다. 두 숙인 모두 종실(宗室)의 성(姓)이다. 또 행장에 이르기를 "돌아가신 중부(仲父)의 공근(恭謹)한 행실과 청렴하고 소박한 절조는 사우들이 사모하는 바였다."라고 하였다.

아! 선군의 이 글이야말로 후대 사람들이 믿을 만한 자료인데, 불초한 내가 무엇을 더 쓰겠는가. 공은 장단(長湍) 송서면(松西面) 응봉(鷹峰)의 사좌(巳坐) 언덕에 모셨는데, 문익공의 묘소 왼쪽이다. 계배는 신유년(1741, 영조17) 5월 1일에 태어나서 계축년(1793, 정조17) 3월 1일에 세상을 떠났다. 두 숙인은 모두 공의 묘소에 함께 묻혔다. 장남

188 성재공이……있으니 : 《이참봉집(李參奉集)》 권1 〈우차운칠언고체(又次韻七言古體)〉에 나오는 말이다.

유교(有教)는 사마시 양장(兩場)에 합격했고, 지금은 현령으로 있다. 둘째는 유돈(有敦)이다. 딸들은 사인(士人) 조광진(趙廣鎭), 진사 이채진(李寀鎭), 진사 이현호(李玄好)에게 각각 시집갔다. 현령은 헌보(獻輔)라는 아들 하나를 두었는데 진사이다. 둘째는 2남 1녀를 두었는데 아직 어리다. 큰사위의 아들은 진사 운로(雲路)이다. 둘째 사위의 아들은 항(沆)과 로(潞)이고, 그의 딸은 정기일(鄭基一)에게 시집갔다.

내가 일찍이 공을 뵈었는데, 공께서는 《주역》을 읽고 깨달음이 있을 때마다 두려워하며 말씀하시기를 "예전 사람들이 아직 밝히지 못한 것을 내가 밝히니, 이는 너무 교만한 것이 아닌가."라고 하였다. 공이 장난삼아 미남궁법(米南宮法)[189]에 따라 글씨를 썼는데 사람들이 칭찬하자 공은 기뻐하지 않으며 "나는 이 서체가 만족스럽지 않아 평소에 이렇게 쓰지 않았다. 그런데 지금 여러 사람이 좋아한다고 해서 아름답다고 여기게 되면 이는 자기도 속이고 다른 사람들도 속이는 것이다."라고 하였으니, 겸손하고 삼가며 올곧고 신실하기가 이와 같았다. 지금 유당(幽堂)의 명(銘)에 감히 지나친 칭찬을 하지 않는 것은 공의 이러한 유지(遺志)를 해칠까 두려워서이다.

명은 다음과 같다.

문효공이 할아버지이고 문익공이 아버지이시며	祖文孝而禰文翼
문청공이 맏형이고 공은 막내이네	文淸爲昆公其季
헌걸찬 용모에 옥수와 같이 희고	皎如玉樹容頎皙

189 미남궁법(米南宮法) : 미남궁은 북송 시대의 서예가 미불(米芾)이니, 미불의 서법을 가리키는 듯하다.

풍모는 신선 같고 문장은 훌륭했네　　標若霞擧詞彪蔚

어찌 재상감이 아니리오 선비들이 탄식하네　　曷不公孤士曰嗟

얕은 지식으로도 그분이 상서로운 기린과 지초(芝草)임을 알아보겠네　　淺知猶識麟芝瑞

서예는 왕희지(王羲之), 왕헌지(王獻之) 부자를 따라잡아 신묘한 경지에 이르렀고　　藝追羲獻造神妙

학문은 《주역》의 이치에 통달하여 깊은 이치를 밝혔네　　學窮卦繇開扃秘

덕이 두터웠지만 자신의 재주가 너무 지나칠까 걱정하였고　　德厚而才懼或勝

문식이 화려하나 반드시 바탕을 꾸밈보다 우선하였네[190]　　文斐而質必先繪

돈후하고 우아하게 몸을 다스려 명성을 가까이하지 않았고　　律身敦素不近名

하늘을 두려워하며 천성에 맡기어 자기 마음을 속이지 않았네　　畏天任眞不欺心

겸손하면 이익을 받는다는 이치[191]에 어긋나지 않았으니

190 바탕을 꾸밈보다 우선하였네 : 《논어》 〈팔일(八佾)〉에 "그림 그리는 일은 흰 비단을 마련하는 것보다 뒤에 하는 것이다.〔繪事後素〕"라는 공자의 말이 나온다. 즉 충신(忠信)과 같은 아름다운 자질이 있어야 거기에 예(禮) 등의 문식(文飾)을 더할 수 있다는 의미이다.

191 겸손하면……이치 : 《서경》 〈우서(禹書) 대우모(大禹謨)〉에 "익이 우 임금을 보좌하면서 말하기를 '덕은 하늘을 감동시켜 멀어도 이르지 않음이 없으니, 가득 차면 덜게 되고 겸손하면 더하게 되는 것이 천도입니다.' 하였다.〔益贊于禹曰 惟德動天 無遠弗屆 滿招損 謙受益 時乃天道〕"라는 말이 나온다.

謙其受益理不忒

후대까지 멀리 남긴 은덕이 있어 후손들이 지금을 보며 추모하리라

遠有遺羸後視今

저 우뚝한 봉분 선영에 있으니 彼崒如者從先兆

단산은 청숙하고 단수는 깊구나 湍山淸淑湍水深

충후함을 면려하고 부박함을 부끄러워하려는 자 有欲勉忠厚而恥浮薄

여기 선생의 유풍에서 모범을 찾아야 하리 此其考之先生之風

학생 김공 묘지
學生金公墓誌

공은 휘가 세광(世光)이고, 자는 덕수(德叟)이다. 김씨의 보계(譜系)는 신라의 왕자 흥광(興光)에서 나왔고, 고려의 태조(太祖)가 광산(光山)을 봉해 주어 자손들이 집안을 이루었다. 그 후 고려조에서 이름난 분으로는 대광(大匡) 휘 길(吉), 문정공(文貞公) 휘 책(策), 문안공(文安公) 휘 양감(良鑑), 문숙공(文肅公) 휘 주정(周鼎), 충숙공(忠肅公) 휘 심(深), 한림학사(翰林學士) 휘 정(精), 원수(元帥) 휘 종연(宗衍)이 있다.

우리 조선에서 현달한 분으로는 전한(典翰) 휘 숭조(崇祖)가 있는데, 그의 아들 휘 기(紀)도 전한이었다. 세 세대 후 증 참판(參判) 추담(秋潭) 휘 우급(友伋)[192]은 포의(布衣)의 신분으로 광해군(光海君) 때에 상소하여 항의하였는데, 인묘(仁廟)께서 반정(反正)하시자 추천으로 침랑(寢郎)에 제수되고, 절효(節孝)로 일컫는 서릉(徐稜)[193]

192 우급(友伋) : 1574～1643. 자는 사익(士益), 호는 추담(秋潭), 추담거사(秋潭居士)이고, 본관은 광산(光山)이다. 1612년(광해군4) 임자(壬子) 식년시(式年試)에 합격하여 진사(進士)가 되었다. 1618년 성균관에서 폐모론(廢母論)을 주장하는 논의가 일자, 이에 반대하여 서명지의 뒷면에 "어머니에게서 나온 자라면 이에 응하는 것이 마땅하지 않다."라고 썼다가 이이첨(李爾瞻)의 노여움을 사서 유적(儒籍)에서 삭거되었다. 대책문(對策文)이 수석을 차지하였으나 방(榜)에서 삭제당한 이후 과거를 보지 않았다. 변이중(邊以中)의 문인이고, 기처겸(奇處謙)·이익(李瀷) 등과 교유하였다. 문집으로 《추담집(秋潭集)》이 있다. 목릉 참봉(穆陵參奉)으로서, 모암서원(慕巖書院)에 배향되었다.

의 서원에 배향되었다.[194] 이분이 통덕랑(通德郎) 휘 여상(汝鏛)을 낳았다. 이분은 형 대사헌(大司憲) 미산(薇山) 휘 여옥(汝鈺)과 함께 모두 명성이 있었고 효도를 다하였다. 이분이 공의 아버지이다. 문화 유씨(文化柳氏)를 아내로 맞았는데, 생원(生員) 의남(義男)의 따님이고 택당(澤堂) 이식(李植) 공의 생질녀이다.

공은 성품과 행실이 매우 독실하여 9살에 어머니를 여의었는데 어른처럼 애통해하고 매우 엄격하게 소식(素食)하여 그릇을 따로 갖추어 음식을 받아 다 먹고 난 뒤에는 다시 그릇을 챙겨서 생선이나 고기를 담을 수 없게 하니, 사람들이 모두 기이하게 여겼다. 통덕공(通德公)이 장수하였는데 공이 지성으로 봉양하였다. 집안이 가난해서 공이 몸소 그물을 만들고 매를 길들여 짐승을 잡아 고기 요리를 해 드렸다. 통덕공 말년에 공도 이미 노년에 접어들었으나 늙고 쇠약해졌다고 해서 조금이라도 모시는 데 게을리하지 않았고 통덕공의 병세가 악화되자 손가락을 베어 피를 내서 며칠 더 연명시켜 드릴 수 있었다. 죽을 먹으며 상을 치르다 몸을 해쳐서 결국은 병이 났고, 탈상한 지 수개월 만에 세상을 떠나니, 태어난 경오년(1630, 인조8)[195]으로부터 52년이 지난

193 서릉(徐稜) : ?~? 본관은 이천(利川)이고, 전라도 장성현(長城縣) 사람으로 고려 시대 유명한 효자이다. 어머니를 봉양하기 위해 벼슬을 하지 않았으며, 어머니의 병환을 낫게 하려고 한겨울에 개구리를 구했는데, 그의 정성에 하늘이 감응했는지 살아 있는 개구리가 나무에서 떨어져 약탕기에 들어갔다는 설화가 있다. 고려 고종이 절효(節孝)라는 시호를 내렸다. 《고려사(高麗史)》 〈효우열전(孝友列傳)〉에 실렸다.

194 서릉(徐稜)의 서원에 배향되었다 : 《여암유고(旅菴遺稿)》 권6에 〈서절효서원배향김추담고유문(徐節孝書院配享金秋潭告由文)〉이 실려 있다.

195 경오년 : 백부인 김여옥의 생몰년이 1596~1662년인데, 부친 김여상은 장수했다

때였다. 장성(長城) 석박산(石朴山) 손좌(巽坐) 언덕에 모셨다.

부인 부안 김씨(扶安金氏)는 휘 단(湍)의 따님이다. 아들 셋을 두었는데, 장남 회정(會精)은 백부의 후사가 되었다. 둘째는 회서(會瑞)이고, 셋째 만영(萬英)은 공의 백부인 대헌공(大憲公)[196]의 아들 일광(一光)의 후사가 되었다. 두 딸은 고세준(高世俊)과 신정화(辛鼎和)에게 시집갔다. 회서는 아들 천필(天必), 천길(天吉), 천일(天逸), 천척(天隲)을 두었고 딸들은 임류(林瑠), 임백창(任伯昌)에게 각각 시집갔다. 천필은 아들 상효(尙孝), 상언(尙彦), 상권(尙權), 상건(尙建)을 두었고, 천일은 아들 상렬(尙烈)을 두었다. 내외 증손, 현손이 여럿 있다. 상렬이 나에게 행장을 가지고 와서 명을 부탁하니 그 성의가 매우 간절하여 글재주가 없다고 사양할 수 없었다.

명은 다음과 같다.

하늘이 사람에게 본성〔衷〕을 내리니	天降衷于民
이를 받아 온전히 하는 것은 사람에게 달린 것이네	受而全之在人
명문 광산 김씨 집안은	惟光山華胄
멀리 문정공, 문안공으로부터	遠自文貞文安
충성하고 효도하고	爲忠爲孝
공업을 성취하고 문장으로 뛰어났네	爲烈爲文
만나는 상황마다 이 본성으로 하였으니	隨遇以之

고 하니 그 이후 사망한 것으로 추정된다. 따라서 경오년은 1630년(인조8)으로 추정되고, 김여상과 김세광이 사망한 때는 1681～1682년으로 추정된다.

196 대헌공(大憲公) : 대사헌(大司憲)을 지낸 김여옥(金汝鈺)이다.

이 본성을 따름이 본래 그러한 것이었네　率時其本然
공에 이르러　式至于公
유독 효로 명성이 높으니　獨以孝聞
대개 벼슬에 나아가고 나아가지 못한 차이는 있지만　蓋用舍之異施
그 하늘이 내린 본성을 온전히 지킴은 같도다　而全其降衷也均

정경부인 김씨 묘지

貞敬夫人金氏墓誌

부인의 성은 김씨이고, 본관은 언양(彦陽)으로 고려의 명신 위열공(威烈公) 휘 취려(就礪)의 후손이다. 증조는 감역(監役)을 지낸 휘 절(晢)이고 조부는 현감을 지낸 휘 남갑(南甲)이다. 부친은 참판을 지낸 휘 치룡(致龍)이고, 그의 부인은 정부인(貞夫人) 영일 정씨(迎日鄭氏)로 좌랑(佐郎)을 지낸 휘 엄(淹)의 따님이다.

부인은 숙종 임신년(1692, 숙종18) 11월 29일에 태어나서 14살에 좌의정을 지낸 정간(貞簡) 정공(鄭公)에게 시집왔다. 공의 본관은 동래(東萊)이고, 휘는 석오(錫五)이며, 익헌공(翼憲公)[197]의 손자인 증 찬성(贊成) 휘 혁선(赫先)의 아들이다. 그는 동평위(東平尉) 휘 재륜(載崙)의 아들인 증 영상(領相) 휘 효선(孝先)의 후사가 되었다.

정간공이 현달하여 부인의 내명부 품계가 계속 올라 정경부인이 되었다. 단정하고 독경(篤敬)하여 공을 모심에 한결같이 도리를 따르고 공의 뜻에 순종하며 어기지 않았다. 공이 공주의 사당을 모셔서 재물이 넉넉했고 부인 또한 일찍부터 귀한 신분이 되었으나 성품이 검약하여 비단옷을 입는 일이 드물었다. 철철이 돌아오는 제사 때에는 몸소 제물과 장(漿)을 살피면서 반드시 성심을 다하여 정갈하게 장만하였다. 늙어서까지 계속 정성을 다하여 집안사람들이 보고 모범으로 삼았다.

197 익헌공(翼憲公) : 정태화(鄭太和, 1602~1673)이다. 익헌은 시호인데, 뒤에 충익(忠翼)으로 바뀌었다.

동서들 사이에 은의(恩義)가 돈독해서 내당에서 헐뜯는 말이 일절 없었다. 무진년(1748, 영조24)에 정간공이 사신이 되어 연경(燕京)으로 가다가 심양(瀋陽)에서 세상을 떠났다.[198] 영묘(英廟)께서 추도해 마지않아 소상(小祥) 때 부인에게 제물을 내리시고, 인원대비(仁元大妃)[199]께서는 사람을 보내 위로하셨으니, 특별한 예우였다.

경진년(1760) 2월 20일에 돌아가셔서 정간공의 묘소 왼쪽에 함께 묻혔다. 1남 2녀를 두었으니, 아들은 첨정(僉正) 양순(養淳)이고, 두 딸은 서만수(徐晩修)와 조윤명(曺允明)에게 각각 시집갔다. 첨정 양순은 아들로 예천 군수(醴泉郡守) 동신(東藎), 진주 목사(晉州牧使) 동협(東協), 고성 군수(高城郡守) 동보(東保)를 두었고, 사위 조윤명은 계자(系子) 만진(晩振)을 두었다. 예천 군수 동신은 5남을 두었으니, 태용(泰容), 진용(晉容), 진사 겸용(謙容), 관용(觀容), 고성 군수 동보의 후사가 된 진사 이용(履容)이 그들이다. 진주 목사 동협은 2남을 두었으니, 노용(魯容)과 생원 한용(漢容)이고, 딸은 조연진(趙衍鎭)에게 시집갔다.

《시경》〈주남(周南)〉, 〈소남(召南)〉에 현숙한 부인의 바른 성정과 예에 맞는 행동거지에 대한 이야기가 많이 나온다. 대개 가정의 아름다운 풍속은 나라를 다스릴 때에 의거하는 것이니, 옛날에 여사(女史)를

198 무진년에……떠났다 : 정석오는 1748년(영조24) 영돈녕부사로서 동지 겸 사은사(冬至兼謝恩使)가 되어 효현황후(孝賢皇后)의 시호 올린 것을 진하하고 연공(年貢)을 진헌하기 위하여 청나라에 가던 중 병사하였다. '정간(貞簡)'을 시호로 받았다.

199 인원대비(仁元大妃) : 1687~1757. 조선 제19대 왕 숙종의 계비(繼妃)이다. 본관은 경주(慶州)이고, 이조 판서 김남중(金南重)의 3대손이며, 경은부원군(慶恩府院君) 김주신(金柱臣)의 딸이다.

시켜 후비(后妃)들에 대한 기록을 반드시 갖추어 놓은 것은 이 때문이었다. 내가 묘지(墓誌)를 지어 달라는 청을 받고 견문이 매우 좁아도 감히 사양할 수 없었던 것은, 통가(通家)의 교분이 있어 보고 들은 것이 있으며, 아름다운 사실을 천양(闡揚)하여 부인이 현명한 지아비를 보좌하여 친족들에게 모범이 되고 복을 심어 후대를 번창하게 한 아름다움을 보여 줄 수 있으리라 생각했기 때문이다.

명은 다음과 같다.

혁혁한 정간공이 유순한 분을 부인으로 맞이하니	赫貞簡配嫕德
제물(祭物)은 정갈하고 행동거지 조신하여	籩豆蠲珩璜飭
따스하고 화순한 덕은 내당의 모범이었네	煦愉愉是梱則
좋은 이 언덕에[200] 지아비 따라 묻히니	樂斯邱從相國
아름다운 행실 적은 글을 묻어 영원히 전하노라	瘞媺辭詔無極

200 좋은 이 언덕에 : 원문의 '낙사구(樂斯邱)'는, 《예기》 〈단궁 상(檀弓上)〉에 나오는 "좋구나, 이 언덕이여! 나 여기 묻히리라.〔樂哉 斯丘也 死則我欲葬焉〕"라는 문자(文子)의 말에서 나온 표현이다.

사옹원 첨정 정공 묘지

司饔僉正鄭公墓誌

공은 휘 양순(養淳)이고 초자(初字)는 성공(聖功)인데 나중에 영묘(英廟)의 휘호(徽號)[201]를 휘하여 회숙(晦叔)으로 고쳤다. 동래 정씨(東萊鄭氏)는 우리 조선의 명문이다. 문익공(文翼公) 휘 광필(光弼)은 중종(中宗) 때 재상을 지내서 묘정(廟庭)에 배향되고 자손 대대로 재상이 되었다. 다섯 세대가 지나 익헌공(翼憲公) 휘 태화(太和)는 효종(孝宗)의 재상이 되어 묘정에 배향되고, 동생인 좌의정 휘 치화(致和)는 아들이 없어 익헌공의 아들 동평위(東平尉) 휘 재륜(載崙)을 후사로 삼았다. 동평위는 휘 효선(孝先)을 낳았으나 조졸(早卒)하였고, 다시 동평위 생가 쪽으로 효선의 종형제뻘인 증 찬성(贊成) 휘 혁선(赫先)의 아들 휘 석오(錫五)를 아들로 삼았다. 이분이 좌의정을 지낸 정간공(貞簡公)인데, 공의 아버지이다. 어머니 정경부인(貞敬夫人) 언양 김씨(彦陽金氏)[202]는 참판 휘 치룡(致龍)의 따님이다.

201 영묘(英廟)의 휘호(徽號) : 휘호는 원래 왕후 사후에 올리는 4글자의 존호인데, 왕의 존호를 일컫기도 한다. 영조의 애책문(哀冊文)에 따르면 영조를 "영종 지행순덕영모의열 장의홍륜광인돈희 체천건극성공신화 대성광운개태기영 요명순철건건곤녕 익문선무희경현효 대왕(英宗至行純德英謨毅烈章義弘倫光仁敦禧體天建極聖功神化大成廣運開泰基永堯明舜哲乾健坤寧翼文宣武熙敬顯孝大王)"이라 일컬었는데, 묘호 2글자 '영종'과 시호 8글자 '익문선무희경현효' 사이에 있는 40글자의 존호 중에 '성공(聖功)'이라는 글자가 있다. '체천건극성공신화'라는 존호가 가상(加上)된 것은 1756년(영조32) 1월 1일이며, 1784년(정조8) 9월 13일에는 '배명수통경력홍휴(配命垂統景曆洪休)'라는 존호가 추상(追上)되었다.

공은 숙종 임진년(1712, 숙종38) 1월 9일에 태어나서 을축년(1745, 영조21)에 음서로 돈녕부 참봉(敦寧府參奉)이 되었다. 사옹원(司饔院), 제용감(濟用監), 빙고(氷庫), 광흥창(廣興倉) 등의 관서에서 낭직(郎職)을 역임하고, 책봉례(冊封禮) 때 공로로 6품으로 승진하였다. 또 의금부(義禁府), 귀후서(歸厚署), 축평시(畜平市) 세 관서의 동급의 관직과 동궁 익위(東宮翊衛), 사헌부 감찰(司憲府監察)을 역임하고 다시 주원(廚院 사옹원)으로 들어와 첨정이 되었다. 외직으로 나가 군위 현감(軍威縣監), 대흥 군수(大興郡守)를 지냈고, 또 일찍이 개령 현감(開寧縣監)에 제수되었으나 부임하지 않은 적도 있었다. 을유년(1765) 8월 28일에 돌아가셔서 광주(廣州) 성달리(省達里) 선영 근처의 간좌(艮坐) 언덕에 안장하였고, 숙인(淑人) 청송 심씨(青松沈氏)를 부장하였다.

공은 돈후하면서도 신중하고 여유로우면서도 공손하였으며, 몸가짐이 겸손하고 말씀이 온순하여 다른 사람과 만나면 화기(和氣)가 흘러 넘쳤지만 조수(操守)가 매우 독실하였다. 그래서 아버지 정간공이 현달했을 때에도 빈객들이 공의 얼굴을 알아보지 못했다. 관직에 있으면서 일을 처리할 때에는 조금도 법을 어기지 않았고, 부모님을 모실 때에는 양친의 뜻을 우선하고 따랐다. 제사를 모실 때에는 공경을 다하여 비록 엄동설한일지라도 반드시 목욕을 하였고, 자식들을 엄하고 법도 있게 가르쳐서 다른 사람의 장단점에 대해 말하지 못하게 하였다. 다른 사람의 곤란함을 급하게 여겨 마치 목마르고 배고픈 것처럼 구휼

202 언양 김씨(彦陽金氏) : 앞의 〈정경부인 김씨 묘지(貞敬夫人金氏墓誌)〉의 주인공이다.

하였으며, 특히 상을 당한 사람은 더욱 긍휼히 여겨 도우면서 그 의리를 다하니, 정간공이 매우 의지하고 중하게 여겼다.

영묘께서 일찍이 불러서 보시고는 "그 순근(醇謹)함에 아버지의 풍모가 있으니 크게 쓸 만하다."라고 칭찬하였다. 군위 현감을 할 적에 마침 기근을 당하였는데, 자신의 봉록을 줄여 백성들을 진휼하고 서둘러 제방 시설을 정비하고 황무지를 개간하니 유랑민들이 많이 모여들고 민생이 거의 다 복구되었다. 임기를 마칠 때 백성들이 송덕비를 세웠다. 평상시에는 좀처럼 남을 찾아가지 않아 재상들의 집에 드나들지 않았다. 공이 개령에 부임하지 않자 당로자(當路者)가 공을 거만하다고 의심하고 매번 벼슬길을 막았는데, 어떤 이가 공께 넌지시 말하자 공은 웃으며 "운명에 달려 있다."라고 하였다. 마침내 이 때문에 세상에서 받아들여지지 않아 품은 뜻과 능력을 펼치지 못하였으니, 식자들이 탄식하였다.

숙인(淑人)은 영의정 휘 수현(壽賢)의 따님으로 공보다 1년 뒤에 태어나 7년 먼저 세상을 떠났다. 가정의 가르침을 잘 따라 온공(溫恭)하고 정숙하며 특히 효성과 우애가 더욱 돈독하니 천성에서 나온 것이었다. 시부모를 봉양하면서 조심스러워하고 어려워하며 지아비를 섬기면서 도리를 따르고 어기지 않으니 집안사람들이 모두 모범으로 삼았다.

3남 1녀를 낳았다. 아들은 예천 군수(醴泉郡守) 동신(東藎), 진주 목사(晉州牧使) 동협(東協), 고성 군수(高城郡守) 동보(東保)이고, 딸은 조선진(曺善振)에게 시집갔다. 예천 군수 동신은 아들 다섯을 두었는데, 태용(泰容), 진용(晉容), 진사 겸용(謙容), 관용(觀容), 고성 군수 동보의 후사가 된 진사 이용(履容)이다. 진주 목사 동협은 아들 둘을 두었는데 노용(魯容), 생원 한용(漢容)이고, 딸은 조연진(趙衍鎭)에게 시집갔다. 조선진은 석록(錫祿)을 계자(系子)로 삼았고 딸은 정자(正字) 심방(沈紡)에게 시집갔다. 나머지는 어리다.

우리 집안은 대대로 이 집안과 교류해서 내가 비록 늦게 태어나 직접 공을 뵙지는 못했으나 공이 독실하고 중후하며 대갓집의 규범이 있으니 모범으로 삼을 만하다는 이야기를 익히 들어 알고 있다. 요즈음 풍속이 날로 비루해지는 것을 볼 때마다 선배의 전범(典範)이 떠오르지만 아득하여 좇을 수 없다. 지금 공의 묘지를 쓰니 감회가 새롭다.

명은 다음과 같다.

대대로 내려오는 명문의 후예가	夫有世胄
엄숙하게 공경하며 하늘을 두려워하네	嚴恭畏天
평상시 행동을 살펴보건대	居視庸行
남에게 베풀기 좋아하고 친척들과 사이가 돈독하고	喜施敦親
벼슬하여 군현을 다스릴 때에는	仕爲郡縣
법도에 따라 정사를 베풀었네	其績循循
꿋꿋하고 굳으면서도 질박함을 잃지 않아	介貞含樸
차라리 굽힐지언정 펴지 않았네	寧詘不伸
효성스럽고 공경하였으니	烝烝翼翼
모두 그 선조를 따른 것일세	率由其先
이것이 나라의 동량이니	斯迺國楨
반드시 재상인 것만은 아니네	匪必樞匀
지금같이 풍속이 비루해진 것은	今俗之漓
공과 같이 어진 이 드물기 때문이리	由鮮此賢

이렇게 공의 명을 지어	以是銘公
후세 사람들을 면려하네	尙勖後人

부사 김공 묘지명
府使金公墓誌銘

공의 휘는 형대(亨大)이고 자는 계장(季長)이다. 월성 김씨(月城金氏)는 그 보계(譜系)가 신라 경순왕(敬順王)에서 나왔다. 그 뒤 계림군(鷄林君) 균(稛), 직제학(直提學) 천령(千齡), 경림부원군(慶林府院君) 명원(命元)이 우리 조선에서 현달하였다. 경림공의 손자인 남중(南重)은 예조 판서를 지냈고, 정효(貞孝)라는 시호를 받았다. 당시 덕이 뛰어나고 효성이 지극하다고 명성이 자자했는데 공의 고조부이다. 증조부 휘 일진(一振)은 성균관 생원이었고, 영의정을 증직받았다. 조부 휘 주신(柱臣)은 인원왕후(仁元王后)의 아버지로, 영돈녕부사(領敦寧府事)를 지냈고 시호는 효간(孝簡)이다. 아버지 휘 후연(後衍)은 형조 참의를 지냈고 이조 판서로 추증되었다. 어머니 정부인(貞夫人) 해평 윤씨(海平尹氏)는 부사 휘 항(沆)의 따님으로, 경술년(1730, 영조6) 9월 14일에 공을 낳았다.

효간공의 장형인 진사 휘 성신(聖臣)과 아들인 학생 휘 상연(象衍) 양대가 모두 일찍 세상을 떠나 공이 태어나자 아버지 판서공은 공에게 상연의 종사(宗祀)를 잇게 하였다. 학생공의 부인인 청송 심씨(青松沈氏)가 공을 강보에 있을 때부터 키웠는데, 부인은 응교를 지낸 휘 유(濡)의 따님으로 여사(女士)의 풍모가 있었다. 공은 타고난 자질이 온화하고 빼어난 데다 어릴 때부터 부인이 법도 있게 가르쳐서 장성해서는 언동이 법도를 넘는 법이 없었다. 집안에서의 행실이 독실하고 마음은 화락(和樂)하고 품행이 방정하여 훌륭한 자제라고 칭해졌고,

많은 사우(士友)들이 그와 사귀는 것을 좋아했다.

공부를 시작했을 때부터 총명함으로 두각을 드러냈고, 과거 공부를 하자 명성이 더욱 퍼져 향시에 여러 번 합격했다. 임신년(1752, 영조 28)에 국구(國舅)의 손자로서 의릉 참봉(懿陵參奉)에 제수되었다가 동궁 부솔(東宮副率)로 옮겼고, 갑술년(1754)에는 존호도감(尊號都監)에서의 공로로 6품으로 승진하여 전생서 주부(典牲署主簿)에 제수되었다. 공은 어려서부터 음사로 벼슬길에 나아가는 것이 내키지 않아 여러 번 사직하였다.

뒤에 사복시(司僕寺), 한성부(漢城府), 사재감(司宰監), 장악원(掌樂院) 등의 관서에서 주부를 하였고, 장례원 사평(掌隷院司評), 동궁 익위(東宮翊衛), 군자감 판관(軍資監判官)을 역임했다. 사복시에 들어간 것이 세 차례였고, 장악원과 사재감과 동궁에 들어간 것이 각각 두 차례였다. 무인년(1758)에 의령 현감(宜寧縣監)에 제수된 지 3년 만에 영천 군수(榮川郡守)로 승진하고, 또 5년 만에 연안 부사(延安府使)로 옮겨졌지만 부임하지 않았다. 이듬해 을유년(1765)에 인천 부사(仁川府使)를 배수하였다. 이해 12월 2일에 서울 댁에서 세상을 떠났다. 향년이 겨우 36세인지라 친척과 벗들이 모두 애통하게 곡하였다.

공은 어머니를 모시면서 진심으로 순종하고 애경(愛敬)하였으며 심부인 곁에서는 어린아이처럼 장난쳤다.[203] 외가가 망하자 슬퍼하고 걱

203 어린아이처럼 장난쳤다 : 춘추 시대 초(楚)나라 효자인 노래자(老萊子)처럼 어머니를 기쁘게 하기 위해 일부러 어린아이처럼 굴었다는 말이다. 노래자는 70세가 되어서도 어버이를 즐겁게 해 드리기 위하여 색동저고리를 입었으며, 물을 떠가서 당에 오르다가 거짓으로 넘어져 어린아이의 울음소리를 냈으며, 새 새끼를 가지고 부모 곁에서 장난치며 놀았다고 한다. 《小學 稽古》

정하며 혼신의 힘을 다하여 구휼하였으니, 사람들이 저렇게 하기 어렵다고 하였다. 숙모인 한씨(韓氏)가 과부가 되었는데 자식이 없었다. 공은 그분을 어머니처럼 모셔서 지방관으로 부임할 때마다 모시고 가고 병이 들면 띠를 풀지 않고 구완하면서 탕약 달이는 것을 남에게 맡기지 않았으니, 부인은 구십 넘게 장수할 수 있었다.

형인 판서공을 아버지와 같이 모시면서 일이 있을 때마다 반드시 여쭈어 보았으며, 형 앞에 나아가고 물러갈 때 매우 공경스러웠다. 조상 섬기기에도 독실하여 제사를 지낼 때마다 집안을 청소하고 돗자리 깔고 제상 설치하는 것을 남에게 시키지 않았다. 휘장과 자리가 해지면 태우면서 "함부로 다른 용도로 쓸까 염려된다."라고 하였다.

집안사람들에게 베풀기를 좋아해서 "세상에 좋은 일 중에 다른 사람의 곤궁함을 급히 여기는 것만 한 것이 없다."라고 하였으니, 이 때문에 친족 중에 공에게 의지하는 자들이 많았다. 이러한 마음은 가난한 벗들에게도 미쳤다. 같이 공부하는 사람 중에 매우 가난한 이가 공을 아침 일찍 방문했는데, 당시 날씨가 매우 추워 그는 문을 들어서면서 덜덜 떨며 말을 하지 못했다. 공이 아직 일어나지 않았는데 하인이 마침 입을 옷을 가져다 드리자 그 옷을 그에게 모두 주었다.

관직에 있을 때에는 몸가짐의 법도가 매우 간약(簡約)했다. 언제라도 길 떠날 준비를 하는 것처럼 옷가지들을 매일 말아서 정리하며 "관가의 일은 알 수 없는 것이다."라고 하였다. 관직을 그만둘 때에는 그날로 떠났으며 구차하게 머물지 않았다. 한결같은 은애(恩愛)로 아랫사람을 대하고 법도에 맞추어 일을 처리했다. 부정한 아전들을 척결하고 복잡한 분쟁을 정리하면서 일의 핵심에 딱 들어맞게 처리했다. 뻐기면서 모나게 굴지 않았지만 아랫사람들이 저절로 공을 경외하여 감히 제멋대로 굴지 못했다. 공이 떠나자 관리와 백성들이 오랫동안 잊지 못했다.

역참의 관리가 공께 평소에 타던 말을 파시라고 청하자 하인이 공께 "역참에서 팔면 이문이 3배입니다."라고 아뢰었지만, 공은 안 된다고 하며 "내가 이 말을 탄 지 오래이니 차마 역참 사람의 손에 끌려 날마다 치달리게 할 수 있겠는가."라고 하였다. 공의 생전에 가문이 번성하여 여러 형들이 구경(九卿)의 지위에 있었으니 공의 유능하고 빼어난 자질로 보아 마땅히 명성이 나고 오랫동안 복록을 누렸어야 하는데, 홀로 단명하여 세상에 드러날 수 없었으니, 이 모든 것이 운명이구나!

부인 풍산 홍씨(豐山洪氏)는 찬성(贊成)에 증직된 휘 진보(鎭輔)의 따님이다. 관후하고 현덕이 있었으며 정성으로 제사를 모셨다. 아랫사람들은 은혜로 다스리고 서출들을 아끼며 길러 모두 성취(成娶)시켰다. 공보다 2년 먼저 태어나 갑인년(1794, 정조18) 2월 1일에 세상을 떠났다. 이전에 공을 교하(交河) 야당리(野塘里) 임좌(壬坐) 언덕에 안장했는데, 이때에 공의 왼쪽에 부장하면서 봉분은 따로 썼다. 아들 하나가 있는데 지금 군수를 지내고 있는 사채(思采)이다. 딸은 군수 서유교(徐有敎)에게 시집갔다. 사년(思秊)과 심눌(沈訥)의 처는 측실의 자식이다. 군수인 사채는 진사 영부(永孚)를 양자로 들였고, 서유교의 아들 헌보(憲輔)는 문과에 급제하여 관직에 있다.

공의 할아버지 진사공은 사우들 간에 명성이 드높았으나 일찍 세상을 떠났다. 나의 고조 만정공(晩靜公)이 그의 전(傳)을 지었는데, 지금 유집에 실려 있다.[204] 두 집안 사이에 이미 돈독한 세교(世交)가 있어

204 유집에 실려 있다 : 서종태(徐宗泰)의 《만정당집(晩靜堂集)》 권13에 〈옛 친구 김 상사 우경전〔故友金上舍遇卿傳〕〉이란 제목으로 실려 있다.

내가 군수군(郡守君)과 어릴 적부터 서로 친하게 지냈다. 그의 화락하고 단정한 점을 좋아하여 일찍이 아버지께 아뢰니, 아버지께서 "네가 그의 아버지를 뵙지 못해서 그렇다."라고 하셨다. 그때부터 나는 공의 현덕(賢德)을 삼가 사모하게 되었다.

지금 군수군이 공의 유사(遺事)를 기록하여 나에게 묘지명을 써 달라고 부탁하니, 의리상 사양할 수 없어서 그 청을 받아들여 쓰게 되었다. 무릇 선(善)은 비록 작지만 훈계가 될 만한 것이 있으니 하나의 아름다운 일이라도 그걸 보면 그 나머지를 알 수 있는 법이다. 그래서 3천 가지 예가 모두 지극한 가르침이지만 점을 쳤던 거북 등껍질이나 시초(蓍草)는 묻는다든가[205] 해어진 휘장이나 수레의 차일(遮日)을 버리지 않는다든가[206] 하는 것도 반드시 《예기(禮記)》에 기록해 놓은 것이다. 지금 내가 공의 일에 대해 서술하면서 비록 작은 일이라도 반드시 기록하는 이유는 그것이 후세에 본보기가 될 수 있기 때문이다. 그리고 이렇게 공에 대해 명을 써서 군수군의 효성스러운 생각을 위로하노라.

명은 다음과 같다.

205 점을……묻는다든가 : 《예기》〈곡례 상(曲禮上)〉에 "상을 치를 때에는 경건해야 하니, 제복이 해어지면 태우고, 제기가 망가지면 묻고, 점을 치던 거북 등껍질이나 시초가 낡으면 묻고, 희생이 죽으면 묻어야 한다.〔臨喪不惰 祭服敝 則焚之 祭器敝 則埋之 龜筴敝 則埋之 牲死 則埋之〕"라는 내용이 나온다.

206 해어진……않는다든가 : 《예기》〈단궁 하(檀弓下)〉에 "공자께서 기르던 개가 죽자, 자공에게 묻어 주게 하시고 말씀하셨다. '내가 듣건대, 해어진 휘장을 버리지 않는 것은 말을 묻기 위함이고, 해어진 수레의 차일을 버리지 않는 것은 개를 묻기 위함이라고 한다.……'〔仲尼之畜狗死 使子貢埋之曰 吾聞之也 敝帷不棄 爲埋馬也 敝蓋不棄 爲埋狗也……〕"라는 내용이 나온다.

효간공의 가법이 훌륭하니	孝簡家法
자손들 중에 어진 이가 많네	子孫多賢
근원이 넉넉하니	源之羨矣
그 냇물이 풍성하구나	宜豐其川
고관대작들이[207]	軒駟列戟
모두 이 집 형제들이었네	群從兄弟
공은 길사라	公惟吉士
그 모습이 온화하였네	令姿愷悌
절개 있으면서도 겸손하고	介操順行
겸양하며 예를 따랐네	謙躬蹈禮
집에 있을 때는 베풂에서 인품을 볼 수 있고	居視其施
관직을 맡았을 때는 정사로 능력을 볼 수 있네	作視其用
친족들이 모두 귀의하고	仁族歸之
은혜 입은 백성들이 칭송하네	惠庶誦之
마땅히 오래 살고 복록을 누려야 하는 것이	宜耈宜穀
누구보다 못지않아야 했는데	誰之不如
어찌 오래 살지 못하고	何齡不遐
중도에 멈추었나	稅于半途
내가 어른들께 들어서	我聞前輩
그나마 공의 훌륭한 점을 알 수 있었네	猶逮永譽

207 고관대작들이 : 원문은 '헌사열극(軒駟列戟)'이다. '헌사'는 사마헌거(駟馬軒車)의 준말로, 높은 벼슬을 하여 호사를 누리는 것을 비유하는 말이다. '열극'은 궁묘(宮廟), 관부(官府), 고관대작의 집 앞에 창을 든 시위(侍衛)가 늘어선 것을 일컫는 말이다.

멀리까지 비추는 것이	惟敻之映
명(銘)에 달린 것이 아니지만	不在詞誄
돌에 새겨 아름다운 이름 전하여	鑽石播芳
효자의 마음 위로하노라	以慰孝子

충주 목사 서공 묘지명

忠州牧使徐公墓誌銘

우리 고조부 만정부군(晩靜府君 서종태(徐宗泰))은 달성위부군(達城尉府君 서경주(徐景霌))의 증손이고 우리 서씨의 소종가였다. 학생공(學生公 서명륜(徐命倫))을 후사로 삼았는데, 학생공이 어질었으나 일찍 세상을 떠나서 그의 조카인 판서공(判書公 서명순(徐命純))의 장남 목사공(牧使公 서일수(徐日修))이 만정공의 명에 따라 그 후사가 되었다. 공이 종사를 이은 뒤에는 생부인 판서공이 도와서 종사를 관장하였다. 공이 장성하여 효성스럽고 근신(謹愼)하며 삼가고 공경하니 판서공이 매우 가상하게 여겨 노년까지도 따로 살지 않았다. 그리고 우리 증조부 문익공(文翼公 서명균(徐命均))과 판서공은 우애가 매우 돈독하여 서로 이웃하여 집을 짓고 사셔서 지금까지도 자손들이 서로 한집안처럼 여겨 내가 어려서 놀다 보면 어디가 내 집인지 잊을 정도였다.

늘 보면 높다란 회랑과 긴 서까래에 정원에는 푸른 나무가 늘어서 있어 오랫동안 이어져 내려온 집 같았다. 장서와 책함(冊函)이 천장까지 쌓인 방에서 공께서 의자에 기대어 눈을 감고 고요히 생각에 잠긴 것처럼 계시면 그 모습을 볼 때마다 공경심이 일어났다. 자식들이 공수하고 다니는 것이 마치 조정(朝廷)과 같아 만정공을 생전에 모셨던 문생과 관리들이 모두 "이것은 돌아가신 어르신 생전의 집안 모습이다."라고 하였다.

그들은 꽃이나 대나무 중 오래된 것을 가리키며 "옛날 모습 그대로이다."라고 하고, 새로 심은 것을 가리키며 "옛날에 심었던 곳이다."라고 하였다. 연궤(硯几)나 서가를 보고는 "예전에 두었던 자리를 옮기지 않았구나."라고 하였다. 내가 당시 매우 어리석었지만 아직도 그 이야기들을 기억할 수 있다. 나이가 들어 세월을 겪으면서 오래된 사대부가들을 보아도 이와 같이 선대의 법도를 그대로 간직한 경우는 드물었다. 내가 그렇게 해 보려고 스스로 노력해도 할 수 없게 된 다음에는 공이 어려운 일을 했다는 것을 알게 되었다.

대저 만정공의 명성이 당대의 으뜸이었고 집안을 간엄(簡嚴)하게 다스리는 데 법도가 있었는데도 공은 남겨진 규범을 잘 지켜 오래도록 다시 고침이 없는 것이 한결같았다. 시에 이르기를 "내면에 가지고 있는지라 밖으로 드러나는 것도 그와 같도다."[208]라고 하였는데, 공을 이르는 것이다.

공의 휘는 일수(日修)이고 자는 신지(新之)이다. 서씨는 고려의 소윤(少尹) 휘 한(閈)을 원조(遠祖)로 삼는다. 본조(本朝)에 들어와 휘 미성(彌性)이 안주 목사(安州牧使)였고, 다섯 세대 내려와 휘 성(渻)이 선조(宣祖) 때의 명신으로 판중추부사(判中樞府事)를 지냈다. 시호는 충숙(忠肅)이고, 도위공(都尉公)이 그의 막내아들이다. 도위공의 휘는 경주(景霌)이고, 그의 아들 휘 정리(貞履)는 남원 부사(南原府使)였고, 그의 아들 휘 문상(文尚)은 병조 참의(兵曹參議)를 지냈다. 이분이 만정공을 낳았다. 만정공의 휘는 종태(宗泰)이고, 영의정을 지냈으며 시호는 문효(文孝)이다. 학생공의 휘는 명륜(命倫)이다, 부인 남양 홍씨(南陽洪氏)는 현령 휘 택보(澤普)의 따님이자 영의정 휘 명하

208 내면에……같도다 : 《시경》 〈소아(小雅) 상상자화(裳裳者華)〉에 나오는 말이다.

(命夏)의 손녀이다. 판서공 휘 명순(命純)은 군자감 정(軍資監正)을 지냈고 이조 판서(吏曹判書)로 증직되었다. 부인 증(贈) 정부인(貞夫人)은 전주 이씨(全州李氏)로, 관찰사 휘 덕성(德成)의 따님이다. 숙종 기축년(1709, 숙종35) 8월 26일에 공을 낳았다.

공은 어려서부터 준수하고 그릇이 커서 여러 공들께서 기대를 했다. 경신년(1740, 영조16) 증광시 진사과에 합격하였다. 임술년(1742)에 영릉 참봉(英陵參奉)에 제수되었고 동궁 시직(東宮侍直)으로 옮겼다가 가례도감(嘉禮都監)에서 감조(監造)한 공로로 와서 별제(瓦署別提)로 승진했으며, 장흥고 주부(長興庫主簿), 공조(工曹)의 좌랑(佐郞)과 정랑(正郞)을 역임하였다. 을축년(1745)에 진천 현감(鎭川縣監)이 된 지 얼마 뒤에 체차되어 내직으로 들어와 호조 좌랑(戶曹佐郞)이 되었다. 정묘년(1747)에 정선 군수(旌善郡守)에 제수되어 판서공을 모시고 임소로 가서 지방관으로서 봉양을 다하였다. 경오년(1750)에 해면되어 돌아와 동궁 익찬(東宮翊贊), 호조 정랑(戶曹正郞)을 역임하고 다시 외관으로 나가 임천(林川)에서 군수로 있다가 1년 만에 체직되었다. 판서공이 연로해서 모시고 가지 않으면 임천 군수로 오래 있을 수 없었기 때문이다.

갑술년(1754)에 판서공이 세상을 떠났다. 임오년(1762)에 삼척 부사(三陟府使)가 되었다. 그해에 큰 기근이 일어났는데 마음을 다해 구휼하여 백성들이 굶주리지 않았다. 뒤에 김제 군수(金堤郡守)와 충주 목사(忠州牧使)를 역임했으나 모두 오래되지 않아 사직하고 서울로 돌아왔다. 그 사이 한성부 판관(漢城府判官), 군자감 판관(軍資監判官), 선공감 부정(繕工監副正), 사옹원 첨정(司饔院僉正), 영희전 영(永禧殿令), 선혜청 낭청(宣惠廳郎廳)을 역임하였다. 계사년(1773)에 단양 군수로 있다가 을미년(1775)에 해면되어 돌아왔다. 병신년(1776) 2월 10일 댁에서 세상을 떠났다.

공은 가정의 가르침을 이어받아 올바른 행동을 하는 데 독실하게 힘썼고, 낮은 벼슬에 오래 머물러 있으면서도 맡겨진 일마다 직분을 다하였으며, 청렴하고 올바르게 자신을 단속하고 엄격하게 법을 준수했다. 부모가 계실 때에는 공경하게 모시면서 곁을 떠나지 않았고 작은 일이라도 마음대로 처리하지 않았다. 판서공이 연로하여 잠이 없어지자 밤이 깊더라도 잠자리에 드실 때까지 물러나지 않았고 날이 밝기 전에 일찍 일어나 창 밖에서 기다렸다. 꽃이 피는 좋은 계절에는 반드시 음식을 갖추어 어르신들을 모셔다 대접하며 부모님의 마음을 즐겁게 해 드리려 애썼다.

부모의 상을 치를 때 공은 이미 쇠약해졌으나 상복을 벗지 않고 친히 상식을 올리며 삼년상을 마쳤다. 도위공의 기일에 옛날에는 내외 후손들이 종가와 돌아가며 제수를 마련했으나 공의 대에 이르러 이를 그만두었다. 만정공의 문집 교정이 이미 끝났으나 간행하지 못하고 있었는데 공의 대에 이르러 간행하여 세상에 유포하였다. 집안에서의 행실이 이처럼 훌륭했기 때문에 관직 생활에서 일을 처리할 때도 모두 이것을 미루어 제대로 한 것이다.

공은 가법(家法)을 받들어 지켜 언동에 구차함이 없고 밖으로 드러난 덕스러운 풍모가 장중하고 훤칠하여 용모와 행동거지가 본받을 만하였다. 평상시에 소박하게 옷을 입고 사양하고 받는 데 엄하게 원칙을 지켰다. 일곱 고을을 다스렸지만 자신의 재산이 예전보다 늘지 않았다.

내가 예전에 들으니, 공이 감제(柑製)[209]에 나아갔는데 하인이 귤을 주워서 바쳤다. 공이 이를 손으로 쪼개자 한 서생이 옆에서 공의 손에 있는 귤을 빼앗아 먹었다. 창졸간에 벌어진 뜻하지 않은 일인데도 공은 천천히 "달라고 할 것이지." 하시며 당황해하지 않으셨다. 참판 유언현(兪彦鉉)[210]은 대신의 아들로 매우 자긍심이 높았는데 조회에서 공을 보고는 수하 관리에게 "누구냐?"라고 물었다. 관리가 "아무개 공입니다."라고 하자 유언현이 얼굴빛을 고치고 "재상의 그릇이로다."라고 하였다. 이광려(李匡呂) 공은 공의 외사촌 동생인데, 우리 아버지께 "아무개 형은 풍모와 도량이 심원(深遠)하니 진실로 옛 전범입니다."라고 하였다.

부인 경주 김씨(慶州金氏)는 판결사(判決事) 휘 태연(泰衍)의 따님이고 판서 휘 남중(南重)의 현손(玄孫)이다. 너그럽고 유순하여 시어머니를 모시고 제사를 받듦에 성의와 예의를 다하였다. 동서들 사이에 헐뜯는 말이 없어서 판서공이 그 현숙함을 자주 칭찬하였다. 을축년(1745, 영조21)[211]에 태어났고 을유년(1765) 7월 20일에 삼척 관아에서 별세하여 장단(長湍) 도라산(都羅山) 자향(子向) 언덕에 안장했다. 그곳은 6대에 걸친 선영의 왼쪽 산기슭이다. 공을 처음 안장한 곳 또한 도라산의 다른 묘역이었는데, 계묘년(1783, 정조7)에 부인 숙인(淑人)

209 감제(柑製) : 황감제(黃柑製)이다. 해마다 제주도(濟州島)에서 진상하는 황감(黃柑)을 성균관과 사학 유생(四學儒生)들에게 나누어 주고 동시에 보는 과거를 황감제라 했다.

210 유언현(兪彦鉉) : 1716~? 자는 중필(仲弼)이며, 본관은 기계(杞溪)이다. 부친은 대광보국(大匡輔國) 행 판중추부사(行判中樞府事) 유척기(兪拓基)이다. 형은 유언흠(兪彦欽)이고, 동생은 유언진(兪彦鎭)·유언수(兪彦銖)이다.

211 을축년 : 남편인 서일수가 1709년생인 점, 슬하에 4남 3녀를 둔 점 등을 고려하면 생년이 잘못된 것 같다.

의 봉분을 열고 합장하였다.

아들을 넷 두었다. 장남은 유경(有絅), 둘째는 유응(有應), 셋째는 부사인 유창(有昌), 넷째는 유홍(有弘)이다. 딸 셋은 사인(士人) 이노원(李魯源), 윤홍(尹哄), 승지 이양정(李養鼎)에게 각각 시집갔다. 장남은 일찍 사망했다. 둘째 아들은 외아들 우보(羽輔)를 두어 큰형의 후사를 이었고, 딸은 교리(校理) 김계온(金啓溫)에게 시집갔다. 셋째 부사의 아들은 직보(稷輔)이고 딸은 어리다. 막내아들은 외아들 정보(靖輔)를 두었다. 큰사위는 아들로 현감 집옥(集玉)을 두었고, 둘째 사위는 행은(行殷)을 양자로 삼았다. 셋째 사위 승지는 아들로 군수 원묵(元默)을 두었고, 딸은 오경관(吳慶寬)에게 시집갔다. 우보는 아들 둘을 두었는데, 하나는 승순(承淳)이고 하나는 아직 어리다. 증손과 현손은 다 기록하지 않는다.

부사공이 장례를 치르면서 묘지(墓誌)가 없음을 걱정하여 행장을 주며 명을 지으라고 명하였으니 감히 주제넘은 일이라고 사양할 수 없었다. 행장에 의거하여 삼가 서술하고, 이어서 내가 평소에 보고 들은 것 한두 가지를 적어 글을 엮고 이어서 명을 붙인다.

우리 서씨의 한 가지를 이어	我徐繼別
현량한 도위공이 공주의 짝이 되었네	賢尉配主
삼대가 번창하여	三世彌昌
숙종조의 재상이 되었네	肅祖元輔
소나무 언덕과 집에	松岡與宅
그 나무 우뚝하여라	厥木惟喬
누가 그 제사를 이을까	誰其承祀

목사공이 잘 모셨네　牧伯惟昭
효성스럽고 우애가 돈독하며　旣孝且友
훤칠하고 그릇이 컸네　儀棣器宏
아름답구나 어진 자손이여　猗鬘賢胄
진실로 노성한 분이었네　展也老成
계절마다 제사를 드려　四時烝嘗
향기로운 제수 올리니 신이 좋은 말로 알려 주네[212]　苾苾嘉告
예법에 따르고 제수를 잘 갖추었으니　以順以備
어찌 효성스럽다 하지 않으리오　遐不謂畜
선조들이 품었던 충성을 다시 일으키는 데　興舊耆欲
반드시 적석[213]을 신을 필요는 없으리　匪必赤舄
무릇 후손들은 음복할 때에　凡在旅酬
예법을 잘 알아야 하네　宜所知式
아직도 남긴 복이 많으니　尙多委祉
자손들에게서 알 수 있네　徵諸子孫
힘써 조상을 닮아라　勖哉似之
선조가 너에게 복을 내리리　先祖福爾
산소가 장단에 있으니　幽宮在湍
선영에 모신 것이네　亦從先兆

212 신이……주네 : 원문의 '가고(嘉告)'는 잘 차린 제수와 정성스러운 예에 감동하여 귀신이 시동(尸童)을 통하여 답하는 것이다.《詩經 大雅 旣醉》

213 적석(赤舄) : 원래는 임금이나 제후가 정복을 입을 때 신는 신이지만, 후대에는 고관들을 가리키는 말로 쓰였다. 여기에서는 꼭 재상이 될 필요는 없다는 뜻이다.

나의 이 명을 무덤에 묻어   我詩鑱幽

먼 후세에 알리노라   庸詔邃杳

인천 부사 송공 묘지
仁川府使宋公墓誌

우리 주상 10년(1810, 순조10) 겨울 11월 3일 갑인일에 부사 호산(壺山) 송공(宋公)이 댁에서 별세하였다. 일찍이 교유가 있던 벗들이 부음을 듣고 모두 눈물을 흘리며 "후덕한 사람을 다시 볼 수 없게 되었네."라고 하였다. 그 집이 몹시 가난하여 농 속에 수의도 없었다. 벗들은 또 "주군(州郡)을 10여 년이나 다스렸는데 이렇게 가난할 줄이야."라고 탄식하였다. 장례를 치르려 할 때 아들 지응(持膺)이 공의 행적을 서술해서 공의 벗인 달성 서영보(徐榮輔)에게 묘지를 지어 달라고 부탁하였는데, 아들이 지은 행장이 매우 자세하면서도 간절하였다. 이에 모두가 "이렇게 자식에게 문장을 잘 가르쳤으니, 그 덕은 마땅히 후사(後嗣)를 번창케 하리라." 하였다. 아! 이것을 보면 공을 알 수 있을 것이다.

공의 휘는 윤재(倫載)이고, 자는 사서(士敘)이다. 그 선조는 고려 때 시중(侍中) 정렬공(貞烈公) 휘 송례(松禮)로부터 현달하였다. 본조(本朝)에 들어와서는 예조 참의(禮曹參議) 휘 극인(克訒)이 광해군에게 의리를 들어 직간하여 백사(白沙) 이공(李公 이항복(李恒福))을 구하는 데 힘썼는데, 이분이 공의 6대조이다. 증조 휘 징규(徵奎)는 황주 목사(黃州牧使)를 지냈고, 좌찬성(左贊成)에 증직되었다. 조부 휘 교명(敎明)은 한원(翰苑)의 여러 직책을 역임하며 당대에 명망이 있었는데, 일찍 세상을 떠서 관직이 대사간(大司諫)에 그쳤다. 아버지 휘 익수(翼洙)는 통정대부(通政大夫)로 삭녕 군수(朔寧郡守)를 지냈다. 어머니 경주 김씨(慶州金氏)는 경은부원군(慶恩府院君) 휘 주신(柱臣)의 손녀이고, 사복시 정(司僕寺正) 휘 구연(九衍)의 따님이다. 아들 셋을 두었다. 큰아들은 교리(校理) 휘 준재(俊載)이고, 공은 막내이다.

공은 영조 무인년(1758, 영조34) 11월 18일에 태어나서 정조 계묘년(1783, 정조7)에 진사가 되었다. 갑인년(1794)에 교리공이 별세하자 주상께서 애도하시고 공에게 장릉 참봉(章陵參奉)을 제수하셨다. 다시 상서원 부직장(尙瑞院副直長)을 제수하고 특별히 불러 보시고는 주위의 신하들에게 "이 사람은 응당 현달할 것이다."라고 하셨다. 이해에 직장으로 승진했다. 특명에 의해 6품으로 승진되고 전설사 별제(典設司別提)에 제수되었다. 호조 좌랑(戶曹佐郞)을 거쳐 문경 현감(聞慶縣監)으로 나가 수년 머물다 도백(道伯)의 비위를 거슬러 벼슬을 버리고 돌아왔다. 이에 파직 장계가 올라오자 주상께서 공에게 잘못이 있지 않음을 살피시고는 그 장계를 받아들이지 않고 환직(還職)할 것을 명하셨다.

무오년(1798)에 큰 흉년이 들어 백성들 중에 환곡을 내지 못하는 사람들이 많았는데, 공이 그들의 곤궁함을 살피고 다만 쌀 대신 좁쌀로 내게 했다. 이듬해 어사가 그것이 상법(常法)이 아님을 근거로 탄핵하여 금성(金城 경주)으로 좌천되었다. 공은 이를 받아들여 변론하지 않았다. 현의 백성들이 공을 계속 머물게 해 달라고 묘당에 상소했으나 받아들여지지 않았다. 이해에 사면되어 돌아왔다. 다음 해에 복직하여 사복시 주부(司僕寺主簿)에 제수되었고 형조 정랑(刑曹正郞)으로 옮겼다. 가을에는 건릉도감 낭청(健陵都監郞廳)으로 파견되었고 충훈부 도사(忠勳府都事)를 배수했는데, 복명하고 난 후 제조(提調)와 낭료(郎僚)들이 모두 어떤 일에 연루되어 파직되었다.

임술년(1802, 순조2) 다시 형조 정랑에 임명되었다가 신녕 현감(新

寧縣監)으로 나갔다. 을축년(1805, 순조5) 순창 군수(淳昌郡守)로 승진했고 정묘년(1807)에 인천 부사(仁川府使)를 배수했다. 경오년(1810) 여름, 신녕에서 창고 관리가 공금을 유용한 일이 일어났다. 형리가 예전에 이 고을을 다스렸던 사람들을 모두 취조하여 심문했는데 금오랑(金吾郎)이 유독 공만 도율(徒律)로 다스려 아산(牙山)으로 유배 보냈다. 좌의정 김재찬(金載瓚) 공이 나중에 그 잘못된 것을 아뢰어 사면받아 돌아올 수 있었는데, 이때는 공이 별세하기 한 달 전이었다.

공은 성품이 너그럽고 온화하여 평상시에 말을 급하게 하거나 갑자기 화를 내는 일이 없었다. 부모를 모시면서 뜻을 거스른 적이 없었으며, 큰형인 교리공을 부모처럼 모셔서 같은 집에서 살며 큰 일이건 작은 일이건 모두 여쭌 후에 실행하였다.

관리 생활을 할 때에는 대체(大體)를 보존하는 데 힘쓰고, 작은 일에는 구애되지 않았다. 재판을 할 때에는 반드시 여러 차례 숙고하여 분명하게 사태를 파악했으니, 판결을 하면 양쪽이 모두 원한이 없게 되었다. 사형에 처할 옥사를 심리할 때에는 장부를 관리에게 맡기지 않고 "억울하게 죽는 일이 있게 해서는 안 된다."라고 하였다. 공이 형조에 있을 때에 정묘(正廟)께서 경연의 신하들에게 "아무개는 좋은 관리의 자질이 있으니 큰 읍을 맡겨 볼 만하다."라고 하였다. 공이 인천 부사로 있을 때 큰 기근이 발생했는데 성심을 다해 구휼하여 살린 사람들이 매우 많았다. 체직할 때가 되자 백성들이 더 계시게 해 달라고 원하는 것이 문경 현감으로 있을 때와 같았다. 공이 떠난 뒤에는 공을 사모하는 마음을 담아 재각을 세웠다.

공은 남에게 베풀기를 좋아하여 친척과 벗들 중 가난하여 장례를 치르거나 혼인을 할 수 없는 이들은 대부분 공에게 와서 도움을 받았다. 친척 중에 귀양 가서 죽은 자가 있으면 극진히 보살펴 반장(返葬)할 수 있게 하였다. 집안에는 토지에서 들어오는 수입이 없었지만 날마다 뜻이 맞는 사람들과 술 마시는 것을 즐거움으로 삼았고 집안 형편은 아랑곳하지 않았다.

전배(前配) 전주 이씨(全州李氏)는 형조 판서 휘 춘제(春躋)의 손녀이고, 승지 휘 창급(昌伋)의 따님이다. 공과 나이가 같았으며 현숙한 덕이 있었는데 경자년(1780, 정조4) 11월 25일에 세상을 떠났다. 계배(繼配) 문화 유씨(文化柳氏)는 문흥군(文興君) 휘 사원(思瑗)의 후손이고 학생 휘 한상(漢相)의 따님이다. 단후(端厚)하여 부덕(婦德)이 있었고 근검절약하며 살림을 하였다. 이분 또한 공과 나이가 같았으며 갑자년(1804, 순조4) 9월 13일에 세상을 떠났다. 이 숙인(李淑人)은 안성(安城) 건지산(乾芝山) 선영 유좌(酉坐)의 언덕에 안장했다. 유 숙인(柳淑人)은 그 오른쪽에 안장하면서 그 가운데를 비워 놓았는데, 이때에 이르러 모두 합장하는 일이 완성되니 신미년(1811) 1월이다. 이 숙인은 1남 1녀를 두었는데 일찍 죽었다. 유 숙인은 2남을 두었는데 첫째는 일찍 죽었고, 둘째는 진사 지응(持膺)으로 교리공(校理公)의 후사가 되었다. 측실에 아들과 딸이 있고, 지응이 딸 하나를 두었는데 모두 어리다.

나는 노둔하고 다른 사람들과 잘 사귀지 못했지만, 소박한 옷을 입고 도량이 넓어 다른 사람들을 허물없이 대하여 옛사람의 풍모가 있는 공을 좋아하였다. 공이 세상을 떠나고 나니, 공과 같은 사람을 보고 싶지만 그런 사람이 세상에 드물다. 이제 아들 진사군이 쓴 공의 행장에 의거하여 위와 같이 서술하여 효자의 애통한 정성에 가름한다. 아! 내가 공의 행적을 기록하여 후세에 길이 남길 만한 사람이 되겠는가.

영천 군수 서공 묘지명 병서

永川郡守徐公墓誌銘 并序

세상에서 우리 집안을 일러 효제(孝悌)를 성실히 실천하고 눌신(訥愼)을 숭상한다고 한다. 나는 늦게 태어났지만 그래도 집안의 여러 어르신들을 뵐 수 있었다. 그분들은 모두 공손하고 돈후하며 언행에 법도가 있어 세상에 모범이 되고 집안에 가르침이 될 만했다. 세월이 흘러 선대 어른들이 돌아가신 지 오래되고 순박한 인품 또한 변하니, 어린 시절 보고 기억하는 바를 돌이켜 생각해 보면 좇을 수 없는 옛날 일처럼 아득하지만, 오직 종숙부 군수공(郡守公)은 너그럽고 군자의 풍도가 있어 선배들의 전형을 구하려 하면 공에서 살펴볼 수 있었다. 나는 공보다 4살 아래여서 어릴 적부터 공을 좋아하고 경모했다. 지금 나는 늙어 장차 죽을 때가 가까워졌지만, 공을 익숙하게 알기로는 당연히 나만 한 사람이 없다. 그러나 내가 일찍이 공의 명으로 수헌공(秀軒公)의 묘지[214]를 썼는데 이제 또한 공의 묘지를 쓰게 되니, 내 마음이 슬프겠는가, 슬프지 않겠는가?

공은 덕기(德器)를 타고 나서 어릴 적부터 마치 어른처럼 경거망동하지 않았다. 나는 꼬마 때부터 매우 우둔하여 공을 공경하며 함부로 하지 못했으니 단지 나보다 항렬이 높아서 그럴 뿐이 아니었다. 공은 19세에 향시에 합격하여 문장을 성취하는 등 모든 것이 나보다 빨랐으

214 수헌공(秀軒公)의 묘지 : 이 묘지의 당사자인 서유교(徐有敎)의 아버지 서무수(徐懋修)의 묘지로, 《죽석관유집》 제3책에 〈수헌공 묘지(秀軒公墓誌)〉가 실려 있다.

니, 비록 벗처럼 사귀면서 공의 뒤를 따를 수 있었지만, 나는 공을 스승과 같이 보았다.

공의 성품이 자애롭고 견식(見識)이 매우 정밀하여 다른 사람과 이야기할 때에는 반드시 선도(善道)를 말해 주기를 좋아했다. 공은 나를 특히 아껴서 비록 작은 일이라도 번번이 나를 위해 정성스럽게 경계해 주었고, 나와 경사(經史)와 고문사(古文詞)에 대해 이야기하고 일의 가부(可否)를 의논하였다. 공은 본디 정직하고 신실하여 꾸미는 말로 남에게 아부하지 않았다. 나도 꼿꼿하고 융통성이 없어서 구차하게 남의 뜻에 맞추지 못했는데, 우리 두 사람이 서로 의견이 부합하지 않는 경우가 있더라도 공은 화를 낸 적이 없었다. 공은 "나는 별다른 장점이 없고 오직 선을 따르는 것을 힘쓸 따름이다. 세상 사람을 헤아려 보건대 나만큼 너를 아끼는 사람이 없으니 내가 하는 말을 너는 소홀히 여기지 말라."라고 하였다. 나는 매번 공의 견해가 명확하고 조행(操行)이 확고하며 나를 돈독하게 아끼는 것에 감복하여 끝내는 나의 생각을 굽히고 공의 의견을 따르는 경우가 많았다. 이제 공이 나를 버리고 세상을 떠난 뒤로 공처럼 현명하고 나를 아끼는 사람을 보고 싶었지만 다시는 얻을 수 없게 되었다. 내 마음이 슬프겠는가, 슬프지 않겠는가?

내가 보니, 공은 부모를 효성을 다해 섬기고 상을 치르면서는 예를 다하여 계비(繼妣)의 상을 치를 때에는 쇠약해져서 거의 온전치 못하였다. 수헌공과 전 부인의 장지를 여러 번 옮기고 계축년(1793, 정조 17)에 계비의 장사를 치르면서 비로소 모두 합장했다. 공은 당시 매우 가난했지만 정성과 힘을 다하여 마침내 일을 완수했고, 관직을 얻어 고을을 다스릴 때에 이르러 비석과 석물을 모두 구비하였다.

계비는 아들 하나를 두었는데 선천적으로 약해서 병에 잘 걸렸다. 공께서 매우 간절하게 보살펴서 당신 소유보다 더 많은 전지(田地)를 쪼개어 주었다. 집안에서는 아랫사람을 법도에 맞게 부렸고, 크고 작은 일을 모두 조리에 맞게 처리했다. 일찍이 당신의 장례를 미리 준비하면서 되도록 검약하게 했고 염하고 상식 올리는 예절을 도리에 맞게 조치하도록 모두 생전에 지시해 놓았다. 공은 옛사람이 이른바 집안일을 잘 다스린 자에 거의 가까울 것이다.

공은 향시에 누차 합격하였지만 진사가 된 것은 이미 늦은 나이였고,[215] 녹사(祿仕)[216]를 한 뒤로 수령이 된 것은 겨우 두 차례여서 평소의 재능을 펼치기에 부족했다. 공이 금성(金城 경주)에 현령으로 있을 때 토지대장이 제대로 정리되지 않아 백성들이 세금 내느라 고통 받는 것을 보고 토지 측량을 하기로 결심하고 몸소 방법을 제시해서 토질과 형태[217]에 따라 각각 적절하게 처리했다. 토호들이 처음에는 좋아하지 않았지만 공은 조금도 굽히지 않았는데, 일이 완료되자 모두 흡족해하며 공평하다고 칭송하였다.

영천(永川) 창고는 누락되거나 체납된 것이 많아 처리하기 어렵다고 소문이 났는데 공이 군수로 가신 지 1년 만에 옛날처럼 완전히 채워 놓았다. 그사이에 공이 소리 지르고 성난 기색을 보이고 매질하는 것을

215 진사가……나이였고 : 서유교는 1792년(정조16) 38세 되던 해 식년시에 합격하여 생원과 진사가 되었다.

216 녹사(祿仕) : 봉록 때문에 하급 관료 생활을 하는 것을 의미한다.

217 토질과 형태 : 원문은 '요척, 기잉, 구제, 방원(饒瘠畸剩句梯方員)'이다. '요척'은 토질의 비옥하고 척박함을 의미하고, '기잉'은 묘(畝) 등 일정 단위에 미치지 못하는 자투리땅, '구제'는 굽거나 사다리 모양의 땅, '방원'은 정방형이나 원형의 땅을 의미한다.

본 적이 없었다. 아! 공으로 하여금 나아가 세상에 쓰이게 했으면 그 일에서 보이는 것이 반드시 이렇게 적지는 않았을 것이다.

공은 얼굴에 화기가 가득하고 체구가 컸으며 코가 크고 입술이 붉었다. 편안하게 말하고 웃으며 성품이 너그러우면서 절제함이 있었고, 밝으면서도 온축함이 있어 한 번 보면 장자(長者)임을 알 수 있었다. 오래 같이 있어도 싫지 않았으니 그야말로 길인(吉人)이었다. 영천에서 해직되어 돌아온 뒤로 공은 일찍 쇠약해져서 집에 머물면서 한가롭게 정양하였다. 나는 삼가 조상이 쌓은 덕의 보답을 공을 보면 안다 하였고, 사람들도 공을 보고 복록이 무궁하다고 했다. 이제 공이 나를 버리고 가서 나로 하여금 의지할 바가 없게 만들었다. 내 마음이 슬프겠는가, 슬프지 않겠는가?

공의 휘는 유교(有敎)이고 자는 주경(胄卿)이다. 우리 달성 서씨(達城徐氏)는 예전부터 대대로 이어져 와 고려 때 소윤(少尹) 휘 한(閈)이 먼 조상이다. 본조(本朝)에 들어와서는 대대로 현달하였는데 선조(宣祖) 때 명신 충숙공(忠肅公) 휘 성(渻)의 자손이 가장 번성하였다. 충숙공의 아들 휘 경주(景霌)는 달성위(達城尉)이고, 3대 지나 영의정 문효공(文孝公) 휘 종태(宗泰)가 공의 증조이다. 조부 휘 명균(命均)은 좌의정이고 시호는 문익공(文翼公)이다. 아버지 휘 무수(懋修)는 남원 부사(南原府使)를 지냈고, 호는 수헌(秀軒)이다. 어머니는 전주 이씨(全州李氏)인데 대사헌(大司憲)을 지낸 휘 진순(眞淳)의 따님으로 영조 을해년(1755, 영조31) 7월 22일에 공을 낳았다. 계비 이씨 또한 종성(宗姓)으로 학생 휘 광소(光素)의 따님이다.

공은 정조 임자년(1792, 정조16)에 사마시 진사과와 생원과에 모두 합격하고, 을묘년(1795)에 경릉 참봉(敬陵參奉)에 제수되었다. 정사년(1797)에 태릉 참봉(泰陵參奉)으로 옮겼고 군자감 봉사(軍資監奉事), 의금부 도사(義禁府都事), 빙고 별검(氷庫別檢), 군자감 주부(軍資監主簿), 호조 좌랑(戶曹佐郎)을 역임하였다. 금상(今上) 임술년(1802, 순조2)에 대혼도감 낭청(大婚都監郎廳)으로 파견되었다가 그곳에서의 공로로 형조 정랑(刑曹正郎)으로 승진하였다. 계해년(1803)에 금성 현령(金城縣令)으로 나갔고, 병인년(1806)에 영천 군수(永川郡守)로 옮겨 경오년(1810)에 체직되어 댁으로 돌아왔다. 신미년(1811) 가을 병들어 임신년(1812) 2월 23일 댁에서 세상을 떠났다.

이해 모월 모일 모읍 모땅 모좌향의 언덕에 안장했다. 부인 경주 김씨(慶州金氏)는 군수 휘 형대(亨大)[218]의 따님으로 경은부원군(慶恩府院君) 휘 주신(柱臣)의 증손이다. 아들 하나를 두었는데, 헌보(憲輔)이다. 헌보는 신미년(1811)에 성균관시에서 장원하여 바로 전시(殿試)를 치렀다. 1남 3녀를 두었는데 모두 어리다.

공을 안장하려 할 때 헌보가 울면서 나에게 말했다. "아버지의 장례에 묘지가 있어야 하는데 슬픔으로 행장을 쓸 경황이 없으니 행장을 기다리지 말고 형께서 글을 지어 주십시오. 아버지께서 평상시에 실정(實情)보다 지나친 칭찬을 좋아하지 않으셨으니 과도하게 칭찬하는 말은 하지 말아 주시기 바랍니다." 아! 오직 내가 공을 아는 것이 부족할까 두려울 뿐이니 어찌 차마 문장을 꾸미겠으며, 또한 어찌 내가 감히 장황하게 써서 공의 뜻을 저버리겠는가. 슬프다.

명은 다음과 같다.

218 형대(亨大) : 본서 제3책에 실려 있는 〈부사 김공 묘지명(府使金公墓誌銘)〉의 주인공이다.

수헌공의 훌륭한 위의와 아름다운 덕을

夫以秀軒公之令儀令德

공이 닮을 수 있었고 而公其克類也

우리 선조가 선을 쌓아 후손에게 남겼는데[219] 我祖先之積善種慶

공이 그 음덕을 받았네 而公受厥庇也

당대에 복록을 다 누리지 않고 享之不盡

어진 자손에게 남겨 주었네 于以遺賢嗣也

나의 명은 매우 진실하니 我銘甚實

아마도 공의 뜻에 맞으리라 庶其當公意也

219 선(善)을……남겼는데 : 《주역(周易)》 〈곤괘(坤卦) 문언전(文言傳)〉에 "선을 쌓은 집안에는 반드시 경사가 있고 불선을 쌓은 집안에는 반드시 재앙이 있을 것이다.〔積善之家 必有餘慶 積不善之家 必有餘殃〕"라는 말이 나오는데, 여기에서 나온 표현이다.

판돈녕부사 겸 이조판서 윤공 묘갈명

判敦寧府事兼吏曹判書尹公墓碣銘

파평 윤씨(坡平尹氏)는 우리나라의 대성(大姓)으로 고려의 태사 휘 신달(莘達)이 시조이다. 문숙공(文肅公) 휘 관(瓘)은 동북면의 9성을 개척한 예종(睿宗) 때의 명신이다. 본조(本朝)에서는 파평군(坡平君) 휘 곤(坤)이 우리 태종(太宗)을 보좌해서 공신이 되었다. 4대 아래 휘 탁(倬)[220]은 대사성(大司成)으로 경술(經術)에 달통하여 사도(師道)를 담당했다. 또 4대 아래 한성부 서윤(漢城府庶尹) 휘 흡(熻)은 팔송(八松) 선생[221]의 아우이다. 팔송 선생은 이미 준절(峻節)한 순유(醇儒)로 온 나라에 명성이 높았다. 형제[222] 또한 모두 어질어 선

220 탁(倬) : 1472~1534. 자는 언명(彦明), 호는 평와(平窩)이다. 검교참의(檢校參議) 윤희제(尹希齊)의 증손이다. 할아버지는 장령(掌令) 윤배(尹培)이고, 아버지는 현감 윤사은(尹師殷)이다. 어머니는 운봉 박씨(雲峯朴氏)로, 박종우(朴從遇)의 딸이다. 김굉필(金宏弼)의 문인이자 종실(宗室) 이심원(李深源)에게 수학하였다. 1501년(연산군7) 식년 문과에 급제하여 사관(史官)을 거쳐 전적이 되었으나, 1504년 갑자사화 때 삭녕에 유배되었다. 1506년(중종1) 중종반정으로 다시 등용되어 사성, 대사성, 동지성균관사(同知成均館事)를 역임하였으나 1519년 기묘사화로 다시 파직되었다. 1525년 다시 등용되어 대사성, 동지성균관사 등을 역임하였다. 학문이 높아 조광조(趙光祖) 등 여러 대신들에게 도학(道學)을 가르쳤고 송인수(宋麟壽), 이황(李滉) 등이 그의 강수(講授)를 받았다.

221 팔송(八松) 선생 : 윤황(尹煌, 1571~1639)이다. 자는 덕요(德耀)이며, 팔송은 호이다. 충청도 병마절도사 윤선지(尹先智)의 증손으로, 할아버지는 윤돈(尹暾)이고, 아버지는 윤창세(尹昌世)이다. 저서로는 《팔송봉사(八松封事)》가 있다. 시호는 문정(文正)이다.

조의 덕을 이어 후손들의 앞길을 열어 주니, 근원이 풍성하여 하류가 넉넉한 것이었다. 근세에 이르러서는 고 판돈녕부사(判敦寧府事) 휘 동섬(東暹)[223]이 같은 항렬에 인물이 많다고 알려졌는데, 휘 동수(東洙)[224]와 휘 동원(東源)[225]이 학행(學行)을 그 집안에 대대로 전했고, 휘 동도(東度)[226]는 영의정이 되어 밝은 정치를 보좌했고, 휘 동승(東昇)[227]은 참판을 지냈는데 영조(英祖)께서 양신(良臣)이라고 자주 칭

222 형제 : 윤황의 형은 윤수(尹燧), 동생은 윤전(尹烇)·윤흡(尹熻)·윤희(尹熺)이다. 특히 윤전은 윤황과 함께 병자호란 당시 척화의 의리를 강하게 주장하였다.

223 동섬(東暹) : 1710~1795. 묘갈명의 주인공이다.

224 동수(東洙) : 1674~1739. 자는 사달(士達) 또는 대원(大源)이고, 호는 경암(敬庵)이다. 윤선거(尹宣擧)의 증손이고 윤증(尹拯)의 손자이며 윤자교(尹自教)의 아들이다. 과거 시험을 포기하고 성리학 공부에 전념했는데, 우의정 최석정(崔錫鼎)의 추천으로 벼슬길에 나아갔다. 학문에 뛰어나 영조가 두 번이나 별유(別諭)로 소명(召命)하여 《주역(周易)》과 《성학집요(聖學輯要)》를 강의시킨 일이 있다. 저서로는 《경암선생유고》가 있다.

225 동원(東源) : 1685~1741. 자는 사정(士正)이고, 호는 일암(一庵)이다. 윤선거(尹宣擧)의 증손으로, 할아버지는 윤증(尹拯)이고, 아버지는 대사헌 윤행교(尹行教)이다. 1712년(숙종38) 윤선거의 《노서유고(魯西遺稿)》를 교정하여 간행하였고, 1731년(영조7) 윤증의 《명재유고(明齋遺稿)》를 편찬, 간행하였다. 1722년(경종2) 학행(學行)으로 천거되어 관료 생활을 하였다. 저서로 《일암유고》 6권이 있다.

226 동도(東度) : 1707~1768. 자는 경중(敬仲)이고, 호는 남애(南厓)·유당(柳塘)이다. 장령 윤순거(尹舜擧)의 증손으로, 할아버지는 윤진(尹搢)이고, 아버지는 판서 윤혜교(尹惠教)이다. 1745년(영조21) 정시 문과에 급제한 후 관료의 길을 걸어 1764년에 좌의정, 1766년에 영의정이 되었다. 시호는 정문(靖文)이다.

227 동승(東昇) : 1718~1773. 초명은 동성(東星)이고, 자는 유문(幼文)이다. 윤해거(尹海擧)의 증손으로, 할아버지는 윤부(尹扶)이고, 아버지는 윤언교(尹彦教)이다. 1746년(영조22) 진사로 춘당대시에 급제한 후 관료 생활을 하며 도승지, 대사성, 대사헌 등을 역임하였다.

찬하셨다.

공은 서윤공(庶尹公)의 4대손으로 참판공(參判公)은 공에게 막내이다. 여러 공들이 단문(袒免)의 친척[228]으로 서로 앞서거니 뒤서거니 하며 현달하여 명성이 알려졌으니, 일대(一代)의 성사(盛事)였다. 공의 자는 덕승(德升)이고, 호는 팔무당(八無堂)이다. 증조 휘 해거(海擧)는 이조 참판에 증직되었다. 조부 휘 부(扶)는 호조 정랑이었고 이조 판서에 증직되었다.

아버지 휘 언교(彥敎)는 생원으로 이조 참판에 증직되었다. 어머니 신창 맹씨(新昌孟氏)는 전부(典簿) 휘 숙하(淑夏)의 따님이다. 공은 4살 때 할아버지 판서공의 명으로 백부의 후사가 되었다. 백부는 생원으로 좌찬성(左贊成)에 증직된 휘 현교(顯敎)이고, 그 부인 경주 이씨(慶州李氏)는 교리 휘 인소(寅熽)의 따님이자 좌의정 휘 경억(慶億)의 손녀이다.

공은 숙종 경인년(1710, 숙종36) 2월 15일에 온양(溫陽) 금곡리(金谷里) 맹씨댁에서 태어났다. 공은 어릴 때 부친을 여의어 할아버지 판서공이 가엽게 여겨 공부하라고 다그치지는 않았으나 학업이 날로 진보하여 벗들 사이에 명성이 자자하였다. 을묘년(1735, 영조11)에 생원·진사 두 시험에 다 합격하였다. 공은 스스로 문호(門戶)가 쇠약해졌다고 생각하고 뜻을 가다듬고 과거 공부에 힘썼는데, 당시 교유하던

228 단문(袒免)의 친척 : 단문은 오복(五服) 이외의 먼 친척이 죽었을 때 두루마기의 오른쪽 소매를 벗고 머리에 사각건(四角巾)을 쓰기만 하는 상례를 말한다. 윤동섬과 윤동승은 형제간이고, 이들과 윤동수, 윤동원, 윤동도는 모두 윤창세(尹昌世)를 5대조로 함께 모시는 10촌 간이었다.

사람들이 나중에는 대부분 명공대인(名公大人)이 되었다.

갑자년(1744, 영조20)에 명릉 참봉(明陵參奉)에 제수되었는데, 마침 능역(陵役)이 있어 그 공로로 사포서 별제(司圃署別提)로 승진하였다. 의금부 도사, 호조 좌랑을 거쳐 금구 현령(金溝縣令)으로 나갔다. 갑술년(1754)에 증광시에 갑과로 급제하여 정3품 하계(下階) 통훈대부(通訓大夫)가 되었다가 정3품 상계(上階) 통정대부(通政大夫)로 올라서 중추부(中樞府)를 거쳐 평산 부사(平山府使)로 나갔다.

을해년(1755) 판결사(判決事)와 승지(承旨)에 제수되었다가 대사간(大司諫)으로 옮겨서 국문(鞫問)[229]하는 자리에 참여하였다. 죄수 중 박문수(朴文秀) 공을 무고(誣告)한 자가 있었는데, 주상께서 처음에는 불문에 부치셨다. 승지가, 양사(兩司)가 박문수를 붙잡아 오기를 마땅히 말씀드렸어야 하는데 말씀드리지 않았다는 명목으로 공을 꾸짖어 문책하기를 청하자 공이 인혐(引嫌)하여 체차되었다.[230] 얼마 안 되어

229 국문(鞫問) : 1755년(영조31) 5월에 벌어진 역모 사건과 관련된 국문이다. 이해 2월에 일어난 이른바 나주벽서사건이 일단락된 후 토역경하정시(討逆慶賀庭試)가 열렸는데, 이때 심정연(沈鼎衍)이 답안에 조정을 비방하고 집권파 대신들을 공격하는 내용을 기재하였다가 발각, 체포됨으로써 대규모 반역 모의가 드러났다. 소론의 몰락에 대한 불만을 품고 심정연, 신치운(申致雲) 등이 김일경(金一鏡)의 조카인 김인제(金寅濟), 김유제(金有濟), 김덕제(金德濟) 및 이준(李埈), 강몽협(姜夢協), 박사집(朴師輯), 유수원(柳壽垣) 등과 결탁해 역모했다는 것이다. 소론 측의 연루 사실에 대한 부인에도 불구하고, 심정연·신치운·유봉성(柳鳳星)·유수원·이거원(李巨源)·박사집 등 수십 명이 처형되었고, 이로 인해 소론은 세력을 잃게 되었다.

230 죄수……체차되었다 : 《영조실록》 31년 5월 27일 기사에 따르면 영조가 친국하는 과정에서 김정관(金正觀)이, 박문수(朴文秀)도 김일경이 역적이 아니라고 생각했다고 자백하였다. 이에 도승지 정홍순(鄭弘淳)이 대신(臺臣)이 박문수를 붙잡아 오기를 청하지 않았던 것에 대해 문제를 제기하고, 승지 남태회(南泰會)는 대신들을 추고하기

예조 참의에 제수되었는데, 그때 마침 인빈(仁嬪)의 부모 묘소에 치제(致祭)하라는 명이 있었다.[231] 어떤 이가 전모(前母)에게도 함께 치제해야 한다고 했는데, 공이 "은(殷)나라 사람은 간적(簡狄)[232]에게 제사 지내고, 주(周)나라 사람은 강원(姜嫄)[233]에게 제사 지내니 각각 자신이 나온 곳〔其自出〕을 주로 하는 것입니다. 오늘 제사를 올리는 취지는 인빈을 낳은 것〔其所生〕을 기리는 것이니 함께 제를 올리는 것은 마땅하지 않습니다."라고 하니 주상이 이를 따르셨다. 사당에 신주를 합설할 때 이르러서는 계실(繼室)이 전배(前配)보다 위에 있어서는 안 된다고 주장했다. 중간에 여주 목사(驪州牧使)로 나갔다.

를 청하였다. 이에 대사간 윤동섬(尹東暹) 등이 피혐하면서 체직을 청하였는데 영조가 윤허했다. 유언민(兪彦民)·서명응(徐命膺) 등이, 박문수를 체포하고 윤동섬 등을 파직하라고 청하자 이 또한 윤허하였다. 후에 대질심문 끝에 박문수의 결백이 밝혀졌고, 6월 2일에는 윤동섬을 예조 참의로 임명하였다.

231 그때……있었다 : 1755년(영조31) 6월 23일, 앞서 영조가 격상한 숙빈 최씨와 격을 맞추어 인빈 김씨에게 경혜(敬惠)라는 두 글자 시호를 증시하고, 묘(墓)도 원(園)으로 격상하여 순강원(順康園)으로 올렸으며, 사당 역시 방(房)에서 궁(宮)으로 격상하여 저경궁(儲慶宮)으로 궁호를 올렸는데, 그와 관련된 일이라 추정된다. 숙빈 최씨는 영조의 생모이다. 인빈(仁嬪) 김씨(金氏)(1555~1613)는 선조의 후궁으로, 추존왕 원종의 생모이자 인조의 할머니이기도 하다. 본관은 수원이며, 사헌부 감찰(司憲府監察) 김한우(金漢佑)의 딸이다. 어머니는 충의위(忠義衛) 이효성(李孝性)의 딸 이씨이다. 김한우의 전배(前配)는 전씨(田氏)이고, 후배(後配)는 인빈의 어머니 이씨이다.

232 간적(簡狄) : 간적은 유융씨(有娀氏)의 딸로, 제곡(帝嚳)의 차비(次妃)가 되었다. 어느 날 목욕을 갔다가 제비〔玄鳥〕의 알을 얻어 삼키고는 태기가 있어 은(殷)나라의 시조인 설(契)을 낳았다 한다. 《史記 卷3 殷本紀》

233 강원(姜嫄) : 강원은 유태씨(有邰氏)의 딸로, 제곡(帝嚳)의 원비(元妃)가 되었다. 들에 나갔다가 거인의 발자국이 있는 것을 보고 그대로 따라갔는데 그 후 임신하여 아들을 낳으니, 이가 곧 주(周)나라의 시조인 후직(后稷)이다. 《史記 卷4 周本紀》

공이 승정원에 있으면서 왕명을 출납한 것이 누차 주상의 뜻에 부합하였다. 주상께서 공이 주도면밀하여 곁에 둘 만함을 알아보신 까닭에 공이 조정에 있을 때에는 승지로 일한 적이 가장 많았다. 국제(國制)에 승지는 6방(房)이 있어 6관(官)의 일을 분장하게 되어 있는데, 주상께서 공이 예에 밝다고 하여 항상 예방(禮房)을 시키셨다.

정축년(1757, 영조33)에 주상께서 명릉(明陵)[234] 제문에 친압(親押)[235]하려 하였는데, 그때 주상은 태모(太母 인원왕후)의 상중이었다. 공이 나아가 "친압은 제사의 일인데, 최복(衰服)을 입고 행함은 옳지 않은 듯합니다."라고 하자, 주상께서 "나도 본래 의심스러웠는데, 승지가 이렇게 말한 것이 옳다."라고 하시고 옷을 갈아입고 예를 행하시고는 특별히 녹비(鹿皮)를 하사하셨다. 주상께서 일찍이 하교하기를 "무릇 친제(親祭)에는 이조 판서가 찬작(瓚爵)을 올리면 이조 참의가 이를 받아 올리는데, 신 앞에서 전을 올리는 자의 품계가 오히려 낮으니 마땅히 그 질차(秩次)를 바꿔야 한다."라고 하셨다. 공이 "'올린다'고 하는 것 또한 신위(神位)를 위주로 하여 말하는 것이지 헌관인 참의에게 올린다는 말이 아닙니다."라고 상주하였다. 주상께서 옳다 하시고 고치지 않았다.

신사년(1761) 여름, 주상께서 조정에 나오지 않고 정양하고 계실

234 명릉(明陵) : 숙종과 계비 인현왕후(仁顯王后) 민씨(閔氏), 그리고 제2계비 인원왕후(仁元王后) 김씨(金氏)의 능이다. 1701년(숙종27) 인현왕후가 죽은 뒤에 이곳에 묘지를 정하고 명릉이라 하였고, 1720년 숙종이 죽자 이곳에 나란히 묻었다. 1757년(영조33)에는 인원왕후의 상을 당하여 영조가 친히 행장을 짓고 장례를 치렀다.

235 친압(親押) : 제향(祭享)이 있을 때 임금이 향실(香室)에 나아가 친히 축문(祝文)에 어휘(御諱)를 써넣는 일을 말한다.

때 특별히 명을 내려 공에게 내의원 부제조(內醫院副提調)를 겸하게 하셨다가 다시 조정에 복귀하셔서는 그간의 노고를 인정하여 공을 가선대부(嘉善大夫)로 승진시켰다. 공이 입시하니 주상께서 공을 맞아 웃으며 "아침에는 옥이고 저녁에는 금이니,[236] 금옥처럼 훌륭한 사람이로세."라고 하셨다. 이때부터 13차례나 도승지를 배수하였고 부총관(副摠管)과 승문원 제조(承文院提調)를 겸하였다.

겨울에 충청 감사(忠淸監司)를 배수하였다. 호서 지역에는 본래 토호가 많았는데, 공이 똑같이 법으로 다스려 조금도 관용을 베풀지 않으니 도내의 모든 사람들이 잘 다스린다고 칭송하였다. 이듬해 여름, 작은 일[237]에 연루되어 파직되었는데, 후임자가 마침 병에 걸려 길을 떠날 수 없었고 당시 큰 가뭄이 들어 대신들이 공의 유임을 청하였다. 처음에 호서 백성들은 공이 파직되었다는 소식을 듣고 모두 "기우제 지낼 필요 없다. 단지 우리 순찰사님을 유임시키면 된다."라고 하였는데, 공이 유임되자 크게 기뻐하였다. 공이 다시 사직 상소를 올렸으나 비답이 없었다.

7월에 정언(正言) 유선양(柳善養)이 계사(啓辭)를 올려 공이 죄인 엄홍복(嚴弘福)[238]을 위하여 양식을 대 주고 집을 사 주었다고 파직을

236 아침에는……금이니 : 윤동섬이 종2품으로 승진함에 따라 아침에는 옥관자를 달고 있다가 저녁에는 금관자를 달고 있음을 두고 한 말이다. 조선 시대에 1품 이상은 조각 없이 질이 좋고 작은 옥관자, 정2품은 조각 없는 소형 금관자, 종2품은 조각한 대형 금관자, 정3품은 조각한 대형 옥관자, 당하 3품 이하 서인은 뼈·뿔·대모·마노·호박 등을 사용한 관자, 상인(喪人)은 소발굽 관자를 달았다.

237 작은 일 : 《영조실록》 38년 5월 8일 기사에 따르면, 윤동섬은 전결(田結)을 잘못 보고한 것 때문에 대간의 탄핵을 받아 파직되었다.

청하였다. 주상께서는 "내가 그 사람을 안다. 결코 그런 일이 없을 것이다. 그러나 대간의 계사가 있으니 공무를 볼 수는 없다."라고 하고 결국 계사대로 처리하라고 하시고는 엄교(嚴敎)를 내려 유선양을 체직시켰다.[239] 홍복이란 자는 그 집이 공이 다스리는 지역에 있어 일찍이 성이 다른 먼 친척이라고 공을 찾아와 단지 만나 봤을 뿐이었다. 공이 이미 서용(敍用)된 후에 상소하여 사정을 밝히니[240] 주상께서 잘 알았다는 비답을 내리시고 동지돈녕부사(同知敦寧府使)를 제수하셨다. 공이 장차 돌아가려 할 때 수천 명의 백성들이 에워싸고 절을 하며 울면서 "공께서 우리를 버리고 돌아가시니, 우리는 죽어 구렁텅이에 버려질 것입니다."라고 하였다.

이해 가을 큰 흉년이 들자 대신들이 공을 호서 안집사(湖西安集使)로 천거하였다. 벽지까지 순행(巡行)하면서 주상의 은덕을 베풀려는

238 엄홍복(嚴弘福) : 1718~1762. 조선 중기 유생으로, 자는 성오(聖五)이고, 본관은 영월(寧越)이다. 엄홍복은 조재호(趙載浩)와 함께 지내던 당시 사도세자가 노론과 반목하고 있다는 사실을 전해 듣고, 응교 이미(李瀰)에게 이 사실을 알렸다. 이미는 재차 이 사실을 좌의정 홍봉한(洪鳳漢)에게 전달하여 조재호가 탄핵되는 실마리를 제공하였다. 1762년(영조38) 영조가 사도세자를 사사하였는데, 당시 노론의 영수 홍봉한과 소론의 영수 조재호가 서로 반목하는 상태였다. 이때 홍봉한은 사도세자의 죽음을 계기로 소론을 숙청할 계획을 세웠고, 소론과 세자가 결탁한 사실을 증명하는 과정에서 그 연원을 엄홍복으로 지목하였다. 이 일로 투옥되어 국문을 받았으며, 세자와 조재호의 관계를 시인하여 죽음을 당하였다.

239 엄교(嚴敎)를……체직시켰다 : 《영조실록》 38년 7월 2일 기사에 따르면, 영조가 유선양의 상소를 보고 당습(黨習)을 의심하며 엄하게 꾸짖었다고 한다. 같은 날짜 《승정원일기》에 자세한 내용이 실려 있다.

240 이미……밝히니 : 1762년 7월 5일 부호군(副護軍)에 서용되고, 15일에 상소를 올렸다. 《승정원일기》 영조 38년 7월 15일 기사에 자세한 내용이 실려 있다.

마음[241]을 널리 알리니 흩어졌던 백성들이 모여들었다. 조정에 돌아와 대동미 걷는 기한을 늦추고 올해 환향(還餉)[242]을 그만두게 하기를 청하였다. 또 도내의 환곡 비축분이 적어 환곡의 수요에 미치지 못하고 있는데 만약 이것을 가져다가 진휼하는 자금으로 삼는다면 농민들이 반드시 곤궁해질 것이니 다른 도의 곡식을 옮겨 진휼함이 마땅하다고 말했다. 재상들이 대동미를 걷는 데에는 기한이 정해져 있어 이를 늦추면 국가 재정에 문제가 생긴다고 하자,[243] 공은 이에 문제를 제기하며 "지금 비록 피부를 벗기고 골수를 뽑더라도 민력(民力)을 감안하면 반드시 낼 수 없을 것이니 괜히 혼란만 가중시킬 따름이다. 어찌 그 기한을 늦추어 은덕을 베푸는 것만 하겠는가."라고 하였다.

동지의금부사(同知義禁府事), 대사헌(大司憲), 한성부 좌윤(漢城府左尹), 병조 참판(兵曹參判)을 역임했다.

을유년(1765, 영조41)에 주상께서 육상궁(毓祥宮)[244]에 제사를 지내

241 주상의……마음 : 구체적으로는 환곡과 균역청의 신포(身布) 등 각종 조세 부담을 줄이고 진휼하는 대책을 의미한다. 윤동섬이 안집사로 내려간 후, 조정에서 취한 정책과 그에 대한 반응에 대해서는 윤동섬이 조정에 복귀하고 올린 보고에 자세하다. 《承政院日記 英祖 38年 11月 14日》

242 환향(還餉) : 원문은 '향적(餉糴)'인데, 1770년(영조46)에 규례가 정해진 환향일 것으로 추정된다. 환향은 군사용으로 비축한 양곡을 환곡의 예에 따라 농민들에게 대여했다가 회수하는 미곡으로, 각 도의 군영에서는 그 이자 수입으로 재정을 충당하였다. 윤동섬은 당해의 환향을 멈추고 회수를 이듬해로 늦추자고 주장한 것이다.

243 재상들이……하자 : 신만(申晩), 홍봉한(洪鳳漢), 윤동도(尹東度) 등 재상들의 의견은 《승정원일기(承政院日記)》 영조 38년 11월 16일 기사에 자세히 나온다.

244 육상궁(毓祥宮) : 조선 숙종의 후궁이며 영조의 친어머니인 숙빈(淑嬪) 최씨(崔氏)의 신주(神主)를 모신 곳이다. 서울특별시 종로구 궁정동에 있다.

고 재신(宰臣)들의 부모에게 쌀과 고기를 내리셨다. 공의 어머니인 맹 부인(孟夫人)이 여든 살인지라 잔치를 열어 헌수(獻壽)하게 하고 아울러 여러 신하들에게 하사품을 내리시니, 공이 전(箋)을 올려 사은(謝恩)하였다. 주상께서 공의 어머니의 기거가 어떤지 자주 물으시니 당시 사람들이 모두 영광스러운 일이라 했다. 그때 왕세손에게 병이 있어 도승지로서 내의원을 겸하여 맡았다. 주상께서 공에게 승정원에서 숙직하라고 명을 내리셨는데 오래 지나서야 왕세손의 병이 나았다.

그다음 해에 논상(論賞)하여 가의대부(嘉義大夫)로 품계를 올려 주었고, 예조 참판, 동지춘추관사(同知春秋館事)를 연이어 제수하였다. 정해년(1767, 영조43) 맹 부인이 돌아가시자 동생인 참판공과 함께 3년간 시묘살이하면서 매일 묘소에 곡하며 비바람이 불어도 그치는 법이 없었다.

경인년(1770) 이조 참판에 특별히 제수되었는데, 공은 중비(中批)[245]라서 나아가기 어렵다 사양하다 세 번 제수되고서야 배수했다. 형조 참판, 조지서 제조(造紙署提調)를 역임하였다.

신묘년(1771) 동지경연사(同知經筵事)에 제수되었다. 5월에 잘못된 왕실의 계보를 바로잡는 일로 진주 부사(陳奏副使)에 차견(差遣)되어[246] 호조 참판을 배수하고, 명을 받은 지 7일 만에 길을 떠났다. 주상

245 중비(中批) : 이조나 병조의 전형(銓衡)을 거치지 않고 왕의 특명으로 제수(除授)하는 일을 말한다.

246 잘못된……차견(差遣)되어 : 박필순(朴弼淳)이 청나라 주린(朱璘)이 지은 《강감회찬(綱鑑會纂)》에 조선조 태조가 고려의 권신(權臣) 이인임(李仁任)의 아들이라고 기록되어 있음을 발견하고 상소함에 따라 이를 바로잡고자 사신을 보내게 되었다. 이에 윤동섬이 진주 부사가 된 것이다.

이 직접 거둥하셔서 사신을 서교(西郊)에서 전송하시며 어서(御書)와 납약(臘藥)[247]을 하사하시고, 아들 하나를 관리로 등용하셨다. 7월에 대릉하(大凌河)에 이르러 병이 나서 위독해져서 상사(上使)와 서장관(書狀官)[248]에게 먼저 가라고 권하니 모두 손을 잡고 차마 이별하지 못했으나 공은 태연할 뿐이었다. 병에 차도가 있어 밤을 도와 급히 달려가려 하자 아랫사람들이 말고삐를 잡고 말렸는데 공은 듣지 않았다. 겨울에 일을 마치고 돌아와 자헌대부(資憲大夫)로 품계가 올라가고 지돈녕부사(知敦寧府事)에 제수되었다. 얼마 뒤 이조 판서에 특별히 제수되었으나 힘써 사직하여 체차되었고, 곧바로 병조 판서로 옮겨 비변사(備邊司)·선공감(繕工監)·종부시(宗簿寺)의 제조(提調)를 겸하였다. 정사를 행하면서 묻혀 있던 인재를 발탁하고 요행으로 승진하려는 자를 억눌러 모두가 공평하다고 칭찬하였다.

임진년(1772, 영조48)에 평안 감사(平安監司)로 나갔는데, 아우인 참판공이 절사(節使)[249]로 패강(浿江 대동강)을 지나가게 되었다. 공이 매우 기뻐하며 같이 시를 지어 벽에 새겼는데, 보는 사람들이 아름답다고 했다. 이듬해 참판공이 연경(燕京)에서 돌아왔는데 얼마 되지 않아 세상을 떠나니, 주상께서 애도하며 특별히 공을 체차시켜 돌아갈 수

247 납약(臘藥) : 동지 뒤의 셋째 술일(戌日)인 납일(臘日)에 즈음하여 임금이 근신에게 하사하는 약의 하나이다. 곧 섣달에 내의원에서 만드는 소합원(蘇合元), 안신원(安神元), 청심원(淸心元) 같은 것을 말한다.

248 상사(上使)와 서장관(書狀官) : 진주 정사(陳奏正使)인 우의정 김상철(金尙喆)과 서장관 심이지(沈頤之)를 이른다.

249 절사(節使) : 조선 시대 중국에 정기적으로 파견하던 사신으로, 정조사(正朝使), 동지사(冬至使), 성절사(聖節使)가 있다.

있게 해 주셨다. 이때부터 공도 늙은지라 서호(西湖 서강) 가에 집을 짓고 공무를 벗을 때마다 곧바로 나귀를 타고 거기로 갔고, 이로써 만년의 계획을 삼았다.

병신년(1776, 정조 즉위년)에 영조께서 승하하시자 국장도감 제조(國葬都監提調)에 차견되었다가 산릉도감제조 겸 동영우원비각(山陵都監提調兼董永祐園碑閣)[250]으로 옮겼고, 그곳에서의 공로로 정헌대부(正憲大夫)로 품계가 올라갔다. 기해년(1779)에 기로소(耆老所)에 들어갔고, 계묘년(1783)에 숭정대부(崇政大夫)로, 정미년(1787)에 숭록대부(崇祿大夫)로 품계가 올라갔다. 기유년(1789)에 팔순이 되어 보국숭록대부(輔國崇祿大夫)가 되었다. 자주 벼슬을 옮기고 승진하여 의정부의 좌우참찬(左右參贊), 예조・형조・공조의 판서, 한성부 판윤(漢城府判尹), 판돈녕부사 겸 판의금부사(判敦寧府事兼判義禁府事), 지경연사(知經筵事), 지춘추관사(知春秋館事), 도총관(都摠管), 사복시(司僕寺)・상의원(尙衣院)・관상감(觀象監)・전설사(典設司)・평시서(平市署)・장원서(掌苑署)・종묘서(宗廟署)의 제조(提調) 등이 되었는데 한 관직에 오래 머문 적이 없었다.

임자년(1792) 4월 5일 정침(正寢)에서 고종(考終)했으니 향년 83세이다. 조문과 치제(致祭)를 규례에 따라 내렸다. 처음에는 고양(高陽) 화전리(花田里)에 안장했다가 갑인년(1794)에 용인(龍仁) 우산(愚山) 간좌(艮坐) 언덕으로 이장(移葬)하고 두 부인을 부장(祔葬)하였다.

공은 천성이 자애롭고 성실하며 인품이 조용하고 담백했다. 행동거

250 산릉도감제조 겸 동영우원비각(山陵都監提調兼董永祐園碑閣) : 영우원(永祐園)은 사도세자의 무덤을 일컫는 말이다.

지에 법도가 있었고 용모는 보통 사람에 지나지 않았으나 빼어난 재주를 안에 품고 있었다. 일을 할 때는 묵묵히 계책을 세우며 모든 일에 정신을 집중하였다. 하루 종일 단정히 앉아 말을 급하게 하거나 갑자기 화를 내는 일이 없었으며, 상서롭고 온화한 기운이 돌아 따스하여 친근할 만하였다. 어머니를 모시면서 효성스럽다고 칭찬이 자자하였다.

영조께서 일찍이 측근 신하들에게 "윤 아무개는 조용하고 차분하니 반드시 어버이의 마음을 얻을 수 있을 것이다."라고 하셨다. 동생 참판공과 우애가 돈독하여 날마다 만나고 그가 세상을 떠나자 조카를 아들처럼 대하였다. 이 마음을 친척에게 미루니 촌수가 먼 형제들이 모두 공에게 의지하였다.

예학(禮學)에 밝아 의심스러운 예문(禮文)이나 변례(變禮)에 대해 두루 연구하면서 상례(喪禮)와 제례(祭禮)에 대해 예설을 고증하여 편수하되, 반드시 고례(古禮)에 근본을 두고 시의에 맞게 하여 《이례홀기(二禮笏記)》라는 제목으로 책을 썼다. 자신을 수양하고 집안에서 실천하며 임금에게 지우(知遇)를 입어 보필하며 국사를 논의하는 것이 모두 예교를 벗어나지 않았다. 신라와 고려 이래 서예로 이름난 사람들은 팔분체(八分體)[251]를 잘 쓰지 못했는데 공이 비로소 한(漢)나라와 위(魏)나라 비석들의 탁본을 얻어 열심히 공부하고 익혀 그 신묘한 경지에 나아가 단아하면서 힘차고 아름다운 글씨를 써서 일가를 이루었다. 세상에서 팔분체를 쓰는 자들은 모두 공의 글씨를 모범으로 삼는다. 전서와 예서를 잘 쓴다고 자부하던 중국 사람이 공의 글씨를 보고

251 팔분체(八分體) : 서체(書體)의 하나로, 예서(隸書)와 전서(篆書)를 절충하여 만든 서체인데, 진(秦)나라 때 왕차중(王次仲)에 의하여 만들어졌다고 한다.

크게 칭찬하면서 한나라 비석의 탁본을 바치며 성의를 표시했다. 공적으로 사적으로 금석문을 많이 썼는데, 그 일부라도 얻은 사람들은 잘 보관하며 보물로 여겼다.

관료 생활을 한 지 50년 동안 두 임금을 모시면서 조금도 오점이 없었으며, 오랜 세월 살면서 여러 변고를 겪으면서도 공을 지목하여 죄를 주지 못했으니 마침내 당대의 완인(完人)[252]이었다. 정조 신해년(1791, 정조15) 어용도(御容圖)가 완성되자 공이 어명을 받아 표제(標題)를 썼다. 주상께서 서향각(書香閣)[253]으로 거둥하시고 시신(侍臣)들은 전(殿) 위에, 입첨(入瞻)하는 경대부(卿大夫)들은 뜨락에 있었다. 당시 공은 82세였는데 얼굴에 화기가 가득하며 눈이 빛났고 차분히 걸어 나아가 붓을 움직여 글씨를 썼다. 글씨가 완성되고 자리로 돌아가니, 주상께서 이를 보고 말씀하기를 "이 중신(重臣)은 매우 차분하고 고요하다. 고요한 사람이 장수한다[254]더니 정녕 그렇구나."라고 하셨다. 이때 본 사람들은 칭찬하지 않는 이가 없었다. 조윤형(曺允亨) 공 또한 글씨 잘 쓴다고 하여 일을 맡아 그 자리에 있다가 탄식하기를 "나는 이렇게 쓸 수 없다."라고 하였다.

252 완인(完人) : 행실에 조금의 오점도 없는 사람이라는 의미이다. 특히 당쟁과 관련하여 한 점 오점을 남기지 않은 사람을 일컬었다. 107쪽 주148 참조.

253 서향각(書香閣) : 조선 시대 규장각(奎章閣)에 딸린 서고(書庫)의 하나이다. 창덕궁 북원(北苑)의 주합루(宙合樓) 서쪽에 있는데, 매년 1월·4월·7월·10월 보름에 각신(閣臣)들이 어진(御眞), 어제(御製), 어필(御筆)을 옮겨 와 포쇄하던 곳이다.

254 고요한 사람이 장수한다 : 《논어》〈옹야(雍也)〉에 "지자는 물을 좋아하고 인자는 산을 좋아하며, 지자는 움직이고 인자는 고요하며, 지자는 즐기고 인자는 장수한다.〔知者樂水 仁者樂山 知者動 仁者靜 知者樂 仁者壽〕"라는 말이 나온다.

전배(前配) 풍산 홍씨(豐山洪氏)는 첨정(僉正) 중범(重範)의 따님이고 영안위(永安尉) 주원(柱元)의 증손이다. 계비(繼配) 전주 이씨(全州李氏)는 통덕랑(通德郞) 정환(廷煥)의 따님이고 선묘(宣廟)의 별자(別子)인 경창군(慶昌君) 주(珘)의 5대손이다. 두 부인 모두 부덕(婦德)이 있었는데, 전배는 자식이 없고 이 부인(李夫人)은 4남 1녀를 두었다. 광부(光孚)는 군수(郡守)이고, 광온(光溫)과 광렴(光廉)은 모두 진사인데 일찍 죽었으며, 광렴은 다른 곳의 양자가 되었다. 광수(光垂)는 목사(牧使)이고, 딸은 한충유(韓忠裕)에게 시집갔다. 측실의 아들로 광민(光珉), 광감(光瑊)이 있고, 딸은 정언유(鄭彦裕)에게 시집갔다. 선규(善圭)와 서유돈(徐有敦)의 처, 임영철(林穎喆)의 처는 광부의 자식들이다. 조운로(趙雲路)・이로(李潞)・홍수경(洪秀儆)의 처는 광온의 자식이다. 정언(正言) 명규(命圭)는 광렴의 자식이고, 후규(厚圭)와 정기식(鄭基植)의 처, 정문승(鄭文升)의 처는 광수의 자식이다. 내외 증손 약간 명이 있다.

나는 공의 집안과 세교가 있는 집의 후배로 항상 공을 배알하고 공의 덕 있는 풍모를 뵈었다. 이제 아들 군수공이 행장을 주며 명을 지어 달라고 부탁하니 의리상 사양할 수 없어 행장에 근거하여 그중 큰일들을 중심으로 서술한다.

이어서 명을 붙인다.

윤씨 가문은 고려 때부터 현달하여	尹顯自麗
태사가 임금을 보좌했네	太師佐王
윤관은 삭주에서 위세를 떨쳐	瓘威于朔
이에 강토를 넓혔네	爰啓畈章

윤탁은 사도를 높이 세우니	倬抗師道
그 후손이 널리 번창하였네	厥後彌昌
모두 큰 가문이 되니	咸爲大家
종족이 번열하게 여러 갈래로 번성하였네	族羅條芳
번성한 공의 보계(譜系)는	蕃蕃公系
조상이 쌓은 선이 늦게 발복하였네	善積遲慶
공은 분발하여 스스로 노력하여	公奮自躬
훨훨 날갯짓하여 높이 날았네	熇熇厥翔
전형(銓衡)을 잡았고 번방(藩邦)을 지켰으며	持銓殿邦
내외직을 드나들며 요직을 두루 거쳤네	出入踐揚
승정원에서 왕명을 마땅하게 처리하여	喉舌惟允
임금의 병풍과 정간(楨幹) 역할을 잘하였네	屛翰惟良
신명이 안에 쌓여 있으니	神明內蘊
온화한 기운이 가득하였네	藹然和祥
그 기운을 발휘하여 정사에 베푸니	發爲施措
간략하고 마땅하지 않음이 없었네	靡不簡當
두 임금께서 칭찬을 하시니	二聖有褒
한 분은 고요하다, 한 분은 차분하다 하시네	曰靜曰詳
세상에는 이미 당파가 생겨	世之旣歧
매미 울 듯 시끄러운데	嚬嚬沸螗
공은 다투지 않으니	公自無競
아무도 비방하고 해치지 않네	人莫訾傷
평소에 강호에 뜻을 두었으니	雅志江湖
관직과 작록을 초탈하였네	外物軒裳

예는 본래 의절(儀節)이 많아	禮故多儀
저서가 매우 방대한데	紛羅囊箱
여러 견해를 절충하여	折衷群言
조정에서 임금의 하교에 답하였네	唯諾蕭堂
팔분체에 뛰어나	妙擅分隷
한중랑[255]을 따라잡았네	追漢中郎
문자학에 방통하여	旁通小學
《급취》[256]와 《범장》[257]에 밝았네	急就凡將
위태로운 벼슬길에서 이름을 온전히 지켰고	名完畏道
조정에서 품계가 높았네	秩崇朝行
백발노인이 되어서까지	番番黃髮
복을 무궁히 받았네	受福無疆
우뚝한 저 무덤이	桓楹有崇
우산에 있네	愚山之岡
내 명이 어둡지 않으니	我銘不昧
비석에 새겨 멀리 후대까지 전하노라	刻示茫茫

255 한중랑(漢中郎) : 후한의 서예가로 초서와 예서에 능했던 채옹(蔡邕)을 가리키는 듯하다.

256 급취(急就) : 한나라 원제(元帝) 때 황문령(黃門令) 사유(史游)가 지은 아동용 문자 학습서로, 물명(物名)·인명(人名) 등이 운(韻)에 맞추어 3언, 4언, 7언으로 구성되어 있다. 당나라 안사고(顔師古)와 송나라 왕응린(王應麟)의 주석이 있다.

257 범장(凡將) : 한나라 무제(武帝) 때 사마상여(司馬相如)가 지은 책으로 문자학의 기초 교재이다. 양웅(揚雄)의 《훈찬(訓纂)》·《방언(方言)》, 두림(杜林)의 《창힐훈찬(蒼頡訓纂)》·《창힐고(蒼頡故)》와 함께 중국 고대의 대표적인 자학서(字學書)로 일컬어진다.

홍문관 교리 윤공 묘지명

弘文館校理尹公墓誌銘

옛날에 우리 아버지께서는 간소(簡素)하고 뜻이 맞는 사람이 적어서 다른 사람들과 잘 교유하지 않으셨는데, 오직 돌아가신 교리 윤공과는 친하게 지내셔서 공이 오면 아버지께서 매우 좋아하셨다. 공은 풍모가 특출하고 행동거지가 단정하여 자리에 나아가면 주인과 손님이 위좌(危坐)하여 매우 공경하였고 웃으며 말하는 적이 드물었다. 크고 작은 모든 일을 서로 묻고 반드시 돈독하게 의를 행하여 도리에 합당하게 하였다. 말하는 것은 모두 글로 써서 가르침으로 삼을 만하였고, 마주 대하며 하루를 보내도록 그저 담담하였다. 공이 돌아가자 아버지께서 우시며 "나는 이제 벗이 없구나."라고 하셨다. 대개 벗이란 도(道)로 사귀는 것이다.

공이 세상을 떠나고 23년이 지나 그의 아들 정랑군(正郎君)이 나에게 명(銘)을 지어 달라고 부탁하였는데, 이듬해 정랑군이 세상을 떴다. 그리고 10년이 지나 정랑군의 아들 영원(榮遠)이 나에게 "아들로서 마땅히 아버지의 뜻을 완수해야 하겠습니다."라고 하였다. 아! 내가 이미 마음으로 허락했는데, 어찌 사양하리오.

삼가 살펴보니, 공의 휘는 행수(行修)이고, 자는 성립(誠立)이며, 본관은 파평(坡平)이다. 고려(高麗) 태사(太史) 휘 신달(莘達)이 시조이니, 이때부터 대대로 걸출한 인물이 있었다. 문숙공(文肅公) 휘 관(瓘), 문강공(文康公) 휘 언이(彦頤), 문현공(文顯公) 휘 보(珤), 본조(本朝)에서는 소정공(昭靖公) 휘 곤(坤), 충경공(忠景公) 휘 사로(師

路), 영평위(鈴平尉) 휘 섭(燮)이 가장 현달하였다. 영평위의 손자 엄(儼)은 예학에 매우 정통하여 부귀한 집안에서 태어났지만 당대의 유현(儒賢)들과 교유하였다. 문과에 급제했지만 벼슬은 낭서(郎署)[258]에 그치고 효(孝)로 교리에 증직되니, 윤씨 가문이 이때부터 부흥하였다. 2대 아래 휘 강(絳)은 이조 판서였는데 호는 무곡(無谷)이다. 큰아들 지평공(持平公) 휘 지미(趾美)가 아들이 없어 당질인 동산(東山) 충정공(忠正公) 휘 지완(趾完)의 아들 통덕랑(通德郎) 휘 재(宰)를 지평공의 후사로 삼았으나 일찍 세상을 떴다. 문화 현령(文化縣令) 휘 상형(尙衡)은 충정공의 장남 판관공(判官公) 휘 채(寀)의 장자(長子)로 종사(宗祀)를 이었고, 휘 경(暻)을 낳았다. 휘 경은 학문이 뛰어나고 몸가짐이 단아하여 사우(士友)들 간에 기대가 컸지만 일찍 세상을 떴고 벼슬도 장악원 첨정(掌樂院僉正)에 그쳤다. 이분이 공의 아버지이다. 어머니 창녕 조씨(昌寧曺氏)는 목사(牧使) 휘 명종(命宗)의 따님이고 문충공(文忠公) 휘 한영(漢英)의 현손(玄孫)이다. 윤씨는 우리나라의 성족(盛族)이고 충정공(忠正公)은 나라의 명신인데, 공은 충정공의 초손(肖孫)이다.

공은 영조 경술년(1730, 영조6) 10월 2일에 태어났는데, 어릴 때부터 듬직하기가 성인과 같았다. 약관에 성균관에서 공부하였다. 당시 대사성(大司成) 이정보(李鼎輔) 공은 인물을 잘 감별한다고 이름이 났고, 그가 뽑은 사람은 당시에 명망이 있던 사람들을 다 망라할 정도였다. 그가 뽑을 때마다 공이 매번 수석을 차지하니, 이로 말미암아

258 낭서(郎署) : 조선 시대에 육조(六曹)의 정랑(正郎)·좌랑(佐郎), 기타 실무를 담당하는 6품 관원으로, 대신이 아닌 실무 관료를 일컫는 말이다.

공의 문명(文名)이 세상에 널리 떨쳐졌다.

신묘년(1771, 영조47) 정시(庭試) 문과에 발탁되어 승문원(承文院)에서 근무했다. 당시 정후겸(鄭厚謙)의 권세가 성대했는데, 그 당(黨)에 공을 끌어당겨 자파의 세력을 키우려는 자가 있어 공의 집을 드나들며 은근한 뜻을 전했지만 공이 그 뜻을 모르는 척하며 대하니 그 사람 또한 끝내 감히 말을 꺼내지 못했다.

계사년(1773)에 시강원 설서(侍講院說書)를 배수하고, 이듬해 사간원 정언(司諫院正言)으로 승진했다. 을미년(1775)에 대간 이적보(李迪輔)가 소를 올려 정후겸을 탄핵하니, 양사(兩司)에서 이적보를 잡아다 국문하라고 청하기를 그치지 않았다. 공이 말하기를 "내 힘으로 구할 수는 없지만 어찌 차마 죄줄 수 있으리오." 하고는 두 번이나 대간직에 제수되었으나 끝내 나가지 않으니, 정후겸이 노여워하며 이를 갈았다. 겨울에 홍문관교리 겸 시강원문학(弘文館校理兼侍講院文學)에 제수되었는데 왕세손 대리께서 하반(賀班)에 진참(進參)하셨다.

병신년(1776)에 부수찬(副修撰)을 배수하였다. 영조께서 승하하시자 홍문관 관료들과 황단(皇壇) 춘향제(春享祭)[259]를 멈출 것을 청하는 글을 올렸다. 정묘(正廟)께서 즉위하시자 맨 먼저 이조 좌랑으로 복직했다. 옛 규정에 전랑(銓郎)을 통망(通望)할 때에는 먼저 사간원 헌납에 의망하여 계제(階梯)로 삼는데, 이조에서 공을 천거하자 당시 사람들이 모두 윤당(允當)하다고 하였다.

259 황단(皇壇) 춘향제(春享祭) : 황단은 대보단(大報壇)으로, 명나라 신종(神宗)이 원병을 보내 조선을 도와준 공을 생각하여 설치한 제단이다. 1704년(숙종30) 창덕궁(昌德宮) 금원(禁苑) 옆에 설치했고, 매년 3월 명나라 태조(太祖)·신종·의종(毅宗)에게 제사 지냈다.

기해년(1779, 정조3)에 이조 정랑을 배수했다. 그전에 사헌부 지평, 병조정랑 겸 영조실록편수관, 중학(中學)·서학(西學)의 한학교수(漢學教授), 문신겸선전관(文臣兼宣傳官)을 역임하였고 홍문관에는 여러 차례 제수되었다. 북평사(北評事), 관서 장시 도사(關西掌試都事), 호남 경시관(湖南京試官)으로 나가기도 했다.

공은 담백하고 소박한지라 처음 벼슬길에 나아갈 때부터 정후겸의 세력이 강화되는 것을 미워하고 마치 오물이 묻는 것처럼 피했다. 홍국영(洪國榮)이 권세를 잡자 사류들 중에 자기편에 들지 않는 자를 배척하는 것이 매우 심했다. 공이 명망이 있다고 해서 우연히 공과 자리를 같이하게 되면 아는 척하고 위로하였으나 공이 담담하게 응대하지 않으니, 홍국영이 원망을 품었다. 우리 아버지께서 귀양을 가시자 사람들이 공까지 위태한 지경에 빠질까 걱정해 주었는데, 공은 그럴수록 더욱 언짢아했다. 세월이 흘러 관직을 이동할 때가 되면 병을 칭하여 사퇴하거나 마지못해 잠시 나가게 되더라도 관직에 오래 머물지 않았다.

병조에서 일할 때 일찍이 관직(館職)[260]으로 직책을 옮겼는데 주상께서 "좋은 사람을 얻었으니 마땅히 오래 그 자리에 있게 해야 한다."라고 하시고 특별히 잉임(仍任)시키셨다. 공이 직접 장부를 기록하고 엄하게 실태를 파악하니, 몇 달 만에 병조에 비축분이 생기게 되었다.

공이 성균관에서 과시를 관장한 것은 병신년(1776, 정조 즉위년) 주

260 관직(館職) : 조선 시대 홍문관 부제학(弘文館副提學) 이하의 관원과 성균관 대사성(成均館大司成) 이하의 관원에 대한 총칭이다. 부제학 및 대사성보다 높은 직책은 의정(議政) 등의 고위 관직자가 겸임했고, 이들 관원들이 실질적으로 관서에서 일을 맡아보았으므로, 관직이라고 하는 별도의 명칭을 부여했던 것이다. 윤행수가 병조에서 홍문관이나 성균관으로 이동하려 할 때 생긴 일인 듯하다.

상께서 등극하신 때였다. 그때 주상께서는 바야흐로 과거의 폐단을 개혁할 의지를 다지고 계셨다. 공이 평소에 문망(文望)이 있어 아무도 감히 사적으로 부탁하는 자가 없고, 급제 성적을 매기는 것이 매우 정밀하여 선비들 모두 기대하며 주시했다. 관서와 호남에서 시험을 관장할 때도 제대로 된 사람들을 뽑았다고 칭찬받았고, 재물을 믿고 권세를 부리던 관서의 선비 중 한 사람도 감히 과거에 합격하지 못하였다.

북로(北路)에서 시장을 감독할 때[261]에는 부정과 비리의 싹을 도려내어 상인과 서리들이 겁이 나서 숨을 죽이고 규정을 준수했다. 북쪽 땅이 멀고 백성들은 순박하여 손쉽게 속일 수 있어서 경성(鏡城)의 아전들이 이문을 가지고 농간 부리는 것이 심해서 곡물을 독점하고 내주지 않았는데 백성들이 곤궁함을 겪어도 관에서 금할 수 없었다. 그런데 공이 조금의 관용도 베풀지 않고 다스리니 북쪽 지방 백성들이 통쾌하게 여겼다. 도백(道伯)인 조경(趙暻) 공은 공을 공경하여 진휼하는 일을 공에게 물어서 공의 의견을 많이 채택하였다.

홍국영이 자신의 문객이었던 문관 하나를 대간에 올리려 했는데, 공이 전랑(銓郎)을 맡게 되자 거꾸로 그를 말리며 "말해도 듣지 않을 것이다."라고 하였다. 공이 조정에 있던 10년 동안 내내 문을 닫아걸고 세도가에 발을 끊은 까닭에 공의 업적이 겨우 낭서와 봉사(奉使)[262]에 그쳤으니, 애석하구나.

261 북로(北路)에서……때 : 윤행수는 1779년(정조3) 이전에 북평사(北評事)가 된 적이 있는데, 이때의 일이다. 북평사는 함경도와 평안도에 각 1명씩 파견하는 관직으로, 원래의 이름은 병마평사(兵馬評事)이다. 병마절도사(兵馬節度使) 밑에서 문부(文簿)를 관장하고 군자(軍資)와 고과(考課) 및 개시(開市) 등에 관한 사무를 담당하였다.

262 봉사(奉使) : 봉명출사(奉命出使)의 준말이다. 북평사로 나갔던 일을 가리키는 듯하다.

공이 부모를 섬길 때 친척들이 그 돈독한 효행을 칭찬했다. 공의 동생 통덕랑공(通德郎公) 또한 우리 아버지의 벗이다. 공과 명성이 나란히 높았고 우애가 매우 지극하여 한집에서 살며 의복과 기물에 차이가 없으니 보는 사람들은 그들이 두 몸임을 알아차리지 못할 정도였다. 주고받는 데 엄하여 지푸라기 하나라도 함부로 취하지 않으니, 공을 아는 자들은 감히 선물을 드리지 못하였다.

경자년(1780, 정조4)에 병이 들어 10월 21일에 정침(正寢)에서 고종(考終)하니, 평상시 알던 사람들은 애도를 그치지 못했다. 같이 조정에 있던 경대부(卿大夫)들은 비록 정치적 입장이 다른 자라 할지라도 또한 애석해했으며 부의가 끊이지 않았다. 위독해졌을 때 아들 정랑군을 돌아보고 말하기를 "선비가 처세함에 진실로 마땅히 겸손하고 근신(謹愼)해야 하니, 만약 마음속에 항상 지키는 것이 없어서 다른 이들을 따라 휘둘리면 어찌 자립할 수 있겠는가. 모름지기 선악과 득실을 묵묵히 마음속으로 분명히 가리고 평소에 판단해 놓아야 유혹에 끌리는 것을 면할 수 있다. 반드시 경전을 궁구하고 옛것을 사모하여 나의 식견을 밝혀야, 이렇다고 말할 수 있을 것이다."라고 하였다. 아! 여기에서 공의 진면목을 볼 수 있다.

공은 성품이 선량하고 곧으며 거동이 차분하고 점잖으며 마음이 편안하여 말을 급하게 하거나 갑자기 화를 내지 않았으니 관후(寬厚)한 위인(偉人)이었다. 마음속에 시비가 분명하고 조행(操行)이 매우 확고하여 조금의 구차함도 없이 깔끔하여 세속의 더러움을 받아들이지 않았으니 옛날 견자(狷者)[263]의 풍모와 닮았다. 집안에 계실 때에는 말수

263 견자(狷者) : 뜻은 광자(狂者)처럼 크지 않지만, 나름대로 절조를 지키면서 행동

가 적고 조금도 게으른 모습을 보이지 않았다. 옷차림은 소박하고 좋은 물건을 쓰지 않았으며, 잡객을 들이지 않았고 책상 위에는 항상 경전만 있었다. 권세와 이익을 노리고 속임수를 쓰거나 남을 비방하는 일, 그리고 조잡하게 남을 속이는 일체의 일에 대해서는 한 번도 입 밖으로 내지 않았다. 아! 진정한 사대부라 할 수 있다. 우리 아버지께서 공을 좋아하셨던 것은 이 때문일 것이다.

공은 처음에 안산군(安山郡) 위이산(逶迤山) 선영에 안장되었는데, 금상(今上) 신유년(1801, 순조1)에 시흥현(始興縣) 율일리(栗日里) 축좌(丑坐) 언덕으로 이장했다. 부인 숙인(淑人) 남양 홍씨(南陽洪氏)는 통덕랑(通德郞) 경하(景夏)의 따님으로, 문정공(文靖公) 서봉(瑞鳳)의 후손이다. 부덕을 잘 갖추었고 공보다 1년 뒤에 태어나 정유년(1777, 정조1) 2월 19일에 세상을 떠났다. 안산(安山) 구지촌(九芝村) 사좌(巳坐) 언덕에 안장했다. 자식이 없어 동생의 아들 칭(秤)을 후사로 삼았으니, 이가 정랑군(正郞君)이다. 서출인 딸은 이홍휴(李鴻休)에게 시집갔다. 정랑은 3남을 두었는데, 영원(榮遠)이 장남이고 영구(榮久)와 영식(榮植)이 그 아래이다. 손자와 증손자는 어려서 기록하지 않는다. 나는 어려서 정랑군과 교유했는데, 그가 어질었으나 일찍 세상을 떠난 것을 슬퍼했다. 지금 그의 아들 영원이 공의 일을 매우 상세히 기술하여 아버지의 뜻을 잇고자 하니, 이것이 정랑군을 위로하

을 조심하는 사람을 말한다. 《논어》 〈자로(子路)〉에 "중도를 행하는 사람을 얻어서 함께하지 못할 바에는 반드시 광자나 견자와 함께할 것이다. 광자는 진취적이고 견자는 절조를 지키면서 하지 않는 바가 있다.〔不得中行而與之 必也狂狷乎 狂者進取 狷者有所不爲也〕"라는 말이 나온다.

기에 족하구나.

명(銘)은 다음과 같다.

문장이 있고 행실이 있으며	有文有行
조행(操行)과 식견이 있었네	有操與識
선비가 재능을 세상에 드러내니	士之賢臨
아름다운 보물이 성대하구나	菲菲嫮飾
또한 이미 이름을 날리고	亦旣蜚英
또한 이미 청요직(淸要職)을 역임하였으니	亦旣華踐
마치 호련(瑚璉)을 종묘에 바치면	若瑚薦廟
빛이 나고 의젓한 것 같았네	于光有晅
비록 그 재주를 숨겼으나	雖則絅章
그 명성 사방으로 알려졌네	厥聞四揚
지위와 천수를 다 누렸다면	如究位年
불후한 업적을 남겼을 터인데	庶垂不朽
수명을 다하지 못하고 세상을 떠났으니	中壽而萎
아득하구나 누구를 탓하리오	芒乎孰咎
군자의 도는	君子之道
구차하지 않으니	其惟不苟
공이 장수했다 하더라도	使公壽者
그가 세상에 영합했을 줄 감히 알리오	敢知合否
내가 쓴 글은 없어도 좋은 것이니	榮之可遺
내가 쓴 글에 공의 사적을 전한 것이 무엇이 있으랴	傳於何有
나는 공의 영령을 공경하노니	我儀光靈

그건 단지 명성 때문만이 아니네	匪直也名
이 행적이 이어지지 않고 없어진다면	不屬而湮
무엇으로 후대 사람을 가르치리오	曷訓後人
어리석은 내가 남긴 것은	惟昧之貽
이 명에 담겨 있네	其在銘詞
이에 대해 나는 부끄러움이 없으니	余色無愧
이 명을 살펴보시라	請考于玆

곡성 현감 김군 묘갈명

谷城縣監金君墓碣銘

고 현감 김군이 세상을 떠난 지 이미 23년인데, 그 두 아들이 석물을 갖추어 묘도문자를 새기려 하면서 나에게 글을 부탁하였다. 생각하건대, 김군은 우리 집에서 3대에 걸쳐 문객을 하였다. 게다가 군은 성격이 시원스럽고 일 처리에 민첩하여 길흉사가 있으면 항상 와서 도와주었다. 우리 집 운세가 형통하거나 비색하거나 군은 언제나 한결같이 변함이 없었으니, 우리 집안의 친척이나 친구들이 또한 우리 집안에 문객 김 곡성이란 이가 있음을 알고 있다. 그러니 내가 아니면 누가 그의 명을 짓겠는가.

명은 다음과 같다.

성은 우봉 김씨이고	姓金氏牛峯人
이름은 종일, 자는 여원이라	名宗一字汝元
휘 만추가 친부이고	諱萬秋寔本生
아버지 우추의 후사(後嗣)가 되었으며	考宇秋是過房
벽과 중이 조부와 증조부이다	璧益重祖與曾
군은 을묘년(1735, 영조11)	卯以降幹維乙
12월 7일에 태어났다	月十二日初七
팔 척 장신에 수염이 무성하고	長八尺頗有鬚
말 잘 타고 활 잘 쏘는 대장감이라	善騎射雄百夫
23세에 무과에 합격하여	擢武科年廿三

호남 곡성의 수령이 되었네	宰谷城湖之南
29세에 수령 노릇 하며	二十九專城居
곤란한 이들은 진휼하고 병폐는 제거했으니	困賑貸弊爬梳
그 실적을 살펴보면 노성한 사람 같았고	省厥績若老成
식견은 통달하고 민첩하여 잘 갈아 놓은 칼 같았네[264]	識通敏刃發硎
가는 곳마다 마땅하지 않음이 없었고	投所向無不宜
집안 행실은 효성스럽고 우애하며 자애로웠네	視內行孝友慈
친척들 사이에 화목하고	宗黨睦和既翕
남을 위해 일할 때 성심을 다했네	謀人忠如不及
권세에 따라 취하고 버리지 않았으니	不冷煖爲趣舍
서울에 머물렀지만 늙도록 뜻을 펴지 못했네	游京師老轗軻
기유년(1789, 정조13)	維祝犁配作噩
2월 17일	春之仲翼生魄
공이 세상을 떠나니, 아 슬프다	公其逝吁其悲
일찍이 공을 알았던 이들은 모두 눈물을 흘리네	所嘗識咸泗頤

264 잘 갈아……같았네 : 능숙하게 일을 처리하는 것을 말한다. 어느 포정(庖丁)이 칼 한 자루로 19년에 걸쳐 수천 마리의 소를 잡았는데도 칼질이 워낙 능숙하여 칼날이 마치 숫돌에 막 갈아 놓은 것처럼 예리했다는 《장자(莊子)》〈양생주(養生主)〉의 고사에서 온 말이다. 포정이 문혜군(文惠君)을 위하여 소를 잡고는 "지금 제가 칼을 잡은 지 19년이나 되었고 잡은 소는 수천 마리를 헤아리는데, 칼날은 마치 지금 숫돌에 막 갈아 놓은 것처럼 시퍼렇습니다. 소의 마디와 마디 사이에는 틈이 있고 나의 칼날에는 두께가 없으니, 두께가 없는 칼을 그 틈 사이에 밀어 넣으면 그 공간이 널찍해서 칼을 놀릴 적에 반드시 여유가 있게 마련입니다.〔今臣之刀十九年矣 所解數千牛矣 而刀刃若新發於硎 彼節者有間 而刀刃者無厚 以無厚入有間 恢恢乎其於遊刃 必有餘地矣〕"라고 하였다.

송경 감좌 묘역에 안장하니 負坎原松之京
만수산 고릉동이요 山萬壽洞高陵
저 사 척 높이의 봉분이 공이 묻힌 곳이네 崇四尺是公塋
결성 장씨 숙인은 張淑人結城氏
진사 휘 완의 따님이니 父諱玩成進士
집안을 화목하게 잘 다스렸네 宜室家愉煦煦
신해년(1731, 영조7)에 태어나 병오년(1786, 정조10)에 세상을 떠났으니 生辛亥卒丙午
기일은 7월 14일이고 忌孟秋十有四
공의 왼쪽에 합장했네 祔于左同幽窆
2남 2녀를 낳았으니 凡四育丈夫二
재홍이 큰아들이고 문홍이 막내네 昆在洪文洪季
큰사위는 김이철이니 金履喆女齊體
사마시에 합격하여 가문이 기뻐하네 中司馬門闌喜
둘째 사위는 이석유이네 次錫裕其姓李
재홍이 아들 셋을 낳으니 在洪出三兒郎
낙관, 낙풍, 낙점 형제이고 觀豐漸樂爲行
마혼이 사위이네 有馬混妻以娘
문홍은 숙부의 후사로 가 낙정을 아들로 두고 文系叔樂鼎胤
김익로가 사위이네 金翼老居甥舘
김수는 김이철의 아들이고 曰金脩履喆子
딸 여섯을 두었는데 다 적지 않는다 有女六不盡記
효자가 가장(家狀)을 지어 오래 전할 것을 생각하니 孝子狀思壽傳
비석을 무덤가에 세운다 樹貞石以表阡

우리 주상 11년(1811, 순조11)에 我聖上十一年

죽석옹이 글을 짓노니 竹石翁爲之文

후대에 공의 사적을 알고자 하는 이는 이 비석을 보라 後欲求考斯鐫

이경지 묘지명 병서

李景芝墓誌銘 并序

군은 성(姓)이 이(李)이고, 휘는 원우(元愚), 자는 경지(景芝)이며, 본관은 연안(延安)으로, 월사(月沙) 문충공(文忠公)의 8세손이다. 증조 휘 철보(喆輔)는 예조 판서이고, 치사(致仕)하여 봉조하(奉朝賀)가 되었다. 할아버지 휘 복원(福源)은 좌의정 문정공(文靖公)이다. 아버지 만수(晩秀)는 원임(原任) 이조 판서, 성균관・춘추관 대제학(大提學)이고 호는 극옹(屐翁)이다. 어머니 정경부인(貞敬夫人) 달성 서씨(達城徐氏)는 영의정 충문공(忠文公) 휘 명선(命善)의 따님이다.

군은 정조 병진년(1796, 정조20) 중양일(重陽日)에 태어났다. 4살 때 어른이 천간 지지(天干地支)를 가르쳤는데, 한 번 듣고 60갑자 따지는 법을 바로 이해했다. 조금 자라서는 남달리 총명하고 공부 말고는 별달리 좋아하는 것 없이 하루 종일 책을 들고 읽곤 했다. 13, 4살 때 일출시(日出詩)와 형화부(螢火賦)를 지었는데 아이가 지은 수준이 아니어서 사원(詞苑)의 제공(諸公)들에게 칭찬을 받았다. 과문(科文)을 지으면 그 안에 노성(老成)한 어른의 지혜가 담겨 있어 보는 사람이 할아버지 문정공의 풍모가 있다고 하였다.

15살에 성균관에 들어가 항상 수석을 차지했지만, 군은 그것을 가지고 자랑하지 않고 말하기를 "내가 진사가 되면 유용한 학문에 종사할 것이다."라고 하였다. 월사공의 자손들이 매우 현달했고 게다가 군의 집안은 누대에 걸쳐 3관[265]을 맡아 대관(大官)이 되었고 극옹공은 당대의 종장(宗匠)이었다. 군 또한 재주가 뛰어나서 아름다운 난과 옥 같았으니, 사람들이 희대의 드문 인물임을 알고 모두 군이 반드시 그 집안을 이어 갈 것이라 기대하였다.

군은 성품이 단정하고 개결하여 화락한 군자였으니, 남들과 얘기할 때 언제나 안색과 웃음이 온화하였다. 옷도 이기지 못할 것처럼 몸은 약했지만 신명(神明)이 안에 온축되어 있어 눈빛이 형연하였고, 마음 속에는 꿋꿋하게 지조를 지키려는 뜻을 가지고 있었다. 극옹공이 연세와 지위가 높아지자 일상적인 집안일은 모두 군이 도왔다.

경오년(1810, 순조10)에 공이 관서(關西 평안도)에 관찰사로 나가게 되자 군이 공을 모시고 갔다. 신미년(1811) 겨울 12월에 홍경래(洪景來)의 난이 일어났다. 밤 4경에 절도사의 비보가 이르자 군사와 아전들이 놀라서 어찌할 바를 몰라 하며 온 성안이 떠들썩했다. 공이 급히 조정에 보고를 올리려 했으나 기밀 사안은 규정상 위리(委吏)가 쓸 수 없었다. 그때 군은 마침 깊이 잠들어 있었는데 부르자 급히 일어나 천천히 무슨 일이냐고 물었다. 촛불을 가져오라고 해서 잔글씨로 여러 장의 장계를 썼지만 한 글자도 틀리지 않았다. 이때부터 적당(賊黨)을 토벌하는 일이 날로 다급해져 계속 파발마를 보내야 했고 보고할 문서가 많아졌다. 공이 입으로 불러 응대하면 반드시 군이 붓을 잡아 받아 적었다. 이를 틈날 때마다 일자별로 장부에 기록했는데 조리가 정연했다. 그때 기성(箕城 평양)에서는 하루에 네다섯 차례 경보가 왔고, 적당의 군사가 머지않아 도달할 것이라는 유언비어가 퍼졌다. 공이 군에게 말하기를 "나는 수신(守臣)의 직분을 맡고 있으니 성이 함락되면 마땅

265 3관 : 성균관, 춘추관, 홍문관이다.

히 죽어야 하나 너는 일개 서생이니 함께 죽을 필요는 없다." 하자 군은 "자식이 아버지를 위해 죽는 것은 군신 관계와 마찬가지입니다. 아버지께서 순국하신다면 저 혼자 살 수는 없습니다."라고 하였다. 이 때 이를 들은 사람들은 모두 군이 나라의 귀중한 인재가 될 것임을 알았다.

18살 때 병이 들어 해를 넘겨도 나아지지 않았다. 병이 위독해졌어도 마음이 편안하여 얼굴을 찌푸리고 신음하며 힘들어하는 기색이 전혀 없었다. 집안사람들이 거문고나 바둑 등 놀거리를 이것저것 권하며 온갖 방법으로 공을 즐겁게 해 주려 했지만, 모두 싫어하면서 말하기를 "당나라 고시와 근체시선집만이 마음에 둘 만하다."라고 하였다. 명주바지로 바꿔 입히려 하자 "가볍고 따뜻한 것은 아이들이 입을 옷이 아니니 마음이 편치 않다."라고 하였다. 마침내 2월 6일 집에서 세상을 버리니 향년 19세였다. 사람들은 모두 이씨를 위해 애통해하였다. 입관을 마치고 극옹공이 군의 일을 적어서 나에게 주며 말했다.

> "우리 선조께서 덕을 쌓으셨지만 한 점 혈육을 지키지 못하였으니, 이는 나의 잘못이로세. 우리 아이의 청명한 자품과 효제(孝悌)의 행실을 차마 흙과 같이 썩어 가게 할 수 없네. 아이가 아비의 친구 중에서 그대를 매우 좋아했고, 그대 또한 내 애를 자식처럼 여겼으니, 글을 지어 함께 묻을 수 있게 해 주게나."

아! 우리는 늙어 장차 죽을 터이니 죽은 후의 일을 후생에게 맡겨야 하는데, 군 말고 누구에게 맡기겠는가. 그런데 지금 공이 나에게 군의 묘지를 쓰라 하니, 이것을 상리(常理)라 할 수 있겠는가. 하늘이 군에게 수명을 빌려주어 군으로 하여금 학문을 완성하고 그 뜻을 이루게 한다면, 그 성취가 반드시 탁연히 훌륭할 것이고 불후의 업적을 후대에 드리울 것이 분명하다. 어릴 적 일을 적은 것은 비록 전하지 않아도 괜찮거늘 지금 내가 이것을 가지고 군을 위해 명을 짓고자 하니, 내가 어찌 애통해하며 눈물 흘리지 않을 수 있겠는가. 슬프다!

군은 군수(郡守) 박상영(朴尙榮)의 딸과 혼인했는데, 자식이 없어 재종형 연우(淵愚)의 아들을 후사로 세웠다. 군이 죽은 다음 달에 남양(南陽) 동면(東面) 백학동(白鶴洞) 모좌 언덕에 안장했으니, 바로 문정공의 묘역이다.

명(銘)은 다음과 같다.

세상에 선을 쌓은 자이거늘	善之積于世者
하늘이 그 후사를 보우하지 않으니	天不庇其嗣
나중에 번창한 후손들은	蕃蕃澤流
집안에서 무엇을 닦으리오	其家曷修
온전한 재질을 얻은 자인데	才之得其全者
하늘은 또 그 수명을 막았으니	天又閼其年
장수하는 복은	壽考惟嘏
장차 사특한 자에게 베풀 것인가	將施嵬瑣
아득하여라, 따지고자 하나 따질 곳이 없으니	芒乎欲詰而莫因
군이여, 어찌할까나	奈何乎君
천년 만년 후세에 이를 남겨서	詔千齡與萬祀
군의 아버지에게 이런 어진 아들 있었음을 알리려 하노라	尙知爾翁之有此賢子

제문 祭文

축문을 부기함

각료[266]로서 고 제학 쌍계 이공[267]에게 드리는 제문

갑인년(1794, 정조18)

閣僚祭故提學雙溪李公文 甲寅

태평한 세상의 음악은	治世之音
장중(莊重)하고 전아(典雅)하니	舂容爾雅
대대로 사륜[268]의 직임을 맡은 사람은	世掌絲綸

266 각료(閣僚) : 제문의 주인공인 이복원(李福源, 1719~1792)은 규장각이 설치되던 1776년(정조 즉위년) 9월에 초대 제학을 맡아보았고, 저자는 1790년 9월에 규장각 직각이 되었기 때문에 이렇게 말한 것이다.

267 쌍계(雙溪) 이공(李公) : 이복원(李福源)이다. 본관은 연안(延安), 자는 수지(綏之), 호는 쌍계, 시호는 문정(文靖)이고, 월사(月沙) 이정귀(李廷龜, 1564~ 1635)의 6대손이다. 1738년(영조14) 사마시에 합격하고, 1754년 문과에 급제하였다. 대제학, 이조 판서를 거쳐 1782년(정조6)에 우의정에 임명되고 좌의정에 이르러 기사(耆社)에 들어갔다. 문장에 능하여 영·정조 대 국가 및 왕실의 주요한 문장들을 많이 작성하였고, 《국조보감(國朝寶鑑)》 등 주요 서적의 편찬에도 참가하였으며, 규장각(奎章閣)을 신설할 때 초대 제학(提學)으로 활약하였다. 재상으로 있을 때는 옷차림이 소박하고 행실이 돈독하여 유상(儒相)으로 일컬어졌다. 문집으로 《쌍계유고(雙溪遺稿)》 10권 5책이 전한다.

국가의 아름다운 문장가입니다	國之華也
공께서 이런 능력을 지녀	惟公有之
진나라 사안(謝安)[269] 당나라 가지(賈至)[270]와 같았으니	晉謝唐賈
패옥과 불면을 착용하고[271]	佩玉黻冕

268 사륜(絲綸) : 임금의 조칙(詔勅)이나 조서(詔書)를 가리킨다. 《예기》의 "왕의 말씀 명주실 같은데 그것이 나옴에 동아줄 같다.〔王言如絲 其出如綸〕"라는 말에서 유래하였다. 《禮記 緇衣》

269 사안(謝安) : 동진(東晉)의 명사로 좌저작랑(佐著作郎)이 되어 국사의 편찬을 맡아보다가, 병이 들어 그만두고 회계(會稽)의 동산(東山)에 은거하였다. 조정에서 여러 번 불러도 나가지 않자 당시 사람들이 "안석(安石)이 나오려 하지 않으니 장차 이 창생을 어찌할꼬."라고 탄식했다고 한다. 40세에 환온(桓溫)의 부름을 받고 다시 출사(出仕)하여 사마(司馬), 사도(司徒) 등을 역임하였고, 태부(太傅)에 추증되었다. 안석은 사안의 자이다. 《晉書 卷79 謝安列傳》

270 가지(賈至) : 당(唐)나라 낙양(洛陽) 사람으로, 자는 유린(幼隣), 시호는 문(文)이다. 개원(開元) 연간에 기거사인 지제고(起居舍人知制誥)에 임명되어 임금의 조칙문(詔勅文)을 작성하였는데, 현종(玄宗)이 그 문장의 아름다움을 칭찬하였다. 중서사인(中書舍人), 악주 사마(岳州司馬), 산기상시(散騎常侍) 등을 역임하였다. 시명(詩名)이 높아 두보(杜甫)와 시를 수창(酬唱)한 일도 있었다. 왕유(王維), 잠삼(岑參)과 창화(倡和)한 조조시(早朝詩)가 유명하다.

271 패옥(佩玉)과 불면(黻冕)을 착용하고 : 조정에서의 몸가짐과 옷차림이 모두 법도에 맞았다는 의미이다. 패옥은 군자가 허리에 차는 옥으로, 몸을 움직일 때 이 패옥의 음절을 듣고 동작의 완급을 조절하고 걸음걸이를 절도 있게 하였다. 《예기》〈옥조(玉藻)〉에 "옛날의 군자는 반드시 옥을 찼다.〔古之君子 必佩玉〕"라고 하였고, 또 "군자가 수레에 타면 말방울 소리를 듣고 걸을 때는 패옥 소리를 듣는다. 이런 까닭에 삿된 마음이 들어올 길이 없는 것이다.〔君子在車則聞鸞和之聲 行則鳴佩玉 是以非辟之心 無自入也〕"라고 하였다. 불면은 무릎을 덮는 슬갑과 머리에 쓰는 면류관으로, 모두 조정의 의식이나 종묘의 제례(祭禮)에 착용하던 예복이다. 공자(孔子)가 우(禹) 임금을 찬미한 내용 중에 "의복은 검소하게 착용하면서도 불면에는 아름다움을 다하였다.〔惡衣服而致美乎黻冕〕"라는 말이 있다. 《論語 泰伯》

채제에 맞춰 달리고 사하에 맞춰 걸었습니다[272] 步采趨夏
우리의 훌륭한 문물을 드날리되 鳴我鴻朗
미사여구의 수식을 배제하였고 絶去粉冶
일찍부터 흔이를 잡아[273] 夙執舋耳
유사의 수장이 되었습니다[274] 首長酉舍
고문과 대책을 작성하고 高文大冊
종묘와 사직에 고할 적에 于宗于社
어찌 거장이 없었겠습니까마는 豈無鉅匠
모두 손을 움츠리며 부끄러워하였습니다 縮手汗赭
세상 사람들은 그 권위를 인정하였으나 世歸其權
공은 내려놓고 자처하지 않았으니 公釋不把
중서성의 서루에 임명된 것은 中書西樓
성인의 간택이요 신명의 가호였습니다 聖簡神嘏

272 채제(采齊)에……걸었습니다 : 추주(趨走)와 행보(行步)를 절도(節度)에 맞게 하였다는 의미이다. 채제와 사하(肆夏)는 옛날 악장(樂章)의 이름으로, 추주와 행보의 절도를 맞추던 일종의 행진곡이다. 《예기》에 "빨리 갈 때는 채제로 하고 걸을 때는 사하로 한다.〔趨以采齊 行以肆夏〕"라는 말이 있다. 《禮記 玉藻》

273 일찍부터 흔이(舋耳)를 잡아 : 문장력이 탁월하여 문단의 종장(宗匠) 역할을 수행하였다는 말이다. '집흔이(執舋耳)'는 집우이(執牛耳)와 같은 말로, 춘추 시대 제후들이 회맹(會盟)할 때 맹주가 희생인 소의 귀를 벤 다음 제기에 피를 받아 삽혈(歃血)하는 의식을 행한 데서 유래하였다. 《춘추좌씨전(春秋左氏傳)》에 "제후가 맹약하는 자리에 누가 소귀를 잡을 것인가?〔諸侯盟 誰執牛耳〕"라는 말이 나온다. 《春秋左氏傳 哀公17年》

274 유사(酉舍)의 수장이 되었습니다 : 이복원이 규장각(奎章閣)을 신설할 때 초대 제학(提學)으로 활약하였던 사실을 두고 한 말이다. 유사는 규장각의 사무를 관장하는 부속 건물인데, 흔히 규장각을 가리키는 말로 쓰인다.

공이 조정에 있을 때에 公在廊廟

안색이 온화하고 말씀이 적으니 色溫辭寡

어수선한 사람은 침착해지고 躁者以靜

떠들썩한 사람은 과묵해졌습니다 叫者以啞

해진 갖옷을 입었던 안평중이요[275] 晏仲弊裘

유등(油燈)을 밝혔던 기국공이었습니다[276] 祁國燈灺

공은 물러남에 민첩했으니 公退翛然

조정에 있으면서도 마음은 초야에 있었습니다 跡朝心野

기심(機心)에서 벗어나 초탈하였으니[277] 機外超曠

흘러가는 빈 배나 날리는 기왓장과 같았습니다[278] 虛舟飄瓦

275 해진……안평중(晏平仲)이요 : 매우 검소한 생활을 했다는 의미이다. 안평중은 제 경공(齊景公) 때의 명상(名相)인 안영(晏嬰)으로, 평중은 그의 자이다. 식탁에 두 가지 고기가 없고 처첩이 비단옷을 입지 않았으며, 여우 갖옷 한 벌을 30년 동안 입었을 만큼 검소한 생활로 유명하다. 《史記 卷62 管晏列傳》《禮記 檀弓下》《晏子春秋》

276 유등(油燈)을 밝혔던 기국공(祁國公)이었습니다 : 매우 청렴한 생활을 했다는 의미이다. 기국공은 송(宋)나라 두연(杜衍)으로, 자가 세창(世昌), 시호가 정헌(正獻)이다. 인종(仁宗) 때 진사로 뽑히고 태자소사(太子少師)로 치사(致仕)하여 기국공에 봉해졌다. 당시 수령들은 밤에 촛불을 환히 밝히고 연회 열기를 좋아하여 아침이면 관사의 바닥에 촛농이 무더기로 쌓여 있었는데, 그는 매우 청렴 검소하여 관청에 있을 때에도 관촉(官燭)을 쓰지 않고 조그만 유등을 켜 놓은 채 손님과 고상한 이야기를 나누었다고 한다. 《宋史 卷310 杜衍列傳》《宋稗類鈔 卷15》

277 기심(機心)에서 벗어나 초탈하였으니 : 기심은 자신의 사적(私的)인 목적을 이루기 위해 교묘하게 도모하는 마음을 말한다. 바닷가에서 아무런 기심도 없이 날마다 갈매기와 벗하며 친하게 지내던 사람이 부친의 부탁을 받고 갈매기를 잡으려는 마음을 가지자, 갈매기들이 벌써 알아채고는 그 사람 가까이 날아오지 않았다는 이야기가 전한다. 《列子 黃帝》

집안의 자손들 고관대작이 많았으나	堦庭金緋
쇄소응대의 공부[279]에 독실하였습니다	應對掃灑
바구니에 가득 금을 물려주지 않았고[280]	籯不遺金
뜰은 말이 겨우 돌아설 정도였습니다[281]	庭餘旋馬
하늘은 어찌 공을 데려갔단 말입니까[282]	曷不憖遺
이렇게 애통한 일이 또 어디에 있겠습니까	何慟如且
일국의 문성[283]이 빛을 잃고	文星淪彩

278 흘러가는……같았습니다 : 외물의 이해에 얽매이지 않은 채 담박하고 초연하게 살았다는 의미이다. '허주(虛舟)'와 '표와(飄瓦)'는 《장자(莊子)》의 "두 척의 배가 나란히 하수(河水)를 건널 때 빈 배가 와서 배에 부딪치면 비록 속 좁은 사람이라 하더라도 노여워하지 않는다.〔方舟而濟於河 有虛船來觸舟 雖有惼心之人 不怒〕"와 "비록 남을 해치려는 마음을 가진 자라도 바람에 날려 떨어진 기왓장을 원망하지는 않는다.〔雖有忮心者 不怨飄瓦〕"라는 말에서 유래하였다. 《莊子 山木, 達生》

279 쇄소응대(灑掃應對)의 공부 : 물 뿌리고 비질하며 집안을 청소하고 어른의 명에 응대하는 등의 일상적인 예절, 즉 유가 교육(儒家敎育)의 기본이 되는 학습을 말한다. 《대학장구(大學章句)》 서문에 "사람이 8세가 되면 왕공 이하로 서인의 자제에 이르기까지 모두 소학에 입학시켜 물 뿌리고 비질하며 응대하고 나아가고 물러서는 예절을 가르쳤다."라는 말이 있다.

280 바구니에……않았고 : 자손들에게 많은 재물을 물려주지 않았다는 말이다. 《한서(漢書)》에 "자식에게 바구니 가득 황금을 물려주는 것이 경전 하나만 못하다.〔遺子黃金滿籯 不如一經〕"라는 말이 있는데, 여기서 유래하였다. 《漢書 卷73 韋賢傳》

281 뜰은……정도였습니다 : 말을 겨우 돌릴 정도로 뜰의 공간이 좁았다는 말이다. 옛날 북송(北宋)의 명재상인 이항(李沆)이 봉구문(封丘門) 밖에 집을 지었는데, 뜰이 너무 좁아 겨우 말 한 마리가 몸을 돌릴 만하였다는 고사가 전한다. 《宋史 卷282 李沆列傳》

282 하늘은……말입니까 : 하늘이 공을 데려갔다고 한탄하는 말이다. 《시경》에 "억지로라도 원로 한 분을 남겨 두어서, 우리 임금을 지키게 하지 않는가.〔不憖遺一老 俾守我王〕"라는 구절이 있는데, 여기서 유래하였다. 《詩經 小雅 十月之交》

큰 집의 동량이 꺾였습니다	巨棟摧廈
공은 돌아가 바람을 타고	公歸乘風
조화와 함께 오르내릴 것입니다	與化上下
늙고 병든 나는	惟此殄瘁
눈물이 비 오듯 흘러내립니다	有涕滂瀉
부디 거친 제문을 살피소서	庶鑑蕪辭
아 정갈한 제수를 올리나이다	於粲殽斝

283 문성(文星) : 문운(文運)을 주관한다는 문창성(文昌星)을 말한다. 문곡성(文曲星)이라고도 하는데, 문재(文才)가 뛰어난 인사를 비유하는 말로도 쓰인다.

사직에 기우제를 지낼 때의 제문 기미년(1799, 정조23) 5월

社稷祈雨祭祭文 己未五月

양주 목사(楊州牧使)로 있을 때 지은 글이다.

주에 사직[284]이 있어	州有社稷
땅과 곡식의 소출을 관장하니	式司土穀
지극하도다 그 음공이여	至哉陰功
드넓은 은택을 베풀었습니다	澤施普漉
대지의 덕으로 낟알을 맺어[285]	資生乃粒
만백성을 두루 기르게 하니	烝民率育
봄철 첫 번째 무일(戊日)에	上戊維春
일찍 정갈한 제사를 올려 풍년을 기원했습니다[286]	明禋祈夙

284 사직(社稷) : 땅과 곡식을 관장하는 신이다. 《춘추좌씨전》에 "공공씨(共工氏)의 아들 구룡(句龍)이 후토신(后土神)이 되었는데, 후토신이 사(社)가 된다. 직(稷)은 파종과 농사를 관장한다. 열산씨(烈山氏)의 아들 주(柱)가 직신(稷神)이 되었는데, 하(夏)나라 이전부터 제사 지냈다. 주기(周棄)도 직신이 되었는데, 이는 상(商)나라 때부터 제사 지냈다."라고 하였다. 열산씨는 신농씨(神農氏)의 별칭이고, 주기는 후직(后稷)이다. 《春秋左氏傳 昭公29年》

285 대지(大地)의……맺어 : 만물을 자생(資生)하는 대지의 덕으로 곡식이 자란다는 말이다. 《주역》에 "지극하도다, 곤의 큼이여, 만물이 이를 자뢰하여 생기나니, 이에 하늘을 순하게 받들도다.〔至哉坤元 萬物資生 乃順承天〕"라는 말이 있는데, 여기서 유래하였다. 《周易 坤卦 彖》

286 일찍……기원했습니다 : 사직(社稷)에 지내는 제사는 매년 2월인 중춘(仲春)과 8월인 중추(仲秋)의 상무일(上戊日)과 납일(臘日)에 설행하기 때문에 이렇게 말한 것이다. 상무일은 첫 번째 무일이다. 《社稷署儀軌 卷1 式例》

아 당금의 이 가뭄은　繄今之旱
허물이 목사인 저에게 있으니　咎在字牧
단비는 내리지 않고　甘澍旋閟
뜨거운 햇살만 계속 내리쬐고 있습니다　烈日恒曝
모가 말라 죽는 모습을　苗其枯矣
어찌 차마 볼 수 있겠습니까　胡寧忍目
절기는 이미 이르렀는데　節旣至止
이 동륙[287]을 어이한단 말입니까　奈此穜稑
극심한 한발에 내 마음은　蘊隆我心
살갗이 불에 닿은 듯 타들어 가니　如火迫肉
애끓는 이 심정을　惟此忡忡
신명이 아니면 누구에게 고하겠습니까　匪神疇鞫
어찌 이를 살피지 않는 것입니까　曷不視此
백성들이 괴로움에 울부짖고 있습니다　嗷嗷蔀屋
실상을 고하고 충심으로 호소하거니와　詞實訴衷
길일을 점쳐 기다릴 겨를이 없었습니다　日不待卜
여러 신에 앞서 제사를 지냄에　先于群神
제수와 제복을 정결하게 갖추고　潔粢蠲服
삼가 신령의 보우를 기대하며　肅聽靈佑

287 동륙(穜稑) : 늦벼를 동(穜)이라 하고 올벼를 육(稑)이라 한다. 《주례》에 "상춘에 왕후에게 조서를 내려 육궁 사람을 거느리고 동륙의 종자를 키워 왕에게 드리게 하였다.〔上春 詔王后 帥六宮之人而生穜稑之種 而獻之于王〕"라는 말이 있다. 《周禮 天官冢宰》

머리를 조아리고 공손히 발을 모읍니다	首稽足謖
넉넉한 비를 내려 주시어	旣以滂沱
풍년의 기쁨을 누리게 해 주소서	貽我幪穢
이는 신명께서 주관하는 일이니	是乃神職
밝은 감응을 속히 보여 주소서	昭應宜速

성산에 기우제를 지낼 때의 제문 기미년(1799, 정조23) 5월

城山祈雨祭祭文 己未五月

양주 치소(治所)의 서쪽에	治之西望
성산 봉우리가 있는데	城山之岑
구렁에서는 구름이 나오고	壑之出雲
골짜기에선 바람이 불어옵니다	谷之生風
그 산의 신이 매우 영험하여	其神孔靈
이 구름과 바람을 주관하니	卽主張是
백성들은 여기에 의지해	小人所依
기름진 은택을 두루 입었습니다	膏澤普被
그런데 한발이 기승을 부려	旱魃爲虐
초여름부터 지금까지 이어지니	首夏及玆
샘은 이미 물이 마르고	泉旣涸流
모내기도 때를 놓쳤습니다	秧且愆時
어찌 동운[288]이 없었을까마는	豈無同雲
비 내리기를 간절히 빌었더니[289]	其雨其雨

288 동운(同雲) : 하늘 가득 낀 먹구름을 말한다. 《시경》에 "상천이 일색(一色)으로 먹구름이 낀지라, 함박눈이 펄펄 내리네.〔上天同雲 雨雪雰雰〕"라고 하였는데, 전하여 눈이나 비가 내리는 조짐의 의미로 쓰인다. 《詩經 小雅 信南山》

289 비……빌었더니 : 비가 내리기를 기원했지만, 비는 내리지 않는다는 의미이다. 《시경》에 "비가 오려나 비가 오려나 했는데, 쨍쨍 비치는 해만 뜨는구나.〔其雨其雨 杲杲出日〕"라는 구절이 있는데, 여기서 유래한 말이다. 《詩經 衛風 伯兮》

서늘한 바람이 홀연 일어나 凄飆忽起
하늘의 구름을 말끔히 쓸어 버렸습니다 廓掃天宇
아래로 백성들 한숨 소리 듣고 俯聽民咨
위로 전하의 근심을 생각함에 仰念宸憂
마음이 타는 듯하니 心焉如灼
수령인 저에게 실로 허물이 많습니다 吏實多尤
차라리 이 몸이 유배되더라도 寧謫我躬
백성들에게는 죄가 없습니다 民之無罪
감히 이 희생을 아끼겠습니까[290] 敢愛斯牲
밝은 신령께서 계시는 듯합니다 明神如在
괴로운 심정으로 호소함에 控訴苦衷
신명께서 가련히 여기시리니 宜蒙神憐
바람 말과 구름 수레를 몰고 와 風馬雲車
우리에게 주룩주룩 비를 내려 주소서 錫我沛然

290 감히……아끼겠습니까 : 흉년이 들었을 때 신(神)에게 바치는 제물을 아끼지 않았다는 말이다. 《시경》에 "왕이 말씀하기를 아, 지금 사람에게 무슨 죄가 있는가? 하늘이 환란을 내리시어 기근이 거듭 이르기에, 신에게 제사를 드리지 않음이 없고, 이 희생을 아끼지 않아, 규벽을 이미 다 바쳤거늘, 어찌하여 나의 호소를 들어주지 않으시나.〔王曰 於乎 何辜今之人 天降喪亂 饑饉薦臻 靡神不擧 靡愛斯牲 圭璧旣卒 寧莫我聽〕"라는 구절이 있는데, 여기서 유래하였다. 《詩經 大雅 雲漢》

불국산에 기우제를 지낼 때의 제문 기미년(1799, 정조23) 5월
佛國山祈雨祭祭文 己未五月

기이하게 우뚝 솟은 불국산은	奇挺維山
양주 지역의 진산(鎭山)입니다	楊州之鎭
이 산의 밝은 신령께서	維山炳靈
구름 일으켜 단비를 내리고	興滃吐潤
기후에 따라 강수를 조절함이	翕張蓄洩
절기의 운행에 순조로워	宜調宜順
이에 백성의 운명을 주관하니	寔司民命
생민들이 믿고 의지하였습니다	民所依信
허나 지금은 한발이 너무 심한데	旱旣太甚
신령께서는 어찌 비를 아낀단 말입니까	神胡不憖
초여름부터 가뭄이 들어	始夏憪乾
이제 중월이 다하려 합니다	仲月將盡
이따금 소나기가 내려	間有驟霔
겨우 호미질할 정도는 되었지만	鋤土及僅
저지대의 논도 거북 등처럼 갈라지고 말았으니[291]	汚邪爲龜

291 저지대의……말았으니 : '오야(汚邪)'는 낮은 지대의 농지를 말한다. 전국 시대 제(齊)나라의 한 농부가 농신(農神)에게 풍년을 빌기를 "높은 밭의 수확은 상자에 가득 차고 낮은 논의 수확은 수레에 가득 차게 해 주소서.〔甌窶滿篝 汚邪滿車〕"라고 했다는 고사에서 유래하였다.《史記 卷126 滑稽列傳》

두둑 사이 봇도랑은 깊이 칠 수도 없었습니다	塍澮無濬
사직과 산악에 기도해 봐도	禱社及嶽
신령의 감응은 조짐이 없습니다	靈應無眹
구름 일어 빗방울이 듣다가도	油雲點滴
인색한 듯 말끔히 그쳐 버리고	其閟如吝
붉은 햇볕이 쨍쨍 내리쬐이다	赫日恒杲
거센 바람만 누차 몰아쳤습니다	淒飆屢振
차라리 노나라의 무당인 왕을 대신하리니[292]	寧代魯尫
주나라의 전준(田畯)[293]에 부끄러울 뿐입니다	慙爲周畯
아 농부들은	嗟嗟農夫
쟁기질을 멈추니	載停耜刃
잘 일구어 놓은 기름진 이랑들이	畇畇膴畝
씀바귀 밭이 되려 합니다	將爲荼堇
저 멀리 은하수를 바라봄에	瞻彼雲漢
창자가 수레바퀴에 밟힌 듯합니다	腸如車躪
농사철은 놓치기 어려운 것이니	民時難失
촌음조차도 옥구슬처럼 귀합니다	寸晷如瑾
지난 시간은 돌이킬 수 없겠지만	往雖莫及
지금 일은 바로잡을 수 있을 터이니	今猶可趁

292 차라리……대신하리니 : 가뭄이 든 책임을 지고 스스로 형벌을 받겠다는 의미이다. 왕(尫)은 노(魯)나라의 무당으로, 희공(僖公) 때 심한 가뭄이 들자 그를 불태워 죽이려 했던 적이 있었다. 《禮記 檀弓下》

293 전준(田畯) : 주(周) 대의 권농관(勸農官)으로, 밭고랑 사이의 농막인 우표철(郵表畷)에 거처하면서 백성들의 농경(農耕)을 독려하였다. 《禮記 郊特牲》

이는 밝은 신령께서	是在明神
일거에 해소할 수 있는 일입니다	一擧奮迅
절박한 소리로 호소하고	疾聲控告
주변을 소제하고 정결히 재계하노니	潔齋掃汛
큰비를 넉넉하게 내려 주소서	沛然滂沱
귀를 막지 말고 부디 저의 말을 들어주소서	聽我無瑱

아구의 바위에 기우제를 지낼 때의 제문 기미년(1799, 정조23) 5월

峨邱巖祈雨祭祭文 己未五月

아구의 바위가 겹겹이 험준하여	維邱巖巖
일찍부터 영험하다 알려졌는데	夙著靈應
기원하면 응답한다는 것을	有籲斯答
지난 일에서 증험할 수 있습니다	往前所證
그런데 이제 가뭄이 들어	于今旱暵
여러 달째 계속 이어지니	累月彌亘
곡식은 모두 시들어 버리고	禾稼俱瘁
저수지도 이미 말라붙었습니다	陂池已罄
백성들은 애태우며 신음하여	下民焦喁
그 위급함이 팽팽하게 당겨진 비파줄[294] 같은데	其急如絙
이는 제가 직책[295]을 욕되게 했기 때문이니	顧忝分憂
애끓는 심정을 어찌 견딜 수 있겠습니까	煎迫曷勝

294 팽팽하게 당겨진 비파줄 : 매우 급박한 상황을 비유하는 말이다. 《회남자(淮南子)》에 "나라를 다스림은 마치 비파의 줄을 조정하는 것과 같으니, 큰 줄이 너무 팽팽하면 작은 줄이 끊어진다.〔治國譬若張瑟 大絃絙則小絃絶矣〕"라는 말이 있는데, 여기서 유래하였다. 《淮南子 繆稱訓》

295 직책 : 당시 저자가 맡고 있던 양주 목사(楊州牧使)의 직책을 말한다. '분우(分憂)'란 임금의 근심을 나눠 갖는다는 뜻으로, 외직으로 나가 백성을 다스리는 목민관의 직책을 가리킨다.

여러 신에게 두루 제사를 지내면서	偏于群神
정성을 다해 정결한 제물을 갖추었으니	齎誠潔飣
어찌 경건하게 기원하지 않았겠습니까	禱豈不虔
어찌 저를 긍휼히 여기지 않는 것입니까	胡莫我肯
처음에는 바라는 대로 될 줄 알았는데	始猶庶幾
이제는 크게 어긋나고 말았으니	今大逕庭
나의 근심은 끝없이 이어져	澒洞我憂
편안할 날이 없습니다	靡有底定
백성들이 다 죽게 생겼으니[296]	民其近止
신명이시여 부디 이 소원 들어주어	唯於神聽
아구암 전역에 비구름이 일게 하되	凡百有渰
바위 부딪고 나온 운기(雲氣)가 모여들게 하소서[297]	膚寸觸磴
신명께서 실로 그 권병을 주관하니	神實司柄
비구름을 주는 게 뭐 그리 어렵겠습니까	何難持贈
더구나 지금 단비를 천천히 몰아오려면[298]	矧玆祁祁

296 다 죽게 생겼으니 : 원문의 '근지(近止)'는 대명근지(大命近止), 즉 기근으로 인해 죽음의 운명이 가까이 다가왔다는 뜻이다. 《시경》에 "죽음이 가까운지라, 우러러볼 곳 돌아볼 곳이 없노라.〔大命近止 靡瞻靡顧〕"라는 구절이 있는데, 여기서 유래한 말이다. 《詩經 大雅 雲漢》

297 바위……하소서 : 사방의 구름을 모아 가뭄을 적셔 줄 비를 뿌리게 해 달라는 의미이다. 《춘추공양전(春秋公羊傳)》에 "바위를 부딪고 나온 한 점 운기(雲氣)가 점차로 모이면 하루아침이 다 안 가서 천하에 비를 두루 내리게 하니, 이렇게 할 수 있는 것은 오직 태산뿐이다.〔觸石而出 膚寸而合 不崇朝而徧雨乎天下者 惟泰山爾〕"라는 말이 있는데, 여기서 유래하였다. 《春秋公羊傳 僖公31年》

298 단비를 천천히 몰아오려면 : 원문의 '기기(祁祁)'는 단비가 서서히 내린다는 의미

전날 저녁 무렵부터 구름이 일어야 하니	自昨晡暝
마침내 큰비를 내려 주시어	遂賜滂沱
넉넉하고 여유가 있게 되면	旣洽且賸
봇도랑과 밭두둑이 모두 가득 차서	溝塍皆滿
높은 밭 낮은 논이 고루 윤택해질 터이고	高下均稱
그 공덕은 온 나라를 덮고	功被玆邦
그 기쁨은 밝은 조정에 가득함에 있어서이겠습니까	喜騰明廷
이는 실상을 고하고 충심을 드러내는 것이지	詞實寫臆
저의 사심을 말하는 것이 아닙니다	無謂不佞

이다. 《시경》에 “뭉게뭉게 구름이 일어, 천천히 단비를 몰아와서, 우리 공전에 흠뻑 내리고, 마침내 우리 사전에도 미치었네.〔有渰萋萋 興雨祁祁 雨我公田 遂及我私〕”라는 구절이 있는데, 여기서 유래한 말이다. 《詩經 小雅 大田》

판서 정대용[299]에게 임금이 내리는 제문

判書鄭大容賜祭文

하늘의 상서에 응하여 규장각을 세운 것은	奎瀛應圖
선왕(先王 정조(正祖))의 훌륭한 정사였으니	寧考治規
우뚝이 빼어난 준걸들이	矯矯群髦
일시에 떨쳐 일어났도다	振鱗偕時
경은 그중에서도	卿於其間
매우 걸출한 사람이었으니	蔚爲偉人
문익공[300]의 가문에서	文翼之世

299 정대용(鄭大容) : 1749~1805. 본관은 동래(東萊), 자는 도이(道以), 호는 기호(耆湖)이다. 1783년(정조7) 사마시에 합격하고, 1785년 정시 문과에 급제하였다. 이듬해 규장각 직각에 제수되고, 1787년 영남좌도의 암행 어사로 나갔다가, 돌아와서 다시 규장각 직각이 되었다. 1788년 관북 지방에 흉년이 들자 북관 위유어사(北關慰諭御史)로 나갔다. 1790년 승지를 거쳐 이듬해 경상도 관찰사로 부임하여 백성들을 구휼하는 데 힘썼다. 1793년 이조 참의를 거쳐 성균관 대사성에 임명되고, 이듬해 홍문관 부제학에 제수되고, 이어 규장각 직제학으로 약원 부제조(藥院副提調)를 겸하였다. 1799년 예조 참판에 제수되었으며, 1800년(순조 즉위년) 고부 겸 청시청승습부사(告訃兼請諡請承襲副使)로 청나라에 다녀왔다. 그 후 수원부 유수, 이조 판서, 한성부 판윤, 전라도 관찰사 등을 역임하였다.

300 문익공(文翼公) : 정광필(鄭光弼, 1462~1538)을 말한다. 본관은 동래(東萊), 자는 사훈(士勛), 호는 수부(守夫)이다. 연산군 때 임금의 사냥이 너무 잦다고 간하였다가 아산으로 유배되었다. 중종반정 후 부제학에 오르고 그 뒤 예조 판서와 대제학을 역임하였다. 우의정과 좌의정을 거쳐 1516년(중종11) 영의정에 올랐다. 1519년 기묘사화 때 조광조(趙光祖)를 구하려다 영중추부사로 좌천되었으나, 1527년 다시 영의정에

훌륭한 자손이 배출되었도다　厥有令孫

그 도량은 너그러웠고　休休其量

내면을 지켜 변함이 없었도다[301]　內守不磷

엄숙하게 가법을 따르고　嚴謹家法

돈독하게 인륜을 지켰도다　篤厚人倫

패옥 차고 임금을 보좌함에　玉珮粉黻

경술을 근본으로 하였고　本原經術

십 년 동안 조정에 있으면서　十載金華

근밀의 직임을 담당하였는데　迺近迺密

말을 참고 조심하여　訒言小心

총애를 받으면 더욱 두려워하였도다　居寵彌栗

용모는 풍성하고 풍채는 훤칠하였고　豐貌魁標

편한 자리에서도 조회에 선 듯했으며　燕見如朝

변경과 영남 지역을 세 번 진휼하고[302]　三賑塞嶠

중국 사행에 두 번 달려갔도다　再馳燕軺

올랐다. 중종의 묘정에 배향되었으며 회덕서원(懷德書院), 용궁의 완담향사(浣潭鄕祠)에 향사되었다. 저서에 《정문익공유고(鄭文翼公遺稿)》가 있다.

301 내면을……없었도다 : 외물(外物)에 이끌리지 않는 견고하고도 결백한 심성을 뜻한다. 공자의 "단단하다 하지 않겠는가? 갈아도 닳지 않도다. 희다 하지 않겠는가? 물들여도 물들지 않는구나.〔不曰堅乎 磨而不磷 不曰白乎 涅而不緇〕"라는 말에서 유래하였다. 《論語 陽貨》

302 변경과……진휼하고 : 정대용은 1787년(정조11) 영남좌도 어사로 진휼을 담당하고, 1788년과 1789년에 함경도 지역의 위유사(慰諭史)와 감진 어사(監賑御史)로 나가 기민 구휼을 위해 애를 썼으며, 1791년에는 경상도 관찰사가 되어 환곡의 폐해를 시정하는 데 노력하였다. 《한국민족문화대백과》

성품이 근면하고 성실하여 惟勤惟誠
이 본성에 따라 실천하니 率是以行
온갖 고난을 겪으면서도 夷險百變
시종 이름을 온전히 하였도다 終始完名
이미 여러 관직을 역임하게 해서 旣多歷試
장차 크게 등용하려 하였으니 蓋將大畀
여송[303]을 들어 봐도 聽于輿誦
모두 큰 그릇이라 하였도다 咸曰宏器
나는 선왕의 신하를 중용하여 予眷舊臣
이경[304]으로부터 발탁하였으니 擢自卿貳
이조 판서에 제수하고 天官長席
다시 전라 감사의 중임을 맡겼도다 南臬重寄
가 있으면 장차 부르리라 생각했는데 謂行且召
어찌 조금 더 머무르지 않았단 말인가 曷不少住
정승의 재목으로 명망을 쌓았는데 廊廟儲望
임용하는 일이 단지 반걸음 지체된 것이로다 只遲跬步

303 여송(輿誦) : 여인송(輿人頌), 즉 지방관의 선정(善政)을 칭송하는 백성들의 노래를 말한다. 춘추 시대 정(鄭)나라 사람들이 자산(子産)의 훌륭한 정사를 칭송하여 "우리들이 자제를 두면 자산이 가르치고, 우리들이 토지를 가지면 자산이 늘려 주네. 자산이 죽으면 누가 그의 뒤를 이을까?〔我有子弟 子産誨之 我有田疇 子産殖之 子産而死 誰其嗣之〕"라고 하였다.《春秋左氏傳 襄公30年》

304 이경(貳卿) : 좌이(佐貳)와 같은 말로 6조(曹)의 참판(參判)과 참의(參議), 기타 각 관사(官司)의 차석을 일컫는다. 정대용은 1799년(정조23) 예조 참판에 제수되었는데, 1801년(순조1)에도 예조 참판으로 봉직한 기록이 보인다.《純祖實錄 1年 6月 28日》

문원에 소문난 아름다운 문장을 文苑摛藻
애석하게도 펼치지 못하였도다 惜未展布
어디에서 얻을 수 있을까 何處得來
참으로 훌륭한 풍도였도다 展如風度
저 강산을 바라보니 瞻彼湖岡
어느덧 한 해가 돌아왔는데 載周星霜
아 경은 다시 일어나지 못하니 嗟莫起之
저승이 아득하기만 하도다 九原茫茫
관원을 보내 향기로운 제수를 차리고 伻官蕆苾
국가의 전례대로 제사를 지내게 하도다 邦典是將

풍녕군 조관진[305]에게 임금이 내리는 제문

豐寧君趙觀鎭賜祭文

밝은 시대의 어진 수령으로	昭代賢宰
풍릉군[306]의 맏손자가 되니	豐陵冢孫
풍릉을 식읍으로 삼은 것은	惟豐之食
영조께서 즉위하신 초년이었도다[307]	英廟初元
문원의 재상을 역임하고	文苑台扉
원구의 신분으로 원훈에 책봉되어[308]	元舅元勳

305 조관진(趙觀鎭) : ?~? 본관은 풍양(豐壤), 자는 자능(子能)이다. 학암(鶴巖) 조문명(趙文命, 1680~1732)의 손자이고, 손재(損齋) 조재호(趙載浩, 1702~1762)의 아들이다. 음보(蔭補)로 홍릉 참봉(弘陵參奉)에 임명된 뒤 한성부 주부(漢城府主簿), 고부 군수(古阜郡守), 밀양 부사(密陽府使) 등을 역임하고, 1800년(순조 즉위년) 풍녕군(豐寧君)에 봉해졌다.

306 풍릉군(豐陵君) : 풍릉부원군(豐陵府院君) 조문명(趙文命)을 가리킨다. 본관은 풍양(豐壤), 자는 숙장(叔章), 호는 학암(鶴巖)이고, 시호는 문충(文忠)이다. 1711년(숙종37) 성균관 감제(柑製)에서 급제한 후 대제학, 대사성, 이조 참판, 판의금부사 등을 역임하고 좌의정에 이르렀다. 이인좌(李麟佐)의 난을 평정하는 데 공을 세워 1728년(영조4) 풍릉부원군에 봉해졌다. 저서에 《학암집(鶴巖集)》이 있다.

307 풍릉을……초년이었도다 : 조문명은 이인좌(李麟佐)의 난을 진압한 공으로 1728년(영조4) 수충갈성결기효력분무 공신(輸忠竭誠決機效力奮武功臣) 2등에 녹훈되고 풍릉군(豐陵君)에 책봉되었다. 《韓國文集叢刊解題 5輯 鶴巖集》

308 원구(元舅)의……책봉되어 : 원구는 국구(國舅)와 같은 뜻으로, 조문명이 영조의 장자인 효장세자(孝章世子)의 장인이기 때문에 그렇게 말한 것이다. 그의 딸 효순왕후(孝純王后)는 1727년(영조3) 세자빈에 간택되어 효장세자와 가례(嘉禮)를 올렸는데, 뒤에 장헌세자(莊獻世子)의 장남인 정조(正祖)의 양모후(養母后)가 되었다.

임금의 정사를 함께 도왔으니 協贊皇極
후손에게 은택을 베푼 것이로다 澤施後昆
충정의 절개와 제세의 경륜은 忠貞世濟
재상으로서의 덕목이니 鼎軸之門
경이 그 서업을 이어 卿嗣厥緖
말세의 고인이 되었도다 叔世古人
인품은 돈독하고 후중하고 風流篤厚
도량은 크고도 넓었도다 器度浩渾
시원하고 고매한 기상은 爽邁之氣
목마른 준마가 샘으로 내닫는 듯하고[309] 逸若驥奔
너그럽고 화락한 모습은 寬樂之容
따스한 봄기운을 옮겨 온 것 같았도다[310] 挹如春溫
의로운 정사를 베풀어 其施也義
인륜에 돈독하였는데 於倫則敦
어찌 세상에 드러나지 못했단 말인가 胡不顯世

309 목마른……듯하고 : 아주 날렵하고 빼어난 기상을 말한다. 원문의 '기분(驥奔)'은 갈기분천(渴驥奔泉)의 약어이다. 당(唐)나라 때의 명필(名筆) 서호(徐浩)가 일찍이 팔체(八體)가 다 갖추어진 42폭의 병풍(屛風)을 썼는데, 초서(草書)와 예서(隸書)가 더욱 뛰어났다. 당시 사람들이 그 서법(書法)을 형용하여 "성난 사자가 돌을 후벼 낸 듯, 목마른 준마가 샘으로 내닫는 듯하다.〔怒猊抉石 渴驥奔泉〕"라고 하였다. 《新唐書 卷160 徐浩列傳》

310 따스한……같았도다 : 화기애애한 분위기를 표현하는 말이다. 송유(宋儒) 정호(程顥)가 홀로 앉아 있을 적에는 석고상(石膏像)처럼 보이다가도, 일단 사람을 접하면 한 덩어리의 화기〔一團和氣〕가 뭉쳐 있는 것처럼 보였다는 유명한 고사가 있다. 《二程全書 卷12》

아 일찍 둔괘의 운명을 만났기 때문이로다[311]	伊早遘屯
몸을 보전하고 관직에 임용된 것은	乃全乃庸
오직 양조[312]의 은혜이고	惟兩朝恩
근신(近臣)으로 신뢰한 것은	視以肺腑
선왕의 은혜로운 말씀이었도다	寧考恩言
내직과 외직을 역임하여[313]	墨綬緋袍
성총(聖寵)을 많이 받았기에	寵錫便蕃
내가 왕위를 계승했을 때	逮予嗣服
특별히 이경으로 발탁하였도다[314]	貳卿特掄
벼슬로 함께 신의를 맺고 길이 집안 보호하여[315]	爵與帶礪

311 둔괘(屯卦)의……때문이로다 : 어렵고 힘든 시기를 만나 가진 재능을 발휘하지 못했다는 의미이다. 《주역》 둔괘는 '감상진하(坎上震下)', 즉 구름이 올라가고 우레가 내려오며 막힌 기운이 통하지 아니하여 비가 내리지 않는다는 의미로, 고난에 빠져서 형통하지 못하는 상황을 비유한다.

312 양조(兩朝) : 영조(英祖)와 정조(正祖)를 말한다.

313 내직과 외직을 역임하여 : 원문의 '묵수(墨綬)'는 동인묵수(銅印墨綬)의 준말이다. 지방관이 동(銅)으로 된 인신(印信)을 검은색 인끈으로 묶어 찼던 데에서 유래하였다. '비포(緋袍)'는 붉은색 비단 도포로, 조정의 고위 관원이 입던 관복을 말한다.

314 특별히 이경(貳卿)으로 발탁하였도다 : 조관진은 1799년(정조23) 공조 참의에 제수되었는데, 순조가 즉위한 뒤에도 이 벼슬이 이어진 듯하다.《正祖實錄 23年 2月 27日》

315 벼슬로……보호하여 : 원문의 '작여(爵與)'는 좋은 벼슬을 매개로 임금과 신하가 믿음을 공유한다는 의미이다. 《주역》의 "우는 학이 음지에 있거늘, 그 새끼가 화답하도다. 내가 좋은 벼슬을 두어, 내 그대와 함께 이에 매여 있노라.〔鳴鶴在陰 其子和之 我有好爵 吾與爾靡之〕"라는 말에서 유래하였다. 《周易 中孚卦 九二》 '대려(帶礪)'는 공신의 집안을 영원히 보호해 준다는 뜻으로, 한 고조(漢高祖) 유방(劉邦)이 개국 공신

사두마차의 영예를 명하였으니	命以駟軒
삼 년간 향관(享官)의 반열에 참여할 때는[316]	三載享班
눈에 늘 눈물 자욱이 남아 있었도다	眼有涕痕
간절한 일편단심을	炳然寸丹
어찌 잊을 수 있겠는가	俾也可諼
아 아름다운 아들[317]이	嗟嗟佳胤
한창 날아오를 시기에 날개가 꺾이고	鎩[318]于方騫
경이 또 멀리 세상을 떠나서	卿又長逝
자주 소식을 전하지 못하였도다	未屢寒暄
만사가 다 지난 자취 되고 말았으니	萬事陳迹
수춘[319]의 들판이로다	壽春之原
내탕고를 열어 특별히 제수를 보내고	帑宣特賵

들을 책봉하면서 "황하가 띠처럼 좁아지고 태산이 숫돌처럼 작아지도록 그대들의 나라가 영원히 존속되어 후손들에게 전해지도록 하리라.〔使河如帶 泰山若礪 國家永寧 爰及苗裔〕"라고 말했던 데서 유래하였다. 《史記 卷18 高祖功臣侯者年表》

316 삼 년간……때는 : 조관진은 1800년(순조 즉위년)에 종척집사(宗戚執事)로 차임되었는데, 1802년에도 효원전 향관(孝元殿享官)으로 봉직한 사실이 보인다. 《純祖實錄 卽位年 4月 7日, 2年 6月 28日》

317 아름다운 아들 : 조관진의 맏아들인 조운익(趙雲翊, 1765~?)을 가리킨다. 자는 군필(君弼)이다. 1798년(정조22) 식년시에 합격하고 1801년 증광시 문과에 급제하였으며, 1802년 한림소시(翰林召試)에 선발되었다. 1804년에는 어사(御史)에 적합한 인물로 추천되기도 하였다.

318 鎩 : 대본은 '단(鍛)'인데, 대본의 교정 첨지(校正籤紙)에 따라 '쇄(鎩)'로 고쳤다. 교정 첨지에 "단(鍛)은 쇄(鎩)의 오서(誤書)인 듯하다. 단은 철을 두드린다〔打鐵〕는 뜻이고 하(鍜)는 목 투구〔項鎧〕이니, 둘 다 의미가 맞지 않는다."라고 하였다.

319 수춘(壽春) : 강원도 춘천(春川)의 옛 이름이다.

예전(禮典)에 따라 이 술잔을 갖추노니	禮蕆泂樽
이 잔을 흠향하기 바라노라	庶幾歆此
어둡지 않은 혼령이 있다면	不昧者存

창릉[320]에 친제를 지낼 때의 제문

昌陵親祭祭文

문덕(文德)을 지니신 영명한 자품이여	思文睿姿
아름다운 말씀을 선포하여 밝히고	德音宣昭
아 찬란하게 제위에 오르시니[321]	於赫龍飛
화봉인(華封人)이 요 임금에게 축원한 일[322]과 같았습니다	如華受堯
태평성대의 시운을 열고	誕撫亨泰
두려운 마음[323]으로 정사를 생각하니	惕若圖理

320 창릉(昌陵) : 조선 제8대 예종(睿宗, 1450~1469, 재위 1468~1469)과 계비(繼妃) 안순왕후(安順王后)의 능으로, 고양시 덕양구 용두동의 서오릉(西五陵) 경내에 있다. 예종의 휘(諱)는 황(晄), 자는 명조(明照), 시호는 양도(襄悼)이고, 1450년(세종32) 수양대군의 둘째 아들로 출생하였다. 1457년(세조3) 왕세자에 책봉되고, 1468년(예종 즉위년)에 즉위했으나 재위 13개월 만에 사망하였다. 재위 중 직전수조법(職田收租法)을 제정하여 둔전(屯田)의 민경(民耕)을 허락하고, 법치주의에 입각한 강력한 왕권을 만들고자 엄격한 통치를 지향하는 등 개혁 정책을 펼치고자 노력하였다.

321 제위에 오르시니 : 원문의 '용비(龍飛)'는 《주역》 〈건괘(乾卦) 구오(九五)〉의 "용이 날아올라 하늘에 있다.〔飛龍在天〕"라는 구절에서 유래하였는데, 보통 임금의 즉위를 비유하는 말로 쓰인다.

322 화봉인(華封人)이……일 : 임금에게 장수와 부귀, 다산(多産) 등을 누리라고 송축(頌祝)하는 것을 말한다. 화(華) 땅의 봉인(封人)이 요(堯) 임금에게 수(壽), 부(富), 다남자(多男子)라는 세 가지로 축도(祝禱)했던 고사가 전한다. 《莊子 天地》

323 두려운 마음 : 부지런하고도 신중한 군자의 마음을 말한다. 《주역》에 "군자가 종일토록 건실히 하여 저녁까지 두려워하는 마음으로 조심하면, 비록 위태로운 지경을 당할지라도 허물이 없게 될 것이다.〔君子 終日乾乾 夕惕若 厲無咎〕"라는 말이 있는데, 여기서 유래하였다. 《周易 乾卦 九三》

찬란하게 빛나는 모훈이여	煌煌謨訓
힘쓰고 힘써 사방의 기강이 되었습니다	勉勉綱紀
육전[324]의 헌장과	憲章六典
오위[325]의 편제(編制)로	範圍五衛
일 년 동안 인정(仁政)을 베푸셨으니[326]	朞月在宥
그 명성 영원히 이어질 것입니다	厥聞永世
선침은 맑고 고요하고	有侐仙寢
길한 언덕이 우뚝한데	吉岡峨巍
후덕한 왕후[327]의 무덤 왼편에 있으니	俔天在左

324 육전(六典) : 이전(吏典), 호전(戶典), 예전(禮典), 병전(兵典), 형전(刑典), 공전(工典)의 육전을 말한다.

325 오위(五衛) : 조선조의 군대 편제로 중위(中衛)인 의흥위(義興衛), 좌위(左衛)인 용양위(龍驤衛), 우위(右衛)인 호분위(虎賁衛), 전위(前衛)인 충좌위(忠佐衛), 후위(後衛)인 충무위(忠武衛)를 말한다. 임진왜란 이후에는 훈련도감(訓鍊都監), 총융청(摠戎廳), 수어청(守禦廳), 어영청(御營廳), 금위영(禁衛營)의 다섯 군문(軍門)으로 개편하였다.

326 인정(仁政)을 베푸셨으니 : 제왕의 어진 덕을 찬미하는 말이다. 《장자》에 "천하를 재유한다는 말은 들었어도 천하를 다스린다는 말은 듣지 못했다.〔聞在宥天下 不聞治天下也〕"라는 구절이 나오는데, 여기서 '재유(在宥)'는 간섭하는 것을 경계하고 방임하는 것을 주장하여 물(物)을 자유에 맡기면 일체가 절로 다스려진다는 뜻이다. 《莊子 在宥》

327 후덕한 왕후 : 원문의 '현천(俔天)'은 하늘에 비길 만한 성덕(聖德)이 있는 여인이란 뜻으로, 예종의 계비인 안순왕후(安順王后)를 가리킨다. 《시경》에 "큰 나라에서 따님을 두셨으니, 하늘에 비길 만한 여인이로다. 납폐의 예(禮)로 그 길상(吉祥) 정하시고, 위수(渭水)에서 친영하사, 배를 만들어 다리를 놓으시니, 그 영광 드러나지 아니할까.〔大邦有子 俔天之妹 文定厥祥 親迎于渭 造舟爲梁 不顯其光〕"라는 구절이 있는데, 이 시는 주(周)나라 문왕(文王)이 태사(太姒)를 친영한 일을 읊은 것이라고 한다. 《詩經 大雅 大明》

가지런한 그 아름다움 드러나지 아니할까	不顯齊徽
매번 보감을 읽을 때마다	每讀寶鑑
존모하는 마음이 일어났는데	興慕于心
미리 재계하고 예를 행하니	夙齋展禮
오르내리는 영령이 임하신 듯합니다	陟降如臨
조심스러운 마음으로 전례(典禮)를 마련하고	周旋怵惕
정갈하게 제수를 올리나니	孔潔豆彝
부디 흠향하시고	冀垂歆顧
저에게 복을 주시되 더디 하지 마소서	錫我不遲

노강서원[328]을 중수하고 이안할 때의 고유문

鷺江書院重修移安告由文

아 선생은	於維先生
바른 기운을 타고난 데다	正氣寔稟
식견이 탁월하고 학문이 깊어	卓識邃學
발군의 역량을 지니고 있었습니다	拔類超品
가정에서 시례의 학업[329] 이어받고	承家詩禮
임금 사랑하는 충성이 과감하여	愛君忠敢
정색을 한 채 바른말을 하였으니	昌言正色

328 노강서원(鷺江書院) : 경기도 의정부시 장암동에 있는 서원으로, 조선 숙종 때의 문신 박태보(朴泰輔, 1654～1689)의 학문과 덕행을 추모하기 위해 1695년(숙종21) 지방 유림의 공의로 건립되었다. 1697년 '노강(鷺江)'이라 사액되고 1754년(영조30) 중건하였다. 원래는 서울 노량진(鷺梁津)에 있었으나 한국전쟁으로 소실되고 1968년 현재의 위치로 옮겨 복원하였다. 박태보의 본관은 반남(潘南), 자는 사원(士元), 호는 정재(定齋), 시호는 문열(文烈)이다. 판중추부사(判中樞府事) 박세당(朴世堂)의 아들로, 당숙인 박세후(朴世垕)에게 입양되었다. 1675년(숙종1) 사마시에 합격하고 1677년 문과에 급제한 후 예조 좌랑, 홍문관 수찬, 사헌부 지평, 사간원 정언, 호남 암행 어사, 파주 목사 등을 역임하였다. 1689년 기사환국 때 인현왕후(仁顯王后)의 폐위를 강력히 반대해 주동적으로 소를 올렸는데, 이로 인해 심한 고문을 받고 진도로 유배 도중 옥독(獄毒)으로 노량진에서 죽었다. 사후 영의정에 추증되고 풍계사(豐溪祠)에 제향되었다. 《정재집(定齋集)》 14권이 전한다.

329 시례(詩禮)의 학업 : 부형으로부터 전승되는 가학(家學)을 말한다. 공자의 아들 리(鯉)가 뜰에서 공자 앞을 빠른 걸음으로 지나다가 공자로부터 시례에 대하여 배웠느냐는 말을 듣고 그에 대한 가르침을 받은 일에서 유래하였다. 《論語 季氏》

직언하며 붉은 난간을 잡고 간하였습니다[330]	諤諤丹檻
아름다운 문장이 조정에 알려져	摛藻掞庭
비단 의상 찬연히 갖추어졌는데[331]	燦燦裳錦
국운이 비색한 때를 만나	邦運遘否
달빛이 가려져 어두워지고 말았습니다	桂輪晦掩
공의 피는 뜨겁게 끓어올랐으니	公血其沸
공의 입이 어찌 다물어져 있었겠습니까	公舌豈噤
상소를 올려 궐문에 호소하다가	尺紙叫閽
벼락 같은 노여움을 사고 말았습니다	霆盪刃凜
온화하게 미소를 띠고서	嘻笑從容
죽음 앞에 두려워하지 않았고	蹈死不懍
마침내 유배 도중 세상을 떠나면서도	遂逝于塗
침석에 계신 듯 편안하였습니다	其安如衽
인륜의 기강이 이에 세워지고	人極乃樹

330 붉은……간하였습니다 : 절조를 굽히지 않고 직간(直諫)을 하였다는 말이다. 한(漢)나라 주운(朱雲)이 괴리 영(槐里令)으로 있으면서 성제(成帝)에게 글을 올려 "상방참마검(尙方斬馬劍)을 주면 아첨하는 신하 장우(張禹)를 베어 나머지 사람들을 경계하겠습니다."라고 간(諫)하였는데, 임금이 노하여 죽이려 하자 주운은 굽히지 않고 버티며 어전(御殿)의 난간을 잡아당겨 부러뜨렸다. 후에 성제는 주운의 말이 옳았음을 깨닫고 부러진 난간을 그대로 두어 직간하는 신하의 본보기로 삼게 하였다.《漢書 卷67 朱雲傳》

331 비단……갖추어졌는데 : 부귀와 공명을 누릴 수 있는 조건이 이미 다 갖추어져 있다는 의미이다. 원문의 '상금(裳錦)'은 《시경》의 "비단옷에 홑옷을 덧입고, 비단치마에 홑치마를 덧입었네.〔衣錦褧衣 裳錦褧裳〕"라는 구절에서 나온 말로, 부인이 성대하게 복식(服飾)을 갖추었다는 뜻이다.《詩經 鄭風 丰》

신하들이 이를 귀감으로 삼았으니	臣道斯範
저 강변에	彼江之干
묘우가 찬란합니다	廟宇剡剡
선생의 풍모를 사모하여	儀刑在慕
제사를 지낼 때면 감흥이 이는데	俎豆興感
묘우가 오래되어	檐楹載舊
계단이 무너지고 흙벽이 퇴색되니	級夷赭黔
중수를 서둘러야 한다고	營修斯亟
많은 사람이 와서 말했습니다	多士來諗
공역이 이미 길일을 받아	工旣諏辰
이안제를 지내야 하니	禮宜移禫
무엇을 마련해 올려야 합니까	何以薦之
난초와 지초를 꺾어 바칩니다	蘭搴芷擘
글을 올려 삼가 고하노니	陳辭敬告
부디 담박한 이 술을 흠향하소서	冀歆醴淡

신완구(申宛丘)[332]가 말하기를 "중수 고유문(重修告由文)은 이렇게 서술하

332 신완구(申宛丘) : 신대우(申大羽, 1735～1809)이다. 본관은 평산(平山), 자는 의부(儀夫), 경상북도 청도 출신이다. 우승지 신택하(申宅夏)의 손자이고 의영고 판관(義盈庫判官) 신성(申晟)의 아들로, 양명학(陽明學)의 거두(巨頭) 정제두(鄭齊斗)의 손자사위가 되어 그의 문하에서 공부하였다. 이덕윤(李德胤), 이광려(李匡呂), 남건복(南建福), 이영익(李令翊), 이충익(李忠翊) 등과 교유하였다. 1784년(정조8) 음보(蔭補)로 선공감역(繕工監役)에 기용된 후 세자익위(世子翊衛), 우부승지, 오위도총부부총관(五衛都摠府副摠管), 동지의금부사, 공조 참판, 동지중추부사, 동지돈녕부사 등을 거쳐 호조 참판에 올랐다. 1809년(순조9) 호조 참판을 사직하고 성천 도호부사(成川都護府使)로 있던 아들 신현(申絢)을 따라 성천으로 갔다가, 그해 11월 22일 성천 관아

면 안 됩니다. 또 이 고유문은 험운(險韻)을 사용하였습니다. 창려(昌黎)[333]도 어려운 운〔硬韻〕을 즐겨 사용했지만 이런 운자를 쓰지는 않았습니다.……" 하였기 때문에 고쳐 지었다.

에서 세상을 떠났다. 12월에 광주(廣州) 사촌(社村)에 장사 지냈다. 시문(詩文)과 서예(書藝)에 능하였다. 저서에 《완구유집(宛丘遺集)》 10권 2책이 전한다.

333 창려(昌黎) : 당나라의 문학가이자 사상가인 한유(韓愈)를 가리킨다. 창려는 그의 호이다.

노강서원을 중수할 때의 고유문

鷺江書院重修告由文

큰 강 물가에	大江之干
우뚝 선 사당이 있는데	有祠巋然
영령이 깃든 곳으로	英靈攸芋
그 광채 하늘을 비추니	其光燭天
인륜 기강이 실추되지 않는 한	人紀罔墜
이 사당 허물어지지 않을 것입니다	此廟不騫
탁월한 식견 깊은 학문으로	卓識邃學
정색을 한 채 바른말을 하고	正色昌言
한 번 죽어 분수에 편안했으니	一死吾分
만고에 명성이 자자할 것입니다	萬古名飛
이곳을 지나는 아녀자들	婦孺過者
머리를 조아리고 눈물을 흘립니다	稽首墮洟
묘우가 오래되어	檐楹載舊
흙벽이 퇴색하고 계단이 무너지니	堊漫級夷
중수를 서둘러야 한다고	營修斯亟
유생들이 탄식하였습니다	章甫齎咨
공역이 이미 길일을 받아	工旣諏辰
권안례를 행해야 하니	禮宜權安
글을 올려 삼가 고하고	陳詞敬告
향기로운 제수를 올립니다	羞我椒蘭

환안할 때의 고유문

還安告由文

날아갈 듯 우뚝한 저 묘우를	翼翼廟貌
아름답게 다시 단장하고	載新奐輪
경건하게 영령을 봉안하니	是虔是妥
지금 이렇게 좋은 날입니다	于玆穀辰
어찌 공경하지 않겠습니까	曷其不敬
우리와 천성을 함께하였습니다	同我秉彝
우뚝한 이 동량 무너지지 않고	崇棟不陊
영원토록 이어지기를 바랍니다	永無窮期

깃발에 대한 제문

祭旗文

평안 감사로 있을 때[334] 지은 글이다.

아득한 옛날 병법을 운용할 때	邃古爲兵
모양을 숭상하여 기물을 만들었는데[335]	尙象制器
깃발을 가지고 눈을 통솔하니[336]	旗以威目
육사[337]가 주목하는 기물이었도다	六師所視
오행(五行)과 오악(五岳)의 상서로움으로	氣五陵五

334 평안……때 : 저자는 1808년(순조8) 9월 21일 평안 감사에 제수되고 1809년 2월 2일 홍문관 대제학으로 옮겼다가, 다음 날 정사(政事)에서 다시 본직인 평안 감사에 유임되었다. 1810년 4월 11일 규장각 제학이 되어 조정으로 돌아올 때까지 3년간 평안 감사로 있었다. 《純祖實錄》

335 모양을……만들었는데 : 《주역》에 "역에는 성인의 도가 네 가지 있으니, 이것을 써서 말하는 자는 그 언사(言辭)를 숭상하고, 이것을 써서 움직이는 자는 그 변화를 숭상하고, 이것을 써서 기물을 만드는 자는 그 모양을 숭상하고, 이것을 써서 점을 치는 자는 그 점괘를 숭상한다.〔易有聖人之道四焉 以言者尙其辭 以動者尙其變 以制器者尙其象 以卜筮者尙其占〕"라는 말이 있는데, 여기서 유래하였다. 《周易 繫辭傳上》

336 깃발을……통솔하니 : 《오자(吳子)》에 "대저 비고와 금탁은 귀를 통솔하는 기물이고, 정기와 휘치는 눈을 통솔하는 기물이고, 금령과 형벌은 마음을 통솔하는 규율이다. 귀는 소리에 통솔되니 맑지 않아서는 안 되고, 눈은 색에 통솔되니 밝지 않아서는 안 되고, 마음은 형벌에 통솔되니 엄하지 않아서는 안 된다.〔夫鼙鼓金鐸 所以威耳 旌旗麾幟 所以威目 禁令刑罰 所以威心 耳威於聲 不可不淸 目威於色 不可不明 心威於刑 不可不嚴〕"라는 말이 있는데, 여기서 유래하였다. 《吳子 論將》

337 육사(六師) : 천자가 통솔하는 여섯 대(隊)의 군사로, 일사(一師)는 2500명이다.

다섯 방향에 큰 기를 세우니[338]	大于五方
그려 넣은 그림이 무엇이런가	作繪伊何
용 그림 새 그림에	龍文鳥章
범이 있고 거북이 있으며	有虎有龜
뱀의 형상이 선명하였도다	維蛇央央
아 위대한 신령이시여	於赫神官
여기에 깃들어 권병을 주관하니	居所司柄
그 모습 매우 용맹하여	厥像孔武
위엄과 덕망을 견줄 곳 없습니다	威德無競
높이 흔들어 호령하고	高惟用招
자리에 따라 비추어 주며[339]	隨位照之
사정[340]의 문에 문기[341]를 세우고	厥門四正

338 다섯……세우니 : 오방기(五方旗), 즉 동쪽의 청룡기(青龍旗), 서쪽의 백호기(白虎旗), 남쪽의 주작기(朱雀旗), 북쪽의 현무기(玄武旗)와 중앙의 등사기(騰蛇旗)가 포진된 광경을 묘사한 말이다. 청룡기는 진영의 왼쪽 문에 세워서 좌군(左軍)을 지휘하고, 백호기는 오른쪽 문에 세워 우군(右軍)을 지휘하고, 주작기는 전문에 세워 전군(前軍)을 지휘하고, 현무기는 후문에 세워 후군(後軍)을 지휘하고, 등사기는 중앙에 세워 중군(中軍)을 지휘한다. 훈련이나 전투 시에 주장(主將)이 고초기(高招旗)와 함께 해당 방위의 오방기를 꽂으면 해당 방위의 영(營)에서 깃발의 신호에 따라 움직인다.

339 높이……주며 : 고초기(高招旗)의 운용을 묘사하는 말이다. 이는 오방기와 함께 운용하여 해당 방위의 부대를 지휘하고 호령하는 깃발로서, 기면(旗面)은 동·서·남·북·중앙의 다섯 방위에 따라 푸른빛·흰빛·붉은빛·검은빛·누른빛으로 나타내고 팔괘(八卦)를 그렸다. 방진을 세운 후 그 내표(內表)에 세우고 행로를 가르거나 합치는 신호로 사용한다. 고조기(高照旗)라고도 한다.

340 사정(四正) : 감(坎)·이(離)·진(震)·손(巽), 즉 동·서·남·북의 정방위(正方位)를 말한다.

사유[342]의 모서리에 각기[343]를 세웠도다	厥角四維
호익[344]이 깃대 교차하여 문을 만드니	虎翼叉桿
표미기[345]가 그 속에 자리를 잡고	豹尾居內
청도기[346]가 띠풀을 뽑듯이 길을 치우니[347]	淸道如茅

341 문기(門旗) : 방진을 세운 후 각 방위의 중간에 문을 내고 그 문 좌우에 세우는 깃발이다. 조선 시대 각 군영의 방진은 외곽인 외루(外壘)의 각 방위에 문 1개씩, 내곽인 자벽(子壁)의 남쪽에 1개소의 문을 내도록 규정되어 있으니, 문기는 모두 10개를 준비한다. 기면은 다섯 방위에 따라 푸른빛, 흰빛, 붉은빛, 검은빛, 누른빛이고 언저리는 모두 황색인데, 익호(翼虎)를 그렸다.

342 사유(四維) : 건(乾) · 곤(坤) · 간(艮) · 손(巽), 즉 서북 · 서남 · 동북 · 동남의 간방(間方)을 말한다.

343 각기(角旗) : 방진의 외루를 설치할 때 각 모서리〔角〕에 한 쌍씩 세우는 깃발로, 수효는 모두 10개를 준비한다. 색깔은 두 방위에 따라 위아래 각각 다른 색깔을 띠도록 되어 있는데, 동남쪽 모서리일 경우 남쪽 방향에는 남동각기(南東角旗)를 세워 남쪽을 상징하는 홍색을 위에 칠하고 청색을 아래에 칠하며, 동쪽 방향에는 동남각기(東南角旗)를 세워 동쪽을 상징하는 남색을 위에 칠하고 홍색을 아래에 칠하였다. 각 병졸은 모두 기에 따라서 진영을 이룬다.

344 호익(虎翼) : 범이 가운데에 위치하여 좌우로 날개를 펴고 적을 압도하는 것과 같은 진법(陣法)의 이름으로, 흔히 육군(陸軍)의 병졸을 가리킨다.

345 표미기(豹尾旗) : 비단을 잘라 표범의 꼬리 모양으로 만든 군기(軍旗)로, 길이는 7척이고 깃대의 길이는 9척이며 깃대에는 꿩의 꼬리〔雉尾〕로 장식하고 끝에는 날카로운 칼날을 달았다. 이 기는 표범의 위엄을 상징하여 사람들이 함부로 움직이지 못하게 하는 것으로, 표미기를 세운 곳에는 영전 · 영기 등을 가진 자를 제외하고는 함부로 엿보거나 출입하지 못하였고 이를 어기면 군법으로 다스렸다.

346 청도기(淸道旗) : 행군 시에 군의 선두에 잡고 나아가는 깃발로 부대를 인도하는 역할을 한다. 또 교장(敎場)에서 훈련 시에는 초관 이상의 장관(將官), 기총, 대장 등을 인도하여 총지휘관이 있는 장대(將臺)로 나아가 명령을 들을 때 선도가 되는 역할을 하기도 한다. 그 제도는 사방 4척이고 깃대의 길이는 8척이며 중앙은 남색, 가장자리

금고기[348]가 바람에 휘날리도다	金鼓旆旆
형명[349]에는 하나의 교룡기[350]를 쓰고	形名一龍
좌둑기[351]가 다섯 방향에 휘날리니	坐纛五斿
새 깃을 잘라 깃대를 장식하고	析羽注首
수술 묶어 달고 붉은 옻칠을 하였도다[352]	組絡丹髹

는 홍색이다. 깃대 끝에는 꿩의 꼬리〔雉尾〕 장식을 달고 깃발 중앙에 '청도(淸道)'라는 글자를 써넣었다.

347 띠풀을……치우니 : 깨끗이 길을 치운다는 의미이다. 띠풀은 뿌리가 연해 있어서 하나를 뽑으면 무더기로 딸려 오기 때문에 그렇게 말한 것이다. 《주역》 〈태괘(泰卦)〉에 "띠풀의 뿌리를 뽑는 형상이어서 무더기로 올라오니 길하다.〔拔茅茹 以其彙征 吉〕"라고 하였는데, 정자(程子)가 전(傳)에서 "군자의 진출은 반드시 무리들과 서로 끌어 주는 것이 띠풀의 뿌리 같으니, 하나를 뽑으면 연달아 딸려 올라온다."라고 하였다. 《周易 泰卦 初九》

348 금고기(金鼓旗) : 중군(中軍)의 군악대 바로 앞쪽에 위치하여 징과 북 등 군악기를 인도하는 깃발로, 취타수(吹打手)들의 좌작진퇴(坐作進退)를 지휘한다. 그 제도는 사방 6척이고 깃대의 길이는 12척이며 중앙은 황색이고 가장자리는 홍색이며 중앙에 사방 2척의 검은 글씨로 금고(金鼓)라는 글자를 써넣었다.

349 형명(形名) : 깃발과 북 등을 울려서 군대의 여러 가지 행동을 지시하던 신호법으로, 정(旌)과 기(旗)를 '형(形)'이라 하고, 금(金)과 고(鼓)를 '명(名)'이라 한다. 또는 거기에 쓰이는 기물을 가리키는 경우도 있고, 그 기물을 가지고 지휘하는 사람, 즉 형명수(形名手)를 의미하기도 한다.

350 교룡기(交龍旗) : 주장(主將)이 군대를 열병(閱兵)할 때 오영(五營)의 군사를 지휘하는 깃발로, 누른 바탕에 용과 구름 문양을 그리고, 가장자리에는 화염(火焰)을 상징하는 붉은 헝겊을 달았다.

351 좌둑기(左纛旗) : 행군 시에는 주장(主將)의 뒤에 서고 멈추어 있을 때는 장대(將臺)의 앞 왼편에 위치하는 깃발이다. 바탕은 흑색이고 언저리는 백색이며 중심에서부터 태극(太極), 8괘(卦), 낙서(洛書)를 그렸다. 또 5색의 띠를 달아 동, 서, 남, 북, 중의 5방(方)에 응하고 이십팔수(二十八宿)에 연(演)한다.

점고하고 단련하고	以點以磨
움직이고 세우기를 이 깃발로써 하니	以動以豎
위대하도다 그 영령이여	濯濯厥靈
바람을 불러오고 비를 그치게 하였도다	麾風偃雨
도도하게 흘러가는 대동강 가에	浿水浮浮
장십부[353]의 군정(軍丁)을 편성하고	壯夫十部
포상[354]에서 경계를 취하여	監于苞桑
이에 그 병법을 강구하였도다	爰講其武
그 깃발을 새로 제작하여	載新其旗
기면을 꾸미고 무늬를 수놓고	織章績綵
군진의 담장에 세워 두니	樹之于壝
그 담장 시원스레 탁 트였도다	其壝有塏
깃발이 무지개인 양 구름인 양	如霓如雲

352 새 깃을……하였도다 : 영두(纓頭), 주락(朱絡), 치미(雉尾) 등 깃발을 치장하는 장식물이다. 영두는 끝에 수술이 달려 있는 장식용 끈이고, 주락은 낙마(駱馬)의 붉은 갈기나 붉은 실로 만든 장식으로, 깃발의 윗부분에 단다. 치미는 꿩의 꽁지깃을 모아 묶어서 깃대 따위의 끝에 꽂는 장식이다.

353 장십부(壯十部) : 평안 병영(平安兵營)에 두었던 별무군(別武軍)의 다른 이름이다. 평안 감영에는 원래 착호군(捉虎軍) 5000명이 있었는데, 1696년(숙종22)에 오부(五部)를 증설하여 10부(部)로 편성하였다. 《純祖實錄 14年 2月 26日》

354 포상(苞桑) : 미리 예방하여 안전을 도모한다는 의미이다. 포(苞)는 총생(叢生)함을 이르는데, 뽕나무는 총생하여 그 밑동이 무척 견고하므로 이렇게 말한 것이다. 《주역》〈비괘(否卦)〉에 "비색함을 그치게 하는지라 대인의 길함이니, 망할까 망할까 하고 두려워하여야 총생하는 뽕나무에 매어 놓은 듯 튼튼해지리라.〔休否 大人吉 其亡其亡 繫于苞桑〕"라고 하였는데, 여기서 유래하였다. 《周易 否卦 九五》

하늘을 덮을 듯이 펄럭이는데 飛揚掩藹
가지런하고 찬란하게 늘어서 있으니 正正煒煒
성벽과 성루가 정채를 발하도다 壁壘精彩
생돼지를 사당에 올리고 生彘載房
감주와 좋은 제수를 갖춘 다음 稻醴嘉旨
고건[355]이 머리를 조아리니 櫜鞬稽首
북소리 크게 울려 퍼지도다 伐鼓駭駭
신명이 강림하고 神之格思
숙연한 바람이 불어오니 肅然風來
산처럼 높고 물처럼 맑은 깃발이여 山高水淸
길이 변경에 위의를 떨치기 바라노라 永威邊垓

355 고건(櫜鞬) : 군진(軍陣)의 장수를 의미한다. 고(櫜)는 화살을 담는 화살집이고 건(鞬)은 활을 담는 활집이다. 춘추 시대에 진 문공(晉文公)이 초자(楚子)에게 "만약 명을 받지 않는다면 왼쪽에는 채찍과 활을 잡고 오른쪽에는 화살집과 활집을 가지고 당신과 한판 싸울 것입니다."라고 하였다. 《春秋左氏傳 僖公23年》

완구 신공에 대한 제문

祭宛丘申公文

1809년(순조9) 12월 4일은 고(故) 참판 완구(宛丘) 신대우(申大羽) 공(公)의 영구(靈柩)가 성도(成都) 관아에서 출발하여 생양(生陽)[356]의 길을 지나는 날입니다. 저는 당시[357] 공무에 매여 직접 장례에 참석하지는 못하고 막좌(幕佐)를 대신 보내 삼가 제수를 갖추게 한 다음, 아래와 같이 제문으로 아룁니다.

오호라	嗚呼
옛날 공이 찾아왔을 때는	昔公來思
내가 대동강에서 맞이했는데	我迎于浿
지금 공이 돌아갈 때는	今公歸止
이곳 경계로 사람 보내 술잔을 올리게 합니다	伻酹于界
동고동락한 시간이 그 얼마였습니까	悲歡幾時
저로 하여금 눈물을 흘리게 합니다	使我隕涕
고상한 대인이 멀리 떠남에	大雅云遠
일어나 은거하는 이[358]가 드물어지니	作者蓋希

356 생양(生陽) : 평안도(平安道) 중화군(中和郡) 서쪽 2리에 있는 역(驛)이다.

357 당시 : 저자는 1808년(순조8)부터 1810년까지 3년간 평안 감사로 있었다. 238쪽 주334 참조.

358 일어나 은거하는 이 : 공자(孔子)가 은거하는 일에 대해 말하면서 "일어나 은거한

하리[359]를 호[360]로 의심하고	下里疑頀
질장군과 이준(彝樽)을 혼동하였습니다[361]	瓦缶混彝
한 분의 철장[362]이 나와	一有哲匠
홀로 참 지식을 보전하였으니	獨葆眞知
하늘이 이분을 낳아	天生是人
사문을 지탱하게 한 것입니다	以維斯文
선현들은 이미 세상을 떠나고	前輩旣沒
오직 공만이 남았으니	緊惟公存
오경을 근본으로 하고	原本五經
백가를 널리 참고하였습니다	演迤百家
심오한 이치를 발명하고	發之甚奧

자가 일곱 사람이다.〔作者七人矣〕"라고 하였는데, 그 주(註)에서 "작(作)은 일어나는 것이니, 일어나 은거하려고 떠나간 자가 지금 일곱 사람임을 말씀한 것이다.〔作起也 言起而隱去者 今七人矣〕"라고 하였다. 《論語 憲問》

359 하리(下里) : 춘추 시대 초(楚)나라의 격조가 낮고 대중적인 노래 하리파인(下里巴人)을 말한다. 송옥(宋玉)의 〈대초왕문(對楚王問)〉에 "어떤 사람이 초나라의 수도 영(郢)에서, 처음에 하리파인을 부르자 그 소리를 알아듣고 화답하는 사람이 수천 명이었고, 다음으로 양아해로(陽阿薤露)를 부르자 화답하는 사람이 수백 명으로 줄었고, 다음으로 양춘백설(陽春白雪)을 부르자 화답하는 사람이 수십 명으로 줄었다."라는 내용이 있는데, 여기서 유래한 말이다. 《文選 卷45》

360 호(頀) : 은(殷)나라 탕왕(湯王)의 음악 이름이다.

361 질장군과 이준(彝樽)을 혼동하였습니다 : 좋고 나쁜 사물에 대한 인식이 전도된 상황을 비유한 말이다. 이(彝)는 종묘에 제사 지낼 때 쓰는 주기(酒器)로, 질장군과는 좋고 나쁜 차이가 매우 크기 때문에 이렇게 말한 것이다.

362 철장(哲匠) : 지혜가 명철하고 재능이 탁월한 사람을 의미하는 말로, 여기서는 신대우(申大羽)를 가리킨다.

무궁한 의리를 탐구하니	探之莫涯
성대한 복식에 홑옷을 덧입은 듯하고[363]	裳錦絅章
채색 옥이 맑게 빛나는 듯하였습니다[364]	孚尹粲葩
무릇 우리 사림은	凡我詞林
공을 믿어 근본으로 삼았는데	恃爲根柢
공께서는 조금 더 머물지 않고 떠나시니	公不少留
적막한 이 세상에 누가 공을 잇는단 말입니까	寥寥誰繼
하늘의 뜻은 무엇이란 말입니까	天意如何
어찌하여 공을 데려갔습니까	云胡不慭
풍채가 훤칠한 석인이요	碩人之頎
과묵하고 침착한 군자였습니다	君子之訒
규문 안에서도 조정에 있는 것처럼	閨門若朝
옷차림이 단정하였고	衣裘有襜

363 성대한……듯하고 : 군자(君子)의 도(道)는 성대하게 잘 갖추어져 있지만, 다 드러내지 않고 은은하게 가리어져 있다는 말이다. 《중용장구(中庸章句)》 제33장에서 《시경》의 "비단옷을 입고 홑옷을 덧입는다.〔衣錦尙絅〕"라는 구절을 인용하면서 "그 문채가 너무 드러남을 싫어해서이다. 그러므로 군자의 도는 은은하되 날로 드러나고, 소인의 도는 선명하되 날로 없어지는 것이다.〔惡其文之著也 故君子之道 闇然而日章 小人之道 的然而日亡〕"라고 하였는데, 여기서 유래한 말이다.

364 채색……듯하였습니다 : 미덥고 바른 덕이 사방에 퍼져 사람들이 그 교화를 입었다는 말이다. 공자(孔子)가 "대저 옛날에 군자는 덕을 옥에 비겼으니, 온윤하되 윤택함은 인이요……부윤이 사방에 두루 이름은 신이다.〔夫昔者 君子比德於玉焉 溫潤而澤 仁也……孚尹旁達 信也〕"라고 하였는데, '부윤(孚尹)'의 의미를 정현(鄭玄)은 "옥의 채색을 말한다."라고 하였고, 육전(陸佃)은 "신정(信正)과 같다."라고 하였다. 《禮記 聘義》

임금에게 지우(知遇)를 입어　受知聖主

낭잠[365]에서 크게 발탁되었습니다　奮自郎潛

강석에서는 의젓하였고[366]　講席委蛇

높은 벼슬에 참여하였으며[367]　縻之金貂

세 아들[368]이 어질어　三胤皆賢

멀리 유업을 이었으니　遺羸遙遙

문장에 능하고 명운이 순탄하여　文章命達

진실로 화락한 군자였습니다　展也豈弟

돌아보건대 저 후생은　顧我後生

만년에야 공을 뵈었는데　拜公晩歲

공이 말하길 만나지 않아도　公言未見

이미 뜻이 맞아서　已有相契

365 낭잠(郎潛) : 관운(官運)이 트이지 않아 오래도록 미관말직에 머무는 상태를 가리킨다. 한(漢)나라 안사(顔駟)가 문제(文帝) 때 낭관이 된 뒤로, 경제(景帝)를 거쳐 무제(武帝) 시대에 이르기까지 그대로 낭관에 머물렀던 고사에서 유래한 말이다.《古今事文類聚 前集 卷44 顔駟不遇》

366 의젓하였고 :《시경》에 "물러와서 먹기를 공소(公所)로부터 하니, 의젓하고 의젓하도다.〔退食自公 委蛇委蛇〕"라는 구절이 있는데, 그 주(註)에서 "위사(委蛇)는 자득(自得)한 모양이다."라고 하였다.《詩經 召南 羔羊》

367 높은 벼슬에 참여하였으며 : 원문의 '금초(金貂)'는 한(漢)나라 때 시중(侍中)이나 중상시(中常侍) 등이 금당(金璫)과 초미(貂尾)로 관(冠)을 장식했던 데서 유래하여, 흔히 고관(高官)을 가리킨다. '미지(靡之)'는 좋은 벼슬을 매개로 임금과 신하가 믿음을 공유한다는 의미로,《주역(周易)》의 "우는 학이 음지에 있거늘, 그 새끼가 화답하도다. 내가 좋은 벼슬을 두어, 내 그대와 함께 이에 매여 있노라.〔鳴鶴在陰 其子和之 我有好爵 吾與爾靡之〕"라는 말에서 유래하였다.《周易 中孚卦 九二》

368 세 아들 : 신대우(申大羽)의 아들 신진(申縉), 신작(申綽), 신현(申絢) 3형제이다.

그대에게 끌리는 마음은	傾嚮于子
책 속의 벗을 대하는 듯하다 하였거니와	如在卷中
저는 공을 만난 뒤로	自我旣覯
몽매함을 많이 깨우쳤습니다	多發蔀蒙
흠모하고 탄복하는 저의 심정은	情所慕服
분수에 지나친 장려를 받았으니	謬辱奬許
글에서 뿐만이 아니라	非直也文
옛사람에게서 찾았다 할 것입니다	宜求於古
훌륭한 공의 말씀 가슴에 새기기를	佩公緖言
법도를 얻은 듯이 하고	若獲繩矩
정밀한 공의 필치 경건히 받들기를	敬公筆精
보배를 감싸듯이 하였습니다	若護璜琥
공과 저는 벼슬살이를	公我宦遊
서쪽에서 많이 하였기에	多在于西
강과 산에서	于江于嶽
서로 왕래하였습니다	有朅有來
올해 여름 공이 성천으로 왔을 때	維夏公西
판여가 찬란히 빛났으니[369]	有煌板輿

369 올해……빛났으니 : 1809년(순조9) 호조 참판을 사직하고 성천 도호부사(成川都護府使)로 있던 아들 신현(申絢)을 따라 성천으로 갔던 일을 두고 한 말이다. '판여(板輿)'는 부들방석을 깐 노인용 수레로, 부모를 맞이하여 봉양하는 것을 말한다. 진(晉)나라 반악(潘岳)의 〈한거부(閑居賦)〉에 "모친을 판여에 모시고 가벼운 수레에 태워 드린 다음, 멀게는 경기 지방을 유람하고 가까이는 집안 뜰을 소요한다.〔太夫人乃御板輿 升輕軒 遠覽王畿 近周家園〕"라는 구절이 있다.

선(善)으로 가르쳐 아들이 선을 행하게 된 점[370]이	行似之穀
공의 글을 받아 보는 것보다 더 기뻤습니다	榮踰惠疏
저에게 아름다운 손님이 있어	我有嘉賓
주연을 베풀어 즐겁게 하였는데	式讌以娛
이름난 누대에서 관현악 연주하고	名樓絲管
강호에서 회나무 노를 저었습니다[371]	檜楫江湖
흔연히 회포를 푼 다음	欣然敍闊
저에게 안색에 여유가 있다 하였습니다	語我顔腴
내가 서쪽에 있는 것을 기뻐한 이유는	喜我西爲
오직 공의 아들이 가까이 있기 때문이었습니다	曰惟子故
가을에 공을 찾아뵈었을 때는	仲秋造謁
관찰사의 직무를 수행[372]하던 길이었습니다	來宣其路

370 선(善)으로……점 : 공이 자기 몸을 선(善)하게 수양했을 뿐 아니라, 선으로 아들을 가르쳐서 아들도 선을 행하게 했다는 의미이다. 《시경》에 "언덕 가운데 콩이 있거늘 서민들이 거두도다. 뽕나무 벌레가 새끼를 두거늘 나나니벌이 업어 가도다. 네 아들을 잘 가르쳐서 선(善)을 써서 너와 똑같게 하라.〔中原有菽 庶民采之 螟蛉有子 蜾蠃負之 教誨爾子 式穀似之〕"라는 구절이 있는데, 여기서 유래하였다. '명령(螟蛉)'은 뽕나무 벌레의 유충인데, 나나니벌이 이것을 업어다 제 새끼로 만든다고 한다. 《詩經 小雅 小宛》

371 회나무 노를 저었습니다 : 강호에서 뱃놀이를 즐긴다는 의미이다. 《시경》에 "기수가 유유히 흐르니, 회나무로 만든 노이며 소나무로 만든 배로다. 이것을 타고 나가 놀아서, 나의 근심을 쏟아 볼까.〔淇水滺滺 檜楫松舟 駕言出遊 以寫我憂〕"라는 구절이 있는데, 여기서 유래한 말이다. 《詩經 衛風 竹竿》

372 관찰사의 직무를 수행 : '내선(來宣)'의 '선(宣)'은 왕정(王政)을 편다는 뜻으로, 관찰사가 되어 그 직무를 수행한다는 의미이다. 《시경》에 "왕께서 소호를 명하사, 와서 두루하며 와서 베풀게 하시다.〔王命召虎 來旬來宣〕"라는 구절이 있는데, 여기서 유래하였다. 《詩經 大雅 江漢》

선관[373]에는 풍악이 울려 퍼지는데	仙館樂嘈
배 타고 무협[374]을 거슬러 올라가니	巫峽舟泝
소음[375]이 온화하게 울려 퍼지는 자리에서	沖度韶音
저를 경포[376]에 앉게 하였습니다	坐我瓊圃
인사하고 돌아온 지 삼 개월 만에	辭還三月
이에 부고가 이르렀습니다	迺以訃至
부벽루는	浮碧之樓
내가 중수하고 공이 기문을 지었는데[377]	我修公記
아아 이 글을 짓고 붓을 놓았으니	嗟嗟絶筆
그 정수를 더욱 잘 볼 수 있습니다	彌見精粹
공의 죽음은 유감이 없어서	公逝無憾

373 선관(仙館) : 성천(成川) 감영을 가리킨다. 신대우(申大羽)의 아들 신현(申絢)이 1808년(순조8) 성천 도호부사(成川都護府使)로 부임하여, 1809년에 부친을 성천으로 모셔 갔기 때문에 이렇게 말한 것이다.

374 무협(巫峽) : 중국 양자강 상류에 있는 삼협(三峽)의 하나로, 험준하고 빼어난 풍광으로 이름난 곳이다. 여기서는 성천의 아름다운 산천을 비유한 말로 보인다.

375 소음(韶音) : 소(韶)는 순(舜) 임금의 음악 이름으로, 태평성대의 소리를 뜻한다. 《서경》에 "소소를 아홉 번 연주하자 봉황이 와서 춤을 추었다.〔簫韶九成 鳳凰來儀〕"라는 구절이 있다. 《書經 益稷》

376 경포(瓊圃) : 요포(瑤圃)와 같은 말이다. 신선이 사는 동산으로, 귀한 자리를 의미한다. 당(唐)나라 이교(李嶠)의 〈상청휘각우설(上淸暉閣遇雪)〉에 "이는 바로 신선이 경포를 대한 격이니, 무엇하러 옛 자취 찾아 요지로 가겠는가.〔卽此神仙對瓊圃 何須轍跡向瑤池〕"라는 구절이 있다.

377 부벽루는……지었는데 : 저자가 평안 감사로 있을 때 부벽루(浮碧樓)를 중수하고 신대우가 그 기문을 지었는데, 신대우의 《완구유집(宛丘遺集)》 권4에 〈부벽루중수기(浮碧樓重修記)〉라는 제목으로 실려 있다.

조화에 순응하여 가셨거니와[378]	適去順也
남은 사람은 뉘에게로 돌아간단 말입니까	餘生誰歸
어찌 눈물을 쏟아 내지 않겠습니까	曷不沱瀉
저는 공을 슬퍼하는 것이 아니라	我不悲公
함께할 이가 없음을 슬퍼하는 것입니다	悲我寡諧
유풍과 여운을 우러러봐도	瞻望遺韻
이제는 옛일이 되어 따를 수 없는데	如古莫追
영구가 생양을 지나는 날에	柩過生陽
또한 와서 조문도 못 하였습니다	亦違攀輀
공께서는 저의 글을 좋아하셨으니	公喜我文
제가 어찌 말이 없을 수 있겠습니까	我豈無言
저의 이 마음으로	以我此心
저의 이 술을 올리고	與我斯罇
삼가 제수를 갖추어 대신 아뢰게 하며	敬奠替告
공의 영구를 잠시 멈추게 합니다	爲住靈旛
부디 흠향하소서	尙饗

378 조화에 순응하여 가셨거니와 : 지극한 도(道)를 가진 사람의 죽음을 형용한 말이다. 노담(老聃)이 죽었을 때 그의 벗인 진실(秦失)이 말하기를 "마침 태어난 것은 그가 때맞춰 온 것이요, 마침 가는 것은 그가 조화에 순응하여 가는 것이다. 때에 편안하고 조화에 순응하여 슬픔과 즐거움이 그의 마음에 들어갈 수 없으니, 옛날에 이것을 일러 상제가 매인 것을 풀어 주는 것이라고 하였다.〔適來夫子時也 適去夫子順也 安時而處順 哀樂不能入也 古者 謂是帝之懸解〕"라고 하였는데, 여기서 유래하였다. 《莊子 養生主》

송천서원[379]에서 약천 선생[380]을 추향할 때 의례적으로 쓰는 축문

松泉書院藥泉先生追享例用祝文

도덕과 경륜을 갖추고	道德經綸
충절과 문장이 드높아	忠節文章
높은 하늘에 하나의 새 깃[381]과 같았으니	一羽雲霄

379 송천서원(松泉書院) : 충청북도 청주시 청원군 오창읍 양지리에 있는 서원이다. 1695년(숙종21) 지방 유림의 공의로 옥산면 송천리에 건립하여, 김사렴(金士廉)·최유경(崔有慶)·이정간(李貞幹)·박광우(朴光佑)·이지충(李之忠)·조강(趙綱)·이대건(李大建) 등을 배향하였다. 1711년에 '송천(松泉)'이라고 사액되었다. 그 뒤 이제신(李濟臣)·이인혁(李寅爀)·최석정(崔錫鼎)·남구만(南九萬)·박문수(朴文秀)·이종성(李宗城)·이효석(李孝碩)·김여량(金汝亮)을 추가 배향하였다. 대원군의 서원철폐령으로 1871년(고종8)에 훼철되었다가 1975년 현재의 위치에 복원하였다.

380 약천(藥泉) 선생 : 남구만(南九萬, 1629~1711)을 말한다. 본관은 의령(宜寧), 자는 운로(雲路), 호는 약천·미재(美齋), 시호는 문충(文忠)이다. 개국 공신 남재(南在)의 후손으로, 동춘당(同春堂) 송준길(宋浚吉, 1606~1672)의 문하에서 수학하였다. 1651년(효종2) 진사시에 합격하고, 1656년 별시 문과에 급제하였으며, 1659년 홍문록에 올랐다. 교리, 대사성, 안변 부사, 함경도 관찰사, 형조 판서 등을 거쳐 영의정에 올랐다. 숙종 당시 정치 운영의 중심인물로서, 정치·경제·형정·군정·인재 등용·의례(儀禮) 등 국정 전반에 걸쳐 경륜을 폈을 뿐만 아니라 문장에 뛰어나 책문(冊文), 반교문(頒教文), 묘지명 등을 많이 썼다. 숙종의 묘정(廟庭)에 배향되고, 강릉의 신석서원(申石書院), 종성(鐘城)의 종산서원(鐘山書院), 청주의 송천서원(松泉書院), 무산(茂山)의 향사(鄕祠) 등에 배향되었다. 저서로는 《약천집(藥泉集)》 34권 17책과 《주역참동계주(周易參同契註)》 등이 전한다.

381 높은……깃 : 만고(萬古)의 역사에 명성이 독보적으로 높음을 형용하는 말이다.

만고에 동향[382]이 될 것입니다 萬古桐鄕

두보(杜甫)의 〈영회고적오수(詠懷古跡五首)〉 중 다섯째 시에 "천하를 셋으로 나눔에 주책이 얽혔고, 만고의 높은 하늘에 하나의 새 깃털이어라.〔三分割據紆籌策 萬古雲霄一羽毛〕"라는 구절이 있다. 《杜少陵詩集 卷17》

382 동향(桐鄕) : 지방관의 은혜로운 정사를 잊지 못하는 고을을 말한다. 한(漢)나라 때 주읍(朱邑)이 동향 색부(桐鄕嗇夫)로 있으면서 선정을 베풀었는데, 그가 죽은 뒤에 그곳 백성들이 그의 묘 옆에 사당을 세우고 매년 세시(歲時)에 향사를 올렸던 고사에서 유래하였다. 《漢書 卷89 循吏傳》 남구만(南九萬)은 1670년(현종11) 7월에 청주 목사(淸州牧使)로 부임하여, 1671년 7월 함경도 관찰사(咸鏡道觀察使)로 옮길 때까지 1년 동안 기민(飢民) 구제 등의 정사에 전력하였는데, 후에 백성들이 그 치적(治績)을 기려 생사당(生祠堂)을 세웠다.

왕고 문청공[383]의 무덤에 비석을 세울 때의 고유문

王考文淸公墓立石告文

장차 이달	將以是月
을축일 이른 아침에	乙丑惟早
비석을 세워	載竪貞珉
묘도를 밝히려 합니다	式表墓道
돌 다듬어 비문을 새기는 일은	伐石爲記
실로 선고께서 뜻을 두셨는데	實在先考
뜻을 이어 마무리하지 못했던 것이	追未卒志
하늘에 사무치는 통한입니다	痛深穹昊

383 문청공(文淸公) : 저자의 조부인 서지수(徐志修, 1714~1768)를 말한다. 본관은 달성(達城), 자는 일지(一之), 호는 송옹(松翁) 또는 졸옹(拙翁)이고, 시호는 문청(文淸)이다. 증조부 서문상(徐文尙)은 병조 참의, 조부 서종태(徐宗泰)는 영의정, 부친 서명균(徐命均)은 좌의정을 지냈다. 1733년(영조9) 진사시에 합격하고, 1740년 증광문과에 급제하였다. 세자시강원의 빈객(賓客)으로 있으면서 장헌세자(莊獻世子)의 학문을 도왔으며, 대사헌으로 있을 때는 장헌세자를 모해(謀害)하려 했던 김상로(金尙魯), 홍계희(洪啓禧) 등을 탄핵하였다. 이후 이조 판서, 우의정, 좌의정 등 청요직을 두루 거치고, 1766년에 영의정에 올랐다. 정조가 동궁으로 있을 때는 정경(正卿)의 자리에 있으면서 동궁의 신하로 소속되어 그가 왕위에 오르는 데 절대적인 공헌을 하였다. 천성이 청렴결백하여 세속과 어울리지 않았으며, 정조 때 청백리로 드러내어 표창되었다.

편지 書

필법을 논하여 신한수[384]에게 보내는 편지
論筆法與申漢叟書

나는 일찍이 생각하기를 "필법은 문징명(文徵明)과 동기창(董其昌)[385]에 와서 지극히 교묘해졌지만, 또한 문징명과 동기창에 이르러 마침내 쇠퇴하였다."라고 하였으니, 그 이유가 무엇이겠습니까? 수식에 너무 치중한 나머지 온통 기교만 드러내고 서법의 뜻을 회복하지 못

384 신한수(申漢叟) : 신위(申緯, 1769~1845)를 말한다. 본관은 평산(平山), 자는 한수(漢叟), 호는 자하(紫霞)·경수당(警修堂)이다. 1799년(정조23) 문과에 급제한 뒤, 도승지, 대사간, 병조 참판, 이조 참판 등을 역임하였다. 시서화(詩書畫)에 모두 능해 삼절(三絶)이라 불렸는데, 특히 시에 뛰어나 조선 500년 이래의 대가라 칭송되었다. 그림은 산수화와 함께 묵죽에 능하여 이정(李霆), 유덕장(柳德章)과 함께 조선 시대 3대 묵죽화가로 손꼽히고, 글씨는 동국진체(東國眞體)의 맥을 유지하면서 명나라 동기창(董其昌)의 서법을 융합하여 단정하고 담백하면서 문기가 있었다고 평가된다. 저서에 《자하시집(紫霞詩集)》, 《경수당전고(警修堂全藁)》, 《분여록(焚餘錄)》 등이 있다.

385 문징명(文徵明)과 동기창(董其昌) : 모두 명(明) 대의 대표적인 서화가로, 특히 남종화(南宗畫)의 화풍을 계승 발전시킨 인물들이다. 신위(申緯)는 동기창의 서체를 따르고 신위의 서법에 지대한 영향을 끼친 이광사(李匡師)와 그의 스승 윤순(尹淳)은 문징명의 서체를 따르는 등, 당시의 서예가들이 서체의 전범으로 삼았다.

했기 때문이니, 또한 당시의 풍습이 그렇게 만들었을 것입니다.

우리 동방에서 고법(古法)을 지키는 사람으로는 백하(白下)[386]가 고종(瞽宗)[387]이 되니, 중국으로 치면 거의 이양빙(李陽氷)[388]이나 채양(蔡襄)[389] 정도에 해당할 것입니다. 근세의 몇몇 대가(大家), 예컨대 이도보(李道甫)[390] 공(公) 및 나의 종조(從祖)[391]와 그대[392]의 부옹(婦

386 백하(白下) : 윤순(尹淳, 1680~1741)의 호이다. 본관은 해평(海平), 자는 중화(仲和), 호는 백하·학음(鶴陰)·만옹(漫翁)이다. 윤두수(尹斗壽)의 5대손이고, 정제두(鄭齊斗)의 문인이다. 조선 후기를 대표하는 서예가로 평가받는데, 그의 문하에서 원교(圓嶠) 이광사(李匡師) 등이 배출되어 후학을 계발한 공이 인정된다. 서풍(書風)은 왕희지(王羲之), 미불(米芾), 문징명(文徵明)의 영향이 많았는데, 소식(蘇軾)이나 동기창(董其昌)의 서체에 가까운 것도 있다고 한다.

387 고종(瞽宗) : 은(殷)나라의 학교 이름으로, 여기서는 서가(書家)의 종장(宗匠)을 의미한다. 《주례(周禮)》에 "무릇 도(道)와 덕(德)이 있는 이는 교육을 담당하게 하고, 그들이 죽으면 예악의 종장으로 삼아 고종에서 제사 지냈다."라고 하였다. 《周禮 春官宗伯》

388 이양빙(李陽氷) : 당(唐)나라 조군(趙郡) 사람으로, 자는 소온(少溫)이고, 이백(李白)의 종숙(從叔)이다. 건원(乾元, 758~759) 연간에 진운 영(縉雲令)을 거쳐 장작감(將作監)을 지냈다. 전서체(篆書體)를 잘 썼는데, 특히 진(秦)나라 이사(李斯)가 창힐(蒼頡)의 주문(籒文)을 변형(變形)해서 만든 옥저체(玉筯體)로 유명하다. 《全唐文 卷437》

389 채양(蔡襄) : 1012~1067. 송(宋)나라 복건(福建) 풍정(楓亭) 동택촌(東宅村) 출신으로, 자는 군모(君謨), 시호는 충혜(忠惠)이다. 소식(蘇軾), 황정견(黃庭堅), 미불(米芾)과 함께 송나라의 4대가로 불릴 만큼 글씨가 뛰어났다. 처음에는 왕희지(王羲之) 풍의 글씨를 썼으나, 후에 안진경(顔眞卿)의 글씨를 배워 골력(骨力)이 있는 독자적 서풍을 이룩하였다. 해(楷), 행(行), 초(草), 예(隷)의 각 체(體) 및 비백체(飛白體)에 이르기까지 교묘한 솜씨를 발휘하였다고 한다.

390 이도보(李道甫) : 이광사(李匡師, 1705~1777)를 말한다. 본관은 전주(全州), 자는 도보(道甫), 호는 원교(圓嶠)·수북(壽北)이다. 정제두(鄭齊斗)의 양명학(陽明

翁)[393] 같은 이들은 또한 모두 종요(鍾繇)와 장지(張芝)[394]를 법도로 삼았으니, 나와 그대는 이분들보다 솜씨는 못하지만 그래도 왕사(王謝) 시절의 풍도[395]를 잃지 않았을 뿐입니다.

學)을 이어받아 강화학파(江華學派)를 형성시킨 사상가이자 문학가이다. 또한 윤순(尹淳)에게 글씨를 배워 해(楷), 행(行), 초(草), 전(篆), 예(隷)에 모두 능하였고, 자신의 독특한 서체인 원교체(圓嶠體)를 정립하였다. 저서로는《두남집(斗南集)》과《원교집선(圓嶠集選)》을 비롯하여 서예 이론서인《원교서결(圓嶠書訣)》 등이 있다.

391 나의 종조(從祖) : 서무수(徐懋修, 1716~1785)를 말한다. 본관은 달성(達城), 자는 욱지(勖之), 호는 수헌(秀軒)이다. 1734년(영조10) 한성시(漢城試)에 합격하였다. 음사(蔭仕)로 돈녕부 참봉(敦寧府參奉)이 된 후, 장악원 주부(掌樂院主簿), 함열현감(咸悅縣監), 은진 현감(恩津縣監), 단양 군수(丹陽郡守), 광주 부사(光州府使), 남원 부사(南原府使) 등을 역임하였다. 이광사(李匡師)와 함께 윤순(尹淳)에게 글씨를 배워 일가를 이루었다. 특히 반행서(半行書)에 능했는데, 서체가 완정하고 운필이 힘차고 빼어나 진(晉)나라의 법도를 얻었다고 평가된다.

392 그대 : 원문은 '치장(致章)'으로, 대본의 교정 첨지(校正籤紙)에 "치장(致章)은 편지의 제목에 의거하여 '한수(漢叟)'라고 적어야 한다."라고 하였다.

393 그대의 부옹(婦翁) : 신위(申緯)의 장인인 조윤형(曺允亨, 1725~1799)을 말한다. 본관은 창녕(昌寧), 자는 치행(穉行), 호는 송하옹(松下翁)이다. 문음(門蔭)과 학행(學行)으로 천거되어 1766년(영조42) 처음 벼슬길에 나간 뒤, 안악 군수(安岳郡守), 광주 목사(廣州牧使), 호조 참의, 지돈녕부사(知敦寧府事) 등을 역임하였다. 서화에 능하였는데, 특히 초서(草書)와 예서(隷書)의 필법이 뛰어났다.

394 종요(鍾繇)와 장지(張芝) : 종요는 위(魏)나라의 대표적인 서예가로 예서(隷書)에 능하였고, 장지는 동한(東漢)의 서예가로 특히 초서(草書)에 능하여 초성(草聖)이라 일컬어졌다.

395 왕사(王謝) 시절의 풍도 : 왕성했던 전대의 풍치(風致)를 의미한다. 왕사는 동진(東晉)의 대표적인 귀족인 왕도(王導)와 사안(謝安)을 가리킨다. 이들은 모두 호기와 풍류가 있었는데 오의항(烏衣巷)이란 거리에 살면서 부귀를 누렸으므로, 후세에는 호기롭고 풍류가 있는 집안의 자제를 가리킬 때, '오의자제(烏衣子弟)' 또는 '오의랑(烏衣郎)'이라고 하였다.《晉書 卷65 王導列傳, 卷79 謝安列傳》

우리나라의 문기(文氣)는 늦게 피어나서 가장 뒤에 쇠할 터이니[396] 앞으로 뛰어난 사람들이 계속 이어질 것입니다. 그런데 지금 그대는 머리를 숙이고 문징명과 동기창의 문호에 나아감으로써 서가(書家)의 혼돈(渾沌)에 구멍을 내고 있으니,[397] 무엇 때문입니까? 또 나는 이미 그 까닭을 알면서도 그대의 글씨를 볼 때면 다시 사랑하고 소중히 여겨 차마 버릴 수 없으니, 무엇 때문입니까?

무소뿔은 속이 비고 바위는 무늬가 있어서 사람에게 사랑을 받지만 이는 모두 그 사물이 가진 병증(病症)이니,[398] 사람들이 그 병증을 좋아함도 아마 병일 것입니다. 그렇다면 그대가 이런 글씨를 쓰는 것은 바로 그대의 병이고 내가 보고 좋아하는 것도 나의 병이니, 또한 미혹

396 가장……터이니 : 가장 늦게까지 문기(文氣)를 유지하며 번성할 것이라는 말이다. 《춘추좌씨전(春秋左氏傳)》 희공(僖公) 23년 조에 "내가 듣건대, 희성(姬姓) 중에서는 당숙(唐叔)의 후손인 진(晉)나라가 가장 뒤에 쇠할 것이라고 하였는데, 아마도 이 진나라 공자인 중이(重耳)로부터 다시 일어나게 되지 않을까 한다."라는 말이 있다.

397 서가(書家)의……있으니 : 공연한 인간의 작위(作爲)를 더하여 자연의 순박함〔天眞〕을 해친다는 의미로, 지나친 수식이 도리어 서가의 본지를 잃게 한다는 비유이다. 남해(南海)의 왕인 숙(儵)과 북해(北海)의 왕인 홀(忽)이 중앙(中央)의 왕인 혼돈을 만나 융숭한 대접을 받고는, 그에게 보답하고자 혼돈에게 없는 눈, 코, 귀, 입 등의 칠규(七竅)를 뚫어 주려고 하였다. 그래서 하루에 구멍 하나씩을 뚫었는데, 7일이 지나자 혼돈이 그만 죽고 말았다는 고사에서 유래하였다. 숙과 홀은 빠르다는 뜻으로 유위(有爲)를 의미하고, 혼돈은 개발되지 아니하여 원래의 상태를 온전히 보존한다는 뜻으로 무위자연(無爲自然)을 의미한다. 《莊子 應帝王》

398 무소뿔은……병증(病症)이니 : 소식(蘇軾)의 글 중에 "나무는 혹이 있고 바위는 무늬가 있고 무소뿔은 속이 비어서 이 때문에 사람에게 사랑을 받지만, 이는 모두 사물의 병증이 밖으로 드러난 것이다.〔木有癭 石有暈 犀有通 以取妍于人 皆物之病也〕"라는 말이 있다. 《東坡全集 卷73 答李端叔書》

됨이 아니겠습니까. 미혹됨이 없다면 내 눈을 막고 그대의 손가락을 부러뜨려야만 성(成)과 휴(虧)가 없는 거문고[399]를 연주하는 백아(伯牙)와 종자기(鍾子期)[400]가 되지 않겠습니까. 아마 그대는 이 글을 보고 웃음보가 터져서 입안에 든 밥알이 밥상에 가득 뿜어져 나올 것입니다.

399 성(成)과……거문고 : 기술에 의존하지 않는 경지의 거문고, 즉 사사로운 정이 개입되지 않고 도(道)가 무너지지 않아 시비(是非)의 가치 판단이 없는 무위(無爲)의 경지에서 글씨를 쓰고 그것을 감상해야 한다는 비유이다. '성(成)'은 사사로운 정(情)이 이루어진 상태를, '휴(虧)'는 도(道)가 무너진 상태를 의미한다. 《장자(莊子)》〈제물론(齊物論)〉에 "옛사람들은 그 지혜가 지극한 곳까지 이르렀다. 어디에까지 이르렀는가? 처음에 사물이 아직 없다고 생각한 사람이 있었으니, 지극하고 극진하여 이보다 더 나을 수 없다. 그다음은 사물이 있기는 하지만 아직 구별은 없다고 생각했으며, 그다음은 사물과 사물의 구별은 있지만 아직 시비는 없다고 생각했다고 한다. 시비가 나타나는 것은 도가 무너지는〔虧〕 까닭이고, 도가 무너지는 것은 사사로운 정이 생기는〔成〕 까닭이다. 그렇다면 과연 성(成)과 휴(虧)가 있는 것인가, 없는 것인가? 성과 휴가 있기 때문에 소문(昭文)이 거문고를 탔고, 성과 휴가 없기 때문에 소문이 거문고를 타지 않는 것이다."라고 하였다.

400 백아(伯牙)와 종자기(鍾子期) : 지음(知音), 즉 소리만 듣고도 서로 간에 마음을 알아주는 친한 벗 사이를 의미하는 말이다. 춘추 시대에 거문고를 타기로 유명했던 백아에게는 종자기라는 벗이 있었는데, 백아가 거문고를 타면서 고산(高山)에 뜻을 두면 종자기가 "높디높기가 마치 태산과 같도다!〔峨峨兮若泰山〕"라고 하고, 또 유수(流水)에 뜻을 두면 "넓고 넓기가 마치 강하와 같도다!〔洋洋兮若江河〕"라고 하면서 그 곡조를 잘 이해하였다고 한다. 그러다가 종자기가 죽자 백아는 자신의 거문고 소리를 들을 사람이 없다 하여, 줄을 모두 끊고 다시는 거문고를 타지 않았다고 한다. 《列子 湯問》

다시 보내는 편지

又書

보여 주신 문의당(文漪堂)[401]의 이름과 의미는 매우 좋습니다. 그런데 현액(縣額)의 제자(題字)를 어찌 직접 적지 않고 나에게 구하는 것입니까? 형께서 내심 문의당을 화방재(畫舫齋)[402]에 비유하고 있기 때문에 자못 스스로 구양수(歐陽脩)[403]와 동일시하려 해서 군모(君謨)[404]로 나를 대접하는 것이니, 이는 거의 매성유(梅聖兪)[405]가, 스스

401 문의당(文漪堂) : 신위(申緯)의 당호(堂號)이다. 신위가 자신의 집을 문의당이라 이름하고 그 의미를 설명한 뒤, 작자에게 기문을 부탁한 적이 있었다. 《죽석관유집》 제3책에 〈문의당기(文漪堂記)〉가 실려 있다.

402 화방재(畫舫齋) : 구양수(歐陽脩)의 당호이다. 구양수가 활주(滑州)의 수령으로 있을 때 자신의 집무실 곁에 방을 만들고 화방재라 이름한 뒤, 그 기문을 적고 채양(蔡襄)에게 현액의 제자(題字)를 부탁한 적이 있었다. 《文忠集 卷39 畫舫齋記》

403 구양수(歐陽脩) : 북송(北宋) 때의 문장가로, 자는 영숙(永叔), 호는 취옹(醉翁)·육일거사(六一居士), 시호는 문충(文忠)이다. 한유(韓愈)에게 깊이 영향을 받았으며, 매요신(梅堯臣)과 함께 문장으로 천하에 이름이 났다. 저서에 《문충집(文忠集)》, 《집고록(集古錄)》 등이 있다. 《宋元學案 卷4 廬陵學案》

404 군모(君謨) : 송(宋)나라의 정치가이자 문인인 채양(蔡襄)의 자이다. 지간원(知諫院), 직사관(直史館) 등 여러 벼슬을 역임하였는데, 시문에 뛰어나고 역사에 밝았다. 특히 글씨에 뛰어나서 송(宋) 대 제일(第一)로 평가되었다. 시호는 충혜(忠惠)이다. 저서에 《다록(茶錄)》, 《채충혜집(蔡忠惠集)》 등이 있다. 《宋史 卷320 蔡襄列傳》

405 매성유(梅聖兪) : 성유는 송 대의 시인 매요신(梅堯臣)의 자이다. 호는 원릉(宛陵)이다. 세련되고 정밀한 구법(句法)이 특징이며, 두보(杜甫) 이후 최대의 시인이라는 평가를 받았다. 구양수의 시우(詩友)로 돈독한 관계를 유지하였다. 문집으로 《원릉집(宛陵集)》이 전한다.

로 한퇴지(韓退之 한유(韓愈))에 비유하면서 드디어 자신을 맹교(孟郊)[406]로 여겼던, 구양수[407]를 조롱한 경우[408]와 가깝지 않겠습니까. 다만 구양수는 스스로 기문(記文)을 지어 군모에게 보여 주었는데 형께서는 다시 군모로 하여금 기문을 짓게 하니, 형에게 군모가 되는 사람은 또한 너무 수고롭지 않겠습니까. 실로 우스운 일입니다.

406 맹교(孟郊) : 당나라 때의 시인으로, 자는 동야(東野), 사시(私諡)는 정요선생(貞曜先生)이다. 백성의 고통, 사회의 불평등, 관리의 악행 등을 읊은 시가 많다.

407 구양수 : 원문은 '영(永)'인데, 대본의 교정 첨지(校正籤紙)에서 "영(永) 자 아래에 숙(叔) 자가 빠진 듯하다."라고 하였다.

408 매성유(梅聖兪)가……경우 : 《주자어류(朱子語類)》에 "매성유가 말하기를 '구양영숙이 자신은 한퇴지가 되려 하면서 도리어 나를 맹교에 비유하는구나!'라고 하였다.〔梅聖兪說 歐陽永叔 它自要做韓退之 却將我來比孟郊〕"라는 말이 보인다. 《朱子語類 卷137 戰國漢唐諸子》

이주옥[409]에게 보내는 편지[410]

與李周玉書

대감께서도 일찍이 영남 지역의 지형을 살펴보았을 것입니다. 좌도(左道) 연해(沿海)의 해변에 위치한 여러 읍을 제외하고는, 한 도(道)의 물이 모두 낙동강(洛東江)으로 합류하는데, 이 강은 도내의 중앙에 위치하여 북쪽에서 남쪽으로 흐릅니다. 지리산 아래 여러 읍의 물이 모여서 된 강은 진주 촉석루(矗石樓) 아래를 따라 구불구불 이어지는데 그 이름이 남강(南江)입니다. 이 강은 서쪽에서 동쪽으로 흐르다가 의령(宜寧)과 고령(高靈) 땅에 이르러 낙동강으로 유입됩니다. 이 두 강이 합류하여 동쪽으로 흐르다가 김해(金海)와 양산(梁山)에 이르러 남쪽으로 바다에 들어가는데, 그 형상이 마치 '인(人)' 자와 같습니다.

409 이주옥(李周玉) : 주옥은 이상황(李相璜, 1763~1841)의 자(字)이다. 본관은 전주(全州), 호는 동어(桐漁)・현포(玄圃)이고, 시호는 문익(文翼)이다. 효령대군(孝寧大君)의 14대손으로, 1786년(정조10) 진사시와 문과에 급제하였다. 대사간, 이조 판서, 황해도 관찰사, 개성 유수, 전라도 관찰사, 한성부 판윤 등을 역임하고 영의정에 이르렀다. 1793년에 경상도 암행 어사로 나가 지방의 민정을 감찰하였다. 헌종(憲宗)의 묘정(廟庭)에 배향되었다. 저서로는 《동어유집(桐漁遺集)》, 《해영일기(海營日記)》 등이 있다.

410 이주옥에게 보내는 편지 : 이 편지의 개요는 낙동강 유역의 지형에 대해 거론하고, 양산(梁山)과 김해(金海) 지역에 수재(水災)가 편중되는 이유를 설명하는 내용이다. 이상황이 1793년(정조17)에 경상도 암행 어사로 나갔던 점으로 볼 때, 아마 이 시기에 작성된 것으로 보인다.

양산과 김해는 곧 영남 한 도의 도수구(都水口)이기 때문에 무릇 수해가 있으면 양산과 김해에 반드시 편중되고, 그중에서도 양산이 지세가 낮기 때문에 더욱 심하게 수해를 입습니다. 이번에 양산과 김해에 수해가 든 것은 일이 참으로 딱하고 애처로운데, 모르겠습니다. 두 읍의 수령이 누구입니까? 매우 염려가 됩니다. 대감께서는 시험 삼아 살펴보십시오. 며칠이 지나지 않아 양산과 김해가 재해를 입어 엉망이 되었다는 보고가 이를 것입니다.

이성중[411]에게 보내는 편지[412]

與李成仲書

지난번 서울에 있을 때 삼가 백씨 합하(伯氏閤下)[413]의 서교(書敎)를 보고 대감께서 북쪽을 순행하다가 길주(吉州)에서 수레를 돌려 남쪽으로 향했다는 사실을 알았으니, 생각건대, 그사이 이미 감영으로 돌

411 이성중(李成仲) : 성중은 이만수(李晩秀, 1752~1820)의 자이다. 본관은 연안(延安), 호는 극옹(屐翁)·극원(屐園)·서소주인(書巢主人)이고, 시호는 문헌(文獻)이다. 1789년(정조13) 문과에 급제하였다. 규장각 제학, 예조 판서, 이조 판서, 성균관 대사성 등을 역임하고, 1806년(순조6) 6월에 함경도 관찰사가 되었다. 문장으로 정조에게 인정을 받아 아홉 번이나 대제학을 지내며 당시의 고문대책(高文大冊)을 많이 지었고, 글씨에도 뛰어났다. 김재찬(金載瓚), 남공철(南公轍) 등과 교유하였다. 문집에 《극원유고(屐園遺稿)》 15권 12책이 전한다.

412 이성중에게 보내는 편지 : 저자는 〈풍악기(楓嶽記)〉에서 "병인년(1806, 순조6)에 내가 평강(平康)에서부터 금성(金城)을 지나서 단발령(斷髮嶺)을 넘고, 내산(內山)을 거쳐 외산(外山)에 이르러 온정령(溫井嶺)을 넘었는데, 모두 이레가 걸렸다."라 하였고, 이 행로에서 본 광경을 〈평강에서 금성까지 길에서 본 광경을 적은 기문〔自平康之金城道路歷覽記〕〉이라는 제목으로 서술하면서 이 기문의 작성 시기를 1806년 9월 2일이라고 적었다. 이상의 자료를 바탕으로 편지의 내용을 살펴보았을 때, 아마 이 시기에 작성된 것인 듯하다. 《竹石館遺集 冊3 楓嶽記, 自平康之金城道路歷覽記》 저자는 1806년 3월에 대사헌이 되고 4월에 홍문관 제학이 되었으며, 6월에 형조 판서가 되고 9월 호조 판서가 되었다.

413 백씨 합하(伯氏閤下) : 이만수(李晩秀)의 형인 이시수(李時秀, 1745~1821)를 가리킨다. 본관은 연안(延安), 자는 치가(穉可), 호는 급건(及健)이다. 1773년(영조49) 문과에 급제하였다. 병조·이조·호조의 판서를 역임하고 우의정, 영의정에 이르렀다. 순조의 묘정에 배향되었다. 시호는 충정(忠正)이다.

아왔을 듯합니다. 원습(原隰)[414]에서 비틀거리고 넘어지며 애쓴 나머지 대감의 체후가 손상되지나 않았는지요? 휘장을 걷어 내고[415] 말고삐를 잡음[416]에 가을 하늘도 함께 드높아 풍패(豐沛)[417]의 백성들로 하여금 복성(福星)[418]을 바라보고 청풍(淸風)이 스며들게 하였으니, 매우 좋습니다. 매우 좋습니다. 농사의 풍흉이 남쪽과 북쪽이 판연히 다른데, 백성들의 형편 때문에 고민을 하고 있지는 않은지요? 식솔

414 원습(原隰) : 언덕과 습지라는 뜻으로, 왕명(王命)을 받든 신하의 행로를 가리키는 말이다. 《시경》에 "휘황한 꽃이여, 저 언덕과 습지에 있도다. 달려가는 정부여, 매양 미치지 못할 듯이 생각하도다.〔皇皇者華 于彼原隰 駪駪征夫 每懷靡乃〕"라는 구절이 있는데, 여기서 유래하였다. 《詩經 小雅 皇皇者華》

415 휘장을 걷어 내고 : 은혜로운 정사를 펼치려는 지방 장관의 성의를 의미한다. 후한(後漢)의 가종(賈琮)이 기주 자사(冀州刺史)로 부임할 때, 백성의 생활을 두루 보고 듣기 위해 수레의 휘장을 걷어 올리도록 지시하면서 "지방 장관은 멀리 보고 널리 들어야 하는데, 어찌 거꾸로 수레의 휘장을 드리운 채 자신의 귀와 눈을 가려서야 되겠는가."라고 말한 고사가 전한다. 《後漢書 卷31 賈琮列傳》

416 말고삐를 잡음 : 난세를 구할 뜻을 품고 정사에 임하는 지방관을 의미한다. 후한(後漢)의 범방(范滂)이 기주 자사(冀州刺史)로 부임할 때 말고삐를 잡고서 개연히 천하를 맑게 할 뜻을 품었는데, 임지에 도착하자마자 탐관오리들이 그 풍도를 듣고는 인끈을 풀어 놓고 떠나갔다는 고사가 전한다. 《後漢書 卷67 黨錮列傳 范滂》

417 풍패(豐沛) : 한 고조(漢高祖) 유방(劉邦)의 고향이 패현(沛縣)의 풍읍(豐邑)이고, 그가 이곳에서 처음 군사를 일으켰기 때문에 왕조의 발상지 또는 제왕의 고향을 일컫는 말로 쓰인다. 태조(太祖) 이성계(李成桂)의 고향이 함경도의 영흥(永興)이고, 이성중(李成仲)이 당시 함경도 관찰사로 있었기 때문에 이렇게 말한 것이다.

418 복성(福星) : 선정을 베푸는 순찰사를 의미한다. 북송(北宋)의 선우신(鮮于侁)이 경동 전운사(京東轉運司)가 되어 부임할 적에 사마광(司馬光)이 말하기를 "지금 동쪽 지방의 폐해를 구하려면 자준(子駿)이 아니고는 안 되니, 이 사람이 바로 한 지방의 복성이라 하겠다."라고 하였는데, 여기서 유래한 말이다. 자준은 선우신의 자이다. 《山堂肆考》

들도 도착하였을 테니 두루 좋은 일이 생기기를 바랍니다.

나는 지난달 그믐 전에 평강(平康)으로 와서 노모를 찾아뵙고, 그저께 금성(金城)에서 당숙(堂叔)에게 절한 뒤 하루를 유숙하고 다시 풍악(楓嶽)에 이르러 지금 장안사(長安寺)에 묵고 있습니다. 이 행차는 원래 기약했던 일은 아니니, 평강으로 올 때 벗 가운데 묻는 사람이 있어서 문득 "사사로운 뜻이 없고 기필(期必)하는 마음이 없으며[419] 우연히 오고 우연히 가는 것이다."라는 말로 대답한 적이 있었는데, 티끌 세상에 사는 뜨내기 인생이 제 분수를 망각하고 명산(名山)에 이르게 될 줄 누가 생각이나 했겠습니까.

장안사는 이 산의 동구(洞口)이기에 만폭동(萬暴洞)과 팔담동(八潭洞)의 승경(勝景)을 보지는 못했습니다만, 여기서 본 것만 해도 이미 특이하고 정결하며 웅장하고 빼어나니, 조물주가 이렇게나 훌륭하게 산을 만들었을 줄은 생각지도 못했습니다. 다만 존경스러워할 뿐 의론할 수가 없어서, 매번 견여(肩輿)를 타고 오르다 쉴 때마다 극원 노형(屐園老兄)을 내 앞에 데려다 놓지 못하는 것이 한스러웠습니다.

평강은 곧 세 지방의 경계입니다. 이곳에 와서 창도(昌道)를 지나면 철령(鐵嶺)까지의 거리가 유순(由旬)[420]밖에 되지 않으니, 음성과 모습

419 사사로운……없으며 : 《논어》에 "공자는 네 가지의 마음이 전혀 없었으니, 사사로운 뜻이 없었고 기필(期必)하는 마음이 없었으며, 집착하는 마음이 없었고 이기심이 없었다.〔子絶四 毋意毋必 毋固毋我〕"라는 말이 있는데, 여기서 유래하였다. 《論語 子罕》

420 유순(由旬) : 범어(梵語) 유순나(由旬那)의 약칭으로, 옛날 제왕(帝王)이 하루 행군하는 노정을 가리킨다. 하유순(下由旬)은 40리, 중유순(中由旬)은 50리, 상유순(上由旬)은 60리라는 설이 있고, 소유순(小由旬)이 40리, 중유순(中由旬)이 60리, 대유순(大由旬)이 80리라는 설이 있다.

을 접할 수 있을 것만 같아 한갓 사람으로 하여금 울적한 그리움에 사무치게 합니다. 또한 생각건대, 공께서도 내가 산에 들어왔단 말을 들으면 내가 극옹(屐翁)을 생각하는 마음과 같을 것입니다. 이에 불등(佛燈) 아래 나아가 눈을 비비며 편지를 적어 금성의 당숙에게 부탁하여 부쳐 보냈으니, 아마 편지가 도착하여 개봉해 보면 한 차례 안타까운 마음이 생길 듯합니다. 산을 풍악(楓嶽)이라 명명한 이유는 붉은 단풍잎이 원래 매우 아름답기 때문이니, 그 가지를 꺾어 편지에 동봉해 보냅니다. 이것을 보면 또한 만이천봉이 모두 이 단풍잎에 덮여 있다는 사실을 멀리서도 알 수 있을 것입니다. 혹 내가 산을 나가기 전에 답장을 보내 주신다면 그만한 기쁨이 어디에 있겠습니까. 나머지는 편지로 다 이야기할 만한 것이 아닙니다. 오직 멀리서 살펴 주시기를 바랄 뿐입니다.

이성중에게 답하는 편지[421]

答李成仲書

아룁니다. 세월이 쏜살같이 흘러 효안전(孝安殿)[422]의 삼년 상기(喪期)가 문득 다하였으니, 허전한 심정[423]은 서울이나 지방이나 다 마찬가지일 것입니다. 새해로 접어든 이래 대감을 향한 그리움이 배로 절실합니다만, 약원(藥院)의 일을 맡고부터는 집에 있는 시간이 드물어 붓을 잡을 여가도 내지 못하고 있으니 그 또한 정력이 약해졌기 때문일 뿐입니다. 이러한 와중에 먼저 편지를 보내 주시어 기쁘게도 대감의 체후가 새해 들어 새로운 경사를 맞았다는 사실을 알게 되었으니, 그리워하는 마음에 크게 위로가 됩니다. 아드님은 나이 한 살을 더 먹었으니 두각을 더욱 우뚝이 드러내리라 생각됩니다. 삼동에는 무슨 책을 읽었습니까? 더욱 장족의 진보가 있었습니까?

보내온 가르침 여러 폭(幅)은 보여 준 경계가 정중하여 며칠에 걸쳐

421 이성중에게 답하는 편지 : 편지 첫머리에서 "효안전(孝安殿)의 삼년 상기(喪期)가 문득 다하였다."라고 한 것으로 볼 때, 이 편지는 1807년(순조7) 1월 12일 이후에 작성한 것으로 보인다. 저자는 이해 2월에 부묘도감 제조(祔廟都監提調)가 되고, 4월에 판의금부사가 되었다.

422 효안전(孝安殿) : 영조의 계비 정순왕후(貞純王后) 김씨의 혼전(魂殿)으로, 창경궁 안에 있다. 정순왕후는 1805년(순조5) 1월 12일에 경복전(景福殿)에서 승하(昇遐)하였다.

423 허전한 심정 : 《예기》에서, 어버이가 돌아가시고 난 뒤 효자의 마음가짐을 말하면서 "소상에는 원통하고 대상에는 허전하다.〔練而慨然 祥而廓然〕"라고 하였다. 《禮記 檀弓上》

읽어 보고 있는데, 십여 차례를 읽고도 아직 그만두지 못하였습니다. 모르겠습니다. 명공(明公)께서는 내가 그래도 함께 선(善)을 할 만한 사람이라고 여겨서 도(道)에 나아가도록 하는 것입니까? 나는 실로 쇠약하고 기운이 빠져서 아무것도 할 수 없는 사람이지만, 혹 명공의 한마디 말로 인해 조금이라도 스스로 진작하고 면려하여 상유(桑榆)에 수습한다면[424] 명공의 은덕이 어찌 크지 않겠습니까. 내가 평소 다짐한 기약이 또한 어찌 혼미하고 용렬한 지경에 이르는 것이겠습니까. 하지만 세상살이 오랫동안, 마치 큰 파도에 외로운 배가 정박할 곳 없이 떠도는 것처럼, 온갖 근심과 즐거움을 겪으면서 어느덧 나이가 반백살이 되고 말았습니다. 늘 생각이 여기에 미치면 어디를 가든 후회스럽지 않음이 없고 젊은 시절을 돌이켜 보면 저도 모르는 사이에 서글퍼지니, 실로 정자(程子)가 이른 바 "하나뿐인 자기의 몸과 마음도 오히려 어떻게 하지 못한다."라는 격입니다.[425]

424 상유(桑榆)에 수습한다면 : 인생의 노년기(老年期)를 잘 마무리한다는 뜻이다. 상유는 지는 해의 그림자가 뽕나무와 느릅나무 끝에 걸려 있다는 말로, 서방(西方)의 해 지는 곳 또는 인생의 노년기를 의미한다. 반대로 해가 뜨는 곳을 동우(東隅)라고 한다. 후한(後漢)의 장군(將軍) 풍이(馮異)가 적미병(赤眉兵)과 싸울 때, 처음에는 패주했다가 나중에 적을 격파하자, 광무제(光武帝)가 "동우에는 잃었으나 상유에 수습하였다.〔失之東隅 收之桑榆〕"라고 했던 고사(故事)가 전한다. 《後漢書 卷47 馮異列傳》

425 정자(程子)가……격입니다 : 원문은 '自己一箇身與心 尙且奈何不下'인데, '자기일개신여심(自己一箇身與心)'은 정자의 말에, '상차내하불하(尙且奈何不下)'는 주희(朱熹)의 말에 나온다. 글자가 꼭 같지는 않지만 의미로 살펴보면 이 구절은 주희의 말을 인용한 것으로 보인다. 《근사록》에 "사람이 자기의 몸을 봉양하는 밖의 사물에 대하여는 일마다 좋기를 구하면서, 하나뿐인 자기의 몸과 마음에 대해서는 도리어 좋기를 원하지 아니한다.〔人於外物奉身者 事事要好 只有自家一箇身與心 却不要好〕"라는 정자의 말이 보이고, 《주자대전》에 "하나뿐인 자기의 심신을 감당하는 것조차 오히려

또 늙어 가면서 달리 정진(精進)하는 일은 없고 스스로 분수를 지켜야 한다는 생각만 명백해져서 이미 흐리멍덩하고 어리석은 사람이 되고 말았으니, 이것이 다시 명산(名山)을 유람하고 돌아가 선영을 지키겠다는 소망을 드러낸 이유입니다. 명공께서도 "이 일은 중원에 침입한 오랑캐를 몰아내는 것보다 훨씬 더 어려운 일입니다."라고 하였으니, 명공이 이미 전고(戰鼓)를 한 번 울려 돌아가려는 나의 용기를 일으킨 것입니다. 그런데 '하지 않는 것이지, 못하는 게 아니라는' 입장에서 나를 저지하는 것은 무엇 때문입니까? 나는 눈이 어둡고 살이 빠지고 정신이 혼미하여 세상에 오래 있을 사람이 아닙니다. 옛날의 유명한 석학들도 그 수명이 대부분 50여 세였습니다. 나 같은 사람은 거기에서 불과 몇 년만 더 살게 해 줘도 충분하니, 다시 무엇을 구하겠습니까.

듣건대, 명공께서는 위덕(威德)이 날로 드러나서 북쪽 지역 사람들이 존경하여 어떤 이는 남공(南公)과 민공(閔公) 이후로 이런 분을 처음 본다고 말하기도 한다 하니, 이 마음에 어찌 기쁘게 듣지 않을 수 있겠습니까. 부디 공께서는 더욱 덕(德)을 밝히기에 힘써서 간절한 나의 소망에 부응하기 바랍니다.

나는 노모 곁을 떠나온 지 1년이 지났으니, 늘 노인이 마을 문에 기대어 기다리는 장면[426]을 생각하면 이 마음을 더욱 달랠 수가 없습니

어떻게 하지 못한다.〔自家勾當一個身心 尙且奈何不下〕"라는 말이 있다.《近思錄集註 卷12 警戒》《朱子大全 卷28 答陳同父書》

426 마을……장면 : 노모가 자식을 기다리는 간절한 마음을 뜻한다. 전국(戰國) 시대 제(齊)나라 왕손가(王孫賈)는 나이 열다섯 살에 민왕(閔王)을 섬겼는데, 그 모친이 "네가 아침에 나가서 저녁에 돌아올 때면 나는 문에 기대어 너를 기다렸고, 네가 저녁에 나가서 돌아오지 않을 때면 나는 마을 문에 기대어 너를 기다렸다."라고 말한 고사가 전한다.《戰國策 齊策6》

다. 겨우 조정에 휴가를 청하고 가련히 여기는 성주(聖主)의 은혜를 입어 10여 일의 말미를 얻었으니, 21일에 마땅히 출발할 것입니다. 보내 주신 소식(蘇軾)의 시(詩)에 차운(次韻)한 작품은 잘 다스려지는 세상의 소리처럼 공평무사[427]하였습니다. 한가할 때 심사숙고하여 화운(和韻)할 수 있을 것 같으면 감히 숨기지는 않겠습니다. 지난번에 기호(耆湖)[428] 대감의 종상(終祥) 제사에 곡(哭)을 하였으니, 슬픈 일입니다. 옛날 진일(秦佚)은 노담(老聃)에게 세 번 호곡(號哭)을 하였거니와,[429] 우리 소인들은 이 세상을 둘러보매 어찌 눈앞의 일에 슬퍼하지 않을 수 있겠습니까. 공께서 이 말을 들으면 아마 수레를 타고 지나다가 배앓이를 하는 생각[430]이 들 것입니다. 침침한 눈으로 어렵사리 편지를 쓰다 보니 여기서 그치고 나머지 여러 얘기는 자세히 적지 못했습니다만, 제 마음은 오직 멀리서 이해해 주시기를 바랄 뿐입니다. 서찰의 격식을 갖추지 못했습니다.

427 공평무사 : 원문은 '풍풍(渢渢)'으로, 어느 한쪽으로도 치우치지 않고 절도에 맞는 중용(中庸)의 소리라는 의미이다. 오(吳)나라 계찰(季札)이 노(魯)나라에 사신으로 가서 위(魏)나라의 시(詩)를 듣고 말하기를 "중용의 소리로다. 크면서도 요약되고, 검소하여 행하기 쉽다.〔渢渢乎 大而婉 險而易行〕"라고 하였는데, 두예(杜預)가 "풍풍(渢渢)은 중용의 소리이다."라고 해석하였다. 《春秋左氏傳 襄公29年》

428 기호(耆湖) : 정대용(鄭大容, 1749～1805)의 호이다. 220쪽 주299 참조.

429 진일(秦佚)은……하였거니와 : 친구의 죽음을 애도하며 가슴 아파했다는 의미이다. 옛날 노담(老聃)이 죽었을 때 그의 친구 진일이 세 번 호곡(號哭)하고 나왔다는 고사가 전한다. 《莊子 養生主》

430 수레를……생각 : 무덤을 찾아가 조문(弔問)하지 못해 괴로워하는 심정을 의미한다. 옛날 삼국 시대 때 조조(曹操)가 태사(太史) 교현(橋玄)과 서로 서약하기를 "죽은 뒤에 무덤 앞을 지나는 일이 있을 때, 술 한 동이와 닭 한 마리를 가지고 무덤을 찾지 않으면 수레가 세 걸음도 가기 전에 배앓이를 할 것이다."라고 했던 고사가 전한다. 《後漢書 卷51 橋玄列傳》

족형[431] 우상[432]에게 올리는 편지
上族兄右相書

아뢰니다. 밤사이 합하(閤下)의 체후(體候)는 평안하신지요?

교동 첨사(喬桐僉使)에게는 문서를 작성하도록 허락하였습니다. 다만 생각건대, 이달도 10일이 가까워져서 동지(冬至)가 30일 정도밖에 남지 않았습니다. 요컨대, 추운 겨울이 머지않았는데 앉아서 속수무책으로 하루 또 하루를 지내며 아직 추위가 시작되지 않은 이 시절을 헛되이 보낸다면 이는 진정 너무도 무모한 일입니다. 늘 주자(朱子)의 공이(公移)[433]를 읽어 보니, '민전(緡錢)[434]을 내려 주기를 청하는 대목'

431 족형(族兄) : 서용보(徐龍輔, 1757~1824)를 말한다. 본관은 달성(達城), 자는 여중(汝中), 호는 심재(心齋), 시호는 익헌(翼獻)으로, 1774년(영조50) 생원시와 증광문과에 급제하였다. 규장각 직제학, 호조 참판, 이조 참판, 예조 판서, 이조 판서, 대사헌, 우의정, 좌의정, 영의정 등 청요직을 두루 역임하였다. 정조와 정순왕후(貞純王后)의 신임이 두터워 항상 측근에서 정사(政事)를 보좌하였고, 순조 대에도 계속 높은 관직에 있으면서 민심 수습에 공로가 컸다.

432 우상(右相) : 서용보는 1800년(정조24)부터 1802년(순조2)까지 우의정으로 재임하였고, 1806년 4월 5일에 다시 우의정에 제수되어 1807년 7월 29일 체차되어 판중추부사가 될 때까지 약 2년 동안 우의정으로 재임하였다. 한편 저자는 1806년 9월에 호조 판서로 임명되었는데, 편지의 내용으로 비추어 보면 이 글의 작성 시기는 1806년 10월 즈음으로 추측된다. 《正祖實錄》《純祖實錄》

433 공이(公移) : 동등한 관아(官衙) 사이에 왕래하는 공문서를 말한다.

434 민전(緡錢) : 한(漢) 대 세법의 하나로, 천전(千錢)을 한 꿰미에 꿰어 1관(貫)이라 하고, 1관마다 20전씩 소득세로 바치는 세법이다. 후대에는 통상 세금을 이르는 말로 쓰이는데, 여기서는 세금으로 거두어들인 국고를 의미한다.

과 '미상(米商)이 모이게 해야 한다는 대목'[435]은 이 어찌 구황(救荒)의 급선무가 아니겠습니까. 민사(民事)는 늦출 수 없는 일이고, 천하의 일에는 먼저 할 일과 뒤에 할 일을 아는 것이 가장 중요합니다. 장기나 바둑은 하찮은 기예이지만 여기서도 먼저 두고 뒤에 둘 수(手)의 순서를 아는 사람이 이기고, 그렇지 않으면 패하는 것입니다. 금일 교동(喬桐)을 위한 계책으로는 민전을 내려 주는 것이 먼저 두어야 할 한 수이니, 이것이 제가 누차 공명첩(空名帖)에 대한 한 조목으로 말씀드린 까닭입니다. 이제 이 계책이 이루어질 수 있게 되었으니, 이만한 다행이 어디 있겠습니까. 다만 지금은 여름이나 가을과는 다르니, 앉은 채로 하루를 잃는 것은 마치 천금(千金)을 잃는 것과 같습니다. 만일 장계(狀啓)를 올려 보고하고 계하(啓下)받아 회답하는 날을 기다리며 시일을 지체한다면 강이 얼어 수로가 막혀 버릴 터이니, 이것이 참으로 고민입니다.

삼가 양쪽으로 편리한 계책이 하나 있습니다. 대개 공명첩을 확보하는 데 염려가 없다면 돈을 마련하는 것 또한 걱정이 없습니다. 그렇다면 교동은 '이자를 낼 능력이 되는 설(薛) 땅의 사람'[436]이라 할 만하여

435 미상(米商)이……대목 : 흉년에 다른 지방의 미곡(米穀)을 많이 들여오게 되면 미가(米價)의 갑작스러운 하락으로 미상들이 더 이상 쌀을 가져오지 않을 것이고, 그렇게 되면 결국은 흉년이 든 지역에 쌀이 모자라게 될 것이니, 다방면으로 미상들을 불러들여 시장 가격을 조금 올리고 관(官)에서 미곡을 사들임으로써 미상들을 권면(勸勉)해야 한다는 요지의 구황책(救荒策)을 말한다.

436 이자를……사람 : 기한을 정해 주면 틀림없이 이자를 갚을 능력이 되는 사람을 말한다. 전국 시대 제(齊)나라 맹상군(孟嘗君)이 풍환(馮驩)이라는 식객(食客)에게 설(薛) 땅에 가서 밀린 이자를 받아 오게 하였는데, 풍환은 그곳에 가서 이자를 갚을 수 있는 자는 기간을 정해 주고, 갚을 수 없는 자는 그 채권을 거두어 태워 버리고

응당 자모가(子母家)에 차용한 재물을 갚을 터이니,[437] 돈으로 빌려주어도 상환하기 어려울 것이라는 의심은 조금도 없습니다. 따라서 아무 아문을 막론하고 2000민(緡)을 한도로 먼저 빌려주면, 차용한 지 몇 개월이 지나지 않아 교동의 백성들에게는 목숨이 끊어질 위기에서 다시 소생할 수 있는 일대 기회가 될 것입니다. 지금 이런 내용으로 비국(備局)에 논보(論報)하려 하기 때문에 감히 먼저 알려 드리는 것이니, 보장(報狀)[438]이 올라가기를 기다렸다가 즉시 제사(題辭)[439]를 내려 주어 하루나 이틀 내에 출급(出給)할 수 있게 해 주시면 삼가 잘 처리하도록 하겠습니다. 삼가 바라건대, 깊이 유념하여 흔쾌히 허락하시는 것이 어떻겠습니까? 서찰의 격식을 갖추지 못했습니다.

돌아왔다. 맹상군이 이 사실을 알고 그를 불러 책망하자, 그가 "지금 갚을 수 있는 자는 기간을 정해 주어 갚도록 했거니와, 갚을 수 없는 자는 비록 10년 동안 채권을 가지고 있더라도 이자만 불어날 뿐이고 끝내 갚을 수 없을 터이니, 지금 쓸모없는 채권을 불에 태워 버림으로써 그곳 백성으로 하여금 군(君)의 은덕에 감복하도록 하였는데, 무엇을 의심하십니까."라고 하였다. 그 말을 들은 맹상군이 그의 손을 잡고 사과한 뒤 이후 그를 중용하였다고 한다. 《史記 卷75 孟嘗君列傳》

437 자모가(子母家)에……터이니 : 자모가는 돈이나 곡식을 꾸어 주고 이자를 내는 사람을 말하는데, 여기서는 교동에 돈을 차용해 줄 아문(衙門)을 가리킨다. 자(子)는 이자, 모(母)는 원금을 의미한다. 즉 아무 아문〔某衙門〕에서 우선 교동에 재물을 차용해 주어 기근을 구제하게 한 뒤, 공명첩을 발행하여 마련한 돈을 교동에 지원해서 그 아문에서 차용한 재물을 갚게 한다는 것이다.

438 보장(報狀) : 하급 관아에서 어떤 사안을 논하여 상급 관아에 보고하는 공문으로, 오늘날의 보고서와 같은 의미의 역사 용어이다.

439 제사(題辭) : 백성이 제출한 소장(訴狀) 또는 하급 관아에서 올린 보장(報狀)에 대해, 관부(官府)나 상급 관아에서 내리는 판결문(判決文)이나 지령서(指令書)를 말한다.

이 영상에게 답하는 편지[440]

答李領相書

왜선(倭船)이 표류하여 강화(江華)에 도착한 것은 매우 의아한 일입니다. 대개 왜국(倭國)은 지형이 '인(人)' 자를 닮았고 우리나라의 동남쪽에 있는데, 대마주(對馬州)는 바로 동쪽에 있는 왜국의 섬입니다. 그래서 동풍을 만나면 곧장 동래(東萊)의 부산포(釜山浦)에 닿을 수 있으니, 부산포는 대마주와 방위로 볼 때 서쪽과 동쪽에서 마주하고 있는 형세입니다. 우리나라의 남쪽 바다 밖에 있는 왜국의 섬에서는 동남풍을 만난 뒤에야 표류하여 우리나라에 도착할 수 있는데, 기껏해야 흥양(興陽)의 세 섬과 강진(康津)의 고금도(古今島)와 가리포(加里浦) 및 혹은 진도(珍島)와 영암(靈巖)과 제주(濟州) 등의 지역을 거칠 수 있을 뿐입니다. 진도를 지난 후에는 우리나라의 연해가 서해에 닿아 있을 뿐입니다. 그래서 위로 올라오는 조운선(漕運船)이 진도의 벽파정(碧波亭) 앞바다에서 북쪽으로 방향을 꺾어 전라도와 충청도 및 경기의 오른쪽 연해로 향하게 되는데, 이는 지형이 그렇기 때문입니다.

무릇 배가 예기치 않게 표류하는 것은 바람에 표류하는 경우뿐입니

440 이 영상에게 답하는 편지 : 《순조실록》 6년 8월 8일 기사에, 왜선(倭船)이 강화(江華) 교동(喬桐)으로 표류해 온 일로 인해 방비가 소홀한 연해 변진(沿海邊鎭)의 진장(鎭將)을 조사할 것을 청하는 헌납 이지형(李之珩)의 상소가 실려 있다. 당시 영의정은 이병모(李秉模, 1742~1806)이고, 저자는 형조 판서로 재임 중이었다.

다. 그런데 바람 중에 어찌 방향을 꺾어 가며 부는 바람이 있겠습니까. 이런 이치로 미루어 보건대, 금번의 표류선(漂流船) 세 척 가운데 제주에 정박한 배 이외에, 흑산도(黑山島)에 와서 정박한 배는 이미 괴이한 일이라고 할 만합니다. 더구나 강화는 반드시 몇 개의 해참(海站)을 지나 순조롭게 남풍을 만난 뒤에야 도착할 수 있는 지역이니, 이 어찌 바람에 표류하는 배가 한 번 돛대에 바람을 받아 도착할 수 있는 곳이겠습니까. 이 배가 강화에 닿은 곡절은 문정(問情)[441] 할 때 자세히 심문하지 않아서는 안 되니, 문정관(問情官)이 내려갈 때 묘당(廟堂)에서 불러다가 반드시 그렇게 분부한 다음 보내야 할 것입니다.

441 문정(問情) : 외국의 표류선이 항구에 들어왔을 때 중앙에서 관원을 파견하여 그 경위와 사정을 묻는 것을 의미하는 역사 용어이다.

예조에서 대마도 태수에게 답하는 편지[442] 병인년(1806, 순조6)

禮曹答對馬島太守書 丙寅

이 글은 사용되지 않았다.

사행(使行)이 멀리서 당도함에 태수의 서계(書契)가 함께 이르렀는데, 이를 통해 일상이 맑고 여유롭다는 것을 알게 되었으니, 매우 위로가 되고 마음이 후련합니다. 보내 준 서계(書契)[443]에서 "통신사(通信使)가 바다를 건너오는 시기는 모름지기 기사년(1809, 순조9) 봄 사이에 있어야 합니다."라고 하고, 또 "우리 대마주(對馬州)에서 맞이하여, 지난번에 알려 드린 것처럼 빙례(聘禮)를 잘 거행하겠습니다."라고 하였습니다. 이 문제는 우리나라에서 한번 이야기하고 싶었지만 미처 말하지 못한 사안인데, 지금 보내온 서계로 인하여 모두 알려 드릴 테니 잘 살펴보시기 바랍니다.

지난 신해년(1791, 정조15) 귀국에서 빙례를 상의할 때 통신사를 대마주까지만 오게 하자는 뜻을 보였는데,[444] 예조에서 감히 그 명을

442 예조에서……편지 : 저자는 1805년 12월 7일 예조 판서에 제수되어, 1806년 3월 6일 사헌부 대사헌이 될 때까지 3개월 남짓 예조 판서로 재임하였다. 《純祖實錄》

443 보내 준 서계(書契) : 대마주 태수(對馬州太守) 습유(拾遺) 평의공(平義功)이 왜국의 대군(大君)이 왕위를 이은 일로 조선에 통신사를 요청하는 내용의 서계를 보내왔는데, 《순조실록》 6년 3월 27일 기사에 그 내용이 보인다.

444 통신사를……보였는데 : 《증정교린지(增正交隣志)》에 "1791년(정조15)에 차왜가 또 와서 '의빙(議聘)'을 칭하면서 관백의 명령을 전하기를, 통신사 일행이 강호(江戶)까지 갈 것이 아니라 대마도(對馬島)까지만 오도록 함으로써 피차간의 폐단을 덜자고 하였다."라는 내용이 보인다. 《增正交隣志 卷5 志 信行各年例》

따르지 못한 것은 약조(約條)를 어길 수 없었기 때문이니, 갑인년(1794, 정조18)에 보내온 회답 서계를 살펴보면 알 수 있습니다. 그 후 무오년(1798)에 관수(館守)[445]의 약서(約書)에서 통신사를 보내는 시기를 정묘년(1807, 순조7)으로 물렸으니, 빙례를 거행하는 일이 지체된 데 대해서는 비록 답답한 마음을 토로해야겠지만 양국의 돈독한 정의(情義)를 힘써 다지고 유지해야 한다는 점으로 볼 때, 감히 명에 따라 수년을 기다리지 않을 수 있겠습니까. 그 후로 우리나라의 대소 신료들은 동쪽을 바라보며 발돋움을 한 채 세월이 빨리 흘러 정묘년이 오기만을 기다렸고, 간사한 자들이 감히 훼방을 놓을 줄은 생각지도 못했습니다.

지난 을축년(1805)에 우리나라의 역관(譯官) 최경(崔璥)과 최국정(崔國楨) 등이 농간을 부린 사실이 발각되었는데, 관원을 파견하여 국문한 뒤에 이런 실정을 알아내었습니다. 대개 역관 박준한(朴俊漢)과 박치검(朴致儉) 등은 최경, 최국정과 함께 을묘년(1795, 정조19)부터 을축년까지 11년 동안 이권을 농단하여 욕심을 채우면서, '장소를 바꾸자고 강요한다.'라는 말과 '비용을 줄이기를 원한다.'라는 말로 두 나라를 속일 계획을 세우고는 몰래 결탁하여 정적(情跡)을 숨기고 있었습니다. 그들은 대마주에 고할 때 "우리나라에서 비용을 줄이기를 원합니다."라고 하고, 우리나라에 고할 때는 "대마주에서 장소를 바꾸

445 관수(館守) : 관수왜(館守倭) 또는 관수차왜(館守差倭)로, 부산(釜山)에 설치한 왜관(倭館)을 맡아 관리하던 왜인이다. 1639년(인조17)에 대마도주 평의성(平義成)이 조정에 요청하여 허락을 받아 배치하였는데, 왜관 내에 출입하는 자를 검색하고 잠상(潛商)을 적발하며 범죄를 저지르는 왜인을 대마도에 통보하는 일을 맡아보았다. 《增正交隣志 卷2 志 差倭》

자고 강요합니다."라고 하였습니다. 그렇게 하고도 이미 대마주에서 불신할 것을 걱정한 나머지 서계를 위조하고 가짜 인장(印章)을 찍어 대마주에 전했으며, 다시 우리나라에서 혹 눈치 챌까 두려워 의빙(議聘)에 관계되는 대마주의 모든 문서는 보내는 서계와 답하는 서계를 막론하고 일체 중간에서 은닉하였습니다. 밖에서 주고받으며 수작한 사실을 우리나라에서 즉시 살피지 못했는데, 대마주에서 어떻게 속임수라는 것을 알 수 있었겠습니까. 10년 이래로 서로 간에 사정과 의중을 알지 못했던 이유는 모두 이들이 농간을 부렸기 때문입니다. 어찌 놀랍고 분통 터지는 일이 아니겠습니까. 박준한과 박치검은 먼저 물고(物故)가 나고 최경과 최국정은 모두 변경에서 효수되었기에 사실을 갖추어 대마주에 통보하려 했습니다만, 따로 차사(差使)를 파견하는 일은 갑자기 정하기 어렵고 인편에 부치는 것은 규례가 다르기 때문에 지금까지 지체하고 말았습니다. 무릇 이런 곡절을 대마주에서 듣지 못했으니, 시기를 물리는 일과 장소를 바꾸는 사안에 대해 우리나라가 이미 알고 있다고 여겨서 지난번에 알린 것처럼 하겠다고 명시한 것도 이해는 됩니다.

두 나라는 우호적으로 외교를 맺어 대대로 정의(情誼)가 돈독하였습니다. 무릇 서로 간에 맺은 약조는 금석(金石)처럼 봉행해서 삼가 준수하고 감히 실추하지 않기를 수백 년이 지나는 동안 혹시라도 그렇게 하지 않은 적이 없었으니, 이는 두 나라의 신민(臣民)들이 모두 믿고 있는 일입니다. 예조에서 갑인년(1794, 정조18)에 답서를 보낼 때 약조를 지키는 것이 중요하다고 했던 이유가 이 때문이고, 귀국에서 답서를 살펴보고 인가(印可)한 것도 이 때문입니다. 대저 우리나라에서 사양한 뒤에 우리가 요청했다고 말을 하니, 천하에 어찌 이런 이치가 있겠습니까. 대마주에서는 마땅히 사양하는 말이 끝나기를 기다리지 말고, 장소를 바꾸는 것이 우리나라에서 바라는 일이 아니라는 사실을 살펴 주었어야 하는 것입니다. 우리나라는 토지가 척박하고 물산이 부족해서 폐백과 의물을 넉넉히 마련하지 못한 것이 비록 마음에 차지는 않습니다만, 교린(交隣)의 예(禮)는 실로 여기에 의미가 있다고 생각하기 때문에 폐백과 의물을 준비하도록 지시하였고, 또 유사(有司)가 갖추어 놓았다고 보고한 지 오래되었습니다. 대마주에서 혹 이런 실정을 헤아린다면 비용을 줄이려 한다는 말이 또한 우리나라가 원하는 일이 아니라는 사실을 알 수 있을 것입니다.

기사년(1809, 순조9)으로 시기를 물린다고 여긴 일에 이르러서는, 이는 바로 우리나라의 역관들이 농간을 부린 일 가운데 한 가지입니다. 이들은 죄만 피하면 그만이라는 잔꾀를 세워 갈수록 둘러대려고만 했으니, 음모는 비록 교묘했지만 간파하는 것은 어렵지 않았습니다. 다만 우리나라에서 애초에 듣지 못한 일이어서 대마주에서 미처 살피지 못했을 뿐이니, 이 어찌 많은 말로 분변할 것이 있겠습니까. 가만히 생각하건대, 대마주에서 이런 사정을 살피고 어렴풋이라도 사태를 파악한다면, 대마주의 오늘은 반드시 우리나라의 지난가을과 같을 것입니다.[446] 역관은 우리나라 사람이지만 우리나라도 오히려 그들의 농간에 속아 오랜 세월이 지난 뒤에야 비로소 깨달았으니, 더구나 바다 건너

446 대마주의……것입니다 : 지금 대마도에서 사태를 파악하고 느끼는 심정이 지난가을 우리나라에서 역관이 서계(書契)를 위조하고 농간을 부린 사실이 적발되었을 때의 느낌과 같을 것이라는 말이다. 《순조실록》에 의하면 우리나라에서는 1805년(순조5) 7월 6일에 그 사실을 알았다고 하였다.

멀리 있는 대마주야 더 말할 것이 있겠습니까. 군자를 사리에 닿는 말로 속일 수야 있겠지만, 교인(校人)이 물고기를 삶아 먹은 것이 어찌 자산(子産)의 지혜에 손상을 입힐 수 있겠습니까.[447]

귀국(貴國)의 대군(大君)이 왕위를 이은 일에 대해서는 우리나라에서 진하사(進賀使)를 임명하여 보내야 하거니와, 그 예절이 매우 중요한데도 지금까지 예를 차리지 못하고 있으니 어찌 미안한 생각에 마음이 꺼림칙하지 않겠습니까. 이제 죄인이 체포되고 속임수가 다 드러나서 두 나라 사이에 오해가 모두 풀렸으니, 이보다 다행한 일이 어디 있겠습니까. 종전에 다소 격조했던 것은 이미 지나간 일이고 목전에 닥친 응행 예절(應行禮節)은 이치로 볼 때 시급히 강구해야 하니, 준례(遵例)에 따라 보내는 사신을 실로 늦출 수가 없습니다. 정묘년(1807, 순조7)의 시기는 두 나라가 모두 아는 일이고 우리나라에서 간절히 바라는 바는 실로 여기에 있으니, 귀국에서 함께하는 의리가 어찌 여기에서 벗어나겠습니까. 바라건대, 우리의 이러한 실정을 동무(東武)[448]

447 군자를……있겠습니까 : 역관들의 교활한 속임수에 속기는 했지만, 이것 때문에 양국 간의 우의(友誼)가 손상되지는 않을 것이라는 말이다. 춘추 시대 정(鄭)나라 대부 자산(子産)에게 어떤 이가 산 물고기 두 마리를 선물로 보내자, 자산이 그것을 차마 죽일 수 없어 교인(校人)을 시켜 고기를 못에 놓아주게 했는데, 교인이 물고기를 삶아 먹어 버리고는 자산에게 복명하기를 "처음 막 놓아주었을 때는 고기가 어릿어릿하더니, 조금 뒤에는 활발해져서 깊은 곳으로 유유히 들어가더이다." 하였다. 그러자 자산이 말하기를 "제 살 곳을 얻었구나, 제 살 곳을 얻었구나."라고 감탄한 일이 있는데, 이에 대해 맹자(孟子)가 "군자는 사리에 닿는 말로는 속일 수 있어도 엉뚱한 말을 가지고 터무니없이 속일 수는 없다.〔君子可欺以其方 難罔以非其道〕"라고 평한 이야기가 있다. 《孟子 萬章上》

448 동무(東武) : 막부장군(幕府將軍)이 있는 강호(江戶)를 말한다. 일본 천황(天

에 전달하여 한결같이 당초에 약조한 연기(年期)대로 속히 회교(回敎) 해 주시면, 차계(差价)[449]가 나오기 전에 출발하도록 즉시 허락하겠습니다. 모든 사행 절목(使行節目)은 일체 고례(古例)를 준용하여 시행하되, 예조에서 받들어 주선(周旋)하도록 해 주시면 매우 다행이겠습니다. 변변찮은 예물로 정성을 표하니, 웃으며 받아 주시기 바랍니다. 날씨가 무더워져 가는데, 신명의 가호로 조섭하기를 바랍니다. 이렇게 양찰하기 바랍니다. 서찰의 격식을 갖추지 못했습니다.

皇)이 있는 경도(京都)가 강호의 서쪽에 있어서 서경(西京)이라 하였는데, 서경의 동쪽에 있는 무가(武家)라는 의미로 동무라고 하였다.

449 차계(差价) : 차왜(差倭)라고도 한다. 일본 관백(關白)의 명령을 받아 대마도주(對馬島主)가 우리나라에 보내는 사자(使者)로, 그 임무의 내용에 따라 대차왜(大差倭), 별차왜(別差倭), 재판차왜(裁判差倭), 호행차왜(護行差倭) 등의 구별이 있다.

벗에게 답하는 편지
答友人書

보여 준 내용은 잘 알겠습니다. 군자(君子)는 일상의 온갖 행위에 대해 비록 주의를 기울여 삼가고 조심해야 하지만, 그러나 공부의 조예(造詣)가 두루 합당하게 수응(酬應)하는 경지에 이르지 못했을 경우에는 또한 반드시 일이 지나고 나서 특별한 일과가 없을 때에 늘 지난날의 행위를 스스로 점검해야 하니, 혹 과실이 있었을까 걱정되기 때문입니다. 벼슬살이를 하며 중임(重任)을 맡은 사람에 이르러서는, 바야흐로 재임하고 있을 때에는 언제나 전전긍긍하여 깊은 못에 임한 듯 얇은 얼음을 밟은 듯이 조심하고[450] 이미 벼슬을 떠나고 나서는 지난 일을 떠올리며 묵묵히 반성하기를 항상 "나에게 자각하지 못하는 실수가 있었던가?"라고 반문해야 하니, 이것이 군자의 마음가짐입니다.

지금 군자의 허물을 따지고 군자의 흉을 캐는 사람이 있다면 그 사람은 소인(小人)일 것입니다. 가령 군자에게 진실로 따질 만한 허물이 있고 지적할 만한 흉이 있다면 저 소인은 가차 없이 찾아내어 반드시 하나도 혹 빠뜨리지 않을 것입니다. 이와 같이 하고도 끝내 찾아내지

450 전전긍긍하여……조심하고 : 조심스러운 자세로 매사를 신중하게 처리하는 마음가짐을 말한다. 《시경》에 "전전긍긍하여 깊은 못에 임한 듯 얇은 얼음을 밟은 듯이 한다.〔戰戰兢兢 如臨深淵 如履薄氷〕"라는 구절이 있는데, 여기서 유래한 말이다. 《詩經 小雅 小旻》

못하거나 혹 허물이라고 지적한 것이 끝내 허물이 아니라면, 이럴 경우 그 군자는 진실로 따질 만한 허물이 없고 캐낼 만한 흉이 없어서 순수하게 흠이 없는 사람인 것입니다. 그렇다면 저 소인은 군자를 위해 대신 점검하는 공부를 해 주는 셈이고, 군자로서는 크게 일이 줄어드는 것입니다. 어찌 마음 편히 유유자적하면서 애쓰지 않고도 스스로 점검하는 공부를 할 수 있는 다소의 큰 방편이 아니겠습니까. 생각건대, 이 글을 읽으면 마음이 흐뭇해질 것입니다. 이 편지는 우선 다른 사람에게 보이지 말고 후세에 전할 자료로 놓아두십시오. 아마 후세의 군자들이 이 말을 비루하게 여겨 버리지는 않을 것입니다.

전문 箋

환조대왕과 의혜왕후를 영흥본궁에 추향하고[451] 경사를 하례드리는 전문 을묘년(1795, 정조19)

桓祖大王懿惠王后 追躋永興本宮 稱慶陳賀箋文 乙卯

영변 부사(寧邊府使)로 있을 때 지은 글이다.

여덟째 주갑(周甲)의 보기(寶期)가 이르니　寶甲屆八回之期

무지개 흐르던[452] 경사스러운 해이고　虹流慶曆

451 환조대왕(桓祖大王)과……추향하고 : 1795년(정조19) 윤2월 17일에 함흥의 유학(幼學) 김응일(金應一) 등이 상소하여 환조의 탄신 480주년을 맞아 환조와 의혜왕후(懿惠王后)를 추향하기를 청한 적이 있는데, 이로 인해 정조가 그에 대한 예(禮)를 의논하여 정하게 한 다음 각신(閣臣) 서호수(徐浩修)와 서영보(徐榮輔) 등에게 명하여 《함흥본궁의식(咸興本宮儀式)》과 《영흥본궁의식(永興本宮儀式)》을 편찬하게 하였다. 영흥본궁은 태조 이성계(李成桂)의 아버지 환조의 구저(舊邸)로, 태조와 신의왕후·신덕왕후의 위판을 봉안한 곳이다. 이때 김응일의 상소로 환조와 의혜왕후의 추향이 결정되었다. 《日省錄 正祖 19年 閏2月 17日·20日, 4月 26日·28日》

452 무지개 흐르던 : 제왕(帝王)의 탄생을 비유하는 말이다. 황제(黃帝)의 비(妃) 여절(女節)이 일찍이 무지개처럼 생긴 별이 내려와서 화저(華渚)로 흐르는 것을 보았는데, 이윽고 그 무지개와 교감(交感)하는 꿈을 꾸고 임신이 되어 아들 소호씨(少昊氏)를 낳았다는 고사에서 온 말이다. 《宋書 卷27 符瑞志》 또 소식(蘇軾)의 〈집영전연치어(集英殿宴致語)〉에 "무지개 흘러내려 성명의 시대 열었나니, 인력으로 이룰 수 있는 상서가 아니로다.〔流虹啓聖 非人力所致之符〕"라는 말이 있다.

원묘[453]에 양성의 제사를 추향하니	原廟躋兩聖之祀
성조(聖祖)께서 흥기(興起)하신 옛 터전입니다	龍興舊基
하루 만에 예가 이루어져서	一日禮成
온 나라에 기쁨이 넘쳐흐릅니다	八域喜溢
삼가 생각건대 뜻을 계승하고 사업을 이어받으니[454]	恭惟繼志述事
은혜가 이어지고 덕화가 거듭되었습니다[455]	累洽重熙
나라의 경사가 이해에 가만히 돌아와	邦慶潛周於是年
비로소 성대한 예를 거행하게 되었는데	肇稱殷禮
성상의 정성으로 병야[456]에 상제를 마주하니[457]	宸誠對越於丙夜

453 원묘(原廟) : 정묘(正廟) 외에 따로 세운 종묘를 말하는데, 여기서는 영흥본궁을 가리킨다. 한 혜제(漢惠帝) 5년(기원전 190)에 고조(高祖)가 고향인 패현(沛縣)을 그리워했던 것을 생각하여 패현에 묘(廟)를 세우고 고조의 원묘로 삼았던 데서 비롯된 말이다. '원(原)'은 '재(再)'라는 뜻으로, 장안에 이미 고조묘가 있는데 다시 패현에 세웠기 때문에 원묘라고 한 것이다. 《史記 卷8 高祖本紀》

454 뜻을……이어받으니 : 선조의 뜻과 사업을 계승하여 발전시키는 것을 말한다. 공자(孔子)가 말하기를 "무왕(武王)과 주공(周公)은 세상 사람들이 모두 칭찬하는 효자일 것이다. 효란 것은 어버이의 뜻을 잘 계승하며, 어버이의 일을 잘 따라 행하는 것일 뿐이다."라고 하였다. 《中庸章句 第19章》

455 은혜가……거듭되었습니다 : 대대로 현명한 임금이 나와 은택이 계속 이어져 내려온다는 말이다.

456 병야(丙夜) : 삼경(三更), 즉 밤 11시부터 새벽 1시 사이의 깊은 밤을 이른다. 당나라 태종(太宗)이 일찍이 말하기를 "짐(朕)이 천하의 일을 걱정하여 병야에도 베개를 편안히 못 벤다." 하였다. 《新唐書 卷197 循吏列傳》

457 상제(上帝)를 마주하니 : '대월'은 대월상제(對越上帝)의 준말로, 상제를 마주하고 있듯이 경건한 자세를 유지한다는 말이다. 주희(朱熹)의 〈경재잠(敬齋箴)〉에 "의관을 바르게 하고, 시선을 존엄하게 하며, 마음을 고요히 가라앉혀 거처하고, 상제를 대하는 듯 경건한 자세를 가져라.〔正其衣冠 尊其瞻視 潛心以居 對越上帝〕"라고 하였다.

하늘과 사람의 이치가 실로 부합하였습니다	允叶天人
본궁에 아울러 드리는 제사를 행하기 전에	本宮之幷祀將行
대정의 성대한 의례[458]를 먼저 거행하였습니다	大庭之縟儀先擧
삼가 생각건대 신은 내각에서 출신하여	伏念臣出自內閣
외람되이 외직을 맡고 있습니다	叨守外符
분유[459]의 산천에는	枌楡山川
멀리서 생각건대 무성한 서기가 감돌 테고	遙想鬱蔥之佳氣
봉래[460]의 궁궐에는	蓬萊宮闕
덩실덩실 춤추는 근신(近臣)들 모습만 보입니다	但瞻蹈舞之邇班
앞의 성인과 뒤의 성인이 법도가 한 가지[461]이니	揆一前聖後聖
을묘년[462]은 바로 황하가 맑아졌던 해[463]이고	旃蒙乃河淸之年

458 대정(大庭)의 성대한 의례 : 영흥본궁의 추향제(追享祭)를 거행하기에 앞서, 대정에서 향축을 친히 전하는 의식을 거행하였다는 말이다. 대정은 정전(正殿)의 뜰을 말한다. 《승정원일기》 정조 19년 3월 8일 기사에, 영흥본궁에서 쓸 향축을 왕이 정전(殿庭)에서 친히 전하고 궐 밖에서 지송(祗送)하도록 하겠다는 내용이 보인다.

459 분유(枌楡) : 제왕의 고향을 뜻하는 말이다. 옛날 한 고조(漢高祖)가 고향인 풍(豐) 땅에다 느릅나무 두 그루를 심어서 토지의 신으로 삼았던 분유사(枌楡社)의 고사에서 온 말이다.

460 봉래(蓬萊) : 선인(仙人)이 산다는 선경(仙境)으로, 임금이 있는 도성의 대궐을 가리킨다. 당(唐)나라 수도인 장안(長安)에 있던 궁전 이름이기도 하다.

461 앞의……가지 : 맹자(孟子)가, 순 임금과 문왕이 살던 지역이 서로 천여 리나 떨어져 있고 살던 시대가 천여 년이나 차이가 있어도 뜻을 얻어 중국에 시행한 것이 마치 부절(符節)을 합한 듯이 똑같음을 예로 들면서 "앞의 성인(聖人)과 뒤의 성인이 헤아려 봄에 그 도(道)가 똑같다.〔先聖後聖 其揆一也〕"라고 한 적이 있다. 《孟子 離婁下》

462 을묘년 : 원문의 '전몽(旃蒙)'은 '을(乙)'의 해를 의미하는데, 여기서는 환조의 탄신 480주년이 되는 1795년(정조19)을 말한다. 《이아(爾雅)》 〈석천(釋天)〉에 "태세(太歲)가 갑(甲)에 있는 것을 알봉(閼逢)이라 하고, 을(乙)에 있는 것을 전몽이라 하며,

함흥본궁과 영흥본궁이 제사가 동일하니	祀同咸興永興
우리나라의 풍패로 용이 날아오른 땅입니다[464]	沛豐爲龍飛之地
이는 과거의 역사에도 드문 일이니	事曠前策
그 공덕이 우리 조정에 빛날 것입니다	功光我朝
삼가 생각건대 선조를 본받는 것으로 마음을 삼고	恭惟法祖爲心
근본에 보답하는 것으로 효심을 미루었으니	報本推孝
원묘에 제사하는 의식(儀式)을 정한 것은	定原廟祀享之式
실로 지난 갑인년에 있었고	寔在前歲甲寅
신덕왕후를 추부(追祔)한 규례를 따른 것[465]은	追神德躋祔之規

병(丙)에 있는 것을 유조(柔兆)라 하고, 정(丁)에 있는 것을 강어(强圉)라 하며, 무(戊)에 있는 것을 저옹(著雍)이라 하고, 기(己)에 있는 것을 도유(屠維)라 하며, 경(庚)에 있는 것을 상장(上章)이라 하고, 신(辛)에 있는 것을 중광(重光)이라 하며, 임(壬)에 있는 것을 현익(玄黓)이라 하고, 계(癸)에 있는 것을 소양(昭陽)이라 한다." 라고 하였다.

463 황하가 맑아졌던 해 : 성군(聖君)이 출현하여 태평 시대의 상서(祥瑞)가 열리는 해라는 의미로, 480년 전에 환조가 탄생했던 것을 두고 한 말이다. 삼국 시대 위(魏)나라 이강(李康)의 〈운명론(運命論)〉에 "황하가 맑아지면 성인이 출현한다.〔夫黃河淸而聖人生〕"라는 말이 나오는데, 그 주(註)에 "황하는 천 년에 한 번 맑아지는데, 그 상서(祥瑞)에 응하여 성인이 나온다고 세상에서 전한다."라고 하였다. 《拾遺記 卷1》

464 우리나라의……땅입니다 : '풍패(豐沛)'는 265쪽 주417 참조. '용이 날아오른다'는 것은 흔히 임금의 즉위를 비유하는 말로 쓰이는데, 《주역》 〈건괘(乾卦)〉에 성군과 현신이 만나는 것을 비유하여 "용이 날아올라 하늘에 있으니, 대인을 만나는 것이 이롭다.〔飛龍在天 利見大人〕"라고 하였다. 《周易 乾卦 九五》

465 신덕왕후(神德王后)를……것 : 1696년(숙종22) 북평사(北評事) 민진후(閔鎭厚)의 서계(書啓)를 계기로 신덕왕후를 영흥본궁에 부묘(祔廟)하였는데, 이 규례를 미루어 당시 의혜왕후(懿惠王后)의 추향(追享)을 결정하였다는 말이다. 《正祖實錄 19年 閏2月 19日》

삼가 숙종대왕 을해년(1695, 숙종21)의 일[466]을 준용하였습니다 欽遵肅宗乙亥

이에 여덟째 주갑(周甲)의 보기(寶期)를 맞이하여 肆當八周之寶甲

아울러 추향하는 성대한 의식을 크게 거행하였습니다 誕擧幷享之盛儀

삼가 생각건대 예전엔 성상의 윤음을 전하다가[467] 伏念曾叨啣綸

지금은 지방관의 관인(官印)을 차고 있기에 今縻佩紱

분유에 계실 용안(龍顔)을 생각하니 想枌楡之生色

미천한 정성에 홀로 기쁜 마음이 들다가도 若有微誠之偏歡

진령[468]을 돌아보며 간절히 생각하니 瞻榛苓而翹思

하례 반열에 참석치 못하는 심정 가눌 길 없습니다 那堪賀班之伊阻

466 삼가……일 : 1695년(숙종21) 12월 19일, 시독관(侍讀官) 민진후(閔鎭厚)의 건의에 따라 함흥본궁과 영흥본궁에 신덕왕후의 추부(追祔)를 결정했던 일을 말한다. 《肅宗實錄 21年 12月 19日》

467 성상의 윤음(綸音)을 전하다가 : 임금의 윤음을 봉조(鳳詔)라고도 하는데, 봉황이 조서를 입에 물고 전한다는 고사에서 유래한 말이다. 남조(南朝) 송(宋)나라 육홰(陸翽)의 《업중기(鄴中記)》에 "석계룡(石季龍)이 황후와 함께 누관(樓觀) 위에서 조서를 만들었는데 오색 종이를 봉황의 입에다 물렸다. 봉황이 조서를 물자 시종들이 수백 길이나 되는 붉은 비단 끈을 푸니 도르래가 회전하면서 봉황이 날아 내려갔다. 이에 이를 봉조(鳳詔)라 했다. 봉황은 나무로 만들었는데 오색 옻칠에 그림을 그렸고 다리는 모두 금으로 만들었다."라고 하였다.

468 진령(榛苓) : 임금을 그리워하는 마음을 비유하는 말이다. 《시경》에 "산에는 개암나무가 있고, 습지에는 감초가 있도다. 누구를 생각하는가, 서방의 미인이로다. 저 미인이여, 서방의 사람이로다.〔山有榛 隰有苓 云誰之思 西方美人 彼美人兮 西方之人兮〕"라는 구절이 있는데, 이는 현자(賢者)가 성대(盛代)의 현왕(顯王)을 생각하는 내용이다. 《詩經 邶風 簡兮》

늙은 부친의 회갑 날 음식을 내려 주신 은혜에 사례하는 전문[469]

老親周甲 食物賜給謝箋文

삼가 지난번 늙은 아비의 회갑 날에 恭遇迺於老父初度之日

특별히 음식을 실어 보내라 명하신 성은을 만났으니 特紆食物輸送之命

그 은혜는 격례(格例)를 벗어난 특별한 것이어서 恩出格外

감격스러운 마음을 가슴속에 새겼습니다 感鏤衷曲

머리털 하나조차도 모두 성상의 교화를 입어 毛髮皆歸陶甄

하늘처럼 덮어 주고 땅처럼 실어 주셨는데 天覆地載

특별히 미육을 하사하여 은혜롭게 기르시니 米肉特致惠養

그 은택 바다처럼 넓고 산악처럼 우뚝합니다 海闊嶽崇

부친의 장수에 즐거운 마음 깊고 喜深親年

성상의 은총에 감격의 정이 사무칩니다 感結君寵

삼가 생각건대 신은 우마주[470]의 천한 몸으로 伏念臣以牛馬走

469 늙은……전문 : 《일성록(日省錄)》 정조 19년(1795) 4월 3일 기사에 "서유신(徐有臣, 1735~1800)의 아들 영변 부사(寧邊府使) 서영보(徐榮輔)는 부친의 생일에 음식물을 내려 준 데 대해 전문(箋文)을 올려 사례하도록 하라."라는 내용이 보인다. 서유신에 대해서는 119쪽 주168 참조.

470 우마주(牛馬走) : 마소나 관리하는 하인(下人)이란 뜻으로, 즉 자신을 가리키는 겸칭(謙稱)이다. 한(漢)나라 때 태사령(太史令) 사마담(司馬談)의 아들인 사마천(司馬遷)이 일찍이 임안(任安)에게 답한 편지에서 자신을 '태사공의 우마주〔太史公牛馬走〕'라고 했던 데서 유래한 말이다.

원로의 반열[471]에 참여하였습니다 備鵷鷺班

편한 길 험한 길 가리지 않고 앞을 향해 나아갔으니 夷險向前

감히 이 몸을 내 것이라 여겼겠습니까 敢曰此身之已有

성심을 다해 임금을 섬겨서 悃愊事上

항상 전해 오는 가업을 바탕으로 권면하였습니다 恒勉藉手於家傳

아 금년 을묘년의 성스러운 시절은 猗今年乙卯昌辰

실로 우리 동방 천재일우의 좋은 기회입니다 實我東千一嘉會

훤궁께서 칠순으로 가는 연세를 열었으니[472] 萱宮啓七旬之紀

송축의 노래 드높아 만세를 세 번 부르고[473] 頌騰嵩三

옥 술잔 올려 팔천 년의 봄[474]을 축원하니 瑤觴獻八千之春

그 효성 사해의 본보기가 되었습니다 孝準海四

471 원로(鵷鷺)의 반열 : 조회할 때에 열 지은 조관의 반열을 말한다. 원로는 백로라고도 하는데, 이들은 질서가 엄격하여 서 있을 때나 날아갈 때에 작은 것이 큰 것을 추월하지 않는 특징이 있으므로, 관직의 차서가 엄격한 조정의 반열에 비유한 것이다. 두보(杜甫)의 시 〈지일견흥봉기북성구각노양원고인거성(至日遣興奉寄北省舊閣老兩院故人去聲)〉에 "오경 삼점에 조정 반열에 들어간다.〔五更三點入鵷行〕"라는 구절이 있다. 《杜詩詳註 卷6》

472 훤궁(萱宮)께서……열었으니 : 정조(正祖)의 생모인 혜경궁(惠慶宮) 홍씨(洪氏)가 이해에 회갑을 맞이하였기 때문에 이렇게 말한 것이다.

473 만세를 세 번 부르고 : 원문의 '숭삼(嵩三)'은 신하가 임금과 왕실의 수복(壽福)을 축원한다는 의미로, 한 무제(漢武帝)가 숭산(嵩山)에 올라갔을 때 어디선가 만세 소리가 세 번 들려왔다는 고사(故事)에서 유래한 말이다. 《漢書 卷6 武帝紀》

474 팔천 년의 봄 : 장구한 세월이라는 의미로, 장수를 축원하는 말이다. 《장자(莊子)》의 "상고 시대에 대춘 나무가 있었는데, 이 나무는 팔천 년을 봄으로 삼고 팔천 년을 가을로 삼았다.〔上古有大椿者 以八千歲爲春 八千歲爲秋〕"라는 말에서 유래하였다. 《莊子 逍遙遊》

온갖 복이 다 이르니 諸福畢至

여섯 가지 경사[475]가 모여 더욱 빛을 발하고 合六慶而彌光

자성(慈聖)의 은혜를 미루어 시행하여 慈恩推施

만물을 화기로 거두어 생장시켰습니다 囿萬品於和氣

인하여 신의 집안 사사로운 경사를 생각하니 仍念臣家私慶

요행히도 국가와 함께 기쁨을 같이하였습니다 竊幸與國同休

나이를 존중하는 은혜 미루어 작질을 높여 주시고[476] 爵秩推尊年之恩

다시 세수에 위문하는 성은을 베푸셨으며 更紆歲首之存問

구장[477]으로 우대하여 양로연을 베푸시고 鳩杖優養老之禮

특별히 낙남헌에서 성상 모시기를 허락하였습니다[478]

475 여섯 가지 경사 : 환조대왕(桓祖大王)과 의혜왕후(懿惠王后)를 영흥본궁(永興本宮)에 추향(追享)한 일, 정조가 즉위한 지 20년이 된 일, 자전(慈殿)의 보령(寶齡)이 망륙(望六)이 되어 존호(尊號)를 가상(加上)한 일, 경모궁(景慕宮)에 존호를 추상(追上)한 일, 자궁(慈宮)의 보령이 회갑을 맞은 일, 자궁께 존호를 가상한 일을 말한다. 《日省錄 正祖 19年 8月 3日》

476 나이를……주시고 : 혜경궁(惠慶宮) 홍씨(洪氏)의 회갑을 기념하여 이해에 61세가 되는 관원들을 대상으로 각각 한 등급씩 가자(加資)해 주었는데, 저자의 아버지인 서유신(徐有臣)은 가의대부(嘉義大夫)에 가자되었다. 《正祖實錄 19年 1月 17日》

477 구장(鳩杖) : 옥구장(玉鳩杖)의 준말로, 나이 70이 되어 치사(致仕)한 사람에게 하사하는 지팡이이다. 한(漢)나라 때 나이 70이 되면 옥장(玉杖)을 주고 그 손잡이 끝에 비둘기 모양의 장식을 하였는데, 비둘기는 먹이를 먹고 체하는 법이 없기 때문에 노인도 체증(滯症)이 없도록 음식을 조심하라는 뜻이었다고 한다. 《後漢書 志5 禮儀中》

478 낙남헌(洛南軒)에서……허락하였습니다 : 낙남헌은 화성(華城) 행궁(行宮)에 있는 건물로, 한(漢)나라 고조(高祖)가 낙양(洛陽)의 남궁(南宮)에서 주연을 베풀었던 뜻을 취한 것이다. 1795년(정조19) 윤2월 14일에 정조가 화성의 현륭원(顯隆園)에 갔다가 돌아오면서 낙남헌에 들러 양로연(養老宴)을 베푼 일이 있는데, 이때 서유신(徐

特許洛南之叨陪

나라의 경사가 아비의 몸에까지 미쳐　邦慶覃及於親身

우로의 은택을 치우치게 입었거니와　若偏雨露之澤

자식으로서 부모님의 음식을 보살피지 못하여　家食莫修於子職

어미를 잊지 못하는 까마귀의 정이 절실할 뿐이었습니다

徒切烏鳥之私

특별히 석류의 은혜[479]를 입어　特蒙錫類之恩

편양[480]의 소원을 이루게 해 주셨습니다　俾遂便養之願

늙은 부모 봉양하기를 세전[481]으로 하였으니　洗腆羞耇

소인의 지극한 정성을 굽어살피심이고　俯察小人之至情

지방관[482]으로 나가 맛난 음식[483]을 올렸으니　甘旨專城

有臣)을 비롯해 홍낙성(洪樂性), 채제공(蔡濟恭), 김이소(金履素), 이명식(李命植), 이민보(李敏輔), 심이지(沈頤之), 이조원(李祖源), 조윤형(曺允亨) 등이 참석하였다. 《正祖實錄 19年 閏2月 14日》

479 석류(錫類)의 은혜 : 효자(孝子)의 지극한 효성이 널리 퍼져 남에게까지 미쳐 가는 것을 말한다. 《시경》에 "효자가 효도를 그치지 아니하니, 길이 너에게 선(善)을 주리로다.〔孝子不匱 永錫爾類〕"라는 구절이 있는데, 여기서 유래하였다. 《詩經 旣醉》

480 편양(便養) : 부모를 편히 봉양하기 위해 지방관으로 나가는 것을 말한다. 저자는 1795년(정조19) 1월 3일 영변 부사에 제수되었다. 《日省錄》

481 세전(洗腆) : 정갈하고 풍성하게 장만한 음식을 말한다. 《서경》〈주고(酒誥)〉에 "효도로 그 부모를 봉양해서 부모가 기뻐하시거든 스스로 음식을 정갈하고 풍성하게 장만하여 술을 올리도록 하라.〔用孝養厥父母 厥父母慶 自洗腆致用酒〕"라고 하였다.

482 지방관 : 원문의 '전성(專城)'은 고을 수령이 되어 녹봉으로 부모를 봉양하는 전성지양(專城之養)을 말하는데, 사대부들이 매우 영화롭게 여겼다.

483 맛난 음식 : 원문의 '감지(甘旨)'는 어버이가 좋아하는 음식이라는 의미이다. 《예기》에 "새벽에 어버이에게 아침 문안을 하고 좋아하는 음식을 올리며, 해가 뜨면 물러

조정 동료들의 상례에 비할 바가 아니었습니다	非比同朝之常例
휴가의 은혜 또한 곡진한 보살핌에서 나와	休沐亦出曲諒
천 리 멀리서 돌아와 함께할 수 있게 해 주셨습니다	俾得千里相將
녹봉으로도 충분히 봉양할 수 있으니	廩祿足以爲供
잠시라도 감히 그 은혜를 잊을 수 있겠습니까	寧或一飯敢忘
그런데 뜻밖에도 남다른 은총이	不料自天異渥
다시 회갑 날에 내려졌습니다	復在回甲生朝
찬란히 빛나는 조서(詔書)[484]는	紫泥煌煌
도신에게 하교하여 왕명을 베푸시고	咨道臣而宣旨
옥처럼 정결한 쌀은	玉粒粲粲
또 포인이 줄지어 실어 왔습니다	又庖人之繼輸
비상한 은혜 베풀어 윤음을 내리시니	絲綸紆非常之恩
이민들은 모두 감동하고	吏民咸聳
하사하는 물품으로 음식을 실어 보내시니	殽饌用匪頒之物
술잔과 소반은 더욱 빛을 발하였습니다	杯盤增輝
백 년토록 이날이 사랑스러울 것이니	百年可愛斯辰
사소한 것 하나 성상의 은혜 아님이 없고	一毫莫非君賜
이미 술에 취하고 이미 은덕에 배부르니[485]	旣醉酒旣飽德

나와 각자 일에 종사하다가, 해가 지면 저녁 문안을 하고 좋아하는 음식을 올린다.〔昧爽而朝 慈以旨甘 日出而退 各從其事 日入而夕 慈以旨甘〕"라는 말이 있는데, 여기서 유래하였다.《禮記 內則》

484 조서(詔書) : 원문의 '자니(紫泥)'는 임금의 조서를 가리킨다. 고대에 황제의 조서를 금낭(錦囊)에 담아 붉은 진흙으로 입구를 봉한 뒤 인장(印章)을 찍어서 반포했던 데서 유래하였다.

제 마음속에 있는 아름다운 사람을 보았습니다[486]	望美人兮余懷
초승의 달과 같고 떠오르는 해와 같기를[487]	如月恒如日升
여러 노인들과 함께 다 같이 송축하였으니	與群老而齊頌
늙은 아비가 감격하여 올리는 말은	惟老父感戴之語
영원토록 마음속 깊이 받들겠다는 것이고	奉深心於世世生生
미천한 신이 기원하고 송축하는 정은	若微臣祈祝之情
해마다 백성들과 경사를 함께하기를 원함입니다	願同慶於年年歲歲
이는 대개 전하께서 증민[488]의 효(孝)를 몸소 행하시고	

485 이미 술에……배부르니 : 음식을 배부르게 먹은 것처럼 임금의 은덕(恩德)을 많이 입어 인의(仁義)에 충족되었음을 말한다. 《시경》에 "이미 취하기를 술로써 하고 이미 배부르기를 은덕으로써 하니, 왕께서는 만년토록 큰 복을 누리소서.〔旣醉以酒 旣飽以德 君子萬年 介爾景福〕"라는 구절이 있는데, 여기서 유래하였다. 《詩經 大雅 旣醉》

486 제 마음속에……보았습니다 : 마음속에 그리던 성스러운 임금을 보게 되었다는 말이다. 소식(蘇軾)의 〈전적벽부(前赤壁賦)〉에 "이에 술을 마시고 즐거움이 고조에 달하여 뱃전을 두드리며 노래하기를 '계수나무 노와 목란 상앗대로, 맑은 물결을 치며 달빛 흐르는 강물을 거슬러 오르도다. 아득한 나의 회포여, 하늘 저 끝에 있는 미인을 그리도다.'라고 하였다.〔於是飮酒樂甚 扣舷而歌之 歌曰 桂棹兮蘭槳 擊空明兮泝流光 渺渺兮余懷 望美人兮天一方〕"라는 구절이 있는데, 여기서 유래하였다.

487 초승의……같기를 : 영원히 사라지지 않는 달과 별처럼 장수(長壽)하기를 축원하는 말이다. 《시경》에 "초승의 달과 같고, 떠오르는 태양과 같으며, 장수하는 남산과 같아, 이지러지지 않고 무너지지 않으며, 무성한 송백과 같아, 끝없이 홍성하지 않음이 없네.〔如月之恒 如日之升 如南山之壽 不騫不崩 如松柏之茂 無不爾或承〕"라는 구절이 있는데, 여기서 유래하였다. 《詩經 小雅 天保》

488 증민(曾閔) : 공자(孔子)의 제자인 증자(曾子)와 민자건(閔子騫)을 가리키는데, 이들은 모두 효행이 지극하였다. 《맹자》〈이루 상(離婁上)〉에서 맹자(孟子)는 증자에 대해 "부모님의 뜻을 받들어 섬겼다고 할 수 있으니, 부모님을 섬길 때는 증자와

茲蓋伏遇躬行曾閔

당우(唐虞 요순(堯舜))의 치세(治世)를 이루셔서　治躋唐虞

효도는 능히 신명의 감통을 이루어　孝道克致於通神

자궁(慈宮)께서 강녕의 복을 누리시고　殿宮享康寧之福

왕정은 반드시 내 부모 보살피는 마음[489]을 먼저 베풀어

王政必先於及老

천하[490]가 노인을 잘 봉양하는 인정(仁政)에 귀의[491]하는 때를 만난 것

같이 하는 것이 좋다.〔可謂養志也 事親若曾子者可也〕"라는 말을 하였다. 《논어》〈선진(先進)〉에서 공자는 민자건에 대해 "효성스럽구나, 민자건이여. 사람들이 그 부모와 형제들의 칭찬하는 말에 트집을 잡지 못하는구나.〔孝哉閔子騫 人不間於其父母昆弟之言〕"라는 말을 하였다.

489 내 부모 보살피는 마음 : 자신의 부모에게 효도하는 마음을 미루어 남의 부모를 보살펴 준다는 의미이다. 《맹자》에 "내 노인을 노인으로 섬겨서 남의 노인에게까지 미치며, 내 어린이를 어린이로 사랑해서 남의 어린이에게까지 미친다면 천하를 손바닥에 놓고 움직일 수 있다.〔老吾老 以及人之老 幼吾幼 以及人之幼 天下可運於掌〕"라는 말이 있는데, 여기서 유래하였다. 《孟子 梁惠王上》

490 천하 : 원문의 '솔보(率普)'는 천하의 모든 사람들이라는 뜻으로, 《시경》의 "너른 하늘 아래가 왕의 땅 아닌 곳이 없으며, 땅을 따른 해내(海內)가 왕의 신하 아님이 없다.〔普天之下 莫非王土 率土之濱 莫非王臣〕"라는 말에서 유래하였다. 《詩經 小雅 北山》

491 노인을……귀의 : 임금이 노인을 잘 봉양하는 어진 정사를 베풀기 때문에 천하의 모든 사람이 귀의처로 삼는다는 말이다. 《맹자》에 "백이가 주왕(紂王)을 피해 북해의 바닷가에 살다가, 문왕이 일어났다는 말을 듣고 흥기(興起)하여 말하기를 '내 어찌 그에게 돌아가지 않겠는가. 내 들으니, 서백은 늙은이를 잘 봉양한다.'라고 하였으며, 태공이 주왕을 피하여 동해의 바닷가에 살다가, 문왕이 일어났다는 말을 듣고 흥기하여 말하기를 '내 어찌 그에게 돌아가지 않겠는가. 내 들으니, 서백은 늙은이를 잘 봉양한다.'라고 하였다. 천하에 노인을 잘 봉양하는 사람이 있으면 인인(仁人)이 그를 귀의처

입니다 率普歸善養之仁

마침내 미천한 신의 집으로 하여금 遂令賤臣之家

또한 세상에 드문 은총을 입게 하셨으니 亦被曠世之寵

신이 감히 위로 성은에 감격하고 臣敢不仰而知感

아래로 보은하기를 도모하지 않을 수 있겠습니까 俯而圖酬

이로 볼 때 단단한 철옹성은 鐵瓮堅城

실로 나라의 보장이라는 명성에 부족한 것입니다[492] 亮乏保障之譽

한 번 경루[493]의 꿈을 꾸고는 瓊樓一夢

로 삼는다.〔伯夷辟紂 居北海之濱 聞文王作 興曰 盍歸乎來 吾聞西伯 善養老者 太公辟紂 居東海之濱 聞文王作 興曰 盍歸乎來 吾聞西伯 善養老者 天下有善養老 則仁人以爲己歸矣〕"라는 말이 있는데, 여기서 유래하였다.《孟子 盡心上》

492 단단한……것입니다 : 견고한 철옹성이 보장(保障)이 되는 것이 아니라, 어진 정치로 백성을 보호함으로써 민심(民心)을 얻는 것이 진정한 의미의 보장이라는 말이다. 춘추 전국 시대의 진(晉)나라 조간자(趙簡子)가 윤탁(尹鐸)으로 하여금 진양(晉陽)을 다스리게 했는데, 윤탁이 "세금을 많이 거둡니까, 보장이 되게 합니까?"라고 물었을 때 보장이 되게 하라고 답하였다. 윤탁은 진양에 부임하자 호적(戶籍)에서 호수(戶數)를 줄여 조세(租稅)를 감면하고 어진 정치를 함으로써 민심을 얻었다. 나중에 간자의 뒤를 이은 무휼(無恤)이 지백(智伯)의 공격을 받아 진양으로 피했는데, 진양의 백성들이 불평하는 사람도 없고 배반하는 사람도 없이 모두 충성을 다하여 진양을 지켰다고 한다.《通鑑節要 卷1 周紀 威烈王》

493 경루(瓊樓) : 선경(仙境)에 있다는 구슬로 장식한 누대(樓臺)를 이르는데, 전하여 대궐(大闕)을 가리킨다. 소식이 송 신종(宋神宗) 희령(熙寧) 9년(1076)에 황주(黃州)로 귀양 가서 지은 〈병진중추작겸회자유(丙辰中秋作兼懷子由)〉에 "내가 바람 타고 돌아가고 싶나니, 경루옥우 높은 곳이 추위를 이기지 못할까 또 걱정일세.〔我欲乘風歸去 又恐瓊樓玉宇 高處不勝寒〕"라는 말이 나오는데, 이 내용을 신종이 보고는 "소식이 끝내는 임금을 사랑하는구나."라고 탄식하며 여주(汝州)로 양이(量移)하게 했다고 한다.《水調歌頭》

길이 임금 수레를 연모하는[494] 생각만 맺힙니다　　長結戀軒之思

494 임금 수레를 연모하는 : 임금의 은혜에 감격하여 차마 곁을 떠나지 못하고 그리워하는 마음을 비유하는 말이다. 남조(南朝) 송(宋) 포조(鮑照)의 "버려진 돗자리가 임금의 장막을 생각하고, 피로한 말이 임금의 수레를 연모하네.〔棄席思君幄 疲馬戀君軒〕"라는 시구에서 연유한 것이다. 《文選 卷28 代東武吟》

자궁의 회갑을 맞아 대전에 진하[495]하는 전문

慈宮周甲 大殿陳賀箋文

성조에서 천재일우의 기회를 맞이하니	聖朝際千一有之期
태세 을묘년(1795, 정조19)의 경사[496]이고	太歲乙卯
자궁에 억만년의 축수(祝壽)를 올리니	慈宮獻億萬年之祝
산월(産月)을 다 채우고 태어난[497] 날입니다	彌月誕辰
만세 소리 세 번 울려 퍼지니	嵩呼者三
효성은 사해와 수준이 같았습니다[498]	海準于四

495 자궁(慈宮)의……진하(陳賀) : 1795년(정조19) 6월 18일 혜경궁(惠慶宮) 홍씨(洪氏)의 회갑을 맞아 옥책(玉冊)과 금보(金寶)를 올리고 연회를 베풀어 축수(祝壽)한 뒤 사면령을 선포하고 기민(饑民)에게 미곡을 내리는 등, 백성들과 함께 그 기쁨을 나누었다는 기록이 보인다. 《正祖實錄》

496 을묘년의 경사 : 환조대왕(桓祖大王)의 탄신 480주년을 맞아 1795년(정조19) 4월 28일에 환조대왕과 의혜왕후(懿惠王后)를 영흥본궁(永興本宮)에 추제(追躋)한 일을 가리킨다. 285쪽 주451 참조.

497 산월(産月)을……태어난 : 10달의 산월을 다 채우고 쉽게 태어났다는 의미로, 《시경》의 "산월인 열 달을 채워 첫 아기를 낳되 양이 태어나듯 쉽게 낳았다.〔誕彌厥月 先生如達〕"라는 말에서 유래하였다. 《詩經 大雅 生民》

498 효성은……같았습니다 : 효성이 매우 지극하다는 뜻이다. 《예기(禮記)》에 "대저 효의 덕이란 어떠한 것인가. 이것을 세워 두면 하늘과 땅에 가득 차고, 이것을 펼쳐 두면 사방의 바다에 퍼지고, 후세에 전하면 영원토록 무궁할 것이다. 이것을 밀어서 동해에 이르게 하면 동해와 수준(水準)이 같아지고, 이것을 밀어서 서해에 이르게 하면 서해와 수준이 같아지고, 이것을 밀어서 남해에 이르게 하면 남해와 수준이 같아지고, 이것을 밀어서 북해에 이르게 하면 북해와 수준이 같아진다.〔夫孝 置之而塞乎天地 溥之

삼가 생각건대 뜻을 받들어 음식을 준비하였으니[499] 恭惟養備志物
그 효성에 신명이 감통하였습니다 孝通神明
요책[500]이 휘음(徽音)을 계승한 영예[501]를 드러내니 瑤冊闡嗣徽之光
효도는 부모를 현양함보다 큰 것이 없고[502] 道莫大於揚顯
자궁[503]에 따스한 햇볕[504]이 이르니 萱暉居可愛之日

而橫乎四海 施諸後世而無朝夕 推而放諸東海而準 推而放諸西海而準 推而放諸南海而準 推而放諸北海而準〕"라는 증자(曾子)의 말이 나오는데, 여기서 유래한 말이다. 《禮記 祭義》

499 뜻을……준비하였으니 : 부모의 뜻을 잘 받들어 봉양하였다는 말이다. 증자(曾子)가 부친 증석(曾晳)을 봉양할 때에 반드시 술과 고기를 올렸고, 상을 물릴 때에는 반드시 남은 것을 누구에게 주고 싶은지 여쭈었다. 그리고 부친이 "남은 음식이 있느냐?"라고 물으면 반드시 있다고 대답하였는데, 증자가 이렇게 대답한 것은 남에게 음식을 베풀려는 부친의 뜻을 받들기 위해서였다. 이러한 봉양을 맹자는 뜻을 봉양하는 것〔養志〕이라 하였으며, 부모 섬기기를 증자와 같이 해야 한다고 칭송하였다. 《孟子 離婁上》

500 요책(瑤冊) : 옥책(玉冊)과 같은 말로, 제왕 또는 후비의 존호를 올릴 때에 그의 덕행(德行)이나 업적(業績) 등 송덕문을 기록한 책을 가리킨다. 또 추상하는 존호를 새긴 도장을 금보(金寶)라 하여 옥책과 함께 올린다.

501 휘음(徽音)을 계승한 영예 : 후비(后妃)의 아름다운 덕을 표현할 때 쓰는 말이다. 주 문왕(周文王)의 비(妃)인 태사(太姒)가 문왕의 어머니인 태임(太任)의 덕을 이어받아 많은 후손을 두었다는 말이다. 《시경》 〈대아(大雅) 사제(思齊)〉의 "태사께서 태임의 아름다운 덕을 이어받아 아들이 백 명이나 되도다.〔太姒嗣徽音 則百斯男〕"라는 말에서 나온 것이다.

502 효도는……없고 : 원문의 '양현(揚顯)'은 후세에 이름을 드날려 부모를 드러낸다는 의미이다. "신체의 머리털과 살은 부모에게서 받아 나온 것이니, 감히 훼상하지 않는 것이 효도의 처음이 되고, 입신하여 도를 행해서 후세에 명성을 드날려 부모를 현양시키는 것이 효도의 끝이 된다.〔身體髮膚 受之父母 不敢毁傷 孝之始也 立身行道 揚名於後世 以顯父母 孝之終也〕"라는 공자(孔子)의 말에서 유래하였다. 《孝經 開宗明義章》

예는 책보(冊寶)를 올려 존숭하는 의식에서 더욱 성대하였습니다 禮彌殷於賁崇

진하(陳賀)하는 의례가 이에 이루어지니 玆當賀儀之載成

막 이르는 큰 복[505]을 더욱 누릴 것입니다 益膺景祿之方至

엎드려 생각건대 신은 집안의 경사[506]와 나라의 경사를 만났으니 伏念臣慶値家國

성은이 산하에 가득 진동하였습니다 恩塵關河

천지간에 선(善)을 주는 인정(仁政)[507]을 입어 荷天地錫類之仁

503 자궁(慈宮) : 원문의 '훤휘(萱暉)'는 훤당(萱堂)의 따스한 햇볕이라는 뜻으로, 여기서는 정조(正祖)의 모후인 혜경궁(惠慶宮) 홍씨(洪氏)의 자애로운 은혜를 비유한 말이다.

504 따스한 햇볕 : 차가운 몸을 녹여 주는 사랑스러운 햇볕을 말한다. 춘추 시대 노국(潞國)의 대부(大夫) 풍서(酆舒)가 진(晉)나라 가계(賈季)에게 "진(晉)의 대부 조순(趙盾)과 조쇠(趙衰) 중에 누가 더 어진가?"라고 묻자, 가계가 "조쇠는 겨울날의 햇볕이요, 조순은 여름날의 햇볕이다.〔趙衰冬日之日也 趙盾夏日之日也〕"라고 대답하였는데, 그 주(註)에 "겨울 햇볕은 사랑할 만하고, 여름 햇볕은 사람을 두렵게 한다.〔冬日可愛夏日可畏〕"라고 하였다.《春秋左氏傳 文公7年》

505 막 이르는 큰 복 : 막 흐르기 시작한 냇물처럼 앞으로 그 복이 한없이 자라날 것이라는 축원의 말이다.《시경》〈소아(小雅) 천보(天保)〉의 "하늘이 그대를 보정하사, 흥성(興盛)하지 않은 것이 없는지라……냇물이 막 이르는 것과 같아서 더하지 않음이 없네.〔天保定爾 以莫不興……如川之方至 以莫不增〕"라는 구절에서 유래하였다.

506 집안의 경사 : 이해에 저자의 부친인 서유신(徐有臣, 1735~1800)이 회갑을 맞아 정조가 음식물을 하사하고 저자가 이에 대해 전문(箋文)을 올려 사례한 일이 있었는데, 이 일을 두고 한 말이다. 290쪽 주469 참조.

507 선(善)을 주는 인정(仁政) : 자신의 지극한 효성을 널리 미루어 천하의 백성들이 모두 효성스러워지게 하는 정조(正祖)의 어진 정치를 말한다.《시경》의 "효자가 효도를 그치지 아니하니, 길이 너에게 선(善)을 주리로다.〔孝子不匱 永錫爾類〕"라는 구절에서 유래한 말이다.《詩經 旣醉》

미천한 신의 소원 곡진히 다 이루어졌건만	微私無不曲遂
기뻐하시는 전하의 안색을 바라봄에	瞻宸扆有喜之氣
이 몸은 달려갈 수 없는 신세가 한스러울 뿐입니다	此身恨未奮飛

자궁의 회갑을 맞아 진하하는 전문

慈宮周甲 陳賀箋文

상서로운 운수가 자궁의 보령(寶齡)에 머물러	瑞運駐萱暉之紀
이해에 회갑이 돌아왔으니	周甲是年
좋은 기회[508]는 임종의 율관[509]에 맞고	嘉會叶林鍾之宮
태어난 날은 좋은 시절이었습니다	誕辰令節
보배로운 무녀성[510]이 빛을 더하니	寶婺增耀
자애로운 하늘은 더욱 높았습니다	慈天彌高
삼가 생각건대 덕은 휘유의 아름다움[511]을 드러내고	恭惟德著徽柔

508 좋은 기회 : 좀처럼 만나기 어려운 좋은 시기를 뜻한다. 진(晉)나라 반악(潘岳)의 〈서정부(西征賦)〉에 "천 년의 좋은 기회를 만났네.〔遭千載之嘉會〕"라는 구절이 있다. 《御製歷代賦彙 外集 卷9》

509 임종(林鍾)의 율관 : 혜경궁 홍씨의 생일이 있는 달인 6월을 가리킨다. 《율려신서(律呂新書)》에 고대 중국에서 절후(節候)를 살핀 방법이 나와 있으니, 갈대 속의 얇은 막을 태운 재를 황종(黃鍾 : 11월), 태주(大簇 : 1월), 고선(姑洗 : 3월), 유빈(蕤賓 : 5월), 이칙(夷則 : 7월), 무역(無射 : 9월), 대려(大呂 : 12월), 협종(夾鍾 : 2월), 중려(仲呂 : 4월), 임종(林鍾 : 6월), 남려(南呂 : 8월), 응종(應鍾 : 10월)의 열두 율관에 넣어 두면 각 절후에 맞춰 재가 움직인다고 한다.

510 무녀성(婺女星) : 직녀성(織女星)의 남쪽에 있는 여수(女宿)로, 포백(布帛)을 맡은 별이다. 일반적으로 부녀에 대한 미칭으로 쓰인다.

511 휘유(徽柔)의 아름다움 : 문왕(文王)의 덕을 찬양한 말로, 《서경》의 "아름답게 부드럽고 아름답게 공손하시어 백성들을 품어 보호하시고, 홀아비와 과부에게 은혜를 입혀 생기를 북돋아 주시되, 아침부터 해가 중천에 이르도록, 다시 해가 기울 때까지 한가히 밥 먹을 겨를도 없이 노력하시어 백성들을 모두 화합하게 하셨습니다.〔徽柔懿恭

경사는 장발의 상서[512]를 길렀습니다 慶毓長發

떳떳한 전례를 힘써 따르니 彝典勉循

전하의 효성은 아 궁궐에서 무채의 즐거움[513]을 드리고

睿孝猗九重舞綵之歡

태어나신 생신이 이에 돌아오니 誕彌寔啓

창성한 시기는 또한 세자가 태어난 날이기도 합니다[514]

昌期亦貳極流虹之日

만세 삼창의 예가 이에 거행되니 肆當三呼之禮擧

드높이 퍼지는 구여의 송축[515]을 더욱 누릴 것입니다

懷保小民 惠鮮鰥寡 自朝至于日中昃 不遑暇食 用咸和萬民]"라는 구절에서 유래하였다. 《書經 周書 無逸》

512 장발(長發)의 상서(祥瑞) : 임금의 훌륭한 덕에 응하여 나타나는 아름다운 조짐을 의미한다. 《시경》에 "대대로 깊고 밝은 임금 상나라에 있어, 그 상서가 발현됨이 장구하였도다.[濬哲維商 長發其祥]"라는 구절이 있는데, 여기서 유래한 말이다. 《詩經 商頌 長發》

513 무채(舞綵)의 즐거움 : 연로한 부모를 기쁘게 봉양하였다는 의미이다. 춘추 시대 초(楚)나라의 노래자(老萊子)가 효성으로 어버이를 받들어 일흔의 나이에 색동옷을 입고 어린아이의 놀이를 하여 어버이를 기쁘게 했던 고사에서 유래한 말이다. 《小學 稽古》

514 창성한……합니다 : 혜경궁 홍씨의 탄신일이 세자의 생일과 같기 때문에 이렇게 말한 것이다. 세자는 바로 뒷날의 순조(純祖)이며, 1790년(정조14) 6월 18일 창경궁(昌慶宮)의 집복헌(集福軒)에서 정조의 둘째 아들로 태어났다. 《正祖實錄 14年 6月 18日》

515 구여(九如)의 송축 : 만수무강을 기원하는 송축을 말한다. 구여는 《시경》〈천보(天保)〉에 나오는 아홉 가지의 축복, 곧 여산(如山)·여부(如阜)·여강(如岡)·여릉(如陵)·여천방지(如川方至)·여월항(如月恒)·여일승(如日升)·여남산수(如南山壽)·여송백무(如松柏茂)를 가리키는데, 그 시에 "하늘이 그대를 보정하사, 흥성(興盛)하지 않은 것이 없는지라, 산과 같고 언덕 같으며, 뫼와 같고 큰 언덕 같으며, 냇물이

益膺九如之頌騰

삼가 생각건대 신은 집안의 경사와 나라의 경사를 만난 지금
伏念某値家國休

지방관의 직임[516]을 맡고 있습니다 爲郡縣吏

성상께서 은택을 미루어 백성들과 경사를 함께하시니
聖渥寔推於同慶

어찌 편양[517]의 영광일 뿐이겠습니까마는 奚但便養之榮

기쁜 정이 미천한 신 한 사람에게만 치우친 듯하여 歡情若偏於微私

멀리서 만수무강을 축원하는 마음 절실할 뿐입니다 遙切祝釐之悃

자궁께서 태어난 해가 돌아와 寶婺回篤降之期

을묘년(1795, 정조19)이 되었고 太歲在卯

자궁이 계신 궁궐에 따스한 햇볕이 머무니 萱闈駐可愛之日

이달 이 좋은 날입니다 是月令辰[518]

팔도의 신민들은 모두 즐거워 노래하고 八域歡聲

막 이르는 것과 같아서, 더하지 않음이 없도다.……초승의 달과 같고, 떠오르는 태양과 같으며, 장수하는 남산과 같아, 이지러지지 않고 무너지지 않으며, 무성한 송백과 같아, 끝없이 홍성하지 않음이 없도다.〔天保定爾 以莫不興 如山如阜 如岡如陵 如川之方至 以莫不增……如月之恒 如日之升 如南山之壽 不騫不崩 如松柏之茂 無不爾或承〕"라고 하였다.《詩經 小雅 天保》

516 지방관의 직임 : 저자는 1795년(정조19) 1월 3일 영변 부사에 제수되었다.《日省錄》

517 편양(便養) : 부모를 편히 봉양하기 위해 지방관으로 나가는 것을 말한다.

518 令辰 : 대본은 '금신(今辰)'인데,《일성록》정조 19년 6월 18일 기사에 근거하여 '영신(令辰)'으로 수정하였다. 대본의 교정 첨지(校正籤紙)에도 "'금(今)'은 '영(令)'이니 다시 고찰해 보아야 한다.〔今令更考〕"라고 하였다.

구중궁궐에는 기쁜 기색이 가득합니다　九重喜氣
삼가 생각건대 대덕은 반드시 장수를 누리는 법이니[519]　恭惟大德必壽
그 상서가 발현됨이 장구하였습니다　長發其祥
성상의 효성이 강녕한 복을 이르게 하여　聖孝致康寧之祺
하늘이 길상(吉祥)을 명하셨고　惟天命吉
경사스러운 계절이 태평의 운을 열어　慶節啓熙洽之運
세자[520]가 같은 날 태어나게 하였습니다　前星同輝
만세 삼창의 칭송이 이에 이루어지니　肆當呼嵩之載成
막 이르는 냇물의 경사[521]를 더욱 누릴 것입니다　益膺如川之方至
삼가 생각건대 신은 다행히 수역[522]의 성대를 만나　伏念某幸際壽域
마침내 하찮은 몸에까지 은택이 미쳤으니　遂及微私

519 대덕(大德)은……법이니 : 큰 덕을 지닌 사람은 반드시 그에 걸맞은 장수를 누린다는 의미로, 《중용장구(中庸章句)》 제17장의 "큰 덕이 있는 사람은 반드시 그 지위를 얻으며, 반드시 그 봉록(俸祿)을 얻으며, 반드시 그 명예를 얻으며, 반드시 그 수명(壽命)을 얻게 마련이다.〔大德 必得其位 必得其祿 必得其名 必得其壽〕"라는 공자(孔子)의 말에서 유래하였다.

520 세자 : 원문은 '전성(前星)'으로, 진(晉)나라 〈천문지(天文志)〉에 "심(心)이란 별이 있는데, 중간 별〔中星〕은 천자(天子)를, 앞 별〔前星〕은 태자(太子)를, 뒤 별〔後星〕은 서자(庶子)를 가리킨다."라고 하였다.

521 막 이르는 냇물의 경사 : 막 흐르기 시작한 냇물처럼 앞으로 그 경사가 한없이 자라날 것이라는 축원의 말이다. 301쪽 주505 참조.

522 수역(壽域) : 예법과 제도가 완비되고 사람마다 천명을 누리는 태평성대를 가리킨다. 《한서(漢書)》 권22 〈예악지(禮樂志)〉에 "옛날의 예법을 계승하고 왕의 제도를 밝혀 온 세상의 백성들을 몰아 인수의 지경으로 올려놓는다면, 풍속이 어찌 성왕(成王)이나 강왕(康王) 시대만 못하며 수명이 어찌 고종 시대만 못하겠는가.〔述舊禮 明王制 驅一世之民 濟之仁壽之域 則俗何以不若成康 壽何以不若高宗〕"라고 하였다.

봄바람처럼 자애로운 은혜를 넓혀 가심에 推慈恩之春噓
유독 신 한 사람만 그 혜택을 입은 것 같았습니다 若有一身偏被
생각건대 새벽부터 조정의 신료들을 소집하리니 想仙班之曉集
천리 길을 달려갈 수 없는 신세가 한스러울 뿐입니다 恨未千里奮飛

원자의 탄생[523]을 맞아 진하하는 전문 기사년(1809, 순조9)

元子誕生 陳賀箋文 己巳

화봉인의 세 가지 축원[524]을 받았으니	膺華封之三祝
오직 성인이 이를 누렸고	其唯聖人
왕실에 만 년의 상운(祥運)이 내렸으니	錫室壼之萬年
독실하게 원자께서 태어났습니다	篤生元子
종묘사직이 영원히 공고하리니	宗社永鞏
천하 백성들이 모두 기뻐하였습니다	率普胥欣
삼가 생각건대 선왕의 모훈(謨訓)을 이어받아	恭惟纘承顯謨
크나큰 명을 맞이하여 계승하였습니다	迓續景命
하늘과 땅이 제자리에 위치하니	乾坤正位
문왕과 후비(后妃)처럼 금슬이 좋았고[525]	協文王好逑之詩
장자(長子)를 구하여 아들을 얻었으니[526]	震索得男

523 원자(元子)의 탄생 : 여기서 원자란, 순조와 순원왕후(純元王后) 김씨의 맏아들인 효명세자(孝明世子, 1809~1830)를 가리킨다. 1809년(순조9) 8월 9일 신시(申時)에 창덕궁(昌德宮) 대조전(大造殿)에서 탄생하였다. 《純祖實錄》

524 화봉인(華封人)의 세 가지 축원 : 장수와 부귀, 다산(多産)의 세 가지 축원을 의미한다. 229쪽 주322 참조.

525 문왕(文王)과……좋았고 : 호구(好逑)의 시(詩)는 《시경》 〈주남(周南)〉의 〈관저(關雎)〉를 가리킨다. 이 시는 금슬 좋은 문왕과 후비(后妃)의 성덕(聖德)을 노래하였기 때문에 이렇게 말한 것이다. 그 시에 "자웅이 서로 화락하게 우는 물새는 하수가에 있도다. 얌전한 숙녀는 군자의 좋은 짝이로다.〔關關雎鳩 在河之州 窈窕淑女 君子好逑〕"라고 하였다.

숙종이 탄생한 달과 부합하였습니다[527] 符肅祖誕彌之月

아아 별처럼 빛나고 바다처럼 윤택한[528] 날이여 猗歟星輝海潤之日

진실로 태산 반석처럼 국세(國勢)가 안정될 것입니다

展也泰山磐石之安

엎드려 생각건대 신은 지금 관찰사의 직무를 수행하면서

伏念臣爰方來宣

홀연 이렇게 경사스러운 소식을 들었습니다 忽聞此慶

칭송의 소리 하루에 천 리를 내달려 一日千里

노소를 막론하고 기쁨의 소리를 전하니 達歡聲於戴白垂髫

526 장자(長子)를……얻었으니 : 원자(元子)의 탄생을 표현한 말이다. '진색(震索)'의 '진(震)'은 국가의 대통(大統)을 계승할 장남을 뜻하는 말로, 여기서는 원자를 가리킨다. "진은 우레가 되고 용이 되고……장자가 된다.〔震爲雷爲龍……爲長子〕"라는 《주역》 〈설괘(說卦)〉 제11장의 말에서 유래하였다. 또 〈설괘〉 제10장에 "건은 하늘이기 때문에 아비라 일컫고, 곤은 땅이기 때문에 어미라 일컫고, 진은 첫 번째로 구하여 아들을 얻는 것이기 때문에 장남이라 일컫는다.〔乾天也 故稱乎父 坤地也 故稱乎母 震一索而得男 故謂之長男〕"라고 하였다.

527 숙종(肅宗)이……부합하였습니다 : 조선의 제19대 국왕인 숙종(1661~1720, 재위 1674~1720)은 현종(顯宗)의 외아들로, 현종과 명성왕후(明聖王后) 김씨 사이에서 1661년(현종2) 8월 15일에 태어났다. 《顯宗實錄》

528 별처럼……윤택한 : 태자의 성덕(盛德)을 찬양하는 노래이다. 후한(後漢) 명제(明帝)가 태자로 있을 때에 악공(樂工)이 〈일중광(日重光)〉, 〈월중륜(月重輪)〉, 〈성중휘(星重輝)〉, 〈해중윤(海重潤)〉이라는 4장(章)의 시가(詩歌)를 지어 찬양한 고사에서 유래한 말인데, 여기서는 원자의 성덕을 찬양하는 의미로 쓰였다. 《樂府詩集 卷40 相和歌辭》 천자의 덕이 해처럼 빛나고 달처럼 둥글고 별처럼 찬란하고 바다처럼 윤택한데, 태자의 덕도 여기에 비견되기 때문에 '중(重)'이라는 글자를 첨가하였다는 설이 진(晉)나라 최표(崔豹)의 《고금주(古今注)》 제3 〈음악(音樂)〉에 보인다.

만세를 세 번 외치고 萬歲三呼

손 모아 빌고 발을 구르며 먼 정성을 드립니다 馳遠誠於攢手蹈足

교서 敎書

봉조하 정존겸[529]에게 내리는 선마문[530] 신해년(1791, 정조15)
奉朝賀鄭存謙宣麻文 辛亥

왕은 이르노라. 임금과 신하 사이는 서로의 마음을 알아주는 것이 귀하니 이미 출사(出仕)하기 전의 지극한 정성을 믿어 등용하였고, 나

529 정존겸(鄭存謙) : 1722～1794. 본관은 동래(東萊), 자는 대수(大受), 호는 양암(陽菴)·양재(陽齋)·원촌(源村), 시호는 문안(文安)이다. 1750년(영조26) 사마 양시에 모두 합격하고, 다음 해 정시 문과에 병과로 급제, 부제학을 역임하였다. 이후 횡성 현감, 경상 감사, 한성부 판윤, 교리, 승지, 도승지, 6조의 참판, 이조 판서, 형조 판서, 예조 판서, 부제학, 대사성, 대사헌 등을 거쳐 1776년(정조 즉위년) 우의정에 발탁되고 이듬해 좌의정이 되었다. 1791년(정조15) 영의정에 이어 영중추부사로 치사(致仕)하고, 봉조하(奉朝賀)로 기로소(耆老所)에 들어갔다. 철저한 시파(時派)로서 정조의 두터운 신임을 받았던 인물이다.

530 선마문(宣麻文) : 궤장(几杖)을 하사받는 조정의 신하나 벼슬을 영구히 그만두고 물러나는 봉조하(奉朝賀)에게 임금이 내려 주는 교서(敎書)를 말한다. 선마는 원래 중국 당(唐)나라 때에 장군이나 정승을 임명할 때 내려 주던 조서(詔書)를 백마(白麻)에 써서 내려 준 데서 유래하였다. 정조는 1791년 1월 8일의 정사에서, 대신이 치사(致仕)한 뒤 그 자손에게 벼슬을 내려야 한다고 하면서, 봉조하 정존겸(鄭存謙)에게 내리는 선마(宣麻)를 대신 받은 아들 정치수(鄭致綏)를 현감의 관직에 복직시키라고 명하였다. 《日省錄 正祖 15年 1月 8日》

아가고 물러남에 반드시 예(禮)로써 하려 하니 특별히 정사(政事)를 행하는 떳떳한 법전을 맡겼도다. 지상의 신선이 되어 반부(攀附)[531]하기를 하늘의 고명(誥命)으로부터 하였도다.

아, 경은 '근신(謹愼)'이라는 두 글자를 하나의 규모(規模)로 삼았도다. 대대로 집안의 명성이 빛났으니 문익공(文翼公)[532]으로부터 이후 한 가문에서 10인의 재상이 배출되었고, 공경(公卿)으로 세상의 명망(名望)이 높았으니 선조(先朝) 때에 이미 팔좌 구경(八座九卿)[533]의 지위에 올랐도다. 문단에 아름다운 문장이 크게 펴졌으니 일찍부터 동각(東閣)의 아름다운 명성[534]이 알려졌고, 번얼(藩臬)[535]에 뛰어난 공적

531 반부(攀附) : 반룡부봉(攀龍附鳳)의 준말로, 제왕 혹은 명사(名士)에게 몸을 의탁해서 공명(功名)을 이룬다는 의미이다. 한(漢)나라 양웅(揚雄)이 지은 《법언(法言)》에 "용의 비늘을 끌어 잡고 봉의 날개에 붙는다.〔攀龍鱗 附鳳翼〕"라는 말이 나오는데, 여기서 유래한 말이다. 《法言 淵騫》

532 문익공(文翼公) : 문익은 정광필(鄭光弼, 1462~1538)의 시호이다. 본관은 동래(東萊), 자는 사훈(士勛), 호는 수부(守夫)이다. 1492년(성종23) 식년 문과에 급제하여 홍문관에 등용된 이후 부제학, 이조 참의, 이조 참판, 예조 판서 등을 거쳐 대사헌이 되고, 1510년(중종5) 우참찬(右參贊)으로 전라도 도순찰사가 되어 삼포왜란(三浦倭亂)을 수습한 뒤 우의정과 좌의정을 거쳐 1516년 영의정에 올랐다. 중종의 묘정(廟庭)과 회덕(懷德)의 숭현서원(崇賢書院), 용궁(龍宮)의 완담향사(浣潭鄕社)에 배향되었다. 문집으로 《정문익공유고(鄭文翼公遺稿)》가 전한다.

533 팔좌 구경(八座九卿) : 재신급(宰臣級)의 고위 관료를 의미하는 말이다. 팔좌(八座)는 팔좌 상서(八座尙書), 즉 육조(六曹)의 상서(尙書)와 좌우 복야(僕射)를 가리키는데, 흔히 판서(判書)의 지위를 뜻한다. 구경(九卿)은 삼정승에 다음가는 아홉 개의 높은 관직을 일컫는 말로서, 의정부의 좌참찬·우참찬, 육조 판서(六曹判書), 한성부 판윤(漢城府判尹)을 이른다.

534 동각(東閣)의 아름다운 명성 : 양나라 때의 시인 하손(何遜)과 같은 아름다운 문명(文名)을 말한다. 하손이 일찍이 양주 자사(揚州刺史)의 기실 참군(記室參軍)으

이 크게 드러났으니 서청(西廳)[536]의 즐거운 담론뿐만이 아니었도다. 지난날 군흉(群凶)이 세상을 어지럽힐 때에도 옛 성현들의 명철(明哲)한 가르침에 부끄럽지 않았으니, 비록 풍파가 세차게 일어날 때에도 홀로 빈 배의 가르침[537]을 지켰고 음양(陰陽)과 선악(善惡)의 구분이 밝을 때는 회벽(懷璧)의 경계[538]를 간직하였도다. 빈료(賓僚)들이 소장(疏狀)을 올려 항쟁(抗爭)하던 날부터 일찍 세손인 나와 교유를 하였

로 있을 적에 관아의 매화가 활짝 핀 것을 보고 〈영조매(詠早梅)〉라는 제목의 시를 지어 당대에 회자되었던 데서 유래한 말이다. 《梁書 卷49 何遜列傳》 두보(杜甫)의 〈화배적등촉주동정송객봉조매상억견기(和裴迪登蜀州東亭送客逢早梅相憶見寄)〉 시에서도 하손의 고사를 인용하여 "동각의 관매가 시흥을 발동시키니, 도리어 하손이 양주에 있을 때 같구나.〔東閣官梅動詩興 還如何遜在揚州〕"라고 하였다. 《杜少陵詩集 卷9》

535 번얼(藩臬) : 중국의 번사(藩司)와 얼사(臬司) 즉 포정사(布政司)와 안찰사(按察司)를 뜻하는데, 우리나라의 절도사(節度使)와 관찰사(觀察使)가 근무하는 감영(監營)을 이른다.

536 서청(西廳) : 서전(西銓)의 청사란 뜻으로 병조를 가리킨다. 문신(文臣)을 선발하는 이조를 동전(東銓), 무신(武臣)을 선발하는 병조를 서전이라 칭한다.

537 빈 배의 가르침 : 명리에 얽매이지 않고 담박한 삶을 살아가야 한다는 가르침을 말한다. 《장자(莊子)》의 "두 척의 배가 나란히 하수(河水)를 건널 때 빈 배가 와서 배를 부딪치면 비록 속 좁은 사람이라 하더라도 노여워하지 않는다.〔方舟而濟於河 有虛船來觸舟 雖有惼心之人 不怒〕"라는 말에서 유래하였다. 《莊子 山木》

538 회벽(懷璧)의 경계 : 자신의 경륜을 속으로 갈무리하여 예기치 않은 분란이나 재앙을 피한다는 의미이다. 회벽은 옥구슬을 품었다는 뜻으로, 훌륭한 자질을 갖추고 있음을 말한다. 《춘추좌씨전(春秋左氏傳)》 환공(桓公) 10년 조에 "필부가 아무 죄도 짓지 않았는데 구슬을 가지고 있자 이를 탐낸 사람이 구슬을 소지한 것을 죄로 삼았다는 내용이 있는데, 이를 두고 사람들이 '필부가 무슨 죄가 있으랴, 옥구슬을 품고 있는 것이 죄일 뿐이지.〔匹夫無罪 懷璧其罪〕'라고 하였다."라는 말이 있는데, 여기서 유래하였다.

고, 예전 내가 처음 즉위했을 때는 제일 먼저 오비(鼇扉)[539]의 반열에 발탁하였도다. 상민중(向敏中)[540]처럼 관직에서 크게 견디어 내어 평생을 빈한한 선비같이 지냈고, 이 문정(李文靖)[541]처럼 조정에서 의용을 엄숙히 하여 참으로 귀인(貴人)의 풍범(風範)이 있었으니, 15년 넘게 나를 섬기는 동안 가장 믿을 만한 한두 명의 신하로 경을 의지하였도다. 방현령(房玄齡)과 두여회(杜如晦)[542]는 기록할 만한 공은 없었으나 모책을 잘 세우고 결단을 잘 내렸고, 왕안석(王安石)[543]은 가만히

539 오비(鼇扉) : 학사원(學士院)의 별칭으로 한림원(翰林院)을 가리킨다.

540 상민중(向敏中) : 송(宋)나라 개봉(開封) 사람으로 자는 상지(常之), 시호는 문간(文簡)이다. 진종(眞宗) 때의 명신으로, 벼슬은 중서문하동평장사(中書門下同平章事)・좌복야(左僕射) 등을 역임하였다. 상민중이 처음으로 재상에 제수되었을 때 축하하러 오는 사람을 모두 사양하고 부엌에는 잔치를 준비하는 사람이 한 사람도 없었는데, 진종(眞宗)이 이 말을 듣고 웃으며 "상민중이 크게 관직을 견뎌 내었구나."라고 하였다고 한다. 30년 동안 대임(大任)에 있으면서 민정(民政)을 익숙하게 깨달아 인재 채택을 잘하였는데, 쇠질(衰疾)로 여러 차례 사직하려 했으나 허락하지 않았다고 한다.《宋史 卷282 向敏中列傳》

541 이 문정(李文靖) : 문정은 송 진종(宋眞宗) 때의 이름난 재상 이항(李沆)의 시호이다. 지식과 지모가 출중하며 과묵하고 강직하여 당시에 '성상(聖相)'이라 불리었다. 이항은 재상으로 있으면서 어린 황제 진종(眞宗)이 장래에 토목(土木), 병갑(甲兵), 제사(祭祀) 등의 일을 일으킬 것을 걱정하여 평소 경계했는데, 이항이 죽은 후 진종이 과연 태산에 봉선하고 궁실을 크게 짓는 역사를 일으키자 당시에 이 일을 예상하지 못했던 왕단(王旦)이 탄식하기를 "이 문정은 참으로 성인이다.〔李文靖眞聖人也〕"라고 하였다.《宋史 卷282 李沆列傳》

542 방현령(房玄齡)과 두여회(杜如晦) : 당나라 태종(太宗) 때의 개국 공신(開國功臣)이다. 당시의 사람들이 두 사람을 두고 "황각(黃閣) 20년에 맑은 바람이 일만고(一萬古)로다."라고 하였다. 방현령은 모책을 잘 세우고 두여회는 결단을 잘 내렸으므로 '방모두단(房謀杜斷)'의 고사가 전한다.《舊唐書 卷66 房玄齡列傳, 杜如晦列傳》

앉아 덕위(德威)로 사람을 복종시키는 국량은 있었으나 부딪치는 사람도 아부하는 사람도 없었도다. 가슴 가득한 충심은 변함이 없어서 양조(兩朝)의 숙덕(宿德)이 되었고 경박한 세태의 자황(雌黃)[544]이 이르지 않아 한 시대에 이름을 온전히 하였으니, 오래전부터 함께 세상을 경륜할[545] 기대가 더욱 높았는데, 어찌 급하게도 현거(懸車)[546]의 청을 누차

543 왕안석(王安石) : 북송(北宋)의 정치가이자 학자로, 자는 개보(介甫), 호는 반산(半山)이고, 형국공(荊國公)에 봉해졌다. 신종(神宗) 때 재상이 되어 청묘법(靑苗法), 보갑법(保甲法) 등 신법(新法)을 제정하여 부국강병을 꾀했는데, 신종의 신임을 등에 업고 이를 무리하게 강행하다가 사마광(司馬光) 등 보수파가 반대하여 실패로 돌아갔다. 문장이 훌륭하여 당송 팔대가(唐宋八大家)의 한 사람으로 꼽힌다.

544 자황(雌黃) : 세상의 의론(議論)이나 평론(評論), 또는 시비나 비평 등을 의미한다. 자황은 원래 유황(硫黃)과 비소(砒素)를 혼합하여 만든 안료(顔料)이다. 옛날 누런 종이에 글씨를 쓰다가 잘못 썼을 경우 이것을 사용하여 글자를 지우고 그 위에 다시 썼으므로, 자구(字句)의 첨삭(添削)을 뜻하는 말로 쓰인다. 진(晉)나라 손성(孫盛)의 《진양추(晉陽秋)》에 "왕연(王衍)은 자가 이보(夷甫)인데 말을 잘하였으며 자기 마음에 들지 않으면 사실과 다르게 고쳐 말했기 때문에 당시 사람들이 구중자황(口中雌黃)이라 하였다."라고 하였는데, 여기서 유래하여 자기 마음대로 남을 비판하는 것을 '신구자황(信口雌黃)'이라 한다. 《文選 卷28 廣絶交論》

545 함께 세상을 경륜할 : 함께 나라를 다스려 나갈 재상으로 삼으려고 하였다는 뜻이다. 은(殷)나라 고종(高宗)이 부열(傅說)에게 이르기를 "만약 내가 큰 내를 건넌다면 너를 배와 노로 삼겠다.〔若濟巨川 用汝作舟楫〕"라고 하였는데, 여기서 유래한 말이다. 《書經 說命上》

546 현거(懸車) : 수레를 매달아 둔다는 말로, 벼슬에서 물러나 고향으로 돌아감을 의미하는 말이다. 한(漢)나라 때 설광덕(薛廣德)이 연로하여 벼슬에서 물러날 적에 황제가 그에게 안거(安車)와 사마(駟馬) 등을 하사하였는데, 고향 패군(沛郡)에 이르자 태수(太守)가 군(郡)의 경계 지점에까지 나와서 영접하고 온 고을 사람들이 기뻐하였다. 이에 하사받은 안거를 매달아 놓고 자손에게 전하여 영광으로 여겼다고 한다. 《漢書 卷71 薛廣德傳》

올렸단 말인가. 서울로 돌아올 뜻을 일찍 결정했으니, 깊은 병에 쓸 수 없었던 군실(君實)의 말에 비하여 어떠하였겠는가?[547] 사영시(思潁詩)[548]가 더욱 많았지만 애초에 구양수(歐陽脩)의 나이에 이른 것은 아니었도다. 노성한 신하가 조정에 있는 기쁨을 생각하니 어찌 이 사람을 버릴 수 있으랴만, 예경(禮經)에서 말한 치사(致仕)의 연기(年期)[549]가 이르렀으니 대개 기다리고 있던 일이었도다. 이에 이해 1월은 바로 경이 기영(耆英)[550]의 고령이 되는 해인데, 기영도(耆英圖)의 화폭(畫幅)이 서루(西樓)에서 빛을 더하니 모두 백발의 노인들이고, 경

547 깊은……어떠하였겠는가 : 군실(君實)은 송조(宋朝)의 명신 사마광(司馬光)의 자이다. 신종(神宗) 때 청묘법(靑苗法)의 부당함을 극론하다가 왕안석(王安石)의 미움을 받아 서경 어사(西京御史)로 좌천되었다. 뒤에 철종(哲宗)이 즉위하자 다시 돌아와 재상(宰相)이 되었다. 뛰어난 학행과 덕망으로 선정(善政)을 펼쳐 천하의 사람들이 모두 '진재상(眞宰相)'이라 부르며 존경하였다고 한다.《宋史 卷336 司馬光列傳》 사마광은 말이 넉넉하고 여유롭다고 일컬어지는데, 정호(程顥)의 평가에 의하면 "군실의 말은 인삼이나 감초와 같아서 병이 깊지 않을 때는 사용할 수 있으나 병이 깊으면 사용할 수 없다."라고 하였다.《二程遺書 卷10 洛陽議論》

548 사영시(思潁詩) : 벼슬에서 물러나 전원에 살고 싶은 마음을 읊은 시를 의미한다. 송나라 구양수(歐陽脩)가 영주 지사(潁州知事)로 부임한 뒤 그곳의 순박한 백성과 자연을 좋아하여 그곳에서 여생을 마치려고 하다가 뜻대로 되지 않아 그곳을 떠나게 되었는데, 영주에 대한 그리움에 10여 편의 시를 썼다고 한다.《古今事文類聚 續集 卷7 居處部, 戒徙外鄕》《文忠集 卷44 思潁詩後序》

549 예경(禮經)에서……연기(年期) : 나이 70세를 말한다.《예기》〈곡례 상(曲禮上)〉에 "대부는 나이가 칠십이 되면 일을 그만둔다.〔大夫七十而致事〕"라고 하였다.

550 기영(耆英) : 덕이 높은 원로를 가리킨다. 송나라 문언박(文彦博)이 서도 유수(西都留守)로 있을 때 부필(富弼)의 집에서 연로하고 어진 사대부들을 모아 술자리를 베풀어 서로 즐겼던 모임을 낙양기영회(洛陽耆英會), 또는 낙사기영회(洛社耆英會)라고 하였던 데서 온 말이다.《宋史 卷313 文彦博列傳》

함(瓊函)으로 다시 북궐(北闕)에서 뜻을 펴니 글자마다 모두 혈성(血誠)이 묻어 있도다. 조정의 원로가 태평성대의 치세(治世)를 즐거워하여 내 그 아름다움을 이루어 주려 하니, 국가의 형세가 태산 반석처럼 안정된 이때에 경은 사정(私情)을 말할 만하도다. 어찌 내가 삼자함(三字銜)[551]을 아끼겠는가. 이에 지금 십행제(十行制)[552]를 선포하노라. 윤음(綸音)으로 입조(立朝)의 큰 절개를 서술하니 응당 감격의 눈물을 흘릴 테고, 정승에 임명한 초년(初年)과 같이 황마(黃麻)[553]를 내리니 특별히 내리는 은총이 유독 성하도다. 평일(平日) 나의 팔과 다리[554]가 되어 달라 당부하던 때를 돌이켜 보니 평소 품은 경륜을 다 펴지 못한 것이 애석하고, 노년에 걸해(乞骸)[555]의 뜻을 이루었으니 여가가 있으

551 삼자함(三字銜) : 세 글자로 된 직함이라는 뜻으로, 봉조하(奉朝賀)와 지제교(知製敎)를 일컫는 말인데, 여기서는 봉조하를 지칭한다.

552 십행제(十行制) : 임금의 조서(詔書)를 의미한다. 후한 광무제(後漢光武帝)가 조칙을 내릴 때 모두 친필로 한 장에 열 줄씩 써서 보냈던 고사로 인하여 황제의 조칙을 '일찰십행(一札十行)'이라고 하는데, 여기서는 이 선마문(宣麻文)을 가리킨다.

553 황마(黃麻) : 임금이 내리는 조서(詔書)이다. 당나라 때에 조칙을 황마지(黃麻紙)에 쓰는 것과 백마지(白麻紙)에 쓰는 것으로 사건의 경중을 구별하였다. 사서(赦書)·덕음(德音)·입후(立后)·건저(建儲)·대주토(大誅討)와 장(將)·상(相)을 제수하고 면직시키는 책서(冊書)는 모두 백마를 쓰고 제(制)·칙(勅)은 황마를 사용하였다. 《唐會要》

554 팔과 다리 : 임금을 보좌하는 대신(大臣)을 말한다. 주 목왕(周穆王)이 군아(君牙)를 대사도(大司徒)에 임명하면서 "지금 그대에게 명하노니 나를 도와 나의 다리와 팔과 심장과 허리가 되어, 옛날에 하던 일을 이어 그대의 조고를 욕되게 하지 말라.〔今命爾 予翼 作股肱心膂 纘乃舊服 無忝祖考〕"라고 한 말에서 유래하였다. 《書經 君牙》

555 걸해(乞骸) : 걸해골(乞骸骨)의 준말로 대신이 사직을 청할 때 쓰는 말이다. 벼슬에서 몸〔骸〕을 놓아 주어 선조의 무덤 아래에 묻히게 해 달라는 의미이다.

면 청명한 시대에 종과 북을 치며 즐길 일[556]이 많을 것이로다. 태산북두(泰山北斗)와 같은 중망(重望)이 평소에 드러났으니 큰일이 있으면 반드시 나아가 자문을 구할 것이고, 도성 안에 경의 집이 멀지 않으니 길월(吉月)이 되면 오히려 조청(朝請)[557]할 수 있을 것이로다. 나는 매우 유감스러운데 경은 어찌 그리도 호연(浩然)한 것인가.

아아! 푸른 들판에서 한적한 삶을 구하는 것은 세상에 보기 드문 밝은 시대의 아름다운 전례(典例)이고, 국화가 늦가을에 무성하게 피는 것은 계승하기 어려운 사림(士林)의 고상한 기풍이로다. 태평 시대에 태어나서 자라고 늙었으니 진세(塵世)의 영욕에 어찌 관여하겠으며, 나이와 덕(德)과 작록(爵祿) 세 가지를 갖추었으니[558] 경에게 남은 세월이 더욱 장구하리로다. 이런 까닭에 이에 교시하는 것이니 의당 잘 알았으리라 생각하노라.

556 청명한……일 : 벼슬에서 물러나 유유자적하는 삶을 의미한다. 당나라의 중서령 배도(裴度)가 벼슬에서 물러나 낙양(洛陽) 남쪽의 오교(午橋)에 꽃나무 만 그루를 심고서 그 중앙에 여름에 더위를 식힐 누대와 겨울에 따뜻하게 지낼 집을 짓고 녹야당(綠野堂)이라 이름을 붙인 뒤에 백거이(白居易), 유우석(劉禹錫) 등 문인들과 모여 시주(詩酒)로 소일하였다. 이 일을 두고 한유(韓愈)가 시를 지어 "원림에서 즐거운 일을 극도로 누리면서, 종과 북을 울리며 태평성대를 즐기는구나.〔園林容勝事 鍾鼓樂淸時〕"라고 하였다. 《新唐書 卷173 裴度列傳》《韓昌黎集 卷10 奉和僕射裴相公感恩言志》

557 조청(朝請) : 조정에 나아가 임금을 사후(伺候)하는 예(禮)를 말한다. 봄에 하는 것을 조(朝)라 하고 가을에 하는 것을 청(請)이라 한다.

558 나이와……갖추었으니 : 맹자(孟子)가 천하에 두루 통하는 존귀한 세 가지, 즉 삼달존(三達尊)을 말하면서, 고을에서의 나이〔齒〕와 조정에서의 벼슬〔爵〕과 세상을 돕고 백성을 기르는 덕(德)을 말하였다. 《孟子 公孫丑下》

총융사 서유대[559]에게 내리는 교서 신해년(1791, 정조15)
摠戎使徐有大敎書 辛亥

일찍 상장(上將)의 단상에 올랐으니 중임을 맡긴 지 오래되었고, 옮겨 후군(後軍)의 장수에 임명하였으니 관심을 기울인 것은 마찬가지였도다. 입곡(笠轂)[560]은 예전에 지나온 자리이고 어가(御駕)를 호위함은 새로운 은총이로다.

아! 경(卿)은 어린 나이에 투필(投筆)[561]하였는데 노년에도 오히려 강궁(强弓)을 당기고 있도다. 풍채가 장대하니 호두(虎頭)의 위엄으로 비상하며 고기를 먹는 상(相)[562]이고, 기도(器度)가 침착하고 의젓하

559 서유대(徐有大) : 1732~1802. 본관은 달성(達城), 자는 자겸(子謙), 시호는 무익(武翼)이다. 1757년(영조33) 문음(門蔭)으로 선전관이 되었고, 2년 후 사복시 내승(司僕寺內乘)으로 무과에 급제하였다. 이후 총융사 4번, 어영대장 7번, 훈련대장 3번, 금위대장 7번을 지내는 등 정조 당시의 군권을 장악한 핵심 인물이었다. 체격이 크고 성품이 너그러워 군졸의 원성을 산 바가 없었기 때문에 당시 사람들이 그를 복장(福將)이라 불렀다고 한다. 글씨에도 능했는데, 특히 대자(大字)를 잘 썼다고 전한다.

560 입곡(笠轂) : 병거(兵車) 위에서 시자(侍者)가 들고 있는 입자(笠子)를 가리키는 말로, 전하여 군대를 지휘하는 장군 등을 의미한다. 《춘추(春秋)》에 "또 한 대의 화살을 쏘니, 수레의 끌채를 지나 입곡에 꽂혔다.〔又射 汰輈 以貫笠轂〕"라고 하였고, 그 주에서 "병거(兵車)에는 차일〔蓋〕이 없으므로, 지위 높은 사람이 타면 옆에서 시자(侍者)가 입자(笠子)을 들고 서서 한서(寒暑)를 막아 주는데, 이것을 입곡이라 한다."라고 하였다. 《春秋左氏傳 宣公4年》

561 투필(投筆) : 붓을 던진다는 말로, 종군(從軍)을 뜻한다. 114쪽 주160 참조.

562 호두(虎頭)의……상(相) : 당당하고 위엄이 있는 귀인의 상을 말한다. 후한(後漢) 반초(班超)에게 일찍이 관상가가 말하기를 "그대는 제비의 턱에다 범의 머리라서

니 흉중에 표도(豹韜)의 지략[563]을 품어 명성이 드러났도다. 오군영(五軍營)[564]을 통수(統帥)[565]할 때는 간성(干城)[566]의 빼어난 재능을 두루 시험하였고, 병권을 맡고 있던 10년 동안은 늘 연빙(淵氷)[567]의 일념으로 직임을 살폈도다. 돌아보건대 총수(摠帥)는 평소 그 적임자를 찾기 어려우니, 생각건대 오늘 더욱 중임에 매였도다. 한수(漢水) 북쪽의 거진(巨鎭)을 전제(專制)하였으니 한 방면의 보장(保障)을 수호할 재목이고, 기내(畿內) 왼쪽의 웅주(雄州)를 관할(管轄)하였으니 만년(萬年)의 원침(園寢)을 호위할 중신이로다. 아, 이 관직을 설치한 이후 누구에겐들 전적으로 위임하지 않았겠는가만, 바야흐로 이 고을에 임행(臨幸)하던 날 소중한 점이 있다는 사실을 더욱 잘 알게 되었노라. 만일 적임자를 얻어 직임을 맡기려 한다면 이른바 경이 아니면 누가

비상하며 고기를 먹는 상이니, 바로 만리후의 골상(骨相)이다.〔燕頷虎頭 飛而食肉 此萬里侯相也〕" 하였는데, 뒤에 과연 서역(西域)을 평정하고 정원후(定遠侯)에 봉해졌다.《後漢書 卷47 班超列傳》

563 표도(豹韜)의 지략 : 뛰어난 용병술을 의미한다. 표도는 주(周)나라 여상(呂尙)이 지었다고 전하는《육도(六韜)》의 편명(篇名)이다.

564 오군영(五軍營) : 훈련도감(訓鍊都監), 금위영(禁衛營), 어영청(御營廳), 수어영(守禦營), 총융청(摠戎廳)의 다섯 군문(軍門)에 대한 총칭이다.

565 통수(統帥) : 원문의 '장절(仗節)'은 절부월(節斧鉞)을 잡았다는 뜻으로, 군대의 통수권을 의미한다. '절'은 수기(手旗)와 같이 만들고 '부월'은 도끼와 같이 만든 것으로, 관찰사(體察使), 안찰사(按察使), 병사(兵使), 수사(水使), 통제사 등이 지방에 부임할 때에 임금이 내주던 신표(信標)이다.

566 간성(干城) : 방패와 성으로, 국가를 위하여 방패가 되고 성이 되는 훌륭한 장수를 뜻한다.

567 연빙(淵氷) : 깊은 못과 얇은 얼음을 가리키는 말로, 항상 몸가짐을 삼가고 조심하라는 의미이다. 283쪽 주450 참조.

있겠는가. 이에 경을 이 관직에 제수하노니,[568] 경은 공경히 총장(寵章)을 받들어 크게 의지하는 나의 뜻을 저버리는 일이 없도록 하라. 다시 유인(游刃)[569]을 시험하는 것이니 익숙한 길에 가벼운 수레를 몰고 가는 격일 테고, 은연(隱然)하기가 산중과 다름없을 것이니 원융(元戎)의 중병(重柄)을 잠시 옮기는 셈이리라. 방진(防鎭)을 위무(慰撫)하고 사졸을 거느림에는 관대함과 엄격함을 함께 요구함이 귀하고, 병기(兵器)를 손보고 성지(城池)를 보수함에는 노력하여 스스로 공을 이루기를 더욱 권면해야 하노라. 무릇 관련되는 전장(典章)들은 품제(稟裁)하여 시행하도록 하라.

아아! 호령이 번거롭지 않아 예전의 부곡(部曲)[570]에서 다투어 영접하니, 정채(精彩)가 일변되어 함께 봄 하늘에 펄럭이는 정기(旌旗)를 보리로다.

568 이에……제수하노니 : 서유대는 1791년(정조15) 2월 25일에 우변포도대장으로 있으면서 좌변포도대장을 겸하였고, 4월 22일에 어영대장, 5월 22일에 금위대장이 되었다.《日省錄 正祖 15年》

569 유인(遊刃) : 능란한 솜씨로 일을 훌륭하게 처리하는 역량을 말한다.《장자(莊子)》〈양생주(養生主)〉의 포정(庖丁)이 문혜군(文惠君)을 위하여 소를 잡았는데 칼질이 능숙하여 여유가 있었다는 고사에서 나온 말이다. 196쪽 주264 참조.

570 부곡(部曲) : 부대(部隊)와 같은 의미이다.

죽석관유집

제4책

소疏

소 疏

직각을 사직하는 소[1] 경술년(1790, 정조14) 10월 3일

辭直閣疏 庚戌十月初三日

삼가 아룁니다. 하늘이 내려 주신 복록이 가득하고 국운(國運)이 무궁하여, 세자께서 태어나 비호(丕號)가 크게 정해지고[2] 길한 백일이 지나 만백성이 더욱 감축하였습니다. 친히 선침(仙寢)에 제사를 올려 예를 갖추어 경사를 고한 뒤 어가가 탈 없이 돌아오고 옥체가 더욱 강녕하시니, 귀신과 사람이 서로 기뻐하고 만백성이 함께 경사스러워합니다. 더구나 신은 근신의 반열에 있으면서 성대한 일을 보게 되었으니, 여느 사람보다 훨씬 더 손뼉 치며 뛸 듯이 기쁩니다.

삼가 생각건대, 신이 일전에 내각(內閣)에 제수하는 전지(傳旨)를 받고는 놀랍고 황공하여 오장(五臟)이 떨렸습니다. 이 직무는 운한(雲漢)처럼 찬란한 문장을 받들고[3] 규벽(奎璧)처럼 빛나는 도서(圖書)의

1 직각을 사직하는 소 : 저자의 나이 32세에 올린 상소이다. 저자는 1790년(정조14) 9월에 규장각 직각에 제수되었다.

2 세자께서……정해지고 : 세자는 후일의 순조(純祖)를 말한다. 순조는 1790년 6월 18일 정조와 수빈(綏嬪) 박씨(朴氏) 사이에서 태어났다. 비호(丕號)는 원자(元子)로 칭한 것을 말한다.

부고(府庫)에 오르는 것이어서 지분(地分)의 청렴함과 인선(遴選)의 엄준(嚴峻)함으로 말하면 어렵게 여기고 신중을 기해야 하기에 적임자를 갖추기 어렵습니다. 이 때문에 조신(朝紳)들을 두루 헤아려 보건대 이 직책에 있을 만한 인물은 손에 꼽을 정도입니다.

그런데 지금 난데없이 처지가 신과 같고 국량이 신과 같은 자를 그릇되게 충원하시니, 성상께 있어서는 인재를 알아보는 식견에 누가 되고 신에게 있어서는 복이 지나쳐 화를 초래하게 되어, 훌륭한 엄선을 더럽히는 것이 신으로부터 비롯될 것입니다.

신이 제수하는 전지를 받들고 나서 등줄기에 식은땀이 흘렀고, 부끄럽고 두려워 여러 날 동안 어쩔 줄 몰랐습니다. 신이 아무리 생각해 보아도 아무 혐의 없는 여느 사람들처럼 이 직무를 맡을 수는 없습니다. 누차 삼사(三司)에 있으면서 일만 생기면 꽁무니를 뺐으니, 차라리 명을 어긴 벌을 받을지언정 벼슬에 나아갈 계책은 생각해 보지 않았습니다. 신의 이러한 정상은 조정의 신료들이 모두 알고 있을 뿐만 아니라 성상께서도 아시는 바입니다. 더구나 지금 제수하신 직책으로 말하면 지위나 명망이 더욱 자별하니 지금 만일 성상의 총애만을 믿고 요행되고 외람됨을 부끄러워하지 않은 채 형식적으로 사양하고 얼씨구나 하며 받아서 앞뒤가 다른 행동을 한다면 비록 스스로 부끄럽지는 않더라도 남들이 뭐라고 하겠습니까. 소패(召牌)가 내리는 일은 중요한데,

3 운한(雲漢)처럼……받들고 : 원문은 '奉雲漢昭回之章'으로, 규장각의 직각이 되어 임금의 글과 글씨를 다룬다는 의미이다. '운한소회(雲漢昭回)'는 은하수가 하늘에서 빛난다는 말로, 임금의 글과 글씨를 상징한다. 《시경》 〈운한(雲漢)〉에 "밝은 저 은하수여, 하늘에서 환히 빛나며 돌고 있네.〔倬彼雲漢 昭回于天〕"라고 하였다.

염치를 무릅쓰고 명을 받아서 그대로 자리를 차지해서야 되겠습니까.

아, 신의 집안이 오늘이 있게 된 것은 모두 우리 전하의 은혜입니다. 봄 햇살과 우로(雨露) 같은 조화(造化)의 기운을 곡진히 쏟으셔서 거의 뼈만 남았다가 다시 살이 붙어 죽었다 살아났습니다. 신의 경우에는 깊은 함정에서 구원하여 탄탄대로에다 두시어 훈도하고 편안히 살게 해 주셨습니다. 유례 없는 은혜와 융숭한 총애로 머리부터 발끝까지 터럭 한 올조차도 모두 도야해 주셨습니다.

신은 한밤중에 잠 못 이룬 채 몸을 어루만지고 눈물 흘리며, 오직 죽으나 사나 앞을 향해 가 나라의 어려운 일에 몸을 바치는 것을 조금이나마 보답하는 길이라고 여겼습니다. 그러나 청요직에 대해서만은 주저하며 나아가지 않았으니, 어찌 그만둘 수 있는데 그만두지 않는 것이겠습니까. 근래에 거둥하셨을 때에는 번거롭게 해 드릴까 두려워 망설이다가 지금 비로소 간곡한 정성으로 글을 올려 우러러 호소합니다.

삼가 바라건대, 성상께서는 지극한 신의 정성을 헤아려 신의 직함을 속히 체직하여, 공기(公器)를 엄중히 하시고 분수에 편안하게 해 주소서. 그리해 주신다면 참으로 다행이겠습니다.

대사성을 사직하는 소[4] 계축년(1793, 정조17) 4월 4일

辭大司成疏 癸丑四月初四日

삼가 아룁니다. 신이 지난번 승정원에서 재직할 때 삼가 제수하는 전지를 받자오니, 신을 성균관 대사성(成均館大司成)에 제수한다는 내용이었습니다. 신은 명을 듣고 황공하여 오장이 떨렸습니다.

스스로 생각건대, 보잘것없는 미천한 신이 유독 크나큰 은혜를 입었습니다. 대궐의 수많은 사람들이 그 몸의 터럭 하나조차도 모두 전하께서 내려 주신 것이기는 하지만, 신은 처음 관직에 오르고부터 유독 특별하게 발탁되어 깊고 엄숙한 곳에 몸을 두고 성상을 가까이 모셨으니, 특별한 영광과 은혜가 온 조정 신료들 가운데 비할 이가 드뭅니다.

필부(匹夫)가 남에게 밥 한 그릇을 받고 알아주는 말 한마디를 듣더라도 감격하여 어떻게든 보답하려 하는데, 하물며 신은 실로 유례 없는 지우(知遇)를 입었으니, 신이 아무리 어리석다 해도 본성을 갖춘 이상 천지 부모와 같은 성상의 은덕을 의당 어떻게 보답해야 하겠습니까.

그러나 생각건대, 반딧불과 횃불은 해와 달에 도움이 되지 못하고 물방울과 티끌은 바다와 산에 보탬이 되지 못하며, 가냘프게 선 것은 쉽게 흔들리고 빨리 달리는 것은 잘 엎어지기 마련이니, 등급을 뛰어넘어 차지하여 화를 자초하기보다는 차라리 자취를 감추고 재능을 숨겨서 벼슬하지 않음으로써 보답하는 편이 낫지 않겠습니까.[5]

4 대사성을 사직하는 소 : 저자의 나이 35세에 올린 상소이다. 저자는 1793년(정조17) 4월에 성균관 대사성에 제수되었다.

스스로 이미 심사숙고해 보고 마음과 입으로 맹세하였습니다. 산직에 머물면서 분수를 온전히 지키는 것이 옳거늘, 평소 지나온 자취를 살펴보면 외람되지 않은 것이 없어서 평소 늘 나무 위에 오른 듯 전전긍긍 두려워하였습니다.[6] 지금 또 과분한 은혜가 내려오니 신의 목숨이 끝나려는 시점인가 봅니다.

성균관 대사성은 곧 옛날의 '주자(胄子)를 교육하는 직무'라는 것으로, 국가가 교화를 시행하는 근원이며 주현(州縣)에 있는 향교의 근본입니다. 중요도가 이와 같기 때문에 인선하기가 지극히 어렵습니다. 만일 학식과 지망(地望)이 당대의 본보기가 되는 이가 아니라면 그

5 보답하는……않겠습니까 : 원문은 '보답하지 않는 보답〔不報之報〕'으로, 은혜를 갚기 위해 벼슬에 나갔다가 비방을 받고 일을 그르쳐 임금에게 심려를 끼치는 것보다는 차라리 벼슬에서 물러나 소란을 야기하지 않는 것이 임금의 은혜에 보답하는 길이 된다는 의미이다. 불서(佛書)에 "이 몸과 마음을 가지고 진찰을 받드는 것이 바로 부처의 은혜에 보답하는 것이 된다.〔將此身心奉塵剎 是則名爲報佛恩〕"라고 하였는데, 《능엄경(楞嚴經)》 주석에서 말하기를 "성과(聖果)를 얻어 중생을 구제하는 것이 부처의 은혜에 보답하는 것과 상관이 없으나, 이것으로 은혜에 보답 아닌 보답을 삼는 것이다."라고 하였다. 《朱書講錄刊補 卷2》 두보(杜甫)도 〈대우(大雨)〉에서 "사방의 이웃이 쟁기와 보습을 들고 나간다고 해서, 어찌 구태여 내 집에서까지 그것을 잡을 필요가 있겠는가.〔四鄰耒耜出 何必吾家操〕"라고 하였는데, 주희(朱熹)가 진동보(陳同甫)에게 보낸 편지에서 이 글들을 인용하면서, 사람마다 모두 벼슬에 나갈 필요는 없으니 때를 만나지 못했으면 벼슬에서 물러나 스스로 시대를 위하는 것도 또한 '불보지보(不報之報)'가 된다고 하였다. 《朱子大全 卷36 答陳同甫》

6 나무……두려워하였습니다 : 원문은 '나무에 오른 듯하다〔如集于木〕'로, 두려워하는 마음을 표현한 것이다. 《시경》 〈소완(小宛)〉에 "몹시 공손한 사람이 나무 위에 오른 듯하며, 몹시 조심하는 사람이 골짜기를 내려다보는 듯하기에, 전전긍긍하여 살얼음을 밟는 듯하노라.〔溫溫恭人 如集于木 惴惴小心 如臨于谷 戰戰兢兢 如履薄氷〕"라고 하였다.

자리에 올라서는 안 됩니다.

신이 삼가 보니, 우리 전하께서는 사풍(士風)이 날로 변질되고 문풍(文風)이 진작되지 않는다 하여 조정에서 탄식하시고 개연(慨然)히 훌륭했던 삼대(三代) 시절로 되돌아가기를 생각하셨습니다. 그리하여 과업을 권면하고 인도하는 방법을 정교(政教)에 드러내고 윤음으로 표명한 것이 지극히 부지런하고 진지하였으니, 성상의 가르침에 부응할 책임이 성균관 대사성에 달려 있는 것이 아니겠습니까.

근래에 인재가 아무리 태평했던 선왕들의 시대보다 크게 못하다 하더라도 만일 신보다 나은 자를 찾는다면 사람이 없을 리가 없습니다. 그런데 성세(聖世)의 성균관 대사성 자리를 못난 신에게 제수하시니, 사림(士林)의 신망을 크게 잃고 팔도(八道)의 비난을 거듭 야기할 것이며 재주를 감안하여 직책을 맡기는 도리에 비춰 봐도 옳은 점이 없습니다. 신이 드나들며 가까이서 모신 지가 여러 해이니, 본말(本末)과 장단(長短)을 훤히 다 아실 것입니다. 지금 제수하신 이 직책에 애당초 어찌 터럭만큼이라도 걸맞은 부분이 있겠습니까.

경박해지고 무너져 가는 지금의 풍속을 진압할 만한 위망(威望)과 독려할 만한 학술(學術)이 없는데도 능력과 주제도 헤아리지 않고서 구차하게 받아서 억지로 감당하려 든다면 형세상 틀림없이 낭패를 보고 일을 그르쳐 큰 죄에 빠지고야 말 것입니다. 그럴 경우 전하께서 어찌 일을 그르칠 때마다 용서해 주실 수가 있겠습니까.

신도 전하의 교화를 입은 사람 가운데 하나이니, 요행이란 필시 없는 줄을 분명히 알고 있습니다. 우러러 울부짖으며 불쌍히 여겨 주시기를 바라는 심정이 참람되고 주제넘지는 않으리라 생각합니다.

삼가 바라건대, 깊이 살피고 불쌍히 여기시어 신의 직함을 속히 체직해 주신다면 살려 주시는 은택이 시종 한결같을 것이고, 온 세상 사람들이 조정의 중한 벼슬을 아무나 받을 수 있는 것이 아니라는 사실을 환하게 알게 될 것입니다. 신은 간절히 축원합니다. 신은 지극히 두렵고 간절한 마음을 감당하지 못하겠습니다.

겸 대사성을 사직하는 소[7] 계축년(1793, 정조17) 6월 5일

辭兼大司成疏 癸丑六月初五日

삼가 아룁니다. 신이 반임(泮任)에 대해 어찌 터럭만큼이라도 감당할 가망이 있겠습니까마는 의리상 두려워 피할 수 없기에 공손한 뜻을 이루지 못하고[8] 재주도 없이 자리를 차지했다[9]는 비난도 돌아보지

7 겸 대사성을 사직하는 소 : 저자의 나이 35세에 올린 상소이다. 저자는 1793년(정조 17) 4월 성균관 대사성에 제수되었다가 사직하였는데, 이때 다시 겸 대사성에 제수되었다. 《일성록》 정조 17년 4월 29일 기사에, 승지 홍인호(洪仁浩)가 "대사성이 다른 관직에 제수되더라도 대사성을 겸대하는 것을 정식으로 삼았습니다. 따라서 대사성 서영보가 승지에 제수되었을 때에는 겸함(兼銜)까지 아울러 하비(下批)해야 하고, 승지에서 체차된 뒤에는 또한 도로 대사성에 부직해야 합니다. 그런데 며칠 전 두 차례의 정사에서 모두 거행하지 않았으니, 격례로 헤아려 볼 때 잘못을 저지른 것이 적지 않습니다. 해당 전관을 추고하고 대사성 서영보를 즉시 도로 대사성에 부직하게 하는 것이 어떻겠습니까?"라고 건의하여 정조가 따른 일이 보인다. 서영보가 대사성만 맡고 있을 때에는 대사성이 실직(實職)이지만, 승지에 제수되어 대사성을 겸직하게 되면 승지가 실직이 되고 대사성은 겸직(兼職)이 된다. 따라서 서영보가 대사성으로서 승지에 제수되었을 때에는 실직인 승지뿐만 아니라 겸직인 대사성까지 하비를 해야 하고, 승지에서 체차된 뒤에는 겸직인 대사성을 실직으로 전환하는 절차가 필요했던 것이다.

8 공손한……못하고 : 원문은 '未遂循墻之志'로, '담장을 따라다니는 뜻〔循墻之志〕'은 길가로 다닌다는 말로 공손히 처신한다는 뜻이다. 《춘추좌씨전(春秋左氏傳)》 소공(昭公) 7년 조에, 지위가 높아짐에 따라 몸가짐을 더욱 공손히 하느라 "큰길에서도 담장을 따라 다닌다.〔循墻而走〕"라고 하였다.

9 재주도……차지했다 : 원문 '남우(濫竽)'는, 무능한 사람이 재능이 있는 척만 하고 실제로는 직책을 감당하지 못한다는 뜻이다. 제(齊)나라 선왕(宣王)이 우(竽)를 좋아하여 악사(樂士) 300명을 불러 우를 불게 하였는데, 남곽처사(南郭處士)가 부는 방법

않은 채, 횡당(黌堂)에서 얼굴을 들고 주제넘게 과시(課試)를 행하는 지경에 이르렀습니다.

매번 성찰할 때마다 부끄러워 땀으로 등을 적시지 않은 적이 없습니다. 그런데 뜻밖에도 지금 승정원에 입직하고 있는 중에 이조(吏曹)에서 또 신을 겸 대사성으로 올려 계하(啓下)받았습니다. 신이 이에 지극히 놀랍고 두려운 마음을 더욱 감당하지 못하겠습니다.

성균관의 수장(首長)은 본래 엄선하는 자리로서 겸임하는 경우에는 의망(擬望)을 더욱 특별하게 합니다. 이 직책을 맡았던 국조(國朝) 명신들을 두루 헤아려 보더라도 손꼽을 이가 많지 않으니, 설령 문장과 지망(地望)이 당대에 추중을 받는 사람에게 맡겼다 하더라도 사양하며 감히 당연한 듯이 편안히 눌러앉지는 못하였습니다.

그런데 지금 난데없이 조금의 재주도 없는 못난 신을 중망(衆望)과 다르게 제수하시어 이 직책이 쓸모없게 되었으니, 백여 년 뒤에 명기(名器)에 오점을 남기고 청조(淸朝)에 수치를 끼치게 될 것은 어찌하겠습니까.

삼가 생각건대, 신이 그동안 역임했던 직책이 모두가 과분한 것이어서 지나친 복을 누리는 두려움과 직무를 감당하지 못한 부끄러움이 가슴속에 가득하여 깊은 골짜기로 떨어질 듯 전전긍긍하였으니, 이번 명은 신의 목숨이 다하는 때인가 합니다.

만일 신이 조금이라도 감당할 형세가 있다면 죽든 살든 앞을 향해

을 잘 모르면서도 여러 사람 틈에서 불었기 때문에 탈 없이 넘어갔다. 그러나 민왕(湣王) 때 이르러서는 한 사람씩 불게 하자 속일 수가 없었으므로 도망갔다고 한다.《韓非子 內儲說上》

나아가려는 마음을 품은 신으로서 어찌 감히 형식적으로 사양하여 거듭 성실하지 못한 결과를 초래하겠습니까. 그러나 진실로 압도할 만한 재주와 명망이 없고 누릴 만한 복력(福力)이 없어서 곧 낭패가 닥쳐 틀림없이 불행해질 것입니다. 신이 어찌 우러러 호소하며 불쌍하고 가엾게 여겨 주시기를 바라지 않을 수 있겠습니까.

신이 지금 승정원에 입직하고 있으면서 소신을 바꾸기 어려워 사은숙배할 길이 없기에, 절하고 소장(疏章)을 올린 뒤 지레 궐문을 나가며 성상께 번거로움을 끼칩니다. 신의 죄가 이에 이르렀으니 큰 벌이 내리기를 기다릴 따름입니다. 신이 본직(本職)에 있어서도 이로 보나 저로 보나 편안히 맡고 있기 어려운 처지여서 결코 그대로 머물러 있을 수 없습니다.

전하께서는 신에게 천지이며 부모이시니, 삼가 바라건대 간곡히 불쌍히 여겨 굽어살펴 주시어, 신의 본직과 겸직을 속히 체직하여 시종 살려 주시는 은택을 끝까지 내려 주시고 직무를 태만히 한 신의 죄를 다스려 조정의 기강을 엄히 세우소서. 그리해 주신다면 천만다행이겠습니다. 신은 지극히 황공하고 간절한 마음을 감당하지 못하겠습니다.

비답은 다음과 같다.

"상소를 보고 잘 알았다. 그대의 지벌(地閥)과 문장은 특별하니 겸대사성을 오히려 잘 수행할 것이다. 더구나 새로 만든 정식(定式)에 의례적으로 겸직하도록 한 경우이겠는가. 그대는 사직하지 말고 직임을 살피라."

승지로 있으면서 허물을 인책하는 소[10]

承旨時引咎疏

삼가 아룁니다. 신은 만 번 죽을죄를 지었으면서도 요행히 엄한 처벌을 면하였습니다. 스스로를 돌아보니 부끄럽고 두려워 밤새도록 방황하며 진실로 몸 둘 바를 알지 못하였습니다.

신이 지난밤 내각(內閣)에서 숙직할 때, 이응혁(李應爀)을 총관(摠管)에 제수하라는 명을 보고 놀라움을 이기지 못했습니다. 속으로 생각하기를 "그 아우를 성토(聲討)하는 일이 비록 금령(禁令)이 있었지만 그 형에게 직무를 제수하는 것은 보통 일이 아니다. 승정원의 신료가 되어 침묵한 채 아무 말을 하지 않는 것은 도리가 아니다." 싶었습니다. 그리하여 승정원에 있는 두 동료에게 편지를 보내 물어보고, 만일 승정원의 의결이 있으면 꼭 신의 이름을 연서(聯書)해 주고 계초(啓草)를 보내 달라고 부탁하였습니다.

그런데 금령에 관련된〔涉禁〕 구절이 하나 있었건만 신에게 보내 보여 주는 동시에 성상께 올렸으므로, 신이 비록 깨달았을 때는 어쩔 도리가 없었습니다. 엄중한 교지가 거듭 내려 신이 승정원에 숙직했던 두 동료와 함께 유배하라는 명을 받아 몹시 두려워하며 죽음을 피할 수 없었는데, 얼마 뒤 신이 계초를 미처 보지 못했다 하여 홀로 용서를

10 승지로……소 : 1793년(정조17) 4월, 저자의 나이 35세에 올린 상소이다. 《일성록》 정조 17년 4월 5일 기사에, 이응혁(李應爀)을 부총관에 임명했다는 기록으로 보아 그 직후에 올린 것으로 보인다.

받았습니다. 성상께서 환하게 살펴 주시어 신이 매우 감격스러웠습니다.

그러나 계초에 쓴 말이 비록 다른 사람 손에서 나왔다 하더라도 일의 발단을 따져 본다면 신이 실로 수괴(首魁)가 됩니다. 지금 두 동료가 한밤중에 엄한 견책을 받아 허둥지둥 먼 유배 길에 올랐는데, 신은 유독 곡진히 살펴 주신 자애로움을 지나치게 입어 내려졌던 처벌을 요행히 면하고 대궐에 머물며 그대로 벼슬을 차지하고 있으니, 지은 죄는 같건만 결과는 전혀 다릅니다. 부끄럽게도 동료를 저버렸으니 진실로 얼마나 못된 사람입니까. 신이 아무리 염치가 없다 하더라도 진실로 감히 세상에 낯을 들고 다니지 못하겠습니다.

밤이 깊어 가는데 번거롭게 해 드릴까 싶어 두렵지만 모시는 의리가 중하기에 감히 사적인 일을 말씀드리지 못했습니다. 신도 이처럼 부끄러운데 남들은 도대체 뭐라 하겠습니까. 이에 감히 봉함하지 않은 소장(疏章)을 올려 스스로 죄상을 나열하고 지레 궐문을 나가며 천둥 같은 위엄을 무릅쓰고 무거운 처벌을 청합니다.

삼가 바라건대, 천지 부모와 같이 자애로우신 성상께서 굽어살피시어 신에게 무거운 벌을 내려 죄를 지었으면서도 요행히 면한 자들의 경계가 되게 해 주소서. 그리해 주신다면 참으로 다행이겠습니다. 신은 지극히 두렵고 간절한 마음을 이기지 못하겠습니다.

비답은 다음과 같다.

"상소를 보고 잘 알았다. '출납(出納)한다'는 것은 한갓 명령을 전하여 선포하고 부서(簿書)를 받들어 올림을 말함이 아니다. 《서경》에 '짐(朕)의 명을 출납하되, 오직 진실되게 하라.' 하였으니,[11] 반포할 것은 즉시 반포하고 쟁집할 것은 복역(覆逆)[12]하여 진실됨을 준칙으로 삼는 것이다. 그대들의 직책이 출납하는 일에 있다고 한다면 내가 힘쓸 것은 어찌 오로지 진실되게 하는 의리에 있지 않겠는가.

이응혁을 수아장(首亞將)에 제수했다가 또 그만둔 것이 미관말직인 이응혁에게 전혀 미치지 못하지만, 중비(中批)[13]한 바가 만일 그대들의 의견에 맞지 않아 즉시 반려했다면[14] 내가 어찌 가상히 여기지 않겠는가. 지난밤의 일로 말하면 이와 반대로서, 감히 금령을 무릅쓰고 이주혁(李周爀)까지 언급하였으니, 이주혁의 일에 관한 금령이 특별히 감히 아뢰지 못할 하교였다면 신하 된 자들이 금령을 거두기 전에 금령을 무릅쓰고 대드는 말을 한 것이 고금에 어찌 이러한 도리가 있다고 하겠는가. 말한 자들은 특별히 죽음을 두려워하지 않는다고 말하였으므로 진실로 법률로써 책하기 어렵지만, 그대들이 맡은 직책은 삼사(三司)와 다르기에 승정원 관원을 유배하는 처분이 있게 된 것이다. 그대의 이 상소를 보니 말이 너무 지나치다.

이응혁의 일을 끄집어내 논한 것을 죄로 삼지 않는다면, 그대는 죄가 없다. 하물며 그대는 이미 내각에 있었고 아뢴 말 중에 이주혁

11 서경에……하였으니 : 순(舜) 임금이 즉위하여 신하들을 관직에 임명할 때, 용(龍)에게 한 말이다. 전문은 다음과 같다. "용아, 짐은 참소하는 말이 선행을 끊어 신료들을 놀라게 하는 것을 미워한다. 이에 너를 납언에 명하노니, 밤낮으로 짐의 명령을 출납하되 오로지 진실되게 하라.〔龍 朕堲讒說殄行 震驚朕師 命汝作納言 夙夜出納朕命惟允〕"《書經 舜典》

12 복역(覆逆) : 명령 출납을 관장하는 승지들이 부당하다고 여기는 왕명에 대해 출납을 거부하는 행위이다.

13 중비(中批) : 정식 의망(擬望)을 거치지 않고 왕이 특지(特旨)로 임명하는 것이다.

14 반려했다면 : 원문은 '봉작(封繳)'으로, 임금이 내린 분부가 사리에 맞지 않을 경우, 승지가 그 부당함을 상세히 논하여 그 분부를 임금에게 도로 올리는 것을 말한다.

에 관한 구절이 있는 줄 전혀 몰랐으니, 그들 틈에 섞여 함께 처벌되기를 청한 것은 더없이 구차스럽다. 응당 소장(疏章)을 돌려주어야 할 것이나 그대가 소장에서 일의 전말을 이처럼 자세하게 아울러 설명하였기 때문에 이 뒤로 여러 승지에게 명을 내려 의리를 밝히는 첩경으로 삼겠다. 그대는 들어와 직무를 살피라."

황해 감사를 사직하는 소[15]

辭黃海監司疏

삼가 아뢰옵니다. 신이 어제 종묘에서 전하를 모시는 반열에 서서 삼가 제수하는 전지를 받자오니, 신을 황해도 관찰사에 제수한다는 것이었습니다. 신은 명을 듣고 황공하여 몸 둘 바를 몰랐습니다.

신이 드나들며 가까이에서 모셔 온 지 지금 이미 10여 년이 되었으니, 본말과 장단을 환하게 알고 계실 것입니다. 신은 천성이 어리석고 기질이 졸렬하여 조정의 모든 직무에 하나도 걸맞은 것이 없습니다. 그럼에도 특별히 유례 없는 은택을 입어 그동안 역임한 직책이 분에 넘쳤습니다. 무능하고 어리석어 죄를 저지르지 않은 직무가 없건만 성상의 도량이 하늘처럼 커서 언제 어디서든 감싸 주시어 지금에 이를 수가 있었습니다.

신이 우러러 성상의 은덕을 떠받들고 미천한 제 자신을 두려워하여 평소 전전긍긍하였고, 퇴근한 뒤에는 문밖 출입을 하지 않았습니다. 오직 한가로이 쉬며 자취를 감추고 성상의 은택을 노래하며 여생을 마치는 것을 성상께 보답하는 길로 삼으려 하였습니다. 비록 한직이라도 염두에 둔 적이 없으니, 지금 이 관찰사의 중임을 애당초 어찌 의망(擬望)할 수 있단 말입니까.

신이 그동안 효성으로 다스리시는 인자한 은택을 특별히 입어 누차

15 황해……소 : 1800년(정조24) 저자의 나이 42세에 올린 상소이다. 저자는 이해 3월에 황해도 관찰사에 제수되었는데, 정조가 승하하기 석 달 전이었다.

관직을 역임하였으나, 한갓 후한 녹봉만을 받으며 일신(一身)의 봉양만을 다할 뿐 백성을 보살피고 사직을 튼튼히 하는 일에 대해서는 전혀 보답이 없었으니, 거심(距心)의 죄를 요행히 면할 뿐이었습니다.[16]

지금 만일 또다시 한 걸음 나아가 중임을 맡는다면 그 일을 그르칠 것이 뻔합니다. 더구나 이 황해도 지역은 감사의 체직이 빈번하고 사신의 왕래가 이어져 백성은 초췌하고 재화는 고갈되었으며, 눈에 보이는 모든 것들이 어려움으로 가득하니, 방백(方伯)의 신하를 신중히 선발하여 의기(欹器)를 정돈하듯 다스리고 구제해야 합니다. 그런 뒤에야 서쪽을 돌아보는 우리 성상의 근심이 해소될 수 있을 것입니다.

그런데 지금 신과 같이 어리석은 자를 뽑아서 제수하시니, 신의 몸에

16 거심(距心)의……뿐이었습니다 : 능력이 없어서 자신이 맡은 직책을 간신히 수행했다는 말이다. "맹자가 평륙에 가서 그 고을 대부에게 '창을 든 당신의 사졸이 하루에 세 번이나 대오를 이탈한다면 제거하겠소, 아니면 그대로 두겠소?' 하고 묻자, 대부가 '세 번 이탈할 때까지 기다리지도 않고 내쫓을 것입니다.' 하였다. 맹자가 다시 '그렇다면 당신이 대오를 이탈한 것도 참으로 많습니다. 기근이 든 해에 당신의 백성들 가운데 노약자들은 먹을 것을 찾아 골짜기를 전전하고 젊은이들은 사방으로 뿔뿔이 흩어져 간 이가 몇 천 명이란 말이오.' 하고 나무라자, 대부가 '이것은 제가 어떻게 할 수 있는 일이 아닙니다.' 하였다. 맹자가 이에 비유하기를 '지금 남의 소와 양을 맡아서 대신 기르는 자가 있다고 칩시다. 그 사람은 틀림없이 맡긴 사람을 위해 어떻게든 짐승을 기르고 꼴을 구해 올 것입니다. 만일 짐승을 기르고 꼴을 구할 수 없다면 맡긴 사람에게 되돌려 주겠습니까, 아니면 가만히 서서 짐승들이 굶어 죽는 것을 보고 있겠습니까?' 하였다. 이 말을 듣고는 대부가 '백성이 굶주리는 것은 저의 잘못입니다.' 하였다.〔孟子之平陸 謂其大夫曰 子之持戟之士 一日而三失伍 則去之否乎 曰不待三 然則子之失伍也亦多矣 凶年饑歲 子之民 老羸轉於溝壑 壯者散而之四方者 幾千人矣 曰此非距心之所得爲也 曰今有受人之牛羊而爲之牧之者 則必爲之求牧與芻矣 求牧與芻而不得 則反諸其人乎 抑亦立而視其死與 曰此則距心之罪也〕"《孟子 公孫丑下》

닥친 낭패야 신경 쓸 게 못 된다 치더라도 황해도 서른 고을의 운명이 달린 문제는 사소한 일이 아닌 듯합니다. 신은 하늘 같은 은혜를 받아 머리부터 발끝까지 터럭 한 올조차도 모두 성상께서 이루어 주셨으니, 죽음으로 보답하기를 마음에 맹세하였습니다. 쉽고 어렵고를 따질 것 없이 죽든 살든 앞을 향해 가는 것이 진실로 신의 도리일 것입니다.

그러나 지금 제수하신 관직에 대해 분수를 헤아리고 능력을 따져 보니 도저히 감당할 길이 없기에 감히 진심을 토로하여 우러러 성상을 번거롭게 해 드립니다.

삼가 바라건대, 천지 부모와 같은 성상께서 굽어살피시어 속히 체직하여 주셔서, 국가의 일을 그르치지 않게 하시고 신의 분수를 편안히 누리게 해 주소서. 그리해 주신다면 참으로 다행이겠습니다.

황해 감사에서 해임되기를 청하는 소[17]

海藩乞解疏

삼가 아룁니다. 하늘이 재앙을 내려 대행 대왕(大行大王 정조(正祖))께서 갑자기 신민(臣民)을 버리시니, 하늘이 무너진 애통함을 만백성이 똑같이 느끼고 있습니다. 삼가 생각건대, 우리 전하께서는 하늘이 내리신 효자로서 근심 속에 거상(居喪)하시며 슬피 울부짖어 옥체마저 야위어지셨을 것이니, 어찌 견디실 수 있겠습니까. 신은 생각할 때마다 간장이 찢어지고 말하려 하다가도 눈물이 흐르고 목이 멥니다.

생각건대, 못난 신은 남들 밑에 있어야 옳거늘 세상에 유례 없는 선대왕(先大王)의 은혜를 입어 천한 포의(布衣)로 있다가 발탁되어 고관대작의 반열[18]에 올라 드나들며 가까이에서 모신 지 10여 년이 되었습니다.

의리상으로는 신하의 위치에 있었지만 한 가족같이 대해 주시어, 유독 편애하듯 은택을 내려 '모든 아픔을 너와 함께하리라.' 하셨으니, 신의 머리부터 발끝까지 터럭 하나조차도 모두 우리 선대왕께서 내려

17 황해……소 : 1800년(순조 즉위년) 저자의 나이 42세에 올린 상소이다. 저자는 이해 3월에 황해도 관찰사에 제수되었는데, 이해 6월 28일에 정조가 승하하였다. 이 상소는 재차 올린 상소에서 정조가 탄생했던 날이 가까워졌다고 한 것으로 보아, 정조의 탄생일인 9월 22일 이전에 올린 것으로 보인다.

18 고관대작의 반열 : 원문 '경월지열(卿月之列)'은 고관대작을 가리킨다. 《서경》 〈주서(周書) 홍범(洪範)〉의 "임금은 해〔歲〕를 살피고 귀족과 대신들은 달을, 하급 관리들은 날짜를 살펴야 한다."라는 구절에서 나온 것으로, 귀족과 대신에 해당한다.

주신 것입니다. 신이 아무리 분골쇄신(粉骨碎身)하고 결초보은(結草報恩)한다 한들 어찌 만에 하나라도 보답할 수 있겠습니까.

신이 금년 봄에 외람되이 감사에 임명되어 선대왕 곁을 멀리 떠나게 되어, 젖을 떼는 갓난아이처럼 몹시 그리운 마음이 일었습니다. 대궐의 섬돌을 내려가면서 슬퍼하고 궐문을 나서면서 머뭇거리며 돌아보았습니다. 멀리 떠나온 뒤로는 늘 생각나 그리운 마음에 꿈에서 성상을 뵈었고 두 손 모아 장수하시기를 간절히 축원했습니다.[19] 그런데 지금 갑자기 휘음(諱音)을 받들고 보니 숨이 끊어질 듯 애통한 심정이 천지처럼 한량없습니다. 서쪽으로 부임할 때 선대왕을 하직한 것이 천고의 영원한 결별이 되었습니다. 온화한 옥음(玉音)이 아직도 귀에 또렷이 남아 있건만 선대왕께서 승하하셨는데도 직접 가서 호곡(號哭)하지 못하니, 교서(敎書)를 보다가 가슴이 막혀 깃발에 의지하여 애통해합니다.

성상의 위의를 더 이상 뵐 길이 없고 산처럼 높고 바다처럼 깊은 은혜를 갚을 길도 없으니, 살아서는 죽을 때까지 원통함을 안고 살다가 죽어서도 눈을 감지 못하는 귀신이 되고 말 따름입니다. 아, 하늘이여!

19 장수하시기를 간절히 축원했습니다 : 원문의 '화봉(華封)'은 화봉삼축(華封三祝)의 준말로, 복을 기원하는 것을 말한다. 《장자(莊子)》 〈천지(天地)〉에 "요(堯) 임금이 화주(華州)를 돌아보니, 화봉인(華封人)이 '아, 성인(聖人)이시여! 청컨대 성인께 축복을 드리고자 합니다. 성인께서 장수하시기를 빕니다.' 하자, 요 임금이 '사양한다.' 하였고, '성인께서 부유하시기를 빕니다.' 하자, 요 임금이 '사양한다.' 하였고, '성인께서 아들을 많이 낳으시기를 빕니다.' 하자, 요 임금이 '사양한다.' 하였다." 하여, 화봉인이 요 임금에게 축복을 드린 고사(故事)에서 나온 말이다. 여기서는 저자가 정조(正祖)의 장수를 기원하였다는 뜻이다.

이 누구 때문이란 말입니까.

신이 휘음을 받든 날부터 달려가고픈 마음이 활시위를 떠나려는 화살 같아서 가만히 있을 수가 없기에 금방이라도 길을 나설 듯하였으나 외방을 담당하는 관직에 매인 몸이라 움직일 수 없기에 날마다 가슴을 치며 하늘에 울부짖고 있습니다. 눈과 귀가 멍해져 지난날의 옥음이 들리는 듯하고 정신이 아득해져 늘 운향(雲鄕)에서 모시고 있는 듯하니, 짧은 인간 세상의 긴 탄식을 신이 목석(木石)이 아닌 다음에야 어찌 견딜 수 있겠습니까.

삼가 생각건대, 시간이 흘러 국장(國葬)을 치를 날이 다가왔습니다.[20] 이때에 미쳐 현직(現職)에서 체직되어 돌아가 현궁(玄宮) 앞에서 곡하여 가슴속에 가득한 지극한 슬픔과 지극한 한을 조금이나마 달랠 수 있기를 바랍니다. 이는 진실로 신의 이생에서의 염원이니, 비록 즉시 물러나 산야에서 죽는다 하더라도 달게 여길 것입니다.

신이 몹시 애통하고 원통한 마음을 달랠 수 없기에 감히 만 번 죽을 각오로 거상 중인 성상께 번거롭게 아룁니다. 삼가 바라건대, 자애로운 성상께서 유독 괴로워하는 신의 심정을 헤아리시어 신이 지닌 직함을

20 국장(國葬)을……다가왔습니다 : 원문은 '遠日行將至矣'로, '원일(遠日)'은 흉사(凶事)의 날을 잡는 원칙을 말한다. 《예기(禮記)》〈곡례 상(曲禮上)〉에 "상사(喪事)에는 원일을 우선으로 하고 길사(吉事)에는 근일(近日)을 우선으로 한다."라고 하였는데, 공영달(孔穎達)이 해석하기를 "상사는, 장사 지내는 것과 연제(練祭), 상제(祥祭)를 말하는데 이는 슬퍼하는 마음을 앗아간다는 뜻으로 효자(孝子)가 바라는 것이 아니다. 그러나 복제에 있어 부득이한 것이기 때문에 날짜를 잡을 적에는 원일을 따르는 것을 우선으로 한다. 이는 급급히 하는 것은 마땅하지 않다는 것을 보여서 은미하게 효심(孝心)을 펴기 위한 것이다." 하였다.

속히 체직하여 신의 지극한 정성을 이루게 하시고, 신이 번거롭게 해드린 죄를 다스리시어 조정의 기강을 엄히 세우소서. 그리해 주신다면 참으로 다행이겠습니다. 신은 눈물을 흘리며 지극히 간절한 심정을 감당치 못하겠습니다.

황해 감사에서 해임되기를 청하는 두 번째 소[21]

再疏

삼가 아룁니다. 세월이 머물지 않아 가을이 어느덧 깊어졌습니다. 삼가 생각건대, 효성스러운 성상께서 부여잡고 그리워하며 슬픔에 찬 곡소리가 끝이 없으실 터이니, 구구한 신의 마음은 실로 지극한 슬픔을 이기지 못하겠습니다.

삼가 생각건대, 신은 참으로 모질어 따라 죽지도 못한 채 지금도 먹고 숨 쉬고 있으니 목석(木石)만도 못합니다. 그런데 선어(仙馭)[22]가 점점 멀어져 천고(千古)의 영결이 되었건만 달려가 곡하지 못하니 누구를 의지하며 어디에다 하소연하겠습니까.

신이 지난달에 외람되이 호소하는 소장(疏章)을 지어 우러러 성상께 올려 자애로운 성상께서 가련히 여겨 지극한 소원을 이루어 주시기를 기원하였습니다. 그러나 비지(批旨)를 받아 보니 신의 뜻과는 크게 달라 땅바닥에 푹 주저앉았고 오장은 타는 듯 아팠습니다. 한밤중에 벽을 돌며 서성이고 하늘에 호소하며 통곡하였고, 의지할 곳이 없는 곤궁한 사람처럼 날마다 눈물을 흘렸습니다.

신이 우리 선대왕을 섬긴 10여 년 동안 유례 없는 총애를 받고 특별한 지우(知遇)를 입었습니다. 지극히 어리석고 비루한 신이 어찌 끼일

21 황해……소 : 1800년(순조 즉위년) 저자의 나이 42세에 올린 상소이다. 342쪽 주17 참조.

22 선어(仙馭) : 죽은 임금이 신선이 되어 타고 간다는 수레를 말한다.

수 있겠습니까마는, 선대왕께서 불초하다고 여기지 않으시어 곤복(袞服)을 넘는 포상[23]을 하도록 누차 말씀하셨습니다. 한번은 전석(前席)에서 조용히 모실 때 "내가 그대의 마음을 안다."라고까지 하시며 말씀드린 의견을 모두 받아들이셨습니다. 이 세상에 태어나 밝은 군주에게 이러한 총애를 받은 선비를 앞 시대를 통틀어 헤아려 보건대 몇이나 되겠습니까.

아, 선비는 자기를 알아주는 이를 위해 죽습니다. 선대왕께서 신을 이처럼 알아주셨거늘 신은 목숨을 버려 하늘처럼 높고 땅처럼 두터운 은혜에 보답하지 못하였으니, 신이 장차 어디로 돌아갈 수 있겠습니까.

신의 늙은 아비가 중년 시절에 세상일에 저촉되어 가문이 전복될 뻔하였는데, 선대왕께서 구덩이 속에서 건져 내어 편안한 자리에 있게 하셨습니다. 신은 더욱 초야의 천한 선비로서 곤궁하게 지내며 두려워 조심하고 살았는데, 선대왕께서 발탁하여 내각(內閣)의 반열에 있게 하시고 경(卿)의 대열에 올려 주셨습니다.

신은 천성이 어둡고 꽉 막혀 남들과 알력이 많아서 조정에서 벼슬한 뒤로 여러 차례 죽을 고비를 맞았는데, 선대왕께서 이끌어 주시고 구원해 주시어 오늘이 있게 되었습니다. 신을 낳아 준 이는 부모이지만 신을 살려 주신 분은 성주(聖主)입니다. 신이 아무리 우둔하다 해도 어찌 감격스러워하지 않겠습니까.

선대왕께서 신의 할아비가 감반(甘盤)의 옛정이 있다[24] 하여 신의

23 곤복(袞服)을 넘는 포상 : 원래 옛날에 천자가 상공(上公)에게 곤의(袞衣)를 내렸다고 하는데, 여기에서는 경(卿)의 반열을 가리킨다.

24 신의……있다 : '감반(甘盤)의 옛정'은 세자 시절의 사제 관계를 말한다. 감반은

집안을 가족처럼 보아 주셨고 신도 성상의 곁에 있는 직책을 맡아 향안(香案) 앞에서 밤낮을 보냈습니다. 의리는 군신 간이지만 은혜는 부자와 다름없었습니다. 먹는 곡식과 입는 옷, 병을 앓을 때의 의약까지 염려해 주시지 않은 것이 없었습니다.

신의 집에 두 노친이 계셨는데 가난하여 제대로 봉양을 못하자, 신을 누차 외직에 제수하여 전성(專城)의 영광[25]을 이루게 해 주셨습니다. 신의 아우 한 명이 과거에 급제하지 못하고 있었는데, 신의 선조에게 받은 은혜가 있다고 말씀하시며 전하께서 세자로 책봉되던 날에 특별히 계방(桂坊 세자익위사(世子翊衛司))에 제수해 주셨습니다. 신의 집안은 3대가 모두 우리 선대왕의 은택을 받은 사람들입니다. 신이 아무리 분골쇄신(粉骨碎身)한다 한들 어찌 만에 하나라도 보답할 수 있겠습니까.

신이 대궐을 드나들면서 선대왕을 우러러 의지하여 잠시라도 떨어지지 않기를 원하였고 선대왕께서도 신을 잠시도 잊어버리지 않으셨습니다. 신이 한번은 몇 달을 집에 머무른 적이 있었는데 선대왕께서 신에게 하교하기를 "사람 마음이 내 마음 같다면 당연히 연헌(戀軒)의 생각[26]

은(殷)나라 무정(武丁)의 현신(賢臣)으로, 일찍이 무정이 감반에게 글을 배운 일이 있는데, 후에 왕이 되자 그를 등용하여 정승으로 삼았다. 여기서는 저자의 조부 서지수(徐志修)가 정조의 세손 시절 유선(諭善)으로 정조의 학업을 담당한 것을 가리킨다.

25 전성(專城)의 영광 : 한 성, 곧 한 고을을 모두 바쳐 봉양하는 것으로, 고을살이하면서 부모를 봉양함을 말한다.

26 연헌(戀軒)의 생각 : 말이 임금의 수레를 잊지 못하듯, 은혜에 감격하여 차마 떠나지 못하는 마음을 비유하는 말이다. 남조(南朝) 송(宋)나라 포조(鮑照)의 "해어진 돗자리가 임금의 장막을 생각하듯, 피로한 말이 임금의 수레를 연모하듯.〔棄席思君幄 疲馬戀君軒〕"이라는 시구에서 연유하였다. 《文選 卷28 代東武吟》 여기서는 마음이 통하는 군신 간에 오래 떨어져 있었으니, 당연히 서로 보고 싶을 것이라는 뜻이다.

이 있으리라." 하셨습니다. 아, 지금 생각해 보니 피눈물이 흐릅니다.

의지할 데 없는 외로운 신은 아는 것이라곤 선대왕뿐이었고 믿는 것이라곤 선대왕뿐이었습니다. 선대왕께서 자애로운 어미가 갓난아이를 보호하는 것보다도 더 정성스레 신을 돌봐 주셨습니다. 신은 실로 우매하여 성상을 섬길 날이 많으리라 믿고 언제든지 성상을 섬길 수 있으리라고만 망녕되이 생각했습니다.

지금 하늘이 재앙을 내려 갑자기 화변(禍變)을 만났으니, 이 인생과 이 세상에서는 보답할 길이 없습니다. 이는 진실로 신이 죽어도 눈을 감지 못할 한입니다. 천지에 가득한 이 애통함이 어찌 끝이 있겠습니까.

사람들이 자신과 비슷하거나 그 이하의 사람들에 대해서도 정분이 깊었을 경우 세상을 떠났을 때 더욱 그리워하는 이유는 다름 아니라 돌이킬 수 없음을 알아서 더 후하게 하려는 것입니다. 신이 아무리 어리석다 하더라도 견마(犬馬)의 성품을 하늘로부터 얻었으니, 지금 만일 외방을 지키는 직무에 몸이 매여 현궁(玄宮)이 완전히 닫히기 전에 당도하여 한 번 애통해할 수 없다면 천하에 어찌 이러한 일이 있을 수 있겠습니까.

더구나 지금 어느새 가을이 돌아와 선대왕의 탄신일이 머지않았습니다.[27] 지난날 장수를 축원했었는데 지금은 부여잡고 가슴을 치며 애통해하니, 아득한 하늘은 어찌하여 이다지도 모질단 말입니까. 해마다 이날에는 대궐에 머물면서 관료들 앞에 자리하여 성신(星辰) 위에서 신발을 끌었는데, 지금은 도리어 객관에서 수심에 잠긴 채 또다시 이달

27 선대왕의 탄신일이 머지않았습니다 : 9월 22일을 말한다. 정조는 1752년(영조28) 이날에 창경궁 경춘전(景春殿)에서 태어났다.

을 맞았으니, 간장이 마디마디 찢어지고 슬픔을 쏟아 낼 곳이 없습니다. 혹시라도 이때에 해임되어 돌아갈 수 있다면 그나마 빈전(殯殿)의 뜰에 나아가 가슴 가득한 원통함을 조금이나마 달랠 수 있을 것입니다.

또 신이 삼가 조보(朝報)를 보니, 각신(閣臣)들이 차자를 올려 진향(進香)을 청한 일로 인해 성상께서 윤허하는 비답을 내리셨다고 합니다. 아랫사람이 눈물을 흘리며 우러러 청한 것과 윗사람이 측은히 여겨 시행을 허락한 것은 진실로 각신의 정리(情理)가 다른 신하들보다는 당연히 남다르기 때문입니다.

아, 내각(內閣)은 선대왕께서 즉위하신 초기에 처음 설치하였으니, 내각의 진향은 곧 신하가 선왕을 섬기는 마지막 일입니다. 신이 비록 못났으나 신도 각신 중의 한 사람이고, 옛날에 검교(檢校)에 차임되어 지금까지도 직무를 띠고 있으니, 검교는 곧 시임(時任)입니다. 시임의 각신으로서 내각의 마지막 일에 참석할 수 없다면 신의 몹시 애통한 심정이 어떠하겠습니까. 남을 이해해 주는 성상의 인자하신 마음으로 보아 신의 지극한 정성을 헤아려 주시리라 생각되니, 동료들의 뒷줄에 참석할 수 있도록 허락해 주소서.

신이 선대왕께 사은하고 떠나오던 날 삼가 하교를 받고 연로하신 양친을 봉양하여 사사로운 정성을 이루어 보려 하였습니다. 그러나 신의 아비가 초여름부터 이질을 심하게 앓아 여러 달을 질질 끌어 기력이 다 사라져 언제 숨이 넘어갈지 모를 지경이 되었고, 대휼(大恤) 이후로는 병세가 배나 심해졌습니다. 그리하여 달려가 곡할 급한 마음에 병든 아비를 태워 집으로 돌려보낸 지 지금 열흘이 넘었는데, 떠나보낸 뒤에 더욱 도져 병세가 위독하고 숨이 헐떡거리니, 신이 이 소식을 들은 뒤로 속이 타서 어찌할 줄을 몰랐습니다.

눈앞에 닥친 일의 형세상 정을 억누를 가망이 없으니, 오직 속히 체직되어 돌아가 병구완을 할 수 있기를 바랄 뿐입니다. 그리해 주신다면 양조(兩朝)에서 살려 주신 은택이 지극할 것입니다. 신의 심정은 공적으로 보나 사적으로 보나 가만히 머물러 있을 수 없기에 감히 만 번 죽음을 무릅쓰고 성상께 번거로움을 끼칩니다.

삼가 바라건대, 성상께서 불쌍히 살펴 주시어 속히 신의 직함을 체직하여 신의 간절한 정성을 이루게 해 주시고, 유사(有司)에게 명하여 누차 번거롭게 해 드린 신의 죄를 엄히 다스리도록 하소서. 신은 종이를 앞에 두고 목이 메어 어떻게 써야 할지 모르겠고, 땅에 엎드려 두려워하며 뭐라 말씀드려야 할지 모르겠습니다.

경기 감사를 사직하는 소[28]

辭京畿監司疏

삼가 아룁니다. 좋은 날을 맞아 태묘(太廟)에 배알하고 곤전(坤殿)에 이르러 사당에 배알하는 예를 이루었으니, 이는 실로 우리나라의 더없는 경사로 팔도의 만백성이 모두 간절히 감축하였습니다.[29]

삼가 생각건대, 신이 전혀 뜻밖에도 경기 관찰사에 제수하는 전지를 받자오니, 명을 듣고 두려워 어쩔 줄을 몰랐습니다. 신은 본래 용렬하고 우둔하기가 일반 사람보다도 더한데, 특별히 유례 없는 선대왕의 큰 은혜를 입어 내직과 외직을 두루 역임하였으니 모두가 과분한 직책이었습니다. 그러나 어려운 일이든 쉬운 일이든 가리지 않고 줄곧 앞을 향해 나아갔던 까닭은 신의 분수와 능력을 헤아려 보아 스스로 감당할 수 있겠다 싶어서가 아니라, 진실로 은혜에 감격하여 전교를 받들어 분주히 몸을 놀려 조금이나마 보답하려 했기 때문입니다.

신이 봄에 상복을 막 벗었을 때[30] 곧 우리 성상께서 거두어 써 주시는 은혜를 입어 승정원과 한성부의 벼슬에 연이어 제수되었고, 내각(內閣)과 화성(華省)의 옛 직무도 되돌려 받았습니다. 창망히 지난날을

28 경기……소 : 1803년(순조3) 저자의 나이 45세에 올린 상소이다. 저자는 이해 4월에 경기도 관찰사에 제수되었다.

29 감축하였습니다 : 원문의 '화봉지축(華封之祝)'은 복을 기원하는 것을 말한다. 343쪽 주19 참조.

30 봄에……때 : 부친상을 마친 것을 말한다. 저자의 부친인 서유신(徐有臣)은 1800년 11월에 별세하였다.

생각해 보니 지금까지도 감동이 남아 있어 천지를 바라보며 슬퍼하고 한밤중에도 눈물을 떨굽니다.

제수하는 명이 내릴 때마다 부지런히 받들어 실록을 편수하는 일에 달려가 맡아 갓끈을 드리우고 띠를 묶은 채 의기양양 수행했던 것은 신의 슬프고 괴로운 심정이 시간이 제법 흘러 억지로 추스를 수 있었기 때문은 아니었습니다. 진실로 밝은 해가 떠올라 만물이 모두 바라보니[31] 깜빡이는 반딧불은 모두 말광(末光)에 의지하길 원합니다. 신은 선왕을 추모하여 보답하려는 소원을 가지고 백집사(百執事)의 끄트머리에 자리하여 한산한 직책에 있으면서 정성을 다하여 미력이나마 바치고자 합니다.

세상 사람들이 일컫는 화관유직(華貫腴職 지위가 높고 귀한 벼슬)으로 말하자면 신의 재주와 능력으로 감당 못할 뿐 아니라 쇠약해진 기력과 식어 버린 마음으로 이것을 생각해 본 적이 없습니다. 구구한 신의 마음은 헤아려 보건대 가식적인 것이 아닙니다. 더군다나 무거운 관찰사의 직무를 어찌 꿈엔들 바랐겠습니까.

더구나 이 경기 관찰사는 도성을 보호하고 능원(陵園)을 수호하니 그 중요성이 한(漢)나라의 삼보(三輔)[32]와 같고, 잡다한 문서와 번다한 송사까지 겸하여 맡고 있습니다. 만일 명망과 실제가 평소 드러나고 재주와 식견이 모두 넉넉한 사람이 아니라면 그 직무를 맡아서는 안 됩니다. 이 몇 가지를 기준으로 살펴볼 때 못난 신은 단 하나도 해당되는 것이 없으니, 의망(擬望)해서는 안 되는 것이 분명합니다.

31 진실로……바라보니 : 순조(純祖)가 등극한 것을 말한다.

32 한(漢)나라의 삼보(三輔) : 경조(京兆), 부풍(扶風), 풍익(馮翊)을 말한다.

지금 만일 성상의 총애를 믿고 주제넘게 맡는다면 심란하고 졸렬해져 끝내 일을 그르치게 되어, 위로는 임명해 주신 은덕을 저버리고 아래로는 신이 지키던 초심을 잃어버리게 될 터이니, 신의 죄가 이에 이르면 피할 곳이 있겠습니까. 이에 감히 외람된 줄 알면서도 지엄하신 성상을 번거롭게 해 드립니다.

삼가 바라건대, 자애로운 성상께서는 신의 정성을 굽어살피시어 신에게 내린 직무를 속히 체직하여 감당할 만한 이에게 돌려줌으로써, 국가의 울타리를 튼튼히 하시고 신의 분수에 편안하도록 해 주소서. 그리해 주신다면 참으로 다행이겠습니다. 신은 지극한 두려움과 간절한 소망을 감당하지 못하겠습니다.

마전을 조사하는 일로 인해 경기 감사를 사직하는 소
辭麻田查事疏

삼가 아룁니다. 길한 날에 축하하는 의식을 크게 거행하고 비궁(閟宮)에 예를 행하고 어가(御駕)가 편안히 돌아오니, 손뼉 치며 기뻐하는 마음은 만백성이 똑같습니다.

삼가 생각건대, 외람되게도 못난 신이 중임을 맡아 자리에 있으면서 늘 나무에 오른 듯 두려워하며 지냈습니다. 그런데 지난달 말에 전함(前銜) 김응두(金應斗)가 상소하여 마전군(麻田郡)[33] 유민(流民)의 환곡의 폐해를 논한 일 때문에, 본도(本道)의 관찰사에게 사실을 조사하라는 명이 내렸습니다.

신은 관찰사를 맡은 지 오래되지 않아 도내의 일에 대해 본래 두루 알지 못하지만 마전군의 환곡의 폐해에 관한 경우, 재해를 만나 대신 봉납하다가 점점 폐단이 생겨 온 지 10여 년이 되었다는 사실을 대강 알고 있습니다. 작년 겨울에 마전군의 유민들이 나란히 호소한 것은 대강 김응두가 올린 지금 상소의 내용과 같습니다.

신이 듣고 놀라서 해당 군에 물어보니 곡식 명칭을 다시 지은 것은 모두 근거가 있었으나 농간을 부려 분수에 넘는 짓[34]을 한 정황은 실로

33 마전군(麻田郡) : 현(現) 경기도 연천군 일대에 있던 지역이다.

34 분수에 넘는 짓 : 원문 '염지(染指)'는 손가락을 고깃국에 넣어 국물을 찍어서 맛보는 것으로, 자기 분수에 지나친 이득을 얻으려는 것을 가리킨다. 《춘추좌씨전》 선공(宣公) 4년 조에, 정 영공(鄭靈公)이 공자 송(公子宋)을 불러 놓고는 자라국을 먹으면서 주지 않자, 공자 송이 노하여 국솥에 손가락을 넣어 국물을 찍어 맛을 보고 나가 버렸다. 그 뒤에 공자 송이 끝내 영공을 시해하였다.

잡아내지 못했습니다. 본군(本郡)의 환곡의 폐해가 금년의 일만은 아닌데도 토민(土民)들이 남의 잘못을 들추어 고을 수령에게 알렸으므로 그 폐습을 내버려 둘 수 없기에 먼저 장두(狀頭)의 죄를 가지고 엄히 다스렸던 것입니다. 그런데 김응두의 상소가 올라오자 그 내용이 토민의 소송 내용보다 더욱 심하여 유민이니 백징(白徵)이니 하여 일마다 놀라웠기에 신이 조사관을 차출하여 조사토록 했던 것입니다.

지난번에 난데없이 어떤 사람이 스스로 전 도사(都事) 김응두라고 칭하면서 신의 병영 막부(幕府)에 일부러 찾아왔고 끝내는 곧장 신의 집에까지 찾아왔는데, 그 사람이 한 말이 대단히 어지러웠습니다. 신이 감히 하나하나 거론하여 전하를 번거롭게 해 드리지는 못하겠습니다만, 요컨대 영읍(營邑)에서 뇌물이 오갔다는 설을 가지고 공갈 협박하는 계책으로 삼았으니, 이는 참으로 큰 변괴입니다.

그 사람이 상소에서 논한 것 때문에 조사하라는 명이 내렸으니, 그 사람의 말이 사실이라면 벼슬을 못할까 근심할 필요가 없을 것이고, 만일 혹 불분명하더라도 조용히 기다려야 할 것입니다. 그런데 지금 남을 억누를 계책으로 병영과 집으로 찾아와 신을 억누르고 제멋대로 두루 찾아다니며 황당무계하고 추악한 말을 공공연히 지껄여 댔으니, 어찌 그리도 다급하게 굴고 이리도 방자한 짓을 한단 말입니까. 오늘날 기강이 아무리 무너졌다 해도 이렇게 심한 지경에 이르렀을 줄은 생각지도 못했습니다. 조정의 체모로 볼 때 그대로 방치하여 아무 거리낌 없이 제멋대로 날뛰게 해서는 안 될 듯합니다.

신이 비록 미천한 사람이지만 맡은 직책을 돌아보면 한 도(道)를 안무(按撫)하는 중임이고, 그 일에 대해 말한다면 명을 받들어 조사를 한 것입니다. 만일 평소에 통제할 만한 위엄이 있었다면 어찌 이러한 사태가 벌어졌겠습니까. 그런데 김응두 같은 자에게 우습게 보여 위협하고 공갈하는 버릇을 일삼게 하였으니, 어찌 왕령(王靈)을 받들어 사실을 낱낱이 파헤칠 수 있겠습니까. 신의 의리상 결코 부끄러움을 무릅쓰고 감당하기는 어렵습니다.

삼가 바라건대, 밝으신 성상께서 굽어살피시어 속히 특별히 조사관을 파견토록 하여 사건에 대한 조사가 분명하게 마무리되게 하고, 직무를 수행하지 못한 신의 죄를 다스리시어 조정의 기강을 엄히 세우소서. 그리하신다면 참으로 다행이겠습니다.

문약연의 상소로 인해 가평 향약의 시말을 아뢰는 소
因文躍淵疏 陳加平鄕約始末疏

삼가 아룁니다. 신이 삼가 예조(禮曹)의 관문(關文)을 보니, 사헌부 관원 문약연(文躍淵)이 상소하여 향약(鄕約)의 문권(文券)을 불태운 일을 논한 것으로 인해 도신(道臣)에게 사실을 조사하여 엄히 처벌하라고 비지(批旨)를 내리셨습니다.

신은 사헌부 관원이 말한 것이 정확히 어느 도 어느 고을을 가리키는지는 모르겠으나 신이 관할한 지역으로 말해 보면, 죽산(竹山)과 가평(加平) 두 고을이 향약을 시행했다가 올봄에 그만두었습니다. 이 때문에 문권을 불태운 일이 있었는지를 두 고을에 물어보니 가평에서 과연 이 일이 있었으므로, 논열(論列)한 대로 아뢰어 우러러 처벌을 내려 주시기를 청했습니다. 그러나 그 사실에 대해 한번 부각시키지 않을 수 없는 점이 있기에 신이 자세히 아뢰고자 합니다.

삼가 생각건대, 우리 선대왕(先大王)께서 25년 동안 재위하시면서 찬란한 문물(文物)을 이룩한 정치가 역대 임금들 중에 탁월하여, 매번 세도(世道)가 나날이 무너지고 풍속이 나날이 변질되는 것을 근심하셨습니다. 이에 순박한 시절로 되돌려 저 백성들이 날마다 선한 풍속으로 변모해 가고 모두들 서로 양보하는 분위기를 이루도록 할 것을 생각하셨으니, 이것이 《향례합편(鄕禮合編)》[35]을 만든 까닭입니다.

35 향례합편(鄕禮合編) : 1797년(정조21) 왕명에 의하여 이병모(李秉模), 윤시동(尹蓍東) 등 7명의 유신(儒臣)들이 편찬, 간행하였다. 3권 2책으로, 권1은 향음주례(鄕飮

반포한 날에 팔도의 백성들이 고무되어 융성했던 삼대(三代)를 거의 다시 볼 수 있게 되었습니다. 그리고 베푼 방법으로 말하면 반드시 점차적으로 시행하고 알맞게 조처하여 충분히 무젖고 부끄러워하여 바로잡게 하고자 하였습니다. 또 반드시 관장(官長)이 된 이가 풍속을 살피고 백성의 뜻에 순응하여 폐단 없이 시행할 만한 뒤에 강론하여 밝혔습니다.

신이 비록 노둔하여 아는 것이 없으나 드나들며 가까이에서 모신 지 여러 해가 되었습니다. 누차 연석(筵席)에서 하교(下敎)를 듣자오니, 진실로 문채와 바탕이 조화롭고 명칭과 실질이 부합하고자 하는 것이 성상의 정성 어린 뜻이었습니다. 이는 신이 가슴에 새기고 큰 소리로 외며 잊지 못합니다.

신이 작년 겨울에 두 고을의 향약이 민폐를 상당히 끼친다는 말을 듣고, 새로 부임한 두 고을 수령이 신에게 인사하러 왔을 때 사정을 자세히 알아보고 폐지할 만하면 폐지하게 하였는데, 두 고을 수령이 보내온 논보(論報)를 보니 두 고을 향약이 진실로 폐단이 있었으므로 두 고을 모두 우선 폐지하게 하였습니다.

죽산의 향약의 폐단은 문권을 불태운 고을이 아니기에 신이 감히

酒禮), 권2는 향사례(鄕射禮)·향약(鄕約), 권3은 부록으로 사관례(士冠禮)·사혼례(士婚禮) 등의 내용으로 구성되어 있다. 책머리에는 1797년 정조가 반포한 〈어제양로무농반행 소학오륜행실 향음주례 향약윤음(御製養老務農頒行小學五倫行實鄕飮酒禮鄕約綸音)〉 및 〈향례합편총서(鄕禮合編總敍)〉가 있으며, 책 끝에는 이병모 등의 편찬자 명단이 첨부되어 있다. 이 책은 중국과 조선의 예에 관한 여러 기록을 모아 자세한 주석을 붙여 놓아 백성이 쉽게 읽고 행할 수 있게 한 책으로, 유교적인 예속(禮俗)을 연구하는 데 귀중한 자료이다.

외람되이 아뢰지는 못하겠습니다. 가평의 경우에는 향약의 약조(約條) 중에 '양정을 모집해 들인다.〔募入良丁〕', '돈을 거두어 쓴다.〔斂錢取用〕'라는 조목은 이미 놀랄 만한 일입니다. 관리(官吏)를 택하여 약리(約吏)라고 부르고 관례(官隷)를 정하여 사환(使喚)이라고 불러서 약리는 군보(軍保)의 인상착의를 기록하고 패자(牌子)를 출납하며, 사환은 민정(民丁)을 붙잡아 오고 전물(錢物)을 징수하니, 이러한 즈음에 백성들은 괴로움을 견디지 못하고 수령은 권력을 가만히 앉아서 잃게 되었습니다. 이 같은 향약의 약조가 어찌 《향례합편》을 본뜬 것이겠습니까. 그리고 그 천박한 풍속은 선왕께서 《향례합편》을 반포한 본래 취지와 상반될 뿐만이 아닙니다. 이 때문에 신이 고을에서 올린 보고로 인해 우선 폐지하게 하는 것을 허락했던 것입니다.

지금 들으니, 개인이 만들어 낸 데다 조례(條例)도 놀랄 만한 내용이 많은 이 약조 문권을 향약이 폐지된 뒤에도 남겨 두었다가는 다시 시행하려 할지도 모른다고 우려하여 해당 수령이 관청 마당에서 불살라 버렸다고 합니다. 사건의 실상은 이상에서 아뢴 대로입니다.

신은 더 이상 조사할 것이 없습니다. 또 생각해 보니, 불살라 버린 일은 신이 지시한 것이 아니지만 폐지한 일은 실로 신이 허락한 것입니다. 오직 폐지시키라고 허락했을 뿐만이 아니라 일의 발단을 따져 본다면 실로 신에게서 비롯된 일입니다. 신이 어찌 이를 가지고 수령의 죄를 논할 겨를이 있겠습니까. 이에 감히 봉함하지 않은 상소를 올립니다.

삼가 바라건대, 신의 이 소장(疏章)을 묘당(廟堂)에 내려 가부(可否)를 물으소서. 신이 만일 잘못 생각했다면 죄를 면할 길이 없을 것입니다. 부디 밝으신 성상께서 처결(處決)해 주소서. 신은 지극히 두렵고 간절한 심정을 이기지 못하겠습니다.

비답은 다음과 같다.

“상소를 보고 잘 알았다. 개인이 만든 문권을 불살라 거두어들이는 폐단을 제거한 것은 애당초 아뢸 일이 아니다. 또 《향례합편》과 무슨 상관이 있겠는가. 경은 사직하지 말고 직무를 살피라.”

병조 판서 조윤대의 상소로 인해 경기 도내 역마를 보충하여 입파하는 것이 옳지 않음을 아뢰는 소[36]

因兵判曺允大疏 陳畿驛補把非宜疏

올리지 않았다.

삼가 아룁니다. 능원(陵園)에 성묘하시고 진전(眞殿)에 친히 제사 지내시어 계절의 변화에 마음이 뭉클하여 성상께서 사모하는 마음을 달랠 수 있었고, 길한 날에 어가(御駕)가 편안히 돌아오니, 손뼉 치며 감축하는 정성은 만백성이 똑같습니다.

삼가 생각건대, 신이 외람되이 과분한 자리에 앉아서 터럭만큼도 공이 없으니, 평소 나무에 오른 듯 두려워하였습니다. 삼가 병조 판서 조윤대(曺允大)의 상소를 살펴보니, 신이 연석(筵席)에서 아뢴 말 때문에 의리를 내세워 스스로 변명하였는데, 대강의 요점은 신이 아뢴 것이 사실과 다른 점이 있다는 것이었습니다. 신이 진실로 두렵다가

36 병조……소 : 순조가 수원 행궁에 행행(行幸)했다가 돌아오는 길에 민폐가 된 사안을 묻자, 서영보가 "행행할 때 경기의 역마를 더 보충하여 입파하는 것이 절실한 폐단이었기 때문에 기유년(1789, 정조13) 겨울에 영원한 정식(定式)으로 만들어 원래 보충하여 입파하는 숫자 외에는 더 입파할 수 없게 되었습니다. 그 당시의 하교가 지엄하여 경술년(1790) 이후로는 더 이상 이러한 폐단이 없었습니다. 그런데 이번에 또 원래 숫자 외에 14필을 더 보충하여 이 폐단이 다시 생겨났으니, 경기 도내 역이 감당하기 어려운 문제일뿐더러 선조(先朝)의 정식을 따르는 도리도 아닙니다. 이후로는 일절 엄금하도록 분부하소서." 하였다. 이에 대해 조윤대(曺允大)가 상소하여, 서영보의 의견은 선조의 정식을 지키지 말자는 것이라고 도리어 비난하였는데, 이를 반박한 것이다. 《承政院日記 純祖 4年 8月 30日, 9月 5日》

의아해졌습니다.

기유년(1789, 정조13) 겨울에 도신(道臣)에게 하유(下諭)하신 것을 삼가 살펴보니 "금번 기역(畿驛)의 고단함은 역을 설치한 이후로 없었던 일이니, 만일 특별히 돌봐 주지 않는다면 고질적인 병폐에서 어떻게 벗어날 수 있겠는가. 역속(驛屬)을 돌봐 줄 방법에 대해 즉시 도백(道伯)이 물정(物情)을 자세히 살펴 조리 있게 아뢰도록 하라." 하셨습니다.[37]

그 당시 도신이 병조와 사복시(司僕寺)에다 더 보충하는 말을 능행(陵幸) 때는 각각 15필을, 성내(城內)에서 거둥하실 때는 5필을 넘지 말도록 하자는 의견을 성상 앞에서 청하였는데, 비답에서 "아뢴 대로 시행하라. 경내(京內)에 거둥할 때 입파하는 말은 영원히 없애라. 이렇게 정식(定式)으로 구별해 놓은 이후로 혹시라도 역마를 함부로 타는[38] 폐단이 발생한다면 해당 시(寺)와 해당 조(曹)의 낭관에 대해 함부로 파발마를 탔다는 조항으로 논죄할 것이니, 이것을 영원히 정식으로 삼아 시행하라." 하셨습니다.[39]

다음 해 경술년(1790) 가을 능행 때, 본도(本道)에서 정식에 따라 병조와 사복시에다 더 보충하는 말을 각각 15필씩 들여보냈습니다. 병조에서 사복시의 관문(關文)으로 인해 본도에 통지하여 가마를 끌기 위해 더 보충한 말 12필 안에 타는 용도의 말 17필을 준비하여 입파하게

37 기유년……하셨습니다 : 이 말은《승정원일기》정조 13년(1789) 11월 27일 기사에 보인다.

38 역마를 함부로 타는 : 원문의 '남파(濫把)'는 법령이나 규정을 어기고 역마를 함부로 타는 것을 이른다.

39 그 당시……하셨습니다 : 당시 경기 관찰사 서유방(徐有防)이 입시하여 의견을 개진하자, 정조가 이를 수용하였다.《承政院日記 正祖 13年 11月 27日》

하였는데, 본도에서는 정식에 의거하여 방이(防移)하여 다만 두 곳에다 보충하여 입파하는 말을 모두 합해 30필을 들여보냈습니다. 그 뒤로 비록 입파하는 때라도 사복시와 병조에다 각각 15필을 입파하였으니, 합쳐 계산하면 30필입니다. 이 외에는 아직 한 필이라도 더 입파한 적이 없고, 완전히 없앤 적은 있어도 더 입파한 적은 없었습니다.

금번에는 병조와 사복시에다 입파한 말이 모두 41필인데, 병조에다 보충하여 입파한 말은 15필이고 사복시에다 보충하여 입파한 말은 영화도(迎華道)[40]에 분속시킨 뒤의 12필이니, 모두 27필이 원래의 보충하여 입파한 말이고, 그 나머지 14필은 더 입파한 숫자입니다. 신이 연석에서 원래 숫자 외에 14필을 더 입파했다고 아뢴 것은 곧 이것을 가리킨 것입니다. 신이 아뢴 말이 본래 분명하고 전후의 사실이 불과 이와 같거늘, 중신(重臣)이 신을 일러 "미처 자세히 알아보지 못했다."라고 한 것은 무슨 일인지 모르겠습니다.

그 상소에 "각 년마다 관례에 따라 입파했다."라고 한 것은 모두 입파한 말이 30필이었던 해를 가리키니, 이것이 바로 신이 말한 원래의 숫자라는 것입니다. 신이 어찌 30필을 입파하는 것이 옳지 않은 일이라고 했겠습니까. 만일 중신이 30필 이외에 더 입파한 예를 찾아낸다면 신이 아뢴 말이 자세히 알아보지 못한 것이겠으나, 그러한 사례를 끝내 찾아내지 못했으면서도 중신이 으르렁거리며 사례로 고집하는 것이

40 영화도(迎華道) : 본래 양재역(良才驛)으로, 낙생(樂生), 구흥(駒興), 금령(金嶺), 좌찬(佐贊), 분행(分行), 무극(無極), 과천읍참(果川邑站), 수원본참(水原本站), 해문(海門), 가천(加川), 강복(康福) 등 11개의 속역(屬驛)이 있다.《萬機要覽 軍政篇1 驛遞 各道屬驛》

30필을 입파한 예라고 한다면 아마 틀림없이 신이 아뢴 말에 대해 자세히 살펴보지 못해서 그랬을 것입니다.

기유년의 정식은 곧 30필 외에 더 입파할 수 없다는 정식이고, 지금 신이 아뢴 것도 30필 외에 더 이상 입파하지 말자는 청입니다. 이러한 이유 때문에 신이 거조(擧條)에서 '원래의 수 외'라고 한 것은, 곧 원래의 수 내 30필이니 입파해야 될 말을 이르고, '14필'이라고 한 것은 곧 원래의 수 외 14필로 입파해서는 안 되는데 더 입파한 것을 말합니다. 한번 두고 보시면 절로 환하게 알 수 있을 것인데, 지금 도리어 30필을 입파한 예를 인용하여 신의 말을 옳지 않다고 하니, 신은 진실로 이해할 수 없습니다.

그 상소에서 또 "능행 때에 보충하여 입파하는 말은 해당되지 않는다."라고 하였는데, 어찌 중신이 기유년(1789, 정조13) 도신의 거조에 대한 비지를 보지 못했겠습니까. 해당되는데 '해당되지 않는다.'라고 한 것은 어째서입니까? 중신은, 또 신이 태복시(太僕寺)에 오가지 않았다는 것을 꼬투리 잡았습니다. 무릇 태복시는 일찍이 14필을 더 입파하는 일로 신의 영(營)에 직접 관문을 보내지 않았고, 신의 영에 통지한 것은 곧 병조입니다. 그렇다면 신의 영에서 병조에 오가는 것은 당연합니다.

신의 어리석은 뜻은 본래 이 뒤에 이러한 폐단이 없기를 바랐을 뿐입니다. 사실에 근거하여 우러러 아뢰는 때에 위로 선조(先朝)의 정식을 제기하지 않을 수 없었는데, 중신이 아직 본사(本事)를 알지 못해 이러한 갈등을 이루었습니다. 신과 중신이 말한 것은 공정한 견해이니, 다만 천천히 사실을 따져 봐야 할 것입니다. 어찌 한갓 자신의 견해를 주장하겠습니까. 그리고 중신이 이미 소장으로 스스로 변론한 이상

신이 다시 곡절을 아뢰지 않을 수 없습니다. 신이 비록 어리석지만 어찌 감히 작은 일 하나로 인해 남과 다투는 짓을 하겠습니까.

삼가 바라건대, 밝으신 성상께서 굽어살피시어 망언(妄言)을 일삼은 신의 죄를 다스려 신의 분수에 편안하게 해 주소서. 그리해 주신다면 참으로 다행이겠습니다.

사간원의 탄핵으로 인하여 해임을 청하는 소[41]
因臺言乞解疏

삼가 아룁니다. 신이 막 고을을 순시하고 돌아온 뒤로 병세가 심해져 병석에 누워 신음하고 있었습니다. 이때 삼가 들으니, 병조 판서 조윤대(曺允大)가 사간원 관원의 상소로 인해 문계(問啓)당하는 일이 있었는데, 문계에서 주문도 첨사(注文島僉使) 이원풍(李元豐)의 파직을 청하는 장계를 돌려보낸 일에 대해 그 책임을 전적으로 신에게 돌렸다고 합니다. 이 일은 진실로 곡절이 있으니, 신이 어찌 감히 작은 소리까지 듣는 하늘을 슬쩍 가릴 수 있겠습니까.

이원풍은 의술이 뛰어나다고 소문난 이로, 마침 약을 물어보기 위해 간곡히 부르는 자가 있었습니다. 이에 경기 연안의 진장(鎭將)들이 수군 장수와 육군 장수 할 것 없이 일로 인해 한양에 온 사례가 매우 많기에 신이 과감히 관문(關文)을 띄워 불러왔던 것입니다.

월초에 병조 판서가, 경기 수사(京畿水使)가 장계를 올려 이원풍을 파직한 일을 신에게 물었고, 또 해당 영(營)의 등보(謄報)가 왔기에

41 사간원의……소 : 1804년(순조4) 저자의 나이 46세에 올린 상소이다. 저자가 경기 관찰사로 있을 당시, 병조 판서 조윤대(曺允大)가 의원(醫員) 이원풍(李元豐)을 주문도 첨사(注文島僉使)에 의망하였는데 서영보가 이원풍을 서울로 불러 올려 몇 달을 체류하였다. 이에 그 진(鎭)을 비워 둔 죄를 물어 경기 수사가 파직을 청하는 장계를 올렸다. 이 장계를 조윤대가 저지하여 문계(問啓)를 당하게 되었는데, 조윤대는 문계에서 서영보가 주도한 일이라고 하였으므로 서영보가 사간원의 탄핵을 받게 되었다. 《純祖實錄 4年 9月 18日, 19日》

봤더니, 내용 중에 눈에 거슬리는 말이 없지 않았습니다. 이원풍이 올라온 것은 곧 신이 불렀기 때문입니다. 순영(巡營)에서 불렀는데 수영(水營)에서 파직한 것은 사체(事體)와 관련이 있기에 신이 곧 해당 수사의 집에다 장본(狀本)을 찾아 보내 순영과 수영 간의 체모가 합당하지 않음을 알리도록 하였습니다. 그러나 당시 병조 판서에게 오가며 승정원에서 장본을 빼낸 다소의 곡절에 대해서는 일이 자질구레하여 감히 아뢸 수 없었습니다. 그러나 다른 사람이 의원을 구한 일이 신과 무슨 관련이 있단 말입니까.

관문을 띄워 불러온 일이 신과 긴밀하지 않은 이상, 해당 수사가 장계에서 아뢴 말은 진실로 옳지 않습니다. 그렇다면 장계에서 논박한 내용이 어찌 문제 될 것이 있겠습니까. 그러나 곧장 찾아 보낸 것이 임시변통한 모양새가 되었으니, 어느 모로 보나 모두 어리석은 신이 잘못 생각한 소치입니다. 중신(重臣)의 조참(遭參)에 이 일이 가장 먼저 올랐고 사간원에서 죄를 성토하여 '막았다〔壅遏〕'고 말하는 지경에 이르렀습니다. 신이 몹시 부끄러우니 어떻게 해야겠습니까. 지극히 황공하여 몸 둘 바를 모르겠습니다.

소장(疏章)에 사실대로 아뢰어 지엄하신 성상을 번거롭게 해 드립니다. 삼가 바라건대, 밝으신 성상께서 굽어살피시어 신의 죄를 무겁게 다스려 법도와 기강을 엄히 하소서. 그리하신다면 매우 다행이겠습니다.

사간원의 탄핵으로 인하여 해임을 청하는 두 번째 소
再疏

삼가 아룁니다. 신은 마음이 위축되어 염치를 무릅쓰고 소장(疏章)을 올리고 공손히 엄한 벌이 내리기를 기다리고 있었는데, 하늘처럼 크신 성상의 도량으로 간곡히 포용해 주시는 은덕을 외람되이 입었습니다. 정성 어린 비답을 내려 지극히 환하게 밝혀 주셨으니, 신이 황공하고 감격스러워 몸 둘 바를 몰랐습니다.

대관(大官)이 차자를 올려 논한 것에 대해서는 지나치게 너그러이 봐주시고, 비지(批旨)에서는 아주 특별히 칭찬하시어 직무를 그만두는 것이 지나치다고 훈유하시고 부지런히 직무를 살필 것을 거듭 당부하셨습니다. 죄가 도로 영광이 되어 휘황찬란한 관복을 입게 되었으니, 신은 진실로 놀랍고 부끄러워 감격의 눈물을 흘리며 몸 둘 바를 몰랐습니다.

사간원 관원이 피혐(避嫌)하는 계사(啓辭)에서 신을 언급한 말 가운데 "거리낌이 없다.〔無忌憚〕" 하고 또 "잘못된 관행을 만들었다.〔作俑〕"[42] 라고 한 구절이 있습니다.[43] 번신(藩臣)이 되어서 이러한 죄를 지었으

42 잘못된 관행을 만들었다 : 원문의 '용(俑)'은 나무로 만든 움직이는 허수아비를 말한다. 옛날에 사람이 죽어 장사 지낼 때에 이것을 함께 묻었는데, 공자(孔子)가 이것에 대해 아주 못마땅하게 말했다. 이 때문에 나쁜 예를 처음 만드는 것을 가리키는 말이 되었다.

43 사간원……있습니다 : 사간원 정언 이계(李㮐)가, 경기 수사가 올린 이원풍(李元豐)의 파직을 청한 장계를 서영보가 병조 판서 조윤대(曺允大)와 상의하여 승정원에서

니 얼마나 무거운 처벌을 받아야 하겠습니까. 이것이 신이 마음 가득히 두려워하며 죽음을 벗어날 수 없는 이유입니다.

대각(臺閣)의 논의는 사체가 특별하고 맑은 조정에서는 염방(廉防)이 중요합니다. 사간원 관원의 피혐 계사에서 죄를 성토하여 쓴 구절이 이 제목(題目)처럼 준엄하니, 비록 산직에 있는 관리가 경계를 하더라도 편안히 머물 수 없습니다. 그런데 지금 이 말은 대각의 말이니, 신의 거취에 대해 어찌 다른 의견이 있을 수 있겠습니까. 신이 비록 우둔하지만 일찍이 말단의 직임에 있었기에 염방을 무너뜨려서는 안 되는 줄을 대강 알고 있습니다. 그런데 어찌 부끄러움을 참아 가며 관찰사의 자리[44]에 앉아 얼굴을 들 수 있겠습니까. 신이 의리상 감히 못할 뿐만 아니라 성조(聖朝)에서 예로써 신하를 부리는 법도에서도 사유(四維)[45]를 무시하고 신을 대하는 것은 옳지 않은 듯합니다.

지금은 가을걷이가 한창이어서 민사(民事)를 서둘러야 하건만 신이 병을 핑계로 공무에 소홀하여 죄가 점점 더해졌습니다. 여러 날을 숨죽인 채 엎드려 있으니 더욱 근심스럽고 두려워 이에 감히 죽음을 무릅쓰

빼낸 일에 대해, "기백이 저지른 일은 너무 거리낌이 없다.〔畿伯事之無忌憚〕" 하였고, 또 "승정원에 부탁하여 장계를 빼 갔으니, 나쁜 선례를 남긴〔作俑〕 기백과 소개해 준 병조 판서와 장계를 도로 내준 승선(承宣)의 죄가 똑같다."라고 하며, 자신의 체직을 청하였다. 《承政院日記 純祖 4年 9月 19日》

44 관찰사의 자리 : 원문은 '承流之地'로, '승류(承流)'는 승류선화(承流宣化)의 준말이다. 《한서(漢書)》 권56 〈동중서전(董仲舒傳)〉에 나오는 말로, 풍교(風敎)를 받들어 숭상하고 은택을 베풀어 백성을 교화하는 관원의 직분을 가리키는 말이다. 보통 방백(方伯) 등 지방 장관을 가리킬 때 쓰는 표현이다.

45 사유(四維) : 예의염치(禮義廉恥)를 말한다.

고 소장을 올려 피눈물을 쏟으며 아룁니다.

삼가 바라건대, 성상께서 굽어살피시어 속히 해임해 주시고 신의 죄를 다스려 조정의 기강을 엄히 하소서. 신은 남은 생을 전리(田里)에 물러나 칩거하며 성상의 은덕을 노래하는 것으로 조금이나마 보답하고자 합니다.……

직제학을 사직하는 소[46]

辭直提學疏

삼가 아룁니다. 신이 억지로 출사하기 어려운 심정을 안고 용서받기 어려운 죄를 지어 집에서 칩거하며 공손히 무거운 처벌을 기다리고 있었습니다. 그런데 며칠이 지나지 않아 뜻밖에 서용(敍用)하라는 명이 내려 정성스러운 은지(恩旨)로 간곡히 용서해 주시고 옛날의 관직에 나오라는 소패(召牌)가 연이어 내려왔습니다. 우로(雨露) 같은 은혜가 모두 지극한 교화이니, 명을 듣고 감격하여 눈물이 흐르고 오장육부가 떨렸습니다.

신이 일전에 지은 죄는 신도 용서받을 수 없는 줄 잘 알지만, 돌아보건대 신은 철한(鐵限)이 앞에 있어서 실로 전혀 어쩔 수가 없었습니다. 지금에 와서 지난날을 보면 정황은 변함없지만 죄는 더욱 더해졌으니, 어찌 조금이라도 염치를 무릅쓰고 출사할 가망이 있겠습니까. 그러나 아무리 생각해도 소패를 어길 길이 없고 황공하고 답답하지만 도리가 없기에, 어쩔 수 없이 소패를 따라 나아와 고명(誥命)을 받들고 물러났습니다.

이에 승정원[47]에서 뻔뻔히 머물고 조심스레 있으면서 드러낼 낯이

46 직제학을 사직하는 소 : 1804년(순조4) 저자의 나이 46세에 올린 상소이다. 저자는 이 당시 홍문관 부제학과 비변사 제조를 맡고 있었다.

47 승정원 : 원문은 '覥影於金華之省 蹐足於紅藥之步'인데, '금화성(金華省)'은 문하성(門下省)을, '홍약(紅藥)'은 중서성(中書省)을 가리키며 모두 승정원을 뜻한다. 홍약은 작약(芍藥)의 별칭으로, 남조(南朝) 때의 시인(詩人) 사조(謝朓)의 〈직중서성(直

없어 마음을 달래며 스스로 슬퍼하였습니다. 신도 실로 부끄러움을 알거늘 남들은 신을 뭐라고 하겠습니까. 새벽에 조회하는 것을[48] 세상 사람들은 부러워하지만 지금 신은 그 관작이 영광스러운 줄 모르겠고 몸 가득 부끄럽기만 하니, 천지간에 몸 둘 곳을 모르겠습니다. 신의 상황이 이 지경에 이르렀으니 참으로 슬픕니다.

국가에서 풍교(風教)를 유지하며 아랫사람이 큰절하고 임금을 섬길 때의 핵심은 오직 염치(廉恥)일 따름입니다. 염치를 염방(廉防)이라고 하는 것은 염치를 사람의 대방(大防)으로 여겨서 넘어서는 안 됨을 극도로 말한 것입니다. 신이 그동안 만났던 상황은 일의 대소를 막론하고 사간원에서 죄를 성토하고 좌우에서 번갈아 일어나 견책하는 말이 엄준하여 신을 두렵게 한 것이었습니다. 신이 못나서 이러한 죄명을 받게 된 이상, 탄핵하는 글이 아직 마르지도 않은 지금에 영광과 총애를 탐하여 벼슬길에서 의기양양한다면 이는 염방이 무너졌다 할 것입니다. 천하에 어찌 이런 일이 있을 수 있겠습니까. 신이야 진실로 어떻게 되든 상관없지만 어찌 조정 사대부들의 수치가 되지 않겠습니까.

내각(內閣)의 반열은 본래 선료(仙僚)로 일컬어지는데, 그중 직제학은 더욱 엄선하는 자리입니다. 지난날을 두루 헤아려 보건대, 그릇이 신과 같고 종지(踪地)가 신과 같은 인물이 그 사이에 외람되게 충원된 적은 없었으니, 지금 신을 이 자리에 제수하신다면 크게 벼슬을 잘못

中書省)〉 시에 "홍약은 계단에서 번득이고, 푸른 이끼는 섬돌을 타고 오르네.〔紅藥當階翻 蒼苔依砌上〕"라고 한 말에서 온 것이다.

48 조회하는 것을 : 원문의 '예리(曳履)'는 명옥예리(鳴玉曳履)의 준말로, 패옥을 울리고 비단으로 만든 신을 끌고 걷는 것을 말한다. 관직이 높고 녹이 후한 것을 일컫는 말이다. 여기서는 높은 관직으로 조회에 참석함을 말한다.

내리는 꼴이 될 뿐입니다. 이것이 어찌 적임자가 아니면 쓰지 않는 의리이겠습니까. 신이 당면한 상황은 한직이 주어지더라도 사양하며 감히 받지 못할 판국입니다. 하물며 이 직책에 대해 어찌 곤욕을 한 번 겪음으로써 일단락되었다고 여기고 그대로 눌러앉아 스스로 아무런 일도 없었던 사람처럼 할 수 있겠습니까.

이에 감히 흉금을 피력하여 외람됨을 무릅쓰고 성상을 번거롭게 해 드리니, 부디 밝으신 성상께서 불쌍히 여겨 살펴 주시기 바랍니다. 게다가 신은 개인적인 의리로도 이 자리에 앉아 있기는 어려운 점이 있으니, 어느 모로 보나 의리상 반드시 체직되어야 합니다.

훌륭한 계책을 내야 하는 주사(籌司 비변사)의 자리로 말하면 종적이 신과 같이 더러운 이가 감히 의망(擬望)될 곳은 더욱 아닙니다. 신이 처음 명을 받았을 때부터 어찌 우러러 아뢰어 헤아려 주시기를 청하려고 하지 않았겠습니까마는, 신이 당시에는 선영에 돌아가 성묘하며 두문불출한 채 반성하고 있었으므로 관례에 따른 사직 상소를 분수상 감히 올리지 못했던 것입니다. 지금에 와서도 잠자코 있으면 신의 죄가 더욱 불어날 것이기에 감히 만 번 죽을 각오로 연이어 아룁니다.

삼가 바라건대, 천지 부모와 같은 성상께서는 지극히 곤궁한 신의 사정을 딱하게 여기고 신의 말이 가식에서 나온 것이 아님을 헤아리시어, 신에게 내린 내각과 주사의 직무를 모두 체직해 주시고, 유사(有司)에게 명하여 신의 죄를 엄히 다스려 염치가 지켜지고 기강이 밝아지게 하소서. 그리해 주신다면 참으로 다행이겠습니다.

직제학을 사직하는 두 번째 소
再疏

삼가 아룁니다. 심정이 곤궁하고 형세가 위축된 신은 외람됨을 무릅쓰고 소장(疏章)을 올려, 머리를 조아리고 성상을 우러러 정성을 다해 눈물을 흘리며 축원하여, 인자하신 성상께서 은혜롭게 살펴 주시기를 공손히 기다렸습니다. 삼가 내려 주신 비지(批旨)를 받자오니, 혐의를 말끔히 씻어 주시고 공무를 수행하도록 훈유하셨습니다. 못난 신이 어찌하여 이러한 영광을 얻는단 말입니까. 지극히 감격스러워 눈물이 절로 흐릅니다.

신이 허둥지둥 대궐로 나온 것은 소패(召牌)를 감히 어길 수 없었기 때문이지, 어찌 직무를 받드는 것이 의리에 타당하다고 여겨서이겠습니까. 공적으로 보면 성상의 부름에 태만한 죄를 범하는 것은 의리를 침해하는 일이고 멋대로 염치를 내세우는 것은 풍교(風教)를 무너뜨리는 일이며, 사적으로 보면 종전의 정세가 그대로 변함없고 눈앞의 의리상 억지로 하기 어려웠기 때문입니다.

만일 옛날의 사대부가 이런 경우를 당했다면 한 가지 방법이 있었을 터이니, 반드시 성의(誠意)를 힘써 축적하여 벼슬을 사양하고 받는 의리를 온전히 지켜냈을 것입니다. 그러나 신은 그렇게 하지 못하여 사유(四維)를 무너뜨리는 데로 전락하고 말아서 몸을 어루만지며 부끄러워하니, 얼마나 못난 사람입니까.

신이 관찰사의 직무를 벗은 뒤로 두문불출한 채 틀어박혀 지내면서 제수하는 명이 내릴 때에도 감히 스스로 일반 사람처럼 관례에 따라 사직 상소를 올리지 못했습니다. 어제 외람됨을 무릅쓰고 아뢴 것은 진실로 어쩔 수가 없었기 때문인데, 말이 뜻을 제대로 전달하지 못하여 계획했던 일이 크게 틀어졌습니다. 지금 만일 누차 성상을 번거롭게 해 드릴까만 두려워하여 더 이상 아뢸 바를 생각지 않고 하루하루 그대로 눌러앉는다면 조정의 염방(廉防)이 더욱 실추될 것이고 자리에 앉아 일을 수행하는 것이 끝내 구애될 터이니, 어찌하겠습니까.

삼가 생각건대, 성상께서 아랫사람을 헤아리시는 은덕으로 보아 이것을 처리할 수 있을 것이기에 감히 만 번 죽을 각오를 하며 다급한 목소리로 또다시 아뢰니다. 삼가 바라건대, 자애로운 성상께서 속에서 우러나온 신의 충정을 살피고 기필코 사직하려는 신의 의리를 헤아리시어 신의 직함을 속히 바꾸어 주소서. 아울러 신이 맡은 비변사의 직무를 체직하여 오래도록 벼슬을 더럽히고 있지 않도록 하시고, 번거롭게 해 드린 신의 죄를 다스리시어 조정의 기강을 더욱 엄히 세우소서. 그리해 주신다면 참으로 다행이겠습니다.

가의대부의 새 자급을 거두어 주기를 청하는 소[49]

乞收嘉義新資疏

삼가 아룁니다. 하늘과 선왕들께서 묵묵히 보우하사 성상의 천연두가 회복되어 옥후(玉候)가 더욱 강녕하시니, 무궁한 태평성대가 이제부터 시작될 것이어서 팔도의 모든 백성들이 일제히 기뻐 춤을 추고 있습니다.

삼가 생각건대, 신이 지난번에 상호 도감(上號都監)의 상전(賞典)으로 인해 외람되이 품계를 올리라는 명을 받고 놀랍고 두려워 몸 둘 바를 몰랐습니다. 신은 본래 못나고 어리석어 훌륭한 점이라곤 전혀 없거늘 양조(兩朝)의 유례 없는 은혜를 과분하게 입어 경월(卿月)의 반열에 오르고[50] 요직을 두루 거쳤습니다. 분수를 돌아보니 지극히 주제넘기에 평소 나무 위에 오른 듯이 두려워하였습니다. 다시 한 걸음 나아가는 것은 실로 애당초 신이 원했던 일이 아닙니다.

또 상으로 관작을 내리는 일은 국가가 세상을 통제하는 큰 권병(權柄)이어서 적임자가 아닌데도 내리면 요행으로 진출하는 길이 열리게 되고 합당한 공로가 없는데도 시행하면 어진 신하와 못난 신하가 뒤섞여 있게 됩니다. 이 때문에 밝은 임금은 관작을 함부로 내리지 않았습니다.

지금 신은 됨됨이를 보면 거론할 만한 훌륭한 점이 조금도 없고,

49 가의대부의……소 : 1805년(순조5) 저자의 나이 47세에 올린 상소이다.

50 경월(卿月)의 반열에 오르고 : 342쪽 주18 참조.

공으로 보면 기록할 만한 일말의 공로도 없습니다. 그런데도 한갓 총애를 빙자하여 외람되게 차지한 채, 상을 내려 권면하게 하는 정치[51]에 누를 끼치고 덕 있는 자에게 주는 관직을 더럽힌다면 이는 진실로 작은 일이 아닙니다. 이에 감히 우러러 소장(疏章)을 올려 성상께 번거로움을 끼칩니다.

삼가 바라건대, 밝으신 성상께서 굽어살피셔서 신에게 새로 내린 작질(爵秩)을 도로 거두어 명기(名器)가 더럽혀지지 않게 하시고 미천한 신의 분수에 맞게 해 주소서. 그리해 주신다면 참으로 다행이겠습니다.

51 상을……정치 : 원문은 '懋賞之政'으로, '무상(懋賞)'은 상을 내려 장려한다는 뜻이다. 《서경》〈중훼지고(仲虺之誥)〉에 "덕을 힘쓰는 자에게는 관직을 주어 장려하고, 공을 힘쓰는 자에게는 상을 주어 장려한다.〔德懋懋官 功懋懋賞〕"라고 하였다.

자헌대부의 새 자급을 거두어 주기를 청하는 소[52]

乞收資憲新資疏

삼가 아룁니다. 세월이 머물지 않아 어느새 대행 대왕대비(大行大王大妃)[53]의 장례가 모두 끝났습니다. 삼가 생각건대, 우리 성상께서 부여잡고 울부짖어도 미칠 수 없는 애통함이 더욱 더해지시니, 신은 실로 지극히 우려스럽습니다.

지난번 도감 별단(都監別單)에서 신이 묘지문을 쓴 공으로 인해 외람되이 품계가 올라가는 은전(恩典)을 입고, 신이 진실로 놀랍고 두려워 몸 둘 바를 몰랐습니다.

"공을 힘쓰는 자에게는 상을 주어 장려한다.〔功懋懋賞〕"[54]라는 것은 밝은 임금이 세상을 갈고 닦는 큰 권력이고, 분수를 헤아리고 능력을 따지는 것은 신하가 사양하고 받을 때 지켜야 할 원칙입니다.

신은 본래 어리석고 못나서 훌륭한 점이 조금도 없건만, 다행히 우리 선왕의 유례 없는 큰 은혜를 입어 가까이에서 모시고 참판의 반열에 올랐습니다. 신의 분수로 볼 때 이미 매우 주제넘고 외람되며 참으로 만족스럽거늘 성조(聖朝)에 이르러 옛 신하를 버리지 않고 말단의 벼

52 자헌대부의……소 : 1805년(순조5) 저자의 나이 47세에 올린 상소이다.

53 대행 대왕대비(大行大王大妃) : 영조의 계비 정순왕후(貞純王后)를 말한다. 순조가 1800년 11세의 나이로 즉위하자 수렴청정을 하다가 15세가 되던 1804년에 물러나 이듬해 1월 12일에 승하(昇遐)하였다.

54 공을……장려한다 : 《서경》 〈중훼지고(仲虺之誥)〉에 보인다. 378쪽 주51 참조.

슬에 있게 하시니, 신이 감격스러워 보답을 생각하여[55] 일신을 돌보지 않고 오직 힘을 다해 동분서주하여 조금이나마 갚으려고 하였습니다. 그러나 매번 스스로 돌아보니 부끄러워 등줄기에 진땀이 흘렀고 나무에 오른 듯 자나 깨나 늘 두려웠습니다.

하물며 이 팔좌(八座 판서의 반열)의 높은 품계는 지망(地望)이 본래 특별하니 어찌 신이 꿈엔들 기대했겠습니까. 그리고 국가 소유인 이 작질을 덕망 있는 이에게 명하려 한다면 또한 어찌 신과 같은 사람에게 쉽게 내릴 수 있겠습니까. 더군다나 신이 품계를 올려 주신 은혜를 입은 지 겨우 몇 달 만에 보잘것없는 서사(書寫)의 재주로 품계를 올려 주는 특별한 총애를 거듭 입게 되었으니, 나라의 체통이 구차해진 점과 등급을 뛰어넘어 벼슬하는 일은 진실로 신 한 사람이 두려워하고 부끄러워하는 선에서 그칠 문제는 아닌 듯합니다.

55 감격스러워 보답을 생각하여 : 원문은 '感戴銜結'로, '함(銜)'은 함환(銜環)이니 즉 고리 모양의 옥을 입에 머금은 것이고, '결(結)'은 결초(結草)이니 즉 풀을 맺는 것으로서, 모두 은혜를 갚는 일을 말한다. 후한(後漢) 때 양보(楊寶)가 9세 때 화음산(華陰山) 북쪽에 이르러 누런 참새가 올빼미에게 공격을 당하여 나무 밑에 떨어진 것을 발견하고 이것을 거두어 집으로 돌아와 상자 속에 넣어 두고 누런 꽃을 먹였는데, 100여 일 만에 깃털이 이루어져서 날아갔다. 그날 밤에 누런 옷을 입은 동자(童子)가 와서 양보를 향하여 두 번 절하고 말하기를 "나는 서왕모(西王母)의 사자(使者)인데, 당신께서 사랑하여 이 몸을 건져 주시니 매우 감사합니다." 하고 흰 고리〔環〕 네 개를 주면서 또 말하기를 "당신의 자손으로 하여금 결백(潔白)하여서 벼슬이 재상 지위에 오르기를 마땅히 이 옥과 같게 할 것입니다." 하였는데, 과연 그 말처럼 되었다고 한다. 결초(結草)는, 춘추 시대 진(晉)나라의 대부(大夫) 위무자(魏武子)가 죽은 뒤에, 그 아들 과(顆)가 그 서모(庶母)를 순사(殉死)시키지 않고 개가(改嫁)하게 하였는데, 그 뒤 위과가 전쟁에 나가 싸울 때에 그 서모의 아버지의 혼이 적장의 앞길에 풀을 잡아매어 적장을 넘어뜨려서 위과에게 붙잡히게 되었다고 한 고사에서 나왔다.

기록할 만한 공로가 없고 취할 만한 장점이 없는 사람에게 한갓 관례에 따라 무거운 작질을 내리시니 이른바 "상을 주어 장려한다.〔懋賞〕"라는 것이 아닙니다. 분수에 넘치는 것도 생각지 않고 명기(名器)를 더럽히는 것도 신경 쓰지 않은 채 영광과 총애를 탐하여 주제넘게 차지한다면 작은 그릇은 차기 쉬워서 복이 지나쳐 재앙을 초래하여 끝내 위태롭고 말게 될 것이니 이른바 "분수를 헤아린다.〔揣分〕"라는 것도 아닙니다. 여러모로 생각해 봐도 옳은 점이 없기에 날이 갈수록 더욱더 두렵습니다. 이에 감히 정성스러운 마음을 피력하여 우러러 성상께 번거로움을 끼칩니다.

삼가 바라건대, 자애로운 성상께서 딱하게 여기시어 신에게 제수한 작질을 속히 도로 거두도록 명하시어, 공기(公器)를 엄히 하시고 미천한 분수를 편안하게 해 주소서. 그리해 주신다면 참으로 다행이겠습니다.

형조 판서로 있을 때 의리를 내세워 사직하는 소[56]
刑曹判書時引義疏

삼가 아룁니다. 신이 은혜를 입어 말미를 받아 돌아가 선영에 성묘하여 아뢰고 분황제(焚黃祭)[57]를 지내니 무덤가에 영광이 가득하였습니다. 신의 마음에는 깊은 슬픔이 끝이 없었고, 감격스러운 심정은 살아 있는 신이나 돌아가신 조상들이나 모두 배가 되었습니다.

신이 선영을 가까이한 지 이미 여러 날이 지나서 내려 주신 말미의 기한이 많이 남지 않았으니, 기한에 맞춰 달려가 뵙는 것이 의리상 당연합니다. 그러나 신의 질병이 마침 이때에 더해졌으니, 이는 그 병세가 그동안 이미 깊어져서 약한 몸이 쉽게 시들어 늙기도 전에 쇠약해진 데다 근래 6, 7년 동안 점점 고질이 된 것입니다. 겉으로 드러난 증상으로는 살이 빠지고 눈이 흐릿하여 이를 본 사람들은 위태롭게 여겼습니다.

올봄에는 머리에 종기가 났습니다. 머리는 몸 전체에서 으뜸가는 부분인데 병이 발생했으니 나쁜 조짐인 것을 알 만합니다. 추한 상황을 감히 아뢰지 못하고 마치 병이 없는 사람처럼 열성을 다해 벼슬에 종사하여 사국(史局)에서는 날마다 부지런히 복무하였고 사명(使命)을 받들고는 천 리 길을 바삐 다녔습니다. 길에서 쓰러지지 않은 것은 실로

56 형조……소 : 1805년(순조5) 저자의 나이 47세에 올린 상소이다.

57 분황제(焚黃祭) : 나라에서 관직이나 시호를 내리면, 그 부분을 누런 종이에 옮겨 써서 선조의 사당 앞에서 태우고 제사 지내는 것을 말한다.

성상의 위령(威靈)이 돌봐 주신 덕분이지 신의 힘으로 가능했던 일이 아닙니다.

아니나 다를까 돌아온 지 며칠 만에 몸속에 있던 병이 일제히 발작하고 더위가 위로 공격하여 머리가 뜨겁고 눈이 침침해졌습니다. 쌓였던 나쁜 기운이 횡행하여 숨마저 헐떡거리며 기혈(氣血)이 이미 쇠퇴하고 온몸이 다 아파서 병석에 누워 몸을 엎치락뒤치락하며 끙끙 앓았습니다. 이 같은 증상은 모두 단기간에 치료할 수 있는 병이 아닙니다. 가마에 실려 길에 오르려고도 해 보았으나 그렇게 할 형편이 아니었습니다.

또 생각해 보니, 신이 지닌 관직은 주(周)나라 사구(司寇)의 직무로, 못난 신이 의망(擬望)될 자리가 아니건만 다급하게 맡아서 마음속으로 실로 부끄러워하였습니다. 지난번의 빈대(賓對) 때 사간원 관원이 법관(法官)을 제대로 선발하지 못한 점을 논하면서 이조(吏曹)로 하여금 구임(久任)을 엄선하게 할 것을 청하였습니다. 신이 그 당시 연석(筵席)에 올라 듣고는 부끄러워 땀으로 등을 적셨습니다.

사송(詞訟)의 직책을 맡는 관리를 선발하는 일은 사헌부 관원의 말이 맞습니다. 사송을 맡은 여러 사(司) 가운데 신의 조(曹)가 으뜸이고 신의 직책은 일조(一曹)의 장관이니, 더욱 엄선해야 하는 자리입니다. 이는 반드시 신과 같은 자를 먼저 체직한 뒤에야 이조에서 빈자리로 인해 사람을 뽑아 대체할 수 있으니, 그런 뒤에야 명실이 부합하게 될 것입니다. 이는 매우 분명한 이치이니, 아무리 생각해도 그대로 염치를 무릅쓰고 있을 가망이 없습니다. 염치와 관계된 것은 오직 속히 체직하는 길뿐입니다. 이에 현(縣)과 도(道)를 통해 신의 사정과 질병의 실상을 대략 아룁니다.

삼가 바라건대, 자애로운 성상께서 특별히 살피시어 신의 직함을 개차하여 감당할 만한 사람에게 넘겨주시고 번거로움을 끼친 신의 죄를 다스리시어 기강을 세우소서. 그리해 주신다면 참으로 다행이겠습니다.

현과 도를 통해 진심을 아뢰고 액정서의 하례(下隷)를 사형시키기를 청하는 소[58]

從縣道陳懇 仍請掖隷用法疏

삼가 아룁니다. 신은 괴로운 마음과 병든 몸으로 전리(田里)에서 누워 지내며 현(縣)과 도(道)를 통해 외람되이 소장(疏章)을 올려 우러러 자애로운 성상께 아뢰었는데, 비지(批旨)를 받아 보고 참으로 어찌할 줄을 몰랐습니다. 신은 베개에 엎드려 끙끙 앓던 중에 두렵고 근심스러워 한 가지 병이 더 생긴 듯하였습니다. 신이 지금 의리를 내세워 사직하는 것이 어찌 그만둘 수 있는데도 그만두지 않고 굳이 고집부리는 것이겠습니까. 진실로 염치가 지극히 중요하기 때문입니다. 환광(瘝曠)[59]을 두려워하여 늘 잊지 않고[60] 생각해 보니 오직 체직

58 현과……소 : 1805년(순조5) 저자의 나이 47세에 올린 상소이다. 《순조실록》 5년 12월 15일 조에 "추조(秋曹)의 죄수 이경욱(李慶郁)을 군문(軍門)에 출부(出付)시켜 효수(梟首)하였다. 이에 앞서 이경욱이 액정서의 하례로서 전교(傳敎)라고 가칭(假稱)하면서 병조의 정색(政色)에게 공갈을 쳐 전재(錢財)를 토색질한 것에 대해 이미 승복하여 결안(結案)되었는데, 장차 법을 시행하려다가 곧이어 정지되었었다. 이때에 이르러 대신이 아뢴 것을 인하여 그대로 따랐다." 하였다.

59 환광(瘝曠) : 벼슬아치가 병을 핑계로 공무를 잘 살피지 않는 것을 말한다.

60 늘 잊지 않고 : 원문의 '참의(參倚)'는 항상 잊지 않고 그 마음을 간직하고 있다는 말이다. 《논어》 〈위령공(衛靈公)〉에 "자장(子張)이 뜻을 펼칠 방도를 묻자 공자가 '말이 충실하고 미더우며 행실이 돈독하고 경건하면 야만적인 오랑캐 지역이라 하더라도 뜻을 펼칠 수 있을 것이고, 말이 충실하고 미덥지 않고 행실이 돈독하고 경건하지 않으면 문화가 높은 중화 지역이라도 뜻을 펼칠 수 없을 것이다. 서 있을 때에는 그것이

되는 길뿐이었습니다. 그런 뒤에야 공적으로는 훌륭한 인재들이 진출하는 길을 방해하지 않고, 사적으로는 분수에 편안할 수 있습니다. 지금 만일 한 번의 상소로 의리를 이루었다고 여겨 의기양양하게 염치를 무릅쓰고 벼슬에 나간다면 이는 실로 얼마나 못난 사람입니까.

또 신이 삼가 본조(本曹)의 죄인 이경욱(李慶郁)을 결안(結案)한 계목(啓目)[61]의 판부(判付 임금이 재가한 것)에서, 사형을 감해 형추(刑推)하여 절도(絶島)에 노비로 삼으라는 명을 내리셨다고 들었습니다. 신이 비록 우매하지만 어찌 만물을 살리기를 좋아하는 천지의 큰 덕성을 알지 못하겠습니까.

그러나 생각건대, 옛날의 성왕(聖王)께서 사형 제도를 만든 까닭이 어찌 인자함이 부족했기 때문이겠습니까. 죄를 저지르면 용서해 주지 않고 반드시 단죄하여 한 사람을 사형시켜 천하가 징계되었습니다. 이 때문에 "백성들을 살리기 위한 방편으로 백성을 죽이면 비록 죽더라도 죽이는 자를 원망하지 않는다.〔生道殺人〕"[62] 하였고, "형벌을 시행하되 형벌을 시행하는 일이 없기를 기약한다.〔刑期于無刑〕"[63] 하였으

앞에 참여해 있는 것을 보고 수레에 타고 있을 때에는 그것이 가로대에 기대어 있는 것을 보게 해야 하니, 그런 뒤에야 뜻을 펼칠 수 있다.'라고 하였다.〔子張問行 子曰 言忠信 行篤敬 雖蠻貊之邦 行矣 言不忠信 行不篤敬 雖州里 行乎哉 立則見其參於前也 在輿則見其倚於衡也 夫然後行〕" 하였다.

61 계목(啓目) : 임금에게 작은 일에 관한 사실을 보고할 때 쓰는 문서를 말한다.

62 백성들을……않는다 : 《맹자》 〈진심 상(盡心上)〉에 "백성을 편하게 해 주기 위한 방도로 백성을 부리면 수고롭더라도 부리는 자를 원망하지 않고, 백성을 살리기 위한 방편으로 백성을 죽이면 죽더라도 죽이는 자를 원망하지 않는다.〔以佚道使民 雖勞不怨 以生道殺民 雖死不怨殺者〕" 하였는데, 이를 원용한 표현이다.

63 형벌을 시행하되……기약한다 : 《서경》 〈대우모(大禹謨)〉에 순(舜) 임금이 고요

니, 모두가 그러한 일에 해당합니다. 이와 같이 하지 않으면 민심(民心)은 두려움이 없게 되고 소인은 범법 행위를 우습게 생각하여 그 폐단이 결국에는 수습할 수 없는 지경에 이르게 될 것입니다. 이는 진정 사람의 목숨을 아끼는 것이 아니니, 두렵지 않겠습니까.

이경욱이 비록 비천한 신분이라 하나 액정서의 하례이니, 그가 저지른 범법의 정상이 지극히 흉악하여 실로 전에 없던 큰 변괴입니다. 비록 형조에서 의율(議律)할 때 법문(法文)에 구애되어 때를 기다리자는 쪽으로 논의되었으나 범법의 정상을 따져 보면 결코 잠시라도 용서할 수 없습니다. 이 때문에 신이 빈연(賓筵)에서 대신(大臣)에게 하문하고 군문(軍門)에 넘기도록 할 것을 우러러 청했던 것이고, 대신도 신의 말을 옳다 여겨 따를 만한 점을 우러러 아뢰었던 것입니다.

그렇다면 이는 신 한 사람의 의견이 아니라 조정의 신료들도 똑같이 생각하는 것인데, 지금 전하께서 대신과 법관의 말을 따르지 않으시고 끝내 한 단계 낮은 형률을 적용하셔서 국가의 기강이 진작되지 않고 못된 풍속이 경계를 삼지 못하도록 하셨으니, 이는 예삿일이 아닙니다.

옛사람이 "사형해야 할 상황에서 살려 줄 길을 찾는다." 한 것은, 어떻게든 살려 줄 만한 단서를 찾아서 살 수 있게 되기를 바란다는 말이지, 당연히 사형해야 할 자를 살려 준다고 한 말이 아닙니다. 《서경》에 "죄가 의심스러울 경우에는 가벼운 쪽으로 처벌한다.〔罪疑惟

(皐陶)를 대법관에 임명하면서 "고요야, 이 신하들이 내 정사(政事)를 위반하는 이가 없는 것은 너를 사(士)에 임명하여 오형을 밝혀 오교를 도와 나를 다스리도록 하였기 때문이다. 형벌을 시행하되 형벌을 시행하는 일이 없기를 기약하여 백성들이 중도에 맞게 사는 것은 너의 공이니 힘쓸지어다.〔皐陶 惟玆臣庶 罔或于予正 汝作士 明于五刑 以弼五教 期于予治 刑期于無刑 民協于中 時乃功 懋哉〕" 하였다.

輕]”[64] 한 것은, 오직 의심스럽기 때문에 가벼운 쪽으로 처벌하는 것이니, 의심할 것이 없는 죄라면 어찌 죄보다 낮게 처벌할 수 있겠습니까.

삼가 바라건대, 성상께서 조용히 심사숙고하시어 판부하신 것을 도로 거두시고 속히 신이 빈연에서 아뢴 대로 시행해 주소서. 그리해 주신다면 매우 다행이겠습니다.

신은 처한 상황으로 보나 앓고 있는 병으로 보나 반드시 사직해야 할 의리에 놓였으니, 잠시라도 잊지 않고 마음과 입으로 다짐하며 오직 속히 체직되어 마음 편히 병을 요양하기를 원합니다. 이에 집예(執藝)의 의리[65]로 인해 아울러 지극히 간절한 심정을 아룁니다. 삼가 바라건대, 천지 부모와 같으신 성상께서 간곡히 가련히 여기시어 신의 소원대로 해 주신다면 신은 비록 죽더라도 아무런 여한이 없을 것입니다.……

64 죄가……처벌한다 : 법관인 고요(皐陶)가 순 임금의 살리기 좋아하는 덕〔好生之德〕을 찬양하면서 “죄가 의심스러울 경우에는 가벼운 쪽으로 처벌하고, 공이 의심스러울 경우에는 중한 쪽으로 상을 주었다. 그리고 무고한 사람을 죽이기보다는 차라리 형법대로 집행하지 않는다는 비난을 감수하려고 하였다.〔罪疑惟輕 功疑惟重 與其殺不辜 寧失不經〕”라고 일컬은 말이 《서경》 〈대우모〉에 나온다.

65 집예(執藝)의 의리 : 누구나 일하는 사람이면 자기가 종사하는 일을 가지고서 간할 수 있음을 말한다. 《서경》 〈윤정(胤征)〉에 “관원이나 스승은 서로 규계(規戒)하고, 온갖 장인들은 하는 일을 가지고 간한다.〔官師相規 工執藝事以諫〕”라고 하였는데, 기예(技藝)를 가진 미천한 공인(工人)이라도 업에 종사하면서 간할 수 있다는 뜻이다.

형조의 극무에서 벗어나기를 청하는 소

乞解秋曹劇務疏

삼가 아룁니다. 선침(仙寢)에 성묘하여 성상의 효심을 달래시고 비궁(閟宮)에 친히 제사드린 뒤에 어가(御駕)가 편안히 돌아오니, 신민(臣民)들이 누구나 할 것 없이 똑같이 송축하였습니다. 삼가 생각건대, 신이 지난번 시골집에 머물면서 신의 심정과 병의 실상을 적은 소장(疏章)을 거듭 올렸으나 정성이 부족하고 말이 졸렬하여 승낙을 받지 못했기에 의리를 해칠까 두려워 감히 더 이상 번거롭게 해 드릴 수가 없어서, 어쩔 수 없이 도로 출사하여 공무를 수행하였습니다.

신은 본래 별다른 재주가 없어서 오직 몸을 분주히 놀리는 것을 조금이나마 보답하는 계책으로 삼았습니다. 이 때문에 매번 능력이 부족한 줄도 모르고 모든 공무에서 중요하든 중요하지 않든 혹시라도 남들보다 뒤처진 적이 없었습니다. 만일 병든 신이 조금이라도 억지로 담당할 형편이 된다면 어찌 감히 성상께 누차 소장을 올렸겠습니까.

그러나 신의 질병은 피로가 누적된 끝에 발생하여 뿌리가 이미 깊어 증상이나 몰골이 모두 말이 아닙니다. 살이 빠지고 눈이 흐릿하며 왼쪽 팔이 저립니다. 시도 때도 없이 오한이 들고 열이 나며 이마부터 허리까지 피로하지 않아도 땀이 납니다. 위장이 특히 약해 식사량이 날로 줄어들고 있습니다. 각종 현상들이 모두 피로로 인한 증상이지만 상초(上焦)[66]

66 상초(上焦) : 한의학 용어이다. 상초는 심장 아래에, 중초는 위(胃) 속에, 하초는 배꼽 아래에 있으면서 저마다 배설 기능을 맡는다.

에 불기운이 있어서 감히 보제(補劑)[67]로 치료할 수가 없습니다.

스스로 세수하고 머리 빗으며 띠를 묶고 다닐 수가 있어서 겉으로 보기에는 자력으로 운신하는 듯하지만 실상을 들여다보면 일시적인 피로를 치료하여 낫게 할 수 있는 자에 비해 안위(安危)와 경중(輕重)이 현격히 다릅니다. 이 시기에 말미를 얻어 치료하지 않는다면 실로 후회막급한 일이 생길까 염려되는데, 만일 치료하려 한다면 다른 방책이 없고 이러한 병에는 쉬는 것만큼 좋은 약이 없습니다.

신이 앓는 병의 근원은 기력이 달리는 데 있으니, 오직 생각을 그만하고 몸을 쉬게 하여 몇 달을 이와 같이 지낸 뒤에야 손댈 수 있을 것입니다. 비록 몇 달 사이에 신이 감히 완전히 한가롭게 지내지는 못했으나 내각(內閣)의 반열과 비변사의 일은 그리 바쁘지 않아[68] 그나마 쇠잔해진 정력을 수습하여 스스로의 힘으로 억지로라도 할 수 있었지만, 눈코 뜰 새 없는 형조의 일만큼은 지금 고질병을 앓고 있는 신이 담당할 바가 전혀 아닙니다. 또 신이 여러 날 전에 사직 단자를 올렸으나 아직 성상께 전달되지 못하여 자리가 이 때문에 오래도록 비어 있습니다. 송사를 담당하는 바쁜 자리를 이처럼 병을 핑계로 비워 두고

67 보제(補劑) : 한의학에서 말하는 18가지 약제 가운데 하나로, 허한 기운을 보충하는 약제를 이른다. 《東醫寶鑑 雜病 用藥》

68 그리 바쁘지 않아 : 원문은 '不甚鞅掌'으로, '앙장(鞅掌)'은 바쁘다는 뜻이다. 《시경》 〈소아(小雅) 북산(北山)〉에 "누구는 부름도 전혀 받지 않고, 누구는 참혹하게 고생을 하며, 누구는 제멋대로 거드럭거리고, 누구는 나랏일로 정신없이 분주하누나.〔或不知叫號 或慘慘劬勞 或棲遲偃仰 或王事鞅掌〕" 한 데서 온 말인데, 이 시는 정역(征役)을 나간 주(周)나라의 한 대부(大夫)가 자기만 유독 나랏일에 고생이 많음을 한탄하며 왕의 불공정한 정사를 풍자하여 부른 노래이다.

있으니, 병을 앓는 중에도 두렵고 근심스러워 병 하나가 더 보태진 듯합니다.

사람이 질통(疾痛)이 있으면 반드시 부모를 부르게 됩니다. 생각건대, 우리 성상께서는 신에게 천지이며 부모이시니, 지극히 인자하여 들어주지 않는 소원이 없을 것입니다. 삼가 바라건대, 억지로 담당하기 어려운 신의 실정을 살펴 주시고 장차 위험에 처하게 될 신을 불쌍히 여기시어, 신이 지닌 형조의 본직을 속히 체직하여 신이 마음 편히 질병을 요양하여 실낱같은 목숨을 조금이나마 연장할 수 있게 해 주소서. 그리해 주신다면 참으로 다행이겠습니다.

허물을 자책하는 소[69]

引咎疏

삼가 아룁니다. 동래부(東萊府)의 역관들이 왜인과 서로 내통하여 뇌물을 받고 나라를 팔아넘긴 일은 전에 없던 변고인데, 박준한(朴俊漢)과 박치검(朴致儉) 두 놈은 귀신이 먼저 천벌을 내려 죽었으니, 이는 더욱 애통하고 한탄스러운 일입니다.

지금 그 자식들을 분산하여 정배(定配)하는 일을 형조에서 거행하였는데, 박준한의 아들 박사면(朴思勉)과 박치검의 아들 박명순(朴命淳)이 모두 다른 형제가 없다고 하였으므로 아울러 배소(配所)로 보냈습니다. 그러나 추후에 박준한이 또 아들이 둘인데 하나는 한양에 있고 하나는 동래에 살고 있다고 하는 말을 듣고서 장적(帳籍)을 들추어 살펴보니, 과연 들은 대로였습니다. 신이 직책을 제대로 수행하지 못한 죄를 이에 피할 수 없게 되었습니다.

발배 초기(發配草記)[70]는 형장(刑章)과 관계된 일이어서 어쩔 수 없이 염치를 무릅쓰고 담당하기는 했지만, 송구스럽고 부끄러운 신의 마음은 더욱이 어떻겠습니까. 죄인을 분산하여 정배하는 일이 얼마나

69 허물을 자책하는 소 : 우의정 이경일(李敬一)이 뇌물을 받고 교통한 동래부(東萊府) 역관들의 죄상을 거론하고 이에 대한 처리안(處理案)을 바로잡기를 청하자, 당시 형조 판서로서 해당 사건을 담당했던 저자가 처리 미숙을 자인(自引)한 상소이다. 《純祖實錄 5年 8月 28日》

70 발배 초기(發配草記) : 귀양 보내는 일을 간단히 적어서 임금에게 올리는 문서를 말한다.

중대한 사안입니까. 그런데 다만 어둡고 용렬한 신 때문에 응당 시행해야 할 일을 전례대로 못 하여 하마터면 흉악한 놈들이 요행으로 법망을 빠져나가게 할 뻔했습니다. 이 같은 잘못을 저질러 놓고 잘못했다고만 말해서는 안 되니, 황공하여 땀으로 등을 적시고 낯을 들 수가 없습니다.

이에 감히 소장을 올려 스스로 해명하여 우러러 성상을 번거롭게 해 드립니다. 삼가 바라건대, 성상께서 굽어살피시어 속히 엄한 벌을 내려 직책을 제대로 수행하지 못한 유사(有司)의 경계가 되게 하소서. 그리해 주신다면 참으로 다행이겠습니다. 신은 지극히 두렵고 간절한 마음을 이기지 못하겠습니다.

지평 정취선의 상소 뒤에 현과 도를 통해 자책하며 지장감인을 사직하는 소

持平鄭取善疏後 縣道自引 辭誌狀監印疏

삼가 아뢰옵니다. 신은 천성이 어리석어 하는 일마다 졸렬했습니다. 지난번 형조 판서에 제수되었을 때 스스로 대간의 탄핵을 초래하여 마음이 위태롭고 두려웠습니다. 성상의 명을 어기고 직무를 소홀히 한 죄를 거듭 범하여 먼 곳으로 유배되리라 기약했는데, 성상의 도량이 하늘처럼 넓어서 처벌이 파직하는 선에서 그쳤으니 황공하고 감격스러워 몸 둘 곳이 없습니다.

신이 한 달쯤 전에 선조의 묘를 이장하는 일로 멀리 외부에 나갔다가 사헌부 관원 정취선(鄭取善)의 소장(疏章)이 나온 것을 들었는데, "견책을 매우 엄히 하고 처벌도 무겁게 해야 한다.〔遣辭甚凜 擬律且重〕"라는 여덟 글자의 논단(論斷)에 더 이상 여지가 없었습니다. 비록 성상께서 비답을 내려 온전히 보호해 주기는 하셨지만 신의 위태로움은 전보다 훨씬 심해졌습니다. 이장을 마친 뒤에 감히 염치를 무릅쓰고 도성에 들어갈 수 없기에 궁산(窮山)으로 돌아가 엎드려 두문불출하며 자취를 감추고 넋이 빠진 채 늘 두려워하였습니다.

그런데 선왕의 지장(誌狀)을 개인(開印)하라고 명하시어 죄를 지은 천한 신이 외람되이 감인(監印)하는 말석에 참여하게 되었습니다. 신이 비록 지극히 어리석지만, 우리 성상께서 오래된 신하를 버리지 않고 어떠한 사람도 포기하지 않으시어 허물을 씻어 주고 훈도해 주시는 성대한 은덕을 우러러 알 수 있었습니다.

그러나 신의 죄상으로 보아 이미 진출할 가망이 없고 소장을 올려 호소하는 것도 감히 할 수 없어서 움츠리고 엎드려 더욱 죽을죄를 더하였습니다. 이에 천한 신의 거취를 가지고 성상께 심려를 끼쳐 규장각과 승정원으로부터 칙교(飭教)가 연이어 내려오니, 신이 명을 듣고 황공하여 감격의 눈물을 흘렸습니다. 신과 같이 죄를 지은 자가 어떻게 성상께 이러한 총애를 받게 되었는지 모르겠습니다.

삼가 바라건대, 이 역사(役事)는 선왕의 종사(終事)이니, 따라 죽지 못한 신이 조금이나마 보답하는 길이 여기에 있을 것입니다. 신 또한 본성을 지닌 이상, 더 이상 어떻게 감히 뒷걸음질 칠 마음이 있겠습니까. 그러나 신은 이미 전신이 더럽혀져서 더 이상 사람 축에 낄 수 없으니, 지금 만일 낯을 들고 돌아다닌다면 매우 거리낌 없이 방자한 것이 아니겠습니까.

신이 본디 못나서 인정받기에 부족했지만 일찍이 성조(聖朝)에서 벼슬의 말석에 있었으니, 가령 염치를 잊고 의기양양하게 무릅쓰고 나간다면 당당한 조정에서 어찌 이 같은 사람을 용납할 것이며, 당대의 사대부들이 어찌 함께 어울리는 것을 부끄러워하지 않겠습니까. 삼가 생각건대, 밝으신 성상께서 틀림없이 신의 말이 끝나기도 전에 신의 이러한 심정을 헤아려 주시리라 믿습니다. 은혜로운 소패(召牌)가 내려왔으나 몸을 움직일 길이 없습니다. 신의 죄가 이에 이르렀으니 더욱 만 번 죽어 마땅합니다. 대궐로 다시 들어간다면 신의 목숨은 다하게 될 것이니, 하늘을 우러러보며 눈물로 가슴을 적십니다.

또 신은 치루증(痔漏症)이 고질이 되어 추위를 만나면 더욱 심해집니다. 비루한 정황을 감히 외람되이 아뢰지 못하겠습니다만 자리에는 잠시도 앉아 있을 수 없기에, 줄곧 누워 있어서 산 사람 같지가 않은

지 거의 20일이 되었습니다. 살 가망이 날로 사라져 곤궁한 팔자를 다만 스스로 슬퍼하며 현(縣)과 도(道)를 통해 애통한 마음을 대략 아룁니다. 삼가 바라건대, 성상께서 굽어살피시어 신의 죄를 엄히 다스려 법도와 기강을 밝게 세우소서. 그리해 주신다면 신이 비록 죽더라도 살아 있는 것과 다름없을 것입니다.……

지평 정취선의 상소 뒤에 현과 도를 통해 자책하며 지장감인을 사직하는 두 번째 소

再疏

삼가 아룁니다. 신이 물러나 칩거하며 처벌을 기다리던 차에 삼가 양주 목사(楊州牧使)가 본도(本道) 관찰사의 관문(關文)으로 인해 통지한 두 가지 일을 보니, 당일에 구전(口傳)으로 한 하교(下教)에 신을 금일 내로 올라오라고 한 것이 있었습니다. 이어서 또 추가로 내린 전교(傳教)는 어제 상소에 비답을 내린 뒤에도 나오지 않는다 하여 교지가 준엄하였고, 승정원으로 하여금 엄히 신칙하여 즉시 일을 감독하게 하고 자리에 들어온 뒤에는 들어와 아뢰라는 내용이었습니다. 신은 명을 듣고 황공하여 오장이 떨렸습니다.

신이 지난번에 염치를 무릅쓰고 피눈물을 흘리며 소장(疏章)을 지어 인자하신 성상께 올리고 정성을 다해 기원했던 이유는 오직 속히 엄한 처벌을 받아 조금이나마 속죄하려 했기 때문입니다. 그러나 비지(批旨)를 받고 보니, 벌을 내리지 않았을 뿐만 아니라 이미 혐의를 말끔히 씻어 주었다고 달래기까지 하셨습니다.

선왕의 지장감인(誌狀監印) 아래의 27자로 말하면, 글자마다 성상의 은혜로운 뜻이 정녕 간곡하였습니다. 신이 선왕의 근신(近臣)이라 하여 선왕을 추모하는 의리로 면려하시고 종사(終事)의 직책을 맡기셨습니다. 죽음을 면하여 여생을 누리는 신이 이러한 하교를 받들었으니 어떠한 심정이겠습니까. 받들어 읽기를 반도 못 하여 눈물을 흘리며 울먹였습니다. 신이 앞서 올린 소장에서 이러한 뜻을 대강 아뢰었습니다. 신이 비록 지극히 어리석지만 목석처럼 무지하지는 않으니, 차마 이 역사를 앞두고 다른 것을 돌아볼 겨를이 있겠습니까.

그러나 삼가 생각건대, 신하가 임금을 섬길 때에는 명분과 의리가 중요합니다. 만일 염치가 크게 걸린 곳이 있다면 서로 따져 보고서 때에 맞게 경중을 판단해야 합니다. 진실로 염치는 천하의 대방(大防)으로서 한 사람의 사유물이 아닙니다. 한번 어지러워져 사유(四維)가 베풀어지지 않으면 조정의 권위가 서지 않습니다. 이 때문에 옛날 사람은 염치에 대해 전전긍긍 조심하지 않은 이가 없었습니다.

신은 비록 말하기에 부족하지만 일찍이 성조(聖朝)에서 벼슬에 올라 주제넘게 이에 이르렀습니다. 만일 물러나야 할 때에 염치를 무릅쓰고 눌러앉는다면 조정을 욕되게 하고 당세의 수치가 될 것입니다. 비록 산직에 있는 관리가 경계하더라도 이 이치는 분명할 것입니다.

지금 신은 전신이 더럽혀져 있어서 강해(江海)를 쏟아붓는다 할지라도 깨끗하게 씻어 낼 수 없습니다. 궁산(窮山)에서 두문불출하며 근심과 두려움이 나날이 쌓였습니다. 신은 죄인이어서 더 이상 여망(餘望)이 없건만, 어찌 거듭 수문(脩門)에 들어가 뭇 신료들의 반열에 끼어 감교(監校)하는 말석에 참여하는 직무에 의망(擬望)될 수 있겠습니까.

지금 만일 성상의 총애를 빙자하여 남들이 멀리하고 남들이 비난하는 것을 아랑곳 않고 활개 치며 다닌다면 남들이 장차 신이 남긴 음식을 먹지 않을 것입니다. 종일 누차 번거로움을 끼쳐 드리는 것은 죄를 지은 천한 신의 분수상 감히 할 바가 아니기에 멍하니 날을 보내며 처벌만을 기다렸습니다. 그러던 차에 지금 칙교(飭教)가 거듭 내려 정성스러운 말씀으로 구원해 주시고 혐의를 씻어 주신 것이 화창한 봄기운이 마른 풀뿌리를 생기가 돌게 해 주듯 화기애애하니, 감격스럽고 황공하여 몸 둘 바를 알지 못하였습니다. 만일 신이 조금이라도 억지로 관직에 나갈 가망이 있다면 어찌 차마 한결같이 뒷걸음질 치며 누차 은교(恩教)를 번거롭게 하여, 이 일을 감독하는 것이 스스로 보답하는 방도인 줄 모르는 듯이 하겠습니까.

삼가 생각건대, 신의 이 같은 상황에 성상의 이 같은 유지가 내리시니, 고마운 마음을 조금이나마 갚을 바를 생각하지 않는다면 또한 어찌 사람의 마음을 가졌다 하겠습니까. 그러나 신의 몸이 이미 죄를 얻어서 이 세상에서는 더 이상 얼굴을 들고 남들을 대할 수 없어 아무리 곰곰이 생각해 보아도 받들 길이 없으니 어찌하겠습니까. 게다가 신의 병세가 점점 더 심해져서 짧은 거리도 운신할 수 없어 본가(本家)에 오그린 채 틀어박혀 처벌을 기다리고 있습니다. 신의 죄가 이에 이르렀으니 사는 게 죽는 것만 못합니다. 눈 쌓인 골짜기에서 홀로 적적하게 지내며 성은에 보답할 길이 없음을 안타까워하고 신이 지은 죄가 날로 심해져 감을 슬퍼하여 베개에 엎드려 피눈물을 철철 흘립니다.

신이 재차 성상께 번거로움을 끼치는 것이 더욱 죽을죄를 더하는 일인 줄 모르는 것은 아니지만 지극한 곤액에서 벗어날 계책이 없기에 또다시 현과 도를 통해 거듭 호소하는 소장을 올립니다. 삼가 바라건대 천지이며 부모이신 성상께서 신의 정성을 굽어살피시어 엄히 처분하여 조정의 기강을 세우소서. 신이 비록 죽더라도 결초보은을 하겠습니다.……

예조 판서를 사직하는 소
辭禮曹判書疏

삼가 아룁니다. 신이 큰 죄를 저질러 스스로 엄명(嚴命)을 초래하여 감옥에서 심문을 받아 무거운 처벌을 감수해야 했는데, 특별히 자애로우신 성상께서 어리석은 신을 불쌍히 여겨 전혀 벌을 내리지 않고 풀어 주셨고, 지장(誌狀)을 받들어 올리는 날에 반열에 참석하라고 효유(曉諭)까지 하셨습니다. 죽을 목숨을 살려 주시고 죄인을 도리어 영광스럽게 해 주시니, 크나큰 성은(聖恩)이 천지처럼 한량없습니다.

그러나 돌아보건대, 신은 병이 마음과 함께 깊어져서 추악한 증세와 몰골로 물러나 사가(私家)로 돌아와서 자리에 누워 끙끙 앓았습니다. 그리하여 글을 올리는 때에 아직 관료들의 뒤를 따르지 못해 분수를 무너뜨리고 예(禮)를 소홀히 하여 거듭 죽을죄를 더했기에 몸을 어루만지며 슬퍼하고 두려워하며 날을 보내고 있었습니다. 그런데 천만뜻밖에도 예조 판서에 제수하는 전지가 갑자기 이때에 내려와 명을 듣고는 황공하여 오장이 타는 듯하였습니다.

신이 들으니, 사람이 병들어 아프면 반드시 부모를 부른다고 하였습니다. 지금 신의 위태롭고 괴로운 상황이 병들어 아픈 것에 비할 바가 아니지만 전하께서는 신에 대해 부모처럼 자애롭게 대해 주시니, 신이 청컨대 우러러 호소하여 한결같이 살려 주시는 은택을 빌고자 합니다.

본래 어둡고 졸렬한 신은 평범한 자질인데도 외람되이 선왕의 유례없는 지우(知遇)를 입어 가난한 가운데서 발탁해 주시고 위태로운 때에 온전히 보호해 주셨습니다. 우리 성상에 이르러서는 과분하게 우대해 주시어 벼슬길에 올라 차례차례 승진하여 어느덧 이렇게 높은 자리에까지 오르게 되었습니다. 신이 오늘 같은 날을 만나게 된 것은 모두 양조(兩朝)의 은덕입니다.

그러나 신은 성품이 본래 졸렬하고 꽉 막혔고 팔자도 기구합니다. 재주가 부족하여 도움은 드리지 못한 채 온갖 비난을 초래하였고 차기 쉬운 작은 그릇이어서 실패가 따라왔습니다. 신 스스로도 허물이 많은 줄을 알 정도이니, 남들이 어찌 용서해 주겠습니까. 작년 가을 이후로 대간의 탄핵이 번갈아 일어나 한 해 동안 모두 네 차례나 화를 만났습니다. 풍파가 두려워 혼백이 달아났고 몸뚱이는 살아 있지만 마음은 이미 싸늘히 식었습니다.

신이 작년에 처음 화를 만났을 때 미천한 분수를 굳게 지키는 게 옳았으나 도리어 굽은 나무〔曲木〕가 놀랄 만한 것임을 완전히 잊어버려[71] 억지로 탄핵이 다시 일어나게 하였고, 끝없이 벼슬을 탐하여 백척간두의 위태로운 지역에 다시 발을 내딛었으니, 사리로 미루어 보면 당연히 온전하기가 어렵습니다. 아니나 다를까 또다시 낭패를 당하여 더 이상 여지가 없게 되었습니다. 이는 모두가 스스로 취한 것이니 누굴 원망하고 탓하겠습니까. 큰 바탕이 이미 이지러져 전신이 더럽혀졌으니, 만일 한 걸음만 문을 나서도 사람들이 더럽다고 코를 가리고

71 굽은……잊어버려 : 굽은 나무를 보고 놀란다는 말은 한번 화란을 겪은 사람은 매사에 지나치게 조심한다는 뜻이다. 부혁(傅奕)이 한왕(漢王) 양(諒)에게 "끓는 국에 덴 자는 냉채를 불어 마시고, 화살에 다친 새는 굽은 나무를 보고도 놀랍니다.〔懲沸羹者吹冷虀 傷弓之鳥驚曲木〕" 하였다. 《新唐書 卷107 傅奕列傳》 저자가 화를 당하고도 두려워할 줄 몰라서 또다시 탄핵을 유발했다는 것이다.

지나갈 것입니다.

오직 자취를 감추고 명이 다할 때까지 전리(田里)에 칩거하여 살아서는 성상의 은택을 노래하고 죽어서도 미약하게나마 보답하기를 생각할 따름이니, 정성 어린 이 마음을 천지신명께 질정할 수 있을 것입니다. 지금 우리 성상께서 큰 도량으로 널리 감싸 주시고 지극히 인자한 마음으로 만물을 살려 주셔서, 어떻게든 구원해 주시고 혐의를 씻어 주려 하셨습니다. 이미 직무를 소홀히 한 죄를 용서받고 발탁해 주시는 영광을 입어 은덕을 입은 곳이 봄날처럼 화기애애합니다. 죄를 지은 천한 신이 어떻게 이러한 은혜를 누리게 되었는지 모르겠습니다. 너무나 감격스러워 눈물이 절로 흐릅니다.

신이 비록 지극히 어리석으나 또한 본성을 갖추고 있으니, 성상의 명을 거듭 어긴 끝에 대궐을 우러러보고 사은(謝恩)의 예로 정성을 펴는 것이 어찌 신의 지극한 소원이 아니겠습니까. 그러나 생각해 보니 더없이 엄한 것이 대간의 비평이고 지극히 중한 것이 염치인데, 신이 당면한 상황은 고금에 비할 게 없을 만큼 심하니 한번 이러한 지목을 받으면 강해(江海)로도 씻어 버리기 어렵습니다. 지금 만일 낯을 들고 부끄러움을 감수한다면 신이야 무슨 상관이겠습니까마는 조정에 욕이 되는 일이니, 이러한 실상은 앞서 이미 다 말씀드렸습니다.

지난번 감인(監印)의 역사(役事)는 얼마나 중요한 일이었습니까. 그런데도 감히 무릅쓰고 담당하지 못했던 것은 진실로 어쩔 수 없었기 때문입니다. 지금 제수하신 것은 관직과 관계되어 이 두 가지의 의리와 명분이 없으니, 앞서 사양하고 지금 받는다면 되겠습니까. 천하에 어찌 이러한 이치가 있겠습니까. 늘 생각해 봐도 이 이치는 분명하고 여러모로 헤아려 봐도 무릅쓰고 부응할 가망이 없습니다. 소패(召牌)가 연이어 내려와 성상의 명을 태만히 한 죄를 저질렀으니, 유배되거나 처벌받는 것을 땅에 엎드려 기다립니다.

소장을 올리는 것이 실로 외람될까 두렵지만 형세가 곤궁하여 벗어날 계책이 없기에 죽음을 무릅쓰고 소장을 올려 지엄하신 성상께 번거로움을 끼칩니다. 삼가 바라건대, 신의 직함을 속히 체직해 주시고 유사(有司)에게 명하여 신이 받아야 할 형벌을 논의토록 하여 신의 분수를 지키는 데 힘쓰게 해 주소서. 그리해 주신다면 참으로 다행이겠습니다.

말미를 받아 성묘하기를 청하는 소
乞省墓疏

삼가 아뢰옵니다. 비와 이슬이 적셔 주는 계절에 성상의 효성은 그리움이 더해져, 능원(陵園)에서 예를 행하고 진전(眞殿)[72]에서 친히 제사를 지낸 뒤 어가(御駕)가 편안히 돌아오고 옥후(玉候)가 더욱 강녕하시니, 손뼉을 치며 기뻐하는 마음은 나라 안의 모든 사람들이 똑같습니다.

삼가 생각건대, 신이 작년 초겨울에 경기 장단(長湍)에다 선조의 묘를 이장하였는데 당시 해는 짧고 날은 추워 묘역을 조성하는 일을 눈앞에서 대충하였습니다. 그리하여 올봄을 기다려 흙을 보충하고 비석을 세울 심산으로 오직 언 땅이 녹기만을 기다려 왔습니다. 그런데 마침 거둥하신다는 명이 내려 감히 사적인 일을 말씀드릴 수가 없었습니다.

이제는 호종(扈從)하여 신의 정성을 조금이나마 이루게 되었으니, 묘소를 살피고픈 마음이 더욱 간절합니다. 봄이 점점 지나가고 일할 시기가 이미 닥쳐오니, 신의 마음이 급박하다 하겠습니다. 그러나 생각해 보니, 신은 현직(現職)을 맡아 임무가 막중하여 오래 자리를 비울 수가 없습니다. 약원(藥院)의 소임으로 말하면 말미를 청할 만한 한직과는 더욱 다릅니다.

이에 감히 짧은 소장을 올려 아뢰옵니다. 삼가 바라건대, 자애로우신

72 진전(眞殿) : 종묘의 정묘(正廟) 외에 따로 세운 사당을 말한다.

성상께서 굽어살피시어 신의 본직과 겸직을 모두 속히 체직해 주시고 신에게 열흘의 말미를 내리시어 편의에 따라 오가며 선조의 묘역을 조성하는 일을 마무리하게 해 주소서. 이것이 신의 간절한 소망입니다.……

홍문관 제학을 사직하는 소
辭弘文提學疏

삼가 아룁니다. 신은 비할 이가 없을 만큼 세상 물정에 어둡고 어리석어 백집사(百執事)의 대열에 들어가기에 부족하거늘 양조(兩朝)에서 유례 없는 지우(知遇)를 입어 마침내 구경(九卿)의 반열에 올랐고, 세상 사람들이 말하는 청현직(淸顯職)을 밟아 보지 않은 것이 거의 없습니다. 신이 어떠한 사람이기에 외람되이 이에 이르렀단 말입니까. 매번 반성할 때마다 춥지 않은데도 두려움으로 몸이 떨립니다.

그런데 천만 뜻밖에도 삼가 제학(提學)에 제수하는 전지를 받았습니다. 신이 처음에는 부끄러워 진땀을 흘리고 이어서 근심하고 탄식하였습니다. 밝으신 성상께서 다스리는 시대에 이렇게나 터무니없이 벼슬을 임명하신단 말입니까.

신은 천성이 게을러 문학에 뜻을 두지 못하였고 젊어서는 또 곤궁하게 칩거하여 과거 공부에 종사한 적도 없습니다. 그리하여 작가(作家)의 경지에 대해서는 말할 것도 없고 말단적인 과문(科文)조차도 일체 캄캄합니다. 더욱이 근래 6, 7년 동안 마음이 저미듯이 아프고 정신이 달아나서 가정에서 지난날 배웠던 것조차도 잊어버리고 남은 게 없어 '어(魚)' 자와 '노(魯)' 자도 분간 못 할 만큼 무지합니다. 훌륭한 성조(聖朝)에 어찌 이렇게 못난 문임(文任)이 있을 수 있겠습니까.

맞지 않는 옷은 몸의 재앙이고[73] 그릇에 가득 찬 물은 엎질러집니다.

73 맞지……재앙이고 : 복장이 그 사람의 신분에 어울리지 않으면 재앙이 이른다는

화와 복은 일정한 문이 없어서[74] 이치상 피하기 어렵습니다. 신이 지난번 당한 곤경은 모두 분수에 넘치게 벼슬을 받았기 때문입니다. 약한 식물은 흔들기 쉬운 데다 필부조차 신의 죄를 아니, 사람들의 노기와 귀신의 시기가 어느 곳인들 있지 않겠습니까.

그러나 오직 우리 성상께서 신이 대대로 벼슬한 집안의 후예이고 선왕을 모셨던 신하라 하여 졸렬한 재주를 헤아려 주시고, 우둔한 성품을 불쌍히 여겨 배격당해 함정으로 떨어지는 것을 차마 보지 못하셨습니다. 그리하여 누누이 감싸고 간곡히 도야하여 구원해 주고 불식시켜 주시어 오늘에 이르게 되었습니다. 신의 몸이 가혹한 형벌을 면할 수 있었던 것이 누구의 은덕이란 말입니까.

한밤중에 누차 일어나 눈물을 흘리며 복이 지나쳐 재앙을 초래한 것과 일신을 돌볼 방법이 없는 것을 스스로 마음 아파하였습니다. 하해(河海) 같은 은혜만 쌓였을 뿐 터럭만큼의 보답도 드리지 못했으니, 오직 한산한 직책에 머물러 분수에 맞게 자유로이 있다가 우로(雨露)의 은택에 의지하여 초야에 머물고자 하는 소원을 이루어 남은 생애 동안 보답하지 않는 보답[75]을 하고자 합니다. 구구한 이 마음을 성상께

뜻이다. 춘추 시대 정(鄭)나라 자장(子臧)이 송(宋)나라로 망명 갔을 때 물총새 깃털을 모아 만든 관(冠)을 좋아하였는데, 정나라 문공(文公)이 이 소문을 듣고 미워하여 자객을 보내 죽이게 하였다. 이에 대해 군자(君子)가 말하기를 "복장이 걸맞지 않은 것은 몸의 재앙이다. 《시경》에 '저 사람이여, 그 의복이 걸맞지 않았다.'라고 하였으니, 자장의 복장이 자신에게 걸맞지 않았도다.〔服之不衷 身之災也 詩曰 彼其之子 不稱其服 子臧之服 不稱也夫〕"라고 하였다. 《春秋左氏傳 僖公24年》

74 화와……없어서 : 화가 변해 복이 되고 복이 변해 화가 되는 것을 뜻한다. 《노자(老子)》 58장에 "화는 복이 기대는 바이고, 복은 화가 엎드려 있는 바이다.〔禍兮福之所倚 福兮禍之所伏〕" 하였다.

서 살펴 주시기 바랍니다.

더구나 신은 집에 계신 노모가 나날이 쇠약해져서 조마조마 자주 돌아보게 되고 약을 챙겨 드리는 것이 일이 되었습니다. 평소 문을 닫은 채 조정에 달려가는 일도 드물고, 영화로운 벼슬길에 나아가는 일에 대해서는 모든 생각이 없어졌습니다. 지금 내린 이 명이 어찌 신이 자나 깨나 기대한 것이겠습니까. 신의 목숨이 달려 있는 때인 듯합니다.

이 명을 들은 뒤로 오장이 타는 듯하고 사지가 땅에 내던져진 듯합니다. 밝은 시대에 명기(名器)가 더럽혀진 것을 탄식하고 신의 몸이 감당하지 못할 직무를 맡아 화를 초래할까[76] 걱정스럽습니다. 부들부들 떨며 두려워하기를 곤궁하여 의지할 곳 없는 사람처럼 하였습니다. 오직 사람들이 논박하여 바로잡아 주기만을 기다렸으나 귀를 기울인 지 여러 날이 되도록 아직 들리는 말이 없고 부르는 명을 거듭 어겨 더욱 위축되기에 할 수 없이 소장을 올려 신의 죄를 아뢰니다.

삼가 바라건대, 밝으신 성상께서 불쌍히 여겨 주시고 구원해 주시어 신에게 내린 문임(文任)을 속히 체직해 주시고 이조(吏曹)에 명하여 더 이상 살펴 의망(擬望)하지 않도록 하여, 공기(公器)가 오래도록 더럽혀지지 않게 하며 신의 분수에 조금이나마 편안할 수 있도록 해 주시고, 직무를 수행하지 못한 신의 죄를 다스리시어 법도를 엄히 하소서. 그리해 주신다면 참으로 다행이겠습니다.

75 보답하지 않는 보답 : 329쪽 주5 참조.

76 감당하지……초래할까 : 원문의 '부승지치구(負乘之致寇)'는 등짐이나 져야 할 하천배가 귀한 사람이 타고 다닐 수레를 타고 다니면 덕에 걸맞지 않아 결국은 탈취당하고 만다는 뜻이다.《周易 解卦 六三》분수에 지나친 것을 탐내면 재앙을 초래한다는 뜻이다.

형조 판서를 사직하는 소

辭刑曹判書疏

삼가 아룁니다. 하늘과 선왕들께서 우리나라를 묵묵히 보우하사 성상께서 결단하여 말끔히 진압하시고 하늘의 토죄(討罪)가 신속히 거행되어, 역적의 소굴이 비로소 소탕되어 사람들의 울분이 조금이나마 위로가 되었으니, 오래도록 누릴 태평성대가 이제부터 시작입니다.

삼가 생각건대, 신이 빈연(賓筵)에서 물러 나와 삼가 형조 판서에 제수하는 전지를 받들고 너무나 놀랍고 두려워 진실로 몸 둘 바를 알지 못하였습니다. 사구(司寇)의 직책은 나라의 형법을 관장하거늘, 신은 실로 정신이 흐릿하니 걸맞지 못할까 두렵습니다. 사송(詞訟)의 자리는 온갖 장부와 문서가 모여들거늘, 신은 실로 잔약하고 병이 들었으니 힘써 일할 가망이 없습니다. 이 두 가지 문제도 오히려 감히 스스로 감당하지 못하거늘, 신이 이 직책에 대해 실로 염치를 무릅쓰고 차지하기 어려운 의리가 있어서 철한(鐵限)이 이미 이루어진 것을 조정 신료는 누구나 알고 있습니다.

신이 작년에 외람되이 이 직무를 맡아 대간의 탄핵을 거듭 만나 언제 화를 당할지 알 수 없었는데, 다행히 우리 성상께서 천지와 같은 마음으로 감싸 주시고 일월과 같은 혜안으로 살펴 주시어 모든 힘을 다해 구원해 주고 혐의를 씻어 주셨습니다. 처음 화를 당했을 때는 신조차도 불행하다고 여겼으니, 일신과 가문을 고스란히 보존하여 오늘이 있을 수 있는 것은 신이 애당초 바랄 수 있던 일이 아니었습니다.

이 일이 있고 나서는 형조에 한 발자국만 들여도 자다가도 놀라니,

어리석음을 무릅쓰고 또다시 맡을 이치는 단언컨대 없습니다. 화살을 맞은 새는 굽은 나무를 보고도 놀라는 법이거늘, 지금 신에게 제수하신 직책은 나무가 아니라 활입니다. 지금 만일 세월이 좀 흘렀다고 하여 앞서 사달이 벌어졌던 벼슬을 편안하게 관례대로 받는다면 새만도 못한 것입니다. 신이 비록 어리석지만 어찌 차마 그렇게 하겠습니까.

삼가 생각건대, 성조(聖朝)에서 뭇 신하들을 예(禮)에 맞게 부리셔서 모든 신료가 은택을 누리니, 틀림없이 신의 말이 다 끝나기도 전에 처분해 주시리라 믿습니다. 소패(召牌)가 내렸으나 신의 마음을 돌릴 수 없기에 무거운 처벌을 엎드려 기다립니다. 감정도 다하고 말도 안 나와 오직 눈물을 흘리며 바랄 뿐입니다. 삼가 바라건대, 밝으신 성상께서 먼저 신에게 내린 형조 판서의 직무를 속히 체직해 주시고, 직무를 소홀히 한 신의 죄를 다스리시어 법도와 기강을 엄히 세우소서. 그리해 주신다면 참으로 다행이겠습니다.

호조 판서를 사직하는 소
辭戶曹判書疏

삼가 아룁니다. 신이 내려 주신 말미를 받아 노모를 찾아뵈어 사사로운 마음이 다소 위로되었고 감격이 더욱 깊어졌습니다. 그런데 천만뜻밖에도 이때에 호조 판서에 제수하는 전지가 갑자기 내려와 신이 총애받고 영광을 누리게 되니, 보고 듣는 사람들이 놀랐습니다. 신이 아무리 어리석다 하더라도 어찌 감격할 줄 모르겠습니까. 신은 오직 황공하여 진땀으로 등을 적시며, 사적으로는 과분한 것을 두려워하고 공적으로는 성조(聖朝)에서 이렇게나 관원을 잘못 뽑는가 싶어 탄식하였습니다.

신은 본래 용렬하여 합당한 구석이 전혀 없어서 오래도록 관직에 종사했건만 내세울 만한 공적이 없습니다. 직무에 소홀하고 어두운 실상이 성상의 눈을 피할 수 없으니, 취할 만한 그릇이 못 되는 사람입니다. 아무런 능력 없는 못난 자질로 유례 없는 큰 은혜를 입어, 그동안 너무 과하게 청요직을 역임하여 평소 깊은 물가에 임한 듯 두려워하였습니다. 누차 곤경에 빠져 걸핏하면 성상께서 구제해 주셨으니, 오직 한직을 맡아 문을 닫고 분수를 지키면서 노년에 공을 세워 조금이나마 보답하기를 바랐습니다. 이는 신의 분수를 스스로 알기 때문입니다. 지금 제수하신 직무를 어찌 꿈엔들 생각이나 했겠습니까.

호조 판서는 중요한 직책입니다. 토지와 호적을 관장하고 재화와 세금을 관리하니, 국가의 재정이 넉넉한가 부족한가 하는 것은 그 사람이 현명한지 아닌지에 달려 있습니다. 《주관(周官)》에서는 총재(冢

宰)가 거느리게 하여 아예 거론할 것이 없지만, 한(漢)나라와 당(唐)나라 이후로는 이 관직에 제수된 자를 역사서에 자세히 실어 놓아서 그 당시의 잘잘못을 확인할 수 있습니다. 그 중요성이 이와 같으니, 어찌 아무 사람에게 가벼이 맡길 수 있겠습니까.

삼가 생각건대, 근래 들어 경비가 날로 고갈되어 세금을 거두어도 지출을 감당하지 못해 언제 바닥날지 몰라 걱정하니, 식견 있는 사람들이 한심스럽게 여긴 지가 오래되었습니다. 반드시 훌륭한 유사(有司)를 얻어 임명한 뒤에야 당면한 문제점을 보완하여 크게 어려운 상황에 이르지 않을 수 있을 것입니다. 신과 같이 못난 자가 어찌 의망(擬望)될 수 있겠습니까.

신은 성품이 우둔하고 졸렬한 데다 재화를 다스리는 재주는 더욱 어둡습니다. 지금 만일 갑자기 이 일이 닥친다면 지출해야 할 일이 한둘이 아니고 미려(尾閭)[77]의 출입이 많아져서 반드시 이리저리 돌아보며 끝을 알지 못할 것입니다. 능력을 헤아리지 않고 들어갔다가 후회한들 무슨 소용이 있겠습니까. 지나친 복으로 재앙을 초래하여 한갓 평소의 지조를 잃게 될 뿐입니다. 신에게야 무슨 상관이겠습니까마는 막중한 일을 그르친 것에 대해서는 어찌하겠습니까. 이것이 신이 두렵고 부끄러워 시간이 갈수록 몸 둘 바를 모르는 까닭입니다. 이제 비로소 돌아와서 감히 틀어박혀 있지 못하고 진심 어린 뜻을 무릅쓰고 올려 성상을 번거롭게 해 드립니다.

삼가 바라건대, 밝으신 성상께서 굽어살피셔서 신의 직함을 속히

77 미려(尾閭) : 바다 한복판에 물이 한없이 새는 곳을 말한다. 이 때문에 바닷물이 넘치지 않는다고 한다. 《莊子 秋水》 여기서는 재화의 출입을 말한다.

체직하여 감당할 만한 사람에게 넘겨주소서. 그리해 주신다면 국가와 신 모두에게 매우 다행이겠습니다. 신은 지극히 두렵고 간절한 마음을 이기지 못하겠습니다.

말미를 받아 노모를 찾아뵙기를 청하는 소
乞暇省覲疏

삼가 아룁니다. 세월이 쏜살같이 흘러 효안전(孝安殿)[78]의 대상(大祥)이 훌쩍 지났으니, 효성스러운 성상께서 아득한 슬픔이 끝이 없을 것입니다.

삼가 생각건대, 신이 작년 가을에 내려 주신 말미를 받아 노모를 찾아가 보고, 크나큰 은혜에 감격하고 그리움을 달래게 되어 모자와 형제가 모여 감격하였습니다. 떠나온 뒤로 또 다섯 달이 지났습니다. 신의 어미가 일찍부터 고질병을 앓아 평소 쇠약하여 편지를 받아 보면 평안한 날이 항상 드물었습니다. 신이 조적(朝籍)에 올랐으므로 비록 자주 말미를 청할 수는 없지만 가슴 졸이는 심정은 언제 어떠한 상황에서든 잠시도 놓은 적이 없습니다.

이제 해가 바뀌어 신이 노모를 그리워하는 마음과 노모가 신을 그리워하는 마음이 다른 때보다 배가 되어서 진실로 억누르거나 떨쳐 버릴 수 없습니다. 신이 지닌 본직과 겸직은 모두가 중요한 직무여서 감히 오래도록 비워 둘 수 없지만 위에서 아뢴 대로 인정이 간절하니, 효도를 근간으로 다스리시는 성조(聖朝)의 정치에서 불쌍히 여겨 주어야 할 것입니다. 게다가 신의 아우의 임소(任所)가 비교적 가까운 거리에

78 효안전(孝安殿) : 영조의 계비 정순왕후(貞純王后) 김씨의 혼전(魂殿)으로, 창경궁 안에 있다. 정순왕후는 1805년(순조5) 1월 12일에 경복전(景福殿)에서 승하(昇遐)하였다.

있어 불과 10여 일이면 왕복할 수 있습니다.

이에 감히 어리석음을 무릅쓰고 번거롭게 해 드립니다. 삼가 바라건대, 굽어살펴 특별히 말미를 허락하시어 찾아가 보게 하여 지극한 정성을 조금이나마 달랠 수 있도록 해 주소서. 매우 간절히 축원합니다.

숭정대부의 자급을 거두어 주기를 청하는 소
乞收崇政資疏

삼가 아룁니다. 태묘(太廟)의 부묘(祔廟)하는 예가 막 이루어져 궁전 뜰에서 하례(賀禮) 의식(儀式)이 크게 거행되니, 신민(臣民)의 슬픔과 기쁨이 어찌 끝이 있겠습니까.

삼가 생각건대, 신은 연거푸 은혜를 입어 갑자기 높은 반열에 올랐습니다. 10여 일에 불과한 기간 동안 신이 대체 어떤 사람이기에 이토록 성큼 등급을 뛰어넘는단 말입니까.

신이 처음 명을 받은 날에 어리석음을 무릅쓰고 사직 상소를 올렸으나 마침 재계하는 날이어서 기각당했고, 또 제사에 차임되어 수향(受香)할 때에는 애써 명을 받들어 역소(役所)에 나갔습니다. 공사(公私)의 경중(輕重)을 아무리 곰곰이 따져 보아도 편안히 잠자코 있으면 남들이 신을 뭐라 하겠는가 싶어 일이 끝나기를 기다려 진심을 다 아뢰려고 하였습니다. 그런데 지금 전혀 생각지도 않게 새로운 명이 또 내리니, 신이 진실로 대단히 놀랍고 두려워 힘쓰지 않았는데도 절로 땀이 나고 음식을 앞에 두고도 먹는 것을 잊었습니다. 이는 신의 목숨이 끝나려는 때인가 봅니다.

이 작질은 급수가 높은 데다 위망(位望)이 특별합니다. 예로부터 지금까지 이 자리에 오른 사람은 나이가 많고 덕이 높거나 경력이 오래되어 당대 사람의 추중을 받는 인물이었습니다. 그런 뒤에야 받아도 외람되지 않고 말아도 부끄럽지 않습니다. 신은 아직 이 가운데 한 가지도 없으니 무슨 명분으로 감당하겠습니까.

신은 본래 남들보다 매우 어리석고 못났거늘 양조(兩朝)의 지우(知遇)를 입어 벼슬이 구경(九卿)의 반열에 올랐습니다. 스스로 분수를 돌아보면 이미 너무나도 과분하여 평소 깊은 물가에 임한 듯 두려워하였습니다. 몇 년 전부터는 질병이 번갈아 찾아와 눈이 침침하고 살이 빠졌으며 몸 한쪽이 더욱 말랐습니다. 아직 쉰 살도 안 됐는데 순전히 늙은 모습이 되었으니, 이는 모두 너무 높은 관직을 덕망이 없는 이가 차지하여 하늘의 미움을 샀기 때문입니다.

지금 또 엎어질 줄도 모르고 달려 나가 높이 오르기를 그치지 않는다면[79] 이미 가득 찬 그릇에 물을 더 붓는 격이니, 지혜로운 이가 아니더라도 두려운 일인 줄 알 것입니다. 신이 도감(都監)에서 직무를 본 날은 모두 합쳐 봐야 겨우 수십 일이고, 대체(大體)를 총괄한 이는 도상(都相)이었으며 잗다란 일을 처리한 이는 낭관들이었습니다. 신이 도감에서 한 일이 무엇이 있었겠습니까. 설령 신의 노고가 조금이나마 있다 하더라도 그것은 신하로서의 본분일 터인데, 하물며 이처럼 아무것도 한 일이 없는 경우이겠습니까.

신은 진실로 성상의 뜻이 단지 사체(事體)가 중한 것을 내세워 공이 있는 사람들 틈에 섞어 은전(恩典)을 내려 주시려는 데에 있음을 알겠습니다. 그러나 옛 성왕(聖王)께서 상을 내려 권면하신 정치는 공을 세우는 데 힘쓰도록 한 것이니, 어찌 신처럼 아무 공이 없는 자에게

79 엎어질……않는다면 : 《주역》 〈승괘(升卦) 상육(上六)〉에 "올라감에 어두우니, 쉬지 않는 정도에 이롭다.〔冥升 利于不息之貞〕"라고 하였다. 육(六)은 음(陰)으로 승(升)의 극에 자리하였으니, 올라감에 어두워 나아갈 줄만 알고 멈출 줄 알지 못하는 자이다. 여기에서는 능력과 덕이 없는 사람이 높은 지위를 향하여 나아갈 줄만 알고, 멈출 줄 모르는 것을 비유하였다.

상을 내렸겠습니까. 신이 크게 두려워하는 것은 신의 일신을 위해서만은 아닙니다.

인자한 하늘은 혹시라도 버리는 물건이 없이 감싸 주고 성상의 교화는 들어주지 않는 소원이 없습니다. 신이 비록 용렬하지만 신 또한 성상의 교화를 받은 사람들 가운데 하나입니다. 신의 마음은 지극히 절박하고 신의 말은 가식에서 나온 것이 아니니, 혹시라도 살펴 불쌍히 여겨 주시기 바랍니다. 이에 감히 우러러 호소하여 성상께 번거롭게 해 드립니다. 삼가 바라건대, 신에게 새로 제수하신 품계를 속히 거두어 살려 주시는 은택을 극진히 해 주소서. 간절히 축원합니다.

예문관 제학을 사직하는 소

辭藝文提學疏

올리지 않았다

삼가 아뢥니다. 신이 삼가 이달 25일의 교지(敎旨)를 받자오니, 신을 예문관 제학에 제수한다는 것이었습니다. 신은 진실로 놀라 뒤돌아보며 스스로 몸 둘 바를 몰랐습니다.

양관(兩館)은 엄선하는 자리이니, 하등의 사람은 진실로 총애만을 무릅쓰고 받아서는 안 되고, 상등의 사람이 받을 때에도 어려워하고 신중해야 합니다. 지금 신이 어떠한 사람이기에 저쪽에서 이쪽으로 옮겨 이리저리 독점하며 신이 아니면 안 될 것처럼 한단 말입니까. 지금 인재가 아무리 옛날보다 크게 못하다 하더라도 우뚝한 조정에 훌륭한 선비들이 가득하니, 만일 신보다 나은 이를 찾는다면 그러한 인물이 얼마나 많겠습니까. 그런데 신과 같이 못난 자에게 아침에 과시(科試)를 주관하게 하고 저녁에 사명(詞命)을 맡기시니, 성조(聖朝)의 관인(官人)이 어찌 이처럼 구차할 수 있단 말입니까. 팔도 사람들이 들으면 조정에 인물이 없다고 어찌 비웃지 않겠습니까.

신이 홍문관에서 벼슬한 지 3년이 되었습니다. 시험을 당할 때마다 어둡고 노둔한 모습을 성상께서 굽어살펴 주시기를 바라며 단지 두려움을 품고서 분주히 직무를 수행하기는 했지만, 마음속으로는 단 하루도 두려움을 잊은 날이 없습니다. 행실에 정성을 쌓아 해임을 청하려 하였으나 훌륭한 인재를 가로막은 허물이 오래되어 속죄하기 어렵습니다. 하물며 새로 제수된 이 직무가 더더욱 잘못된 경우이겠습니까.

신이 어찌 감히 양관이 한가지라고 여겨 편안히 무릅쓰고 맡을 수 있겠습니까.

신은 본래 졸렬하고 문장에 능하지 않아 글을 지을 경우 성상의 뜻에 예사로이 부응하는 글이라도 몹시 짓기가 어려웠고, 더디더디 겨우 지어낸 글도 얼마 없습니다. 변려문으로 말하면 특히 어두운 분야여서 아무리 모범이 되는 글의 틀을 그대로 따라 지어 보려고 해도 안 되었습니다. 신과 같은 문임(文任)은 단지 밝은 시대의 수치가 될 뿐이 아닙니다.

관각(館閣)의 수용(需用)은 본래 기한이 있어서 마침내는 틀림없이 일을 크게 그르칠 것이니, 이 어찌 공적으로나 사적으로나 이롭겠습니까. 신의 이 말은 실로 가식적인 것이 아닙니다. 삼가 바라건대, 자애로우신 성상께서 굽어살피시어 속히 신의 직함을 체직하여 감당할 만한 사람에게 넘겨주소서. 그리해 주신다면 참으로 다행이겠습니다.

사직하는 소
辭職疏

삼가 아룁니다. 중궁전(中宮殿)의 환후가 빠르게 회복되어 신민(臣民)이 몹시 기뻐하고 중외(中外)에서 축원하는 마음도 지극히 억누를 길이 없습니다.

삼가 생각건대, 신이 사사로이 성은을 입어 노모를 가서 보니, 편의대로 오가는 것도 진실로 특별한 은혜인데 이틀을 묵고 임소로 돌아오게 되어 더욱 감격스러웠습니다. 그러나 평소 쌓여 있던 질병의 기운이 찬 기운만 만나면 기승을 부립니다. 배꼽과 위장 사이에 뭔가 다리처럼 가로놓인 것이 느껴져 몸을 움직일 때 불편하고 숨을 쉬기도 거북하여 자리에 누워 끙끙 앓으며 도무지 생기라고는 없습니다. 그러나 오직 신에게 내린 중임을 일체 소홀히 하고 있고, 기한이 정해져 있는 장부와 문서를 주관하여 살펴볼 계책이 없다는 생각이 병중에 한결같이 일어나 한 가지 병이 더해진 듯 편안치가 않습니다.

이러한 때에 부응교(副應教) 이면승(李勉昇)이 올린 상소를 구해 보니, 의금부의 죄수 조영경(趙榮慶)의 원정(原情)을 봉입(捧入)한 일을 가지고 의금부의 당상관을 논척(論斥)하여, 굽혀서 여론을 따라 봉입했다고 비난하고 더 무거운 처벌을 청하지 않았다고 질책하였는데, 이는 신이 의금부에 있을 때의 일입니다.

원정은 구초(口招)와는 달라서 쓸데없이 덧붙인 말이 있다 하더라도 의금부 당상이 삭제할 수 있는 것이 아니니, 형세상 봉입하지 않을 수 없었습니다. 더 무거운 처벌을 청하지 않았다고 질책한 것으로 말하면, 법부(法府)에서 옥사에 관해 논할 경우 본래 층층의 체계가 있습니다. 지금 조사하기를 청해 놓고 또 처벌하기를 청하니 어찌 이런 관례가 있겠습니까. 더구나 죄의 경중에 따라 각각 해당하는 법률이 있어서 죄를 살펴 처벌하는 법이니, 또 어찌 더 무거운 형벌을 논할 수 있겠습니까.

신이 감히 말을 허비해 가며 스스로를 변명하여 사체를 거듭 손상시키지는 못하겠습니다. 그러나 논한 말 가운데 '지처(地處)', '세력(勢力)', '외축(畏縮)' 등의 구절은 여러 입을 거쳐 들은 말에 불과하지만 조금의 여지도 없이 움켜잡고 업신여기니, 신은 진실로 그 까닭을 모르겠습니다. 신이 국가의 두터운 은혜를 받아 이처럼 높은 자리에 오르고 이제는 또 머리 허연 노인이 되었건만 남에게 이리도 심하게 능욕을 당했으니, 무슨 낯으로 다시 조정의 반열에 있겠습니까.

신은 본래 성품이 고집스럽고 답답한 데다 팔자가 기구하여 재야에서 인생의 반을 보내며 벼슬에 대한 기대는 접었는데, 다행히 천지부모와 같으신 우리 두 성상의 은혜를 입어 오늘의 영광을 누릴 수 있게 되었습니다. 그동안 역임한 직책이 과분하지 않은 것이 없었건만 수년 전부터는 빠르게 높은 벼슬에 올라 외람되이 요직을 맡아 어느새 국가의 정책을 도모하는 몸이 되었습니다.

비록 크나큰 성은에 감격하였기 때문에 어떤 일이건 가리지 않고 곧장 나아가 감히 직무에서 벗어날 마음을 품지는 않았지만, 직무를 감당할 재주가 못 되고 능력은 마음 같지가 않아서 매번 일을 처리할 때마다 허물과 후회가 생겨났습니다. 신도 실로 부족함을 알고 있는데 남들은 신을 도대체 뭐라고 하겠습니까. 행적만을 놓고 말한다면 진실로 벼슬에서 떠나지 않고 눌러앉아 본래 자기 차지인 양 당당하게 행동하는 것처럼 보이겠지만, 신의 심정은 나무에 오른 듯 두려워하지 않은 날이 하루도 없었습니다. 지금 사람들의 비난이 준엄하게 나온 마당에 어찌 감히 의금부에서 이미 체직되었다고 하여 슬쩍 아무 일 없다는 듯이 신료들 사이에 의기양양 머물 수 있겠습니까.

지금 태묘(太廟)의 겨울 제사를 직접 지내겠다고 명하셨으니, 머지않아 서계(誓戒)[80]가 있을 것입니다. 신이 지닌 현재의 직무로는 관례대로 향관(享官)에 차임될 터인데, 신의 형편을 돌아보니 철한(鐵限)이 앞에 놓여 있어서 지극히 부끄럽고 두렵기에 성상을 번거롭게 해 드립니다. 삼가 바라건대, 자애로우신 성상께서 굽어살피시어 신의 벼슬을 즉시 체직하여 향리(鄕里)로 물러가 여생을 마칠 수 있도록 해 주소서. 매우 간절히 바랍니다.……

비답은 다음과 같다.

"상소를 보고 잘 알았다. 당론(堂論)의 구어(句語)는 과연 매우 옳지 않다. 그러나 경이 만일 의금부에 있었다면 의리를 내세워 물러나도 되겠지만, 본직(本職)으로 말하면 애당초 무슨 상관이 있겠는가. 경이 지나치다. 음직으로 진출한 일개 고을 원이 무슨 세력이 있겠는가. 그런데도 공초를 받는 경에게 화를 내었으니 더욱 옳지 않다. 해당 유신(儒臣)에게 엄하게 추고(推考)하게 하겠다. 경은 사직하지 말고 공무를 수행하라."

80 서계(誓戒) : 나라의 대제(大祭)를 7일 앞두고 제관으로 뽑힌 관리들이 모여 서약하는 절차이다. 술과 고기를 먹지 아니하며 가무(歌舞)를 즐기거나 흉사(凶事)를 보지 않는다.

평안 감사를 사직하는 소[81]

辭平安監司疏

삼가 아룁니다. 신은 마음을 되돌리기 어려운 데다 병세도 마침 심해지기에 지난번에 짧은 소장(疏章)을 올려 진실로 흉금을 토로하여, 성상께서 살펴 주심을 입어 중임(重任)을 벗고 돌아가 노모의 여생을 봉양하기를 기대했습니다. 굳은 이 결심은 진실로 가식적인 것이 아닙니다.

삼가 비지(批旨)를 받고 보니, 모두 70여 자로 특별히 은혜롭게 혐의를 씻어 주셨습니다. 비록 신이 제 자신을 변호하는 말을 한다 하더라도 이만은 못할 것입니다. 보고 들은 사람들이 놀라고 감격하지 않는 이가 없는데, 하물며 하해 같은 은혜를 가슴에 새긴 신이야 더 말할 나위가 있겠습니까. 두 손 들어 절하고 아홉 번 조아리며 흘린 눈물로 가슴을 적셨습니다.

그런데 이때에 난데없이 평안도 관찰사에 제수하는 명을 받자오니, 신은 진실로 놀랍고 두려워 몸 둘 바를 모르겠습니다. 신은 본래 사람 축에 낄 수 없을 만큼 용렬하여 양조(兩朝)의 성은을 입었지만 조금도 보답하지 못하였고, 3년 동안 호조 판서를 지내면서 한갓 녹만 축냈습니다. 검주(黔州)의 나귀는 억지로 채찍질할 수 없고[82] 무딘 칼[83]은

81 평안……소 : 1808년(순조8) 저자의 나이 50세에 올린 상소이다. 저자는 이해 9월 평안도 관찰사에 제수되었다.

82 검주(黔州)의……없고 : 재주가 졸렬한 것을 말한다. 유종원(柳宗元)의 〈삼계(三

여러 번 벨 수 없습니다. 이렇게 노쇠한 나이가 되어서는[84] 다만 산직에 머무는 것이 옳을 것입니다.

신의 어미는 일찍이 알 수 없는 병에 걸려 늙을수록 더욱 고질이 되었습니다. 근래에는 평안한 날이 드뭅니다. 신도 타고난 체질이 유약하여 나이가 들자 병이 찾아왔습니다. 몸 한쪽이 유독 마르고 돌아서면 잊어버리며, 거울을 빌려 보고 혼자서는 옷을 입지 못하여 모자간에 마주 보며 서로 걱정합니다. 평소 두려움이 가득하여 벼슬에 대한 생각이 모두 식어 버렸으니, 어찌 신이 관직에 나가서 일할 수 있는 때이겠습니까.

내직으로는 호조 판서에 제수되고 외직으로는 관찰사에 임명되어 차례대로 밟아 나가고 이리저리 독점할 줄은 진실로 꿈에도 생각지 못했던 일입니다. 하물며 이 평안도 지역은 우리나라의 큰 울타리로

戒)〉에 "검(黔) 땅에 나귀가 없었는데, 호사자(好事者)가 들여와서 산 아래에 놓았다. 범이 보니 아주 큰 물건이라 신물(神物)로 여기고 대단히 무서워하였다. 뒤에 가까이 접근하여 부딪쳐 보았더니, 나귀의 기능은 발길로 차는 데에 불과하였다. 범은 나귀가 그 밖에 다른 기능이 없음을 알고 물어 죽였다." 하였다.

83 무딘 칼 : 원문의 '鉛刀'는 납으로 만든 무딘 칼이라는 뜻으로, 자신의 우둔하고 무능함을 비유하는 겸사로 쓰인다. 후한(後漢) 반초(班超)의 상소문에 "신이 위대한 한나라의 위엄을 받들고 가서, 무딘 칼이라도 한번 휘둘러 벨 수 없겠습니까?〔臣奉大漢之威 而無鉛刀一割之用乎〕"라고 한 말이 보인다. 《後漢書 卷47 班超列傳》

84 이렇게……되어서는 : 원문은 '及此鍾鳴而漏盡'으로, '종명(鍾鳴)'은 인경의 종이 울리는 것, '누진(漏盡)'은 물시계의 물이 다하는 것으로, 모두 사람의 늙음을 비유한다. 위(魏)나라의 전예(田豫)는 늙어서 벼슬을 내놓으며 "나이 70이 넘어 벼슬자리에 있는 것은 비유하면 인경의 종이 울리고 물시계의 물이 다했는데도 밤에 돌아다니기를 그치지 않는 것과 같으니, 이는 죄인입니다." 하였다. 이는 곧 노쇠하여 죽을 날이 가까운데도 사직하지 않고 벼슬을 탐함을 비유한 것이다. 《三國志 卷26 魏書 田豫傳》

서쪽 변방의 문호이고 유주(幽州)와 연주(燕州)로 가는 길이 이어졌으니 관방(關防)의 중요함이 이와 같고, 기자(箕子)의 8조의 가르침을 입고 고구려의 천년의 터에 의거하여 낭랑히 글 읽는 선비와 건장하고 씩씩한 무인들이 가득하니 백성들의 성대함이 이와 같고, 곡식과 비단과 보화(寶貨)가 생산되고 수레와 배와 공인(工人)과 상인(商人)이 모여 들어 곳간에 쌓인 물품이 팔도에서 으뜸이니 재화의 풍부함이 이와 같습니다.

그러나 근래 들어 변방의 정무와 군무(軍務)가 나날이 소홀해지고 백성의 풍속과 기강이 갈수록 무너져서 도내의 마을은 쓸쓸하고 공사(公私)의 재화는 탕진되었으니, 식견 있는 사람들이 이 때문에 한심스럽게 여깁니다. 아무리 재주와 능력이 옛사람처럼 뛰어난 이에게 맡긴다 하더라도 사태를 수습하지 못할까 두려운데, 어찌 신같이 못난 자가 구제할 수 있겠습니까.

신이 외람되이 비변사에 있으면서 책을 엮는 일에 대해 성상께 아뢰어 재가를 받기 위해 매번 연석(筵席)에 올라, 삼가 우리 성상께서 탁월하신 지혜로 백성을 화합시키는 근본에 대해 애쓰시는 모습을 보았습니다. 그렇다면 감사를 신중히 뽑아 교화를 베풀어 먼 지역의 백성들이 모두 성상의 은택을 누리게 하는 것이 옳을 터인데 지금 도리어 중요한 서쪽 변방을 제일 못난 신에게 맡기시니, 전하께서 서쪽 변방에 대한 근심을 도대체 무엇으로 달래려는 것입니까.

삼가 생각건대, 조정에서는 염치를 지키는 것이 중요하고 벼슬을 사양하고 받는 의리에 대해서는 성인의 가르침이 엄합니다. 신이 정세를 들어 해임을 청한 지 겨우 며칠이 되었는데, 지금 만일 한 번 소장(疏章)을 올려 이미 뜻을 피력했다는 것을 핑계 삼아 편안히 이 직무에 달려간다면 앞뒤가 안 맞아 옳은 부분이 없게 되니, 장차 무슨 말로 사방의 비웃음을 무마하겠습니까. 아무리 생각해 보아도 담당할 가망이 없습니다. 여러 날을 틀어박혀 있어서 한갓 죄만 더하기에 감히 진심을 낱낱이 아뢰어 외람되이 성상을 번거롭게 해 드립니다.

삼가 바라건대, 천지 부모와 같으신 성상께서 진심에서 우러난 신의 정성을 굽어살피시어 직함을 속히 체직하여 감당할 만한 사람에게 넘겨서 중요한 직책이 비지 않도록 하시고 신이 전원으로 물러가 성상의 은택을 노래하며 살도록 허락해 주소서. 그리해 주신다면 신은 비록 죽더라도 여한이 없을 것입니다.……

관서의 곡식을 호남에 떼어 주는 일의 편부를 논하는 소[85]

論關西穀劃給湖南便否疏

삼가 아룁니다. 어느덧 해가 바뀌어 하늘이 내려 주시는 복이 불어나 옥체(玉體)가 더욱 강녕하시고 보령(寶齡)이 점차 높아지시며, 종묘사직이 반석에 오르고 나라 안에 칭송이 드높습니다. 신은 성상을 멀리 떠나온 지 어언 두 해가 되었습니다. 신이 기뻐 축하드리는 끝에 성상에 대한 그리움이 더욱 깊어집니다.

신이 일전에 삼가 비변사의 관문(關文)을 보니, 본도(本道)의 곡식 5만 1900여 섬을 호남(湖南)에 떼어 주어 편의대로 가져다 쓰게 하는 일을 통보해 왔습니다. 작년에 호남 지역에 고금에 유례 없는 흉년이 들어 백성들이 모두 굶어 죽을 지경이 되자, 우리 전하께서 잠 못 이루며 음식 맛도 잊으신 채 고민하여 팔도가 다 우러러보는 윤음을 내리고 파격적인 진휼 정책을 시행하셨습니다. 백관(百官)들은 조정에서, 만백성은 들에서 근심하였으니, 신이 비록 외직에 있지만 어찌 감히 편안히 먹고 쉬면서 나라의 이러한 근심을 잊을 수 있겠습니까.

지금 해당 도(道) 관찰사의 소장(疏章)이 올라온 이유는 진휼미를 계속 공급하지 못하기 때문인데, 묘당(廟堂)의 복주(覆奏)에서도 어렵고 조심스러운 일이어서 뾰족한 방법이 없었습니다. 이 일이 시행하기 어려운 줄 알지만 하지 않을 수도 없으니, 신이 비록 지극히 어리석지

85 관서의……소 : 1809년(순조9) 저자의 나이 51세에 올린 상소이다. 저자는 전년 9월에 평안도 관찰사에 제수되었다.

만 어찌 이 일이 그만둘 만한 것이 아니기에 그만두지 않는 줄을 모르겠습니까. 그러나 어리석은 신이 말씀드리지 않을 수 없는 점이 있으니, 밝으신 성상께서 헤아려 주소서.

지금 어떤 이가 "관서 지방에서 곡식 5만 2000섬을 내게 할 경우 그 비용이 엄청나게 들고, 수백 리 내지 천 리나 떨어져 있는 바닷가로 실어 날라 수백 척의 배로 운반하게 할 경우 그 일이 참으로 어렵다. 그렇지만 호남 지역 수만 백성들의 안위와 생사에 견주어 볼 때 무엇이 더 중요하고 무엇이 더 시급한가?" 하고 묻는다면, 대답하는 사람들은 모두 호남 백성들의 일이 중요하고 시급하다고 할 것이고, 신도 마찬가지로 그렇다고 동조할 것입니다.

그러나 만일 시행할 경우, 곡식이 정해진 수량을 준수하고 운반을 정해진 시기에 맞출 수 있어서 호남의 백성들이 편안하게 된다면 도내의 저축을 다 쏟고 도내의 민력(民力)을 모두 들이더라도 오로지 해내지 못할까 두려워하듯 분주히 봉행(奉行)해야 할 것이지만, 만일 시행하더라도 미처 호남 백성을 구제하지 못하고 한갓 평안도 일대가 낭패를 보게 되고 만다면 이는 애당초 시작하지 않는 편이 차라리 나을 것이니, 신이 어찌 침묵하고만 있을 수 있겠습니까.

어리석은 신이 삼가 사정(事情)을 헤아려 보니 실로 이러한 염려가 들었습니다. 이것이 신이 스스로 마지못해 우러러 아뢰는 이유입니다. 묘당에서 아뢴 내용 중에 "편의에 따라 가져가라."라는 것은 배로 실어 나르는 방법과 돈을 마련하는 방법 두 가지를 가리키는데, 배로 실어 나르는 어려움을 묘당에서도 알고 있기 때문에 두 가지 방법을 제시하여 편의에 따라 하는 길을 열어 놓은 것입니다.

청컨대 신은 배로 실어 나르는 일에 대해 먼저 상세히 아뢰고자 합니다. 배로 실어 나르는 방법으로는 그 일을 행하기 어려운 점이 모두 네 가지가 있습니다. 첫째는 시기를 맞출 방법이 없는 것이고, 둘째는 곡물을 마련할 수 없는 것이고, 셋째는 공적·사적인 비용이 본래의 숫자보다 과도하여 평안도의 백성들이 살아남기 어렵다는 근심이 있는 것이고, 넷째는 배를 구할 방책이 없으며 거느리고 실어 나를 인솔자가 없다는 것입니다. 이 네 가지가 곧 큰 항목의 이유이고 그 나머지 많은 장애 요인들에 대해서는 신이 또한 감히 일일이 거론하지 않겠습니다.

왜 시기를 맞출 방법이 없다고 하겠습니까? 신이 다스리는 평안도와 호남의 거리는 하늘 끝과 땅 끝처럼 아득하여 황해·경기·충청 삼도의 연안을 지난 뒤에야 도달합니다. 본도(本道)의 가장 서쪽 지역과 호남의 가장 북쪽 지역을 놓고 말해 보더라도 본도의 용천(龍川)과 철산(鐵山)으로부터 계산해 보면 4도의 연안을 지나게 되는 것이고, 호남에 접어들어 또 몇 역참을 지나간다면 이는 5도의 연안을 지나게 되는 것입니다.

한양에 도달하는 각 도의 조세선(漕稅船)을 삼가 살펴보니, 대부분 4, 5월에 있었으나 영남은 간혹 늦어져 6, 7월에 이르기도 했습니다. 지금 본도와 호남의 거리는 이보다 훨씬 머니, 이는 형세상 비록 가장 먼저 운반하는 배라도 여름에나 접어들게 될 것이고, 그보다 뒤에 가는 배는 더욱이 어느 때에 있게 될지 모르겠습니다.

곡식을 옮기는 것은 보리가 수확되기 전의 기근을 구제하기 위함입니다. 그런데 지금 한여름 철로 시기를 맞춘다면 입을 벌려 식량을 갈망하는 저 백성들이 어찌 혜택을 받을 것이며 배로 곡식을 날라 주는 본의가 어디에 있단 말입니까.

본도의 곡식을 옮겨 간 사례는 거의 없습니다. 옛날에 곡식이 그득 쌓여 있던 시절에 간혹 가져다 쓰기는 했지만 모두 경기 지역에 한정되었고, 경기 연안을 지나 호서와 호남 지방을 구제한 경우로 말하면 예전에 없던 일입니다. 이는 길이 멀어서 적기에 맞출 수 없기 때문이 아니었겠습니까. 적기에 맞출 수 없는 줄 뻔히 알면서 부질없이 본도의 백성들을 요란하게 만든다면 무슨 보탬이 있겠습니까.

왜 곡물을 마련할 수 없다고 하겠습니까? 묘당(廟堂)에서 구획(區劃)한 5만 1912섬 안에는 별군향(別軍餉) 대소미(大小米) 각 1만 5000섬과 순전곡(巡錢穀) 소미(小米) 대두(大豆) 합절미(合折米)가 1만 섬이 있습니다. 본도의 곡식 총량을 살펴보면 별군향이 도합 10만 4900여 섬인데, 이 가운데 각곡(各穀) 3만 5300여 섬을 제외하면 대미(大米)의 원래의 수가 3만 6500여 섬이고 소미의 원래의 수가 3만 3000여 섬입니다. 그러나 이 가운데 대미 5500여 섬과 소미 3만 2000여 섬은 성향(城餉)과 총융청(摠戎廳)의 요청으로 득조(得條)하였으니, 호조(戶曹)에서 획조(劃條)를 청한 것을 제외하면 실제로는 대미 3만 900여 섬과 소미 900여 섬입니다. 소미는 남은 수량이 1000섬도 안 될뿐더러 연례적으로 내리는 병영(兵營)에서 번을 서는 군병의 호궤미(犒饋米)와 의주(義州) 수졸(戍卒)의 요부족조(料不足條), 영변(寧邊) 철옹성(鐵瓮城) 장병의 요미(料米)와 성을 수축하는 물력(物力)이 모두 이 소미와 각곡을 사용합니다. 이 밖에 군향(軍餉)과 보향(補餉)으로 들여 쓴 해당 아문(衙門)의 곡식이 넉넉하지 않게 되면 모두 미루어 옮겨 써야 합니다.

그렇다면 소미와 각곡은 더 이상 논할 것이 없거니와 대미만을 얼핏 보더라도 쓸 수 있을 것 같지만 으레 인삼 값과 바꾸고, 소미는 4냥(兩)을 정식으로 하나 곡식 값이 매번 이에 준할 수 없으니, 별군향 대미를 바꾸어 쓰는 것이 이미 당연히 시행하는 관례가 되었습니다. 그 수량이 매년 7900여 섬인데, 지금 이 대미를 덜어 쓴다면 으레 인삼 값과 바꾸던 곡식을 메울 수 없게 됩니다.

순전곡으로 말하면 대두가 4만여 섬이고 소미가 9900여 섬인데, 군향(軍餉)과 전세(田稅)와 서로 융통합니다. 계축년에 각 진(鎭)에서 거두는 것을 그만두고 대신 공급해 준 뒤로부터 군향과 전세가 해마다 더욱 줄어들어 이 순전곡 덕에 우선 눈앞의 사태를 해결할 수 있습니다.[86]

또 본곡(本穀)의 모조(耗條)를 3분의 1로 떼어 준 곡식이 각 고을에 있어서 이로써 백성의 곳간을 보충하는데, 이제 만일 다시 구획한 수를 제외한다면 각 고을마다 백성들의 곳간이 반드시 텅 비게 될 것이니 이는 또한 작은 일이 아닙니다. 무릇 이 두 곡식은 모두 임자가 있어서 지금 구획한 대로 덜어 낼 수 없습니다.

또 생각건대, 배로 운반할 때 반드시 강과 바다를 접한 고을에서 곡식을 취하는 것을 원칙으로 하는 이유는 뱃길이 통하기 때문입니다. 본도에 회부(會付)한 각곡이 비록 80여 만 섬이라고는 하나 대부분 변방의 외진 고을과 진(鎭)에 쌓여 있고, 물이 가까운 평야 지대의 고을로 말하면 곳곳마다 텅 비어 있습니다. 신이 작년에 성상의 명을 받들어 지은 글[87]에서 논한 적이 있으니, 밝으신 성상께서 이미 살펴보셨으리라 생각됩니다.

86 눈앞의……있습니다 : 원문은 '目前之牽補'로, '견보(牽補)'는 담쟁이덩굴을 끌어다가 새는 지붕을 덮는다는 견라보옥(牽蘿補屋)의 준말로, 근본적인 해결책은 강구하지 않고 미봉책을 쓴다는 뜻이다.

87 성상의……글 : 저자가 1808년(순조8) 평안도 관찰사로 부임하여 올린 〈관서응지계(關西應旨啓)〉를 말한다. 《竹石館遺集 冊6》

지금 중화(中和)에서 용천(龍川)까지 바다를 끼고 있는 열두 고을과 삼면이 바다로 둘러싸인 여섯 고을[88]을 가지고 말해 보면, 곡식의 총량이 1만 섬이 되는 곳은 겨우 두세 고을뿐이고, 그보다 수량이 적은 고을은 2000섬 내지 3000섬이고, 제일 수량이 적은 고을은 겨우 1000섬을 넘습니다. 본도의 작년 농사 상황이 흉년을 면치 못하여 올봄에 환곡을 내어 줄 때에도 어려움을 겪지 않은 고을이 없었으니, 이러한 고을에서 빼 가는 것은 이미 조처할 수 없는 일입니다.

더구나 곡명(穀名)이 회안(會案)을 그대로 따르지 않은 지가 이미 오래되어서 지금 창고를 보면 피잡곡(皮雜穀)을 준절(準折)하여 대신 남겨 둔 것이 대부분이니, 지금 만일 장부를 근거로 대미와 소미를 찾아내려 한다면 그럴 방법이 없습니다.

왜 공적·사적 비용이 본래의 수보다 더 들어서 평안도 백성들이 삶을 보존하기 어렵다는 우려가 있다고 하겠습니까? 멀리 실어 나르는 곡식은 반드시 모두 곡식의 양을 첨가하여 곡식이 축나지 않게 해야 하고, 또 반드시 조밀하게 짠 가마니를 사용하여 물이 스며드는 것을

88 삼면이……고을 : 원문은 '三沿之邑'으로, '삼연(三沿)'은 삼면이 바다로 둘러싸인 지형을 말하고, '육읍(六邑)'은 용강(龍岡), 삼화(三和), 함종(咸從), 증산(甑山), 강서(江西), 영유(永柔) 여섯 고을을 말한다. 김매순(金邁淳)의 《대산집(臺山集)》 권1 〈경도가 편지를 보내 근래 지은 시를 보여 주기에 차운하여 도로 부치다〔景道書示近作次韻却寄〕〉의 "삼연 땅은 풍토가 달라, 팔월에도 서리 내렸네.〔風土三沿別 天霜八月初〕"라는 구절에 대해, 그 주(注)에서 "용강, 삼화, 함종, 증산, 강서를 삼연 땅의 다섯 고을이라고 하니, 삼면이 바다로 둘러싸였음을 말한 것이다.〔龍岡三和咸從甑山江西 稱三沿五邑 言三面沿海也〕" 하였다. 이 다섯 고을 외에 《신증동국여지승람(新增東國輿地勝覽)》의 평안도 지도를 참조하여 영유를 추가하였다. 현재 대동강과 청천강 사이에 있는 평양평야(平壤平野) 일대이다.

방지해야 합니다. 지금 이미 받든 곡식을 되로 헤아려서 촘촘한 가마니를 기준에 맞게 충당하려면 형세상 반드시 민간에 분배하여 양이 축난 것을 맡겨 가마니를 다시 만들게 해야 할 것입니다. 지금 이 계책을 가지고 헤아려 보면 되로 헤아렸을 때 줄어든 양이 가마니마다 두서너 말이고 가마니의 비용이 가마니마다 70 내지 80문(文)이니 모두 계산하면 5만 섬입니다. 그렇다면 민호(民戶)에서 담당하는 것이 가령 쌀이 1만 섬이고 돈이 4만 냥일 경우 춘궁기의 가난한 민호에서[89] 어떻게 감당할 수 있겠습니까. 게다가 포구에까지 내다 놓는 일을 백성들에게 책임 지우지 않을 수 없는데, 이는 또 부족분을 채우고 가마니를 다시 만드는 일에 포함되지 않은 고생입니다. 지금 만일 이것을 시행하도록 명한다면 평안도 백성들의 고달픔이 호남 백성들과 별다를 게 없는 것이 아니겠습니까.

배로 운반할 경우 반드시 뱃삯을 내야 합니다. 본도의 관례를 보면 정주(定州) 이남은 10섬당 1섬 10말을 뱃삯으로 내고 곽산(郭山) 이북은 10섬당 2섬을 뱃삯으로 내는데, 이는 모두 본도에서 경기 연안까지 운반할 때의 관례일 뿐입니다.

호남에 실어 나르는 것으로 말하면 아직 정해진 관례가 없어서 뱃삯으로 얼마를 내야 하는지는 모르겠지만, 만일 10섬당 3섬을 뱃삯으로 내게 되면 1만 5000섬이 들고 4섬을 뱃삯으로 내게 되면 2만 섬이 듭니

89 가난한 민호에서 : 원문의 '하호(下戶)'는 국가에서 부역의 균평(均平)을 기하기 위해 나눈 민호(民戶) 등급 중의 하나이다. 조선 초기에도 가호(家戶) 내의 인정(人丁) 수에 따라 대·중·소 호로 나눈 일이 있고, 경작하는 전결(田結)의 수에 따라 대·중·소·잔(殘)·잔잔(殘殘) 호로 나눈 일이 있으나, 대체로는 전택(田宅)과 자산(資産)에 따라 상·중·하 호로 나누었던 것으로 보인다.《世宗實錄 27年 8月 24日》

다. 원래의 수 안에서 뱃삯을 지불하고자 한다면 호남에 보내는 곡식이 얼마나 되겠습니까. 그렇지 않고 다른 곡식을 별도로 구해서 주려 한다면 무슨 수로 마련하겠습니까. 더구나 기선감색(騎船監色)[90]이 배 위에서 먹는 곡식을 양급(量給)하지 않을 수 없는 경우이겠습니까. 이로써 논해 보면 공사(公私) 간에 발생하는 손실이 이미 원래의 수를 넘어섭니다.

왜 배를 구할 방책이 없고 거느리고 실어 나를 인솔자가 없다고 하겠습니까? 본도의 해선(海船)은 대부분 선체가 작습니다. 큰 배라고 해봐야 최대한 400섬을 싣는 데에 불과한데 그 숫자가 아주 적고, 나머지 배는 모두 겨우 200여 섬을 실을 수 있습니다. 지금 5만 섬을 운반하려면 200여 척의 배를 동원해야 하는데, 이는 본도의 힘으로 동시에 마련할 수 있는 규모가 아닙니다.

운반선을 거느릴 차원(差員)으로 말하면, 비록 호남에서 파견해 줄 수 있지만 200여 척을 동시에 보낼 방법이 없는 데다 끊임없이 바다로 나갈 때 어떤 배가 먼저 가고 뒤에 갈지 어떤 배가 빨리 가고 더디 갈지 미리 정할 수 없습니다. 또 어찌 차원 한 사람이 관할할 수 있겠습니까. 배를 구할 계책이 없는 것이 이와 같은 데다 운반을 거느릴 인솔자가 없는 것이 저와 같으니, 어떻게 삼도(三道)를 지나 세찬 파도 위를 항해하여 모두가 무사히 당도하기를 기약할 수 있겠습니까.

배로 운반할 수 없는 이유가 네 가지 있으니, 아무리 억지로 이 일을 추진해 보려고 해도 결국 시행할 수 없을 것입니다.

90 기선감색(騎船監色) : 세곡을 조운(漕運)하는 것을 감독하기 위해서 조운선(漕運船)에 함께 타고 가는 감리(監吏)이다.

돈을 마련하여 가져가는 일로 말하면 배로 운반하는 것에 비해 조금 편리하기는 하지만 시기에 맞추기 어려운 점은 매한가지입니다. 지금 창고를 열어 곡식을 내다 팔면 환곡을 상환할 때 책정하는 가격과 이미 크게 다르니, 절미(折米)로 쌀값을 책정하기는 형세상 진실로 어렵습니다.

가장 큰 문제는 눈앞에 돈이 바닥난 것으로 진실로 팔도 모든 지역의 큰 폐단인데, 본도는 특히 심합니다. 지금의 흉년을 기준으로 곡식 값을 비교해 보면 값이 뛰었다고 할 수 없으니, 이는 곡식이 넉넉해서가 아니라 돈이 귀하기 때문입니다. 작년 겨울 본도에서 곡식을 돈으로 바꾼 것이 아직 끝나지 않았으니, 이러한 연례는 응당 민간에서 일찍부터 미리 갖추어 놓은 것이고, 가을과 겨울은 또한 민력(民力)이 가장 넉넉한 시기이나 겨울을 거치고 해를 지나면서도 끊임없이 독촉을 당했으니, 그 어려움을 알 만합니다.

돈은 돌아다니는 재화여서 1전(錢)으로 10전의 일에 응하니, 수십만 전을 한 도(道) 안에서 마련해 낼 수 있는 것은 이 때문이고, 동시에 일제히 모을 수 없고 반드시 4, 5개월에 걸쳐 더디게 시차를 두고 모여드는 것도 이 때문입니다. 만일 먼저 들어간 돈이 나오지 않으면 뒤에 들어갈 돈을 이어서 마련할 수 없습니다.

지금 만일 관서(關西) 지역의 17만 전(錢)을 천여 리 되는 먼 호남 지방으로 일일이 실어 보내 가는 것만 있고 돌아오는 것이 없다면 비록 도내의 돈을 죄다 가져가더라도 불가능하다는 사실을 뻔히 알 수 있습니다. 이 어찌 한두 달 내에 모을 수 있을 것이며 가을과 겨울에도 불가능한 것을 또 어찌 춘궁기에 책임 지울 수 있겠습니까.

더구나 지금 호조에서도 획곡(劃穀) 2만 5000섬을 돈으로 만들어

갈 것을 청하였습니다. 양조(兩條)가 아울러 나와 응접할 틈이 없으니, 비록 징봉(徵捧)하는 때에 조금 여유를 둔다 하더라도 돈이 나올 길이 따로 있지 않습니다. 불쌍한 이 평안도 백성들이 어떻게 그 많은 돈을 마련하겠습니까. 이 또한 돈을 마련하는 방법을 시행하기 어려운 이유입니다.

배로 실어 나르는 방법과 돈을 마련하는 방법 할 것 없이 모두 그만두도록 해 주신다면 참으로 큰 다행이겠습니다. 만일 그렇게 안 된다면 배로 실어 나르자는 의논을 거두어 민심을 달래고 획곡의 숫자를 줄여 변방의 곡식을 남겨서, 떼어 주어도 지장이 없을 정도의 곡식만을 남겨두고 돈을 만들어 주게 하고, 또 몰아붙이지 말고 좀 느슨히 하여 백성들이 힘을 펴서 스스로 처리할 수 있게 해 주어야 합니다. 그렇게 한다면 호남이 비록 굶주리더라도 이것을 바탕으로 운영하는 방도가 없지는 않을 듯합니다.

신은 이 명을 받은 뒤로 속이 다 타들어 가고 아무리 생각해 보아도 어찌해야 할지 몰랐습니다. 이제 말을 하려 하면 사람들은 틀림없이 "이 작자는 다만 담당한 지역이 다르다는 것을 염두에 두어 스스로 더 편한 쪽을 차지한 채, 호남 백성들의 신음하는 소리를 듣고도 진(秦)나라 사람의 야윈 모습을 보는 듯하다.[91]" 하며 비난할 것이니, 신이 장차 무슨 말로 스스로를 해명하겠습니까. 그렇다고 말하지 않으려 하면 그 일이 전혀 시행될 수 없고 평안도 백성들이 불행에 빠진다는

91 진(秦)나라……듯하다 : 자신과 전혀 무관하게 본다는 말이다. 춘추 시대에 진(秦)나라는 서북쪽에 있고 월(越)나라는 동남쪽에 있어서 거리가 매우 멀었으므로 서로 소원(疏遠)했다.

것을 뻔히 알면서도 아뢰지 않고 가만히 앉아 시간만 보내다가 끝내 일을 그르치게 될 터이니, 신하의 의리상 감히 할 짓이 못 됩니다. 이에 감히 속내를 피력하여 소장(疏章)을 지어 우러러 성상께 올립니다.

삼가 바라건대, 신이 올린 이 소장을 묘당(廟堂)에 내려 즉시 품처(稟處)하게 하시고 번거롭게 해 드린 신의 죄를 다스리시어 법도와 기강을 세우소서. 그리해 주신다면 매우 다행이겠습니다.

비답은 다음과 같다.

"상소를 보고 잘 알았다. 지금 경의 상소를 보니 배로 곡식을 운반하는 방법과 곡식 대신 돈을 마련하는 방법이 대단히 민폐를 끼친다고 하였다. 나라고 어찌 모르겠는가. 경의 상소로 인해 더욱더 고민스럽다. 내가 백성들을 똑같이 생각하니, 평안도 백성과 호남의 백성을 어찌 서로 달리 생각하겠는가. 그러나 호남의 백성은 당장 먹고사는 일이 시급하다. 평안도 백성의 소요를 헤아린 뒤 이러한 폐단을 재신(宰臣)에게 물어본 적이 있으나 아직 결정하지 못하였다. 장차 이 상소를 가지고 묘당에 물어서 호남의 백성들에게 실제 효과가 나게 하고 평안도 백성들에게도 민폐가 없게 할 터이니, 경은 그리 알라."

죽석관유집

제5책

소疏

소 疏

노모의 봉양을 위해 평안도 관찰사 및 규장각 제학의 사직을 청하는 소[1]

乞養辭藩任及閣職疏

삼가 아룁니다. 신은 외람되이 현직을 맡은 지 이미 2년이 지났고, 대궐을 멀리 떠나온 지도 오래되었습니다. 보잘것없는 천신(賤臣)의 마음은 참으로 전하를 그리워하는 회포를 견딜 수 없습니다.

신은 본래 졸렬하고 고지식하여 보통 사람 축에도 끼지 못하는데 양조(兩朝)의 지우(知遇)를 입어 과분하게 발탁되었으며 전후로 역임한 관직이 번번이 분수에 넘치는 자리였습니다. 변경의 웅진(雄鎭)을 다스리는 중임에 이르러서는 더욱이 의의(擬議)되어서는 안 되는 직임이었으니, 당초 신이 제수되었을 적에 이미 스스로 감당하지 못할 것을 알았습니다. 그러나 사직을 허락받지 못해서 하직 인사를 하고 부임지

1 노모의……소 : 저자는 1808년(순조8) 9월 21일 평안 감사에 제수되었고, 이듬해인 1809년 2월 2일에는 홍문관과 예문관의 대제학에 제수되었다가 다음 날 좌의정 김재찬(金載瓚)의 청으로 평안 감사에 유임되었다. 또 1810년 4월 11일에 규장각 제학에 제수되었다. 이에 저자는 4월 29일 상소문을 올려 평안 감사와 규장각 제학의 사직을 청하였는데, 감사의 사직만 허락받았다. 《純祖實錄》《承政院日記》

로 떠나려 할 때에 성상께서는 특별히 신을 전석(前席)에 부르고 조칙으로 효유(曉諭)하시어 신으로 하여금 성상의 교화를 받들어 시행하게 하셨습니다. 신은 망극한 은혜를 입고 높은 관직에 오르게 되어 성은에 보답하기를 생각하는 마음이 충심에 맺혀 있었으니, 어찌 노둔한 자질을 다해 성상의 밝은 명을 우러러 받들고자 하지 않았겠습니까.

신이 삼가 살펴보건대, 본도(本道)의 사세(事勢)는 다음과 같았습니다. 재력은 이미 고갈되어 관청이나 민간이나 곳간이 텅 비었고, 민간의 풍속은 날로 퇴락하여 기강이 다 무너졌으며, 군정(軍政)은 오래전부터 해이하여 국경의 방비를 믿을 수 없었습니다. 온갖 폐단이 한꺼번에 일어나는데 아무도 수습할 만한 사람이 없어서 거의 상으로도 권면할 수 없고 벌로도 징계할 수 없는 상황이었으니, 비유하자면 큰 집이 하루도 버티지 못할 것처럼 급격하게 기울어 가는 아찔한 형세와 같았습니다. 설령 신이 질병 없이 건강했다 하더라도 재주와 역량을 고려하면 결코 대임(大任)을 담당하고 의기(欹器)[2]를 정돈할 수 없었을 것입니다. 더구나 신은 늙은 나이에 병까지 들고 분수에 지나친 복을 받았던 탓에, 겉으로는 형체가 시들고 속으로는 정력이 줄어들어 평상시에도 짙은 안개 속에 떨어진 것처럼 혼미하고 사람을 대하여 일을 처리할 때는 선후를 분별하지 못하였으니 더 말할 것이 있겠습니까. 하루 이틀 지나는 동안 두려운 생각에 도모하여 이룬 일이 없고

2 의기(欹器) : 의장물(儀仗物)의 하나로 물을 담는 기구이다. 이 그릇은 기울어지고 엎어지도록 고안된 것으로, 고대에 임금을 경계하기 위하여 만들었다고 한다. 물이 없으면 기울고 물이 가득 차면 엎어지며, 알맞게 담겨야만 반듯하게 서기 때문에, 임금들이 이것을 자리 오른쪽에 두고 항상 경계로 삼았다고 한다. 《荀子 宥坐》

눈앞에 닥치는 천만 가지 일들은 멍하니 바라보다 잊어버려서 어느덧 흘러간 3년 사이에 쌓여 있던 곡식은 더욱 고갈되고 백성의 삶은 더욱 곤궁해졌으니, 내세울 만한 일은 하나도 없이 한갓 후한 녹만 허비하며 지냈을 뿐입니다. 한밤중에 스스로 탄식함에 처음 먹었던 마음과는 너무나 동떨어져서 자신을 돌아보고 부끄러운 눈물을 흘리자니 몸 둘 바를 모르겠습니다. 만약 일찍 그만두고 떠나지 않으면 반드시 점점 일에 차질만 생길 터이니, 이것이 신이 밤낮으로 걱정하고 두려워하며 어찌할 바를 모르는 까닭입니다.

또한 신에게는 삼가 지극히 절박한 사정(私情)이 있습니다. 신의 어미는 나이가 80이고 평소 고질을 앓았는데, 담이 안에서 쌓인 것이 고질로 발전하였습니다. 무릇 기온이 맞지 않거나 음식이 적절하지 않으면 번번이 발작하여 잠깐 사이에 용태가 급변하니, 한 달 안에도 편안한 날이 별로 없었습니다. 신은 서울에서 근무할 때에도 여러 번 휴가를 청한 바 있고[3] 지난번에 올린 본직(本職)의 사직을 청하는 상소[4]에서도 벼슬살이하기 어려운 상황에 대해 말씀드렸으니, 이는 성상께서 통촉하신 바이고 동료들도 모두 알고 있는 일입니다.

대저 고을 수령으로 나가 부모를 봉양하는 것은 사람들이 누구라도 바라는 일인데 신이 맡은 직책은 단지 고을 수령에 비할 바가 아니니, 맛난 음식을 드리고 좋은 약재를 쓰는 데에 무엇을 구한들 얻지 못하겠

3 서울에서……있고 : 저자는 서울에서 홍문관 제학, 형조 판서, 호조 판서를 지낼 당시 노모를 봉양하기 위해 휴가를 청한 바 있다. 《竹石館遺集 冊4 乞暇省覲疏》

4 지난번에……상소 : 저자는 1808년(순조8) 9월 21일에 평안 감사에 제수되고, 같은 해 9월 24일 사직을 청하는 상소를 올린 바 있다. 《竹石館遺集 冊4 辭平安監司疏》

습니까. 노모를 편히 봉양하기에는 이전의 번임(藩任)에 비해 훨씬 좋아졌으니, 평안도로 와서부터는 노모의 기분과 몸이 그럭저럭 괜찮아졌고 질병도 조금 나아졌습니다. 그러나 신은 매번 들어가 뵐 때마다 한편으로는 기뻐하고 한편으로는 두려워해서 마음이 조마조마하여 마치 살얼음판을 걷는 것 같았으니, 나이가 많아질수록 진원(眞元)이 점차 손상되어 가는 것이 마치 서산에 지는 해처럼 빨랐기 때문입니다. 그러던 차에 3월 초에는 갑자기 다른 증세를 앓다가 가까스로 목숨을 건졌는데, 오늘까지 무사할 수 있었던 것은 천행(天幸)일 따름입니다. 이때부터는 절기가 바뀔 때마다 한층 더 쇠약해져서 여름이 이미 이르렀는데도 아직 겨울옷을 갈아입지 못하고 방에는 불을 때고 이불을 겹으로 덮고 있으며 움직일 때마다 옆에서 부축을 해야 하는 형편이니, 신의 마음이 타들어 가는 것이 다시 어떠하겠습니까. 만일 하늘에 계신 신령의 덕택으로 다행히 더 나빠지기 전에 정성을 다해 치료하려면 지금 날씨가 많이 뜨거워지기 전에 길에 올라 조금씩 나아가야 거의 사가(私家)에 도착할 수 있을 것입니다. 삼가 스스로 생각건대, 사직하고 체직되어 후임자를 기다리는 것은 원래 절차가 있지만, 지금 기회를 놓치고 도모하지 않아서 앞으로 한여름을 맞이하게 된다면 신이 어찌 날마다 하루를 급하게 여기지 않을 수 있겠습니까.

옛사람이 말하기를 "부모를 섬길 날은 짧고 임금을 섬길 날은 길다."[5]라고 하였으니, 이는 바로 오늘 신이 처한 사정을 말하는 것입니다.

5 부모를……길다 : 이밀(李密)의 〈진정표(陳情表)〉에 나오는 구절을 변용한 말이다. 이밀은 어려서 아버지를 여의고 어머니는 개가(改嫁)하여 할머니 유씨(劉氏)의 양육을 받고 자랐기 때문에 유씨에 대한 효심이 매우 두터웠는데, 뒤에 진 무제(晉武帝)

신에게는 아우가 하나 있었는데 숙부에게 출계(出系)했기 때문에 신이 노모에게는 독자나 마찬가지이니, 신이 간호하지 않으면 달리 사람이 없어서 조금이라도 움직이거나 먹고 마시려면 신의 부축을 기다려야 합니다. 그런데 신은 중책을 맡고 있으니, 비록 부득이 잠깐 틈을 내어 나와 공무를 보더라도 마음은 이미 산란하고 온갖 생각이 식어 버려서 오직 노모 곁을 잠시 떠나 있는 것이 근심이 됩니다. 오히려 어찌 밖으로 자리를 탐하여 그대로 눌러앉아 있고 안으로 분주하게 다닐 수 있겠습니까. 설령 사사로운 정을 억누르고 공무에 종사하더라도 몸과 마음이 따로 놀 터이니 무슨 일을 처리할 수 있겠습니까.

삼가 생각건대, 지금 전하께서는 위로 전궁(殿宮)[6]을 모시고 효(孝)를 근간으로 국정을 다스리고 계시니, 신이 현재 처한 정리(情理)와 같은 경우는 우선적으로 불쌍하게 여기는 은혜를 받아야 할 것입니다. 행여 굽어살피시어 속히 신의 직임을 체차하고 다시 감당할 만한 사람을 제수하시며, 신에게 장기간의 휴가를 허락하여 노모의 여생을 돌보게 해 주신다면, 신의 노모가 앞으로 누릴 세월은 모두 성상께서 내린 시간이 될 것이니, 그 은덕을 신이 어떻게 갚겠습니까. 매우 간절한

가 그를 태자 세마(太子洗馬)에 제수하자 〈진정표〉를 올려 사양하였다. 여기에서 그는 "신 밀은 금년에 44세이고 조모 유씨는 금년에 96세이니, 이는 신이 폐하께 충절을 다할 날은 길고 조모 유씨에게 보답할 날은 짧은 것입니다. 어미에게 보은(報恩)하는 까마귀의 마음으로 끝까지 봉양할 수 있게 해 주시기를 원합니다.〔臣密今年四十有四 祖母劉今年九十有六 是臣盡節於陛下之日長 報劉之日短也 烏鳥私情 願乞終養〕"라고 하였다.《古文眞寶後集 卷1 陳情表》

6 전궁(殿宮) : 이 상소가 작성될 당시인 1810년(순조10)에 정순왕후(貞純王后)는 이미 사망하였고, 혜경궁(惠慶宮) 홍씨(洪氏)와 효의왕후(孝懿王后), 그리고 순조의 친모인 수빈(綏嬪) 박씨(朴氏) 등이 왕실의 웃어른으로 살아 있었다.

정성을 말씀드리느라 말을 조리 있게 하지 못하였습니다. 오직 성상께서는 가련하게 여겨 주소서.

또 신은 일전에 삼가 규장각 제학(奎章閣提學)에 제수하는 명을 받들었는데, 유지가 선포되어 광영이 먼 지역까지 퍼졌으니 황감하여 몸 둘 바를 알지 못하였습니다. 대저 각직(閣職)은 매우 청준(淸峻)한 직임이고 제학은 그 지위와 명망이 더욱 중한데, 번신(藩臣)이 겸직하는 경우는 더욱 상격(常格)이 아니니 신같이 용렬한 자가 외람되이 차지할 수 있는 자리가 아닙니다. 신이 바야흐로 간절하고 절박한 사정을 우러러 여쭈면서 정성껏 재계하고 묵묵히 기도하는 바는 오직 속히 관찰사의 직책을 벗고 집으로 돌아가 노모를 봉양하는 것이니, 다른 관직이 신에게 어울리지 않는다는 점에 대해서는 진실로 감히 장황하게 말씀드리지 못하겠습니다. 그러나 신의 정리(情理)와 분수를 돌아보면 비록 관찰사에서 해임되어 돌아간 뒤에도 함부로 명에 응할 수 없는 것은 자명한 사실입니다. 깊이 헤아리시는 성상의 은혜로 보더라도 또한 규장각 제학을 아울러 간삭(刊削)하시어 내직과 외직에 구분을 두지 않는 것이 마땅할 것입니다. 신은 간절하게 바라 마지않습니다.

이조 판서를 사직하는 소[7]
辭吏曹判書疏

삼가 아룁니다. 신은 외람되이 간절한 사정을 아뢰고 지방관의 직임[8]에서 물러날 수 있었으니, 3년 동안 영화로운 봉양을 할 수 있었던 것[9]도 성상의 은혜이고, 순체(順遞)[10]되어 다시 돌아올 수 있었던 것 역시 성상의 은혜입니다. 산처럼 높고 바다처럼 넓은 성상의 은혜가 시종 변함이 없었으니 감축하는 신의 마음은 천지를 다 채우고도 남

7 이조……소 : 저자는 나이 52세 되던 1810년(순조10) 5월 10일 정사에서 이조 판서에 제수되고, 6월 16일에 이 상소를 올려 사직을 청하지만 허락을 받지는 못하였다. 《純祖實錄》

8 지방관의 직임 : 평안도 관찰사의 직임을 말한다. 저자는 1810년 4월 29일 평안도 관찰사와 규장각 제학을 사직하는 상소를 올렸는데, 관찰사의 직책에 대해서만 사직을 허락받았다. 《承政院日記》

9 3년……것 : 원문은 '三載榮養'으로, '영양(榮養)'은 자식이 출세하여 그 녹(祿)으로 부모를 극진히 봉양하는 것을 말한다. 주로 고을 수령으로 나가 부모를 봉양하는 것을 가리키는데, 이를 '전성지양(專城之養)'이라 하여 매우 영광스러운 일로 여겼다. 저자는 1808년 9월 21일 평안 감사에 제수된 이후, 1810년 4월 29일 사직할 때까지 3년간 평안 감사로 있었다. 《純祖實錄》《承政院日記》

10 순체(順遞) : 관직에서 순조롭게 체차(遞差)되는 것을 말한다. 《목민심서(牧民心書)》에 "체대(遞代 : 체차)의 이름이 모두 20가지가 있는데, 첫째는 임기가 차는 과체(瓜遞), 둘째는 승진하는 승체(陞遞), 셋째는 경관(京官)으로 옮기는 내체(內遞), 넷째는 임금의 소명(召命)을 받는 소체(召遞), 다섯째는 다른 고을과 서로 바꾸는 환체(換遞)이니 이 다섯 가지를 순체라고 한다."라는 말이 있다. 《牧民心書 解官6條 第1條 遞代》

을 것입니다.

신은 평안도에 있을 때 삼가 5월 10일에 내리신 유지(有旨)를 보았는데, 신을 이조 판서에 제수하니 속히 역마를 타고 올라오라는 내용이었습니다. 신은 두 손으로 유지를 받들고 아홉 번 머리를 조아린 뒤에 사지(四肢)를 땅에 던져 엎드리며 스스로 몸 둘 바를 몰라 안절부절못하였습니다. 대저 국가의 치란(治亂)은 인재를 제대로 활용하느냐 못하느냐에 달려 있는데, 선한 이와 악한 이를 감별하고 장점과 단점을 비교하여 가진 재능에 따라 각각 마땅한 자리를 얻게 하는 것은 전형(銓衡)을 담당하는 사람이 실로 그 책임을 맡는 것입니다. 전하께서 국가를 태평하게 다스리려 하지 않는다면 전형관(銓衡官)을 가리는데 신경 쓸 필요가 없겠지만, 그렇지 않다면 어찌 신처럼 보잘것없는 사람을 구차하게 그 자리에 제수할 수 있겠습니까.

신은 본래 어리석고 용렬하여 무엇 하나 남보다 나은 점이 없고, 세상 물정에는 더욱 어두운 편입니다. 게다가 가득 차면 넘친다는 두려움으로 늘 위축된 마음을 품고 있으며 졸렬하고 고지식한 성품으로 오직 단속하기에만 신경을 씁니다. 일체의 세상사에는 귀머거리나 다름이 없고 동시대에 알고 지내는 사람이라도 정담(情談)을 나누는 이는 한 명도 없어서, 평소 두문불출하다 보니 어느덧 어울리는 사람이 적어지게 되었습니다. 우리 두 성조(聖朝)에서는 이러한 신을 믿고 의지하셨지만, 신과 같은 사람은 한산한 자리에 던져두어야 거의 죄를 줄일 수 있을 터이니 이렇게 권세 있는 요직을 애초에 어찌 의론할 수 있겠습니까. 아직도 기억이 납니다. 선대왕(先大王)께서 연석(筵席)의 하교(下敎)에서 "아무개는 정격(政格)[11]에 있어서는 이른바 '지극히 어리석은 사람'[12]이어서 변화시킬 수가 없다."라고 하셨으니, 아아, 신을 아는 사람으로는 우리 성군(聖君)만 한 분이 없었습니다. 신은 전조(銓曹)의 낭서(郎署)[13]와 좌이(佐貳)[14]에 모두 통망(通望)되었지만 제수되지는 않았습니다. 이는 사람을 알아보는 우리 선조(先朝)의 명철한 감식안인 동시에 시종 보살펴 주시려는 곡진한 뜻이 실로 그 사이에 있는 것이니, 신의 몸이 오늘까지 무사할 수 있었던 것이 누가 베풀어 주신 은혜이겠습니까.

신은 예전에 나이가 오히려 적고 힘이 오히려 강건(强健)했지만 무릇 세상 인정에 관계된 일에는 한쪽으로 꽉 막힌 성품이 이와 같았습니다. 더구나 지금은 포류(蒲柳)[15]와 같이 일찍 시들어 버리고 정신과 정력이 다 소모되어 거의 옛사람이 이른 바, 노쇠하여 굼뜨기가 마치

11 정격(政格) : 정주(政注)의 격례(格例)를 의미한다. 인물을 심사하여 관원(官員)의 임면(任免), 출척(黜陟)을 결정하는 것으로, 전조(銓曹)에서 세 사람의 후보자를 추천하여 최종 심사에 올리는 삼망(三望)의 격례를 말한다.

12 지극히 어리석은 사람 : 공자(孔子)가 일찍이 "오직 지극히 지혜로운 자와 지극히 어리석은 자는 변화시킬 수 없다.〔唯上知與下愚不移〕"라고 하였는데, 상지(上知)는 이미 선(善)의 극치에 이르렀으므로 더 변화할 수 없고, 하우(下愚)는 선을 믿지 않고〔自暴〕 선을 행하지 않으므로〔自棄〕 변화해 나아갈 수 없다는 뜻이다. 《論語 陽貨》

13 낭서(郎署) : 육조(六曹)의 정랑(正郎), 좌랑(佐郎) 등 기타 실무를 담당하는 관원이다.

14 좌이(佐貳) : 육조의 참판(參判)과 참의(參議) 등 기타 각 관사(官司)의 차석을 일컫는다.

15 포류(蒲柳) : 창포와 갯버들의 합칭으로, 일찍 늙고 쇠하는 허약한 체질을 비유하는 말이다. 진(晉)나라 고열지(顧悅之)가 간문제(簡文帝)와 동갑이었는데도 이른 나이에 머리칼이 하얗게 세어 황제가 그 이유를 물으니 "신은 포류와 같은 체질이라서 가을이 가까워지기만 해도 벌써 낙엽이 지고 맙니다.〔蒲柳之姿 望秋而落〕"라고 대답한 고사가 전한다. 《世說新語 言語》

8, 90 된 사람처럼[16] 되어 버렸습니다. 가득 차면 넘친다는 두려움은 관직이 높아질수록 더욱 두려워지고, 졸렬하고 고지식한 성품은 나이가 들수록 습성으로 굳어져서 홀로 고집을 부리다가 스스로 실의에 빠져 지냈습니다. 상정(常情)이 알고자 하는 일을 신은 오히려 관망하며 간여하지 않았고, 여론이 함께하는 이야기를 신은 도리어 무슨 말인지 살피지 않아서, 매번 과거의 정안(政眼)[17]을 접할 때마다 거의 연(燕)나라 사람이 영(郢) 땅에서 온 편지를 읽는 것과 같았습니다.[18] 이런 신이 만일 하루아침에 인물을 전형(銓衡)하는 자리에 임명된다면 반드시 좌우를 돌아보며 어찌할 바를 알지 못하게 될 터이니, 어찌 보는 사람을 놀라게 하고 듣는 사람을 부끄럽게 하지 않겠습니까.

정주(政注)의 격례(格例)는 오히려 하리(下吏)들의 경험에 의지한다지만, 조정의 관료들이 누가 누군지 태반을 알지 못하니 어떻게 할

16 노쇠하여……사람처럼 : 춘추 시대 노(魯)나라 대부인 목숙(穆叔)이 맹효백(孟孝伯)에게 "조맹이 머지않아 죽을 것입니다. 그 말이 구차하여 백성의 주인답지 못하고, 또 그의 나이가 아직 채 50도 되지 않았는데 노쇠하여 굼뜨기가 마치 8, 90 된 사람 같으니 오래 살지 못할 것입니다.〔趙孟將死矣 其語偸 不似民主 且年未盈五十 而諄諄焉如八九十者 弗能久矣〕"라고 말한 사실이 있다. 《春秋左氏傳 襄公31年》

17 정안(政眼) : 관원들의 임명과 해임 등을 기록한 문서, 즉 정목(政目)을 말한다.

18 연(燕)나라……같았습니다 : 원래의 뜻을 제대로 이해하지 못하였다는 말이다. 초(楚)나라 영(郢) 땅에 사는 사람이 밤에 연(燕)나라 상국(相國)에게 편지를 쓸 적에, 주위가 어두워 곁에서 촛불을 잡고 있는 자에게 "촛불을 들어라.〔擧燭〕"라고 말하면서 자기도 모르게 '거촉(擧燭)'이라는 두 글자를 편지 속에 잘못 기입하였다. 그런데 연나라 상국이 그 편지를 받고서 "거촉은 밝음을 숭상하는 말인데, 밝음을 숭상하려면 어진 이를 등용해야 한다.〔擧燭者 尙明也 尙明也者 擧賢而任之〕"라 생각하고, 연왕(燕王)에게 이 뜻을 건의하여 시행한 결과 연나라가 잘 다스려졌다는 고사가 전한다. 《韓非子 外儲說左上》

방법이 없습니다. 게다가 누가 선한 사람인지 누가 악한 사람인지, 누가 여기에 단점이 있는지 누가 저기에 장점이 있는지 등에 대해서는 더욱이 어떻게 알 수 있겠습니까. 알지 못하는 일을 억지로 한다면 인재를 선발하여 관직에 배치하는 중요한 정사를 어찌 이처럼 흐리멍덩하게 할 수 있겠습니까. 당당한 조정에 선비들이 빽빽하게 모여 있는데 무엇 때문에 굳이 이처럼 구차한 인사를 한단 말입니까. 신의 몸이 낭패를 보는 것은 아무렇지도 않지만 조정의 거조(擧措)로 볼 때 결단코 이렇게 해서는 안 됩니다. 신이 비록 매우 어리석지만 스스로의 역량에 대해서는 너무도 잘 알고 있습니다. 지금 화무직(華膴職)[19]에 탐욕을 부려 양심을 버리고 분에 넘치는 관직을 차지하려 한다면 마침내 위로는 국가의 정사(政事)를 망치고 아래로는 신의 몸을 욕되게 할 것이니, 이는 우리 선조(先朝)에서 온전히 보살펴 주신 성덕(聖德)을 저버리는 일입니다. 신이 어찌 차마 이 자리에 나아갈 수 있겠습니까.

신은 지난번 상소에서 신의 어미가 늙고 병든 실상을 갖추어 아뢴 다음 돌아가 봉양할 수 있게 해 주기를 우러러 청하였는데, 성상께서 측은히 여기시어 지방관의 직임에서 물러날 수 있도록 허락하셨습니다. 지방관의 직임에서 이미 물러났으니 당연히 돌아가 어미를 봉양할 수 있으리라 생각하여 신은 삼가 은혜로운 비답을 받들고 가서 노모에게 읽어 주었고, 우리 모자는 서로 바라보며 손을 모으고 머리를 조아리고 간절한 소망이 이루어진 데 대해 감격의 눈물을 흘렸습니다. 그러니 지금부터 이후로 노모의 여생은 모두 신이 하늘을 우러러 빌고 숭산

19 화무직(華膴職) : 화(華)는 사헌부, 사간원, 홍문관의 삼사와 같은 청환(淸宦)을 가리키고, 무(膴)는 호조와 같이 녹이 후한 관직을 가리킨다.

(嵩山)에 축원[20]해야 할 날들입니다. 지난번에 올린 신의 상소 가운데 "부모를 섬길 날과 임금을 섬길 날을 비교하면 장단의 차이가 있다.〔較日短長〕"[21]라는 표현은 신의 말이 아니라 옛사람의 말입니다. 신이 그 상소에서 인정(人情)의 절실함을 이야기하고 도리(道理)의 완급(緩急)을 비교하여 헤아린 이유는 실로 그가 먼저 사직을 허락받은 점을 찬탄했기 때문이지, 신이 문득 생각이 떠올라서 갑자기 아뢴 것은 절대 아닙니다.

만일 신의 어미가 병세가 고질에 이르지 않고 기력이 쇠하지 않아서 간혹 곁을 떠나 있어도 심각한 사태에 이르지 않을 정도라면 신이 어찌 감히 걸양(乞養)[22]의 계획을 갑자기 품을 수 있었겠습니까. 노모는 실로 팔순의 나이에 노병까지 겹쳐서 원기가 이미 쇠진하였으므로 세월이 흐를수록 더욱 허약해져서 만회할 수가 없는 상태입니다. 비단 금년이 작년 같지 않을 뿐만 아니라 실로 이달이 지난달 같지 않아서 엄자산(崦嵫山)을 자주 돌아보며[23] 아침에 저녁을 기약할 수 없으니, 예전의

20 숭산(嵩山)에 축원 : 원문의 '축숭(祝嵩)'은 원래 신하가 임금과 왕실의 수복(壽福)을 축원한다는 의미로, 한 무제(漢武帝)가 숭산에 올라갔을 때 어디선가 만세 소리가 세 번 들려왔다는 고사(故事)에서 유래한 말이다.《漢書 卷6 武帝紀》 여기서는 노모의 수복을 축원한다는 의미로 쓰였다.

21 부모를……있다 :《죽석관유집》 제5책에 수록된 〈노모의 봉양을 위해 평안도 관찰사 및 규장각 제학의 사직을 청하는 소〔乞養辭藩任及閣職疏〕〉에서 "부모를 섬길 날은 짧고 임금을 섬길 날은 길다.〔事親日短 事君日長〕"라고 한 말을 인용한 것으로, 이 말은 이밀(李密)이 진 무제(晉武帝)에게 올린 〈진정표(陳情表)〉에 나오는 표현을 변용한 것이다. 자세한 내용은 444쪽 주5 참조.

22 걸양(乞養) : 벼슬을 사직하고 집으로 돌아가 부모를 봉양할 수 있게 해 달라고 청하는 것을 말한다.

형세와 비교해 볼 때 생각했던 것보다 크게 나빠졌을 뿐만이 아닙니다. 병석의 좌우에는 달리 수발을 들 사람이 없어서 치료하고 약 먹을 때 신이 있어야 하고 음식을 먹을 때 신이 있어야 하고 일상적인 생활에서도 신이 부축해야 하니, 신의 어미가 신의 간호를 기다리는 마음은 어떤 일이든 그렇지 않음이 없고 어느 때이든 간절하지 않음이 없습니다. 이렇게 노인이 마음이 약해져서 아들을 의지하고 있으니, 설사 신이 불효막심한 자라 할지라도 진정 무슨 마음으로 그 곁을 떠나 벼슬길에 나아가서 자식을 그리워하며 버리지 못하는 노모의 정을 돌아보지 않을 수 있겠습니까.

지방관이 보는 사무는 내직(內職)과 달라서 앉아서 정사(政事)를 살피고 문을 나서는 일이 극히 드물었습니다. 늘 부령(簿領)[24]이 조금씩 많아질 때마다 혹 판서(判署)[25]가 아직 끝나지 않은 상황에서도 오히려 잠시 드나들 수 있었으니, 그리 심하게 얽매이지는 않았습니다. 그럼에도 불구하고 신이 오히려 이것을 어렵다고 여긴 이유는 실로 마음을 두 가지로 쓸 수 없어 일을 하는 데 방해가 되고 몸이 자유롭지 못해 왕왕 이렇게 구애되는 일이 있었기 때문입니다. 그래서 긴 휴가를 청하여 노모의 봉양에 전념하려고 했던 것입니다. 지방관의 직임에 있어서도 오히려 그러하였는데 더구나 가장 바쁘다고 하는 전조(銓曹)

23 엄자산(崦嵫山)을 자주 돌아보며 : 죽음이 임박하였다는 의미이다. 엄자산은 중국 감숙성(甘肅省) 서쪽에 있는 산 이름인데, 이곳으로 해가 지기 때문에 흔히 만년(晩年) 혹은 죽음의 비유로 인용된다.

24 부령(簿領) : 날마다 기록하여 정리하는 공문서이다.

25 판서(判署) : 관문서(官文書)에 연월일을 쓰고 서명 날인하여 결제하는 것을 말한다.

의 일이야 더 말할 것이 있겠습니까. 정청(政廳)에 나아가 분주(奔奏)[26]하는 일을 제외하고도, 곧 아무 일 없이 집에 있는 사람으로 하여금 빈객을 응접하지 않을 수 없게 하고 차제(差除)를 유념하지 않을 수 없게 할 것입니다. 신은 단지 하나의 몸과 마음을 가지고 있을 뿐이니, 두 가지 직분을 모두 충실히 하여 거리낌 없이 병행할 수 있는 길을 찾으려 해도 그렇게 할 방도가 없습니다. 신이 우러러 바라는 바는 효(孝)를 근간으로 다스리는 정사(政事)에 있을 따름이니, 부디 성상께서는 조금만 연민의 정을 드리워 주소서.

신은 가까이서 성상을 모시던 신하입니다. 평안도에서 지낸 3년만으로도 먼 거리에서 성상의 곁을 비운 것이 오래인데, 더구나 작년의 큰 경사[27] 이후로는 하반(賀班)[28]에 참석할 길이 막혀서 간절히 그리워하며 돌아가 뵐 기약만을 손꼽아 기다렸으니 더 말할 것이 있겠습니까. 노모를 모시고 길에 올라 조금씩 전진하여 이제야 겨우 서울 가까운 지역에 도착하고 보니, 조정이 매우 가까워져서 마치 날아오를 것만 같습니다. 그러나 중임(重任)에 아직 매여 있어서 나아갈 길이 없으니,

26 분주(奔奏) : 군주의 덕을 전하고 명예를 알린다는 뜻으로 신하의 직분을 수행하는 것을 말한다. 《시경》에 "나에게 분주하는 자가 있다.〔予日有奔奏〕"라는 구절이 있는데, 그 주(註)에서 "덕을 유시(諭示)하고 명예를 선양(宣揚)하는 것을 분주라고 한다.〔喩德宣譽曰奔奏〕"라고 하였다. 《詩經 大雅 綿》

27 큰 경사 : 효명세자(孝明世子, 1809~1830)의 탄생을 말한다. 효명세자는 순조와 순원왕후(純元王后) 김씨의 맏아들로 1809년(순조9) 8월 9일 신시(申時)에 창덕궁(昌德宮) 대조전(大造殿)에서 태어났다. 저자는 이를 경하하는 전문(箋文)을 지어 올린 바 있다. 《純祖實錄》《竹石館遺集 冊3 元子誕生陳賀箋文》

28 하반(賀班) : 국가와 왕실의 경사 때 조정에서 하례하는 반열이다.

혹 이런 심정을 헤아리시어 다시 대궐에 나아가 우러러 무도(舞蹈)[29]의 정성을 펼 수 있게 해 주시는 은전을 입을 수만 있다면, 이생에 남은 바람은 단지 이것뿐입니다. 삼가 바라건대, 천지 부모와 같은 성상께서는 신의 정(情)이 지극히 간절하고 절박함을 살피시고 신의 말이 가식에서 나온 것이 아님을 헤아리시어 신의 본직(本職)과 겸직(兼職)을 속히 간개(刊改)해 주시고, 이어 신이 청한 바대로 노모의 봉양을 마칠 수 있게 해 주소서. 그렇게 해 주신다면 신은 마땅히 살아서는 목숨을 바치고 죽어서는 결초(結草)하여 성은에 보답할 것입니다.[30]

비답은 다음과 같다.

"상소의 내용은 잘 살펴보았다. 총재(冢宰)는 중임(重任)이지만 또한 번잡한 직무가 아니고, 또 대정(大政)[31]이 임박하였으니 조정에 나와서 봉직하고 집에 들어가서는 노모를 구호하도록 하라."

29 무도(舞蹈) : 신하가 임금을 뵐 때 공경의 뜻으로 손을 휘젓고 발을 구르며 알현하는 예식이다.

30 마땅히……것입니다 : 진(晉)나라 이밀(李密)의 〈진정표(陳情表)〉에 "신이 살아서는 마땅히 목을 바칠 것이요, 죽어서도 마땅히 결초보은할 것입니다.〔臣生當隕首死當結草〕"라는 말이 나온다.

31 대정(大政) : 해마다 행하는 도목 정사(都目政事)이다. 도목 정사는 관원(官員)의 치적(治績)을 종합 심사하여 고과 성적에 따라 영전, 좌천 또는 파면시키는 일로, 6월과 12월에 두 차례 행하였다.

이조 판서를 사직하는 두 번째 소
再疏

삼가 아룁니다. 신은 결코 무릅쓰기 어려운 직책을 차지한 뒤에 매우 곤란한 사정이 있어서 외람되이 현(縣)과 도(道)를 통해 상소하여 대략 속마음을 말씀드리고 나서, 성상께서 가련히 여기고 이해해 주시기만을 기대하고 있었습니다. 그런데 비지(批旨)를 받들고 보니 무릇 20여 글자에 신을 깨우치는 가르침이 잘 갖추어져 있어서 신으로 하여금 조정에 나와서는 봉직하고 집에 들어가서는 노모를 구호하게 하셨으니, 신의 사정을 이해하고 신의 어리석음을 가련히 여겨 곡진하게 교도(教導)하시는 성념(聖念)은 마치 자애로운 아버지가 몽매한 자식을 가르치는 것과 같았습니다. 이에 비답의 내용을 채 반도 읽기 전에 감격의 눈물이 절로 흘러내렸고, 이어 정신을 차릴 수 없을 정도로 깜짝 놀라 몸 둘 바를 알지 못하였습니다. 신이 현직(現職)에 대해 진실로 만분의 일이라도 감당할 가망이 있다면 어찌 감히 말을 꾸미고 형식적으로 사양하여 편하든 험하든 가리지 않고 앞을 향해 나아가려 했던 평소의 마음을 저버릴 수 있겠습니까. 천하의 일에는 참으로 억지로 힘써서 할 수 있는 경우가 있습니다만,[32] 성품이 막히는 경우에는

32 억지로……있습니다만 : 억지로 힘써서 행하더라도 공을 이루기만 하면 그것으로 가치가 있다는 의미이다. 공자가 생지(生知), 학지(學知), 곤지(困知)를 말하면서 "혹은 태어나면서 알고, 혹은 배워서 알고, 혹은 곤란을 겪은 뒤에 아니, 그 앎에 미쳐서는 마찬가지이다. 혹은 편안히 행하고, 혹은 이롭게 여겨서 행하고, 혹은 억지로 힘써서 행하니, 그 성공함에 미쳐서는 마찬가지이다.〔或生而知之 或學而知之 或困而知之 及其

이치에 통하지 못하고, 힘이 미치지 못하는 경우에는 일을 행할 수 없기에 하지 않는 자와 할 수 없는 자의 형세는 같지 않습니다. 신은 이 직책에 있어서 곧 할 수 없는 자에 해당할 뿐입니다.

신은 명을 받든 뒤로 앉으나 서나 온갖 생각을 다 해 가며 장차 감당할 방법에 대해 심사숙고해 보았지만 마치 가없는 안개 속에 서 있는 것처럼 망연하여 한 줄기 시야가 열리는 밝은 길을 찾으려 해도 그렇게 할 수가 없었습니다. 비단 신이 스스로의 역량을 잘 알고 있을 뿐만이 아닙니다. 돌이켜 생각해 보면 지금 백관의 자리에 사람이 부족한 적이 없었는데 신처럼 보잘것없는 사람을 억지로 할 수 없는 자리에 제수하려 하시니, 신은 참으로 그것이 온당한 인사인지 알지 못하겠습니다. 다른 관직에 있어서도 오히려 이처럼 구차하게 해서는 안 되는데, 더구나 치란(治亂)의 성패가 달려 있는 전형(銓衡)의 중임(重任)이야 더 말할 것이 있겠습니까. 대저 짐을 지고 다녀야 할 처지인데 수레를 타면 도적을 불러오고,[33] 복장(服裝)이 신분에 걸맞지 않은 것은 몸의 재앙입니다.[34] 신은 본래 지극히 용렬하여 보통 사람 축에도 끼지 못하

知之一也 或安而行之 或利而行之 或勉强而行之 及其成功一也〕"라고 한 적이 있는데, 여기서 유래한 말이다. 《中庸章句 第20章》

33 짐을……불러오고 : 분수에 맞지 않는 자리를 차지하면 재앙이 이른다는 뜻으로, 《주역》 〈해괘(解卦) 육삼(六三)〉에 "짐을 지고 다녀야 할 처지인데 수레를 탄 격이라 도적을 불러오니, 정하더라도 부끄러우리라.〔負且乘 致寇至 貞吝〕"라고 한 데서 온 말이다.

34 복장(服裝)이……재앙입니다 : 복장이 그 사람의 신분에 어울리지 않으면 재앙이 이른다는 뜻이다. 춘추 시대 정(鄭)나라 자장(子臧)이 송(宋)나라로 망명 갔을 때 물총새 깃털을 모아 만든 관(冠)을 좋아하였는데, 정나라 문공(文公)이 이 소문을 듣고 미워하여 자객을 보내 죽이게 하였다. 이에 대해 군자(君子)가 말하기를 "복장이 걸맞지

는데 과분하게 성은을 입고 요행히 분수에 없는 자리를 차지하였으니, 근년 이래로 거쳐 온 관직이 너무 화려하고 성대했던 것이 신의 마음이 밤낮 삼가고 두려워하는 점입니다. 우선 이 문제는 놓아두더라도 사람들의 노여움과 귀신의 시기는 이치로 볼 때 피하기 어려울 터이니, 오직 권세 있는 요직만은 발을 들여놓지 않으려 할 뿐입니다. 지금 만일 전관(銓官)의 지위마저 차지한다면 이는 높은 장대 끝에 서서 걸음을 더 내딛고 그릇을 기울여 놓고 물을 더 붓는 격이니, 설사 신이 한갓 탐욕만을 품어 무턱대고 나아가기만을 생각한다 하더라도 세신(世臣)을 온전히 보호하려는 우리 성상의 성덕으로 볼 때 어찌 차마 엉금엉금 기어가서 우물에 빠지려는 광경을 보고 구해 주지 않을 수 있겠습니까.[35]

신은 노모의 봉양을 이유로 사직을 청한 것이 모두 두 번입니다. 이러한 신의 청은 감히 조금도 실정에 지나친 점을 고한 것이 아니었으니, 대개 지극히 절박한 신의 정리(情理)에 진정 억지로 해서는 결코 안 되는 점이 있었기 때문입니다. 신의 어미는 독로(篤老 70세 이상의

않은 것은 몸의 재앙이다.《시경》에 '저 사람이여, 그 의복이 걸맞지 않았다.'라고 하였으니, 자장의 복장이 자신에게 걸맞지 않았도다.〔服之不衷 身之災也 詩曰 彼其之子 不稱其服 子臧之服 不稱也夫〕"라고 하였다.《春秋左氏傳 僖公24年》

35 어찌……있겠습니까 : 임금이 차마 못 하는 마음을 지녔기 때문에 위험에 처한 신하를 그대로 놓아두지는 않을 것이라는 말이다. 맹자가 사람이면 누구나 선한 마음을 지니고 있다는 것을 설명할 때 위험에 처한 어린 아기를 예로 들면서, 어린 아기가 기어가서 우물에 빠지려는 장면을 보게 되면 누구나 깜짝 놀라고 측은해하는 마음이 일어나는데, 이는 그 아기의 부모에게 잘 보이기 위함도 아니고 고을 사람들에게 칭찬을 받기 위해서도 아니며, 오직 차마 하지 못하는 마음, 즉 타고난 본성에서 우러나온 것이라고 하였다.《孟子 公孫丑上》

노인)의 나이로 묵은 병을 안고 사는 데다가 올봄에 크게 앓은 뒤로는 원기가 조금도 남아 있지 않습니다. 그래서 몸을 뒤척이거나 음식을 먹을 때에도 한결같이 곁에 사람이 있어야 하는데 신이 아니면 다른 사람이 없습니다. 형편이 이와 같기 때문에 신이 지방관에서 체차(遞差)되고 한 달이 지난 후에야 길에 올랐거니와, 또한 이달의 장마와 무더위가 실로 걱정이었습니다. 만일 전달에 먼저 돌아왔다면 날씨가 심하게 덥지는 않았으니 어찌 편하고 좋지 않았겠습니까. 허나 그렇게 하지 못하고 반드시 신이 감영을 떠나기를 기다려 무더위를 무릅쓰고 함께 길에 올랐던 이유는, 비단 신의 마음이 어미 곁을 떠나기 어려웠을 뿐만 아니라 신의 어미가 차마 신을 떠나지 못하는 마음이 도리어 신의 마음이 차마 저버리지 못하는 것보다 더 간절했기 때문이었습니다. 밥 먹고 숨 쉬는 사이에도 잠시만 나가 있으면 실망하여 마음 아파하고 조섭하는 절도가 조금만 부족해도 문득 기력을 잃으니, 신이 진정 무슨 마음으로 자식을 그리는 노모의 지극한 정과 얼마 남지 않은 노모의 여생을 돌아보지 않고 스스로 영록(榮祿)을 탐하여 득의에 찬 얼굴로 벼슬길에 나아갈 수 있었겠습니까.

신의 이번 여정은 오랜 장마를 만나 15일 만에야 겨우 사차(私次)에 도착할 수 있었는데, 노인이 약한 기력으로 궂은 날씨를 견디느라 유독 시달리며 고생을 많이 했기 때문에 병세가 악화되어 현재의 증세는 더욱 잠시도 곁을 떠나 있을 가망이 없습니다. 신의 사정이 여기에 이르러 가히 절박하다 할 만하니, 신이 어찌 효(孝)를 근간으로 정사(政事)를 다스리는 성상께 머리를 들어 울부짖으며 호소하지 않을 수 있겠습니까. 먼 거리에서 오래도록 성상의 곁을 비운 후에 체차(遞差)되어 부신(符信)을 반납하고 보니 성상을 그리는 마음이 간절해져서 밤새도록 방황하였습니다. 그러나 결코 감당하기 어려운 중임을 생각하고 갈수록 애가 타는 사정을 돌아보면 반성하며 스스로 탄식해 보아도 어떻게 할 방법이 없으니, 이에 감히 애타는 심정을 토로하여 전하의 귀를 어지럽히게 되었습니다. 삼가 바라건대, 성명(聖明)께서는 불쌍히 여기는 마음으로 곡진하게 굽어살피시어 속히 신의 본직과 겸직을 삭탈해 주시고, 신이 누차 호소했던 청을 들어주시어 지극한 사정을 펴게 해 주시며, 누차 성상을 번거롭게 했던 신의 죄를 다스려 처분함으로써 국법과 기강을 밝히소서. 그렇게 해 주신다면 매우 다행이겠습니다.

규장각 제학을 사직하는 소[36]

辭內閣提學疏

삼가 아룁니다. 신은 규장각 제학의 직임에 대해 실로 조금도 감당할 가망이 없어서 매번 본직을 사직함으로 인해 번번이 겸직도 함께 체차해 주기를 청하였으니, 이 어찌 그만둘 만한데도 그만두지 않는 것이었겠습니까.

동벽(東壁) 도서(圖書)의 부서[37]는 명망(名望)이 매우 높고 숙유(宿儒)들의 분위기가 아주 엄숙한 곳이고, 그곳의 수장(首長)은 더욱 각별하여 윗사람이 함부로 줄 수 없고 아랫사람이 요행히 무릅쓸 수 없는 자리입니다. 신은 분수를 살피고 역량을 헤아려 스스로에 대해 너무도 잘 알고 있습니다만, 마침내 한번 숙배(肅拜)하게 된 것은 오로지 아패(牙牌)[38]를 어길 수 없었기 때문입니다. 그러나 그대로 시간만 보내며 주저앉아 자리를 차지하고 있는 것은 결단코 신의 도리가 아닙니다.

36 규장각……소 : 저자는 나이 52세 되던 1810년(순조10) 4월 11일 정사에서 규장각 제학에 제수되었는데, 6월 22일 이 상소를 올리고 사직을 청하여 체차를 허락받았다. 《純祖實錄》《承政院日記》

37 동벽(東壁) 도서(圖書)의 부서 : 규장각을 말한다. 동벽은 문장(文章)을 주관하는 별 이름으로, 왕실의 도서를 소장하는 비부(祕府)를 의미한다. 《진서(晉書)》에 "동벽 두 별은 문장을 주관하는 별로서 천하의 도서를 소장한 비부를 상징한다.〔東壁二星主文章 天下圖書之祕府也〕"라고 하였다. 《晉書 卷11 天文志上》

38 아패(牙牌) : 상아(象牙)로 만든 신부(信符)의 하나로, 임금이 2품 이상의 대신(大臣)이나 군사(軍士)를 맡은 장수(將帥)를 직접 부를 때 사용하는 패(牌)이다.

이에 신은 매우 부끄럽고 두려워 날마다 몸 둘 바를 몰라 하면서 언제 어디서나 늘 체직되기만을 바라고 있었습니다.

또 신은 일찍이 직학(直學)에 제수되었을 때 조정의 반열에 올라 직임을 수행하는 데에 구애되는 점이 있었기 때문에 사직 상소를 올려 체직된 바 있는데,[39] 지금 이 직임에 대해서도 처의(處義)가 다르지 않습니다. 이에 감히 소장(疏章)을 올려 스스로의 죄를 논열(論列)하는 것입니다. 삼가 바라건대 신의 사정을 굽어살피시어 신이 맡고 있는 규장각의 직함을 속히 체차해 주소서. 그렇게 해 주신다면 공적으로나 사적으로나 매우 다행이겠습니다.

39 일찍이……있는데 : 저자는 1804년(순조4) 규장각 직제학과 비변사 제조를 사직하는 상소를 두 차례 올렸다. 《竹石館遺集 冊4 辭直提學疏, 再疏》

사정을 자세히 주달하고 전임의 사직을 청하는 소[40]

陳情乞解銓任疏

삼가 아룁니다. 신은 재능으로 보면 애초에 감당할 수 있는 사람이 아니고 정리(情理)로 보면 매우 억지로 하기 어려운 상황이니, 공적으로는 국가의 정사를 그르칠까 근심스럽고 사적으로는 자식의 직분을 비우는 것이 염려스럽습니다. 현직(現職)에 제수된 뒤로 빙탄(氷炭)이 가슴속에서 교차하는 것 같아[41] 이리저리 생각해 보아도 감당할 가망이 없었으므로 마치 경외할 줄도 모르는 사람처럼 누차 소장(疏章)을 올려 성상을 번거롭게 하였으니, 이는 참으로 스스로 가진 역량을 잘 알고 사정이 매우 급박했기 때문입니다. 그 후로 뻔뻔하게 나아가 명을 받들고 의기양양하게 정사를 행했던 이유는 혹 맡을 만한 분수가 있고 혹 억지로 할 만한 실정이 있었기 때문이 아니라, 신의 어리석은 계산에 기대하는 바가 있었기 때문입니다. 신이 삼가 성상의 비답을 보건대 대정(大政)이 임박했다는 내용으로 하유(下諭)하셨으니, 이는 신의 재주가 그 자리에 적합하지 못하고 신의 사정이

40 사정을……소 : 저자는 1810년(순조10) 7월 18일, 노모의 병구완을 이유로 장기간의 휴가를 청하는 이 상소를 올려 휴가를 허락받았다. 《純祖實錄 10年 7月 18日》《承政院日記 純祖 10年 7月 18日》

41 빙탄(氷炭)이……같아 : 정신적으로 갈등과 번뇌에 시달리는 것을 비유한 말이다. 얼음과 숯은 성질이 상반되어 서로 충돌하기 때문에 전하여 마음속의 갈등이나 근심걱정을 뜻하는 말로 쓰인다. 도잠(陶潛)의 〈잡시(雜詩)〉에 "어찌 당세의 선비가, 가슴속에 빙탄이 가득한 것과 같으리오.〔孰若當世士 氷炭滿懷抱〕"라고 하였다.

매우 절박하다는 사실을 성상께서 이미 통촉하고 계시면서도 단지 대정을 시행해야 하기 때문에 때에 임박하여 담당자를 바꾸려 하지 않았던 것일 뿐입니다.

6개월마다 시행하는 경찰(京察 도목 정사(都目政事))은 원래 절로 기한이 있는 법인데, 신이 조정으로 돌아온 시기가 6월 보름 이후[42]여서 대정의 시기가 신으로 인해 때를 지나고 말았으니,[43] 이것이 이미 신의 죄입니다. 이에 사정(私情)을 억누르고 직임에 종사하면서 감히 사사로운 말을 하지 못하고 노심초사 손가락을 꼽아 가며 거의 기쁜 일을 앞에 둔 사람처럼 오직 대정만을 기다렸으니, 신의 심정은 여기에 이르러 가히 애틋하다고 할 만하였습니다. 그 상태에서 달아나지 못하고 마침내 대정을 행하는 날이 되었을 때는 마치 안갯속을 헤매는 사람이 방향을 구분 못 하는 것처럼 막막해서 순간순간을 흐지부지 덮어 버리고 오직 종이의 여백만 메우고 있었으니, 신은 실로 스스로의 역량을 잘 알고 있거니와 남들은 이를 두고 어떻게 말하겠습니까. 다만 신이 처음부터 가지고 있던 생각이 오직 대정에 있었는데 지금 대정은 이미 지났고, 세 차례의 가유(加由)[44]가 또한 격외(格外)의 특별한 은혜에서

42 조정으로……이후 : 저자는 1810년(순조10) 4월 29일 평안도 관찰사를 사직하는 상소를 올려 지방관에서 체차된 뒤 5월 10일 정사에서 이조 판서에 제수되었다. 6월 16일에 이조 판서를 사직하는 상소를 올렸지만 허락을 받지 못하였다. 《純祖實錄 10年 6月 16日》《承政院日記》

43 때를 지나고 말았으니 : 이해의 도목 정사(都目政事)는 7월 11일에 시행되었다. 《純祖實錄》

44 가유(加由) : 가급유(加給由)의 준말로, 관원에게 준 휴가 기간이 다 찼을 때 말미를 더 준다는 말이다.

나왔습니다. 대저 전형(銓衡)을 담당하는 부서는 대정으로 과만(瓜滿)[45]을 삼지만, 신이 감히 이를 예시로 삼는 것은 아닙니다. 직책에 맞지 않는 실상과 피로가 쌓인 심신의 상태도 역시 말할 것이 못 됩니다. 오직 지극히 절박한 신의 정리(情理)만이 지금 우러러 호소하여 인자하신 전하께서 곡진히 들어주시기를 바랄 만한 실정인 것입니다.

신의 노모가 앓고 있는 융병(癃病 늙어서 몸이 나른한 병)의 실상은 신이 종전에 올린 세 차례의 소장(疏章)[46]에서 이미 대략 말씀드렸습니다. 대개 봄 사이에 위험한 병을 앓은 뒤로 살이 빠지고 부기(浮氣)가 올라오기 시작했는데, 장마와 무더위에 시달린 나머지 더위를 먹었고 습증(濕症)까지 겸하여 기승을 부리다가 빠르게 진행되어 사지로 퍼져나갔습니다. 복부가 유달리 부풀어 오르더니 대변과 소변을 자주 보고 진액이 다 빠졌으며, 종일 혼수(昏睡)에 빠져 정신을 차리지 못하고 오래도록 힘없이 누워 있어서 몸을 조금 뒤척이는 데에도 반드시 부축을 받아야 합니다. 이상은 그래도 조금 편안해졌을 때의 일을 말한 것입니다. 심해지고 멈추는 변화가 일정하지 않은 점으로 볼 것 같으면 이따금씩 눈 깜박할 사이에도 병세가 완전히 달라졌으며, 한창 심할 때는 아침에

45 과만(瓜滿) : 관리의 임기이다. 제 양공(齊襄公)이 연칭(連稱)과 관지보(管至父)로 하여금 부대를 인솔하여 규구(葵丘)에 가서 지키게 하였는데, 그 기한을 물으니 양공이 말하기를 "지금 오이가 한창이니 내년 오이가 익을 때로 만기(滿期)를 정해 교대해 주겠다."라고 하였다는 고사에서 유래하였다. 《春秋左氏傳 莊公8年》

46 세 차례의 소장(疏章) : 이 상소에 앞서 올린 〈노모의 봉양을 위해 평안도 관찰사 및 규장각 제학의 사직을 청하는 소〔乞養辭藩任及閣職疏〕〉와 〈이조 판서를 사직하는 소〔辭吏曹判書疏〕〉 그리고 〈이조 판서를 사직하는 두 번째 소〔再疏〕〉를 말한다. 《竹石館遺集 冊5》 441쪽 주1, 447쪽 주7 참조.

저녁 일을 장담할 수 없을 정도로 위중하니, 신이 실로 무슨 마음을 먹고 잠시라도 혹 그 곁을 떠날 수 있겠습니까. 신이 맡은 자리는 다른 관직과 달라서 비록 집에 있을 때라도 빈객을 응접하지 않을 수 없고, 차제(差除)의 의망(擬望)을 유념하지 않을 수 없습니다. 힘이 분산되고 뜻이 전일하지 못하면 의원을 찾아 약을 물을 때 다른 일이 방해됨을 면치 못할 테고, 아침저녁으로 먹고 마실 때 또한 혹 신을 기다리다 때를 놓치게 될 것입니다. 이것이 실로 신의 마음이 매우 민망한 점입니다.

신과 떨어지기 어려워하는 노모의 마음은 노모와 떨어지기 어려워하는 신의 마음보다 자못 심한 점이 있습니다. 공무에 달려갈 때나 빈객을 응접할 때 늘 한 번 들어가 인사를 드리면 번번이 즐겁고 기쁜 모습을 보이다가도 물러나 나갈 때가 되면 또 번번이 멀리 헤어져 있을 때를 떠올리는 것처럼 근심스러워하고 왕왕 눈에 눈물이 맺히기도 하니, 신은 비록 크게 바쁜 중에도 누차 일어나려다가 다시 앉기를 반복하였습니다. 노인이 심약해져서 쉽게 기뻐하고 쉽게 슬퍼하니 신이 어찌 차마 노모의 뜻을 상하게 할 수 있겠습니까. 몸을 스스로 움직이지 못하면 신이 부축해 주기를 바라고, 질병의 고통이 심해지면 신이 간호해 주기를 바라며, 배고플 때는 신이 먹여 주기를 바라고, 덥고 추울 때는 신이 옷 입혀 주기를 바라서 언제든 무슨 일이든 신을 바라지 않는 때가 없습니다. 그러니 어찌 차마 노모를 버리고 벼슬길에 나가서 자식을 그리워하는 노모의 지극한 정을 돌아보지 않을 수 있겠습니까.

신의 어미가 신에게 말하기를 "네가 전임(銓任)을 맡은 뒤로부터 네 얼굴을 자주 보지 못하였구나. 네가 곁에 있지 않으면 나는 의지할 곳이 없는 듯하다. 어떻게 하면 속히 대정(大政)을 마쳐 관직을 벗고 집에 있으면서 내가 너를 오래 볼 수 있게 하겠느냐?"라고 합니다. 정사를 마치고 돌아와 인사하면 또 신에게 이르기를 "도목 정사가 지났으니, 너는 간곡하게 계속 체직을 청하여 내 마음을 위로하도록 해라."라고 하시는데, 신은 이 말을 듣고 마음이 타는 듯하였습니다.

삼가 생각건대, 노모의 마음이 간절하기가 이처럼 지극하고 신이 노모를 섬길 날은 매우 짧으니, 지금 이 시기를 놓치고 도모하지 않으면 한없는 후회를 남길 듯합니다. 앞서 올린 세 차례의 소장이 성의가 모자라고 글이 졸렬하여 문사(文詞)로 임금을 감동시켰던 옛사람[47]에게 부끄러움이 있었는데, 지금까지도머뭇거리다가 끝내 효(孝)를 근간으로 다스리는 교화를 스스로 막는 것은 또한 신이 차마 할 수 있는 일이 아닙니다. 설사 신의 재주가 직책을 감당할 만하고 노모의 몸에 병이 없다 하더라도 의당 자애로운 성상께서 신의 정리(情理)를 헤아려 주시는 은혜를 입어야 할 것인데, 더구나 그 사람의 재주가 남들 축에 낄 수 없고 노모의 병이 이미 고질이 된 상황이야 더 말할 것이 있겠습니까. 억누르기 어려운 정을 억누르고 차지해서는 안 되는 직책을 차지하여 공적으로나 사적으로나 방해가 되니, 둘 중에 하나도 옳은 점이 없습니다.

민양세(閔養世)를 의망한 일[48]의 경우 요당(僚堂)[49]의 신분이야 정석

47 문사(文詞)로……옛사람 : 진 무제(晉武帝)에게 〈진정표(陳情表)〉를 올려 벼슬을 사양했던 이밀(李密)을 가리킨다. 자세한 내용은 444쪽 주5 참조.

48 민양세(閔養世)를 의망한 일 : 1810년(순조10) 7월 13일에 헌납 이장후(李章垕)가 상소하여, 대신(臺臣) 민양세의 죄를 논하고 그를 의망한 전관(銓官)을 추고하라고 청한 일이 있다. 민양세는 1809년 7월 11일 시행한 도목 정사에서 지평(持平)에 의망되었다. 당시 정석(政席)에 참석한 사람은 이조 판서 남공철(南公轍)·참판 임한호(林漢

(政席)에 동참하는 데 지나지 않지만 인혐(引嫌)[50]하여 나아가기 어려운 단서는 되는 것이니, 신의 거취는 더욱 논할 만한 점이 없습니다. 그러나 신의 정리가 매우 절박하니 어찌 다른 일을 논할 겨를이 있겠습니까. 신에게 천지와 같고 부모와 같은 우리 전하께서는 부디 신의 말이 간절한 근심에서 나왔다는 것을 헤아려 신의 현직을 체차해 주시고, 신에게 장기간의 휴가를 허락하여 지극히 절박한 신의 사정을 이루게 해 주소서. 그렇게 해 주신다면 신은 비록 세세생생(世世生生)에 견마(犬馬)가 되어 충성을 바치더라도 전하의 은혜를 다 갚을 수 없을 것입니다. 부디 성상께서는 불쌍히 여기고 어여삐 여겨 주소서. 그렇게 해 주신다면 공적으로나 사적으로나 매우 다행이겠습니다.

浩), 병조 판서 김희순(金義淳) · 참판 이문회(李文會) · 참의 오한원(吳翰源) · 참지(參知) 한시유(韓始裕) 등이다. 《日省錄 純祖 9年 7月 11日, 10年 7月 13日》《純祖實錄 10年 7月 16日》

49 요당(僚堂) : 자기가 근무하고 있는 관아의 당상관(堂上官)을 말한다.

50 인혐(引嫌) : 혐의(嫌疑)를 피한다는 의미로, 벼슬아치가 혐의 있는 일의 책임을 자기에게 돌리고 그 벼슬을 사양하거나 그 사안에 참여하지 않고 물러가는 것이다.

탈상 후 사정을 자세히 주달하고 사직을 청하는 소[51]

免喪後陳情辭職疏

삼가 아룁니다. 하늘이 우리 동방을 보우하사 큰 복을 한없이 내리시어 봄 이래로 큰 경사가 모두 모였으니, 성상의 체후가 더욱 강건하시어 구여(九如)의 송축[52]이 드높이 퍼지고 성상의 효성이 하늘을 감동시켜 자궁(慈宮)의 체후가 빨리 회복되었습니다. 아, 우리 왕세자[53]께서 영예롭게 보책(寶冊)[54]을 받으셨으니 종묘사직은 영구히 공

51 탈상……소 : 저자는 1810년(순조10) 9월에 모친상을 당하고 1812년 12월 7일 병조 판서에 제수되었다. 같은 해 12월 9일 이 상소를 올려 사직을 청했으나 허락받지 못하였다. 《承政院日記 純祖 12年 12月 9日》

52 구여(九如)의 송축 : 만수무강을 기원하는 송축을 말한다. 구여는 《시경》〈천보(天保)〉에 나오는 아홉 가지의 축복으로 여산(如山)·여부(如阜)·여강(如岡)·여릉(如陵)·여천방지(如川方至)·여월항(如月恒)·여일승(如日升)·여남산수(如南山壽)·여송백무(如松柏茂)이다. 그 시에 "하늘이 그대를 보정하사, 흥성하지 않은 것이 없는지라, 산과 같고 언덕 같으며, 뫼와 같고 큰 언덕 같으며, 냇물이 막 이르는 것과 같아서, 더하지 않음이 없도다.……초승의 달과 같고, 떠오르는 태양과 같으며, 장수하는 남산과 같아, 이지러지지 않고 무너지지 않으며, 무성한 송백과 같아, 끝없이 흥성하지 않음이 없도다.〔天保定爾 以莫不興 如山如阜 如岡如陵 如川之方至 以莫不增……如月之恒 如日之升 如南山之壽 不騫不崩 如松柏之茂 無不爾或承〕"라고 하였다. 《詩經 小雅 天保》

53 왕세자 : 순조와 순원왕후(純元王后) 김씨의 맏아들인 효명세자(孝明世子, 1809~1830)이다. 1809년 8월 9일 신시(申時)에 창덕궁(昌德宮) 대조전(大造殿)에서 탄생했는데, 1812년 7월 6일에 보책(寶冊)을 받고 세자에 책봉되었다. 《純祖實錄 12年 7月 6日》

54 보책(寶冊) : 옥책(玉冊)과 금보(金寶)를 아울러 일컫는 말이다. 옥책은 제왕이나 후비 등 왕실에 존호를 올릴 때 그 덕행이나 업적 등 송덕문을 기록한 책이고, 금보는 추상하는 존호를 새긴 도장이다.

고하여 별처럼 빛나고 바다처럼 윤택한[55] 상서를 드러낼 터이고, 길상(吉祥)은 막 이르는 냇물과 같아서[56] 사서(史書)에 이루 다 기록하지 못할 정도로 많아질 것입니다. 또 다음 해 태세(太歲)는 우리 동조(東朝)[57]의 보갑(寶甲)이 돌아오는 해[58]여서 정월 초하루에 하의(賀儀)를 거행하게 될 것이니, 기주(箕疇)의 오복(五福)[59]과 화봉인(華封人)의 세 가지 축원[60]으로도 오히려 성대한 일을 형용하기에 부족

55 별처럼……윤택한 : 태자의 성덕(盛德)을 찬양하는 노래이다. 후한(後漢) 명제(明帝)가 태자로 있을 때 악공(樂工)이 〈일중광(日重光)〉·〈월중륜(月重輪)〉·〈성중휘(星重輝)〉·〈해중윤(海重潤)〉이라는 4장(章)의 시가(詩歌)를 지어 찬양한 고사에서 유래한 말인데, 여기서는 원자의 성덕을 찬양하는 의미로 쓰였다.《樂府詩集 卷40 相和歌辭》 천자의 덕이 해처럼 빛나고 달처럼 둥글고 별처럼 찬란하고 바다처럼 윤택한데, 태자의 덕도 여기에 비견되기 때문에 '중(重)'이라는 글자를 첨가하였다는 설이 진(晉)나라 최표(崔豹)의《고금주(古今注)》 제3 〈음악(音樂)〉에 보인다.

56 길상(吉祥)은……같아서 : 막 흐르기 시작한 냇물처럼 앞으로 그 길상이 한없이 자라날 것이라는 축원의 말이다.《시경》〈소아(小雅) 천보(天保)〉의 "하늘이 그대를 보정하사, 홍성하지 않은 것이 없는지라……냇물이 막 이르는 것과 같아서 더하지 않음이 없네.〔天保定爾 以莫不興……如川之方至 以莫不增〕"라는 구절에서 유래하였다.

57 동조(東朝) : 태후가 거하는 궁전을 가리킨다. 한(漢)나라 때 태후가 거처하던 장락궁(長樂宮)이 황제의 거처인 미앙궁(未央宮) 동쪽에 있었던 데에서 유래한 말이다. 여기서는 정조(正祖)의 비(妃)인 효의왕후(孝懿王后) 김씨(金氏)를 가리킨다.

58 동조(東朝)의……해 : 다음 해인 1813년(순조13)이 효의왕후(孝懿王后)의 회갑이기 때문에 이렇게 말한 것이다.《純祖實錄 13年 1月 3日》

59 기주(箕疇)의 오복(五福) : 기주는 기자(箕子)의 홍범구주(洪範九疇)이다. 여기에서 장수〔壽〕, 부귀(富貴), 강녕(康寧), 덕을 좋아함〔攸好德〕, 천수를 누림〔考終命〕을 오복으로 들었다.《書經 洪範》

60 화봉인(華封人)의 세 가지 축원 : 장수와 부귀, 다산(多産)의 세 가지 축원을 의미한다. 화(華) 땅의 봉인(封人)이 요(堯) 임금에게 수(壽), 부(富), 다남자(多男子)라는 세 가지로 축도(祝禱)했던 고사에서 유래한 말이다.《莊子 天地》

해서 팔도의 모든 백성들은 기쁜 표정으로 서로 고하고 손뼉 치며 춤추지 않을 이가 없을 것입니다.

이어 삼가 생각건대, 신은 천하에 곤궁한 사람입니다. 허전한 마음으로 근심을 머금고 슬픔을 참으며 구차히 연명하다가 궤연(几筵)의 일을 마치고 이제 상복을 벗었는데, 다시 조관(朝官)의 반열에 끼이고자 해서 보통 사람들 사이에 섞여 지낸다면 하늘을 우러르고 땅을 굽어볼 때 이것이 어찌 사람으로서 할 일이겠습니까. 이러던 차에 은혜로운 성상께서 관직의 일로 신에게 명하시어, 돈녕부(敦寧府)와 추관(秋官 형조(刑曹))의 제서(除書 임명장)가 연달아 날아왔고, 전에 거쳤던 문원(文苑)의 화려한 직함이 새로 내려졌으며,[61] 이어 또 중권(中權)[62]의 새로운 명이 전혀 꿈에도 생각하지 못한 상황에서 갑자기 내려왔으니, 버려진 비녀를 반드시 거두시려는[63] 성은이야 실로 망극하거니와 임명

61 전에……내려졌으며 : 저자는 1804년(순조4) 11월 24일과 1805년 1월 17일 정사에서 홍문관 부제학에 제수되고, 1806년 4월 26일에 홍문관 제학, 1809년 2월 2일에 홍문관 대제학, 예문관 대제학에 제수되었는데, 1812년 11월 15일에 다시 홍문관 제학에 제수되었기 때문에 이렇게 말한 것이다. 《純祖實錄 4年 11月 24日, 5年 1月 17日, 6年 4月 26日, 9年 2月 2日, 12年 11月 15日》

62 중권(中權) : 병조 판서의 직임이다. 중(中)은 삼군(三軍) 가운데 주장(主將)이 있는 중군(中軍)을 가리키고, 권(權)은 책모(策謀)를 통제한다는 의미이다. 《춘추좌씨전(春秋左氏傳)》 선공(宣公) 12년 조(條)의 "중군(中軍)에는 대장이 있어 모의를 해나가고, 후군(後軍)에는 정병이 있어 강하다.〔中權後勁〕"라는 말에서 유래하였다.

63 버려진……거두시려는 : 미천한 옛 신하를 기억하여 등용해 주는 은혜에 대해 감사의 마음을 표현하는 말이다. 원문은 '遺簪必收'인데, 잠(簪)은 관(冠)이 벗어지지 않도록 머리에 꽂는 비녀를 말한다. 《위서(魏書)》 권31 〈우율제열전(于栗磾列傳)〉에 "선정(善政)으로 조정에 임하여 깔고 앉던 자리를 버리지 않고 비녀와 신발을 버리지 않았다.〔以聖善臨朝 衽席不遺 簪履弗棄〕"라는 말이 있는데, 여기서 유래하였다.

장을 받들고 기뻐해야 할[64] 노모가 안 계시니 그 정을 또한 어떻게 감당하겠습니까.

신은 본래 운수가 험난하여 중년에 부친을 여의고 홀로 외로이 지냈기에 사는 즐거움이 없었습니다. 오직 믿고 목숨을 의지하는 분으로는 안에는 노심초사 키워 주신 자모(慈母)가 집에 계시고, 밖에는 천지처럼 감싸 주시는 군부(君父)가 위에 계실 뿐이었습니다. 그런데 신은 또 운이 없어서 자모가 세상을 떠나고 잠깐 사이 3년이 지나 돌아갈 곳 없이 허전하니, 이제부터 신의 일신은 전하를 가까이 모시고 여생을 마쳐야 할 뿐입니다. 신이 멀리 전하의 곁을 비운 지 무릇 얼마의 세월이 흘렀습니까? 상을 치르며[65] 죽기를 기다리는 동안 온갖 세념(世念)이 싸늘히 식어 버렸지만 꺼지지 않는 일편단심은 오히려 전하를 향한 그리움이었기에 언제나 두려운 것은 갑자기 먼저 죽어서 영원히 용안을 뵙지 못하는 것이었습니다. 그런데 이제 미약한 목숨을 근근이 유지하다가 마침내 오늘에 이르러 대궐에 나아가 한번 용안을 뵈었으니, 지금 바로 물러나 시체가 되어 구렁에 뒹군들 다시 무슨 유감이 있겠습니까. 집에 있으면서 그대로 명에 응하지 않는 것이 신의 분수로 감히 할 수 없는 일일 뿐만 아니라 용안을 뵙는 참으로 급한 일을 또한 하루

64 임명장을……할 : 원문의 '봉격(奉檄)'은 부모를 봉양하기 위해 벼슬길에 나아간다는 봉격색희(奉檄色喜)의 준말이다. 후한(後漢)의 모의(毛義)가 가난하여 노모를 봉양하기 어려웠는데, 효행이 널리 알려져 수령에 제수하는 격문(檄文)이 내려오자 기쁜 마음으로 받들었다가 노모가 돌아가시자 벼슬을 그만두었다는 고사에서 온 말이다. 《後漢書 卷39 劉趙淳于江劉周趙列傳序》

65 상을 치르며 : 원문의 '점괴(苫塊)'는 거적으로 자리를 삼고 흙덩이로 베개를 삼는다는 '침점침괴(寢苫枕塊)'의 준말로, 거상(居喪)하는 예를 말한다. 《儀禮 喪服》

를 지체하고 말았습니다. 그러나 슬픔과 원통함이 맺힌 응어리를 억누를 수 없어서 일어서려다 그만두고 나아가려다 물러나기를 마치 누가 뒤에서 잡아당기기라도 하는 것처럼 신의 마음대로 할 수 없는 데야 어찌하겠습니까.

신은 품부받은 성품이 급하고 졸렬해서 사람들과 교유가 적었고, 타고난 기질이 허약해서 어릴 때부터 병치레를 잘했기에 대체로 한 가지도 노모의 마음을 기쁘게 하는 일이 없었으니, 일상생활에서 걸핏하면 노모에게 근심만 끼쳤습니다. 다행히 효(孝)를 근간으로 다스리는 두 성조(聖朝)의 교화를 만나 누차 지방관으로 나가 이미 세전(洗腆)의 경사[66]를 누렸고 분수에 넘치는 높은 관직에 올라 또한 봉고(封誥)의 은혜[67]를 입었으니, 신이 평안도 관찰사로 있을 때는 노년을 편히 모실 수 있어서 광영이 더욱 지극하였습니다. 그러다가 3년이 되었을 때 노모의 병이 갑자기 심해져서 다급한 목소리로 호소하였는데, 다행히 인자하신 성상께 신의 마음이 전해져서 처음에는 은혜로이 체차하시어 노모와 함께 서울 집으로 돌아올 수 있게 해 주셨습니다. 이어 긴 휴가를 내리시어 여생을 끝까지 봉양할 수 있게 허락하셨으니, 이는 모두 세상에 드문 특별한 은총이고 만물을 화육(化育)하는 큰 교화였습니다. 이로부터 만년에 접어든 신의 노모의 여생은 모두 우리 성상께

66 세전(洗腆)의 경사 : 음식을 정갈하고 풍성하게 장만하여 공경히 부모를 봉양하는 경사를 이른다. 《서경》 〈주고(酒誥)〉에 "효도로 그 부모를 봉양해서 부모가 기뻐하시거든 스스로 음식을 정갈하고 풍성하게 장만하여 술을 올리도록 하라.〔用孝養厥父母 厥父母慶 自洗腆 致用酒〕"라고 하였다.

67 봉고(封誥)의 은혜 : 봉전(封典)의 고명(誥命)을 내리는 은혜이다. '봉전'이란 임금이 신하 및 그 집안사람들에게 작위(爵位)의 명호(名號)를 주는 일이다.

서 주신 세월이었기에 신은 이에 마음 편히 집에 있으면서 노모의 곁을 떠나지 않았습니다. 몸을 뒤척일 때에 부축하고 약을 처방하는 사이에 점검하면서 마음으로 생각하고 손으로 하는 일이 배고픔과 배부름, 추움과 따뜻함 등 노모의 일신에 관계된 것이 아니면 다시 다른 일은 염두에 두지 않았으니, 우리 모자가 서로 바라보며 두 손 모아 하늘에 축원하고 신이 속으로 가만히 기도하는 바는 오직 이런 세월이 더욱 길어져서 오래도록 성은을 받들기를 원하는 것이었습니다.

이렇게 지낸 지 겨우 몇 개월 만에 신이 신명(神明)에게 죄를 얻음으로 인하여 마침내 노모가 세상을 떠나니, 위로는 석류(錫類)의 은혜[68]를 저버리고 아래로는 구로(劬勞)의 은덕[69]에 보답하지 못하였습니다. 이렇게 지극한 슬픔을 품고 장차 어디로 돌아가겠습니까. 은혜로이 휴가를 주신 시간은 비록 짧았지만 병구완하던 지난 일은 어제처럼 생생하고, 예경(禮經)에 정한 상제(喪制)는 기한이 있지만 사사로운 마음은 더욱 간절하기만 하였습니다. 지금은 비록 궁벽한 산중에서 피눈물 흘리며 조수(鳥獸)와 무리를 이루고 있으면서 그나마 뻔뻔스레 얼굴을 들고 있지만, 어찌 차마 다시 조복(朝服)을 입고 갑자기 평상시처럼 의기양양하게 활개 치며 다닐 수 있겠습니까. 더구나 신은 죽어야

68 석류(錫類)의 은혜 : 자신의 지극한 효성을 널리 미루어 천하의 백성들이 모두 효성스러워지게 하는 임금의 어진 정치를 말한다. 《시경》의 "효자가 효도를 그치지 아니하니, 길이 너에게 선(善)을 주리로다.〔孝子不匱 永錫爾類〕"라는 구절에서 유래한 말이다. 《詩經 大雅 旣醉》

69 구로(劬勞)의 은덕 : 자식을 낳아 애써 길러 준 부모의 은혜를 말한다. 《시경》의 "슬프고 슬프다 부모님이여, 나를 낳아 기르시느라 몹시 수고하셨도다.〔哀哀父母 生我劬勞〕"라는 구절에서 유래한 말이다. 《詩經 小雅 蓼莪》

할 몸이 죽지 못하고 쌓인 재앙이 다 풀리지 않아서 수년 사이에 지극히 절실한 슬픔에 세 차례 곡을 하였으니, 옛날 신의 노모에게 의탁했던 사람들이 서로 이어 요절하여 세상에 비할 곳이 드문 재앙과 벌을 유독 혹독하게 받았습니다. 신이 비록 목석처럼 완악한 사람이지만 어떻게 감당할 수 있었겠습니까.

질병이 찾아오는 것은 상리(常理)로 볼 때 면할 수 없는 일이어서 줄곧 앓아 온 병이 온갖 증상으로 발병하였습니다. 이혈(痢血)의 증상이 생겼다가 점점 그친 뒤로는 치루(痔漏)의 증세 때문에 걸어 다니거나 서 있을 때면 문득 탈항(脫肛)이 되었으니, 피골(皮骨)만 남은 수척한 형상입니다. 또 제멋대로 흘러내리는 피가 멀리서 나오기도 하고 가까이서 나오기도 해서 무시로 흐르다가 마침내 초겨울에는 크게 터지고 헐어서 열흘 동안 흘린 피가 거의 몇 말도 넘었으니, 깡말라 앙상해진 이 몸으로 헤아려 보면 다시 몇 방울이나 남아 있겠습니까. 온몸은 야위어 누렇게 뜨고 얼굴은 부어오르고 힘줄에는 경련이 일고 다리와 무릎에는 마비가 오며 잠시만 누웠다 일어나도 신음 소리가 나오고 조금만 움직여도 가슴이 울렁거리고 숨이 가빠 와서 이불을 끼고 고통스럽게 누워만 있었으니, 아침저녁으로 언제든 죽음을 맞이할 것처럼 목숨이 위태로운 사람이 되고 말았습니다. 대개 비토(肥土 비장(脾臟))가 먼저 손상됨에 큰 근본이 이미 무너져서 허약한 몸이 보양(補養)을 받아들이지 못하고 위기(衛氣)가 영기(營氣)를 다스리지 못하는[70] 바

70 위기(衛氣)가……못하는 : 혈기가 안정되지 못한 상태를 말한다. 위기와 영기(營氣)는 음식을 섭취하면 몸속에서 소화되어 오장육부에 생성되는 정기(精氣)이다. 그 가운데 맑은 기운을 영기라 하고 탁한 기운을 위기라 하며, 영기는 맥(脈) 속에 있고 위기는 맥 밖에 있다고 한다. 《靈樞經 營衛生會》《漢語大辭典》

람에 이렇게 일신의 혈기가 다 말라 버리는 지경이 되어 의원도 손을 거두고 약을 쓸 길도 없어졌으니, 보는 사람들이 위태롭게 여길 뿐만 아니라 신 역시 끝내는 반드시 불행한 일이 생길 것이라는 사실을 스스로 알고 있습니다. 이렇게 추하고 더러운 몰골을 번거롭게 성상께 보고할 수 없어서 신이 다 진달하지 못했으니, 자애로운 성상께서 어떻게 모두 통촉하실 수 있었겠습니까. 복제(服制)를 마친 후에 사정을 자세히 주달(奏達)하는 경우는 세상에 많이 있었지만 선민(鮮民)의 고통[71]이 심골(心骨)에 사무친 경우는 신과 같은 사람이 없고 융고(癃痼)의 고질을 앓아 다시 일어날 가망이 없는 경우도 신과 같은 사람이 없으니, 비록 고충을 억누르고 쇠잔한 몸을 이끌고서 스스로 조관(朝官)의 말석에 끼이려 해도 실로 어디서부터 시작해야 할지 모르겠습니다.

더구나 신이 맡은 자리는 바로 옛날에 이른바 대사마(大司馬)의 직책입니다. 간선(簡選)의 엄정함과 책임의 막중함이 돌아보건대 어떠합니까? 설사 신에게 억누르기 어려운 실정이 없고 고치기 어려운 질병이 없더라도 용렬한 자질을 생각하면 애초부터 이 직임에 의의(擬議)할 수 없는 것입니다. 더구나 지금 정리(情理)와 병상(病狀)이 위에서 말씀드린 바와 같은 상황인 데야 더 말할 것이 있겠습니까. 성상의 소패(召牌)가 거듭 이르렀는데도 패초(牌招)를 어기고 나아가지 않았

71 선민(鮮民)의 고통 : 부모를 여의고 의지할 곳 없이 사는 외로운 백성의 고통을 말한다. 《시경》에 "작은 병의 텅 빔이여 큰 병의 수치로다. 과약(寡弱)한 백성의 삶이여 죽음만 같지 못한 지가 오래되었도다. 아버지가 없으면 누구를 믿으며 어머니가 없으면 누구를 믿을까. 나가면 근심을 품고 들어오면 이를 곳이 없어라.〔缾之罄矣 維罍之恥 鮮民之生 不如死之久矣 無父何怙 無母何恃 出則銜恤 入則靡至〕"라는 구절이 있는데, 여기에서 유래하였다. 《詩經 小雅 蓼莪》

으니, 신의 포만(逋慢)[72]한 죄는 죽음을 피할 수 없는 허물입니다. 게다가 겸대한 직함 같은 경우는 고사(故事)로 볼 때 감히 함부로 명에 응할 수 없는 자리인데 녹봉만 축내고 직임을 살피지 않아서 신의 죄를 더하였습니다. 또 관반(館伴)[73]은 왕역(往役)의 의리[74]가 있기 때문에 사양하기 어려운 자리이지만 스스로의 힘으로는 실로 직임을 수행할 가망이 없습니다. 이러한 신의 정지(情地)는 조정에 있는 모든 사람이 다 알고 있는 일이니, 이에 감히 남의 손을 빌려 소장(疏章)을 작성한 다음 외람함을 무릅쓰고 애절하게 호소합니다. 삼가 바라건대, 자애로우신 성상께서는 신을 가련히 여기고 보살피시어 속히 신의 본직과 겸직을 체차하시고, 이어 선부(選部)에 명하시어 다시는 추천하여 의망(擬望)하지 말게 함으로써 병 치료에 전념하여 자리에 누워 지내는 여생을 조금 연장할 수 있게 해 주소서. 그렇게 해 주신다면 신은 더 이상 바랄 것이 없겠습니다.

72 포만(逋慢) : 책임을 회피하여 태만한 짓을 하는 잘못이다.

73 관반(館伴) : 외국 사신(使臣)의 영접, 접대의 임무를 관장하는 영접도감(迎接都監)의 주무관(主務官)인 임시 관직의 명칭이다. 1812년(순조12) 12월 16일 왕세자 책봉에 대한 고명(誥命)을 가지고 온 중국의 칙사를 맞이한 일이 있는데, 당시 저자가 관반사(館伴使)의 임무를 맡고 있었다. 《承政院日記 純祖 12年 12月 17日》

74 왕역(往役)의 의리 : 군주가 나라의 일을 위하여 부를 때에는 개인의 사정을 돌보지 말고 나아가서 일하는 것이 의리에 합당하다는 뜻이다. 만장(萬章)이 "서인(庶人)이 군주가 자신을 불러 부역을 시키면 가서 부역을 하고 군주가 그를 만나 보고자 하여 부르면 가서 보지 않는 것은 어째서입니까?〔庶人 召之役則往役 君欲見之 召之則不往見之 何也〕"라고 묻자, 맹자(孟子)가 "가서 부역하는 것은 의(義)이고, 가서 만나 보는 것은 의가 아니기 때문이다.〔往役義也 往見不義也〕"라고 하였는데, 여기서 유래한 말이다. 《孟子 萬章下》

병조 판서의 사직을 청하는 두 번째 소[75]

辭兵曹判書再疏

삼가 아룁니다. 신은 처한 상황이 고통스럽고 질병이 위독하여 세상에 더 살고 싶은 생각이 없었습니다. 헌데 탈상하는 날 갑자기 중임을 맡게 되어 슬픔을 머금고 지내던 마음이 이로 인해 감응하였으니, 처음에는 눈물을 흘리다가 끝내는 정신이 멍하여 의관을 이미 길복(吉服)으로 갈아입은 사실도 깨닫지 못했습니다. 이처럼 몽롱한 상태에서 홀연 제목(除目)을 받든 것 같았는데, 경패(庚牌)[76]가 내려왔을 때는 바보처럼 정신을 차리지 못하고 마치 포만(暴慢)한 죄가 두려운 일인 줄도 모르는 사람처럼 흐리멍덩한 정신으로 패초(牌招)를 어기기만 하였습니다. 하룻밤을 지내고 나서 사람에게 신의 뜻을 전해 주고 그 손을 빌려 소장(疏章)을 작성한 다음 자애로우신 성상께 우러러 아뢰었지만, 비답을 받들고 보니 끝내 윤허하지 않으셨습니다. 신은 이에 처음의 계획이 크게 어긋나 정세(情勢)가 궁하고 위축되어서 스스로 몸 둘 바를 몰랐습니다.

대저 본병(本兵)은 중요한 직임입니다. 국가에서 관직을 설치함에 마치 천지(天地)와 사시(四時)가 한 가지라도 빠져서는 안 되는 것처

75 병조……소 : 저자는 1812년(순조12) 12월 9일 병조 판서를 사직하는 상소를 올렸지만 허락받지 못하였다. 12월 10일 다시 이 상소를 올려 사직을 청하였지만 "사양하지 말고 나와 공무를 행하라."라는 비답을 받았다. 《承政院日記 純祖 12年 12月 10日》

76 경패(庚牌) : 대궐에서 내린 명패(命牌)이다.

럼 육관(六官)이 각기 직무를 나누는데, 엄중한 책임과 복잡한 관령(管領)으로 논할 것 같으면 대개 이 직임만 한 데가 없습니다. 그래서 본관의 수장(首長)은 더욱 적임자를 찾기가 어렵습니다. 숙위(宿衛)를 관장하려면 위망(威望)이 의탁할 만해야 하고, 전선(銓選)을 주장하려면 감식안이 갖추어져야 하며, 군려(軍旅)를 통솔하려면 반드시 병법에 통달한 조예가 필요하고, 전포(錢布)를 조사하고 파악하려면 관리하여 종합적으로 살피는 안목이 요구되기 때문입니다. 이 네 가지가 겸비된 연후에야 이 직임을 맡을 수 있는 것이니, 적임자를 찾기 어렵다는 말이 맞는 말이 아니겠습니까.

신은 본래 어리석고 용렬하여 가장 못난 사람이기에 일찍이 임관(任官)의 말석에서 숫자만 채웠고, 가는 곳마다 어리석은 짓을 하여 한 가지도 칭찬할 만한 점이 없었습니다. 이는 명철하신 성상께서 통촉하고 계시는 일입니다. 그런데 지금 지극히 중요한 직임을 들어 신에게 주시니 신이야 비록 긍휼히 여길 것도 못 되지만, 성조(聖朝)에서 관리를 임용하는 데 마땅함을 잃는 것은 작은 일이 아닙니다. 외로운 저의 삶은 지극한 아픔이 골수에 맺혀 있고, 고치기 어려운 질병으로 생기를 회복할 가망이 없습니다. 지금 한갓 엄외(嚴畏)하는 마음을 품고 영총(榮寵)을 욕심 부려서 잊히지 않는 슬픔을 억누르고 다 죽어 가는 몸을 이끌고 나아가 곱사등이처럼 고꾸라지고 가쁜 숨을 몰아쉬며 허둥거리다가 끝내 과로로 쓰러짐을 면치 못한다면 어찌 사람들의 눈을 놀라게 하고 국가의 체모를 손상시키지 않겠습니까.

중권(中權 병조 판서)에 궐관(闕官)이 생긴 지 달이 이미 지났는데 네 차례나 사람이 바뀌어[77] 중요한 공무(公務)를 비워 둔 날이 오래되었습니다. 게다가 객사(客使)의 일정[78]이 점점 가까워져서 난위(鑾

衛)[79]가 장차 출발해야 하니 거행하는 일이 분주하여 잠시도 늦출 수 없는 상황입니다. 신이 비록 매우 어리석지만 어찌 감히 스스로 편안한 곳을 찾으려는 마음을 품고 느긋하게 있으면서 움직이지 않을 수 있겠습니까. 참으로 보잘것없는 신의 천한 병이 한결같이 앞의 상소에서 말씀드린 것과 같아서 병마(病魔)가 몸에 걸려 온갖 생각이 이미 재가 되었기 때문입니다. 피가 빠져나간 사람은 혼백이 먼저 빼앗기고 비토(肥土 비장(脾臟))가 손상된 몸은 변도(便道)가 일정하지 않아 자리에 누워 뒤척거리며 위태롭게 죽기만을 기다리고 있으니, 비단 신이 이승의 사람이라 자처하지 못할 뿐만 아니라 남들이 신을 볼 때도 노병에 걸린 쓸모없는 사람이라 여깁니다.

설사 신을 한산한 곳에 배치하여 뜻을 다해 조리하게 한다 해도 마른 나무 썩은 말뚝과 같은 몸은 다시 진액을 받아들이지 못할 것입니다. 만일 다시 몸을 수고롭게 움직이고 심사(心思)를 소모하면서 억지로 보통 사람처럼 일을 한다면 쇠잔한 몸으로 가쁜 숨을 몰아쉬다가 반드

77 네 차례나 사람이 바뀌어 : 1812년(순조12) 11월 14일 정사에서 조상진(趙尙鎭)이 병조 판서에 제수된 이후, 11월 17일에 조상진이 체차되고 다음 날 이요헌(李堯憲)이 제수되었다. 11월 25일에는 이요헌이 파직된 뒤 다음 날 이만수(李晩秀)가 제수되었으며, 이만수가 명에 응하지 않아 체차되고 12월 7일 저자가 병조 판서에 제수되었다. 《純祖實錄 12年 11月 14日·18日·25日·26日, 12月 7日》《承政院日記 純祖 12年 11月 14日·17日·18日·25日·26日, 12月 7日》

78 객사(客使)의 일정 : 1812년(순조12) 12월 16일 왕세자 책봉에 대한 고명(誥命)을 가지고 오는 중국 칙사의 일정을 말한다. 당시 저자가 관반사(館伴使)의 임무를 맡고 있었다. 《承政院日記 純祖 12年 12月 17日》

79 난위(鑾衛) : 의란위(儀鑾衛)의 준말이다. 대궐의 의장(儀仗)을 관리하는 곳이나 그 의장을 말한다.

시 불행한 일이 일어나고 말 것입니다. 편미(鞭弭)와 고건(櫜鞬)[80]을 들고 노부(鹵簿)[81]의 사이에서 주선하다가 길에서 쓰러지지 않을 수 있겠습니까? 숙위군(宿衛軍)을 정돈하고 병사를 조련하는 일을 빠뜨리지 않을 수 있겠습니까? 무관(武官)의 장단점을 견별(甄別)함에 타당하게 할 수 있겠습니까? 출입하는 공문서를 고찰할 때 오류가 없을 수 있겠습니까? 신은 그것이 전혀 불가능한 일임을 스스로 잘 알고 있습니다. 백 번 생각해 보아도 달려가 응할 길이 없는데 지엄한 소패(召牌)는 계속 내려오니 황송한 마음이 갈수록 심해집니다. 이에 감히 만 번 죽을 것을 각오하고 다시 전하의 귀를 어지럽혔습니다. 삼가 바라건대, 자애로우신 성상께서는 신의 말이 가식에서 나온 것이 아님을 헤아리시어 신의 본직(本職)과 겸직(兼職)을 속히 간개(刊改)하신 뒤에 다시 감당할 만한 사람을 제수하시고, 이어 누차 성상을 번거롭게 한 신의 죄를 다스리시어 국법과 기강을 엄중히 하소서. 그렇게 해 주신다면 천만다행이겠습니다.

80 편미(鞭弭)와 고건(櫜鞬) : 편미는 채찍과 꾸미지 않은 활이고, 고건은 화살을 담는 화살집과 활을 담는 활집이다. 춘추 시대에 진 문공(晉文公)이 초자(楚子)에게 "만약 명을 받지 않는다면 왼쪽에는 채찍과 활을 잡고, 오른쪽에는 화살집과 활집을 가지고 당신과 한판 겨루어 보겠습니다.〔若不獲命 其左執鞭弭 右屬櫜鞬 以與君周旋〕"라고 하였다.《春秋左氏傳 僖公23年》

81 노부(鹵簿) : 노는 방패, 부는 행렬의 차례를 기록한 장부이다. 왕이 거둥할 때의 의장(儀仗), 또는 의장을 갖춘 행렬을 뜻한다.

병조 판서의 사직을 청하고 겸하여 사함을 사양하는 소[82]

乞解兵曹判書兼辭使銜疏

삼가 아룁니다. 하늘이 우리 동방을 보우하사 온갖 복록이 막 흐르기 시작한 냇물처럼 더해졌습니다. 동조(東朝)[83]의 보갑(寶甲)은 올해로 태세(太歲)가 돌아와 정월(正月) 길일(吉日)에 친히 하의(賀儀)를 거행하셨으니[84] 만세 삼창의 소리 일제히 울려 퍼져[85] 온 나라가 성상의 효성에 흥기되었습니다. 왕세자께서는 점점 성장하시어 종묘사직이 태산 반석처럼 길이 안정되어 온화한 기운과 환호 소리가 천하에 넘쳐 났으니[86] 춤추며 기뻐하는 정성이 어른 아이 할 것 없이 모두 한가지였습니다.

82 병조……소 : 저자는 1813년(순조13) 1월 4일 이 상소를 올려 병조 판서와 사함(使銜)의 사직을 청하여 정사(正使)의 임무에서 체차되었다. 《承政院日記 純祖 13年 1月 4日》

83 동조(東朝) : 470쪽 주57 참조.

84 동조(東朝)의……거행하셨으니 : 1813년(순조13) 1월 3일 왕대비(王大妃)의 회갑을 맞아 친히 치사(致詞)와 전문(箋文)과 표리(表裏)를 올리고, 이어 인정전(仁政殿)에 나아가 하례를 받고 교문(敎文)을 반포하였다. 《純祖實錄 13年 1月 3日》

85 만세……퍼져 : 원문은 '三嵩齊呼'인데, '삼숭(三嵩)'은 신하가 임금과 왕실의 수복(壽福)을 축원한다는 의미이다. 452쪽 주20 참조.

86 왕세자께서는……났으니 : 왕세자는 순조와 순원왕후(純元王后) 김씨의 맏아들인 효명세자(孝明世子, 1809~1830)이다. 1812년(순조12) 7월 6일 보책(寶冊)을 주어 세자에 책봉하고, 7월 7일 인정전(仁政殿)에서 하례를 받고 반교문(頒敎文)을 반포하였다. 《純祖實錄 12年 7月 6日, 7日》

이어 삼가 생각건대, 신이 외람되이 현직을 맡은 지 지금 이미 달을 넘겨 해가 바뀌었습니다. 그러나 이 어찌 신의 본정(本情)이 스스로 억지로 할 만하다고 여겨서 그렇게 하였겠습니까. 실정으로 보면 남은 슬픔이 잊혀지지 않았으니 천지간의 곤궁한 사람이고 질병으로 보면 무너질 조짐이 다 드러났으니 자리 위의 버려진 사람이었습니다만, 단지 사람이 모자라는 시기에 외람되이 명을 받았던 것입니다. 객사(客使)가 기내(畿內)에 들어오고 경찰(京察 도목 정사)이 예정되어 있을 때[87]는 신이 이미 사직을 청하여 윤허를 받지 못한 상황이었으니, 위로 국가의 체모(體貌)를 생각하고 아래로 신의 분수를 근심하다가 마침내 다시 조복(朝服)을 입고 뻔뻔스레 얼굴을 들고 큰길을 다닐 수밖에 없었습니다. 그러나 사람을 만나면 부끄러워 얼굴이 붉어지고 일에 임하면 어리석은 바보처럼 우두커니 서 있어서 단지 나무로 만든 하나의 인형과 같을 뿐이었습니다. 객사를 접대하는 일은 요당(僚堂)을 의지하였기에 수행하며 자리만 채워도 허물을 면할 수 있었으니, 이것은 신에게 다행한 일이었습니다. 도목 정사 같은 경우는 국가의 큰일이니, 비록 식견이 있고 질병이 없는 사람이 정신을 모으고 가다듬어 미리 대책과 방법을 강구(講究)한다 할지라도 오히려 혹 실수가 있을까 두려운 일인데, 더구나 신처럼 노둔한 자질에다 병까지 들어 다 죽어 가는 사람이야 더 말할 것이 있겠습니까. 허다한 응행 사례(應行事例)를 5, 6일 사이에 분배(分排)한 다음 조금씩 검토하여 시급히

87 객사(客使)가……때 : 왕세자 책봉에 대한 고명(誥命)을 가지고 온 칙사는 1812년(순조12) 12월 16일에 맞이하였고, 이해의 도목 정사는 12월 27일에 시행되었다. 《承政院日記 純祖 12年 12月 17日》

적용해야 하는 일을 기한이 이미 이르러 순간순간 흐지부지 덮어 버리고 오직 종이의 여백만 메우고 있었으니, 신이 비록 스스로의 역량을 알고 있다 하더라도 남들은 이를 두고 어떻게 말하겠습니까. 사차(私次)에 물러나 있으면서 견책(譴責)을 기다렸습니다. 그러나 세 차례 올린 사직 단자(辭職單子)가 재일(齋日)을 만나 성상께 전해지지 않는 바람에 신의 마음은 황공하고 부끄러워 더욱더 몸 둘 바가 없었는데, 이때에 경사스러운 예(禮)가 크게 거행되어 백관들이 모두 이르렀습니다. 보잘것없는 신의 정성은 먼저 뵙기를 원하는 마음이 절실하였고 시위(侍衛)하는 신하는 배종(陪從)하는 의리가 무거웠기 때문에 다급히 출사(出仕)하여 성대한 의식을 보게 되었습니다. 이에 의리와 분수를 조금 펼 수 있었고 관직도 이미 임기가 끝나서 신 또한 처음의 뜻을 이루어 끝내 미천한 분수를 보전할 수 있었습니다.

신의 천한 질병은 앞의 상소에서 대략 말씀드렸으니 추하고 더러운 몰골을 감히 재차 보고하지는 못하지만 대개 그 원인은 비토(肥土 비장(脾臟))가 손상되었기 때문이고, 그 증상은 밑으로 피가 흐르고 탈항(脫肛)이 되는 것입니다. 큰 근본이 이미 무너짐에 백방으로 공격을 받아 주리(腠理)[88]가 약해졌기 때문에 추위가 제일 겁이 나서 갖옷을 껴입고 솜옷을 입어도 오히려 벌벌 떨며 신음하기를 면치 못했습니다. 17일 동안 분주히 날을 보내던 중 공교롭게도 엄동설한을 만났는데, 한기가 밖에서 이르고 완담(頑痰 고질이 된 담증(痰症))이 안에서 기승을 부리더

88 주리(腠理) : 땀과 기운이 통하는 피부의 구멍, 즉 땀구멍이다. 피부의 뜻으로도 쓰이며, 현부(玄府)라고도 한다. 주리가 견고하지 못하면 외사(外邪)가 쉽게 침범한다. 《東醫寶鑑 外形 皮部》

니 천식이 일어나면 밤새도록 기침을 하고 설사가 나면 온종일 계속 발작하였습니다. 잠을 자지 못하고 음식을 먹지 못해 진원(眞元)이 갑자기 줄어들어서 납월(臘月) 이전과 비교하면 또한 몇 단계나 나빠졌는지 알 수 없었습니다. 설령 마음 편히 조리하더라도 끝내 병이 나을 리는 없을 것인데, 오히려 어찌 중임을 담당하여 격무를 처리하는 것을 바랄 수 있었겠습니까.

또 신은 대정(大政)의 자리에서 삼가 성상의 명을 받들었는데, 신을 사은 정사(謝恩正使)로 삼는다는 내용이었습니다. 이는 왕역(往役)[89]에 해당하는지라 신하의 의리로 볼 때 사양할 수 없는 것입니다만, 신은 일찍이 "여력이 강한지라, 사방을 경영할 수 있다고 여기도다.〔旅力方强 經營四方〕"라는 시인(詩人)의 말[90]을 읽고는 마음으로 매우 좋아하였습니다. 만일 신의 병이 억지로라도 나아가기 어려운 지경에 이르지 않았다면 어찌 감히 사양하려는 계획을 세울 수 있었겠습니까. 다만 지금 쇠잔하여 가쁜 숨을 몰아쉬는 위태로운 목숨이 아침에 저녁을 보장할 수 없기 때문에 조정의 반열에 올라 주선하는 일은 이미 자력으로 할 수 없습니다. 이제 편안한 수레와 안온한 행보(行步)도

89 왕역(往役) : 군주가 나라의 일을 위하여 부를 때에는 개인의 사정을 돌보지 말고 나아가서 일하는 것이 의리에 합당하다는 뜻이다. 자세한 내용은 477쪽 주74 참조.

90 여력이……말 : 《시경》 〈소아(小雅) 북산(北山)〉의 "사모가 쉬지 않고 달리니, 국사(國事)가 끊임없이 계속되도다. 내 아직 늙지 않은 것을 가상히 여기고, 내 바야흐로 건장함을 얻기 어렵다 하여, 여력이 강한지라 사방을 경영할 수 있다고 여기도다.〔四牡彭彭 王事傍傍 嘉我未老 鮮我方將 旅力方剛 經營四方〕"라는 구절에 포함된 말이다. 〈북산〉은 대부(大夫)가 홀로 나랏일에 수고로워서 부모 봉양을 다하지 못하는 데 대해 아쉬워하는 내용이다.

오히려 넘어질까 두려워 반드시 관복을 벗고 직무를 사양하고서 병상으로 돌아가 염라국의 사자(使者)를 기다리는 남은 날을 조금 연장하려 합니다. 어찌 눈이 내리고 버들이 푸를 때까지 저 원습(原隰)[91]에 있으면서, 행장을 꾸리고 마부를 재촉하여[92] 여독에 시달리며 말을 타고 이리저리 달릴 수 있겠습니까. 신의 몸이야 감히 스스로 근심할 것이 없지만 신이 크게 두려워하는 점은 군주의 명이 도로에 버려지는 것입니다. 이는 비단 신이 자신의 역량을 잘 알고 있을 뿐만 아니라 조정에 함께 있는 진신대부(縉紳大夫)에서부터 여대(輿儓)[93]나 주졸(走卒)에 이르기까지 실로 신을 한번 본 사람은 모두 신이 그 일을 감당하지 못할 것이라 생각하고 신을 위해 염려합니다. 그 사람들은 신을 아껴서 염려하는 것이 아니라 막중한 사명(使命)이 중도에서 낭패를 당할까 염려하는 것입니다. 신이 어찌 감히 편안한 곳을 찾으려는 마음을 혐의하여 막중한 나랏일을 생각하지 않을 수 있겠습니까.

91 원습(原隰) : 언덕과 습지라는 뜻으로, 왕명(王命)을 받든 신하의 행로를 가리키는 말이다. 《시경》의 "휘황한 꽃이여, 저 언덕과 습지에 있도다. 달려가는 정부여, 매양 미치지 못할 듯이 생각하도다.〔皇皇者華 于彼原隰 駪駪征夫 每懷靡及〕"라는 구절에서 유래하였다. 《詩經 小雅 皇皇者華》

92 마부를 재촉하여 : 원문은 '叱馭'이다. 마부를 다그쳐 말을 빨리 몰게 한다는 뜻으로, 왕명(王命)을 받드는 신하의 충심을 표현한 말이다. 한(漢)나라 왕존(王尊)이 사천성(四川省) 공래산(邛郲山)의 구절판(九折阪)을 넘을 때, 마부를 꾸짖으면서 "왕양(王陽)은 효자라서 자기 몸을 아꼈지만, 나는 충신이니 말을 빨리 몰아라."라고 하였던 고사에서 유래하였다. 《漢書 卷76 王尊傳》

93 여대(輿儓) : 《춘추좌씨전》에서 사람의 신분을 왕(王), 공(公), 대부(大夫), 사(士), 조(皁), 여(輿), 예(隸), 요(僚), 복(僕), 대(儓) 등 열 가지 계층으로 분류하였는데, 그 가운데 아랫 등급의 천민 계급을 말한다. 《春秋左氏傳 昭公7年》

배표(拜表)하는 날을 택일하지는 않았지만 요컨대 그믐과 초하루 사이를 벗어나지는 않을 것이니, 행장을 꾸려 길 떠날 준비를 할 날이 많지 않습니다. 신이 자신의 역량으로는 결코 강행할 수 없다는 사실을 잘 알면서 두려운 마음에 하는 일 없이 자리를 차지하고 날짜만 보낸다면 신의 죄는 더욱 무거워질 것입니다. 이에 감히 실상에 근거하여 간절한 마음을 말씀드려서 전하의 귀를 어지럽혔습니다. 삼가 바라건대 성명(聖明)께서는 굽어살피시어 속히 신이 맡고 있는 병조 판서의 직임을 체차하시고, 아울러 신에게 내려진 사은 정사의 명을 간개(刊改)하신 뒤 다시 다른 사람에게 내리시어, 공적으로나 사적으로 편하게 해 주소서. 그렇게 해 주신다면 천만다행이겠습니다.

병을 이유로 병조 판서의 사직을 청하는 소[94]

引病乞解兵曹判書疏

삼가 아뢰니다. 신이 지난번 한 통의 소장을 진달하여 외람되이 은미한 정성을 아뢸 적에 행태가 편안한 직책을 차지하려는 것처럼 보였고 말이 또한 누차 번거로웠으니, 신의 마음은 황공하여 안절부절 어쩔 줄을 몰랐습니다. 그런데 하늘처럼 아량이 넓은 성상께서 죄를 더하지 않고 사함(使銜)의 체차를 허락하시어 원습(原隰)[95]의 근심에서 벗어나 도규(刀圭)[96]의 일을 다스리게 해 주셨으니, 사랑하여 살리려는 마음이 지극히 두텁고 지극히 은혜로웠습니다. 이에 신은 실로 감격하고 황송하여, 죽음을 앞둔 미천한 신하의 몸으로 어떻게 만에 하나라도 그 은혜를 갚아야 할지 알지 못하였습니다. 다만 본병(本兵)의 중임에서 벗어나지 못했기 때문에 시위소찬(尸位素餐)하며 병을 핑계로 직무를 비우고 구차하게 시일만 이어 가고 있었으니, 이것이 신이 크게 두려워하는 점입니다.

신은 현직을 맡은 지 겨우 한 달이 지났는데, 병을 표방하여 올린

94 병을……소 : 저자는 1813년(순조13) 1월 4일 병조 판서와 사함(使銜)의 사직을 청하는 상소를 올리고 정사(正使) 임무에서 체차된 뒤, 같은 달 21일에 이 상소를 올려 다시 병조 판서의 사직을 청하였으나 허락받지 못하였다. 《承政院日記 純祖 13年 1月 4日, 21日》

95 원습(原隰) : 486쪽 주91 참조.

96 도규(刀圭) : 약의 양(量)을 헤아리는 기구로, 칼과 비슷하며 위는 뾰족하고 가운데는 움푹 패어 있다. 후세에는 의술(醫術)이나 약물(藥物)을 일컫는 말로 쓰인다.

소장은 지금까지 네 차례입니다. 신이 비록 지극히 어리석지만 어찌 성상을 번거롭게 하는 죄가 분수와 의리에 관계되는 것임을 모르겠습니까. 돌아보건대, 그 사이에는 반드시 부득이한 이유가 있었습니다. 신은 듣건대, 사람의 온갖 질병은 경중이야 비록 다르지만 어떤 병이 있으면 반드시 그에 맞는 약이 있다고 하였습니다. 그러나 비토(肥土)가 허하여 손상된 병과 같은 경우는 비록 화타(華佗)나 편작(扁鵲)이 있더라도 멀리서 바라보고 달아날 뿐이라고 하니, 신이 앓고 있는 증상이 바로 이 병입니다. 변도(便道)가 일정하지 않고 안면에 부기(浮氣)가 오르고 이마에는 진땀이 흐르고 장(腸)에서는 북소리가 울려서 음식은 줄이려 하지 않아도 저절로 줄어들고 사지는 딱히 어디가 아픈지 몰라도 절로 아파 오니, 이것은 모두 의가(醫家)에서 이른바 고치기 어려운 증상에 해당합니다.

대정(大政)이 지난 뒤로 직무에 조금 여유가 있어서 의원을 찾아 약을 묻는 일에 전념했지만, 이미 말라 버린 나무와 같은 몸은 다시 꽃이 필 리가 없어서 간혹 한두 번 정사(政事)에 나왔다가 돌아가면 번번이 며칠 동안 고통으로 신음하였습니다. 혹 부득이 인객(人客)을 영접하거나 공문서를 열어 볼 때면 말에 두서가 없고 정신이 몽롱하여 비록 스스로 강행하려 하나 어디서부터 시작해야 할지 몰랐습니다. 매번 베갯머리에 누워 고통스러워하는 가운데 체차되기를 구하는 일념은 마치 결박된 자가 풀려나기를 잊지 못하는 것처럼 가슴속에 사무쳤습니다. 신은 받은 은혜가 망극하고 나이가 육순에 가까우므로 보잘것없는 여생을 감히 아까워하는 것이 아닙니다. 참으로 병조 판서는 병을 요양하는 자리가 아니고, 신의 천한 질병은 세월이 지나도 완치되기를 바랄 수 없기 때문입니다. 더구나 지금 춘알(春謁)이 얼마 남지 않아

행행(幸行)에 대해 취품(取稟)하는 일이 내달 초에 있습니다. 노부(鹵簿)를 정리하고 군사를 신칙하는 일이 신의 직무이고 융복(戎服)을 입고 활집과 화살집을 메고 우림(羽林)[97]과 표미(豹尾)[98] 사이를 분주하게 주선하며 다니는 것도 신의 직무인데, 신이 어떻게 그 일을 할 수 있겠습니까.

가령 신이 병을 무릅쓰고 억지로 명을 수행하여 다행히 쓰러지지 않는다 하더라도, 행행의 깃발을 바라보는 저 팔방(八方)의 사녀(士女)들이 바짝 야위어 시들어 버린 신의 모습을 본다면, 어찌 "당당한 청조(淸朝)에서 어찌 사람이 없는 것을 근심해서 저렇게 병이 깊어 다 죽어 가는 사람을 대사마(大司馬)로 임용하였는가?"라고 하지 않겠습니까. 또한 어찌 "저 사람은 부황(浮黃)이 든 얼굴을 들고 절뚝거리는 몸뚱이를 끌고 자리를 차지하고 있으니, 인간 세상에 염치가 있는 줄 알지 못하는 것인가?"라고 하지 않겠습니까. 신이 장차 무슨 말로 세상의 기롱에 대해 변명을 하겠습니까. 국가의 체모에도 너무 구차하지 않겠습니까. 고통스럽게 호소하는 이유는 사사로운 정을 위해서일 뿐만이 아닙니다. 언제나 잊지 않고 늘 생각하는 바는 오직 한 번 체직되는 것뿐입니다. 삼가 바라건대, 천지 부모와 같은 성상께서는 굽어살피고 가련히 여기시어 속히 신의 직책을 체차하시고, 이어 신에게 장기간의 휴가를 내리시어 안심하고 조리할 수 있게 해 주소서. 혹 신령한

97 우림(羽林) : 임금의 근위 금군(禁軍)이다.

98 표미(豹尾) : 표미기(豹尾旗)를 세운 진영을 말한다. 표미기는 비단을 잘라 표범의 꼬리 모양으로 만든 군기(軍旗)이다. 이 기는 표범의 위엄을 상징하여 사람들이 함부로 움직이지 못하게 하는 것이다. 표미기를 세운 곳에는 영전, 영기 등을 가진 자를 제외하고는 함부로 엿보거나 출입하지 못하였고, 이를 어기면 군법으로 다스렸다.

하늘의 도움으로 잔약한 목숨을 잠시 연명할 수 있다면, 설령 다시 온전한 사람이 될 수는 없을지라도 거의 산반(散班)에 몸담고 한가로이 지내면서 성상의 은택을 노래하는 그런 날은 혹 바랄 수 있을 것입니다. 부디 성명(聖明)께서는 조금 굽어살펴 주소서. 신은 황공하고 간절한 마음을 가누지 못하겠습니다.

병조 판서의 사직을 청하는 다섯 번째 소[99]

辭兵判第五疏

삼가 아룁니다. 신은 듣건대, 신하의 분수는 관직에 나아가 역량을 펴는 것일 뿐이니, 국가에서 관직을 설치함에 공경대부(公卿大夫)로부터 백집사(百執事)의 말석에 이르기까지 자신의 역량을 발휘하여 능히 직임을 담당하지 않은 이가 없었습니다. 임금을 섬기는 어진 신하는 반드시 "나랏일에 충근(忠勤)을 다한다." 하고 "사방에 역량을 편다." 하며 지극히 어진 신하는 "몸과 마음을 바쳐 충성을 다하다가 죽은 뒤에야 그만둔다."라고 하였으니, 이것이 다 역량을 펴는 것을 말합니다. 그러나 연로하여 그 역량이 다시 지기(志氣)를 굳건하게 가질 수 없을 경우[100]에는 그만두는 것이니, 예경(禮經)에 이른바 "나이 70에 치사(致仕)한다."라는 말[101]이 이에 해당합니다. 나이가 비록 70에 이르지는 않았어도 병 때문에 혹 지기를 굳건히 가지기 어려운

99 병조……소 : 저자는 1813년(순조13) 2월 10일에 상소하여 다시 병조 판서의 사직을 청하였으나 허락받지 못하였다. 《承政院日記 純祖 13年 2月 10日》

100 지기(志氣)를……경우 : 노쇠하여 젊은 시절처럼 지기를 굳건하게 정립할 수 없다는 의미이다. 《예기(禮記)》 〈곡례 상(曲禮上)〉에 "나이 40을 강(强)이라 하니, 이때에 벼슬길에 나선다.〔四十曰强而仕〕"라는 말이 있는데, 이에 대한 대계(戴溪)의 주(註)에 "40세가 되면 지기가 굳게 정립되어 흔들리지 않으므로 출사(出仕)할 수 있다."라고 하였다.

101 예경(禮經)에……말 : 《예기》 〈곡례 상(曲禮上)〉에 "대부는 나이 70이 되면 치사한다.〔大夫七十而致事〕"라는 말이 있다.

경우에도 그만두는 것이니, 사서(史書)에 이른바 “물러나 병을 요양한다.”라는 말[102]이 이에 해당합니다. 이는 대개 일의 형세가 그렇게 하지 않을 수 없기 때문이니, 예의(禮義)와 염방(廉防)은 실로 그 가운데에서 행해지는 것입니다.

신은 병조 판서의 직임을 맡은 지 두 달 만에 병으로 사직을 청한 것이 네 차례나 되었습니다. 누차 성상을 번거롭게 하는 것이 죄가 되는 줄 신이 모르는 것은 아니지만, 그래도 그만두지 못한 이유는 매우 부득이한 사정이 있었기 때문입니다. 신은 나이로 보면 아직 60이 되지 않았으니 어찌 감히 지기(志氣)를 굳건하게 가질 수 있는 역량이 못 된다고 말할 수 있겠습니까. 그러나 질병으로 논해 본다면 단지 죽기를 기다리는 사람일 뿐이니, 이 생애 이 세상에서 버려진 물건이 되고 말았습니다. 대개 지난겨울 병세가 심해진 뒤로부터 실낱같은 목숨을 연명하여 오늘까지 이를 수 있었던 것은 이미 신이 스스로 기대하지 못한 일로, 단지 행운일 뿐입니다. 신은 이미 사람이 모자라는 시기에 현직을 맡아 사직을 허락받지 못하였고, 나아가 명을 받들어 여러 번 직임을 수행하였습니다. 늘 공무에 나아갈 때가 되면 먼저 병을 치료하기 위해 곱절로 힘을 쏟은 다음 무릇 인사(人事)를 살피는 일에 거의 극도의 노력을 다하였으니, 거의 절반쯤 병을 치료한 뒤에 남은 생의 근력을 다 짜내어 예를 표하기를 기대하였기 때문입니다. 그러나 반열에 나아갔을 때는 파리하고 부황(浮黃)이 든 모습과 비실

102 사서(史書)에……말 : 《위서(魏書)》에, 배근(陪斤)의 아우 배충(陪忠)이 고조(高祖) 당시에 많은 공을 세웠는데, 그 후 병이 심해져서 물러나 고류(高柳)에서 병을 요양하였다는 기록이 보인다. 《魏書 卷15 昭成子孫列傳》

거리고 절뚝거리는 형상이 사람들을 놀라게 하고 부끄럽게 할 뿐이었습니다. 비단 이와 같을 뿐만이 아니었습니다. 늘 지금의 상태가 이전보다 못함을 느껴서 비록 백방으로 번뇌를 떨쳐 버리려 하나 갈수록 모양새를 갖추지 못하였으니 신이 낯에 철판을 깐 사람이 아닌 이상 어찌 부끄러워 얼굴을 붉히지 않겠습니까. 청조(淸朝)에 현명한 선비가 즐비하여 이목(耳目)이 총명(聰明)하고 수족(手足)이 자유로운 사람이 많은데, 어찌 하필 신처럼 병이 깊어 다 죽어 가는 사람으로 구차하게 자리를 채우고 억지로 할 수 없는 일을 억지로 하게 함으로써 한갓 천하의 사람들로 하여금 조정에 인재가 없다고 경시하게 만드는 것입니까.

신은 세상에 유례가 없는 양조(兩朝)의 은총을 받았습니다. 비록 신이 우매하여 몸과 마음을 바쳐 충성을 다했던 고인(古人)의 의리와 같은 자리에서 논의될 수는 없겠지만, 가는 곳마다 정성을 다하여 편한 곳 험한 곳 가리지 않는 충심은 또한 스스로 면려하는 바입니다. 하지만 질병이 찾아오는 것은 어쩔 수 없는 운명인 것을 어떻게 하겠습니까. 비록 역량을 펴고자 해도 그렇게 할 수 없어서 베갯머리에 누워 고통스러워하고 몸을 어루만지며 스스로 슬퍼하고 있을 뿐입니다. 또 신은 지난달에 한시유(韓始裕)의 상소[103]를 보았는데, 근래에 드러난 양전(兩銓)의 폐단을 논하여 거의 여지를 남기지 않았습니다. 신이

103 한시유(韓始裕)의 상소 : 1813년(순조13) 1월 24일 부호군(副護軍) 한시유가 전관(銓官)의 간택에 대해 논하며 장문의 상소를 올린 일이 있다. 이로 인해 이조 판서 김희순(金羲淳)과 병조 판서 서영보(徐榮輔)가 사직 상소를 올려 인피(引避)하여 체면(遞免)을 청하였으나 허락받지 못하였다. 《承政院日記 純祖 13年 1月 24日》《純祖實錄 13年 2月 9日》

맡고 있는 관서가 바로 양전 가운데 한 곳이니 어찌 저 상소에서 지적된 바가 없다고 해서 편안한 마음으로 스스로를 위로할 수 있겠습니까. 신이 누차 번거롭게 호소하는 이유는 진실로 병이 심하여 직임을 감당할 수 없기 때문이니, 다른 일을 끌어와서 시끄럽게 떠들고 싶지는 않습니다. 그러나 성조(聖朝)의 거조(擧措)로 볼 때 신처럼 병들고 어리석은 사람은 일찍 물리치라는 명을 내리는 것이 또한 족히 백성들을 심복(心服)하게 하는 한 가지 방도가 될 것입니다. 어제 정사를 열라고 명하셨지만 신의 병세가 환절기에 거듭 심해지고 풍목(風木)의 슬픔[104]이 작용하는 바람에 비토(肥土 비장(脾臟))가 더욱 손상되어 자리에 쓰러져 사방을 분변하지 못하고 지내다가 마침내 정석(政席)에 나아가지 못했으니, 병중에 어찌할 줄을 모르고 위축되어 마치 한 가지 병이 더해진 것만 같습니다. 이에 감히 다급한 목소리로 호소합니다. 삼가 바라건대 성상께서는 신의 말이 가식에서 나온 것이 아님을 헤아리시어 속히 신의 직임을 체차하여 중임(重任)이 비지 않고 미천한 분수가 편안하도록 해 주소서. 그렇게 해 주신다면 신은 비록 죽더라도 살아 있을 때나 다름이 없을 것입니다.

104 풍목(風木)의 슬픔 : 풍목은 '풍수(風樹)'와 같은 말로, 생전에 어버이께 효성을 다하지 못해 사후에 슬퍼하는 마음을 말한다. 춘추 시대 때 공자(孔子)가 길을 가는데 고어(皐魚)라는 사람이 길에서 칼을 안고 슬피 울고 있기에 까닭을 물었더니, "나무는 고요하고자 하여도 바람이 그치지 않고 자식이 봉양하고 싶어도 어버이는 기다려 주지 않는다.〔樹欲靜而風不止 子欲養而親不待〕"라고 하고는, 서서 울다가 말라 죽었다는 고사에서 온 말이다.《韓詩外傳 卷9》

선혜청 제조의 사직을 청하는 소[105]

辭宣惠廳提調疏

삼가 아룁니다. 신은 병조(兵曹)에서 근무한 지 겨우 3개월 만에 사직을 청하는 소장(疏章)을 모두 다섯 차례나 올렸습니다. 미천한 정성이 아직 전해지지 못한 것이 부끄럽고 질병의 증상이 더욱 깊어지는 것이 가련하여 밤낮으로 송구하고 위축되어 어찌할 바를 몰랐는데, 그 와중에 천만뜻밖에도 신을 선혜청 제조(宣惠廳提調)에 차임하셨습니다. 신은 마침 빈연(賓筵)에 참석하고 있었기에 신의 성명을 거론하는 대료(大僚)[106]의 말을 직접 듣고는 황공하여 등줄기에 식은 땀이 흘러내렸으니, 성명(聖明)의 시대에 이렇게 과분한 은혜가 내려질 줄은 생각지도 못했기 때문입니다.

신은 들으니, 관직에 임명된 신하로서 그 직을 사임하는 사례가 많이 있는데 병 때문에 직임을 감당하지 못하거나 재주가 직임에 모자라거나 직임이 분수에 크게 넘치는 경우에는 반드시 사직해야 한다고 하였습니다. 이 가운데 한 가지만 해당해도 오히려 반드시 사직해야 한다고 하는데, 더구나 세 가지를 모두 겸한 경우야 더 말할 것이 있겠습니까.

신의 병세는 누차 올린 소장에서 이미 다 말씀드렸거니와, 대개 줄곧

105 선혜청……소 : 저자는 1813년(순조13) 2월 15일 정사에서 선혜청 제조(宣惠廳提調)로 차임되고, 2월 19일에 이 상소를 올려 사직을 청하였지만 허락받지 못하였다. 《承政院日記 純祖 13年 2月 15日, 19日》

106 대료(大僚) : 정1품의 영의정(領議政), 좌의정(左議政), 우의정(右議政) 등 삼정승을 지칭한다. 종1품 보국대부(輔國大夫) 이하의 관료들이 삼정승을 부르는 호칭이다.

앓아 온 병이 고질이 되고 증세가 위독하여 골골거리며 다 죽어 가는 모습을 하고 있습니다. 이는 조정에 있는 모든 사람들이 다 아는 바이고, 성상께서도 이미 통촉하고 계신 일입니다. 정신은 이미 빼앗기고 머리와 눈은 늘 어지러운 관계로 마치 연무(煙霧) 속에 떨어진 것처럼 어둡고 혼미하여 일상생활에서 열에 여덟아홉은 빠뜨리고 예전에 만나 서로 아는 사람을 간혹 잊어버려 누구인지 묻기도 하니, 이러고도 오히려 공문서를 조사하고 파악하는 일에 의의(擬議)되어 쓸데없이 넘쳐나는 소비를 막고 기회(期會)[107]에 대처할 수 있겠습니까. 이것이 병 때문에 직임을 감당하지 못하는 점입니다.

신은 본래 용렬하여 조금도 남보다 나은 점이 없는데 재주와 능력은 더욱 모자랍니다. 성급하고 고지식하여 번거롭고 힘든 일을 견디지 못하고 어리석고 나약하여 종합적으로 살필 능력이 없으니, 재물을 관리하는 직임에는 원래부터 맞지 않는 사람입니다. 일찍이 사람이 모자라는 시기에 호조를 맡아[108] 시종 3년 동안 끝내 조그마한 도움도 되지 못했으니, 비유하자면 연도(鉛刀)[109]로는 한 번 벨 수도 없는 것인데 더구나 다시 시험할 수 있겠습니까. 호조에서 제대로 하지 못했는데 선혜청에서 제대로 한다는 것은 더욱이 그런 이치가 없으니, 이것이

107 기회(期會) : 부서기회(簿書期會)를 가리키는 말로, 1년의 회계(會計)를 장부에 기입해서 기일 안으로 조정에 보고하는 일이다.

108 호조를 맡아 : 저자는 1806년(순조6) 9월 2일 정사에서 호조 판서에 제수되었다.

109 연도(鉛刀) : 납으로 만든 무딘 칼이라는 뜻으로, 자신의 우둔하고 무능한 자질을 비유하는 겸사이다. 후한(後漢) 반초(班超)의 상소문에 "위대한 한나라의 위엄을 받들고 가는 신이 무딘 칼이나마 한번 베어 볼 수 없겠습니까?〔臣奉大漢之威 而無鉛刀一割之用乎〕"라는 말이 있다. 《後漢書 卷47 班超列傳》

재주가 직임에 모자라는 점입니다.

신의 집은 대대로 국가의 은혜를 받아 높은 벼슬이 이어졌습니다. 불초한 신은 선대(先代)에 훨씬 못 미치면서도 세상에 유례가 없는 양조(兩朝)의 사랑을 유독 많이 받아 화무직(華膴職)을 역임하고 현달한 지위에 올랐으니, 마치 나무 위에 앉아 있는 것처럼[110] 가득 차면 넘친다는 두려움으로 조심스럽게 행동하였습니다. 이제 늙고 병들어 다 죽어 가는 나이가 되었으니, 이치로 보면 대략 스스로 만족할 줄 알아서 산반(散班)에 몸담고 한가로이 지내면서 성상의 은택을 노래하며 살아야 할 것입니다. 이러한 삶이 혹 여생에 조금이라도 상유(桑楡)에 수습하는 도리[111]가 될 것인데, 도리어 병조 판서의 중임을 맡고 재화를 관리하는 요직을 차지하였습니다. 국가의 중요한 정사는 군사와 식량뿐입니다. 신이 어떤 사람이기에 왼쪽으로는 갑병(甲兵)을 다스리고 오른쪽으로는 전곡(錢穀)을 관리하면서, 신이 아니면 적임자가 없는 것처럼 편안히 앉아 그렇게 자처할 수 있겠습니까. 이는 지혜로운 사람을 기다리지 않더라도 크게 두려워해야 할 일임을 알 수 있습

110 나무……것처럼 : 나무에서 떨어질까 두려워 매사에 더욱 신중한 태도를 견지한다는 말이다. 《시경》 〈소완(小宛)〉에 "온화하여 공손한 사람이 나무에 앉은 듯하고, 두려워하고 두려워하는 소심한 사람이 골짜기에 임한 듯하다.〔溫溫恭人 如集于木 惴惴小心 如臨于谷〕"라고 하였다.

111 상유(桑楡)에 수습하는 도리 : 인생의 노년기(老年期)를 잘 마무리한다는 뜻이다. 상유는 지는 해의 그림자가 뽕나무와 느릅나무 끝에 걸려 있다는 말로, 서방(西方)의 해 지는 곳 또는 인생의 노년기를 의미한다. 반대로 해가 뜨는 곳을 동우(東隅)라고 한다. 후한(後漢)의 장군(將軍) 풍이(馮異)가 적미병(赤眉兵)과 싸울 때, 처음에는 패주했다가 나중에 적을 격파하자, 광무제(光武帝)가 "동우에는 잃었으나 상유에 수습하였다.〔失之東隅 收之桑楡〕"라고 했던 고사(故事)가 전한다. 《後漢書 卷47 馮異列傳》

니다. 이것이 직임이 분수에 크게 넘치는 점입니다.

신은 이미 이상 세 가지의 반드시 사직해야 하는 의리를 겸하고 있으니, 어찌 우러러 성상께 호소하여 처음부터 끝까지 생성해 주시는 은택을 청하지 않을 수 있겠습니까. 더구나 지금은 연이어 기근이 들어 중외(中外)에 비축해 둔 곡식이 텅 비어 믿을 곳이 없는 상황이니, 다급한 나라의 경제가 실로 애통한 시기입니다. 이런 때를 당하여 선혜청의 중임을 신에게 준다고 매번 하교를 내리시어 정사를 그르치도록 내버려 두신다면 나랏일로 볼 때 작은 문제가 아닙니다. 날마다 생각해 보아도 받들어 응할 길이 없어 피를 토하는 심정으로 간절히 아뢰니 이는 참으로 가식적인 말이 아닙니다. 삼가 바라건대, 성명(聖明)께서는 굽어살피고 불쌍히 여기시어 신에게 제수한 선혜청 제조의 직임을 속히 개차(改差)하시고, 다시 감당할 만한 사람을 정하여 제수하소서. 그렇게 해 주신다면 공적으로나 사적으로나 매우 다행이겠습니다.

판의금부사의 사직을 청하는 첫 번째 소[112]

辭判義禁疏 第一

삼가 아룁니다. 신이 방금 제수하는 전지를 받들고 보니 신을 판의금부사(判義禁府事)로 삼는다는 내용이었습니다. 신은 마침 정석(政席)에 참석하여 대궐에 있었지만 외람되이 이 직임을 차지하려는 계획을 감히 할 수가 없어서 황급히 도망쳐 나오느라 스스로 분수와 의리를 무너뜨리는 죄를 초래하였습니다. 성상의 소패(召牌)가 계속 이르는 상황에서 다시 명을 어기는 죄를 범하고 말았으니, 너무도 황공하여 몸 둘 바를 모르겠습니다.

신은 망극한 은혜를 받아 지위가 여기에까지 이르렀지만 일찍이 작은 능력도 발휘한 적이 없었습니다. 그러나 조금이라도 은혜를 갚는 데 도움이 될 수만 있다면 오직 편한 일 궂은 일 가리지 않는 마음으로 애써 직임에 종사하는 것이 조금이나마 성상의 은혜에 보답하기를 도모하는 도리가 될 것입니다. 이에 무릇 제수하는 명이 내려오면 일찍이 머뭇거린 적이 없었으니, 융병(癃病)이 고질이 된 상태에서도 오히려 스스로 힘을 내고 중임을 감당할 수 없는 상황에서도 감히 굳이 사양하지는 못하였습니다. 더구나 지금 제수된 직임은 성망(聲望)과 관질(官秩)이 비록 높지만 또한 화요직(華要職)과는 다른데, 갑자기 이렇게

112 판의금부사의……소 : 저자는 1813년(순조13) 5월 19일 정사에서 판의금부사에 제수되고, 다음 날 이 상소를 올려 사직을 청하였으나 허락받지 못하였다. 《承政院日記 純祖 13年 5月 19日, 20日》

사양하는 것이 어찌 좋아서 하는 일이겠습니까. 다만 신은 과거 이 직임을 맡았을 때[113] 당상(堂上)의 상소에서 논척(論斥)을 심하게 당한 적이 있는데, 신을 능멸하고 모욕하면서 구사하는 말이 매우 모질었습니다. 그래서 이때부터 이후로는 금오(金吾)의 자리에는 절대 나아가지 않겠다고 굳게 다짐하였습니다.

신은 논척을 당한 뒤에 지금 처음으로 이 직임을 다시 맡았습니다. 전조(銓曹)에서는 비록 당시의 일을 기억하지 못해서 이렇게 추천하여 의망했겠지만 끝내 나아갈 수 없는 신의 정세(情勢)는 조정에 있는 사람들이 다 아는 바입니다. 조정에서 더없이 중요한 것은 염방(廉防)이니, 거취를 결정할 때 조금이라도 구차한 점이 있으면 수치를 끼치는 바가 비단 한 사람의 개인적인 문제에 국한될 뿐만이 아닙니다. 무릇 일반 관료도 평소 남에게 논박을 당하면 이와 같이 해야 하는 것입니다. 더구나 당상의 상소는 일의 체모가 지극히 엄중하고, 관위(官位)가 조금 높은 사람은 나아가고 물러나고 사양하고 받는 것을 사람들이 모두 지켜보는 법이니, 이것이 버려지고 무너진다면 또한 청조(淸朝)의 욕이 되지 않겠습니까.

현재 미결로 오랫동안 옥(獄)에 갇혀 있는 죄수가 많이 적체되어 거행(擧行)하는 일이 시급한데, 신의 사정과 처지가 위에 말씀드린 것과 같아서 소명(召命)이 내려진 상황에서도 몸을 움직여 벼슬에 나아갈 길이 없습니다. 이에 감히 짧은 소장(疏章)을 올려 스스로의 죄를

113 과거……때 : 저자는 1807년(순조7) 4월 18일, 1808년 3월 17일과 같은 해 8월 21일에 판의금부사에 제수된 사실이 있다. 《純祖實錄 7年 4月 18日, 8年 3月 17日・8月 21日》

논열(論列)하고 성상을 번거롭게 합니다. 삼가 바라건대, 자애로운 성상께서는 굽어살피시어 속히 신에게 제수한 금오의 직함을 개차(改差)하시고, 이어 성상을 번거롭게 한 신의 죄를 다스리시어 조정의 기강을 엄숙히 하고 사적인 분의(分義)가 편하도록 해 주소서. 그렇게 해 주신다면 매우 다행이겠습니다.

비답은 다음과 같다.

"상소의 내용은 잘 살펴보았다. 세월이 오래 지난 일을 어찌 깊이 인책(引責)할 것이 있겠는가. 미결로 오랫동안 옥에 갇혀 있는 죄수가 적체된 것이 민망하니, 경은 사직하지 말고 즉시 숙배(肅拜)하라."

판의금부사의 사직을 청하는 두 번째 소[114]

辭判義禁再疏

삼가 아룁니다. 신은 외람되게도 간절한 마음을 담아 우러러 소장(疏章)을 올리고 자애로운 성상께서 필부(匹夫)의 뜻을 이루게 해 주시기를 기대하였습니다. 그런데 비지(批旨)를 받들고 보니 매우 간곡하게 타이르시되 세월이 오래 지난 일을 깊이 인책(引責)하지 말라 효유(曉諭)하시고 숙배하라는 명으로 재촉하시어, 이미 분명하게 밝혀 주시고 다시 신을 이끌어 주셨습니다. 삼가 생각건대, 성상께서 신을 나아오게 하시려는 생각에서 이렇게까지 허물을 씻어 주셨으니, 신은 두 손으로 유지를 받들고 아홉 번 머리를 조아리며 감격에 겨워 눈물을 흘렸습니다. 신 역시 떳떳한 본성을 갖춘 사람이니 어찌 가구(駕屨)를 기다리지 않고 달려가야 하는 의리[115]를 모르겠습니까. 그러나 오히려 다시 누차 소명(召命)을 어기고 마치 경외할 줄도 모르는 사람처럼 멍하니 있었던 이유는 그 가운데 반드시 부득이한 사정이 있었기 때문입니다.

114 판의금부사의……소 : 저자는 1813년(순조13) 5월 20일 올린 소장에 대해 사직을 허락받지 못하자, 다음 날 다시 이 상소를 올려 사직을 청하였으나 허락받지 못하였다. 《承政院日記 純祖 13年 5月 20日, 21日》

115 가구(駕屨)를……의리 : 임금의 소명(召命)이 내려오면 수레가 준비되기를 기다리지 않고 신발을 바로 신을 겨를도 없이 급하게 달려가는 의리를 말한다. 공자(孔子)는 임금이 명하여 부르면 수레에 멍에 메우기를 기다리지 않고 허둥지둥 달려 나갔고, 나중에 수레가 뒤쫓아 오면 그 수레를 타고 조정에 나아갔다. 《論語 鄕黨》

신이 지난번에 만났던 일은 참으로 조정의 수치와 관계됩니다. 법관으로서 옥수(獄囚)의 기세를 보고 위축되어 형률을 잘못 적용했다면, 이는 그 사람이 애처롭고 수치스러운 자여서 사대부의 반열에 끼일 수 없는 것입니다. 대저 일의 체모가 더없이 엄격한 당상의 상소에서 신의 죄상을 성토한 것이 바로 이런 제목(題目)이었습니다. 신이 아무리 완고하고 부끄러움이 없어서 철판을 깐 것처럼 얼굴이 두꺼운 사람이라 해도, 어찌 차마 머리를 들고 금오(金吾)의 자리에 높직이 앉아서 동료 관원들을 마주하고 죄안을 심의할 수 있겠습니까. 예로부터 지금까지 무릇 논척을 당한 사람들이 또한 관직에 구애되지 않고 일일이 스스로 한계를 긋지는 못했습니다. 그렇지만 과거에 논척을 당한 적이 있는 관직과 같은 경우는 비록 다시 맡게 되더라도 넘을 수 없는 한계라고 보지 않는 사람이 없어서 힘껏 사양하고야 그만두었습니다. 임금도 억지로 맡기지 않아서 그 정세를 펼 수 있게 해 주었으니 이는 실로 사유(四維)를 중시하기 때문입니다. 혹여 이 사유가 버려지고 무너진다면 크게 풍속(風俗)에 관계되는 일이니, 비단 한 사람의 거취 문제에 국한될 뿐만이 아닙니다.

지금 신이 맡은 직책은 바로 신이 모욕을 당한 자리이니, 신이 어찌 성상의 총애를 믿고 홀로 태연히 지낼 수 있겠습니까. 사람이 한번 말을 뱉으면 다시 삼킬 수가 없어서 비록 천겁(千劫)의 시간이 흘러도 없앨 방법이 없는 것이니, 신이 어찌 감히 세월이 오래된 일이라 핑계대고 스스로 위안할 수 있겠습니까. 더구나 신은 논척을 당한 뒤로 지금 처음 이 직임을 맡았는데, 그사이 비록 약간의 세월이 지나기는 했지만 이는 오히려 짧은 시간에 불과합니다. 신이 성의가 모자라고 문사(文辭)가 졸렬하여 성상에게 제대로 마음을 전하지 못했으니, 신은 실로 부끄럽기 짝이 없습니다. 그러나 신이 비록 보잘것없지만 오래도록 관직의 말석에 종사하며 천지 부모와 같은 성상께서 곡진히 비호하고 생성(生成)해 주시는 은혜를 두텁게 입었으니, 어찌 하루아침에 신을 사유의 밖에 버려두실 수 있겠습니까. 생각건대, 신이 지난날 의처(議處)된 이유는 바로 제도(諸道)의 어사가 올린 서계(書啓)에서 논감(論勘)한 내용 때문이고, 지금 미결로 오랫동안 옥(獄)에 갇혀 있는 죄수가 또한 모두 어사의 서계에서 언급한 사람들이니, 이런 관점에서 말해 보면 비단 관직을 다시 차지하는 문제에서 그칠 뿐만이 아닙니다. 예전에 이 자리를 맡았을 때 직임을 제대로 수행하지 못하여 사람들의 구설수를 면치 못했으니, 지금의 일을 생각해 보면 어찌 감히 함부로 자리를 차지할 생각을 할 수 있겠습니까. 이런 상황에서도 아무렇지 않게 이 자리를 차지하고 있는다면, 세상에 자신의 잘못을 부끄러워하고 남의 잘못을 미워할 줄 아는 마음이 있는 것도 모르는 사람일 뿐입니다. 신의 일신이야 말할 것이 있겠습니까. 조정을 욕되게 하는 일이 실로 이런 경우를 두고 하는 말입니다.

지난번에 진달한 짧은 소장(疏章)이 마침내 형식적인 사양이 되고 말았던 관계로 나날이 명을 어겨 죄려(罪戾)만 쌓였으니, 이에 다시 피를 토하는 심정으로 간절히 호소합니다. 삼가 바라건대, 성명(聖明)께서는 굽어살피시어 속히 신이 맡고 있는 금오의 겸직을 체차하여 염방을 보존하시고, 이어 태만하고 불손한 신의 죄를 다스려 국법과 기강을 밝히소서. 그렇게 해 주신다면 너무도 다행이겠습니다.

비답은 다음과 같다.

"상소의 내용은 잘 살펴보았다. 어제 내린 비답에서 이미 말하였는데, 지금 어찌 다시 인책(引責)할 것이 있겠는가. 한 번 상소한 것으로 충분하다. 누차 명을 어기고 다시 상소하는 것이 어찌 온당치 못한 일이 아니겠는가. 한때의 비판적인 말은 모두 오래된 일이니, 정세(情勢)를 인혐(引嫌)하여 공무를 행하지 않는다면 판금오(判金吾)의 직책을 어떻게 유지할 수 있겠는가. 사양하지 말고 즉시 숙배하라."

스스로 논열하고 감죄를 청하는 소[116]

自列請勘疏

삼가 아룁니다. 신은 누차 소명(召命)을 어기고 스스로 대질 심문하는 죄과(罪科)를 초래하였기에 황공하고 몸이 떨려서 죽으려 해도 그렇게 할 수 없었는데, 하늘처럼 크고 넓은 성상의 도량으로 다시 용서하라는 명을 내리셨습니다. 신으로 하여금 부절을 받게 하시고 신에게 숙배하라는 명으로 재촉하셔서 은혜가 지극히 우악(優渥)하였지만, 신은 죽을 날이 임박했던 관계로 몽매하여 고집을 꺾을 줄 몰랐습니다. 그러던 중에 신하로서 감히 받들지 못할 정도로 지극히 준엄한 칙교가 갑자기 내려오자 신은 이에 마음을 가누지 못하고 허겁지겁 나가 숙배하였으니, 처음부터 지금까지 모두 신이 죽을죄를 지은 것입니다. 신이 비록 우매하지만 분수와 의리가 중한 줄 조금은 알고 있습니다. 전후로 비지(批旨)가 자상하고 칙교가 준엄함이 과연 어떠하였습니까. 이런 상황에서 어찌 감히 분수와 의리를 경외할 줄 모르는 사람처럼 몸을 움직이기를 생각하지 않을 수 있겠습니까.

신이 옛날에 만난 구설수는 통상적인 관잠(官箴)[117]이나 어떤 사안에

116 스스로……소 : 1813년(순조13) 5월 26일에 올린 상소이다. 《承政院日記 純祖 13年 5月 26日》

117 관잠(官箴) : 뭇 관원이 임금을 경계하기 위해 지은 글이다. 《춘추좌씨전》 양공(襄公) 4년 조에 "옛날 주(周)나라 신갑(辛甲)이 태사(太史)로 있을 때 백관(百官)에게 명(命)하여 관원마다 왕의 허물을 경계〔箴〕하게 하였는데, 우인(虞人)의 잠(箴)에 '넓고 넓은 땅을 우왕(禹王)이 답사하여 천하를 구주(九州)로 나누고 토지를 측량하여

대한 논평에 비유할 정도가 아닙니다. 맑은 조정에는 진신(搢紳)의 막대한 수치이고, 신의 일신에는 죽는 날까지 씻기 어려운 치욕입니다. 세월이 비록 오래 지났지만 염방(廉防)은 그대로 남아 있는 것입니다. 사양하고 받고 떠나고 나아가는 일은 실로 사유(四維)에 관계되니, 이 가운데 한 가지만 혹 무너져도 그 죄가 매우 무거운 것입니다. 이 때문에 앞에는 영해(嶺海)의 찬배(竄配)가 기다리고 뒤에는 부월(鈇鉞)의 형벌이 버티고 있는 상황에서 굳은 다짐을 바꾸기 어렵고 미련한 고집을 꺾지 못하였습니다. 신의 어리석은 생각으로는 삼가 조정을 높이고 무너진 풍속을 다잡는 일이 거의 여기에 있으니, 이것이 또한 신의 죽을죄입니다.

지금 신이 받든 두 글자의 지엄한 하교로 말하자면, 신하 된 자가 이런 죄명을 받게 되면 천하 후세 사람들이 함께 주벌할 터이니 비록 만 번 죽더라도 남은 죄가 있을 것입니다. 어찌 하루라도 버젓이 사람들 사이에 섞여 있을 수 있겠습니까. 무릇 지금 조정의 신하 가운데 실로 이런 죄과를 범한 자가 있으면 삼척(三尺)의 법률[118]이 왕부(王府)에 갖춰져 있으니, 어찌 천지의 사이에서 용서받을 수 있겠습니까. 신은 이 하교를 받든 뒤로 심장과 간담이 떨어지는 듯하고 정신과 혼백

구주의 길을 열어 놓으니, 백성들은 잠잘 집이 있고 짐승들은 무성한 숲이 있어서, 각각 돌아갈 곳이 있어 덕이 어지럽지 않았습니다. 이예(夷羿)가 제왕이 되었을 때는 사냥만을 탐하여 국가의 우환은 잊어버리고 짐승 잡기만을 생각하였습니다. 무(武)란 자주 써서는 안 되는 것인데, 이 때문에 하(夏)나라를 회복하지 못했습니다. 나는 사냥을 맡은 신하〔獸臣〕이므로 감히 복부(僕夫)에게 고하나이다.'라고 하였다." 하였다.

118 삼척(三尺)의 법률 : 예전에 삼척의 죽간(竹簡)에 법률을 쓴 데에서 유래한 말이다.

이 달아난 듯하여 속으로 두려워하고 밖으로는 탄식하였습니다. 살아서 용서받지 못할 죄를 지었기에 죽어서도 눈을 감지 못할 귀신이 될 것이니, 만약 속히 엄한 주벌을 받지 못한다면 오직 일찌감치 죽기를 바랄 뿐입니다. 이 생애 이 세상에서 이미 쓸모없는 물건이 되고 말았으니, 어찌 감히 은명(恩命)에 숙배한 것을 핑계로 삼아 의기양양하게 직임에 종사하면서 거듭 방자하여 거리낌 없이 구는 죄과를 범할 수 있겠습니까.

보잘것없는 신의 천한 질병은 이미 고질이 되었습니다. 수일 이래 두렵고 절박하게 마음을 쓴 탓에 건강이 크게 손상되어 지금은 식사를 물리고 물만 마시고 있으니, 기식(氣息)이 가물가물하여 죽음이 얼마 남지 않은 듯합니다. 운명이 다했으니 어찌하겠습니까. 이에 감히 쇠잔해진 정력을 수습한 다음 힘겹게 말하고 부르는 대로 적게 해서 한마디 말을 하고 죽기를 원했던 옛사람의 의리[119]를 본받으려 하였습니다.

119 한마디……의리 : 죽음을 피하지 않고 자신의 소신을 지키는 강직함을 가리키는 말이다. 동한(東漢)의 동선(董宣)은 무제(武帝) 때 사람으로, 낙양 영(洛陽令)으로 있을 때 호양공주(湖陽公主)의 하인이 사람을 죽이고 공주의 집에 숨어 있어 처벌할 수가 없자, 공주가 출행(出行)하기를 기다렸다가 길에서 행차를 막고는 공주의 잘못을 큰소리로 말하고 그 하인을 끌어내어 그 자리에서 처형하였다. 이에 공주가 무제에게 가서 하소연하였고 무제가 크게 노하여 그를 불러들여서 태형(笞刑)을 가해 죽이려 하자, 그는 머리를 조아리며 "한마디 말씀을 올리고 죽게 해 주십시오.〔願乞一言而死〕" 라고 청한 뒤 "폐하께서 성덕(聖德)으로 중흥을 이루시고는 하인 따위로 인하여 좋은 사람을 죽인다면 장차 어떻게 천하를 다스리겠습니까." 하고, 스스로 기둥에 머리를 들이받아 유혈이 낭자하였다. 이에 무제가 그로 하여금 공주에게 머리를 조아려 사죄하게 하였는데 따르지 않았다. 무제가 사람을 시켜 억지로 그의 머리를 굽히게 하자 그가 두 손으로 땅을 버틴 채 끝내 굴복하지 않으니, 이에 무제가 탄복하여 "강항 영(强項令)은 나가라." 하고 30만 냥의 돈을 하사하였다고 한다. 《後漢書 卷77 董宣列傳》

부디 천지 부모와 같은 우리 성상께서는 불쌍히 여기고 가엽게 여기시어 우선 신의 본직과 겸직을 삭거(削去)하시고, 이어 유사(有司)에게 명하여 신을 감죄(勘罪)할 형률을 의논하게 하시어 왕명을 거역하는 신하의 경계로 삼으시기 바랍니다. 신은 또한 비통한 심정을 조금이나마 말씀드릴 수 있었으니, 비록 죽더라도 살아 있을 때나 다름이 없을 것입니다. 땅에 엎드려 눈물을 흘리며 슬피 우느라 말을 조리 있게 하지 못하였습니다. 신은 황공하고 간절한 마음을 가누지 못하겠습니다.

비답은 다음과 같다.

"상소의 내용은 잘 살펴보았다. 전후로 내린 비지에서 반복하여 말했는데, 경은 어찌하여 이렇게나 사양하는 것인가. 사양하지 말고 공무를 행하라."

스스로 논열하고 감죄를 청하는 두 번째 소[120]

自列請勘再疏

삼가 아룁니다. 신은 스스로 죽을죄를 짓고 큰 치욕을 당했기에 어제 한 통의 소장(疏章)을 올려 두렵고 절박한 심정을 토로하고, 감죄(勘罪)할 형률을 찾아 적용해 달라고 청하였습니다. 그런데 성상의 비지를 받들고 보니 무릇 20여 글자의 말씀이 지극히 온유하고 정성스러워 신으로 하여금 사양하지 말고 공무를 행하게 하셨으니, 신은 받들어 읽고 황감(惶感)하여 저도 모르게 눈물을 줄줄 흘렸습니다.

다만 신이 종전에 처신한 의리가 처음에 비록 만 번 죽어 마땅한 죄를 범했다 할지라도 어찌 감히 다시 번거롭게 아뢸 수 있겠습니까. 오직 성상께서는 엄정하게 처분해 주소서. 신은 황송하여 몸 둘 바를 몰라 사차(私次)로 물러 나와 피를 토하는 심정으로 애절하게 호소하며 엄한 주벌을 내려 주시기를 청하였습니다. 그러나 신의 문사(文辭)가 졸렬하여 뜻을 제대로 전달하지 못했기 때문에 굽어살펴 주시는 성상의 은혜를 입지 못했으니, 이것이 또한 신의 죄입니다. 신이 비록 보잘것없지만 군신 간의 대의(大義)에 대해서는 조금 들었으니, 신하가 되어 분수와 의리를 위반하면 그 죄는 용서받을 수 없는 것입니다. 신은 어리석고 졸렬한 탓에 하늘이 혼백(魂魄)을 빼앗아 가 버려서, 망녕되이 소명(召命)을 어기는 것이 거만한 일이 아니고 속히 달려가

120 스스로……소 : 1813년(순조13) 5월 27일에 올린 상소이다. 《承政院日記 純祖 13年 5月 27日》

는 것이 공손한 일이 아니라고 생각하였습니다. 그러다가 저도 모르는 사이에 큰 죄에 빠져서 감히 들어서는 안 될 두 글자의 지엄한 하교를 내리시는 번거로운 일을 초래하고 말았으니, 신의 죄는 여기에 이르러 만 번 죽어도 속죄할 수 없게 되었습니다. 신하 된 자가 이런 죄명을 받게 되면 세상 사람들이 용서하지 않고 국법이 반드시 주벌(誅罰)할 터이니, 신이 비록 구차하게 먹고 숨 쉬며 한 줄기 목숨을 아직 연명하고 있지만 다시는 사람 축에 끼지 못할 것이 분명합니다. 그런데도 엄한 주벌이 더해지지 않고 관작(官爵)이 그대로 남아 있으니, 신이 어떻게 잠시라도 마음 편히 지낼 수 있겠습니까.

방금 삼가 구전 하교(口傳下敎)를 들으니, 미결로 오랫동안 옥(獄)에 갇혀 있는 죄수가 적체되어 있으니 속히 개좌(開坐)하라고 재촉하는 내용이었습니다. 신은 마침 병세가 위급하여 달려가 명을 받들지 못했으니 신의 의리와 분수로 볼 때 이미 너무도 황공한 일인데, 동아줄같이[121] 엄한 비지(批旨)가 밝게 내려왔으니 일일이 기록하기조차 어려울 정도로 많은 신의 죄가 또한 그대로 드러난 것입니다. 높은 하늘과 두터운 땅 사이에 이러한 죄명을 가지고 어디로 돌아갈 수 있겠습니까. 그런데도 감히 관복을 갖추어 입고 스스로 맑은 조정의 사대부 반열에 서서 거듭 방자하여 거리낌 없이 구는 죄과(罪科)를 범할 수 있겠습니까. 신이 처한 이 일을 마무리하려면 오직 속히 주벌을 받는

121 동아줄같이 : 원문은 '如綍'로, 왕의 윤음(綸音)을 뜻한다. 《예기(禮記)》 〈치의(緇衣)〉의 "왕의 말이 명주실 같으면 그 나오는 것은 인끈과 같고, 왕의 말이 인끈과 같으면 그 나오는 것은 동아줄 같다.〔王言如絲 其出如綸 王言如綸 其出如綍〕"라는 말에서 유래하였다.

것밖에 달리 방법이 없으니, 이에 너무도 황공하여 죽음을 무릅쓰고 다시 아뢰는 것입니다. 삼가 바라건대, 성명(聖明)께서는 속히 신이 맡고 있는 여러 직임을 간삭(刊削)하시고, 이어 신에게 엄한 형전(刑典)을 적용하시어 나라의 기강을 엄격히 세우고 신하의 분수를 칙려(勅勵)하소서. 그렇게 해 주신다면 천만다행이겠습니다.

비답은 다음과 같다.

"상소의 내용은 잘 살펴보았다. 일전의 하교(下敎)는 경이 이와 같다는 말이 아니라 힘써 출사(出仕)하게 하려는 생각에서 그렇게 말했던 것인데, 이 때문에 깊이 인책(引責)하고 말았다. '승부를 겨루려 한다.〔欲爲角勝〕'라는 네 글자는 특별히 도로 거두어들이니, 사양하지 말고 공무를 행하라."

병조 판서로 있을 때 허물을 자책하는 소[122]

兵曹判書時引咎疏

삼가 아룁니다. 하늘이 보우하사 성상의 체후가 건강을 회복하셨으니, 신민(臣民)의 기쁨이 어찌 끝이 있겠습니까. 이어 삼가 생각건대, 신은 본직(本職)에 있어서 재주로 보면 전혀 가당치 않고 노환(老患)으로 보면 직임을 수행할 가망이 없으니, 이로 보나 저로 보나 애초에 감당할 수 있는 자리가 아닙니다. 대개 처음 제수되었을 때부터 피를 토하는 심정으로 간절히 아뢴 것이 한두 번이 아니었지만 체량(體諒)해 주시는 은혜를 입지 못해서 염치를 무릅쓰고 부지런히 직임을 수행한 지 어느덧 8개월이 되었습니다. 늘 책임이 중대한데 지려(智慮)가 주밀(周密)하지 못하고 사무가 번다하여 정력(精力)을 조섭할 수 없는 처지를 생각할 때면 이 때문에 근심스럽고 두려워서 밤낮 조심하고 고민하였습니다. 그러던 와중에 그저께 북문(北門)의 일[123]

122 병조……소 : 1813년(순조13) 7월 11일에 올린 상소이다.《承政院日記 純祖 13年 7月 11日》

123 북문(北門)의 일 : 1813년(순조13) 7월 8일 밤에 창의문(彰義門)이 횡목(橫木)으로만 닫혀 있고 아래위의 자물쇠는 아예 채워지지도 않은 일이 적발되었다. 수문군(守門軍)의 말에 따르면, 이날 인정(人定)이 지난 후 성문을 닫으려 할 때 유생(儒生) 2명과 종 1명이 문밖에서 들어와서는 뒤에 오는 사람이 있으니 문을 닫지 말라고 해서 시간을 어길 수 없다고 하자 욕을 하며 문졸(門卒)을 구타하고 자물쇠를 부수어 버렸기 때문에 벌어진 일이라고 하였다. 이에 사실을 조사한 다음 해당 죄인들을 엄중하게 다스리고 제대로 검칙(檢飭)하지 못한 해당 영(營)의 대장(大將) 및 병조(兵曹)의 당상(堂上)을 잡아다 추고(推考)한 일이 있었다.《承政院日記 純祖 13年 7月 9日》

이 발생하였으니, 직무를 제대로 살피지 못한 신의 죄가 크게 드러나 감출 수 없게 되었습니다. 신이 맡은 직무 가운데 성문(城門)의 출입을 통제하는 일도 그 하나입니다. 새벽에 문을 열고 저녁에 문을 닫는 일은 법의(法意)가 지엄하여 정해진 시각보다 먼저 열고 뒤에 닫을 경우 그 죄를 모두 용서받을 수 없는데, 이 일을 허술하게 했으니 의당 어떠한 형벌에 처해져야 하겠습니까.

일전에 발생한 일은 지나가는 유생(儒生)들이 술에 취하여 벌인 놀랍고도 황당한 일로, 설사 상정(常情)을 가진 사람이 미리 짐작할 수 있는 일이 아니라 해도 장졸(將卒)들을 미리 검속(檢束)하지 못한 것은 바로 신의 죄입니다. 그러나 신은 이 일을 오히려 작은 문제라고 여깁니다. 대저 성문이란 중외(中外)의 경계를 엄중히 정하고 어두운 밤의 방비를 경찰(警察)하는 곳입니다. 이런 성문을 밤새도록 닫아만 두고 자물쇠를 채우지 않았으니 천하에 어찌 이런 일이 있을 수 있단 말입니까. 이 일을 죄목으로 삼아 죄를 줄 때 본병(本兵)이 아니라면 누가 그 과실을 인정하겠습니까. 신이 비록 지극히 어리석지만 그 죄에 대해서는 엄한 형전(刑典)이 적용되어야 한다는 사실을 잘 알고 있습니다. 대질 심문하라는 명(命)은 신이 스스로 초래한 것입니다. 머리를 조아리고 서명(胥命)[124]하며 오직 왕부(王府 의금부)에서 형률을 심의하기를 기다렸는데 성상의 도량이 하늘처럼 넓어 너그럽게 포용하시고 은혜로운 비지(批旨)를 하루도 지나지 않아 내려 주셨습니다. 신은 진실로 송구한 마음을 가눌 길이 없고, 감축하는 나머지 황공하고 부끄러운 생각이 뒤를 이어 어디에 몸을 두어야 할지 알지 못하였습니다.

124 서명(胥命) : 서후령(胥後令)과 같은 말로, 뒤에 나올 명령을 기다린다는 의미이다.

중문격탁(重門擊柝)[125]은 군자가 미리 방비하는 의리를 취한 제도이고, 신상필벌(信賞必罰)[126]은 명철한 군주가 세상의 권병(權柄)을 거느리는 방법입니다. 지금 직임에 있으면서 신의 죄명을 받고도 요행히 엄한 주벌을 피한 뒤에 성상의 총애를 믿고서 태연하고 의기양양하게 그대로 자리에 눌러앉아 있는다면, 비단 신의 마음이 부끄러워 위축될 뿐만 아니라 나라의 기강에 얼마나 누가 되겠습니까. 또한 어떻게 세상의 관리들을 신칙하겠습니까. 장차 사무를 돌보지 않는 사람으로 하여금 경계로 삼을 바가 없게 될 터이니, 어찌 한심한 일이 아니겠습니까. 이것이 신이 크게 두려워하는 점입니다.

또 삼가 생각건대, 날씨가 몹시 무더운 계절이 되어 탕제(湯劑)를 날마다 올려야 하는데, 신이 외람되이 어약(御藥)을 관리하는 직임을 맡고 있으니 어찌 감히 집에서 편안히 쉴 생각을 품을 수 있겠습니까. 그러나 신의 사정이 위에서 말씀드린 것과 같아서 일차(日次)로 문안드리는 일조차 또한 나아가지 못하고 있습니다. 이것이 어찌 신이 좋아서 하는 일이겠습니까. 황공하고 그리워하다가 다시 한 가지 죄를 더하였기에 이에 감히 간절한 충심을 토로하여 외람되이 성상께 아뢰었습니다. 삼가 바라건대, 성명(聖明)께서는 깊이 생각하시어 속히 신의 직임을 간삭(刊削)하시고, 이어 유사(有司)에게 명하여 신을 감죄(勘罪)할 형률을 의논하게 하시어 법과 기강이 무너지지 않게 하고 사적인

125 중문격탁(重門擊柝) : 문을 겹겹이 세워 단속을 엄히 하고, 딱따기를 치며 야경을 돌아 경계를 엄중히 한다는 뜻이다. 《주역》 〈계사전 하(繫辭傳下)〉의 "문을 겹겹으로 세우고 딱따기를 쳐서 도둑을 대비한다.〔重門擊柝 以待暴客〕"라는 말에서 유래하였다.

126 신상필벌(信賞必罰) : 공이 있는 사람에게는 반드시 상을 주고 죄가 있는 자에게는 반드시 벌을 준다는 뜻으로, 상과 벌을 공정하고 엄중하게 하는 것이다.

분의(分義)가 편하도록 해 주소서. 그렇게 해 주신다면 매우 다행이겠습니다.

비답은 다음과 같다.

“상소의 내용은 잘 살펴보았다. 경은 사양하지 말고 공무를 행하라.”

허물을 자책하고 사직을 청하는 소[127]

引咎辭職疏

삼가 아뢰옵니다. 신이 부수찬(副修撰) 이서(李墅)의 소본(疏本)[128]을 보니 조홍진(趙興鎭)[129]에 대해 속전(贖錢)을 받고 감방(勘放)한 일을 거론하며 크게 논척(論斥)을 더하는 내용이었습니다. 이미 "별도로 말을 만들어 내어 일부러 가벼운 쪽으로 처리하는 법[130]을 적용하였습니다."라고 해 놓고 다시 "예로부터 지금까지 들어 보지 못한 일

127 허물을……소 : 1813년(순조13) 7월 24일에 올린 상소이다. 《承政院日記 純祖 13年 7月 24日》

128 부수찬(副修撰) 이서(李墅)의 소본(疏本) : 1813년(순조13) 7월 21일에 올린 이서의 상소를 가리킨다. 《承政院日記 純祖 13年 7月 21日》

129 조홍진(趙興鎭) : 1748~1814. 본관은 풍양(豐壤), 자는 수보(秀甫)이다. 시호는 숙정(肅靖)인데 뒤에 충헌(忠獻)으로 개시(改謚)되었다. 조대수(趙大壽)의 증손으로, 할아버지는 조석명(趙錫命), 아버지는 증(贈) 참판(參判) 조재세(趙載世)이고, 어머니는 이현보(李玄輔)의 딸이다. 큰아버지 조재임(趙載任)에게 입양되었다. 1774년(영조20) 문과(文科)에 급제하였다. 1811년(순조11) 의주 부윤(義州府尹)으로 있을 때 홍경래(洪景來)의 난이 일어나자 의주를 사수하고 이어 관군을 집결시켜 용천(龍川), 철산(鐵山) 등 7읍을 수복하는 데 크게 활약하였으나 논공행상(論功行賞) 때 관비(官費)를 남용하였다는 암행 어사의 탄핵으로 공이 적게 평가되자 사직하고 은퇴하였다. 후에 대간(臺諫)의 건의로 병조 참판에 승진, 한성부 우윤(漢城府右尹)・부총관(副摠管)을 역임하였다. 이조 판서・대제학에 추증되었다.

130 가벼운……법 : 고요(皐陶)가 제순(帝舜)의 덕을 찬양한 말 가운데, "죄가 의심스러운 경우에는 가볍게 벌주시고 공이 의심스러운 경우에는 후하게 상 주셨다.〔罪疑惟輕 功疑惟重〕"라는 구절이 있는데, 여기서 유래한 말이다. 《書經 大禹謨》

입니다."라고 하여, 마치 고의로 가볍게 처벌하고 전에 없던 사례를 지금 처음으로 만들어 낸 것처럼 말하였으니, 소본을 채 반도 읽기 전에 저도 모르게 두렵고 당황스러운 마음이 들었습니다.

조홍진의 죄를 심의한 것은 곧 신이 판의금부사를 맡고 있을 때의 일입니다. 신이 당시에 의금부의 사례를 들으니 공신(功臣)의 자손에 대해서는 모두 속전을 받는다고 하였습니다. 이 사례는 신 역시 자주 보지 못한 일이었기 때문에 갑자기 듣고는 의심이 생겨서 《대전통편(大典通編)》을 가져다 보고 또 의금부의 사례를 살펴보니, 비단 의금부의 사례에 있을 뿐만 아니라, "공신의 아들과 손자는 장형(杖刑)과 유형(流刑) 이하에 해당할 경우에는 속전을 받도록 허용한다. 원종공신(原從功臣)도 같다."라는 내용이 법전(法典)에 실려 있었습니다.[131] 신이 또한 여러 차례 신중하게 살펴보니 의금부에 있는 법전이 모두 이러하였습니다. 신은 여기에 근거하여 감단(勘斷)하였으니, 일의 실상은 이와 같은 데 지나지 않습니다. 이것이 어찌 신이 마음대로 경중을 조절한 일이란 말입니까. 또한 어찌 신이 전례가 없는 사례를 처음으로 만들어 낸 것이란 말입니까. 지금 당상의 소본에서 비난하는 이유는 또한 보기 드문 사례에서 비롯된 일이기에 신이 그 사이에서 농간을 부렸다고 의심하는 것이 아니겠습니까.

신은 지금까지의 정세로 금오(金吾)의 자리에는 절대 나아가지 않겠

131 공신의……있었습니다 : 《대전통편(大典通編)》과 《전율통보(典律通補)》에 "공신의 아들과 손자는 강상의 죄 및 도적질과 수뢰(受賂) 등의 죄를 제외하고 장형(杖刑)이나 유형(流刑)의 죄 이하에 해당할 경우에는 속전(贖錢)을 받도록 허용한다.……원종공신도 같다.〔功臣子與孫 綱常贓盜外 杖流以下許贖……原從同〕"라는 내용이 보인다. 《大典通編 卷5 刑典 推斷》《典律通補 卷5 刑典 收贖》

다고 굳게 다짐하였습니다만, 엄명(嚴命)을 못 이겨 허겁지겁 달려가 명을 받들었습니다. 그런데 그 관직으로 보면 논박을 당한 뒤 처음 제수된 자리이고 그 일로 보면 어사에서 파직된 자[132]가 심의한 죄이니, 그 관직과 그 일이 모두 예전에 논박을 당한 적이 있는 자리와 일입니다. 그런데도 얼굴을 들고 주석(主席)에 앉아 염치를 무릅쓰고 성상의 명을 수행한다면 틀림없이 한번 낭패를 보게 될 것입니다. 사람들이야 비록 신의 처지를 헤아리지 않고 말을 뱉을지라도 신의 마음에 드는 부끄러움은 다시 어떠하겠습니까. 법관(法官)이 공평함을 잃는 것은 그 죄가 매우 크고, 당상이 상소하여 논척하는 것은 일의 체모가 가볍지 않습니다. 어찌 감히 금오의 자리에서 체직되었다고 하여 태연하게 스스로 덮어 둘 수 있겠습니까.

대정(大政 도목 정사(都目政事))이 임박하여 온 나라가 간절히 기다리고 있는데 신의 정세(情勢)를 생각하면 실로 직무를 수행할 가망이 없습니다. 이에 감히 상소에 신의 죄를 논열하여 외람되이 성상께 아뢰었습니다. 삼가 바라건대, 성상께서는 신의 직명(職名)을 즉시 간삭(刊削)하고 다시 감당할 만한 사람에게 제수하시어 경찰(京察 도목 정

132 어사에서 파직된 자 : 부수찬(副修撰) 이서(李𡋯)를 가리킨다. 이서가 평안도 암행 어사로 나갔을 때 서계(書啓)를 올려, 전 의주 부윤 조흥진(趙興鎭)을 비롯해서 전 병사 신홍주(申鴻周), 전 평양 서윤 심응규(沈應奎), 전 구성 부사(龜城府使) 조은석(趙恩錫), 전 용천 부사(龍川府使) 이호식(李祜植), 전 초산 부사(楚山府使) 최신엽(崔信燁)·홍시부(洪時溥), 전 희천 군수(熙川郡守) 김문기(金文基), 전 영원 군수(寧遠郡守) 나동욱(羅東旭), 전 태천 현감(泰川縣監) 백경해(白慶楷) 등의 과실에 대해 논하여 모두 죄목(罪目)의 경중(輕重)에 따라 감죄(勘罪)하도록 하였는데, 이서는 이 서계의 내용 가운데 오류가 있었다는 이유로 엄한 추고(推考)를 받았다. 《純祖實錄 13年 5月 14日》《承政院日記 純祖 13年 5月 14日》

사)이 지체되는 일이 없도록 하소서. 이어 신에게 감죄(勘罪)할 형률을 적용하시어 사람들의 말에 답하시고, 또한 직분을 제대로 수행하지 못하는 법관(法官)의 경계로 삼으소서. 그렇게 해 주신다면 매우 다행이겠습니다.

비답은 다음과 같다.

"상소의 내용은 잘 살펴보았다. 이번의 일은 법전에 있고 묘당(廟堂)의 초기(草記)도 역시 그러하였으니, 어찌 깊이 인책할 필요가 있겠는가. 사양하지 말고 공무를 행하라."

병세를 진달하고 병조 판서의 사직을 청하는 소[133]

陳病乞解兵曹判書疏

삼가 아룁니다. 신은 대정(大政)을 행하고 나서[134] 으레 체차를 청하여 외람되이 사직 단자를 올린 것이 세 차례나 되었는데, 가유(加由)를 허락하는 은혜로운 명이 특별히 일반적인 격례를 벗어나 나왔으니, 신은 진실로 송구한 마음을 가눌 길이 없어서 몸 둘 바를 모르겠습니다. 신은 본직을 맡은 뒤로 사직을 청하는 소장(疏章)을 또한 누차 올렸는데, 스스로 인책(引責)한 바는 재주가 직책에 맞지 않는 실상과 억지로 나아가기 어려운 신의 병세를 말씀드리는 데 불과할 뿐이었습니다. 이는 실로 사직을 청하는 관원들이 항시 하는 말이니, 신이 어찌 감히 신의 말만 유독 진정에서 나온 것이라고 할 수 있겠습니까. 그러나 신의 정상(情狀)은 조금도 가식이 없는 사실이니, 성상께서 위에 계시는데 어떻게 감히 거짓말을 할 수 있겠습니까.

신은 본래 용렬하여 조금도 남들보다 나은 점이 없는데, 인재(人才)를 전형(銓衡)하여 물정(物情)에 맞게 하는 일에 이르러서는 더욱 역량이 모자랍니다. 이 직임에 모자라는 점이 있는데도 전형의 임무를 맡는다면 말을 하거나 행동하는 사이에 반드시 팔방(八方)의 민심을

133 병세를……소 : 저자는 1813년(순조13) 8월 4일에 이 상소를 올려 병조 판서의 사직을 청하지만 허락받지 못하였다. 《承政院日記 純祖 13年 8月 4日》

134 대정(大政)을 행하고 나서 : 이해 전반기의 대정은 7월 28일에 행하였는데, 이조 판서 남공철(南公轍)과 참의 김회연(金會淵), 병조 판서 서영보(徐榮輔)가 참석하였다. 《純祖實錄 13年 7月 28日》

흩어지게 해서 그 원망이 마침내 조정으로 돌아올 터이니 이는 작은 문제가 아닙니다. 숙위(宿衛)와 혼금(閽禁)은 팔문(八門)[135]과 사산(四山)[136]이 모두 본병(本兵)이 관할하는 곳인데, 신은 실로 용렬하고 위엄이 없어서 법령(法令)을 엄명(嚴明)하게 할 수 없고 중외(中外) 사람들의 마음을 숙연하게 다스릴 수 없습니다. 무릇 이 두 가지 일에 대해 이미 감당할 수 없다는 사실을 알았으니, 신이 처음부터 사직을 청하기를 어찌 그만둘 수 있었겠습니까. 전하께서 시험 삼아 신이 본직을 맡은 이후의 공과(功課)를 가져다가 성취한 바를 자세히 살펴보시면 갖가지로 발생했던 폐단과 여지없이 드러난 신의 추하고 졸렬한 면모가 반드시 성상의 밝은 감식안을 피할 수 없을 터이니, 신의 말이 가식에서 나온 것이 아님을 굽어살필 수 있을 것입니다.

보잘것없는 신의 천한 질병은 바로 비토(肥土 비장(脾臟))가 손상되어 발생한 융병(癃病)입니다. 올봄 이전에는 스스로 낭패를 당할 것이라 생각했는데 여름으로 접어든 이후 조금 나아지는 듯했으니, 지금까지 연명하고 있는 것은 또한 신이 처음에 예상했던 일이 아닙니다. 그러나 이른바 조금 나아졌다는 것도 거동하는 겉모습만을 두고 한 말이지, 속으로 앓고 있는 위태로운 증세 같은 경우는 예전이나 마찬가지입니다. 장명(腸鳴)과 이혈(痢血)의 증상 때문에 속으로 그 고통을 받아 거의 하루도 괴롭지 않은 날이 없고 잠시도 혹 나아지는 때가

135 팔문(八門) : 서울 도성의 성문인 숭례문(崇禮門), 흥인지문(興仁之門), 돈의문(敦義門), 숙정문(肅靖門)의 사대문(四大門)과 소의문(昭義門), 광희문(光熙門), 혜화문(惠化門), 창의문(彰義門)의 사소문(四小門)을 말한다.

136 사산(四山) : 서울 도성의 성기(城基)가 연결된 네 개의 산을 이르는 말로, 백악산(白岳山), 인왕산(仁王山), 남산(南山), 낙산(駱山)을 가리킨다.

없습니다. 무릇 사람은 질병의 고통이 극심해지면 반드시 부모에게 호소하는 법이니, 신이 어찌 감히 형식적인 사양에 가까워지는 것을 혐의하여 마침내 부모와 같은 성상의 자애로운 은혜를 스스로 막을 수 있겠습니까.

예전에 신이 이른 바 '직책에 맞지 않는 실상'과 '억지로 나아가기 어려운 병세'는 진정 사실이었지만, 성의가 모자라고 문사(文辭)가 졸렬하여 사직을 허락받지 못하고 어느새 2년 9개월이 지나고 말았습니다. 절뚝거리는 몸뚱이를 부지하며 오직 직임을 수행하는 것만 생각하고 정세(情勢)가 중첩된 상황에서 염방(廉防)을 돌아보지 않아서, 부지런히 복무하는 것을 예의라 여기고 속히 달려가는 것을 공손함이라 생각했습니다. 도목 정사(都目政事)를 두 번째 맞이했을 때는 원래 그러려니 여기고 예사롭게 생각해서 할 수 없는 일을 억지로 담당하여 순간순간을 흐지부지 덮어 버리고 종이의 여백만 메우고 있었으니, 신을 알지 못하는 사람들이 어찌 부득이한 신의 정세를 헤아리겠습니까. 단지 주의(注擬)의 잘잘못만을 보고 의론한다면 신에게 죄를 돌리는 사람이 어찌 끝이 있겠습니까.

또 신에게는 삼가 한순간도 잊히지 않고 늘 뇌리에 떠오르는 매우 절박한 사정이 있으니, 신이 지금 아뢰지 않으면 성명(聖明)께서 어떻게 굽어살피실 수 있겠습니까. 신의 집은 선조 대부터 대대로 국가의 은혜를 받아 높은 벼슬이 이어졌습니다. 신은 선인(先人)에 훨씬 못 미치면서도 마치 세습이나 한 것처럼 관직과 지위가 화려하고 성대하니, 늘 생각이 여기에 미치면 가만히 있어도 땀이 나고 깊은 연못에 임하고 얇은 얼음을 밟은 것[137] 같아서 그 조심스럽고 두려운 마음을 비유할 데가 없었습니다. 신은 또한 천성이 조급하고 고지식하여 어울리는 사람이 적고 재주와 식견이 모자라고 졸렬하여 일에 임하면 후회가 많았습니다. 한 마디 말을 하고 한 가지 행동을 해도 어디서든 허물이 없는 곳이 없었는데, 지금까지 탈 없이 지낼 수 있었던 것은 오직 우리 선대왕께서 만물을 교화하는 곡진한 은혜와 우리 성상께서 옛 신하를 버리지 않고 등용해 주시는 성덕이 천지와 같고 하해(河海)와 같았기 때문입니다. 지금 늙고 병이 지극하여 저녁 종이 울리고 해시계가 다 된 것처럼 언제 죽을지 모르는 나이인데도 일찍 물러나 쉴 줄을 모르고 벼슬에 대한 욕심과 미련을 버리지 못해서, 정적(政敵)이 노려보는 마당에서 자리를 차지하고 어둡고 험한 길에서 배회한다면, 이는 집안으로 보면 근엄하고 간약(簡約)한 선조의 교훈을 실추시키는 짓이고, 국가로 보면 온전히 보호해 주신 양조의 은혜를 저버리는 것입니다. 신이 비록 보잘것없지만 어찌 차마 이런 일을 할 수 있겠습니까.

신은 경오년(1810, 순조10) 여름부터 올해 여름까지 모두 세 번 대정(大政)을 만났는데, 4년 동안 성상께서 부르지 않는 경우[138]를 제외하면 일찍이 한 번도 정사에서 빠진 적이 없었습니다. 동벽(東壁)과 서벽

137 깊은……것 : 신중한 자세로 매사에 행실을 조심하여 신체를 보전한다는 의미이다. 《시경》 〈소아(小雅) 소민(小旻)〉에 "전전긍긍하여 깊은 못에 임한 듯 얇은 얼음을 밟은 듯이 하라.〔戰戰兢兢 如臨深淵 如履薄氷〕"라는 구절이 있다. 증자(曾子)가 임종 때에 이 구절을 인용하며 말하기를 "이불을 걷고 내 발을 살펴보고 내 손을 살펴보아라. 《시경》에 '전전긍긍하여 깊은 못에 임한 듯 얇은 얼음을 밟은 듯이 하라.'라고 하였는데, 이제야 내 몸이 다치는 죄를 면할 수 있게 되었구나. 제자들아!"라고 하면서 제자를 경계하였다. 《論語 泰伯》

138 성상께서……경우 : 대상(大喪), 즉 부모의 상(喪)을 말한다. 《춘추공양전(春秋公羊傳)》 선공(宣公) 7년 조에 "옛날에는 신하가 대상을 당하면 군주는 3년 동안 문하에 부르지 않았다.〔古者臣有大喪 則君三年不呼其門〕"라고 하였다.

(西壁)이 비록 다르긴 하지만 전형(銓衡)을 주관하는 권한은 마찬가지인데, 신이 어떤 사람이기에 감히 이와 같이 할 수 있었단 말입니까. 설사 신의 재주가 직책을 감당하지 못하는 지경에 이르지 않고 신의 병이 억지로 하기 어려운 상황에 이르지 않았다 하더라도 또한 두려워서 간담이 서늘해짐을 느꼈을 것입니다. 바야흐로 지금은 밝은 태양이 중천(中天)에 떠 있어서 만물이 모두 우러러보고 온갖 동식물이 각각 제자리를 얻었습니다. 신이 비록 내세울 만한 것은 없지만 역시 집안 대대로 녹(祿)을 받은 가문이고 벼슬에 종사하고 있는 한 사람입니다. 지금 만일 일찍 처분을 내려 중임의 해면을 허락하셔서 산반(散班)에 몸담고 한가로이 지내면서 여생을 마치게 해 주신다면, 만물을 주재하는 조물주의 공이 시종 한결같아서 지극히 어질고 밝더라도 성상의 은혜보다 크지는 않을 것입니다. 부디 성상께서는 가련하게 여겨 주소서. 이것이 신의 소망입니다.

신이 삼가 속으로 가만히 헤아려 보니, 정력(精力)은 차츰 쇠약해지고 지려(智慮)는 점차 줄어들고 있습니다. 설령 이전에 행한 정사(政事)에 대해서는 요행히 죄를 면한다 하더라도 이번의 정사에 이르러서는, 황공하여 위축되어 있을 때 명을 받들고 정신이 흐릿한 가운데 생각을 운용한 탓에 마침내 그 직임을 맡았을 때는 정신없이 처리하고 말았으니, 물러나 스스로 돌이켜 봄에 두려움과 부끄러움이 교차합니다. 이에 사가(私家)에 조용히 엎드려 있으면서 삼가 논박하여 바로잡는 논의를 기다리고 있었는데 여러 날 동안 귀 기울여 들어 봐도 아직까지 아무 말이 들리지 않으니, 이에 부득이 소장(疏章)을 올려 스스로 논열(論列)하고 번거롭게 성상께 아룁니다. 삼가 바라건대, 성상께서는 신의 직명(職名)을 체차하시고 신을 감죄(勘罪)할 형률을 의논하게 하시며, 이어 유사(有司)에게 명하여 다시는 신을 전형하여 주의(注擬)하는 자리에 의망(擬望)하지 말게 하시어 분수를 지키고 산반(散班)에 처하여 여생을 마치게 해 주소서. 그렇게 해 주신다면 공적으로나 사적으로나 매우 다행이겠습니다.

당상의 소로 인하여 판의금부사로 있을 때 죄를 심의한 데 대해 변론하는 소[139]

因堂疏 辨金吾議讞疏

삼가 아뢰니다. 신은 오래도록 중임에 매여 있어서 사정이 절박하고 병은 고질(痼疾)이 되었습니다. 일전에 상소하여 호소한 내용은 실로 진심에서 우러나온 말이었으나 성의가 모자라고 문사(文辭)가 졸렬하여 깊이 헤아려 주시는 은혜를 입지 못했기에 가슴이 답답하고 어찌할 바를 몰라 매우 민망해하고 있었습니다. 이 무렵에 부수찬(副修撰) 이서(李墅)의 소본(疏本)을 얻어 보니, 신이 지난날 스스로 인책하여 올린 소장(疏章)의 내용을 가지고 심하게 논열(論列)하였는데 집요하게 물고 늘어져서 말뜻이 사람을 두렵고 불안하게 하였습니다. 신은 이에 처음에는 놀랍다가 급기야 의혹이 생겼는데, 관직과 지위가 지극히 높을 때 일찍 물러나 쉴 줄을 몰라서 마침내 사람의 노여움과 귀신의 시기를 사서 이러한 낭패를 만난 것이 한스러울 뿐이었습니다. 지난 일을 돌아보며 스스로 슬퍼한들 오히려 무슨 말을 하겠습니까. 판의금부사로 있을 때 죄를 심의한 일은 실로 신이 앞의 상소에서 이미 다 말씀드렸으니 지금 어찌 다시 저 사람과 같이 소란을 피우려 하겠습니까만, 사람의 말이 이미 저런 지경에 이르렀는데 신이 어찌 아무런 변론 없이 입을 닫고만 있을 수 있겠습니까.

139 당상의……소 : 저자는 1813년(순조13) 8월 7일에 이 상소를 올려 병조 판서의 사직을 청하지만 허락받지 못하였다. 《承政院日記 純祖 13年 8月 7日》

당상(堂上)의 상소에서 "무릇 공신(功臣)의 아들 및 손자이면서 장형(杖刑)이나 유형(流刑) 이하의 죄를 범한 자에 대해 옛날부터 지금까지 대체로 모두 속전(贖錢)을 받도록 허용했다면, 끝내 도형(徒刑)이나 유형에 처해진 사람이 한 명도 없단 말입니까? 천하에 어찌 이런 일이 있을 수 있습니까."라고 하였으니, 신은 청컨대 그 말에 의거하여 말씀드리겠습니다. 공신의 아들과 손자는 장형이나 유형 이하의 죄에 해당할 경우 속전을 받도록 허용한다는 법문(法文)이 비록 법전(法典)에 실려 있긴 하지만 그 사례는 실로 드무니, 사례가 드물게 보이기 때문에 사람들이 이런 경우를 보고 의심하는 것은 참으로 그럴 법합니다. 대저 공신의 아들과 손자라고 말하는 경우는 공신의 아들과 그 아들의 아들을 이릅니다. 증손 이하는 이 사례에 들지 않으므로 그 수가 실로 많지 않은 것입니다. 우리나라의 녹훈(錄勳)은 근대에는 양무 공신(揚武功臣)만 있습니다. 양무 공신의 아들 및 손자 가운데 생존하여 벼슬에 종사하는 사람이 필시 많지 않을 테고, 벼슬에 종사하면서 장형이나 유형의 죄율(罪律)을 범한 자가 또한 필시 많지 않을 터이니, 이런 사례가 드물게 있는 것이 또한 마땅하지 않겠습니까. 그러나 선조(先朝)에서부터 근년에 이르기까지 공신의 아들 및 손자로서 속전을 받도록 허용한 자가 한두 명에 그치지 않으니, 어찌 듣지 못했다고 말할 수 있겠습니까.

이 법은 《속대전(續大典)》에 실려 있는데[140] 《속대전》이 완성된 것

140 이 법은……있는데 : 《전율통보(典律通補)》에서 "공신의 아들과 손자는 강상의 죄 및 도적질과 수뢰(受賂) 등의 죄를 제외하고 장형(杖刑)이나 유형(流刑)의 죄 이하에 해당할 경우에는 속전(贖錢)을 받도록 허용한다.……원종공신도 같다.〔功臣子與孫

은 영조(英祖) 갑자년(1744, 영조20)이니, 지금까지 70년 사이에 공신의 아들과 손자로서 장형이나 유형의 죄율을 범한 자가 과연 몇 명이나 되겠습니까. 이 죄율을 범했는데 의금부에서 속전을 받도록 허용하는 법을 적용하지 않고 곧바로 배소(配所)로 보낸 자가 또한 몇 명이나 되겠습니까. 이 사례는 지금 상고할 수 없지만 법문에 비추어 속전을 받도록 허용한 자는 의금부의 사례에 밝게 실려 있으니, 법전이나 의금부의 사례를 따르는 이외에 어찌 다른 도리가 있었겠습니까. 유사(有司)를 맡은 신하가 받들어 근거로 여기는 곳은 법전일 뿐이니, 법전을 경시하는 것은 감히 해서는 안 될 일이고 법전만을 중시하는 것도 감히 해서는 안 될 일입니다. 법전에서 이미 "장형이나 유형의 죄 이하에 해당할 경우에는 속전을 받도록 허용한다."라고 말했을 뿐이니, 의금부에서 거행(擧行)하면서 비록 이 법을 준용하지 않으려 해도 그렇게 할 수 있었겠습니까. 비단 신이 준용하지 않을 수 없었던 일일 뿐만 아니라, 비록 신보다 앞서 이와 비슷한 일을 맡은 사람이라 할지라도 또한 준용하지 않을 수 없었을 것입니다.

공의(功議)의 법[141]은 특교(特教)로 유배(流配)한 경우는 논하지 않고 공의의 법을 적용하지 말라는 명이 있는 경우는 논하지 않는 법입니다. 이는 모두 임금의 권한이지 유사를 맡은 신하가 감히 마음대로 할 수 있는 일이 아닙니다. 만일 일시적으로 공의의 법을 적용하지 말라는 특지(特旨)나 아울러 공의의 법과는 구별하라는 글로 인해 마

綱常贓盜外 杖流以下許贖……原從同〔續〕"라고 하였는데, 마지막에 '續'이라고 표기하여 《속대전(續大典)》에 있는 내용임을 명시하였다. 《典律通補 卷5 刑典 收贖》

141 공의(功議)의 법 : 공신이나 그 자손의 범죄에 대하여 형을 감해 주는 법을 말한다.

침내 중인(衆人)의 죄를 조율(照律)하는 계목(啓目)에서 폐한다면 그것이 옳은 일이겠습니까. 장률(贓律)에 이르러서는 삼척(三尺)의 법률이 지엄해서 상벽(常辟)을 적용하여 처벌해야 할 뿐이니, 원래 장형이나 유형 이하의 죄가 아닙니다. 지금 만일 "수뢰(受賂)의 죄는 장형이나 유형에 처할 수 없다."라고 한다면, 이는 대벽(大辟)[142]을 이르는 것입니다. 대벽의 형률은 원래 의금부에서 단죄하는 일이 아니므로 신에게 책임을 물어서는 안 됩니다. 지금 단지 "장형이나 유형의 죄도 역시 속전을 받도록 허용할 수 없다."라고 한다면 수뢰의 죄는 장형이나 유형의 죄와 끝내 같이 치부할 수 없는 것이니, 어리석은 신의 생각으로 미칠 수 있는 바가 아닙니다.

또 신은 당상의 상소 가운데 '하불앙체(何不仰體)' 이하 한 구절의 말[143]을 보고는 저도 모르는 사이에 몸이 떨리고 간담이 찢어지는 듯하였습니다. 아, 보잘것없는 신은 우리 선왕(先王)의 천지 부모와 같은 은혜를 유독 많이 받았으니, 아직 죽지 못한 작은 정성은 오직 선왕의 은혜를 추념하여 오늘날 전하께 보답하려 하였습니다. 무릇 관직에 종사할 때는 반드시 옛날에 직접 듣고 본 것을 좇아 받들고 몸소 실행하

142 대벽(大辟) : 사형(死刑)이다. 주(周)나라의 형제(刑制)에 묵(墨), 의(劓), 비(剕), 궁(宮), 대벽을 오형(五刑)이라 하는데, 대벽이 오형 중에서 가장 큰 형벌이기 때문에 그렇게 말하는 것이다.

143 하불앙체(何不仰體)……말 : 이서(李墅)의 상소 가운데 "중신은 어찌하여 탐욕스러운 수령을 징계하고 장률을 엄하게 했던 선조의 성대한 덕과 지극한 뜻을 체인(體認)하지 못하고, 반드시 극히 드문 사례를 취하여 여러 차례 신중을 기하고 먼 규례를 끌어와 참조해서 가벼운 쪽으로 처리하는 법을 적용하는 것입니까?〔重臣何不仰體先朝懲墨倅嚴贓律之盛德至意 而必取其絶罕之例 屢回鄭重 援引旁照 置之惟輕之典乎〕"라는 말을 가리킨다.

여 오직 혹 어길까 염려하였고, 자나 깨나 신의 마음은 운향(雲鄕 하늘나라)으로 돌아가 선왕을 뵙기만을 기약하였습니다. 그런데 지금 의금부에 있으면서 죄를 심의한 한 가지 일 때문에 신을 몰아붙이는 사람들의 말이 이런 지경에 이르렀으니, 모두가 신이 봉록을 탐내고 떠나가지 않아서 스스로 초래한 함정인 것입니다. 이런 말까지 하고 보니 차라리 홀연 세상을 떠나 지각이 없었으면 좋겠습니다.

전하께서는 형편없는 신의 실상을 알지 못하셔서 여러 사람이 배척하는 중에도 구제해 주시고 누차 넘어진 뒤에도 허물을 씻어 주시어 높은 관직에 올려 주시고 근밀(近密)한 자리에 등용해 주셨습니다. 그 은혜는 태산과 하해와 같아서 신이 죽은 뒤에 결초(結草)하여 보은하려 해도 갚을 수 있는 것이 아닙니다. 신이 지금 할 수 있는 도리는 오직 자취를 감추고 성상의 은택을 노래하고 살면서, 은혜를 갚지 않음으로써 은혜 갚기를[144] 도모해야 할 것입니다. 그런데 신은 백수(白首)의 나이에 고개를 숙인 채 배회하면서도 권세 있는 요직을 차지하고

144 은혜를……갚기를 : 은혜를 갚기 위해 벼슬에 나갔다가 비방을 받고 일을 그르쳐 임금에게 심려를 끼치는 것보다는 차라리 벼슬에서 물러나 소란을 야기하지 않는 것이 임금의 은혜에 보답하는 길이 된다는 의미이다. 불서(佛書)에 "이 몸과 마음을 가지고 진찰을 받드는 것이 바로 부처의 은혜에 보답하는 것이 된다.〔將此身心奉塵刹 是則名爲報佛恩〕"라고 하였는데, 《능엄경(楞嚴經)》 주석에서 말하기를 "성과(聖果)를 얻어 중생을 구제하는 것이 부처의 은혜에 보답하는 것과 상관이 없으나, 이것을 은혜에 대한 보답 아닌 보답으로 삼는 것이다."라고 하였다. 《朱書講錄刊補 卷2》 두보(杜甫)도 〈대우(大雨)〉에서 "사방의 이웃이 쟁기와 보습을 들고 나간다고 해서, 어찌 구태여 내 집에서까지 그것을 잡을 필요가 있겠는가.〔四鄰耒耜出 何必吾家操〕"라고 하였는데, 주희(朱熹)가 진동보(陳同甫)에게 보낸 편지에서 이 글을 인용하면서, 사람마다 모두 벼슬에 나갈 필요는 없으니 때를 만나지 못했으면 벼슬에서 물러나 스스로 시대를 위하는 것 또한 '불보지보(不報之報)'가 된다고 하였다. 《朱子大全 卷36 答陳同甫》

있으며, 저녁 종이 울리고 해시계가 다 된 상황에서도 밤에 돌아다니며 그치지 않고 있습니다. 가득 차면 반드시 넘치고 번성하면 반드시 쇠퇴하는 것이 사리의 떳떳함이니, 무시로 찾아오는 영욕에 따라 어찌 감히 다른 사람을 나무랄 수 있겠습니까. 그런데 지금 다 죽어 가는 나이에 한 차례 두 차례 상소하여 다른 사람과 맞서 변론하는 상황이 되고 말았으니, 신이 실로 자괴를 금할 수 없거니와 남들은 이 일을 두고 무어라 말하겠습니까.

신이 맡고 있는 직명(職名)은 모두 긴중(緊重)한 직임이어서 하루라도 잠시 비워서는 안 되는 자리입니다만, 스스로 정황과 종적을 돌아보았을 때 관직의 거취에 관한 일을 다시 논할 여력이 없었습니다. 사정이 이러하니 거듭 지엄한 소명(召命)을 어긴 것은 참으로 부득이한 일이었지만, 신의 포만(逋慢)한 죄는 더욱 크게 견책(譴責)되어야 마땅합니다. 삼가 바라건대, 성상께서는 고립된 신의 처지를 가련히 여기고 위태로운 신의 정황을 불쌍히 여기셔서 신이 맡고 있는 본직(本職)과 겸직(兼職)을 속히 간개(刊改)하시어 초야로 물러나 엎드려 위험한 길을 멀리 피해 갈 수 있게 해 주시고, 이어 누차 전하를 번거롭게 한 신의 죄를 다스리시어 법과 기강을 밝히고 사람들의 말에 답해 주소서. 그렇게 해 주시기를 간절히 바랍니다.

당상의 소로 인해 스스로 인책하고 본직과 겸직의 사직을 청하는 소[145]

因堂疏 自引乞解本兼諸職疏

삼가 아룁니다. 신은 처지가 불안하고 위축되어 분수로 보면 마땅히 자정(自靖)[146]의 도리를 다해야 하는데, 누차 소명(召命)을 어겨 죄려(罪戾)가 더욱 쌓였습니다. 당시 전알(展謁)[147]하라는 명을 만나 무릇 담당 유사(有司)와 백집사(百執事)들은 어느 누구 할 것 없이 앞뒤로 달려와 각자 자기의 직무에 힘을 바쳤는데, 신은 본직과 겸직이 매우 긴중(緊重)하게 관계됨에도 불구하고 두문불출 칩거하면서 오직 크게 견책(譴責)하는 명이 내려오기만을 기다리고 있었습니다. 그러다가 약원(藥院)에 대한 소명으로 인하여 달려가 명을 받들었지만,[148]

145 당상의……소 : 저자는 1813년(순조13) 8월 20일에 이 상소를 올려 본직과 겸직의 사직을 청하지만 허락받지 못하였다. 《承政院日記 純祖 13年 8月 20日》

146 자정(自靖) : 의리(義理)에 맞게 처신하여 편안하게 자신의 분수를 지킨다는 의미이다. 은(殷)나라 태사(太師)인 기자(箕子)가 주(紂)의 서형(庶兄)인 미자(微子)에게 "스스로 의리에 편안하여 사람마다 스스로 선왕에게 뜻을 바칠 것이니, 나는 떠나가 은둔함을 돌아보지 않겠습니다.〔自靖 人自獻于先王 我不顧行遯〕"라고 한 데서 유래한 말이다. 《書經 微子》

147 전알(展謁) : 1813년(순조13) 8월 15일 묘시(卯時)에 종묘(宗廟)와 경모궁(景慕宮)에서 거행한 추전알(秋展謁)을 말한다. 《承政院日記 純祖 13年 8月 15日》

148 약원(藥院)에……받들었지만 : 1813년(순조13) 8월 14일 묘시에 저자가 약원 제조(藥院提調)로서 의관(醫官)들을 인솔하여 희정당(熙政堂)에 입시했다. 《承政院日記 純祖 13年 8月 14日》

단지 성궁(聖躬)을 보호하는 작은 정성만 펼 수 있을 뿐 감히 직명을 그대로 차지하고 있을 상황이 아니어서 잠시 나왔다가 곧바로 들어갔으니 신이 어찌 좋아서 한 일이겠습니까. 동가(動駕)가 하루밖에 남지 않은 상황에서 다시 경패(庚牌)를 어기고 말았으니 너무도 민망하여 몸 둘 바를 알지 못하겠습니다.

그러던 즈음 승정원에 내린 구전 하교(口傳下敎)를 삼가 받들어 보니, 말씀하신 뜻이 지엄한 데다가 심지어 엄고(嚴鼓)[149]가 울리는 시각까지 신의 거취를 기다리라고 명하기까지 하셨습니다. 신은 이에 사지가 떨리고 마음이 갈피를 잡지 못하여 다른 일은 돌아볼 겨를도 없이 허겁지겁 달려가 명을 받들었으니, 염방(廉防)이 크게 무너지고 거취에 기준이 없어진 상황에서 얼굴을 들고 대로를 활보하자니 부끄러움에 진땀이 배어 나왔습니다. 이는 실로 청조(淸朝)의 수치이니 어찌 신 한 몸만 조롱거리가 될 뿐이겠습니까. 신이 중임을 감당할 수 없는 상황은 종전에 올린 사직 상소에서 간곡하게 아뢰었을 뿐만 아니라 또한 이미 뜻을 다 전하고 말씀을 다 드렸으니, 사람들의 비난을 기다리지 않더라도 반드시 사직해야만 하는 죄과(罪科)가 절로 그 안에 담겨 있습니다.

신은 성미가 조급하고 고지식하고 행적이 또한 고립되어 입조(立朝)한 이래로 영욕을 고루 겪었습니다. 풍파에 근심하고 두려워한 나머지 세상사에 대한 생각이 식어 버렸고 간간이 험난한 일에 걸리면서도 모진 목숨을 이어 왔지만, 나이가 노쇠하여 병은 점점 깊어지고 앓아

149 엄고(嚴鼓) : 임금이 정전(正殿)에 나오거나, 또는 거둥 때에 시위(侍衛)하는 장사(將士)들을 집합하게 하기 위하여 치는 궁중의 큰북을 말한다.

오던 고질이 위독해져서 아주 쓸모없는 사람이 되고 말았습니다. 비록 한산한 부서에 있더라도 오히려 시위소찬(尸位素餐)하여 조롱거리를 남길까 두려운데 지금 오히려 권요직(權要職)과 화무직(華膴職)을 좌우로 움켜쥔 채 백수(白首)의 나이에 고개를 숙이고 배회하며 탐욕을 부리고 떠나가지 않는다면 절뚝거리는 몸과 혼미한 정신으로는 어디를 가든 허물이 될 터이니, 사람의 노여움과 귀신의 시기를 어디에선들 사지 않겠습니까. 흥망성쇠의 이치와 심연박빙(深淵薄氷)의 경계[150]는 신이 아침저녁으로 삼가고 두려워하는 바이니 조만간에 필시 어떠한 낭패가 생길 것이라는 사실을 스스로 알고 있기 때문입니다. 그러므로 오늘 신이 만난 일은 다른 사람을 원망할 겨를 없이 신이 실로 스스로를 탓해야 하는 것입니다.

또 신은 마음속으로 애통해하면서 스스로를 용서하지 못하는 일이 있는데, 지난번 연석(筵席)에서 이미 대략 말씀드렸습니다.[151] 지금 부모를 지극히 공경하고 깊이 사랑하여 사람들에게 믿음을 받는 효자가 있다면, 비록 그를 시기하고 미워하는 사람이 있더라도 차마 불손하다거나 무례하다고 그 부자간을 모욕하지 못하는 것은, 실로 사랑하고 공경하는 효성이 마음속에 쌓여 있어서 아무 말 하지 않아도 신복(信服)하는 명망이 족히 다른 사람의 마음을 감복시키기 때문입니다. 당상의 상소 가운데 '하불앙체(何不仰體)' 이하의 한 단락[152]을 보고 신이

150 심연박빙(深淵薄氷)의 경계 : 깊은 연못에 임한 듯 얇은 얼음을 밟은 듯이 매사에 신중을 기해야 한다는 경계이다. 자세한 내용은 525쪽 주137 참조.

151 지난번……말씀드렸습니다 : 1813년(순조13) 8월 14일에 저자가 의관(醫官)들을 인솔하여 희정당(熙政堂)에 입시했을 때, 일상적인 문후를 드린 다음 당시 가지고 있던 자신의 소회를 진달한 일을 말한다. 《承政院日記 純祖 13年 8月 14日》

느낀 점은 이렇습니다. 무릇 지금 조정에 있는 신하라면 비록 옛날에 선왕을 섬겼던 사람이 아니라도 이런 죄명을 갖다 붙인다면, 반드시 몹시 가슴 아파하고 원통하게 여겨서 살고 싶어 하지 않을 것입니다. 더군다나 불초한 신은 세상에 유례가 없는 선조(先朝)의 지우를 받았으니, 머리부터 발끝에 이르기까지 이것이 누가 베풀어 준 은혜이겠습니까. 애쓰고 걱정하며 돌봐 주셨으니 그 은덕을 어떻게 갚아야 하겠습니까. 의리로 보면 임금과 신하 사이이고 은혜로 보면 부모와 자식 사이인데, 운향(雲鄕)으로 점점 멀어져서 보답할 길이 없어졌습니다. 죽지 못하고 살아남은 신은 마음이 매우 비통하여, 오직 잠깐 사이에도 그 은혜를 잊지 못하고 사소한 일에도 늘 임하여 살펴보시는 듯이 지내다가 돌아가 뵙는 날에 거의 부끄러움이 없기를 기약할 뿐입니다. 만일 이 마음과 이 정성이 가득 쌓이고 두루 전해져서 세상 사람들로 하여금 누구나 서로 미덥게 할 수 있다면, 비록 신이 어떤 상황에 놓여 있는지 모르는 사람이라 해도 반드시 차마 망극한 말로 신을 몰아붙이지는 못할 것입니다.

선왕께서 신을 바라보는 시각은 자애로운 아버지가 아무것도 모르는 자식을 대하는 것과 같았는데, 사람들이 논하는 신의 죄는 바로 효자라면 자신에게 씌우지 않을 죄목이었으니, 신이 평소 믿음을 주지 못했다는 사실을 여기서 알 수 있습니다. 신이 진정 무슨 낯으로 관복을 갖춰 입고 의기양양하게 사람들을 상대하며 아무렇지도 않게 대부(大夫)의 뒤에 서 있을 수 있겠습니까. 신이 지금 지켜야 할 도리로는 오직 조정에서 종적을 감추고 죽을 때까지 전원에서 지냄으로써, 한편

152 하불앙체(何不仰體)……단락 : 531쪽 주143 참조.

으로는 사람들의 말에 답하고 한편으로는 자정(自靖)의 의리(義理)를 다하는 것뿐입니다. 신이 비록 보잘것없지만 임용되어 관직에 종사한 날이 오래되었습니다. 지극한 인덕(仁德)을 가진 성상께서 어찌 차마 신을 사유(四維)의 밖에 버려두실 수 있겠습니까. 충정(衷情)이 복받쳐 말을 조리 있게 하지 못하였습니다. 부디 성상께서는 절박하고 비통한 신의 정세를 살피고 지극히 간절한 신의 말을 헤아리시어 속히 신의 본직과 겸직을 간삭(刊削)하시고, 이어 신의 죄를 다스리시어 국가의 기강을 삼엄하게 하고 신하의 분수를 면려하소서. 그렇게 하신다면 매우 다행이겠습니다.

성묘를 하기 위해 사직을 청하는 소[153]

乞解官省墓疏

삼가 아룁니다. 신은 곧 늙고 기력이 빠진 일개 쓸모없는 사람일 뿐이니 병조 판서의 중요한 직임에 대해서는 애초에 논할 만한 가치도 없는 일입니다. 그래서 누차 상소로 사직을 청했지만 아직 허락하는 은전을 한번 입지 못하여 더러운 몸으로 자리를 차지한 지 어느덧 한 해가 지났습니다. 대저 하루를 관직에 있으면 하루의 책임을 완수하려고 생각하는 것은 인지상정으로, 누구나 할 것 없이 모두 그러합니다. 신은 이미 사직하여 허락받지 못하였으니, 또한 어찌 미력이나마 스스로 진작하여 조금이라도 보탬이 되려 하지 않겠습니까. 그러나 이미 쇠한 기력은 고무해도 일으킬 수 없어서 하루 이틀을 그저 몽롱한 정신으로 흐리멍덩하게 넘기는 가운데 착오가 생기지 않는 일이 없고 허물과 후회를 남기지 않는 곳이 없는 데야 어찌하겠습니까. 신이 스스로 이와 같은 처지를 알고 있으니, 세상 사람들의 비난은 쉽게 짐작할 만합니다.

이어 삼가 생각건대, 신에게는 지극히 비통하고 지극히 절박한 사정(私情)이 있습니다. 불효막심한 신은 노모의 상(喪)을 당한 뒤 미련하게도 한번 죽지 못해서 마침내 3년이 지나 버렸으니, 한 가닥 목숨이 끊어지기 전에 조금이라도 애통해하고 사모하는 정을 펼 수 있는 도리는 오직 철 따라 절기에 따라 성묘하며 송추(松楸 무덤)를 바라보고

153 성묘를……소 : 1813년(순조13) 10월 4일에 올린 상소이다.《承政院日記 純祖 13年 10月 4日》

의지하는 데[154] 있을 뿐입니다. 그런데 신은 작년 초겨울에 갑자기 심한 병에 걸려 거의 죽었다가 겨우 살아나서 자리에 누워 시름시름 앓고 있었기 때문에 며칠을 유숙해야 하는 먼 곳은 직접 갈 수가 없었으니, 서쪽 하늘을 바라봄에 지극한 슬픔이 가슴에 가득하였습니다. 중권(中權 병조 판서)에 제수하는 명이 바로 이때에 있었는데, 병부(兵符)를 찬 신하는 국법에 멀리 나갈 수 없기 때문에 천시(天時)가 흐르고 흘러 일월(日月)이 여러 번 바뀌는 동안 잠깐 사이에 비와 이슬은 서리가 되고 상여(喪餘)의 날[155]이 순식간에 또 지났으니, 지극히 비통하고 지극히 절박한 신의 사사로운 정은 슬프고 두려울 뿐만이 아니었습니다. 늘 명절이 지날 때마다 휘하의 군교(軍校)와 이례(吏隸) 가운데 성묘를 하기 위해 휴가를 청하는 자가 있으면 저도 모르는 사이에 마음이 슬퍼지고 부끄러워져서 거의 이마에 땀이 맺힐 지경이었습니다. 신의 처지가 이 지경까지 이르렀으니, 아, 또한 서글픕니다.

또한 생각건대, 신이 앓고 있는 병의 원인은 비토(肥土 비장(脾臟))가 손상되고 장(臟)이 냉한 증상에 있습니다. 늘 날씨가 차고 수기(水氣)가 왕성해지는 겨울철[156]이 되면 여러 증상이 번갈아 공격하는 것이

154 바라보고 의지하는 데 : 애틋한 정성으로 성묘하면서 늘 어버이가 계신 것처럼 바라보고 의지한다는 말이다. 《시경》〈소아(小雅) 소반(小弁)〉의 "우러러볼 것이 아버지 아님이 없으며 의지할 것이 어머니 아님이 없도다.〔靡瞻匪父 靡依匪母〕"라고 하였다.

155 상여(喪餘)의 날 : 거상(居喪)을 마치고 난 나머지라는 뜻으로, 삼년상을 마치고 지내는 첫 번째 기제(忌祭)를 이르는 말이다.

156 수기(水氣)가 왕성해지는 겨울철 : 《회남자(淮南子)》〈천문훈(天文訓)〉에 "북방은 물이다. 그 임금 전욱과 그 보좌 현명이 권세를 잡고 겨울을 다스린다.〔北方 水也 其帝顓頊 其佐玄冥 執權而治冬〕"라고 하였다.

곱절이나 심해져서 수년 이래로 그 조짐이 틀림없이 나타났으니, 지금 만일 추위가 심해지지 않은 이 시절을 놓친다면 비록 한가한 때를 만난다 하더라도 스스로 애쓸 기회조차 없어질 것입니다. 신이 지극히 간절한 마음을 우러러 말씀드리는 이유는 오직 이 시절을 잃을 수 없기 때문이니, 이에 감히 피를 토하는 심정으로 간절히 소장(疏章)을 작성하여 성상을 번거롭게 하였습니다. 삼가 바라건대, 자애로운 성상께서는 불쌍히 여기시고 곡진하게 살펴 주시어 속히 신이 맡고 있는 병조판서의 직임을 간개(刊改)해 주시고, 이어 은혜로운 휴가를 허락하시어 돌아가 선영에 성묘함으로써 지극한 정을 펼 수 있게 해 주소서. 그렇게 해 주시기를 눈물을 흘리며 축원해 마지않습니다.

비답은 다음과 같다.

"상소의 내용은 잘 살펴보았다. 경은 사직하지 말고 즉시 선영(先塋)으로 가서 성묘하라."

병세를 진달하고 병조 판서의 사직을 청하는 소[157]

陳病乞解兵曹判書疏

삼가 아뢰니다. 신은 본직(本職)에서 직무를 수행한 지 이제 1년이 다 되어 갑니다. 처음 직임을 맡았을 때[158]부터 신을 보는 사람들은 누구나 "저 사람의 병든 몸으로는 억지로 할 수 없는 일이고, 저 사람의 재주로는 감당할 수 없는 일이다."라고 하였습니다만, 오히려 신이 스스로 '억지로 할 수 없고 감당할 수 없는 일'임을 더욱 절실하게 자각하고 있었습니다. 그래서 간절한 마음을 아뢰는 소장을 올린 것이 모두 여덟 차례나 되었으니, 언뜻 살펴보면 진실로 지루하게 되풀이한 일이기도 합니다. 그러나 간절하고 절박한 신의 사정(私情)은 마치 결박된 자가 풀려나기를 잊지 못하는 것과 같아서, 사지에 통증이 있으면 풀려나기를 생각하고 처사에 후회가 있으면 풀려나기를 생각하였습니다. 풀려나기를 생각하면 하늘을 부르고 부모를 부르며 호소하지 않을 수 없어서 한 번 상소하고 두 번 상소한 것이 저도 모르는 사이에 여덟 번 상소하는 데까지 이르렀으니, 이는 그 마음속에 반드시 매우 부득이한 까닭이 있었기 때문입니다.

보잘것없는 신의 천한 질병은 또한 이미 누차 말씀드렸습니다. 밖으

157 병세를……소 : 1813년(순조13) 11월 7일에 올린 상소이다.《承政院日記 純祖 13年 11月 7日》

158 처음……때 : 저자는 1812년(순조12) 12월 7일 정사에서 병조 판서에 제수되었다.《承政院日記 純祖 12年 12月 7日》

로 드러난 증상부터 말하자면, 지난겨울과 올봄에 다 죽어 갈 듯이 시름시름 앓아서 아침저녁으로 염라국의 사자(使者)를 기다리던 상황에 비해서는 조금 나아졌지만, 이미 고질이 된 병의 근원과 같은 경우는 실로 예전 그대로입니다. 신의 병을 논하는 의원이 말하기를 "사람의 온갖 질병은 모두 오장육부에서 나오는데, 오관(五官)[159] 가운데 금관(金官), 화관(火官), 수관(水官), 목관(木官)은 그래도 보사(補瀉)[160]하여 서로 구제할 수가 있지만 토관(土官)이 한번 무너지면 약을 쓸 방법이 없습니다."라고 하였습니다. 신이 앓고 있는 병의 근원이 바로 토관이 무너진 경우인데, 안면과 사지에 부기(浮氣)가 왔다 갔다 하고 장명(腸鳴)과 이혈(痢血)의 증상이 찬바람을 맞을 때마다 발작하며, 대장(大腸)은 치루(痔漏)의 증상 때문에 탈항(脫肛)되어 걷거나 서 있을 수가 없으니, 이러한 것들이 모두 밖으로 드러난 증상입니다. 이 증상들이 그 고통은 비록 심하지만 손을 쓸 수 없는 지경에 이르지는

159 오관(五官) : 오행(五行)을 주관하는 각각의 신(神)을 말한다. 《춘추좌씨전》 소공(昭公) 29년 조에 "오행을 맡은 장관을 오관이라고 한다. 모두 나란히 성씨를 하사받아 상공의 작위에 봉해지고 제사를 지낼 때에는 귀한 신의 대우를 받았다. 사직의 다섯 사신(祀神)으로 높이고 받들었다. 목(木)을 담당하는 장관을 구망이라 하고, 화(火)를 담당하는 장관을 축융이라 하고, 금(金)을 담당하는 장관을 욕수라 하고, 수(水)를 담당하는 장관을 현명이라 하고, 토(土)를 담당하는 장관을 후토라 하였다.〔五行之官 是謂五官 實列受氏姓 封爲上公 祀爲貴神 社稷五祀 是尊是奉 木正曰句芒 火正曰祝融 金正曰蓐收 水正曰玄冥 土正曰后土〕"라는 말이 있다.

160 보사(補瀉) : 한의학에서 환자를 치료하는 방법인 '온량보사(溫涼補瀉)'를 가리킨다. 온은 몸이 차가운 환자에게 따뜻한 처방을 하는 것이고, 양은 열이 많은 환자에게 차가운 처방을 하는 것이고, 보는 원기를 보충하여 병을 고치는 것이고, 사는 설사를 시켜 병을 고치는 것이다.

않은 듯했는데, 수년 사이에 온갖 처방과 여러 가지 의약(醫藥)을 쓰는 동안 조금도 효험을 볼 수 없었던 이유는 실로 그 병을 얻은 근원이 묵은 나무뿌리와 썩은 풀로는 효과를 기대할 수 있는 것이 아니었기 때문입니다. 단지 시들어 가는 육신을 잠시 잡아 두고 막혀 가는 이목을 잠시 붙들어 둘 뿐이었으니, 보통 사람의 일로 책임을 지우더라도 어찌 그 직임을 수행할 수 있겠습니까.

신은 원래 어리석고 졸렬해서 바야흐로 병이 없는 젊은 시절에 한산한 부서에 던져두었더라도 오히려 직분을 다하지 못할까 두려워했을 것입니다. 더구나 지금은 몸에 큰 병이 있어서 정신을 이미 빼앗겨 버린 관계로 평소에 알던 사람이라도 간혹 얼굴을 잊어버리고, 시간이 지나고 나면 무슨 일인지도 기억하지 못합니다. 말을 하면 두서가 없고 일에 임하면 정신이 가물가물하기 때문에 신의 말을 듣는 사람은 놀라워하고 신의 모습을 보는 사람은 눈을 동그랗게 뜨고 쳐다보니, 다만 한 가닥 목숨을 근근이 이어 가는 쓸모없는 사람일 뿐입니다. 그런데 지금 그 관직을 물어보면 중권(中權 병조 판서)의 막중한 직임이고, 그 사일(仕日)[161]을 계산해 보면 해를 넘기며 오래 지체한 일입니다. 가만히 헤아려 보건대 12달 안에 무릇 시행하고 조치한 일이 어찌 천만 가지 단서에 그치겠습니까마는, 일이 지나고 나면 스스로 후회되지 않은 일이 드물었습니다. 이와 같은데도 더러운 몸으로 자리를 차지하고 있으면서 날마다 맡은 일을 그르치기만 하였으니, 신의 일신이야

161 사일(仕日) : 재직 일수를 말한다. 사일을 계산하여 관원의 전근, 승진, 체임(遞任)의 근거로 삼는다. 1일 근무를 사일 하나로 하는 것이 원칙이나 경우에 따라서는 별사(別仕)라고 하여 사일을 가산하여 주는 일이 있다.

비록 말할 것이 못 되지만 나랏일에는 얼마나 누가 되겠습니까. 이것이 신이 크게 두려워하는 점입니다.

현재 겨울이 점점 깊어 대정(大政)을 시행하는 달이 가까워지는데 본조(本曹)에서 거행할 일은 날로 번다해지니, 신은 이 때문에 걱정입니다. 무릇 병을 다스리는 사람은 온갖 수단을 다 동원해 가며 미리 대비해야 하는데, 오장에 한기가 드는 증세가 이미 고질이 되고 겨울이면 더욱 심해져서 강부탕(薑附湯)[162]의 열기도 냉수를 마시는 것이나 다름이 없기 때문에 의원들도 재주가 궁하여 손을 들고 물러갔습니다. 만일 다시 이 수십 일을 그냥 보내고 엄동설한의 추위를 겪는다면 반드시 갑절로 심해질 터이니 비록 자력으로 어떻게 해 보려 해도 방법이 없을 것입니다. 신이 반드시 사직해야 하는 의리로 이런 이유를 아뢰는 것이 어찌 오늘을 기다렸겠습니까만, 속히 떠나야 한다는 생각은 오직 지금이 더욱 간절합니다. 답답하고 괴로운 사정이 날로 더욱 심해져서 이에 감히 절박한 심정을 토로하고 소장을 작성하여 전에 올린 간청을 다시 드렸습니다. 오직 원하건대, 성상께서는 간절한 신의 충심(衷心)을 살피고 병으로 혼몽해진 신의 처지를 가련히 여기시어 속히 신의 직임을 체차하시어 공적으로나 사적으로나 다행스럽게 해 주시기를 간절히 바랍니다. 신은 황공하고 간절한 마음을 가누지 못하겠습니다.

162 강부탕(薑附湯) : 한기(寒氣)에 상하여 정신을 잃고 쓰러지거나 팔다리가 싸늘한 증상을 치료하는 약으로, 마른 생강 1냥(兩)과 구운 부자(附子) 1개〔枚〕를 썰어 5돈(錢)을 취하여 달여 복용한다. 《救急易解方 中寒》

비답은 다음과 같다.

"상소의 내용은 잘 살펴보았다. 경은 사직하지 말고 조리한 뒤에 공무를 행하라."

대간(臺諫)의 소가 나온 뒤에 스스로 인책하고 본직과 겸직의 사직을 청하는 소[163]

臺疏後 自引乞解本兼諸職疏

삼가 아룁니다. 신은 백에 하나도 취할 만한 것이 없는 천한 자질로 전혀 합당하지 못한 중임을 무릅쓰고 있습니다. 당초에 사람이 모자란다고 급하게 자리를 채운 것이 이미 양입(量入)의 의리[164]에 위배되었는데 겸직의 제수가 또 뒤를 이어 날로 더해지고 달로 쌓였습니다. 이는 무거운 등짐 위에 다시 보따리를 더 얹은 격으로, 어깨와 등이 납작하게 짓눌려서 버티고 일어설 수가 없었습니다. 신이 어떤 사람이기에 감히 이런 일을 감당할 수 있겠습니까. 늘 한 번씩 관직에 제수하는 명이 내려올 때마다 번번이 한층 두려운 마음이 더해졌으니, 대개 작년 12월 이후로 이달 초에 이르기까지 사직을 청하는 상소를 모두 여러 차례 올렸던 까닭입니다. 피를 토하는 심정으로 간절한 뜻을 진달하고 우러러 애달프게 호소하여 뜻을 다 전하고 말씀을 다 드려서 더 이상 남은 회포가 없기에, 오직 자애로우신 성상께서 굽어살펴 거의 차례대로 직임을 체차(遞差)하시어 본분을 지킬 수

163 대간(臺諫)의……소 : 1813년(순조13) 11월 25일에 올린 상소이다. 《承政院日記 純祖 13年 11月 25日》

164 양입(量入)의 의리 : 미리 적절하게 계획을 세워 놓고 그에 따라 국정(國政)을 운영해야 한다는 의미이다. 《예기》〈왕제(王制)〉의 "풍년과 흉년을 참작하여 30년간의 수입을 통산한 뒤에 나라의 예산을 정하고, 수입을 헤아려서 경비를 지출해야 한다.〔視年之豐耗 以三十年之通 制國用 量入以爲出〕"라는 말에서 유래하였다.

있게 해 주시기를 희망하였습니다. 그런데 문사(文詞)로 임금을 감동시켰던 옛사람[165]에게 부끄러움이 있을 정도로 성의가 모자라고 글이 졸렬하여 맡은 바 여러 관직이 지금까지 그대로이니, 조만간에 낭패를 당하여 반드시 불행한 일이 생길 것입니다. 과연 헌대(憲臺)의 상소[166]가 나와 죄를 성토하는 말이 매우 엄준하였으니, 신은 채 반도 읽기 전에 몸이 부들부들 떨렸습니다. 이어 삼가 원소(原疏)에 대한 비지(批旨)를 받들어 보니 신을 비호해 주시고 신의 처지를 분명하게 밝혀 주신 말씀[167]이 유례가 없을 정도로 자상하여 비록 신으로 하여금 스스로 변설(辨說)하게 했더라도 이보다 나을 수는 없었을 것입니다. 이에 아홉 번 머리를 조아리는 동안 감격의 눈물이 흘러 옷깃을 가득 적셨습니다.

대간의 상소에서 이른바 "권요직(權要職)과 화무직(華膴職)을 좌우로 움켜쥐고서 마치 원래부터 가지고 있던 것인 양 여깁니다."라는 말은 참으로 신이 스스로 알고 있고 스스로 죄라고 여기는 일입니다. 신이 실로 자초한 일이니 오히려 누구를 원망하겠습니까. 돌아보건대,

165 문사(文詞)로……옛사람 : 진 무제(晉武帝)에게 〈진정표(陳情表)〉를 올려 벼슬을 사양했던 이밀(李密)을 가리킨다. 자세한 내용은 444쪽 주5 참조.

166 헌대(憲臺)의 상소 : 1813년(순조13) 11월 22일에 올린 지평(持平) 임문백(任文白)의 상소이다. 임문백은 이 상소에서, 저자가 병조 판서의 몸으로 과거 시험이 임박한 상황에서 백 리 먼 길을 나갔다가 열흘이 지난 뒤에 돌아왔다는 이유로 견파(譴罷)의 형전(刑典)을 청하였다. 《承政院日記 純祖 13年 11月 22日》

167 신을……말씀 : 임문백(任文白)의 상소에 대한 비답 가운데 "병조 판서는 임의로 내려갔던 것이 아니라 내가 허락하여 왕래하였으니, 어찌 죄를 줄 수 있겠는가.〔兵判非任意下去 予所許而往來 豈爲罪乎〕"라는 말을 가리킨다. 《承政院日記 純祖 13年 11月 22日》

신은 부모를 여의고도 살아남아서 모진 목숨을 차마 끊지 못했기에 오매불망 한 가지 생각은 길이 송추(松楸 무덤)를 돌보며 지내는 데 있었습니다. 그런데 처음에는 병이 위독해짐으로 인해서, 중간에는 또 직무가 몸에 매여 있어서 3년의 상기(喪期)가 지난 뒤로도 한참을 성묘하지 못했으니, 한밤중에 일어나 피눈물을 흘리고 지극히 애통함이 마음에 가득하였습니다. 그러다가 지난번에 비로소 외람되이 미천한 신의 간절한 사정을 아뢰고 삼가 현직에서 해면되기를 기대했는데 격외(格外)의 은혜로운 비답을 내리시어 특별히 말미를 허락하셨으니, 처음의 마음은 비록 이루지 못했으나 지극한 정은 조금 펼 수 있었습니다. 병부(兵符)를 차고 있는 몸으로 지방에 나가는 것이 분수로 볼 때 감히 해서는 안 되는 일이지만 망녕되이 고례(古例)를 믿고서 그대로 왕래하였으니, 감사하는 마음과 두려운 마음이 지금까지 함께 절실합니다. 이것을 트집 잡아 죄라고 한다면 신이 어찌 사양할 수 있겠습니까.

과시(科試)에 관한 한 가지 일은 이렇습니다. 신이 혼미한 정신과 쇠약한 몸으로 가령 참으로 예위(禮圍)[168]를 주관하는 직임에 의의(擬議)되었다 하더라도 진실로 사실에 근거해 힘써 사양하기에도 겨를이 없었을 터인데, 도리어 어떻게 아직 일어나지도 않은 일에 대해 생각지도 않은 벼슬이 찾아왔다고 자처할 수 있었겠습니까. 아, 구원(邱原 선영(先塋))에 서리와 이슬이 내릴 때[169] 철 따라 절기에 따라 성묘하는

168 예위(禮圍) : 과거(科擧)의 회시(會試) 또는 그 회시를 보이는 장소인데, 전하여 과시(科試) 혹은 과장(科場)의 통칭으로 쓰인다. 예조(禮曹)에서 주관하기 때문에 붙여진 이름이다. '예위(禮闈)'라고도 한다.

것은 사람의 자식으로서 느끼는 지극히 간절한 정이고 국가의 떳떳한 전례(典禮)입니다. 신은 이 일 때문에 이름이 탄핵하는 간서(簡書)에 올랐으니, 자신을 돌아보면 애통한 생각이 들어서 당장 죽고 싶었지만 그렇게 하지도 못하였습니다.

직언(直言)을 맡은 대간의 논의는 일의 체모가 엄중하니, 돌아보건대 어찌 감히 번번이 소장(疏章)을 올려 변론하듯이 할 수 있겠습니까. 그러나 병권(兵權)과 물권(物權)은 하루도 허미(虛縻)[170]해서는 안 되는 자리이고 중요한 직무를 적체 하는 것은 그 죄가 막대하니, 이에 감히 짧은 상소로 간략히 고하여 성상의 귀를 번거롭게 합니다. 삼가 바라건대, 성상께서는 속히 신의 본병(本兵)과 혜국(惠局) 및 각직(閣職)과 궁함(宮銜)과 제거(提擧) 등의 직임을 모두 간개(刊改)하소서. 이어 담당 관사에 명하여 신이 받아야 할 형률을 엄하게 논감(論勘)하게 하시어 신이 죽을 때까지 전원에서 두문불출하며 자정(自靖)의 의리를 다함으로써 경의(黥劓)의 형벌을 보완하기를 도모하고[171] 생성

169 서리와……때 : 절기가 바뀌고 서리가 내릴 때 초목이 누렇게 시드는 것을 보고 돌아가신 부모 생각에 슬픔을 느낀다는 의미이다. 《예기》 〈제의(祭義)〉의 "가을에 서리와 이슬이 내리거든 군자가 그것을 밟고 반드시 슬픈 마음이 생기나니, 이는 날이 추워져서 그런 것이 아니다. 또 봄에 비와 이슬이 내려 땅이 축축해지거든 군자가 그것을 밟고 반드시 섬뜩하게 두려운 마음이 생겨 마치 죽은 부모를 곧 만날 것 같은 생각이 들게 된다.〔霜露既降 君子履之 必有悽愴之心 非其寒之謂也 春雨露既濡 君子履之 必有怵惕之心 如將見之〕"라는 말에서 유래하였다.

170 허미(虛縻) : 관직에 임명되고도 행공(行公)하지 않은 채 직함만 차지하고 있다는 의미로, 허대(虛帶)와 같은 말이다.

171 경의(黥劓)의……도모하고 : 과거의 허물을 씻을 수 있도록 속죄의 삶을 살아가겠다는 의미이다. 상고 시대 허유(許由)가 의이자(意而子)에게 이르기를 "요(堯)가

(生成)의 은택을 마치게 해 주소서. 그렇게 해 주시기를 간절히 축원합니다.

이미 인의(仁義)로써 너의 얼굴을 자자(刺字)했고, 시비(是非)로써 너의 코를 베어 버렸다."라고 하자, 의이자가 대답하기를 "저 조물주(造物主)가 나의 자자받은 흔적을 고쳐 주고 나의 베인 코를 소생시켜 주어 나로 하여금 완전한 형상을 갖추고 선생을 따르게 하지 않을 줄을 어떻게 알겠습니까."라고 한 데서 유래하였다. 경(黥)은 얼굴을 자자하는 형벌이고, 의(劓)는 코를 베는 형벌이다. 《莊子 大宗師》

병세를 진달하고 향관의 사직을 청하는 소[172]

陳病乞免享官疏

삼가 아뢰니다. 방금 이조에서 내각(內閣)에 보고한 것을 보니 신을 경모궁(景慕宮)에 올리는 춘향 대제(春享大祭)의 초헌관(初獻官)으로 차임한다는 내용이었습니다. 신의 분수와 의리로 볼 때 어찌 감히 부지런히 달려가 참석하지 않을 수 있겠습니까. 다만 신이 앓고 있는 탈항(脫肛)의 질병이 이미 고질이 되어 걷거나 서 있을 때면 이 병으로 인해 가장 방해가 심합니다. 오래 걷거나 오래 서 있으면 약속이나 한 것처럼 반드시 탈항이 되는데, 이렇게 탈항이 되면 그 증상이 매우 더러워지기 때문에 결코 엄숙하고 공경스러우며 정결하게 재계(齋戒)해야 할 향관(享官)의 자리에 의의(擬議)되어서는 안 됩니다. 이와 같기 때문에 지난번 영녕전(永寧殿)의 대향(大享) 때에도 다급한 상황에서 차임되었다가 수향(受香)[173]한 뒤에 승정원에서 부득이 성상께 여쭈어 변통하였으니, 신이 편안한 곳을 찾으려 해서가 아니라 곧 향례(享禮)의 일이 매우 중요하기 때문에 더러운 몸을 그 사이에 두게 할 수 없었던 것입니다. 이는 곧 성상께서 통촉하고 계시는 바이고, 조정에 있는 모든 사람들도 다 아는 일입니다.

172 병세를……소 : 1814년(순조14) 1월 28일에 올린 상소이다. 순조로부터 다시 재관을 차임한 뒤 임금의 재가(裁可)를 받도록 이조에 명하겠다는 비답을 받았다. 《承政院日記 純祖 14年 1月 28日》

173 수향(受香) : 제관(祭官)이 제단(祭壇)에 임할 때 임금으로부터 향(香)과 제문(祭文)을 받는 절차를 말한다.

지금 비록 염치를 무릅쓰고 나아가려 해도 자리에 나아가 분주히 직임을 수행할 때에 병이 반드시 발작할 터이니, 전혀 요행을 만나지 못해서 이런 상황에 이르게 된다면 어떻게 할 방법이 없어서 매우 민망한 처지가 되지 않겠습니까. 그 일을 장차 어떻게 처리해야 하겠습니까. 이에 감히 염치를 무릅쓰고 짧은 소장(疏章)을 진달하여 성상께 실상을 다 토로하는 것입니다. 삼가 바라건대, 성상께서는 굽어살피고 가엾게 여기셔서 속히 이조에 명하시어 다시 감당할 만한 사람을 제수하게 하고, 이어 다시는 향관의 자리에 거론하지 말게 하도록 명하시며, 성상을 번거롭게 한 신의 죄를 다스리시어 조정의 기강을 엄숙히 하소서. 그렇게 해 주신다면 천만다행이겠습니다.

사직 대제 초헌관의 사직을 청하는 소[174]

乞免社稷大祭初獻官疏

삼가 아뢥니다. 황천(皇天)이 보우하사 온갖 복록이 성대하게 이르러, 아, 우리 혜경궁(惠慶宮) 저하(邸下)의 보령(寶齡)이 빛나게 팔순을 맞이하였으니, 정월(正月) 원일(元日)에 만세 삼창의 예를 거행하였습니다. 이는 참으로 우리 동방에 처음 있는 경사이니 뛸 듯이 기쁜 마음 어찌 끝이 있겠습니까.

이어 삼가 생각건대, 신이 방금 이조에서 내각에 보고한 것을 보니, 신을 사직 대제(社稷大祭)의 초헌관(初獻官)으로 차임하는 내용이었습니다. 각신(閣臣)을 제관(祭官)에 차임하지 않는 것은 우리 선왕조의 수교(受敎)에 따라 규장각을 세우고 40년이 지나는 동안 일찍이 훼손한 적이 없는 규례인데, 지금에 와서 갑자기 신의 몸에서부터 처음으로 파괴하니, 이는 신은 참으로 무엇 때문인지 알지 못하겠습니다. 수교는 일의 체모가 무엇보다 엄중한 것인데, 비단 신 한 사람의 문제일 뿐만이 아니기에 할 말을 찾아낼 겨를이 없습니다.

다만 생각건대, 신이 앓고 있는 치루(痔漏)의 증세가 이미 고질이 되고 수년 이래로 한층 더 심해져서 조금 오래 걷거나 서 있으면 탈항이 되고 피가 흘러나와 옷을 적시니, 그 더러운 증상을 어찌 감히 다 진달할 수 있겠습니까. 지극히 중요한 향역(享役)을 신이 감히 사양하는

174 사직……소 : 대본의 교정 첨지(校正籤紙)에 "향관(享官)의 일을 변통하여 다른 사람을 차임한 일 때문에 소장(疏章)을 산삭(刪削)하였음."이라고 하였다.

것이 아니라, 오직 이 천한 병의 증상이 더없이 더럽기 때문에 결코 정결하게 재계(齋戒)하여 분주히 직임을 수행해야 하는 향관(享官)의 자리에 의의(擬議)되어서는 안 되는 것입니다. 더구나 자리에 나아가 향례(享禮)를 행할 때는 걷거나 서 있을 일이 많을 터이니, 더욱 잘못되고 더욱 낭패를 당할 것은 너무도 분명하지 않겠습니까. 이에 감히 짧은 소장(疏章)으로 호소하여 대략 실상을 진달합니다. 삼가 바라건대, 성명께서는 굽어 헤아리셔서 신이 차임된 헌관의 직임을 다시 다른 사람에게 제수하시고, 성상을 번거롭게 한 신의 죄를 다스리시어 조정의 기강을 엄숙히 하소서. 그렇게 해 주신다면 천만다행이겠습니다.

병조 판서를 사직하는 소[175]

辭兵曹判書疏

삼가 아룁니다. 신은 노쇠하여 아무짝에도 쓸모없는 일개 미물이니, 정세(情勢)로 보나 병세(病勢)로 보나 어찌 세상에 나가 정사에 관여할 생각이 있겠습니까. 저산(樗散)[176]의 자질로 유유자적하며 약으로 목숨을 이어 가다가, 때로 내각(內閣)의 반열을 따라 용안을 뵐 수 있으면 남은 생의 미천한 분수에는 더 바랄 것 없고 지극한 소망은 그것으로 족합니다. 그래서 두문불출하며 병든 몸을 끌어안고 오직 염라국의 사자(使者)가 이르기를 기다렸는데, 이런 즈음에 중권(中權 병조 판서)에 제수하는 전지(傳旨)가 대궐에서 내려왔으니, 신은 참으로 당황스럽고 두려워서 어찌할 바를 모르겠습니다.

신은 재작년 겨울에 외람되이 이 직임을 맡았는데, 사람이 모자라는 시기에 급하게 임명되고 갑자기 나아가 명을 받들었기 때문에 사직을 허락받지 못하고 그대로 자리를 차지하고 있었던 것이 전전반측(輾轉反側) 애를 태우는 사이에 한 해가 지나고 말았으니, 가득 차면 반드시 넘치고 짐을 지고 다녀야 할 처지에 수레를 타면 도적이 이른다[177]는

175 병조……소 : 1814년(순조14) 4월 27일에 올린 상소이다.《承政院日記 純祖 14年 4月 27日》

176 저산(樗散) : 저력 산목(樗櫟散木)의 약칭이다. 가죽나무와 상수리나무처럼 쓸모없는 재목이라는 뜻으로, 전하여 재능이 부족한 사람을 비유하는 말이다.《莊子 逍遙遊, 人間世》

177 짐을……이른다 : 분수에 맞지 않은 지위에 있음으로써 우환을 초래한다는 의미

것을 신은 실로 스스로 헤아리고 있었습니다. 과연 대간의 비평이 신랄하게 나와 낭자하게 죄를 성토하는 바람에 정세와 종적이 위태로워 몸 둘 곳이 없었는데, 자상하신 성상께서 깊이 헤아려 주셔서 체차하라는 명을 내리시어 자정(自靖)의 의리를 다하려는 미천한 생각을 보전하게 해 주시고 그칠 곳을 알고자 하는[178] 묵은 소망을 길이 이루게 해 주셨으니, 그 은덕(恩德)이 매우 두터웠습니다. 신의 몸이 가루가 되어 죽은 뒤에 결초(結草)하여 보은하려 해도 어찌 그 은혜의 만에 하나라도 갚을 수 있겠습니까. 이때부터 이후로는 대간의 상소에서 이른바 권요직(權要職)과 화무직(華膴職)은 모두 신이 종신토록 나아가지 않으리라 다짐한 자리이니, 비단 신이 이와 같이 다짐했을 뿐만 아니라 위로는 조정에 함께 있는 경사백관(卿士百官)에서부터 아래로는 여대(輿儓)나 주졸(走卒)에 이르기까지 누군들 그렇다고 말하지 않겠습니까. 그런데 겨우 몇 달이 지나고 나서 다시 이 직임에 제수하는 명을 받들었으니, 신이 어찌 깊은 골짜기에 떨어진 것처럼 멍하니 어찌할 바를 몰라 하지 않을 수 있었겠습니까. 재능으로 말하자면 이미 시험해 보았으나 성과가 없었고 병세로 말하자면 세월이 갈수록 더욱

이다. 《주역》 〈해괘(解卦) 육삼(六三)〉의 "짐을 지고 다녀야 할 처지인데 수레를 탄 격이라 도적을 불러오니, 정하더라도 부끄러우리라.〔負且乘 致寇至 貞吝〕"라는 말에서 유래하였다.

178 그칠……하는 : 마땅히 그쳐야 할 지선(至善)의 자리에서 그만두어야 한다는 말로, 《대학장구》 경 1장의 "그칠 데를 안 뒤에 정함이 있으니, 정한 뒤에 고요할 수 있고, 고요한 뒤에 편안할 수 있고, 편안한 뒤에 생각할 수 있고, 생각한 뒤에 얻을 수 있다.〔知止而后有定 定而后能靜 靜而后能安 安而后能慮 慮而后能得〕"라는 구절에서 온 말이다.

심해져서, 작년에 열 차례나 상소하여 애처롭게 호소하던 때에 비해서도 또한 턱없이 미치지 못합니다.

그러나 신에게 오늘의 거취는 오히려 부차적인 문제에 해당됩니다. 사람이 사람이 되는 까닭과 나라가 나라가 되는 까닭은 모두 염치(廉恥)에 있습니다. 주 부자(朱夫子)의 가르침에 "사대부가 사양하고 받고 나아가고 물러나는 것은 그 자신의 문제일 뿐만이 아니라, 그가 처신하는 바의 득실은 곧 풍속의 성쇠에 관계가 된다."[179]라고 하였습니다. 관중(管仲)이 말하기를 "예의염치(禮義廉恥)가 사유(四維)가 되는데, 사유가 반듯하게 펼쳐지지 않으면 나라가 멸망한다."[180]라고 하였습니다. 염치에 관계되는 바가 이와 같으니 어찌 크게 두려워 할 만한 일이 아니겠습니까. 신이 스스로 헤아려 보건대, 지금의 정세(情勢)와 도리(道理)로는 한산한 부서 외에는 어떤 자리에 임명되든지 간에 전혀 직임을 수행할 수 없습니다. 신이 마음과 입으로 맹세하며 필부(匹夫)들이 수주대토(守株待兎)하듯이 고집을 부리는 것은 감히 스스로를 위해서가 아니라 거의 이렇게라도 해서 은혜를 갚지 않음으로써 성조(聖祖)의 은혜를 갚는 길[181]로 삼으려는 것입니다. 더구나 지금 맡고 있는 직임은 바로 신이 탄핵을 받았던 자리이니, 다만 권요직에 그칠 뿐만이 아니고 화무직에 그칠 뿐만이 아닙니다. 가령 신이 미련하고

179 사대부가……된다 : 《주자대전》 권25 〈한 상서에게 답하는 편지〔答韓尙書書〕〉에 보이는 말이다.

180 예의염치(禮義廉恥)가……멸망한다 : 《관자(管子)》의 〈목민(牧民)〉에 나온다.

181 은혜를 갚지……길 : 은혜를 갚기 위해 벼슬에 나갔다가 비방을 받고 일을 그르쳐 임금에게 심려를 끼치는 것보다는 차라리 벼슬에서 물러나 소란을 야기하지 않는 것이 임금의 은혜에 보답하는 길이 된다는 의미이다. 자세한 내용은 532쪽 주144 참조.

식견이 없고 한갓 탐욕을 부릴 줄만 아는 사람이라면 어찌 이 직임에 의의될 수 있었겠습니까만, 이런 상황에서 무릅쓰고 나간다면 이는 인간 세상에 치욕스러운 일이 있는지도 알지 못하는 사람이니, 또한 심하게 조정을 욕되게 하는 것이 아니겠습니까. 맑은 조정의 사대부들은 반드시 같은 무리가 되는 것을 부끄럽게 여길 터이니, 천하에 어찌 이런 일이 있을 수 있겠습니까.

신은 듣건대, 밝은 군주는 사람의 뜻을 꺾지 않는다고 하였습니다. 삼가 생각건대, 성상께서는 예(禮)로써 신하를 부리고 깊이 구경(九經)[182]의 의미를 체득하시어 타일러 깨우치고 온전히 보호하시어 이루어 주지 않은 사람이 한 명도 없었습니다. 지금 매우 고통스러운 신의 사정과 반드시 사직해야 하는 신의 의리가 거의 굽어살피시는 성상의 은혜를 입는다면, 틀림없이 차마 신을 전도되고 창피스러운 죄과에 던져두지는 못하실 것입니다. 경패(庚牌)가 누차 내려오는 상황에서도 마음으로 굳게 다짐한 생각을 바꿀 수 없어서 스스로 포만(逋慢)한 죄를 초래하고 말았으니, 이것이 어찌 신이 좋아서 한 일이겠습니까. 위축되어 엎드려 있는 며칠 동안 엄한 주벌을 입지 못해서 녹봉만 축내고 중임을 비워 두었던 탓에 더욱 신의 죄를 더하였으니, 너무도 황공하여 끝내 침묵하고 있을 수만은 없었습니다. 이에 감히 만 번 죽을 각오로 피를 토하며 천지 부모와 같은 성상께 호소합니다. 부디 성명

182 구경(九經) : 유가(儒家)에서 천하를 다스리는 데 필요한 아홉 가지 준칙으로, 자신의 몸을 닦는 것〔修身〕, 어진 사람을 높이는 것〔尊賢〕, 친척을 친애하는 것〔親親〕, 대신을 공경하는 것〔敬大臣〕, 신하들의 마음을 깊이 살피는 것〔體群臣〕, 백성을 자식처럼 사랑하는 것〔子庶民〕, 모든 장인들을 오게 하는 것〔來百工〕, 먼 지방 사람을 어루만져 주는 것〔柔遠人〕, 제후를 은혜로 품어 주는 것〔懷諸侯〕을 이른다. 《中庸章句 第20章》

(聖明)께서는 강요할 수 없는 신의 사정을 살피시고 신의 말이 가식에서 나온 것이 아님을 헤아리셔서 신의 직명(職名)을 체차하도록 속히 허락하시어, 다 죽어 가는 신이 남은 세월을 마음 편히 살면서 풍교(風教)의 죄인이 되는 일을 면할 수 있게 해 주소서. 그렇게 해 주신다면 신은 비록 죽더라도 살아 있을 때나 다름이 없을 것입니다. 신은 황공하고 간절한 마음을 가누지 못하겠습니다.

비답은 다음과 같다.

"상소의 내용은 잘 살펴보았다. 경의 정세(情勢)는 전에 이미 분명하게 밝혀졌으니 어찌 깊이 인책(引責)할 것 있겠는가. 경은 사직하지 말고 즉시 들어와서 숙배(肅拜)하라."

병조 판서를 사직하는 두 번째 소[183]

辭兵曹判書再疏

삼가 아룁니다. 신은 자정(自靖)의 도리를 다하는 데 마음이 급했는데, 그렇게 하려면 의리로 볼 때 반드시 체직되는 길밖에 없었습니다. 이에 짧은 글을 올려 호소하고 정성껏 재계하여 묵묵히 축원하되, 삼가 부모처럼 가까이 계시는 성상께서 굽어살피는 은택을 곡진히 내려 주시어 맡고 있는 직임을 체차해 주시기를 바랐습니다. 그런데 하루도 채 기다리지 않고 삼가 은혜로운 비답을 받들어 보니 "경의 정세(情勢)는 전에 이미 분명하게 밝혀졌다."라고 하유(下諭)하시고, 거듭 "깊이 인책(引責)할 것 없다."라고 말씀하셨으니, 그 은택이 두텁고 예우가 정중하여 일반적인 격식을 훨씬 벗어났기에 신은 다 받들어 읽기도 전에 충정(衷情)이 북받치다가 이어 민망하고 황공한 마음이 들어 멍하니 어찌할 바를 몰랐습니다.

대저 조신(朝臣)이 정세를 인혐(引嫌)하여 체면(遞免)을 청하는 경우는 또한 경중(輕重)과 심천(深淺)의 차이가 있으니, 관원들 간에 서로 규계(規戒)[184]를 받았을 때는 받아들여서 사양하지 않는 경우가

183 병조……상소 : 1814년(순조14) 5월 11일에 올린 상소이다. 순조로부터 사직을 허락한다는 비답을 받았다. 《承政院日記 純祖 14年 5月 11日》

184 관원들……규계(規戒) : 《서경》 〈윤정(胤征)〉에 "백관(百官)이 서로 바로잡고, 백공(百工)이 기예의 일을 잡아서 간하라.〔官師相規 工執藝事以諫〕"라고 한 데서 나온 말로, 채침(蔡沈)의 주에 의하면 '서로 바로잡는다.〔相規〕'라는 말은 서로 가르치고 배운다는 뜻이라고 하였다.

있고, 미미한 과오가 규탄을 받았을 때는 잠시 체직되었다가 다시 명에 응하는 경우가 있었습니다. 신이 매우 신랄한 비난을 받아 정세와 종적이 위태로워진 것과 같은 경우는 일상적인 간서(簡書)에 비할 바가 아니니, 대간의 상소에 이른바 "권요직(權要職)과 화무직(華膴職)을 좌우로 움켜쥐고서 마치 원래부터 가지고 있던 것인 양 여깁니다."라는 말은, 신이 요직을 다 움켜쥐고 요행히 자리를 차지하고 있는 실상을 낱낱이 거론하여 감히 다시는 일체의 영화로운 자리에 다가서지 못하게 하려는 뜻입니다. 활에 다친 새는 굽은 나무만 봐도 놀라는 법인데, 더구나 신이 맡은 직임은 나무가 아니고 저 활인 데야 더 말할 것이 있겠습니까. 지금 만일 신을 위로하시는 성상의 보살핌만을 믿고 물 끓듯이 일어나는 여론을 두려워하지 않은 채 밖으로는 의리와 분수에 가탁하고 안으로 탐욕스러운 마음을 품어서 탄핵하는 상소의 먹이 마르기도 전에 얼굴을 들고 나아가서 의기양양하게 사람들에게 "성상께서 비답을 내려 분명하게 밝혀 주셨으니 다시 인책할 것이 없다."라고 소리친다면 이는 거리낌 없이 행동하는 소인배의 행태입니다. 신은 실로 죽었으면 죽었지 차마 이런 짓은 할 수가 없습니다. 외람되이 지엄한 소명(召命)을 어기고 나서 하루가 가고 열흘이 지나도록 영해(嶺海)의 찬배(竄配)와 부월(鈇鉞)의 형벌에 처하는 명이 내려오기만을 기다렸는데, 엄중한 하교를 특별히 내리심에 소패(召牌)를 어길 길이 없어져 길이 막혀 돌아갈 곳 없는 사람처럼[185] 궐문에서 대죄(待

185 길이 막혀……사람처럼 : 이러지도 못하고 저러지도 못하는 어려운 처지를 의미한다. 진(晉)나라 때 죽림칠현(竹林七賢)의 한 사람인 완적(阮籍)은 천성이 방달불기(放達不羈)하여 때로는 수레를 타고 마음 내키는 대로 가다가 더 이상 갈 수 없이 길이 막히면 통곡하고 돌아왔다고 한다. 《晉書 卷49 阮籍列傳》

罪)하고 있었습니다. 그렇지만 대궐이 지척에 있어도 굳은 다짐을 바꿀 수 없었기 때문에 땅을 파서 들어가고만 싶었으나 그렇게 하지도 못하였습니다. 전하께서는 신이 오랫동안 관직의 말석에 종사했다는 이유로 끝내 버리려 하지 않으시고 신에 대해 "억지로 할 수 있는데도 억지로 하지 않는다."라고 생각하시어 허물을 씻어 주시고 등용해 주시면서 신이 나아오도록 하시려는 것입니까? 그러나 신은 삼가 슬프고도 괴로운 사정이 있으니, 이렇게 애틋한 마음을 품고 있는 동안 성상께 한번 진달하려 생각한 것이 오래되었습니다. 지금 청컨대 흉금을 다 쏟아 내어 우러러 토로하려 하니, 부디 성상께서는 굽어살펴 주시기 바랍니다.

신은 세상에 유례가 없는 선조(先朝)의 지우(知遇)를 받았으니, 의리로 보면 군신 관계였으나 은혜로는 부자(父子) 사이나 다름없었으며 죽은 목숨을 살리고 마른 뼈에 살을 붙여 주시는 은혜[186]였습니다. 신이 비록 세세생생(世世生生)에 견마(犬馬)가 되어 충성을 바치더라도 만에 하나 그 은혜를 조금이나마 갚을 수는 없을 것입니다. 우리 성상에 이르러서는, 옛날 사용하던 비녀와 신발을 기억하시고[187] 미천한 저력

186 죽은……은혜 : 대단히 큰 은혜를 베풀어 준 것을 의미한다. 춘추 시대 초(楚)나라의 영윤(令尹) 위자빙(薳子馮)이 신숙예(申叔豫)에게서 자신과의 만남을 꺼리는 이유를 듣고는, 자신의 목숨을 구해 준 것이나 마찬가지라고 하면서 "내가 오늘 신숙예를 만나 보았는데, 그는 이른바 죽은 자를 살리고 마른 뼈에 살을 붙여 주는 자요.〔吾見申叔 夫子所謂生死而肉骨也〕"라고 하였다. 《春秋左氏傳 襄公22年》

187 옛날……기억하시고 : 미천한 옛 신하를 기억하여 등용해 주는 은혜를 말한다. 《위서(魏書)》 권31 〈우율제열전(于栗磾列傳)〉에 "선정(善政)으로 조정에 임하여 깔고 앉던 자리를 버리지 않고 비녀와 신발을 버리지 않았다.〔以聖善臨朝 衽席不遺 簪履弗棄〕"라는 말이 있다.

(樗櫟)[188] 같은 재목을 거두어 이미 발탁해 주시고 또 두루 등용해 주셔서 어느덧 이러한 지위에까지 올랐으니, 신의 몸에 있는 것은 한 올의 수염과 털이라도 모두 두 성조(聖朝)에서 주신 은혜입니다. 무릇 사람이라면 대등한 사람 이하에게 한 그릇의 밥을 받은 은혜를 입더라도 반드시 보답하기를 생각하는 법입니다. 신이 비록 매우 어리석지만 또한 떳떳한 본성을 갖추고 있으니, 오직 우리 두 성조의 은덕을 어떻게 보답해야 할지 생각해야 하는 것입니다. 다만 신은 용렬하고 잔약하며 덕이 적고 능력이 부족해서 티끌만큼의 유익함도 칭찬할 만한 점이 전혀 없습니다. 속으로 평생의 일을 가만히 헤아려 보면 앞으로 가도 넘어지고 뒤로 가도 자빠져서 구제해 주고 중용(重用)해 주시는 성상의 은혜를 한갓 번거롭게만 하였거니와, 그 죄는 실로 속죄하기 어려우니 어떻게 보답해야 하겠습니까. 늘 생각이 여기에 미치면 지난 일을 돌아보며 스스로 슬퍼하였습니다.

가득 차면 반드시 넘치고 번성하면 반드시 쇠퇴하는 것이 하늘의 이치이고 "필부가 무슨 죄가 있으랴. 옥구슬을 품고 있는 것이 죄일 뿐이지."[189]라는 말은 세상의 물정입니다. 신의 집은 대대로 국가의 은

188 저력(樗櫟) : 저력 산목(樗櫟散木)의 약칭으로, 재능이 부족한 사람을 비유하는 말이다. 556쪽 주176 참조.

189 필부가……뿐이지 : 훌륭한 자질을 갖추고 있는 사람이 아무런 죄가 없어도 이를 시기하는 사람에게 탄핵을 받는다는 뜻이다. 자신의 경륜을 속으로 갈무리하여 예기치 않은 분란이나 재앙을 피해야 한다는 교훈으로 쓰인다. 《춘추좌씨전(春秋左氏傳)》 환공(桓公) 10년 조에 "필부가 아무 죄도 짓지 않았는데 구슬을 가지고 있자 이를 탐낸 사람이 구슬을 소지한 것을 죄로 삼았다는 내용이 있는데, 이를 두고 사람들이 '필부가 무슨 죄가 있으랴? 옥구슬을 품고 있는 것이 죄일 뿐이지.〔匹夫無罪 懷璧其罪〕'라고 하였다."라는 말이 있다.

혜를 받아 고경(孤卿)[190]이 이어졌고, 신처럼 선대(先代)에 훨씬 못 미치는 사람도 관직과 지위가 융성하여 조정에 함께 있는 사람들에 비할 곳이 드물었으니, 하늘의 이치로 헤아려 볼 때 어찌 귀신의 시기가 없었겠습니까. 더구나 신이 종전에 역임한 관직은 대부분 세상 사람들이 아름답게 여기고 여러 사람들이 흘겨보며 질시하는 자리였으니, 세상 물정으로 헤아려 볼 때 사람들의 노여움을 사지 않으려 해도 그렇게 할 수 있었겠습니까. 저녁 종이 울리고 해시계가 다 된 것처럼 언제 죽을지 모르는 나이인데도 일찍 물러나 쉴 줄을 모른 것이 신의 죄입니다. 창랑(滄浪)의 물이 스스로 탁해진 것이니,[191] 누구를 원망하고 누구를 탓하겠습니까. "이 깊은 마음을 가지고 진찰(塵刹)을 받든다."[192]라는 말은 부처가 말하고 주자(朱子)가 인용한 것이니, 대개 "은혜를 갚

190 고경(孤卿) : 삼공(三公) 밑의 소사(少師), 소부(少傅), 소보(少保)를 이른다. 우리나라에서는 의정부의 좌우 찬성(贊成)과 육조(六曹)의 판서이다.

191 창랑(滄浪)의……것이니 : 스스로 허물을 자초했다는 의미이다. 《맹자》〈이루상(離婁上)〉에 "동자가 노래하기를 '창랑의 물이 맑거든 나의 갓끈을 빨 것이요, 창랑의 물이 흐리거든 나의 발을 씻겠다.' 하니, 공자께서 말씀하기를 '소자들아 저 노래를 들어 보라. 물이 맑으면 갓끈을 빨고, 물이 흐리면 발을 씻는다고 하니, 이는 물이 자취하는 것이다.' 하셨다.〔有孺子歌曰 滄浪之水淸兮 可以濯我纓 滄浪之水濁兮 可以濯我足 孔子曰 小子 聽之 淸斯濯纓 濁斯濯足矣 自取之也〕"라고 하였다.

192 이……받든다 : 불서(佛書)에 "이 몸과 마음을 가지고 진찰을 받드는 것이 바로 부처의 은혜에 보답하는 것이 된다.〔將此身心奉塵刹 是則名爲報佛恩〕"라는 말이 있다. 주희(朱熹)가 진동보(陳同甫)에게 보낸 편지에서 이 글을 인용하면서, 사람마다 모두 벼슬에 나갈 필요는 없으니 때를 만나지 못했으면 벼슬에서 물러나 스스로 시대를 위하는 것도 '불보지보(不報之報)'가 된다고 하였다. 《朱子大全 卷36 答陳同甫》 위에서 인용한 '將此身心奉塵刹'이란 구절에서 '身心'이 '深心'으로 되어 있는 곳도 있다. 《佛光大辭典》 자세한 내용은 532쪽 주144 참조.

지 않음으로써 군주의 은혜를 갚는다."[193]라는 의미입니다. 신은 지금 세상 풍파에 근심하고 두려워한 나머지 온갖 생각이 재처럼 식어 버렸고 병마(病魔)가 몸에 걸려 죽기를 기다리고 있지만, 애틋한 일편단심은 또한 은혜를 갚지 않음으로써 성상의 은혜를 갚는 데 있을 뿐입니다. 그러니 지금 신이 할 수 있는 도리는 오직 자취를 거두어 숨어 살면서 사람들이 깜짝 놀랄 만한 일을 멀리 피하고 조금이라도 염방(廉防)을 보존하여 성상의 간택을 욕되게 하지 않음으로써 상유(桑榆)에 수습하고[194] 경의(黥劓)의 형벌을 보완하는[195] 데 있을 뿐입니다. 이것이 바로 신이 전하에게 충성하고 선조(先朝)의 은혜에 보답하는 길입니다.

삼가 생각건대, 우리 조정은 사대부로 나라를 세웠기 때문에 명분과 행실을 닦고 염치와 의리를 숭상하여, 아랫사람이 스스로 권면하고 윗사람이 권장하고 징계함에 늘 나아가고 물러나고 사양하고 받는 사이를 중요하게 생각했으니, 400년 이래로 감히 무너뜨린 사람이 없었습니다. 지금 만일 하루아침에 신의 손에서부터 이것을 무너뜨리게 되면 마음을 저버리고 국가를 저버림이 이보다 큰 것이 없을 터이니 어떻게 이 세상을 살아갈 수 있겠습니까. 운향(雲鄕 하늘나라)으로 돌아가 선왕을 뵙는 날 또한 어디에 핑계를 댈 수 있겠습니까. 신은 명을 들은 날로부터 마음이 갈피를 잡지 못하여 마치 의리와 분수가 중요한

193 은혜를……갚는다 : 532쪽 주144 참조.

194 상유(桑榆)에 수습하고 : 인생의 노년기(老年期)를 잘 마무리한다는 뜻이다. 자세한 내용은 498쪽 주111 참조.

195 경의(黥劓)의 형벌을 보완하는 : 과거의 허물을 씻을 수 있도록 속죄의 삶을 살아가겠다는 의미이다. 자세한 내용은 550쪽 주171 참조.

지도 모르는 사람처럼 패초(牌招)를 어기기만 하고 감히 몸을 움직여 나아가지 못했으니, 실로 속히 달려가는 것을 감히 공손함이라 생각하지 못했기 때문입니다. 그러나 너무도 비통하고 너무도 고통스러운 신의 사정은 매우 부득이한 까닭이 있습니다.

돌아보건대, 지금 익숙한 관리와 새로 의망된 후보자 중에 현명한 선비가 즐비한데 하필 신처럼 사정이 절실하고 병이 깊은 사람으로 하여금 억지로 할 수 없는 일을 억지로 하게 한다면, 나라의 체모를 그르치고 관직을 비워 두어서 공적으로나 사적으로나 양쪽으로 과오를 범하는 것이 이곳에 있지 않겠습니까. 신은 고상하게 처신하고 멀리 은둔하여 밝은 시대를 영원히 결별하려는 사람이 아닙니다. 무릇 권요직(權要職)과 화무직(華膴職) 및 종전에 탄핵을 받았던 일과 관계되는 관직 외에, 한산한 부서에서 유유자적하다가 때로 내각(內閣)의 학사(學士)들 뒤를 따라 대궐에 출입하면서 전하를 가까이서 모시고 주연(冑筵)의 강독에 참석하여 미천한 정성을 다 바침으로써 거의 성군(聖君)으로 가는 성상의 학문에 도움이 되기를 기원하는 것이 바로 신의 간절한 소망입니다.

신에게 천지와 같고 부모와 같은 우리 성상께서는 부디 신의 어리석음을 살피고 신의 간절함을 헤아리시어 의리와 분수를 지키려는 신의 뜻을 꺾지 마시고 시종 성취하게 해 주신다면 비단 신이 심골(心骨)에 새길 뿐만이 아니라, 세상을 면려하는 성조(聖朝)의 다스림에도 조금이나마 도움이 없지는 않을 것입니다. 사정이 궁박하고 말이 비통하여 조리 있게 말씀드리지 못하였습니다. 삼가 바라건대, 깊이 생각하시고 가련하게 살피셔서 신에게 제수된 직명(職名)을 간개(刊改)하라는 명을 내리시고, 이어 신의 포만(逋慢)한 죄를 다스리시어 국법과 기강을 엄숙하게 하소서. 그렇게 해 주시기를 간절히 바라 마지않습니다. 신은 황공하고 간절한 마음을 가누지 못하겠습니다.

홍문관 제학을 사직하는 소[196]

辭弘文提學疏

삼가 아룁니다. 신은 외람되이 중임을 맡고 사직을 허락받지 못하여 억누르기 어려운 정(情)을 억누르고, 억지로 하기 어려운 질병을 억지로 참아 가며 부지런히 직임을 수행한 지 이미 10여 일이 지났습니다. 관각(館閣)의 일로 한기를 유독 심하게 쐬었기 때문에 감기에 걸리고 오장육부가 손상되어 장차 고꾸라질 것처럼 녹초가 되었다가 집으로 돌아온 뒤에 바로 자리를 보전하고 누워 있었습니다. 이런 즈음에 갑자기 명(命)이 내려와 대정(大政)의 시기가 정해졌는데, 본조(本曹)의 응행 절차(應行節次)가 원래 번다하기 때문에 신은 바야흐로 직무에 바빠서 밤으로 낮을 이어 가며 대략 흉내만 내며 대정의 시기가 이르기를 기다리고 있었습니다. 그러다가 어제 연상시(延祥詩)에 대한 운(韻)을 내어 과차(課次)하는 일로 인하여 신이 겸직하고 있는 홍문관 제학을 패초(牌招)하라는 명이 내려습니다.[197] 신은 이 직임에 대해 삼가 편안히 있기 어려운 형편이어서 지난번에 올린

196 홍문관……소 : 저자는 1812년(순조12) 11월 15일의 정사(政事)에서 홍문관 제학에 제수되고 12월 24일에 이 상소를 올려 사직을 허락받았다. 《承政院日記》 대본의 교정 첨지(校正籤紙)에는 "순서가 임신년(1812) 아래에 있어야 한다."라고 하였다.

197 연상시(延祥詩)에……내려졌습니다 : 1812년 12월 22일의 정사에서 홍문관 제학으로 있는 저자를 패초(牌招)하여 다음 날 운(韻)을 내어 과차(科次)하게 하라는 명이 있었다. 《承政院日記》 연상시는 원조(元朝)를 맞이하여 국가와 왕실에 상서로운 일이 생기기를 바라는 뜻으로 관원들이 임금에게 지어 바치는 시를 말한다.

소장(疏章)에 이미 대략 진달하였습니다.

신은 일찍이 듣건대, 《문원고사(文苑故事)》에 "일찍이 문형(文衡)을 지낸 사람은 다시 양관(兩館)의 제학으로 행공(行公)하지 않는다."라고 하였으니, 바로 전배(前輩)들이 서로 전해 온 아름다운 일입니다. 신이 목격한 사실로 말씀드리면, 고(故) 상신(相臣) 이복원(李福源) 역시 이 사례를 들어 명에 응하지 않았으니, 대개 문원의 지망(地望)이 높기 때문에 사양하는 것을 귀하게 여겼던 것입니다. 전인(前人)들이 능히 사양했던 일을 후인들이 반드시 지켜서 열조(列朝) 이래로 명경 홍유(名卿鴻儒)들이 서로 전수(傳授)하여 마침내 고사(故事)가 된 일이니, 신이 비록 보잘것없지만 어찌 감히 이것을 무너뜨릴 수 있겠습니까.

신은 경오년(1810, 순조10) 여름에 잠시 예문관 제학의 직임을 맡았다가 이 고사를 들어 감히 나가지 못했습니다. 바로 성상께서 헤아려 주시어 다시 체차해 주는 은혜를 입었으니, 삼가 생각건대 성상께서도 반드시 기억하실 것입니다. 신이 어찌 감히 전후의 일을 둘로 나누어 볼 수 있겠습니까. 앞서 올린 소장에서 대략 인용한 말이 실로 꾸며낸 이야기가 아니니, 이번에 내리신 소명은 달려가 응할 길이 없습니다. 경패(庚牌)가 계속 내려오는데도 앉아서 명을 어기는 죄를 범하고 말았으니 황공하고 위축되어 몸 둘 바를 모르겠습니다. 너무도 민망하여 염치를 무릅쓰고 짧은 소장으로 진달합니다. 삼가 바라건대, 자애로운 성상께서는 굽어살피시어 속히 간개(刊改)를 허락해 주시고, 이어 신의 포만(逋慢)한 죄를 다스리시어 조정의 기강을 엄숙하게 하소서. 그렇게 해 주신다면 너무도 다행이겠습니다.

판의금부사의 사직을 청하는 소[198]

辭判義禁疏

삼가 아룁니다. 신은 일전에 외람되이 스스로 나아가지 않으리라 다짐했던 직임을 맡고는 누차 소명(召命)을 어기면서까지 거듭 고충을 말씀드리고 궐문에서 대죄(待罪)하며 삼가 엄한 주벌(誅伐)이 내리기를 기다렸습니다. 다행히 자애로운 성상께서 곡진하게 양찰하시어 은혜로운 비답을 융숭하게 내리고 특별히 청한 바를 시행하시어 미천한 분수를 온전히 지키게 해 주시고 매우 간절한 사정 또한 이루게 해 주셨습니다. 신은 두 손으로 유지를 받들고 아홉 번 머리를 조아림에 감격의 눈물이 얼굴을 적셨습니다. 삼가 생각건대, 이때부터 이후로는 신의 처지를 고집하며 사양해야 하는 관직이 다시는 핍박해 오지 않아서 노쇠하고 병약한 여생을 마음 편히 마칠 수 있으리라 여겼는데, 뜻밖에 삼가 판의금부사에 제수하는 전지(傳旨)를 받들게 되니, 신은 실로 당황스럽고 조심스러워서 몸 둘 바를 모르겠습니다.

이 직임은 바로 신이 일전에 올린 소장에서 이른바 '종전에 탄핵을 받았던 일과 관계되는 관직' 가운데 하나입니다. 신이 이 직임을 맡고 있으면서 탄핵받았던 일이 작년에 있었기 때문에 세상 사람들의 이목에 환히 알려진 것이 아직 지워지지 않았습니다. 대개 그때 받았던

198 판의금부사의……소 : 1814년(순조14) 5월 15일에 올린 상소이다. 순조로부터 사직을 허락한다는 비답을 받았다. 《承政院日記》 대본의 교정 첨지(校正籤紙)에는 "판의금부사의 사직을 청하는 소는 산삭(刪削)할 것."이라고 하였다.

망극한 비난은 통상적인 탄핵에 비할 바가 아니었습니다. 한 번 탄핵한 것으로도 부족하여 재차 탄핵하기에 이르고, 지의(旨意)가 갈수록 신랄해져 매우 두렵고 혹독하였으니, 이제 와서 돌이켜 생각해 봐도 심골(心骨)이 다 써늘해집니다. 그래서 신이 금오(金吾)의 자리에 절대 나아가지 않겠다고 굳게 다짐한 것에 대해서는 비록 여대(輿儓)의 천한 자들이라도 누구든 그럴 법하다고 말하였습니다.

지금 탄핵하는 상소의 먹도 마르지 않았고 당시 느꼈던 두려움도 여전히 남아 있는 상황에서 의기양양하게 머리를 들고 죄를 심의하는 말석에 참여하여 그 논의를 듣는다면, 고금 천하에 어찌 이런 사람이 있을 수 있겠습니까. 신은 비록 만 번 부월(鈇鉞)의 주벌(誅伐)을 받는다 하더라도 결코 이런 일은 감히 할 수 없습니다. 더구나 신이 맡고 있는 궁함(宮銜)과 형관(刑官)의 직임은 규례로 볼 때 겸할 수 없는 자리입니다. 좌부빈객(左副賓客) 남공철(南公轍)과 우부빈객(右副賓客) 박종래(朴宗來)도 이것을 사례로 들고 잇달아 간절히 아뢰어 모두 금오의 직임에서 체차되었습니다. 지금 신이 공격(公格)[199]에 구애되는 것이 두 중신(重臣)의 경우와 무엇이 다르겠습니까. 무릅쓰기 어려운 정세로 말하면 이미 병조 판서의 사직을 허락받았으니, 어찌 판의금부사의 사직을 허락받지 못하겠습니까. 마땅히 체차되어야 하는 공격으로 말하면 두 중신이 이미 성상의 허락을 받았으니, 신이 어찌 홀로 바라는 바가 없을 수 있겠습니까.

경패(庚牌)가 누차 내려오는 상황에서도 몸을 움직여 벼슬에 나아갈 길이 없어서 부득이 짧은 소장(疏章)을 올려 호소하는 것입니다. 삼가

199 공격(公格) : 관직이나 공직(公職)에 관한 격식을 말한다.

바라건대 성명(聖明)께서는 외로운 신의 종적을 가련히 여기시고 민망한 신의 사정을 불쌍히 여기시어 속히 신이 새로 제수된 금오의 직임을 간개(刊改)하시고, 이어 선부(選部)에 명하시어 다시는 금오와 추조(秋曹) 등 일찍이 탄핵을 받은 자리에는 의망하지 말게 해 주시기를 천만 눈물을 흘리며 축원합니다. 신은 황공하고 간절한 마음을 가누지 못하겠습니다.

숭록대부로 가자하는 명을 거두어 주기를 청하고 이어 동지 정사를 사직하는 소[200]

乞收崇祿晉資 仍辭冬至正使疏

삼가 아룁니다. 선조(先朝)의 어제 전서(御製全書)를 합부(合附)하는 일이 차례대로 완료되어 좋은 날 좋은 때를 가려 책을 올리는 예를 거행하였으니,[201] 전하의 효성이 능히 갱장(羹墻)의 정성[202]을 펴고 성대한 사업이 역사에 빛나게 되어 중외(中外)의 신민들이 모두 진심

200 숭록대부로……소 : 1814년(순조14) 7월 3일에 올린 상소이다. 순조로부터 "상소의 내용은 잘 살펴보았다. 동지 정사의 직임은 그대로 시행하겠다. 경은 사직하지 말고 공무를 행하라.〔省疏具悉 往役之任 依施 卿其勿辭行公〕"라는 비답을 받았다. 《承政院日記》 대본의 교정 첨지(校正籤紙)에는 "'숭록대부로 가자(加資)하는 명을 거두어 주기를 청하고〔乞收崇祿〕'라는 말은 산삭(刪削)할 것."이라고 하였다.

201 선조(先朝)의……거행하였으니 : 1813년 내각(內閣)에 명하여 정조(正祖)의 어제 전서(御製全書)를 교인(校印)하게 하였는데 이것이 완성되자, 또 시(詩)와 문(文)을 열성 어제(列聖御製)에 합쳐 편찬하였고, 계속하여 장헌세자(莊獻世子)의 예제(睿製)를 인간(印刊)하게 하였다. 1814년 여름에 이 일이 마무리되자 이를 받들어 봉모당(奉謨堂), 문헌각(文獻閣)과 다섯 곳의 사고(史庫) 및 규장각 내각, 옥당, 춘방, 서고(西庫)에 각 1건씩 보관하고 감인(監印)한 각신에게도 각 1건씩 반급한 다음 교정하고 감인한 각신에게 차등 있게 시상하였다. 당시 저자는 남공철(南公轍)과 함께 보국숭록대부에 가자되었다. 《純祖實錄 附錄 行狀》《純祖實錄 14年 6月 24日》

202 갱장(羹墻)의 정성 : 국그릇과 담장을 보고 그리워한다는 말로, 앙모(仰慕)의 정성이 지극함을 의미한다. 옛날 요(堯) 임금이 별세하자 순(舜) 임금이 3년 동안이나 요 임금을 그리워하여, 앉아 있을 때면 담장에 요 임금의 환영이 나타나고 밥을 먹을 때면 국그릇에 요 임금의 모습이 아른거렸다고 한다. 《後漢書 卷63 李固列傳》

으로 탄복하고 있습니다. 이어 감인소(監印所)의 별단(別單)으로 인해 신의 이름도 자급을 올리는 은전에 포함되었으니, 신은 처음에는 당황스럽다가 이어 두렵고 부끄러워 몸 둘 바를 알지 못하였습니다.

아, 우리 선대왕께서는 옛 성왕(聖王)의 정치를 본받고 희공(姬孔)[203]의 대통을 계승하였으며 성대한 예제(禮制)는 위로 전모(典謨)[204]를 짝하였습니다. 이에 즉위하신 처음에 내각(內閣)을 설치하여 어제(御製)의 정리를 담당하게 하였으니, 일월처럼 밝은 임금의 문장이 빛나고도 우뚝하였습니다. 삼가 기미년(1799, 정조23) 간의 일이 기억납니다. 어제의 정수를 모아 놓고 보니 대부분 초고 상태였기 때문에 각신에게 명하여 선사(繕寫)하여 올리게 하셨는데, 신은 그 당시 이 일에 참여하였습니다.[205] 지난 일을 돌이켜 생각함에 지금도 어제 일처럼 어렴풋이 떠오릅니다. 지금 15년이 지난 후에 다행히 개인(開印)하는 기회를 만나 다시 교정하는 반열에 참여하고 보니 죽지 못하고 살아남은 신은 희비의 감정이 마음에 교차하였습니다. 일을 마무리하는 시점에서 조금이나마 미천한 정성을 펴는 것이 어찌 지극한 바람이 아니었겠습니까만, 신은 병마(病魔)에 시달리며 오래도록 앓았던 관

203 희공(姬孔) : 주공(周公) 희단(姬旦)과 공자(孔子)의 병칭이다.

204 전모(典謨) : 《서경》의 〈요전(堯典)〉, 〈순전(舜典)〉, 〈대우모(大禹謨)〉, 〈고요모(皐陶謨)〉 등의 편과 같이 뜻이 깊은 성현의 유훈(遺訓)을 말한다.

205 신은……참여하였습니다 : 정조는 1798년(정조22) 가을에 서호수(徐浩修)에게 명하여 이만수(李晩秀), 김조순(金祖淳), 이존수(李存秀) 등과 함께 선사(繕寫)하는 작업을 감독하게 했는데, 다음 해에 일을 마치지 못한 상태에서 서호수가 죽었다. 이에 저자가 이 일을 이어받아 1799년 12월에 2본(本)의 선사 작업을 완료하였다. 《正祖實錄 23年 12月 21日》

계로 교정의 직임과 아울러 중신들의 뒤를 따라가서 5일에 한 번 문안하는 일조차도 신이 홀로 여러 차례 자리를 비웠으니, 공을 헤아리고 죄를 적용해 보면 신의 죄는 막대한 것입니다. 아무 공도 없이 상을 받는 것은 옛사람들도 비난하였거니와, 신의 경우는 비단 공이 없었을 뿐만이 아닙니다. 그런데도 성상께서는 특별히 신의 이름을 내각 학사(內閣學士)의 끝에 끼워 넣으시어 그다지 구별하려 하지 않으시고 뒤섞어 특별한 은전을 시행하셨습니다. 전서(全書)를 공경히 올리던 날 외람되게도 말을 하사하는 은전을 내리시어 신의 황송한 마음이 지금까지 가라앉지 않았는데, 몇 달이 되기 전에 다시 이런 은혜를 무릅쓰게 되니 성조(聖朝)에서 상을 무성하게 내리는 정사가 이렇게까지 지극할 줄은 상상도 하지 못했습니다. 상전(賞典)의 경중에는 차등이 매우 많습니다만, 작질(爵秩)의 가자(加資)가 상상(上賞)에 해당합니다. 지금 이 상상을 들어 아무런 공 없이 죄만 있는 일개 천한 신에게 더해 주시니, 명분에 따라 실상을 조사하는 성세(聖世)의 의리에 얼마나 누가 되겠습니까. 더구나 신은 관직과 지위가 너무 성대하여 이미 분수를 넘었는데 지금 다시 한 자급(資級)을 무릅쓰고 받아서 더욱 지극해진다면 흥망성쇠는 필연적으로 이르게 되는 이치이니, 신이 어찌 처음부터 끝까지 생성해 주시는 전하의 은택을 우러러 절실하게 바라지 않을 수 있겠습니까.

이어 삼가 생각건대, 신은 지난달 대정(大政)에서 삼가 동지 정사(冬至正使)에 제수하는 명을 받들었는데 이 일은 왕역(往役)[206]에 해당하

206 왕역(往役) : 군주가 나라의 일을 위하여 부르는 경우를 말한다. 자세한 내용은 477쪽 주74 참조.

니 어찌 감히 사양하여 피할 수 있겠습니까. 다만 신은 작년에 일찍이 이 명을 받았을 때 우러러 융병(癃病)의 실상을 진달하여 자상하신 성상께서 굽어살펴 주시고 즉시 허락하시어 지금까지 목숨을 연명할 수 있게 해 주셨으니, 하늘처럼 큰 성상의 은혜가 가슴속에 깊이 새겨졌습니다. 지금 신은 나이가 작년보다 더 많아서 기는 더욱 쇠약해지고 병은 더욱 깊어졌습니다. 치루(痔漏)로 탈항(脫肛)이 되는 고통은 잠시도 봐주지 않고 장명(腸鳴)과 냉벽(冷澼)의 증상은 한기를 쐴 때마다 발작하며, 제멋대로 흘러내리는 피는 피로하면 약속이나 한 듯이 새어 나와 방 안에서도 몸을 움직이기가 어렵습니다. 스스로 생각건대 이 목숨은 단지 자리 위에 버려진 사람일 뿐입니다. 비록 부축을 받고 억지로 직임을 수행하려 해도 필경 삼천리 밖의 먼 길에 몸을 부지하고 나갈 수 없을 테니, 신의 몸이야 감히 스스로 불쌍히 여길 것이 없지만 크게 두려워하는 점은 왕명을 띠고 나아갔다가 그 명이 도로에 버려지는 것입니다. 며칠 동안 생각해 보아도 어떻게 할 방법이 없어서 전하를 번거롭게 하는 두려움을 피하지 않고 우러러 다급한 상황에서 애타는 심정으로 호소하였습니다. 삼가 바라건대, 성명(聖明)께서는 아울러 헤아려 주시어 속히 신에게 새로 내린 자질(資秩)을 거두시고, 신에게 맡긴 동지 정사의 직임을 간개(刊改)한 뒤에 다시 별 탈 없는 사람을 제수하소서. 이어 유사(有司)에게 명하시어 누차 성상을 번거롭게 한 신의 죄를 다스리시어 국법과 기강을 엄중히 하소서. 그렇게 해 주신다면 천만다행이겠습니다.

판의금부사의 사직을 청하는 소[207]

辭判義禁疏

삼가 아룁니다. 신은 어제 판의금부사에 제수하는 전지(傳旨)를 받들었는데 곧이어 패초가 내려왔습니다. 신이 비록 우매하지만 어찌 가구(駕屨)를 기다리지 않고 달려가야 하는 의리[208]를 모르겠습니까. 다만 사의(私義)와 공격(公格)에 관계되는 제약을 넘지 못했기 때문에 패초(牌招)를 어기고 나아가지 않은 것이 며칠 동안 서너 차례에 이르고 말았으니, 신은 참으로 황송하고 궁색하여 몸 둘 바를 모르겠습니다. 신은 재작년에 이 직임에 임명된 적이 있습니다. 그러나 죄를 심의한 것이 마땅함을 잃었다는 이유로 자주 당상(堂上)의 상소에서 신랄하게 논척(論斥)을 당해 죄를 성토하는 소리가 낭자하여 종적과 처지가 위태로웠습니다. 이제 와서 돌이켜 생각해 보아도 당시 느꼈던 두려움으로 등에 진땀이 흘러내립니다. 그래서 금오(金吾)의 자리에는 절대 나아가지 않겠다고 굳게 다짐하였으니, 신의 이런 정세(情勢)는 조정에 있는 신료(臣僚)들이 다 알고 여대(輿儓)의 천한

207 판의금부사의……소 : 1815년(순조15) 2월 7일에 올린 상소이다. 순조로부터 "상소의 내용은 잘 살펴보았다. 청한 바는 그대로 시행하겠다.〔省疏具悉 所請依施〕"라는 비답을 받았다. 《承政院日記》 대본의 교정 첨지(校正籤紙)에는 "판의금부사의 사직을 청하는 소는 산삭(刪削)할 것."이라고 하였다.

208 가구(駕屨)를……의리 : 임금의 소명(召命)이 내려오면 수레가 준비되기를 기다리지 않고 신발을 바로 신을 겨를도 없이 급하게 달려가는 의리를 말한다. 503쪽 주115 참조.

자들이라도 누구나 아는 일입니다.

우리나라 조정은 개국 이래 예의와 염치를 숭상하였습니다. 400년 이래로 벼슬하는 사대부들 중에 관직에 있다가 실직하여 탄핵과 논박을 받은 사람들이 비록 그 후에 다시 해당 직임에 임명되더라도 일찍이 나아가 명에 응하지 못했던 이유는 염방(廉防)을 매우 중요하게 여겼을 뿐만 아니라 감히 훼손하지 못했기 때문입니다. 이로써 우리 열성조(列聖朝)에서 선비를 배양하고 염의(廉義)를 갈고 닦은 성대한 덕과 지극한 뜻을 확연히 볼 수 있습니다. 신 역시 사유(四維)를 중시하는 사람입니다. 비록 수치심을 감춘 채 뻔뻔하게 얼굴을 들고 무릅쓰고 나아가 명을 받들려 해도 어찌 그렇게 할 수 있겠습니까.

또 신은 지금 궁함(宮銜)을 겸대(兼帶)하고 있는데, 궁함을 의금부의 직임과 겸할 수 없는 것은 법례(法例)에 규정되어 있습니다. 작년 여름 이 관직에 제수되었을 때 그 당시에도 사의와 공격으로 소장을 갖추어 우러러 아뢰어 즉시 헤아려 주시는 은혜를 입었습니다. 지금의 사의와 공격이 바로 작년 여름의 사의와 공격이니, 성조(聖朝)에서 헤아려 주시는 은혜가 달라서는 안 되는 것입니다. 이것이 신이 시종 보살펴 주시는 성은을 우러러 믿고서 인자함으로 감싸 주시는 하늘 같은 은혜를 감히 스스로 막지 못하는 까닭입니다. 이에 감히 짧은 소장(疏章)을 올려 외람되이 성상을 번거롭게 합니다. 삼가 바라건대, 성명께서는 사의로 볼 때 평소의 뜻을 굽힐 수 없음을 헤아리시고 공격으로 볼 때 마땅히 체차되어야 함을 생각하셔서, 속히 신이 맡고 있는 금오의 직임을 간개(刊改)하시어 사의를 펴고 공격을 보존하게 해 주소서. 그렇게 해 주신다면 너무도 다행이겠습니다.

경모궁 하향 대제 초헌관의 사직을 청하는 소[209]

乞免景慕宮夏享大祭初獻官疏

삼가 아뢰니다. 방금 이조에서 돈녕부(敦寧府)에 보고한 것을 보니, 신을 경모궁(景慕宮)에 올리는 하향 대제(夏享大祭)의 초헌관(初獻官)으로 차임한다는 내용이었습니다. 신의 분수와 의리로 볼 때 어찌 감히 달려가 명을 받들지 않을 수 있겠습니까. 그러나 생각건대, 신이 앓고 있는 치루(痔漏)와 탈항(脫肛)의 증상이 고질이 되어 매우 더러워졌기 때문에 감히 엄숙하고 공경스러우며 정결하게 재계(齋戒)해야 할 향관(享官)의 자리에 몸을 두어서는 안 됩니다. 이런 실상은 성상께서 통촉하고 계시는 바이고, 조정에 있는 신료(臣僚)들도 다 아는 일입니다. 작년 영녕전(永寧殿)에 지내는 춘향 대제(春享大祭)의 초헌관이 수향(受香)할 때에 임박하여 탈이 생김으로 인해 전조(銓曹)에서 신을 후임자로 차임하였는데, 당시에는 날이 이미 오시(午時)가 지나 일의 체모가 너무도 황송하였기 때문에 신이 부득이 수향하여 나아갔던 것입니다. 그러나 관천(祼薦)[210]의 임무를 수

209 경모궁……소 : 1815년(순조15) 4월 26일에 올린 상소이다. 순조로부터 "상소의 내용은 잘 살펴보았다. 상소의 내용은 이조로 하여금 고쳐 부표(付標)하도록 허락하겠다.〔省疏具悉 疏辭 許令該曹改付標〕"라는 비답을 받았다. 《承政院日記》 대본의 교정첨지(校正籤紙)에는 "경모궁 하향 대제의 초헌관의 사직을 청하는 소는 산삭(刪削)할 것."이라고 하였다.

210 관천(祼薦) : 관향(祼享)과 같은 말이다. 관은 신의 강림(降臨)을 바라며 모사(茅沙)를 담은 그릇에 술을 조금씩 세 번 따르는 의식이고, 천은 제수(祭需)를 올려 제사 지내는 것이다.

행하는 데에는 의의(擬議)할 수가 없어서 승정원에서 사실대로 성상께 여쭌 다음 즉시 다른 사람을 차임하여 대신하게 하였습니다.

이때부터 이후로 비록 향관의 차임이 어려운 때라 하더라도 전조에서 다시 신을 추천하여 의망(擬望)하지 않은 이유는 실로 치루와 탈항의 고질을 앓는 자에게 향관의 직임을 맡겨서는 안 되기 때문입니다. 이는 마치 귀가 먹은 자에게 음률을 살피게 해서는 안 되고, 몸이 마비된 자에게 직임을 수행하게 해서는 안 되는 것과 같습니다. 더구나 신이 앓고 있는 본질(本疾)이 지난겨울 이래로 곱절이나 심해져서 항상 몸에 약을 붙이고 있는 형편이니, 정결하게 치재(致齋)해야 하는 직임은 이미 수행할 가망이 없습니다. 이번의 이 직임을 비록 자력으로 수행하려 해도 어찌 그렇게 할 수 있겠습니까. 신이 이렇게 말하는 이유는 스스로 일신을 불쌍히 여기는 것이 아니라 막중한 사전(祀典)을 감히 더럽힐 수 없기 때문입니다. 삼가 원하건대, 성명께서는 신이 앓고 있는 추한 병의 실상을 헤아리시어 속히 전조에 명하여 고쳐 부표(付標)하게 하신 다음, 다시는 향관에 의망하지 말도록 명하시어 사전을 엄중히 하소서. 이어 전하를 번거롭게 한 신의 죄를 다스리시어 국법과 기강을 엄숙하게 하소서. 그렇게 해 주신다면 천만다행이겠습니다.

수원부 유수의 사직을 청하는 소[211]

辭水原府留守疏

삼가 아룁니다. 신은 정세와 종적이 고립되고 앓고 있는 병이 고질이 되어 궁벽한 고을에서 문을 닫아건 채 자취를 거두어 숨어 살면서 자리에 쓰러져 약으로 연명하고 있었습니다. 그러던 와중에 천만뜻밖에도 삼가 제수하는 전지(傳旨)를 받들고 보니 신을 수원부 유수에 차임한다는 내용이었기에, 명을 듣고는 당황스러워 몸 둘 바를 몰랐습니다. 신은 덕이 적고 능력이 부족한데도 외람되이 높은 관직에 오르고 일찍 그만두고 물러날 줄을 몰라서 스스로 낭패를 초래하고 말았으니, 비난을 받은 이래로는 스스로 후회하고 자책하여 더 이상 이 세상에 살고 싶은 생각이 없어졌습니다. 그렇지만 오직 한 달에 여섯 차례 문안드리는 반열과 뇌사(雷肆)[212]에서 시강(侍講)하는 자리에는 사람들을 따라 달려가서 조금이나마 미천한 정성을 바쳤거니와, 이 외에는 일절 경대부(卿大夫)의 반열에 나간 적이 없었습니다. 이는 신이 스스로 한계를 그어 다짐한 일로, 연전에 올린 상소에서 간절한 마음을 갖추어 진달하였으니 삼가 생각건대 성상께서도 혹 기억하고 계실 것입니다. 이때부터 이후로는 드디어 한산한 관사(官司)에 몸

211 수원부……소 : 1815년(순조15) 6월 21일에 올린 상소이다. 《承政院日記 純祖 15年 6月 21日》

212 뇌사(雷肆) : 세자시강원(世子侍講院)을 달리 일컫는 말이다. 왕세자(王世子)에게 경사(經史)를 시강(侍講)하고, 또한 왕세자가 경사를 강론(講論)하는 곳이다. 서연(書筵)이라고도 한다.

담고서 미천한 신조를 온전히 지킬 수 있었으니, 저력 산목(樗櫟散木)과 같이 쓸모없는 사람이 보잘것없는 성정을 펴서 늘그막의 여생에 거의 자정(自靖)의 도리를 다할 수 있게 되었습니다. 이번에 제수된 이 직임은 머물면서 배경(陪京)[213]을 지키고 선침(仙寢)을 호위하는 일로, 지위와 명망이 매우 높고 책임이 막중한 자리입니다. 그러나 분사(分司)의 직책은 청한(淸閑)한 자리라고 일컬어져서 신이 전에 맡았던 경관(京官)의 자리와 비교했을 때 냉난(冷暖)의 차이가 대략 동일하니 그럭저럭 한가로이 지내도 크게 외람된 지경에 이르지는 않을 듯합니다만, 또한 신이 크게 두려워하는 점은 있습니다.

삼가 생각건대, 우리 선대왕(先大王)께서 현륭원(顯隆園)[214]을 옮겨 봉안할 때 지극히 융숭하고 지극히 아름답게 해서 신읍(新邑)을 조성하고 유수(留守)의 관직을 설치하여 행궁(行宮)을 받들어 지키게 하였습니다. 그런 뒤에 송재(松梓)를 심어 가꾸고 변두(籩豆)를 정결하게 갖추었으니, 성곽을 견고하게 쌓고 창고에 식량을 비축하며 부세의 법을 제정하고 부위(府衛)의 병제(兵制)를 편성함이 다 선대왕의 재결(裁決)에서 나와 성법(成法)으로 정해졌습니다. 이는 모두 20년 사이에 경영하고 정리하여 쌓이고 쌓여 이루어진 일이니, 그 성대한 제도와

213 배경(陪京) : 국도(國都) 외에 따로 정한 수도를 말하는데, 여기서는 수원부(水原府)를 가리킨다.

214 현륭원(顯隆園) : 정조(正祖)의 생부인 사도세자(思悼世子 : 장조(莊祖))와 그의 아내 경의왕후(敬懿王后) 혜경궁(惠慶宮) 홍씨(洪氏)의 능원이다. 1762년(영조38)에 사도세자를 경기도 양주군 배봉(拜峯)에 장사 지낸 후 수은묘(垂恩墓)라 하였다가, 1776년(정조 즉위년)에 영우원(永祐園)이라 하고, 1789년에 화산(花山)으로 옮긴 후 현륭원으로 고쳤다.

원대한 규모는 뭇 신하들이 감히 엿보아 짐작할 수 없는 것이어서 대개 어느 하나도 대성인(大聖人)이 정신을 운용하고 효성을 드러낸 것 아님이 없습니다. 대저 달마다 산릉(山陵)에 행차하여 봉심(奉審)하시고 신령한 혼백이 강림한 진전(眞殿)을 바라보실 때에는 체모가 더욱 엄연하고 예절이 더욱 경건하였습니다. 서리와 이슬을 밟음에 두렵고 떨리는 우리 성상의 그리움[215]과 선대(先代)의 뜻을 잘 계승하고 선대의 일을 잘 잇는 우리 성상의 효성[216]이 실로 여기에 있고 임금의 은혜를 잊지 못하는[217] 구신(舊臣)과 백성의 생각이 또한 여기에 있습니다. 따라서 쇄소(灑掃)의 직분을 수행하고 전수(典守)의 책임을 맡은 사람은 바로 수신(守臣)이니, 이 직임은 누구에게나 외람되이 제수할 수 없는 것이 명백합니다.

신은 본래 어리석고 용렬하여 가장 못난 사람이기에 오랫동안 관직에 종사하면서 한 가지도 책임을 완수하지 못했으니, 매번 스스로를 돌아볼 때마다 부끄러워 얼굴이 붉어지고 등에 땀이 흥건합니다. 게

215 서리와……그리움 : 절기가 바뀌고 서리가 내릴 때 초목이 누렇게 시드는 것을 보고 돌아가신 부모를 생각하는 슬픈 감회를 말한다. 550쪽 주169 참조.

216 선대(先代)의……효성 : 선대의 뜻과 사업을 계승해 발전시키는 것을 말한다. 공자가 무왕(武王)과 주공(周公)의 효를 '달효(達孝)'라고 규정하고 그 효를 말하면서 "무왕과 주공은 누구나 칭찬하는 효자이시다. 효는 선인(先人)의 뜻을 잘 계승하며, 선인의 일을 잘 잇는 것이다.〔武王周公 其達孝矣乎 夫孝者 善繼人之志 善述人之事者也〕"라고 하였다. 《中庸章句 第19章》

217 임금의……못하는 : 선정(善政)을 베푼 전왕(前王)이 이미 돌아가셨지만 후인(後人)들이 그를 사모하여 잊지 못한다는 뜻이다. 원문의 '오희불망(於戲不忘)'은 《시경》의 "아아, 전왕을 잊지 못하겠네.〔於戲 前王不忘〕"라는 구절에서 유래한 말이다. 《詩經 周頌 烈文》

다가 4, 5년 이래 질병이 몸에 도사리고 오관(五官)이 모두 쇠약해진 관계로 살은 완전히 빠져서 형체만 겨우 남아 있고, 정신은 이미 빼앗겨 마치 연무(煙霧) 속에 떨어진 것처럼 어둡고 혼미하며, 먹는 음식은 달로 계산해야 할 정도로 점점 줄어들고 적취(積聚)의 병증은 세월이 오래되어 더욱 고질이 되었으니, 무릇 이 몇 가지는 모두 고치기 어려운 나쁜 조짐입니다. 심지어 장명(腸鳴)과 치루(痔漏) 등 더럽고 추한 증상은 감히 번거롭게 말씀드릴 수 없을 정도로 심하여 단지 죽음을 기다리는 잔약한 목숨일 뿐이니, 오히려 어찌 중대한 직임을 수행하고 막중한 사무를 감당해야 하는 자리에 의의(擬議)할 수 있겠습니까. 아아, 신은 망극한 은혜를 받은 몸으로 산릉과 진전을 바라보고 의지함[218]에 마치 옛날 선대왕을 모시고 있던 때와 같으니, 성실하게 직임을 수행하여 예전에 규정한 법제(法制)를 실추하지 않는 것이 어찌 신이 남은 생에 스스로 보답하는 도리가 아니겠습니까. 그러나 능력과 역량을 헤아려 볼 때 감당할 가망이 없습니다. 며칠 동안 곰곰이 생각하며 가만히 엎드려 두려워만 하다가 이에 감히 절박한 심정으로 호소하여 외람되이 성상께 아뢰었습니다. 삼가 원하건대, 성명께서는 굽어살피고 헤아리셔서 속히 신의 직명(職名)을 체차하시어 국사(國事)를 다행스럽게 하고 천한 신의 분수를 편안하게 해 주소서. 그렇게 하신다면 천만다행이겠습니다.

218 바라보고 의지함 : 항상 그리워한다는 뜻으로, 부모나 스승에 대한 경의를 표현하는 말이다. 540쪽 주154 참조.

보국숭록대부의 가자를 사양하는 소[219]

辭輔國晉資疏

삼가 아뢥니다. 세월이 쏜살같이 흘러서 혜경궁(惠慶宮) 저하(邸下)의 현수(玄隧 능침(陵寢))가 영원히 닫히고 우제(虞祭)와 졸곡제(卒哭祭)가 어느덧 끝났습니다. 삼가 생각건대, 더 이상 미치지 못하는 성상의 그리움은 더욱 절실하고 중외의 신서(臣庶)들은 모두 지극한 슬픔에 빠져 있을 것입니다. 이어 삼가 생각건대, 신은 국장(國葬)을 감독하는 일로 복명(復命)한 후에 바로 감영으로 돌아와서 이제 겨우 며칠이 지났습니다. 그런데 삼가 국장도감(國葬都監)의 별단(別單)에 대해 상전(賞典)을 판하(判下)하신 것을 보니, 신의 이름도 그 가운데 들어 있고 정1품으로 품계(品階)를 가자(加資)하셨습니다. 신은 실로 황공하고 부끄럽고 위축되어 몸 둘 바를 모르겠습니다.

삼가 생각건대, 이 일은 국가의 막대한 전례(典禮)이고 선조(先朝)의 장례에 해당합니다. 무릇 유사(有司)와 백집사(百執事)들이 누구 할 것 없이 모두 안팎으로 분주히 뛰어다니며 주야로 정성을 다하지 않는 이가 없고, 신 역시 외람되이 지방관의 직책을 맡고 있기 때문에 공역을 감독하는 말석에 참여하였으니, 어찌 반드시 정성과 신의를 다하여 스스로 조그만 힘이나마 바치고자 하지 않을 수 있겠습니까. 일을 감독할 때 능원(陵園)의 송백(松柏)을 바라보며 누차 참담한 심경으로 절로

219 보국숭록대부의……소 : 1816년(순조16) 3월 19일 수원 유수(水原留守)로 있을 때 올린 상소이다. 《承政院日記 純祖 16年 3月 19日》

눈물을 흘렸습니다. 돌아보건대 신은 질병이 몸에 도사리고 오관(五官)이 모두 쇠약해진 관계로, 한 가닥 목숨은 비록 붙어 있지만 단지 빈껍데기일 뿐 곱사등이처럼 절뚝거리는 몸을 하고 있으니 보는 사람들이 모두 위태롭게 여겼습니다. 따라서 중신의 대열이나 따라다니며 도모하여 이룬 일이 없으니, 품제(稟裁)하여 총괄해서 살피는 역할은 대신(大臣)이 맡아보았고 협심하여 일을 감독하는 것은 요당(僚堂)과 낭관(郞官)의 힘일 뿐이었습니다. 마침내 공역을 완료하고 나서 돌이켜 과정을 살펴보았을 때, 신만 유독 조금도 기릴 만한 공이 없어서 오히려 근력을 바쳐 일했던 이례(吏隷)나 모정(募丁)만도 못하였으니, 자신을 돌아봄에 스스로 서글퍼져서 살아 있어도 죽은 것만 못하였습니다. 심지어 문묵(文墨)의 작은 기예도 애초에 심력을 기울이지 못했으니, 신하의 직분으로 볼 때 이렇게 하고도 수고로움을 바쳤다고 말할 수 있겠습니까. 이로 보나 저로 보나 허물을 면할 수 있으면 다행한 일이니, 성조(聖朝)에서 상을 무성하게 내리는 정사에 의의(擬議)해서는 안 되는 것이 명백합니다. 더구나 보국숭록대부(輔國崇祿大夫)의 작질(爵秩)은 옛날 이공(貳公)[220]에 비견되는 품계여서 지위와 명망이 자별합니다. 옛날 이 품계에 가자된 이들은 모두 오랫동안 덕망이 쌓여 세상에서 모두 공경하는 사람이었습니다. 어찌 일찍이 신처럼 미천한 사람이 그 사이에 섞인 것을 본 적이 있겠습니까. 신은 명기(名器)를 중히 여기고 상과 벌을 신중히 하는 의리가 신으로 인해 허물어질까 두렵습니다. 그렇게 된다면 조정에서도 작은 문제가 아닙니다.

220 이공(貳公) : 의정부 찬성(議政府贊成)의 별칭으로, 이공(二公)·이상(二相)·이상(貳相)이라고도 한다.

신은 본래 어리석고 용렬하여 보통 사람 축에도 끼지 못하는데, 세상에 유례가 없는 양조(兩朝)의 지우(知遇)를 입어 관직에 참여할 수 있었고, 차례차례 승진하여 지금에 이르렀습니다. 그러나 30년 사이에 신은 이미 늙어 백수(白首)가 되었고, 관직은 이미 분수를 넘어서 연빙(淵氷)의 경계[221]를 가슴에 새기고 있습니다. 늘 국가의 은혜에 보답하지 못한 상태에서 죽을 때가 임박했다는 사실을 생각하면 한밤에도 잠을 이루지 못하고 베갯머리에 눈물을 적시니, 문을 닫아건 채 자취를 거두어 숨어 살면서 진찰(塵刹) 받들기를 기약할 뿐입니다.[222] 백성을 보호하여 다스리는 중임은 실로 신이 감당할 수 있는 일이 아니지만, 산릉(山陵)과 진전(眞殿)을 바라보고 의지하는 것이 거의 남은 생에 정성을 펴는 일이라 생각하여 지금까지 머뭇거린 것이 또한 이미 한 해가 지났습니다. 그런데 천만뜻밖에도 외람되이 과분한 은혜를 받들어 걸음을 더 내디딜 수조차 없는 지극히 높은 장대 끝에 이르게 되었으니, 신이 어찌 나무 위에 앉아 있는 것처럼[223] 마음으로 두려워하지 않을 수 있겠습니까. 생각건대, 우리 성상께서는 이번의 사역(事役)을 중요하게 여기시어 이렇게 큰 상을 내리셨을 터이니 신이 어찌 감히 우러러 그 뜻을 헤아리지 못하겠습니까만, 조그만 공도 없는 신의 실상은 위에 말씀드린 바와 같습니다. 이에 감히 충심을 다 토로한 다음

221 연빙(淵氷)의 경계 : 깊은 못과 얇은 얼음을 가리키는 말로, 항상 몸가짐을 삼가고 조심한다는 의미이다. 525쪽 주137 참조.

222 진찰(塵刹)……뿐입니다 : 532쪽 주144 참조.

223 나무……것처럼 : 나무에서 떨어질까 두려워 매사에 더욱 신중한 태도를 견지한다는 말이다. 498쪽 주110 참조.

현(縣)과 도(道)를 통해 소장(疏章)을 올립니다. 삼가 원하건대, 성명(聖明)께서는 신의 실정을 헤아리셔서 속히 신에게 새로 내린 작질(爵秩)을 거두시어 공기(公器)를 중히 하시고 사사로운 분수를 편안하게 해 주소서. 그렇게 해 주신다면 천만다행이겠습니다.

지은이 **서영보(徐榮輔)**

1759년(영조35) ~ 1816년(순조16). 조선 후기의 문신으로, 본관은 달성(達城), 자는 경세(慶世), 호는 죽석(竹石)이다. 영의정 서지수(徐志修)의 손자이자, 대제학 서유신(徐有臣)의 아들이다. 1789년(정조13) 식년 문과에 장원하였다. 1790년 성절 겸 사은사(聖節兼謝恩使)의 서장관(書狀官)으로 청나라에 다녀온 뒤 함경도 암행 어사로 나갔으며 1794년 호남 위유사(湖南慰諭使)가 되었다. 1804년(순조4) 홍문관 부제학이 되고 1806년 대사헌 등을 거쳐 호조 판서가 되었다. 1808년 심상규(沈象奎)와 함께 어명으로 《만기요람(萬機要覽)》을 편찬하였다. 1809년 대제학이 되었고 그 뒤 이조 판서, 병조 판서, 수원 유수(水原留守), 지중추부사(知中樞府事) 등을 역임하였다. 문장과 글씨에 뛰어났다. 저서로 《죽석관유집》, 《풍악기(楓嶽記)》 등이 있다. 시호는 문헌(文憲)이다.

옮긴이

정동화(鄭東和)

경북 영주에서 태어났다. 단국대학교 국어국문학과를 졸업하고, 고려대학교 대학원에서 박사 과정을 수료하였다. 민족문화추진회 국역연수원을 졸업하였고, 단국대학교 동양학연구원 《한한대사전》 편찬에 참여하였다. 한국고전번역원 역사문헌번역실에 재직하고 있으며 《일성록》 번역에 참여하고 있다. 번역서로 《춘추번로의증》(공역)이 있다.

김태년(金太年)

1968년 서울에서 태어났다. 고려대학교 한문학과를 졸업하고, 동 대학원에서 철학박사 학위를 받았다. 인하대학교 한국학연구소 HK교수, 한국고전번역원 선임연구원을 역임하였고, 퇴계학연구원에서 전임연구원으로 근무하고 있다. 《역주 외암 이간의 철학과 삶》 등의 공역서, 《조선유학의 개념들》, 《자료와 해설, 한국의 철학 사상》, 《중국 없는 중화》 등의 공저서, 〈16세기 조선 성리학자들의 양명학 비판 연구〉, 〈17-18세기 율곡학파의 사단칠정론〉, 〈한원진과 홍대용의 정학이단론〉, 〈'正典' 만들기의 한 사례, 《율곡별집》의 편찬과 그에 대한 비판들〉 등의 논문이 있다.

전백찬(全百燦)

1965년 경북 영천에서 태어났다. 경북대학교 대학원에서 한문학과 박사 과정을 수료하였다. 계명대학교, 경북대학교, 영남대학교 등에서 강의하였다. 한국고전번역원 고전문헌번역실에 재직하고 있다. 《일성록》, 《성호전집》, 《창계집》 등의 번역에 참여하였고, 논문으로 〈泰齊 柳方善의 詩世界〉, 〈鄭齊斗 경학의 철학적 기저〉 등이 있다.

장성덕(張星德)
1977년 경북 봉화에서 태어났다. 충남대학교 중어중문학과를 졸업하고 경상대학교 한문학과 대학원에서 문학석사 학위를 받았으며, 성균관대학교 동아시아학술원 한문고전 번역협동과정을 수료하였다. 성균관대학교 대동문화연구원 연구원을 지냈으며, 전주대학교 한국고전학연구소 연구원으로 재직 중이다. 번역서로 《향산집》(공역), 《월사연보》 등이 있다.

죽석관유집 2
서영보 지음 | 정동화 김태년 전백찬 장성덕 옮김

2017년 9월 30일 초판 1쇄 발행

발행인 신승운 | 발행처 한국고전번역원
등록 2008. 3. 12. 제300-2008-22호
주소 (03000) 서울시 종로구 비봉길 1
전화 02-6263-0464 | 팩스 02-6339-0724 | 홈페이지 www.itkc.or.kr

번역 정동화(제3책 17쪽~117쪽) 김태년(제3책 118쪽~202쪽)
전백찬(제3책 203쪽~321쪽, 제5책) 장성덕(제4책)
연구총괄 이기찬 | 연구기획 이신경 | 자문 임정기

책임편집 한문희 | 편집진행 박정열
편집교정 서세영 이승원 | 조판 김지현 | 제작 김형석
디자인 씨디자인 | 인쇄 ㈜완산정판

값 20,000원
ISBN 978-89-284-0422-3 94810
978-89-284-0220-5 (세트)
* 이 책은 2017년도 교육부 고전번역사업비로 출간한 것임.